Ratings als Steuerungsinstrument von Unternehmen für eine nachhaltige Entwicklung

Christian Strangalies

Ratings als Steuerungsinstrument von Unternehmen für eine nachhaltige Entwicklung

Christian Strangalies
Braunschweig, Deutschland

Dissertation zur Erlangung des Grades eines Doktors der Staatswissenschaften (Dr. rer. pol.) von der Carl-Friedrich-Gauß-Fakultät der Technischen Universität Carolo-Wilhelmina zu Braunschweig von Christian Strangalies. Eingereicht am: 24. April 2023. Disputation am: 19. Juli 2023. 1. Referent: Prof. Dr. Nils C. Bandelow. 2. Referent: Prof. Dr. Alexander Bassen. Ergebnisse, Meinungen und Schlüsse dieser Publikation sind nicht notwendigerweise die der Volkswagen Aktiengesellschaft.

ISBN 978-3-658-44077-0   ISBN 978-3-658-44078-7 (eBook)
https://doi.org/10.1007/978-3-658-44078-7

Die Deutsche Nationalbibliothek verzeichnet diese Publikation in der Deutschen Nationalbibliografie; detaillierte bibliografische Daten sind im Internet über http://dnb.d-nb.de abrufbar.

Diese Publikation wurde gefördert durch den Open-Access-Publikationsfonds der Technischen Universität Braunschweig.

Planung/Lektorat: Marija Kojic
Springer Gabler ist ein Imprint der eingetragenen Gesellschaft Springer Fachmedien Wiesbaden GmbH und ist ein Teil von Springer Nature.
Die Anschrift der Gesellschaft ist: Abraham-Lincoln-Str. 46, 65189 Wiesbaden, Germany

Das Papier dieses Produkts ist recyclebar.

Inhaltsverzeichnis

Abkürzungsverzeichnis

CO_2	Kohlenstoffdioxid
Covid-19	Coronavirus disease 2019
CSR	Corporate Social Responsibility
EPA	Environmental Protection Agency
ESG	Environmental Social Governance
EU	Europäische Union
G20	Gruppe der Zwanzig
GM	General Motors
MGO	Markt, Gemeinschaft und Organisation
NGO	Non-governmental organization
OECD	Organisation for Economic Co-operation and Development
ppm	Parts per million
SRI	Social Responsible Investment
UN	United Nations
US	United States (of America)
USA	United States of America

Einleitung 1

1.1 Hintergrund und Erkenntnisinteresse

Nachhaltige Investments gewinnen zunehmend an Bedeutung. Ersichtlich wird das am wachsenden Markt für nachhaltige Investments, der unter Berücksichtigung aller Anlagestrategien im Jahr 2020 weltweit ca. 35,3 Billionen US-Dollar umfasst. Im Vergleich zu 2018 verzeichnet der Markt ein Wachstum in Höhe von 15 %. Insgesamt impliziert dieser Markt mittlerweile 35,9 % aller professionell verwalteten Vermögen (Global Sustainable Investment Alliance (GSIA) 2021, S. 9).

Bei der Beschreibung dieses Trends werden oftmals auch andere Begrifflichkeiten wie z. B. Social Responsible Investment (SRI)[1] verwendet, die unterschiedlichen definitorischen Beschreibungen zugrunde liegen, aber im Grunde Ähnliches meinen (Sparkes und Cowton 2004, S. 46; Eccles und Viviers 2011; Cadman 2011).

Busch et al. (2016, S. 305) versuchen, den gemeinsamen Kern dieser Beschreibungen herauszustellen, indem sie nachhaltige Investments wie folgt definieren: „investments that seek to contribute toward sustainable development by integrating long-term ESG criteria into investment decisions. With this scope of sustainable investments, investors' financial objectives are combined with primarily nonfinancial concerns."

Diese Arbeit folgt dem Verständnis von nachhaltigen Investments als Investitionen, die durch eine Integration von langfristig ausgerichteten ökologischen, sozialen und Governance-Kriterien in der Investitionsentscheidung versuchen,

---

[1] Die Entstehung von SRI und deren Schnittmenge mit nachhaltigen Investments werden in Abschnitt 4.1.4 und Abschnitt 4.2.4 näher ausgeführt.

© Der/die Autor(en) 2024
C. Strangalies, *Ratings als Steuerungsinstrument von Unternehmen für eine nachhaltige Entwicklung*, https://doi.org/10.1007/978-3-658-44078-7_1

einen Beitrag zur nachhaltigen Entwicklung zu leisten. Es werden durch nachhaltige Investments daher sowohl finanzielle als auch nicht-finanzielle Ziele verfolgt.

Eine zentrale Rolle spielen dabei Nachhaltigkeitsratings, da viele Investoren für die Nachhaltigkeitsinformationen auf diese Ratings zurückgreifen (Umweltbundesamt (UBA) 2017, S. 7).

Nachhaltigkeitsratings sind Bewertungen zu Unternehmen, Ländern, Finanzprodukten oder -fonds, die auf vergleichenden Auswertungen zu Ansätzen, Berichterstattungen, Strategien oder zur Performance im Zusammenhang mit Nachhaltigkeitsthemen basieren. Die vergleichende Bewertung erfolgt in Bezug auf durch die Nachhaltigkeitsratingagentur vorgegebene Kriterien oder in Bezug auf den Wettbewerber. Einige Nachhaltigkeitsratings umfassen zugleich ökologische, soziale und Governance-Kriterien in einem Rating, während andere Nachhaltigkeitsratings sich auf einen bestimmten Aspekt von Umwelt, Sozialem oder Governance fokussieren (Europäische Kommission, Generaldirektion Finanzstabilität, Finanzdienstleistungen und Kapitalmarktunion 2021, S. 58).

Aus wissenschaftlicher Sicht bilden finanzwissenschaftliche Studien die meistverbreitete Untersuchungsform zu nachhaltigen Investments. Es gibt mittlerweile zahlreiche Studien im Bereich der Finanzwirtschaft, die untersuchen, wie sich eine gute Nachhaltigkeitsleistung auf den wirtschaftlichen Erfolg des Unternehmens bzw. des Portfolios auswirkt. Eine Übersicht zu den über 2000 Studien bietet die Metastudie von Friede et al. (2015), die belegt, dass es einen Business Case für nachhaltige Investments gibt. Über 90 % der Studien finden einen nicht negativen Zusammenhang zwischen der Nachhaltigkeitsleistung und der Finanzleistung der Unternehmen, und die Mehrheit der Studien stellt eine positive Korrelation fest, was sich auch über den Zeitverlauf als stabil erweist.

Aus der finanzwissenschaftlichen Sicht besteht also die wesentliche Begründung für eine Ausrichtung an einer nachhaltigen Entwicklung darin, dass sie wirtschaftlich ist. Damit liegt der Untersuchungsschwerpunkt jedoch nur auf dem einen Ziel nachhaltiger Investments – nämlich dem, welchen wirtschaftlichen Effekt die Berücksichtigung von Nachhaltigkeitsbewertungen hat. Eine weitere Studie in diesem Bereich scheint wenig neues Wissen generieren zu können. Es wurde aber bisher kaum untersucht, welche Bedeutung eine solche Berücksichtigung der Nachhaltigkeitsleistung für das Ziel einer nachhaltigen Entwicklung hat. Der Fokus soll daher in dieser Arbeit auf dem zweiten genannten Ziel liegen, es ist also zu untersuchen, welche Bedeutung Nachhaltigkeitsratings für eine nachhaltige Entwicklung der Gesellschaft haben.

1.2   Bisherige Untersuchungsperspektiven

Zur Annäherung an den Forschungsansatz dieser Arbeit werden im folgenden Abschnitt Studienkonzepte dargestellt, die sich bereits mit der gesellschaftlichen Dimension bzw. der Nachhaltigkeitsdimension von Nachhaltigkeitsratings auseinandergesetzt haben.

Es gibt einige Studien, die untersuchen, ob Unternehmen in einem nachhaltigen Fond nachhaltiger sind als in konventionellen Fonds, indem sie die Nachhaltigkeitsleistung der einzelnen Unternehmen gemäß der Nachhaltigkeitsratings vergleichen (Kempf und Osthoff 2008; Hirschberger et al. 2012; Nitsche und Schröder 2015; Bauckloh et al. 2017). Diese Untersuchungen ermöglichen zwar, die Aussage darüber zu treffen, ob Nachhaltigkeitsfonds tatsächlich Unternehmen nach ihrer Nachhaltigkeitsbewertung auswählen. Allerdings lässt sich daraus nicht ableiten, dass nachhaltige Fonds tatsächlich bessere gesellschaftliche Auswirkungen haben als konventionelle Fonds. Darüber hinaus zeigt es nicht, ob bzw. welche Wirkungen von Nachhaltigkeitsratings auf eine nachhaltige Entwicklung ausgehen. Für die Betrachtung der gesellschaftlichen Bedeutung von Nachhaltigkeitsratings muss eine breitere Perspektive eingenommen werden. Investoren können keine direkten Auswirkungen auf die Gesellschaft haben, denn sie haben nur einen Einfluss auf die Unternehmen, in die sie investieren, welche wiederum Einfluss auf die Veränderung von gesellschaftlichen und ökologischen Parametern haben (Brest et al. 2018). Die Bedeutung der Nachhaltigkeitsratings für eine nachhaltige Entwicklung kann daher nur über deren Wirkung auf Unternehmen erschlossen werden.

Zur unternehmerischen Bedeutung der Nachhaltigkeitsratings gab es bereits in verschiedenen Forschungsdisziplinen Untersuchungen. In den Wirtschaftswissenschaften wurden die Nachhaltigkeitsratings mithilfe der neuen Institutionenökonomik als Schnittstelle zwischen Investor und Unternehmen analysiert. Aus Sicht der Prinzipalagententheorie kann die Informationsasymmetrie zwischen Unternehmen und Investoren durch Nachhaltigkeitsratings reduziert werden (Windolph 2011, S. 40). Nachhaltigkeitsratings reduzieren zudem Transaktionskosten, indem sie sich an bereits bestehende Normen, Standards und Konventionen orientieren, was den Aufwand für die Datenerhebung und -aufbereitung reduziert (Schäfer 2012, S. 24). Dies erklärt zwar die Funktion der Nachhaltigkeitsratings aus einer ökonomischen Rationalität, sie werden jedoch nicht in einen größeren Zusammenhang gestellt, weshalb auch keine Aussage über den Einfluss der Nachhaltigkeitsratings auf die nachhaltige Entwicklung getroffen werden kann. Zur Ermittlung der Bedeutung der Nachhaltigkeitsratings für eine nachhaltige Entwicklung sollte sich die Theorie mit der Beziehung zwischen Unternehmen und der Gesellschaft befassen. Diesbezüglich scheint der sozialwissenschaftliche Ansatz des Neoinstitutionalismus interessant, da er untersucht, wie sich Institutionen aus der Umwelt der Organisation, wie beispielsweise Normen, Erwartungen und Leitbilder auf die Strukturen und Operationen von Organisationen auswirken (Meyer und Rowan 1977). Mit dem Fokus auf die institutionellen Umwelten versucht der neue soziologische Institutionalismus darauf hinzuweisen, dass es für das Überleben von Organisationen nicht mehr ausreicht, rein auf wirtschaftliche Effizienz zu achten, wie es üblicherweise in den wirtschaftswissenschaftlichen Theorien angenommen wird (Hiß 2006, S. 129). Entscheidend für die Legitimität ist die Befolgung von institutionalisierten Regeln, die als Bestimmungen in der Gesellschaft reziprok entstandene Typisierungen oder Interpretationen darstellen (Berger und Luckmann 1967, S. 54). Wenn Organisationen die Erwartungen erfüllen, legitimieren sie sich gegenüber der technischen und institutionellen Umwelt. Dadurch erhalten sie die Ressourcen, die für das eigene Überleben bzw. die Selbsterhaltung notwendig sind (Meyer und Rowan 1977).

So zeigt Slager (2015) beispielsweise, dass Nachhaltigkeitsindizes (die auf der Bewertung durch Nachhaltigkeitsratings basieren) durch institutionelle Arbeit einen Standard für sozialverantwortliches Verhalten von Unternehmen erzeugen und sich die Reaktionen der Unternehmen auf die Erwartungen der Nachhaltigkeitsratingagenturen unterscheiden: Zum einen gibt es die performative Reaktion, bei der neue Leitlinien, Managementsysteme und Berichterstattungspraktiken verändert werden, und zum anderen die ostensive Reaktion, durch die ein einheitliches Verständnis von Nachhaltigkeit erzeugt wird.

Diese Erkenntnisse werden jedoch nicht in einen größeren gesellschaftlichen Kontext gestellt, weshalb auch keine Aussage darüber getroffen werden kann, welche Bedeutung Nachhaltigkeitsratings für eine nachhaltige Entwicklung der Gesellschaft haben.

Die Herausforderung des Neoinstitutionalismus besteht darin, dass die Theorie Anschluss an eine gesellschaftliche Theorie sucht, aber an die Stelle der Gesellschaft treten einfach die Institutionen. Institutionen lassen sich aber nicht mit der Gesellschaft gleichsetzen. Zwar wird in der Theorie beschrieben, dass die Erwartungen aus normativen Verpflichtungen entstehen, aber es bleibt unklar, wie diese entstehen und welche Bedeutung der Gesellschaft zukommt (Tacke 1999, S. 102 ff.).

Zudem erklärt der Neoinstitutionalismus die Veränderung von Unternehmen überwiegend durch äußeren Einfluss und unterschätzt daher den Veränderungsdrang, der von den Unternehmen selbst ausgeht. Die meisten empirischen Untersuchungen zum Neoinstitutionalismus befassen sich mit dem organisationalen Feld und den Auswirkungen der Gesellschaft auf die Organisation. Es gibt aber auch vereinzelte Untersuchungen, die die Auswirkung der Organisation auf die Gesellschaft betrachten. Die neoinstitutionalistische Mirkofundierung erarbeitete Theorien, mit denen versucht wurde, das Eigenleben von Organisationen als selbständigen Akteuren stärker einzubeziehen. Die meisten Arbeiten befassen sich jedoch weiterhin eher mit dem organisatorischen Feld, da darin die Stärke des institutionellen Ansatzes liegt. Er beschreibt, dass die Handlungen und Werte von Akteuren und Organisationen nicht aus sich selbst heraus entstehen, sondern durch die Gesellschaft und soziale Einbettung geprägt werden. Wenn die Veränderung von Unternehmen zu stark aus sich selbst heraus erklärt würde, bliebe vom theoretischen Kern des Neoinstitutionalismus nicht mehr viel übrig (Senge 2011, S. 154 ff.).

Bisherige Forschungsansätze überprüfen die Verwendung von Nachhaltigkeitsratings, geben eine ökonomische Begründung für die Existenz von Nachhaltigkeitsratings oder betrachten den konkreten Einfluss der Nachhaltigkeitsratings auf Unternehmen. Bisher wurden Nachhaltigkeitsratings aber nicht gesellschaftstheoretisch betrachtet, weshalb bisher auch keine Aussage darüber getroffen werden kann, welche Bedeutung Nachhaltigkeitsratings für eine nachhaltige Entwicklung der Gesellschaft haben.

1.3 Begründung einer systemtheoretischen Governanceperspektive

Herleitung

Ein weiteres interessantes Phänomen gibt einen Hinweis darauf, welche Theorie für den Untersuchungsgegenstand besser geeignet ist: Eine Besonderheit bei den Nachhaltigkeitsratings besteht darin, dass nachhaltige Investments eher aus dem Wirtschaftssystem selbst heraus entstanden sind (Louche et al. 2012, S. 303), ohne dass es einen bewussten Versuch der Politik gab, einen solchen Ansatz zu initiieren. Es erscheint zunächst paradox, dass sich das Wirtschaftssystem trotz wirtschaftlicher Rationalität scheinbar eigenständig gesamtgesellschaftlichen Interessen widmet. Bei der Berücksichtigung von gesellschaftlichen und ökologischen Kriterien im Wirtschaftssystem handelt es sich daher möglicherweise um eine Selbststeuerung. Die Bedeutung der Nachhaltigkeitsratings für eine nachhaltige Entwicklung soll daher aus einer governancetheoretischen Perspektive betrachtet werden, da mit dieser auch selbststeuernde Prozesse beobachtet werden können.

In Abgrenzung zu einer akteurzentrierten Steuerungstheorie ist eine Governancetheorie eher institutionalistisch. Während die akteurzentrierte Steuerungstheorie aus einem klassischen Staatsverständnis resultiert, bei dem die Gestaltung den legitimierten politischen Instanzen zugeschrieben wird, liegt der Fokus von Governance weniger auf dem handelnden Steuerungssubjekt als auf den Regelungsstrukturen und deren Wirkung (Mayntz 2004, S. 7).

Zu diesem Steuerungsverständnis gehört der Ansatz „Governance without Government" (Rosenau und Czempiel 2009), dem zufolge auch private Akteure in die gesellschaftliche Steuerung involviert sind (Héritier 2002, S. 3), wodurch es auch keine klare Trennung mehr zwischen Steuerungssubjekt und Steuerungsobjekt gibt (Mayntz 2004, S. 7). Der Ursprung des Governanceverständnisses liegt eigentlich in den Wirtschaftswissenschaften, nämlich in der Transaktionskostentheorie, der zufolge die Koordination von ökonomischen Handlungen nach Markt und Hierarchie differenziert wird (Williamson 1979) und das Augenmerk somit auf der Existenz von Regeln und deren Durchsetzung liegt (Benz 2003, S. 18).

Im Fall der Governance liegt der Fokus daher nicht auf dem Politischen und den interventionalistischen Handlungen der Akteure, sondern eher auf den Regelungsstrukturen und deren Wirkung. Besonders im Fall von Corporate Governance wird deutlich, dass es hierbei eine Überschneidung mit der institutionalistischen Denkweise gibt. Der Begriff „Governance" wurde, ausgehend von dem ökonomischen Verständnis, zunehmend in der Politikwissenschaft übernommen (Mayntz 2004, S. 5). Wegen der vielfältigen Anwendungsbereiche (Benz et al. 2007, S. 9) gibt es keine einheitliche Definition zum Begriff „Governance" (Benz 2004, S. 12). „Governance" umfasst laut Benz Regelungen, die sowohl von privaten als auch von öffentlichen Institutionen ausgehen können (Benz 2004, S. 17). Dies impliziert beispielsweise sowohl den kooperativen Staat (Mayntz 2002, S. 21) im Sinne einer bestimmten Form der Steuerung zwischen Staat und Gesellschaft als auch eine Selbststeuerung der privaten Akteure (Héritier 2002, S. 3).

Da an Nachhaltigkeitsratings sowohl Unternehmen als auch der Finanzmarkt beteiligt sind, scheint eine wirtschaftsbezogene Governanceperspektive denkbar, die die Chancen und Barrieren der institutionellen Steuerung innerhalb der Wirtschaft betrachtet (Kenis und Schneider 1996, S. 11). Dabei wird zwischen einer Makro-, Meso- und Mikroebene differenziert (Lütz 2007, S. 391). Auf der Makroebene werden insbesondere Kapitalismusformen verglichen, die durch unterschiedliche Institutionen bestimmen, wie Unternehmen ihre Koordinationsleistung erfüllen (Soskice und Hall 2001). Auf der Mesoebene werden Sektoren oder regionale Produktionszusammenhänge analysiert (Crouch et al. 2004). Auf der Mikroebene geht es insbesondere um das Thema „Corporate Governance", bei dem sowohl innere als auch äußere Einflüsse und Machtkonstellationen von Akteuren von Organisationen betrachtet werden (O'Sullivan 2001).

Den Ursprung hat Corporate Governance in den immer weiter auseinanderdriftenden Interessen von Eigentümern und Unternehmensführung (Berle und Means 2010). Mittlerweile wird aber in Corporate-Governance-Studien auch die Berücksichtigung von sozialen und ökologischen Aspekten in der Unternehmensführung untersucht. Im Rahmen von Corporate Social Responsibility umfasst das insbesondere freiwillig verwendete Instrumente, wozu auch Nachhaltigkeitsratings gezählt werden (Eberle 2007, S. 378 f.). Mit der Unterscheidung verschiedener Ebenen wäre die wirtschaftsbezogene Governanceperspektive eine geeignete Untersuchungsperspektive, da Nachhaltigkeitsratings sowohl für Organisationen als auch für die Gesamtwirtschaft relevant zu sein scheinen. Von besonderem Interesse für die Untersuchung von Nachhaltigkeitsratings erscheint die Mikroebene, da betrachtet werden soll, wie die Nachhaltigkeitsratingagenturen auf Unternehmen wirken, und zum anderen die Makroebene, da nachhaltige Investments ein industrieunabhängiges Phänomen von globaler Tragweite darstellen. Das Ziel von Corporate Governance besteht jedoch vor allem in der Sicherstellung von ökonomischen Interessen (Werder 2009, S. 9). Damit läge der Fokus der Untersuchung wieder überwiegend auf den wirtschaftlichen Effekten und nicht auf den Auswirkungen auf eine nachhaltige Entwicklung der Gesellschaft. Eine Alternative wäre daher der Governanceansatz auf globaler Ebene, der jedoch überwiegend mit empirischen Vergleichen, die auch unterschiedliche Zeitpunkte umfassen können, arbeitet, aber sich nicht mit den Mechanismen der Transformationsprozesse des Wirtschaftssystems auseinandersetzt (Lütz 2007, S. 398). Da es sich bei der nachhaltigen Entwicklung um einen Wandel handelt, hilft dieser Theorieansatz nicht weiter, um den Einfluss der Nachhaltigkeitsratings auf diese Veränderung zu erfassen. Eine wirtschaftsbezogene Governanceperspektive ist weder auf der Mikroebene (durch den wirtschaftlichen Fokus) noch auf der Makroebene (keine Erklärung von Transformationen) dazu geeignet, die Bedeutung der Nachhaltigkeitsratings für eine nachhaltige Entwicklung der Gesellschaft zu untersuchen.

Grundsätzlich wird Governance aber auch nicht als Theorie, sondern als eine bestimmte Perspektive auf die Wirklichkeit verstanden. Governance stellt eher eine bestimmte analytische Perspektive dar, die Arten von Koordinationsstrukturen untersucht, also welche Strukturen, Mechanismen und Wirkungen bei Interdependenzen zwischen Akteuren vorliegen (Benz et al. 2007, S. 14 ff.). Für die Untersuchung von Nachhaltigkeitsratings wirkt besonders die Perspektive von Global Governance interessant, da Nachhaltigkeitsratings mittlerweile eine globale Reichweite erreicht haben (Louche et al. 2012). Aus einer normativen Sicht beschreibt Global Governance Konzepte zur Bewältigung der Herausforderungen, die durch die Globalisierung entstanden sind (Behrens 2004, S. 104 f.).

Damit verfolgt Global Governance ein ähnliches Ziel wie nachhaltige Investments, die einen Beitrag zu einer nachhaltigen Entwicklung anstreben. Ähnlich zur Diskussion über Governance gibt es auch für Global Governance bisher keine eindeutige Definition (Behrens 2004, S. 104). Generell gibt es neben den normativen Ansätzen, die Konzepte abbilden, um möglichst effektiv globale Probleme zu lösen, auch eine analytische Perspektive, die untersucht, wie internationale Systeme politisch gesteuert und koordiniert werden (Behrens und Reichwein 2007, S. 311). Zwar werden dafür oft institutionentheoretische Ansätze verwendet, um die Steuerungswirkung von Institutionen zu untersuchen, allerdings können auch Ansätze der autopoietischen Systemtheorie verwendet werden, um insbesondere selbststeuernde Prozesse mit einer gewissen Eigendynamik governancetheoretisch zu untersuchen (Benz 2004, S. 27). Aus systemtheoretischer Sicht bezeichnet Global Governance „die Steuerung globaler Kontexte durch Organisationen, Institutionen, Regelsysteme, Vertragswerk und andere Vereinbarungen" (Willke 2006, S. 5). Da es keine Weltregierung gibt, entwickeln sich Governanceformen, die zu einer Selbststeuerung und Kontextsteuerung von lateralen Weltsystemen, wie beispielsweise dem Wirtschaftssystem, führen. Die Systemtheorie kritisiert bestehende Theorien zu Global Governance, da diese einen zu einseitigen Fokus haben und damit der Komplexität von Globalisierungsprozessen nicht gerecht werden (Willke 2006, S. 5 f.). Da es sich auch bei den Nachhaltigkeitsratings mit der Beteiligung von Unternehmen, der Finanzwirtschaft und der Gesellschaft scheinbar um einen Selbststeuerungsprozess des Wirtschaftssystems handelt, der sehr komplex ist, soll in dieser Arbeit eine systemtheoretische Governanceperspektive eingenommen werden.

Während Ansätze der wirtschaftsbezogenen Governanceperspektive einen zu starken Fokus auf wirtschaftliche Ziele legen oder keine Transformationsprozesse der Wirtschaft berücksichtigen, ermöglicht eine systemtheoretische Governanceperspektive, komplexe Selbststeuerungsprozesse des Wirtschaftssystems zu beschreiben, und ist daher besser geeignet, die Bedeutung der Nachhaltigkeitsratings für eine nachhaltige Entwicklung der Gesellschaft zu untersuchen.

Vorteile

Ein wesentlicher Vorteil einer systemtheoretischen Governanceperspektive besteht darin, dass die Systemtheorie eine sehr detaillierte Beschreibung von Gesellschaft und ihrer Funktionsweise zur Verfügung stellt.

Das Ziel der Systemtheorie nach Luhmann ist der Aufbau einer Supertheorie, die die verschiedenen Bereiche der Soziologie zusammenführt und somit einen generalisierten Überbau dieser Wissenschaft darstellt. Zu diesem Zweck abstrahiert sie vollkommen von einer Betrachtung des Individuums (Luhmann 1984,

S. 7). Dies stellt einen Paradigmenwechsel für die Beschreibung der Gesellschaft dar, da das System nicht mehr als Gesamtheit seiner Teile, sondern als Differenz von System und Umwelt dargestellt wird (Luhmann 1984, S. 22). Die System-theorie möchte als possibilistische Theorie nicht die Wirklichkeit beschreiben, sondern darstellen, wie etwas Reales innerhalb der Möglichkeiten entstehen kann, also wie die hohe Unwahrscheinlichkeit der Evolution von Systemen wahrschein-lich wird (Schützeichel 2003, S. 61). Durch die detaillierte Beschreibung der Gesellschaft ist es mit der Systemtheorie möglich, Nachhaltigkeitsratings in einen gesellschaftlichen Kontext zu stellen und deren Bedeutung für eine nachhaltige Entwicklung der Gesellschaft zu beschreiben.

Es gab zwar Versuche, den intentionalen Akteur in die Systemtheorie zu inte-grieren (Schimank 1985), aber die Stärke der Systemtheorie besteht gerade darin, dass soziale Systeme nicht aus Personen, sondern aus Kommunikation bestehen. Erst durch diese Trennung von Menschen und Systemen wird die Selbst-referenz von sozialen Systemen ersichtlich. Erst dadurch kann die eigene Funktionsweise des Systems nachvollzogen werden. Nur durch diese Perspektive wird auch ersichtlich, welche Probleme sich bei einer Steuerung von komplexen Systemen ergeben (Willke 2007, S. 25).

Ein emergentes System entsteht nur, wenn die Ordnungsstruktur für Einschrän-kungen der Optionen der Elemente sorgt. Durch die Einschränkung entstehen neue Eigenschaften des Systems, das mehr ist als die Summe seiner Teile (Willke 2007, S. 32). Kollektive Intelligenz entsteht nicht aufgrund der Intelligenz der Mitglieder, sondern ist abhängig von den Strukturen, Prozessen, Regeln des sozialen Systems (Willke 2007, S. 202). Ein systemtheoretischer Fokus auf die Nachhaltigkeitsratings als soziale Systeme macht es möglich, die emergenten Eigenschaften auf systemischer Ebene zu betrachten.

Die Systemtheorie ist nicht eine einzige Theorie, sondern besteht eher aus einem Netzwerk von Theorien, die mit einem loose coupling miteinander ver-knüpft werden. Es geht aus epistemologischer Sicht in der Systemtheorie also nicht um die Erarbeitung einer bestimmten Wirklichkeit, indem verschiedene Theorien streng deduktiv miteinander verbunden werden, sondern eher um eine Beschreibung der Realität, indem unterschiedliche Sichtweisen durch eine lose Kopplung von Theorien vernetzt werden. Luhmanns Theorie sozialer Systeme basiert auf unterschiedlichen Theorien. Er orientiert sich einerseits stark an sys-temtheoretischen Vorarbeiten, die durch Parsons (1951) geprägt sind, der eine soziologische Gesellschaftstheorie auf Grundlage des Zusammenschlusses von Netzwerktheorie, Kybernetik, Informationstheorie und allgemeiner Systemtheo-rie nach Bertalanffy (1968) erarbeitete. Darüber hinaus stützt sich Luhmann stark auf vier Gesellschaftstheorien, die er mit der Systemtheorie verbindet.

Dazu gehören die Differenzierungstheorie, die Theorie soziokultureller Evolution, Kommunikationstheorien und die Theorie der Selbstbeobachtung, die
sich nie als eigenständige Theorie entwickelt hat, sondern eher aus verschiedenen Konzepten besteht. Diese beiden großen Theoriekomponenten werden
durch Interaktionstheorien und Organisationstheorien ergänzt. Dieses Netzwerk
an Theorien bietet daher nicht nur eine sehr flexible Anwendung auf unterschiedliche gesellschaftliche Kontexte, sondern ermöglicht auch die Integration
von verschiedenen Theorien und Methoden, die unabhängig der Systemtheorie
entstanden sind (Stichweh 2010, S. 21 ff.).

Mit den vielfältigen Begriffen ist die Systemtheorie gegenüber verschiedenen Wissenschaften anschlussfähig, wodurch sie besonders für interdisziplinäre
Untersuchungen geeignet ist. Damit ist sie für die Untersuchung der gesellschaftlichen Bedeutung von Nachhaltigkeitsratings angemessen, die sich zwischen
Finanzwirtschaft, Wirtschaftswissenschaften, Soziologie und Politikwissenschaft
bewegt.

Mit ihrer hohen Komplexität besitzt die Systemtheorie ein entsprechendes Auflösungsvermögen und kann damit die Brücke zwischen abstrakten und
konkreten Themen schlagen und eignet sich folglich besonders gut, das Spannungsfeld zwischen Gesellschaft und Wirtschaft zu thematisieren (John et al.
2010b, S. 8). Da die Systemtheorie Komplexität ins Zentrum der Analyse stellt
(Melde 2012, S. 51), scheint sie besonders gut geeignet, um die komplexen
Zusammenhänge der Nachhaltigkeitsratings zu betrachten. Die Systemtheorie
untersucht mit der Gesellschaft und den Funktionssystemen auf der Makroebene
und mit Organisationen auf der Mikroebene unterschiedliche Ebenen (Melde
2012, S. 51) und ihre interdependenten Wirkungen. Damit können die Wirkungen
von Nachhaltigkeitsratings sowohl auf unternehmerischer und wirtschaftlicher als
auch auf gesellschaftlicher Ebene betrachtet werden. Die Systemtheorie bietet
daher nicht nur die Möglichkeit, Nachhaltigkeitsratings gesellschaftlich einzuordnen, sondern auch einen tieferen Einblick in Organisationen, wodurch gleichzeitig
die Wirkung von Nachhaltigkeitsratings in Organisationen beschrieben werden
kann.

Viele betriebswirtschaftliche Theorien nutzen ein systemtheoretisches Verständnis zur Beschreibung von Organisationen, obwohl die Systemtheorie nie
eine eigenständige Organisationstheorie geworden ist (Schreyögg 2003, S. 83 ff.).
Ein wesentlicher Unterschied im Vergleich z. B. einer neoinstitutionalistischen Perspektive auf Organisationen besteht darin, dass sich Organisationen
als autopoietische Systeme aus sich selbst heraus entwickeln (Luhmann 2000,
S. 436 ff.). Mit einer konkreten Beschreibung über die Funktionsweise von

Organisationen eignet sich die Systemtheorie daher besonders, um eine Veränderung von Unternehmen durch Selbststeuerung zu beschreiben, wie es auch bei
den Nachhaltigkeitsratings angenommen wird. Auch im Nachhaltigkeitsmanagement werden systemtheoretische Überlegungen übernommen, da die bisherigen
betriebswirtschaftlichen Instrumente nicht mehr ausreichen, um die komplexen
Probleme von Nachhaltigkeit zu verarbeiten (Seidel 1999, S. 310). Die Systemtheorie eignet sich besonders wegen der Differenz zwischen System und Umwelt
als Kern der Beobachtungsperspektive, um Nachhaltigkeit in seiner Mehrdimen-
sionalität zu erfassen und soziale Systeme in Bezug auf ihre Umwelt, die sich
sowohl aus der Gesellschaft und der ökologischen Umwelt als auch dem psychischen Bewusstsein zusammensetzt, zu analysieren (Melde 2012, S. 51). Die
Systemtheorie kann daher besonders auch die Veränderungen von Organisationen in Bezug auf eine nachhaltige Entwicklung beschreiben, wie dies auch beim
nachhaltigen Investment als Ziel verfolgt wird.

Eine Gemeinsamkeit zwischen Systemtheorie und Nachhaltigkeit besteht
darin, dass sie sich beide mit der Erhaltung der Gesellschaft befassen. Während
die Systemtheorie die Selbsterhaltung von Systemen betrachtet (Luhmann 2004,
S. 56), geht es bei einer nachhaltigen Entwicklung um eine inter- und intragene-
rationale Gerechtigkeit (United Nations 1987, S. 37). Bis auf die Existenz von
sozialen Systemen, die erkenntnistheoretisch nicht hinterfragt werden (Luhmann
1984, S. 30 f.), werden in der Systemtheorie keine ontologischen Annahmen
verwendet (Luhmann 1984, S. 243 f.). Anstatt zu untersuchen, wie eine Norm,
wie beispielsweise eine Gesamtrationalität, am besten umgesetzt werden kann,
betrachtet die Systemtheorie, welche Konsequenzen eine solche Norm für die
Gesellschaft hat (Luhmann 2000, S. 468). Die Systemtheorie arbeitet daher nicht
mit Prinzipien, sondern mit Paradoxien, die es ermöglichen, die Operationsweise
von Systemen zu beobachten (Luhmann 2000, S. 462 ff.). Dadurch wird auch
Nachhaltigkeit nicht in seiner Normativität verwendet, sondern seine semantische
und strukturelle Funktion analysiert (Melde 2012, S. 121 ff.). Die Systemtheorie erarbeitet keine Lösung für Umweltprobleme, sondern beschreibt nur, wie die
Gesellschaft auf Umweltprobleme reagiert (Luhmann 1986, S. 249). Sie ist daher
keine normative, sondern eine eher deskriptive Theorie, die aus der Beobachtung
der Gesellschaft hervorgeht. Die Systemtheorie kann daher auch die Bedeutung
von Nachhaltigkeitsratings auf eine nachhaltige Entwicklung unabhängig von
normativen Vorstellungen beschreiben.

Der wesentliche Vorteil einer systemtheoretischen Perspektive zur Ermittlung der Bedeutung von Nachhaltigkeitsratings für eine nachhaltige Entwicklung
besteht darin, dass die Systemtheorie im Gegensatz zu anderen Theorien sowohl
eine umfassende Beschreibung der Gesellschaft als auch einen dezidierten Ansatz

zur Funktionsweise von Organisationen zur Verfügung stellt. Dadurch können Nachhaltigkeitsratings in einen gesellschaftlichen Kontext gestellt und deren Einfluss auf Organisationen in der Tiefe betrachtet werden. Die Systemtheorie ermöglicht, durch interdisziplinäre Ansätze über verschiedene Ebenen hinweg eine Selbststeuerung durch Nachhaltigkeitsratings auf der systemischen Ebene mit emergenten Eigenschaften unabhängig vom Subjekt und Normativität zu beschreiben.

Grenzen

Eine systemtheoretische Governanceperspektive geht jedoch auch mit Einschränkungen in der Beobachtung einher, woraus auch Grenzen möglicher Ergebnisse resultieren. Da die Stärken der Systemtheorie zugleich ihre Schwächen darstellen, werden mit kritischeren Perspektiven auf die Systemtheorie die Grenzen dieser Arbeit aufgezeigt.

Nach Habermas besteht der wesentliche Nachteil der Systemtheorie in der deskriptiven Beschreibung und fehlenden Normativität. Es handelt sich nicht um eine kritische Theorie mit einer Utopie. Dadurch kann die Theorie keine gesellschaftlichen Veränderungen anstoßen, was eigentlich die Funktion einer soziologischen Theorie sein sollte, da die Systemtheorie keine Empfehlungen für den handelnden Menschen aussprechen kann (Habermas und Luhmann 1971, S. 142 ff.).

Scharpf äußert eine weitere Kritik gegenüber der Systemtheorie, die darin besteht, dass Akteure nicht als komplexe Systeme berücksichtigt werden und die Intransparenz von Systemen überschätzt wird, weshalb sie sich nicht ausreichend mit der Interaktion zwischen Akteuren auseinandersetzt und damit eine Steuerungsskepsis erzeugt (Wiesenthal 2006, S. 37). Eine tiefergehende Beschreibung des systemtheoretischen Steuerungsverständnisses der Gesellschaft erfolgt in Abschnitt 3.3.2.

Grundsätzlich sind für Luhmann jedoch Handlungstheorien keine Alternative, um komplexe Situationen zu erklären. Da in solchen Fällen Empfehlungen wegen unerwarteter Nebenwirkungen immer falsch liegen, müssen sie im Ergebnis immer scheitern (Wiesenthal 2006, S. 34). Nach Luhmann (1984, S. 244) wird in diesen Theorien die Bedeutung des Subjekts überschätzt. Zwar spielen Personen durchaus eine Rolle, da sie als psychische Systeme in der Umwelt (Luhmann 1986, S. 64) verortet werden. Das führt aber dazu, dass die Aktivitäten innerhalb von Personen und deren Wirkung nicht systemtheoretisch analysiert werden können. Die Wirkung von Motiven, Einstellungen, Überzeugungen und Glaubenssätze und die daraus resultierenden Handlungen in Bezug auf

Nachhaltigkeitsratings können daher nicht im Rahmen dieser Arbeit untersucht werden.

Darüber hinaus kritisiert Scharpf in Bezug auf die gesellschaftliche Steuerung, dass die Systemtheorie nur ein sehr eingeschränktes Politikverständnis hat und damit Steuerungserfolge nicht sieht. Die Reduktion von Politik auf die Differenz von Regierung und Opposition führt dazu, dass von Politik nur eine Teilmenge der politischen Prozesse betrachtet wird (Wiesenthal 2006, S. 38).

Eine governancetheoretische Perspektive auf die Systemtheorie führt dazu, dass der Fokus noch stärker auf die Strukturen und deren Wirkungen gelenkt wird. In Governancetheorien wird angenommen, dass sich die Strukturen so gebildet haben, dass sie dem Allgemeininteresse dienen (Héritier 2002, S. 3).

Dies beschreibt jedoch nur einen Teil der Wirklichkeit, da auch Machtbeziehungen für die Entstehung von Strukturen eine Rolle spielen. Diese Perspektive auf die politische Wirklichkeit wird in Governancetheorien jedoch bewusst ausgeblendet, da eine Erweiterung der Theorie um die Machtstrukturen, nicht mehr das sichtbar zu machen vermag, was sie mit einem klaren Fokus auf Regelungsstrukturen sichtbar werden lassen kann (Mayntz 2004, S. 8).

Welche Rolle die Machtbeziehungen für die Bedeutung der Nachhaltigkeitsratings spielen, steht wegen der systemtheoretischen Governanceperspektive daher auch nicht im Zentrum dieser Arbeit.

Die Grenzen der systemtheoretischen Governanceperspektive bestehen in fehlender Normativität und in der Abstraktion von Akteuren, wodurch Motive nicht betrachtet werden. Die Rolle von Akteuren und deren Machtbeziehungen kann bei der Entstehung und der Bedeutung von Nachhaltigkeitsratings daher in dieser Arbeit nicht betrachtet werden. Zudem können für Nachhaltigkeitsratings auch keine individuellen Handlungsempfehlungen gegeben werden.

1.4   Fragestellung

Da die Systemtheorie mit Paradoxien und Differenzen arbeitet, wendet sie eine besondere Beobachtungsperspektive an, die auch in der Analyse der Nachhaltigkeitsratings eingenommen werden soll. Nach Luhmann (1997, S. 85) befasst sich die Systemtheorie mit der Fragestellung, „ob und wie Kommunikation eine Operation sein kann, die zur Emergenz und operativen Schließung eines eigenständigen sozialen Systems mit einer eigenen, nicht wahrnehmbaren (!), sondern nur denotierbaren Umwelt führt […][oder] wie eine Autopoiesis des Sozialen möglich ist". Da die Systemtheorie von kontingenten Strukturen ausgeht, das heißt, weil es immer auch anders sein könnte, fragt die Systemtheorie nicht nach dem Was, sondern nach dem Wie (John et al. 2010c, S. 324). Nach Willke (1993, S. 130 f.) legen systemtheoretische Untersuchungen zwei Schwerpunkte: „Wie ist das, was ist überhaupt möglich? (Was sind die konstituierten Bedingungen der Möglichkeit eines bestimmten Systems in seiner spezifischen Umwelt?)" und „Wozu ist das, was ist überhaupt notwendig? (Was sind die spezifischen Funktionen beobachtbarer Strukturen oder Prozesse für ein bestimmtes System in seiner gegebenen Umwelt?)". Die Systemtheorie fragt daher, wie etwas entsteht und welche Konsequenz daraus folgt.

Mithilfe einer systemtheoretischen Governanceperspektive werden in dieser Arbeit „Nachhaltigkeitsratings als Steuerungsinstrument von Unternehmen für eine nachhaltige Entwicklung" dargestellt. Zur Analyse, welchen Einfluss Nachhaltigkeitsratings auf eine nachhaltige Entwicklung haben, wird aus systemtheoretischer Sicht untersucht, welche Bedeutung Nachhaltigkeitsratings für die Gesellschaft aufweisen. Zum einen impliziert dies die Frage, warum Nachhaltigkeitsratings überhaupt existieren, zum anderen die Frage, welche Funktion Nachhaltigkeitsratings übernehmen. Zur Untersuchung der Ursache der Existenz von Nachhaltigkeitsratings wird die Fragestellung auf eine abstraktere systemtheoretische Ebene gehoben. „Warum existieren Nachhaltigkeitsratings?" lässt sich intuitiv damit beantworten, dass Nachhaltigkeitsratings aufgrund eines nachhaltigen Wirtschaftssystems entstehen. Daraus lässt sich die Frage ableiten, wie ein nachhaltiges Wirtschaftssystem funktioniert. Damit stellt sich die Frage, wieso überhaupt eine Notwendigkeit für eine nachhaltige Entwicklung besteht, und in einer abstrakteren Form, wie soziale Systeme langfristig existieren können.

Daraus ergeben sich vom Abstrakten zum Konkreten folgende Thesen, die systemtheoretisch argumentativ erörtert werden.

- Die Selbsterhaltung von Systemen wird durch neuen Sinn ermöglicht (Kapitel 2).
- Gesellschaft und Wirtschaft gefährden sich selbst durch einen Sinnverlust (Kapitel 3).
- Ein sinnvolles Wirtschaftssystem entsteht durch gesellschaftliche Selbststeuerung (Kapitel 4).

Ausgehend von der Frage, welche Rolle Nachhaltigkeitsratings im Wirtschaftssystem spielen, ergibt sich, aufbauend auf den systemtheoretischen Überlegungen, für den empirischen Teil der Untersuchung von Nachhaltigkeitsratings folgende These.

- Nachhaltigkeitsratings ermöglichen eine Selbststeuerung der Wirtschaft durch eine begrenzte Reflexion in Unternehmen (Kapitel 5).

Zur gesellschaftlichen Einordnung der Nachhaltigkeitsratings werden abschließend die Erkenntnisse mit der folgenden These wieder auf eine abstrakte systemtheoretische Ebene gehoben.

- Die Politik kann durch Kontextsteuerung der Selbststeuerung der Wirtschaft mit einer begrenzten Reflexion die Evolution zu einer sinnvollen Gesellschaft unterstützen (Kapitel 6).

Daraus ergibt sich die grundsätzliche These, die vorliegender Arbeit zugrunde liegt.

- **Nachhaltigkeitsratings tragen zu einer sinnvollen Gesellschaft bei, indem sie eine Selbststeuerung der Wirtschaft durch eine begrenzte Reflexion in Unternehmen ermöglichen.**

1.5 Aufbau der Arbeit

Die Arbeit orientiert sich im Aufbau an den oben genannten Thesen.

In *Kapitel 2* wird beschrieben, wie die Selbsterhaltung von Systemen durch neuen Sinn ermöglicht wird.

Dazu wird eine grundlegende Einführung in die Systemtheorie insbesondere in Bezug auf Luhmann (1984) gegeben. Anschließend werden die gesellschaftlichen Steuerungsformen Markt, Hierarchie und Netzwerke systemtheoretisch beschrieben und deren Interdependenzen verdeutlicht. Zur systemtheoretischen Beschreibung des Marktes wird neben den Ausführungen zum Wirtschaftssystem von Luhmann (1988) auch auf die systemtheoretischen Beschreibungen von Banken (Baecker 2008) und Unternehmen (Röpke 2002) zurückgegriffen, um den Zusammenhang zwischen Finanz- und Realwirtschaft systemtheoretisch beschreiben zu können. Die systemtheoretische Beschreibung der Hierarchie erfolgt im wesentlich auf Basis der Ausführungen zu Organisationen von Luhmann (2000). Für eine systemtheoretische Einordnung von Netzwerken werden insbesondere die systemtheoretischen Überlegungen zu Netzwerken von Bommes und Tacke (2011b) herangezogen.

In *Kapitel 3* wird dargestellt, wie Gesellschaft und Wirtschaft sich durch einen Sinnverlust selbst gefährden.

Zuerst wird sehr grundsätzlich insbesondere mit Bezug auf Japp (1996) systemtheoretisch beschrieben, dass Rationalität nicht mehr ausreicht, um die Kontingenz der Gesellschaft zu verarbeiten.

Danach wird mit Luhmann (1986) dargestellt, wie die Orientierung des Wirtschaftssystems an einer wirtschaftlichen Rationalität zu einer Selbstgefährdung führt. Es wird sowohl systemtheoretisch als auch exemplarisch beschrieben, wie die Realwirtschaft und die Finanzwirtschaft ihre eigene Grundlage zerstören.

Zudem wird aufgezeigt, wie Kontingenz die Steuerungsfähigkeit der Politik begrenzt. Neben den Grenzen einer politischen Steuerung des Wirtschaftssystems werden die Steuerungsmöglichkeiten von sozialen Systemen mithilfe von Luhmann (1986), Willke (2005) und Wiesenthal (2006) erläutert. Abschließend wird beschrieben, wie das politische System durch Kontingenz in der sachlichen und zeitlichen, aber auch in der sozialen Sinndimension an seine Grenze stößt.

In *Kapitel 4* wird beschrieben, wie ein sinnvolles Wirtschaftssystem durch eine gesellschaftliche Selbststeuerung entsteht.

Im ersten Schritt wird gezeigt, wie durch Reflexion die pathologische Selbstreferenz aufgelöst wird. Nach einer systemtheoretischen Beschreibung von Reflexion (Luhmann 1984; Willke 1987; Japp 1996) durch Netzwerke (Baecker 2003; Bommes und Tacke 2011b) folgt eine systemtheoretische Beschreibung der gesellschaftlichen Reflexion im Wirtschaftssystem. Danach wird dargestellt, wie in Organisationen der Realwirtschaft durch Corporate Social Responsibility (CSR) und in Organisationen der Finanzwirtschaft durch Social Responsible Investments (SRI) gesellschaftliche Reflexion erfolgt.

Im zweiten Schritt wird erläutert, wie durch eine Generalisierung auf Basis von Nachhaltigkeit eine neue Stabilität geschaffen wird. Nach einem systemtheoretischen Bezug zu Institutionen (Japp 1996; Willke 2007) und einer Beschreibung der gesellschaftlichen Funktion von Nachhaltigkeit (Melde 2012) wird die Bedeutung von Nachhaltigkeit für das Wirtschaftssystem systemtheoretisch dargestellt. Anschließend wird erläutert, wie sich Organisationen in der Realwirtschaft durch Nachhaltigkeitsmanagement und in der Finanzwirtschaft durch nachhaltige Investments an Nachhaltigkeit orientieren.

Im dritten Schritt wird erläutert, wie eine begrenzte Reflexion in wirtschaftlichen Entscheidungen eine Selbststeuerung des Wirtschaftssystems ermöglicht und wie diese durch Fremdbeschreibungen beeinflusst werden kann (Luhmann 2000). Es wird systemtheoretisch beschrieben, wie durch eine Verschleierung der Differenz zwischen Wirtschaft und Gesellschaft die Voraussetzung für eine begrenzte Reflexion in wirtschaftliche Entscheidungen geschaffen wird. Es wird erläutert, wie die Differenz zwischen Wirtschaft und Gesellschaft in der Finanzwirtschaft durch den Zusammenhang von der Corporate Social Performance und Corporate

Financial Performance und in der Realwirtschaft durch den Business Case for Sustainability verschleiert wird. Es wird dann systemtheoretisch erläutert, wie die Selbststeuerung von Organisationen durch den Einfluss von Fremdbeschreibungen auf Selbstbeschreibungen beeinflusst werden kann. Es wird dargestellt, dass mit Nachhaltigkeitsratings eine Verschiebung der Fremdbeschreibung auf Basis von einer wirtschaftlichen Rationalität hin zu Nachhaltigkeit stattfindet.

In *Kapitel 5* wird dargestellt, wie Nachhaltigkeitsratings mithilfe einer begrenzten Reflexion in Unternehmen die Selbststeuerung der Wirtschaft ermöglichen. Auf Basis eines mehrstufigen Experteninterviews in einem Unternehmen und mehreren Nachhaltigkeitsratingagenturen werden die systemtheoretischen Überlegungen anhand von Nachhaltigkeitsratings empirisch überprüft. In der Auswertung und Interpretation werden bereits existierende Studien um die Ergebnisse der Experteninterviews ergänzt. Zum Verständnis der Veränderungsmöglichkeiten von Unternehmen wird von Hasenmüller (2013) insbesondere auf die Untersuchung von Pfadabhängigkeiten im Nachhaltigkeitsmanagement zurückgegriffen. Es wird gezeigt wie Nachhaltigkeitsratings durch ihre Reflexionsfunktion einen bestehenden Evolutionspfad von Organisationen aufbrechen und durch ihre Generalisierungsfunktion stabilisieren, wodurch sie ein Reentry der Gesellschaft in unternehmerische Entscheidungen ermöglichen und einen Beitrag zur Selbststeuerung der Wirtschaft leisten. Dabei werden auch Grenzen dieser Steuerung ersichtlich, die eine Unterstützung der Politik notwendig machen.

In *Kapitel 6* wird beschrieben, wie Politik durch die Kontextsteuerung der Selbststeuerung der Wirtschaft mit einer begrenzten Reflexion die Evolution zu einer sinnvollen Gesellschaft unterstützen kann.

Einerseits wird mit Beispielen aktueller Regulierungsvorhaben aufgezeigt, wie Politik die Entstehung einer Wirtschaft mit begrenzter Reflexion beschleunigen oder verstärken kann, indem sie indirekt die Reflexion der Gesellschaft und die Generalisierung durch Nachhaltigkeit unterstützt. Zudem wird deutlich gemacht, dass Politik besonders bei der Berücksichtigung von nichtwirtschaftlichen Gesellschaftsthemen in der Wirtschaft unterstützten muss, indem nichtwirtschaftliche Gesellschaftsthemen wirtschaftlich gemacht werden.

Andererseits wird abstrahierend beschrieben, dass die Verbindung der gesellschaftlichen Reflexion mithilfe von Netzwerken mit einer Generalisierung auf Basis von Nachhaltigkeit eine Kombination aus Einheit und Vielfalt erzeugt. Dadurch entsteht eine Emergenz, mit der die Gesellschaft ein neues Komplexitätsniveau erreicht, wodurch sie Kontingenz besser verarbeiten kann. Nachhaltigkeitsratings tragen zu einer Steigerung der Komplexitätsverarbeitungskapazität bei, indem sie, wie auch Politik, die Selbststeuerung der Wirtschaft unterstützen.

Jedes dieser Kapitel endet mit einem Zwischenfazit als eigenständigem Kapitel. Darüber hinaus befindet sich am Ende jedes Unterkapitels der zweiten Gliederungsebene eine Zusammenfassung, die mit „*Zusammenfassend*" eingeleitet wird.

In *Kapitel 7* folgt das Gesamtfazit mit einer Zusammenfassung und Darstellung des Mehrwertes der Arbeit und des weiteren Forschungsbedarfs.

Selbsterhaltung von Systemen durch neuen Sinn

Da es sich bei der Systemtheorie um eine sehr komplexe Theorie handelt, deren theoretische Leistungsfähigkeit erst durch eine ganzheitliche Betrachtungsweise abrufbar ist, ist es nicht ausreichend mit einzelnen theoretischen Schlagworten zu arbeiten, vielmehr ist eine Beschreibung der systemtheoretischen Logik in der Gesamtbetrachtung notwendig. Daher wird in diesem Kapitel eine grundlegende Einführung in die Systemtheorie nach Luhmann gegeben und beschrieben, wie soziale Systeme langfristig bestehen. Anschließend erfolgt eine Beschreibung, wie die Steuerungsformen „Markt", „Hierarchie" und „Netzwerke" aus systemtheoretischer Sicht funktionieren, ferner werden deren Interdependenzen dargestellt.

2.1 Sinnverarbeitung in autopoietischen Systemen

Die folgende grundlegende Einordnung vermittelt das notwendige Verständnis für die systemtheoretische Einordnung von Nachhaltigkeitsratings in einen gesellschaftlichen Kontext. Da die Systemtheorie aus Platzgründen nicht eins zu eins wiedergegeben werden kann, muss eine gewisse Komplexitätsreduktion vorgenommen werden. Diese wird im Wesentlichen auf die Aspekte reduziert, die von Bedeutung sind, um Nachhaltigkeitsratings einzuordnen. Gleichzeitig wird auch immer der Bezug auf das Gesamtverständnis der systemtheoretischen Logik hergestellt, da sie sonst an Erklärungsgehalt verlieren würde. Zuerst wird eine Übersicht über die Arten von Systemen dargestellt. Dann wird erläutert, wie autopoietische Systeme, die den Untersuchungsgegenstand der Systemtheorie bilden, operieren. Anschließend wird erläutert, wie autopoietische Systeme entstehen, und zuletzt beschrieben, wie Sinn durch die Reduktion von Kontingenz entsteht.

© Der/die Autor(en) 2024
C. Strangalies, *Ratings als Steuerungsinstrument von Unternehmen für eine nachhaltige Entwicklung*, https://doi.org/10.1007/978-3-658-44078-7_2

2.1.1 Funktionsweise von autopoietischen Systemen

Im folgenden Abschnitt werden die unterschiedlichen Arten von Systemen dargestellt und beschrieben, warum soziale Systeme als Sinnsysteme bezeichnet werden. Zudem wird die Funktionsweise von autopoietischen Systemen erläutert. Die große Herausforderung, die Luhmann gesehen hat, war die Frage, wie Komplexität reduziert werden kann. Die wesentliche Antwort lag in der Bildung von Systemen (Krause 2005, S. 7)

Nach einer allgemeinen Unterscheidung können triviale Systeme von nichttrivialen Systemen unterschieden werden. Basis der Systemtheorie war die Kybernetik (Wiener 2007; Ashby 1956), die die Regelung und Steuerung von trivialen Systemen technisch betrachtete. Kern der Kybernetik ist der Steuerungsregelkreis, der einen Zielwert mit einem Istwert vergleicht. Stimmen diese nicht überein, wird eine Steuerungsgröße verändert und wieder der Zielwert mit dem Istwert abgeglichen. Dieser Prozess wiederholt sich, bis der Istwert dem Zielwert entspricht. Dieses Prinzip gilt jedoch speziell für geschlossene Systeme. Triviale Systeme werden auch als allopoietsche Systeme bezeichnet, da sie externe Informationen durch ein festgelegtes internes Programm verarbeiten und einen Input aus der Umwelt in einem Output in die Umwelt umsetzen (Krause 2005, S. 26).

Dazu gehören auch offene Systeme, die insbesondere in der Organisationsforschung durch ein Input/-Output-Schema gekennzeichnet sind. Demnach sollen Systeme durch Planung, Management und Kontrolle verändert werden können, indem die Strukturen angepasst werden, aus denen die Systeme bestehen (Luhmann 1984, S. 24). Dies kommt dem heutigen Organisationsverständnis eines Managementzyklus aus Plan-Do-Check-Act (Shewhart 1986) sehr nahe.

Neben den trivialen Systemen gibt es nichttriviale Systeme, die auch als autopoietische Systeme bezeichnet werden und den Untersuchungsgegenstand der Systemtheorie bilden. Die allgemeine Systemtheorie geht auf Bertalanffy (1968) zurück, der sich von der Kybernetik abgrenzt, da er sie als zu mechanistisch ansieht, um sie auf eine Beschreibung des Lebens zu übertragen. Er führt daher eine wichtige Veränderung in der Perspektive ein, insofern Systeme nicht durch Einheit definiert, sondern durch Differenz erklärt werden. Das entscheidende Merkmal von nichttrivialen Systemen besteht in der Autopoiesis (Maturana und Varela 1980). „Als autopoietisch wollen wir Systeme bezeichnen, die die Elemente, aus denen sie bestehen, durch die Elemente, aus denen sie bestehen, selbst produzieren und reproduzieren." (Luhmann 2004, S. 56)

Autopoietische Systeme entwickeln sich durch Selbstorganisation (Kauffman 1993) und können sich dadurch ohne externe Eingriffe verändern. Weitere wichtige Vertreter der Systemtheorie, die sich mit autopoietischen Systemen beschäftigt haben und auf die sich Niklas Luhmann in seiner soziologischen Systemtheorie stützt, sind die Begründer des Strukturfunktionalismus Radcliffe-Brown (1965) und Parsons (1951), der den Strukturfunktionalismus zum Systemfunktionalismus weiterentwickelte.

Neben der Unterscheidung von allopoietischen und autopoietischen Systemen ist es möglich, die autopoietischen Systeme selbst wiederum in lebende Systeme und Sinnsysteme zu unterscheiden. Während lebende Systeme sich auf Leben beziehen, beispielsweise auf biologische Zellen, nehmen Sinnsysteme auf Sinn Bezug, der in der Soziologie betrachtet wird. Hinsichtlich der Sinnsysteme unterscheidet Luhmann noch mal psychische Systeme und soziale Systeme (Krause 2005, S. 25).

In psychischen Systemen vollzieht sich die Autopoiesis durch das Bewusstsein. Die Selbsterzeugung des Systems besteht darin, dass Gedanken durch Gedanken erzeugt werden. Die Operationsbasis dessen ist das Bewusstsein. Man ist sich bewusst, dass man einen Gedanken hat. Voraussetzung ist also, dass man diesen Gedanken besitzt, der einem das bewusst macht. Ein Gedanke ermöglicht somit erst einen Gedanken. Das psychische System erzeugt sich somit selbst, indem es durch Gedanken Gedanken erzeugt (Krause 2005, S. 33).

Neben den psychischen Systemen zählen soziale Systeme zu den Sinnsystemen. In Anlehnung an Parsons (1971) ist für Luhmann (1982) die heutige Struktur einer Gesellschaft funktional differenziert.

In der Gesellschaft gibt es nach Luhmann ausdifferenzierte Teilsysteme, die bestimmte Funktionen der Gesellschaft übernehmen. Diese ausdifferenzierten Funktionssysteme sind beispielsweise Religion, Recht, Erziehung, Politik, Wirtschaft, Wissenschaft, Kunst und Massenmedien. Die Systeme arbeiten eigenständig und unterscheiden sich in der Art, wie sie kommunizieren (Krause 2005, S. 34 f.).

Das bedingt einen wesentlichen Unterschied zu den bekannten Vorstellungen, wie Systeme miteinander interagieren. „Theorien der Hierarchie oder der Delegation oder der Dezentralisierung, die immer noch von einer Spitze oder einem Zentrum ausgehen" (Luhmann 1986, S. 203), stellen nicht die heutigen Zustände dar. Auch „Netzwerke von Kommunikationsbahnen, von Steuerungszentren und Impulsempfängern" (Luhmann 1986, S. 203) stellen die Interdependenzen und Strukturen der Gesellschaften nicht richtig dar.

Auf diesen Systemen legt Luhmann den Fokus. Aber er beschäftigt sich auch darüber hinaus mit Interaktionssystemen und Organisationssystemen als sozialen Systemen. Interaktionssysteme entstehen mit der Beteiligung von psychischen Systemen, die über Körper oder Sprache miteinander kommunizieren. Das kann ein zufälliges Zusammentreffen auf der Straße sein, eine Debatte in einem Seminar an der Universität, eine Arbeitsgruppe mit Vertreten aus der Wirtschaft und der Politik oder ein informelles Treffen zwischen Arbeitskollegen. Die Organisationssysteme unterscheiden sich davon insofern, als die Beteiligung exklusiv und nur durch eine Mitgliedschaft möglich ist. Das wesentliche Merkmal der Kommunikation sind Entscheidungen. Ähnlich den Gedanken in psychischen Systemen ermöglichen Entscheidungen erst Entscheidungen (Krause 2005, S. 58).

Die Systemtheorie ist eine schwer verständliche Theorie, da sie mit einer selbstreferenziellen Beschreibung arbeitet. Damit hat selbst Luhmann (1984, S. 14) Probleme, da er zugibt, dass viele Sachen vorausgesetzt werden müssen, die erst später erklärt werden können. Zwar legt er mit dem Beginn seiner Beschreibung einen Anfang fest, allerdings betont er, dass die Theorie auch von einer beliebigen anderen Stelle aus begonnen werden könnte. Sein Werk könne daher auch von hinten gelesen werden.

Für einen einfacheren Einstieg in die Funktionsweise autopoietischer Systeme wird die Systemtheorie in drei Schritten – von einem einfachen Beispiel zu einem komplexeren Verständnis – ganzheitlich erläutert. Dadurch soll aus einem Beispiel mit einem einfachen, aber dennoch ganzheitlichen Verständnis ein komplexeres und abstrakteres Verständnis der Zusammenhänge der Systemtheorie aufgebaut werden. Die einfache Beschreibung impliziert eine grobe Übersicht, die ein Verständnis für das Thema aufbaut und den Leser auf den Inhalt vorbereitet. Anhand einer konkreten Betrachtung von Kommunikation wird dann die Grundlage dafür geschaffen, die sehr abstrakten Überlegungen von Luhmann verständlicher zu machen.

Einfache Beschreibung

In einer einfachen Beschreibung gilt es zunächst, Autopoiesis zu explizieren (Krause 2005, S. 31), der den wesentlichen Prozess dafür darstellt, dass Systeme entstehen bzw. bestehen können. Denn durch die Autopoiesis können sich Systeme von der Umwelt differenzieren. Differenz ist eine notwendige Bedingung für die Identität eines Systems. Die Abgrenzung zur Umwelt wird durch eine operative Geschlossenheit erreicht. Das heißt, wie bereits weiter oben angemerkt: Ein System erzeugt die Elemente, aus denen es besteht, durch die Elemente selbst. Im Fall des psychischen Systems ermöglichen Gedanken erst Gedanken, oder in Organisationen ermöglichen Entscheidungen erst Entscheidungen.

Da diese Operationen nur innerhalb des Systems stattfinden, findet eine Abgrenzung zur Umwelt statt, wodurch das System eine eigene Identität erhält.

Dabei ergeben sich zwei wesentliche Schwierigkeiten. Das eine Problem besteht darin, dass die Elemente des Systems nur für eine bestimmte Dauer bestehen. So existieren Gedanken nur für einen vorübergehenden Moment und hören dann auf. Damit das autopoietische System dennoch bestehen bleibt, muss ein weiteres Element anknüpfen, beispielsweise ein weiterer Gedanke. Das System kann vor einem Dauerzerfall nur geschützt werden (Krause 2005, S. 134), indem ein weiterer Anschluss gefunden wird und neue Elemente bereitgestellt werden.

Ein weiteres Problem entsteht, wenn das System keinen Ansatz findet, neue Elemente aufzubauen. Ohne äußere Einflüsse bezieht sich das System auf sich selbst. Ein Gedanke braucht für einen weiteren Gedanken einen weiteren Input, sonst würde der Gedanke bei dem alten Gedanken bleiben und in einem Gedankenkreis enden. Da dieser aber nur temporär existiert, würde die Autopoiesis aufhören und somit auch das Bewusstsein. Das System braucht daher, um die operative Geschlossenheit zu realisieren, die Möglichkeit, äußere Reize wahrzunehmen. Das System kann daher nur geschlossen operieren, wenn es Irritationen in der Umwelt wahrnehmen kann. Erst dann gibt es eine Grundlage für die Auswahl, wie die Operation fortgeführt werden kann. Für die Funktionsweise der operationellen Geschlossenheit ist somit kognitive oder informationelle Offenheit notwendig (Krause 2005, S. 30).

„Dabei ist das Verhältnis von Geschlossenheit und Offenheit als Steigerungszusammenhang angelegt." (Krause 2005, S. 30) Eine höhere Geschlossenheit von Systemen muss mit mehr Offenheit ausgeglichen werden und umgekehrt.

Beispiel
Nach dieser einfachen Beschreibung der Funktionsweise von autopoietischen Systemen wird im folgenden Abschnitt das Grundproblem von komplexen Systemen anhand der doppelten Kontingenz sehr konkret beschrieben.

„Kontingent ist etwas, was weder notwendig ist noch unmöglich ist, was also so, wie es ist (war, sein wird), sein kann, aber auch anders möglich ist." (Luhmann 1984, S. 153)

Luhmann (1984, S. 46) beschreibt dieses Problem konkret am Beispiel zweier komplexer Systeme, die sich gegenüberstehen. Das eine System stellt die Umwelt des anderen Systems dar. Dabei besteht das Problem, dass die Umwelt komplexer ist als das System. Das System kann somit die Umwelt nie vollständig in seiner Komplexität erfassen. Das, was für das eine System vom anderen System erfassbar ist, entspricht nicht der eigentlichen Komplexität des Systems. Während die innere Komplexität verborgen bleibt, ist das eine System für das andere System nur durch seine Hülle sichtbar und wirkt daher eher wie eine BlackBox (Luhmann 1984, S. 156).

Das Problem der doppelten Kontingenz stellt für das System eine große Unsicherheit dar, da es nicht weiß, welche Möglichkeit gewählt werden kann, damit die Autopoiesis fortgeführt werden kann. Dabei muss eine Option gewählt werden, da dem fortlaufenden Zerfall der Grundstruktur entgegengewirkt werden muss. Nur so kann der Anschluss gewährleistet werden (Luhmann 1984, S. 167). Wird den Systemen die Fähigkeit zugesprochen, miteinander zu kommunizieren, ändert das vorerst nichts an dieser Situation. „Kommunikation ist definiert, als Einheit der dreifach-selektiven Differenz von Information, Mitteilung und Verstehen." (Krause 2005, S. 37)

Zur Kommunikation sind Informationen notwendig, die mitgeteilt werden und die dann auch noch verstanden werden müssen. Diese drei Schritte unterscheiden sich voneinander. Es besteht Differenzen zwischen ihnen. Es kann sich das Mitgeteilte von dem Verstandenen unterscheiden (Krause 2005, S. 38). Das System kann sich daher nie sicher sein, dass das Gesagte nicht doch anders gemeint war.

Damit die alternativen Möglichkeiten ausgeschlossen werden können, muss überprüft werden, ob das, was vermutet wird, tatsächlich so ist. Dies entspricht im Grunde dem Trial-and-Error-Verfahren. Systeme versuchen, sich zu verstehen, indem sie sich gegenseitig beeinflussen und beobachten, wie sich das Verhalten des anderen Systems dadurch verändert. Diese Erkenntnis fließt dann wieder in die Erwartung an das Verhalten eines Systems, das auf Basis dieser Erwartung erneut beeinflusst und beobachtet wird (Luhmann 1984, S. 157).

Jede Handlung des einen Systems führt somit zu einer Reduktion der Möglichkeiten, die dem anderen System zur Verfügung stehen. Jede Handlung bewirkt somit, dass sich die Systeme besser verstehen, und trägt somit zur Enttautologisierung der doppelten Kontingenz bei (Luhmann 1984, S. 167).

Die doppelte Kontingenz löst sich auf, indem bereits gesammelte Erfahrungen die Möglichkeiten einschränken. In einer unbestimmten Situation können vorhandene Erfahrungen zu Erwartungen führen, wie die Situation einzuschätzen ist. Entscheidend ist dabei nicht, dass es sich tatsächlich so verhält, wie erwartet. Selbst bei einer falschen Erwartung werden zusätzliche Erfahrungen gesammelt, die die doppelte Kontingenz weiter reduzieren (Luhmann 1984, S. 158).

Gibt es noch keine Erfahrungen, liegt eine rein doppelt kontingente Situation vor. Dies kann nur durch ein zufälliges Ereignis aufgelöst werden. Jede zufällig bewusst oder unbewusst gewählte Aktivität, die sich auch aus Fehlinterpretationen ergeben kann, dient dem Aufbau von Erfahrungen. Durch die Reaktion des anderen Systems kann dann gelernt und das eigene Verhalten angepasst werden (Luhmann 1984, S. 150).

„Reine doppelte Kontingenz, als eine sozial vollständig unbestimmte Situation, kommt in unserer gesellschaftlichen Wirklichkeit zwar nie vor" (Luhmann

1984, S. 168), allerdings scheint es auch unrealistisch, eine vollständig bestimmte Situation in einem sozialen Kontext wiederzufinden, sodass Erfahrungen immer nur begrenzt weiterhelfen können.

Es kann nie sicher gesagt werden, ob die Erfahrung tatsächlich die Richtige für eine vermeintlich bereits erlebte Situation ist (Luhmann 1984, S. 159). Es muss immer damit gerechnet werden, dass das andere System den Erfahrungen nach doch anders handelt. „Handlung ist auf Systeme zugerechnete Selektion." (Luhmann 1984, S. 160) Es stellt sich die Frage, ob das System aus den Möglichkeiten das wählt, was aufgrund der bisherigen Erfahrungen erwartet wird.

Das System muss sich daher die Frage stellen, inwieweit seine Handlungen von dem anderen System erlebt werden. Es muss daher nachvollziehen können, wie das andere System seine Umwelt erlebt.

Das eine System versucht, die Handlungen des anderen Systems aus ihrer Umwelt heraus zu verstehen. Erst durch die Handlung wird jedoch klar, dass das, was das System aus den bisherigen Erfahrungen gesammelt hat, also das, was das System bisher erlebt hat, den Erwartungen entspricht, wie sich das andere System wahrscheinlich verhält (Luhmann 1984, S. 161).

Im Grunde versuchen sie, sich in das andere System hineinzuversetzen, wie es die Welt erlebt, um daraus nachzuvollziehen, warum es so handelt, wie es handelt. Ohne Erfahrungen und ohne Einbezug der Umwelt wäre es daher nicht denkbar, wie die doppelte Kontingenz aufgelöst werden kann. Das System muss sich daher sowohl auf die internen Strukturen rückbesinnen (Krause 2005, S. 230), in denen die Erfahrungen gesammelt werden, als auch der Umwelt öffnen, um das andere System in seiner Umwelt interpretieren zu können (Krause 2005, S. 32,183).

Da sich die Systeme aber aufgrund ihrer Komplexität nie vollständig gegenseitig durchschauen können, besteht meist weiterhin eine Differenz zwischen dem Erleben (bzw. dem Glauben, es bereits erlebt zu haben) und der Handlung (des anderen Systems). Aber genau diese Differenz ist notwendig, da dadurch weitere Handlungen ausgelöst werden. Dies schafft weitere Erfahrungen und kann so die vielen Möglichkeiten der doppelten Kontingenz reduzieren. Dadurch ist letztendlich die Fortsetzung der Autopoiesis gewährleistet.

Dieser durch doppelte Kontingenz entstandene Selektionsprozess führt dazu, dass das, was das System erwartet, vom System als systemintern wahrgenommen wird. Dies ist allerdings nur durch einen externen Verweis auf die Umwelt möglich. Umwelt ist in diesem Fall alles das, was nicht direkt aus der Situation der doppelten Kontingenz erkennbar ist, was aber für den Selektionsprozess relevant werden kann. In einer Situation doppelter Kontingenz mit zu vielen Wahlmöglichkeiten basiert daher der Selektionsprozess immer auch auf einer Differenz zwischen System und Umwelt (Luhmann 1984, S. 190).

Dabei wird allerdings nicht geklärt, wieso eine Differenz zwischen den Systemen vorliegt. Warum erleben sie eine gleiche Situation anders, sodass sich die Handlung in Bezug auf das Erlebte unterscheidet? Es stellt sich die Frage, warum die Systeme so handeln, wie sie handeln. Es müsste der Sinn der Handlung hinterfragt werden.

Abstraktere Beschreibung

Im Folgenden wird daher die Funktionsweise von autopoietischen Systemen mithilfe der Beschreibung von Emergenz auf einer abstrakteren Ebene dargestellt.

Die emergente Eigenschaft von autopoietischen Systemen wird vereinfacht dadurch ersichtlich, dass das System mehr ist als die Summe seiner Teile (Willke 1993, S. 139).

Systeme bestehen aus Elementen, die durch die Elemente selbst entstehen. Bei sozialen Systemen nennt Luhmann die Elemente „Kommunikation". Dies ist ein sinnhaftes soziales Ereignis von begrenzter Zeitdauer (Krause 2005, S. 27). Ein soziales System kann nur weiter bestehen, wenn die zeitliche Begrenzung der Kommunikation durch weitere Kommunikation erneuert wird. Kommunikation muss durch weitere Kommunikation ergänzt werden, da sonst das System zu existieren aufhören würde. Da das Element von sozialen Systemen in der Form von Kommunikation nur ein vorübergehendes Ereignis ist, besteht das System somit aus sich ständig ändernden Elementen und ist somit ein temporäres System (Krause 2005, S. 40).

Da das System ständig weitere Kommunikation benötigt, um bestehen zu können, ist es umgekehrt auch ein System, das ständig durch die begrenzte Zeitdauer der Elemente gefährdet ist. Denn das führt zu einem Dauerzerfall des Systems, der nur dadurch aufgehalten werden kann, dass der Anschluss an eine weitere Kommunikation gefunden wird (Krause 2005, S. 32).

Wenn die Kommunikation nicht aufhört, führt die Selbstreferenz der Kommunikation ohne weiteren Input zu Paradoxien. Denn die Selbstreferenz der Kommunikation auf die gleiche Kommunikation führt zu einer Tautologie (Luhmann 1984, S. 59). Über was soll kommuniziert werden, wenn es keinen Sinn mehr gibt? Die Kernfrage zur Verarbeitung von Komplexität besteht also darin, wie komplexe Sinnsysteme die Anschlussfähigkeit sinnvoll gestalten können (Luhmann 1984, S. 62).

Sinn bedeutet nach Luhmann eine Differenz zwischen Aktualität und Möglichkeit. „Sinn ist laufendes Aktualisieren von Möglichkeiten. Und Sinn haben heißt eben; dass eine der anschließbaren Möglichkeiten als Nachfolgeaktualität gewählt werden kann und gewählt werden muss, sobald das jeweils Aktuelle verblaßt, ausdünnt, seine Aktualität aus eigener Instabilität selbst aufgibt." (Luhmann 1984, S. 100)

Das heißt, Sinn entsteht dann, wenn eine Möglichkeit besteht, welche noch nicht gewählt wurde. Daher hört die Autopoiesis nicht auf, wenn eine sinnvolle Anknüpfungsmöglichkeit gefunden wird. „Zugestanden, dass alles, was im Sinn prozessiert wird, Sinn haben muss, bleibt dennoch die Frage, wie diese Aussage aus der bloßen Tautologie hinausgebracht werden kann." (Luhmann 1984, S. 102)

[...] die Zuordnung von Sinn zur Umwelt (zum Beispiel: externale Zurechnung von Kausalität) [kann] benutzt werden, um das in aller Selbstreferenz steckende Problem der Zirkularität zu lösen. Die Selbstreferenz und die damit gegebenen Interdependenzen aller Sinnmomente bleibt erhalten; aber der Umweltbezug wird intern als Interdependenzunterbrecher eingesetzt: Das System asymmetrisiert – sich selbst! (Luhmann 1984, S. 65)

Es muss folglich eine Differenz zwischen Aktualität und Möglichkeit vorhanden sein, die einen Sinn für die Auflösung der Differenz erzeugt. Nur so kann sich die Selbstreferenz enttautologisieren (Luhmann 1984, S. 113).

Nur wenn eine solche Differenz entsteht – wenn etwas anders sein sollte oder könnte, wie es ist – nur dann ergibt sich eine sinnvolle Möglichkeit, anders weiterzumachen. Das heißt, erst dann können die beendenden Elemente ersetzt und die Autopoiesis fortgesetzt werden. Folglich ist eine Irritation notwendig, damit Möglichkeiten wahrgenommen werden und Sinn überhaupt erst entsteht.

Für die Fortführung der Autopoiesis ist jedoch eine Selektion und somit Einschränkung der Möglichkeiten notwendig, die aus der Differenz zwischen Aktuellem und Möglichen entstehen und als sinnvoll erachtet werden können. Nur so lässt sich die Komplexität letztendlich reduzieren (Luhmann 1984, S. 187). Darüber hinaus muss auch ein Selektionsraum gewählt werden, aus dem die Möglichkeiten zu entnehmen sind. Da neben den zur Wahl stehenden Möglichkeiten auch ein Möglichkeitsbereich gewählt wird, ist eine Selektion immer doppelselektiv (Luhmann 1984, S. 188).

Die Auswahl der Möglichkeiten beziehungsweise des Möglichkeitsraums stellt eine kontingente Situation dar. Wie oben beschrieben, kann eine vollständig doppelte Kontingenz nicht über Erfahrungen aufgelöst, sondern nur durch einen externen Bezug reduziert werden. Damit die beteiligten Systeme bzw. ein System und dessen Umwelt, die jeweils aus allen anderen Systemen besteht, trotz der unterschiedlichen Perspektiven einen gemeinsamen Bezugspunkt finden, ist es notwendig, eine abstraktere Ebene einzuführen.

Systemtheoretisch wird dies als symbolische Generalisierung bezeichnet.
Dabei soll eine „Mehrheit einer Einheit zugeordnet und durch sie symbolisiert"
(Luhmann 1984, S. 135) werden. Das bedeutet, dass die gleiche symbolische
Generalisierung für unterschiedliche Sachverhalte als Orientierung verwendet
werden kann, da sie durch ihren abstrakten Charakter auslegungsfähig ist.
„Generalisierung in diesem Sinne ist ein Instrument für die Bewältigung des
Komplexitätsgefälles zwischen Umwelt und System." (Luhmann 1984, S. 137)
„Symbolische Generalisierungen verdichten die Verweisungsstruktur jeden Sin-
nes zu Erwartungen, die anzeigen, was eine gegebene Sinnlage in Aussicht stellt.
Und ebenso gilt das Umgekehrte: Die in konkreten Situationen benötigten und
bewährbaren Erwartungen führen und korrigieren die Generalisierungen." (Luhmann 1984, S. 139) Das heißt, jede Differenz stellt eine sinnvolle Möglichkeit dar,
die Autopoiesis fortzusetzen, wenn auf einer abstrakten Ebene dargestellt wird,
wie bei einer bestimmten Situation zu handeln erwartet wird. Denn dann kann für
die konkrete Situation interpretiert und entschieden werden, welche Selektion die
richtige ist. Danach stellt sich die Frage, ob die symbolische Generalisierung zu
einer richtigen Entscheidung geführt hat oder nicht. Entspricht das Ergebnis nicht
der Erwartung, kann auch die symbolische Generalisierung durch diese Erfahrung
angepasst werden.

Die Generalisierung von Erwartungen auf Typisches oder Normatives hin hat mithin
eine Doppelfunktion: Sie vollzieht einerseits eine Selektion aus der Gesamtheit ange-
zeigter Möglichkeiten und reproduziert so die im Sinn angelegte Komplexität, ohne
sie zu vernichten; und sie überbrückt Diskontinuitäten in sachlicher, zeitlicher und
sozialer Hinsicht, so dass eine Erwartung auch dann noch brauchbar ist, wenn die
Situation sich geändert hat. (Luhmann 1984, S. 140)

Eine symbolische Generalisierung, die durch Erwartungen den Selektionsraum
reduziert, besteht beispielsweise aufgrund von Gesetzen oder Normen (Willke
1993, S. 147). Symbolische Generalisierung spielt für die Entstehung von Systemen eine entscheidende Rolle, denn durch die Verdichtung von Kommunikation
bilden sich Strukturen. Durch wiederholte kommunikative Interaktion entstehen
Erwartungen, auf denen die Architektur der sozialen Systeme aufbaut (Willke
2007, S. 26).
     Voraussetzung für die Operation von sozialen Systemen sind Beobachtungen,
die nur durch die Auflösung eines Paradoxes möglich sind. Denn jede Beschreibung muss von dem, was beobachtet wird, das ausschließen, was nicht beobachtet
wird. Damit beobachtet werden kann, muss die Grenze zwischen dem Beobachteten und dem Ausgeschlossenen beobachtet werden. Das Beobachtete ist dann zu
sehen, wenn klar ist, was nicht beobachtet wird. Das Nichtbeobachtete muss daher

beobachtet werden, damit das Beobachtete beobachtet werden kann, obwohl das Beobachtete nur durch den Ausschluss des Nichtbeobachteten beobachtet werden kann. Darin besteht das Paradox (Luhmann 2000, S. 461).

„Beobachten ist, anders gesagt, die Entfaltung einer Paradoxie, die Substitution einer operationsfähigen Unterscheidung, die (und nichts anderes heißt ‚operationsfähig') auf eine Unterscheidung von Innenseite und Außenseite oder von positiv und negativ hinausläuft." (Luhmann 2000, S. 461)

Die grundlegende Beobachtung der Systemtheorie beruht auf der Differenz zwischen System und Umwelt (Luhmann 2000, S. 29), und das grundlegende Paradox, mit denen komplexe Systeme beobachtet werden, besteht darin, dass Systeme sowohl offen als auch geschlossen sind.

Die Geschlossenheit entsteht durch die Operationen, die nur innerhalb des Systems ablaufen. Durch Autopoiesis entsteht eine Selbstreferenz, mit der sich das System von der Umwelt abgrenzt. Die Paradoxie besteht darin, dass das System, trotz der Geschlossenheit offen und in der Lage ist, die Umwelt zu beobachten. Möglich wird eine Beobachtung der Umwelt im System durch eine Unterscheidung von System und Umwelt. Das System kann sich allerdings selbst nur von seiner Umwelt unterscheiden, indem es eine Differenz zwischen System und Umwelt herstellt. Dazu müsste für das System jedoch die Umwelt bereits bekannt sein (Krause 2005, S. 204 f.).

Die Auflösung dieses Paradoxes erfolgt durch Selbstbeobachtung. Wie jede Beobachtung trifft auch die Selbstbeobachtung eine Unterscheidung. Sie besteht in der Differenz von Selbstreferenz und Fremdreferenz. Dies stellt eine vom System gemachte Kopie der Differenz zwischen System und Umwelt dar, die nun innerhalb des Systems vorhanden ist: „formal gesehen handelt es sich also um ein ‚re-entry' im Sinne des Formenkalküls von George Spencer Brown: um einen Wiedereintritt der Unterscheidung in das durch sie Unterschiedene." (Luhmann 2000, S. 72)

Der Re-entry, der das Paradox auflöst, wird durch ein vereinfachtes Abbild möglich. So ignoriert das System beispielsweise, dass es selbst Teil der Gesellschaft ist, die es als gesellschaftliche Umwelt von sich als System differenziert. Es wird angenommen, dass das, was im System als Differenz zwischen Selbst- und Fremdreferenz abgebildet wird, tatsächlich der Differenz zwischen System und Umwelt entspricht. Vom System wird ignoriert, dass es einen Unterschied zwischen der wahrgenommenen Realität des Systems und der tatsächlichen Realität gibt. Die Differenz wird als rational empfunden (Luhmann 2000, S. 462 f.).

Die Systemtheorie geht aber davon aus, dass keine Gesamtrationalität, die vorgibt, wie etwas zu sein hat, existiert, sondern sie untersucht, wie die im System empfundene Rationalität die Gesellschaft beeinflusst, die sich nicht mit dieser Rationalität beschreiben lässt (Luhmann 2000, S. 467).

Es gehört zur alten Weisheit des rhetorischen Paradoxierens, dass diese Form dazu dient, die Frage zu stellen, ob man von den konventionellen Unterscheidungen und Bezeichnungen wegkommen und sich andere Formen der Auflösung des Paradoxes vorstellen kann. (Luhmann 2000, S. 472)

Die Auflösung der Paradoxien wird noch mal deutlicher am Beispiel von sozialen Systemen, bei denen eine Differenz von System und Umwelt mithilfe von Codes gesetzt wird.

In der Gesellschaft differenzieren sich soziale Systeme durch einen binären Code aus. Mithilfe dieses Codes erreicht das System Geschlossenheit und kann sich klar von der Umwelt abgrenzen. (Luhmann 1986, S. 91) „Die wichtigsten Funktionssysteme strukturieren ihre Kommunikation durch einen binären, zweiwertigen Code, der unter den Gesichtspunkt der jeweiligen Funktionen universelle Geltung beansprucht und dritte Möglichkeiten ausschließt." (Luhmann 1986, S. 75)

Diese Codes sind nach Luhmann erst durch die gesellschaftliche Evolution entstanden und mit der zunehmenden Verwendung werden diese Systeme stärker ausdifferenziert. Seit der Neuzeit werden die sozialen Systeme mit diesen Codes und nicht „durch einen gesellschaftseinheitlichen oder zumindest oberschichtenspezifischen „Ethos"" (Luhmann 1986, S. 87) gesteuert. Das heißt wiederum, dass die sozialen Systeme mittels der Codes deutlicher zuordnen können, was zur Umwelt gehört und was im System vorhanden ist.

Jede Codierung hat die Funktion, das System, das diesen Code operiert, von Tautologien und Paradoxien zu erlösen. […] Dann kann das System seine Operationen an dieser Differenz orientieren, ohne die Frage nach der Einheit des Codes zu stellen. […] Das System wählt einen Code, um diejenigen Aspekte seiner Selbstreferenz zu invisibilisieren, die ihm die Tautologie und Paradoxie seiner Operationsgrundlagen vor Augen führen würden. (Luhmann 1986, S. 77)

Indem die Systemtheorie beobachtet, wie Systeme beobachten, also eine Beobachtung zweiter Ordnung ansetzt, wird deutlich, dass mithilfe von binären Codes die Paradoxie des Systems, aufgelöst wird. Mit dem binären Code wird eine Differenz gesetzt, die die Differenz der Paradoxie invisibilisiert.

Die Einheit, die in der Form einer Tautologie (zum Beispiel: Recht ist recht) oder in der Form einer Paradoxie (man hat nicht das Recht, sein Recht zu behaupten) unerträglich wäre, wird durch eine Differenz ersetzt (im Beispiel: die Differenz von Recht und Unrecht). (Luhmann 1986, S. 76)

Für die Aufrechterhaltung des Systems muss jedoch eine Anschlussfähigkeit für die Autopoiesis gefunden werden.

Die Eigendynamik komplexer autopoietischer Systeme bildet einen rekursiv-geschlossenen, auf Selbstreproduktion, auf Fortsetzung der eigenen Autopoiesis eingerichteten Operationszusammenhang, der zugleich in hohem Maße offen, das heißt sensibel ist für wechselnde Umweltbedingungen. (Luhmann 1986, S. 37)

Während der binäre Code zur Geschlossenheit des Systems beiträgt, braucht es eine weitere Ebene, die Anlässe zur Selektion identifiziert und damit die Offenheit des Systems ermöglicht.

Damit Systeme auf äußere Einflüsse reagieren können, gibt es eine zweite Ebene unter den Codes. Auf dieser Ebene verfügen alle Systeme über Programme, die darüber entscheiden, wie ein bestimmter Sachverhalt den einen oder den anderen Wert des Codes bekommt. Damit können auch Zustände außerhalb des Systems erfasst werden (Luhmann 1986, S. 83).

Durch Verarbeitung auf unterschiedlichen Ebenen wird es für soziale Systeme möglich, die Paradoxie von gleichzeitiger Offenheit und Geschlossenheit aufzulösen. Nur durch die Berücksichtigung der Umwelt sind soziale Systeme in der Lage, eine höhere Komplexität aufzubauen.

Die Gesellschaft besteht aus nichts anderem als aus Kommunikation, und durch die laufende Reproduktion von Kommunikation durch Kommunikation grenzt sie sich gegen eine Umwelt andersartiger Systeme ab. Auf diese Weise wird durch Evolution Komplexität aufgebaut. (Luhmann 1986, S. 24)

In sozialen Systemen gibt es nur durch die Berücksichtigung von externen Einflüssen einen Grund für weitere Kommunikation, wodurch sich das System von der Umwelt abgrenzt und sich zu einem komplexeren System entwickeln kann. Für die Fortsetzung der Autopoiesis und der Wahrnehmung von externen Einflüssen müssen soziale Systeme also in der Lage sein, die Umwelt im System abzubilden. Die Abbildung der Umwelt im System ist eine wesentliche Voraussetzung für die Entstehung von Sinn in sozialen Systemen.

Sinn ist also, mit anderen Worten gesagt, eine aktualitätsfähige Repräsentation von Weltkomplexität im jeweiligen Moment. Die Diskrepanz zwischen der Komplexität und der wirklichen Welt und der Fassungskraft des Bewusstseins bzw. der Kommunikation kann aber nur dadurch überbrückt werden, dass der Raum der aktuellen Intention klein gehalten und alles andere potentialisiert, das heißt, auf den Status einer bloßen Möglichkeit reduziert wird. (Luhmann 1986, S. 44)

Für die Abbildung der Umwelt im System müssen die möglichen Anschlussmöglichkeiten begrenzt werden, da die Umwelt viel zu komplex ist, um im System abgebildet zu werden. Alles andere muss als unwahrscheinliche Möglichkeit außen vor gelassen werden.

Das System existiert nur, wenn und solange die sinnhafte Verarbeitung von Information fortgesetzt wird. Die Strukturtechnik, die dies ermöglicht, kann als Differenztechnik bezeichnet werden. Das System führt eigene Unterscheidungen ein und erfasst mit Hilfe dieser Unterscheidungen Zustände und Ereignisse, die für das System selbst dann als Information erscheinen. (Luhmann 1986, S. 45)

Soziale Systeme sind autopoietische Systeme, da sie die Elemente, aus denen sie bestehen, in dem Fall Kommunikation, selbst herstellen. Zur Vermeidung einer Tautologie müssen sie offen gegenüber der Umwelt sein. Zur Reduktion der Kontingenz hilft ihnen eine symbolische Generalisierung, mit der Erwartungen erzeugt und somit Möglichkeiten eingeschränkt werden. Eine solche Beobachtung ist nur möglich, indem die damit verbundene Paradoxie durch ein Reentry der Differenz zwischen System und Umwelt verschleiert wird.

2.1.2 Entstehung von autopoietischen Systemen

Im folgenden Abschnitt wird beschrieben, wie komplexe soziale Systeme entstehen.

Da Luhmann nicht näher erläutert, wie aus einem trivialen System ein komplexes System wird, führt Willke (1993) den Begriff „Quasisystem" (Willke 1993, S. 75) ein. Die von Luhmann beschriebenen „einfachen Systeme" erscheinen ihm nicht passend, da sie für alle Beteiligten vollständig überschaubar und daher zu speziell sind. Auch die Eigenschaften von „Interaktionssystemen" reichen nicht aus, die Entstehung von Systemen zu beschreiben, da sie nicht nur auf entstehende Systeme, sondern auch auf bereits sehr komplexe Systeme zutreffen (Willke 1993, S. 73).

Quasisysteme zeichnen sich durch schwache Strukturen aus, an denen mehr als zwei Personen beteiligt sind. Sie sind langfristig angelegt und verfolgen als Ziel die Systembildung (Willke 1993, S. 75).

Das Quasisystem durchlebt verschiedene Phasen, bevor es ein autopoietisches System wird. Zuerst zielt das System darauf ab, Aufmerksamkeit zu bekommen. Denn die Grundproblematik besteht in einer sachlichen Komplexität, bei der die Ressourcen zwischen mehreren Systemen in Konkurrenz stehen und daher erworben werden müssen. Im Vordergrund steht daher die Ressourcenbeschaffung, um grundlegende Bedürfnisse zu befriedigen. Mit der steigenden Anzahl an Mitgliedern nimmt die soziale Komplexität zu. Mit der Einführung von normativen Strukturregeln, die unterschiedliche Rollen für Mitglieder zur Lösung von spezifischen Problemen definieren, ist es jedoch möglich, dass sich bestimmte Bereiche innerhalb des Systems spezialisieren (funktionale Binnendifferenzierung). Dadurch entstehen Zeitvorteile und neue Freiräume, die neue Möglichkeiten für eine höhere Komplexität schaffen. Mit der Zeit stößt dies jedoch irgendwann an die Leistungsgrenzen, da auch mit zunehmender Größe die spezialisierten Bereiche irgendwann überfordert sind. Diese zeitliche Komplexität kann nur durch Effizienz und den Aufbau von Strukturen und Prozessen kompensiert werden. Durch Zielvorgaben an die spezialisierten Bereiche wird es möglich, die Strukturen und Prozesse aufeinander abzustimmen und zu synchronisieren. Mit steigender operativer Komplexität wird die Differenz zwischen Umwelt und System immer deutlicher. Die Umweltansprüche werden dann immer weniger bedeutend, während die eigenen Intentionen einen immer höheren Stellenwert einnehmen. Es wird dem System dadurch möglich, unabhängig von der Umwelt Ziele eigenständig zu stecken. Mit dieser Selbstorganisation ist aus dem Quasisystem nun ein System geworden (Willke 1993, S. 72 ff.).

Das System, das unter dem Aspekt der Beherrschung der Umwelt, der operativen Autonomie und der Selbststeuerungsfähigkeit gegenüber den Ereignissen der Umwelt eine einzigartige Lösung darstellt, wird nun aufgrund der sich entwickelnden operativen Komplexität sich selbst zum Problem. Es produziert Optionen, in einem Ausmaß, dass sie immer schwieriger zu verarbeiten sind. Für die Lösung des Problems der Autogenese handelt es sich das Folgeproblem der Autokatalyse ein: wie der Zauberlehrling im Märchen, wird es von den eignen Fähigkeiten in höchste Bedrängnis gebracht. Systemintern wird alles möglich, da alles – selbst die eigenen Strukturen und Prozesse – zur Disposition stehen. [...] Wir haben unseren Blick verengt auf nur ein System. In Wirklichkeit ist jedes psychische oder soziale System umgeben und verbunden mit einer Vielzahl anderer Systeme, die in gleicher Weise aufgrund ihrer Handlungsfähigkeit operative Komplexität produzieren. Für das isolierte Einzelsystem wäre theoretisch alles möglich; aber da alle anderen Systeme in gleicher Weise einen internen Möglichkeitsüberschuss erzeugen, beschränken und blockieren sich aufgrund der gegebenen Interdependenzen diese Möglichkeiten wechselseitig bis zu dem Punkt, wo alles möglich ist und nichts mehr geht. (Willke 1993, S. 101)

Da die Ausdifferenzierung ein wesentlicher Schritt für die Entstehung von auto-poietischen Systemen darstellt, wird im folgenden Abschnitt die Abgrenzung von Systemen zur Umwelt noch mal detaillierter aus der Sicht von Luhmann beschrieben.

Die Identität von Systemen entsteht aus einer Differenz zwischen System und Umwelt. Alles, was an Kommunikation existiert, kann einem System oder dessen Umwelt, die aus allen anderen Systemen besteht, zugeordnet werden. Die Umwelt eines Systems besteht somit aus einer Vielzahl von komplexen Systemen, die auch mit dem System in Kontakt treten können. Da die Umwelt dadurch immer komplexer ist als das System selbst, muss das System sich gegenüber dieser Komplexität behaupten. Mithilfe einer Ausdifferenzierung ist es dem System möglich, dieses Komplexitätsgefälle zu überwinden. Durch die Strukturen des Systems erfolgt eine Selektion bezüglich der in der Umwelt stattfindenden Kommunikation, wodurch eine Punkt-für-Punkt-Beziehung mit der Umwelt vermieden wird. Neben einer inhaltlichen Abgrenzung kann sich das System durch die Ausdifferenzierung auch zeitlich von der Umwelt abgrenzen, indem es eine systemeigene Zeit entwickelt (Luhmann 1984, S. 243 ff.).

Die Entstehung von komplexen Systemen ist ein evolutionärer Prozess. Voraussetzung ist Kommunikation. Sie kommt zwangsläufig durch eine doppelt kontingente Situation zustande. Auf Basis von zufälligen Ereignissen können Erfahrungen gesammelt und dadurch Strukturen aufgebaut werden. „Man kann sich vorstellen, dass dies ein gleichsam leeres Evolutionspotential bereitstellt, das, wenn nicht Besseres verfügbar ist, jeden Zufall ausnutzen wird, um Ordnung aufzubauen." (Luhmann 1984, S. 236)

Als Zufälle werden von Luhmann Störungen und „noise" aller Art bezeichnet. Durch Kommunikation können diese unerwarteten, unwillkommenen oder enttäuschenden Ereignisse artikuliert werden. Das bedeutet nicht, dass die Ursache dabei schon erläutert wird, vielmehr geht es darum, auf die Störung aufmerksam zu machen und ihr dadurch Sinn zu verleihen. Es wird dadurch erzwungen, die Störung kommunikativ weiterzuverarbeiten (Luhmann 1984, S. 237).

Wie bereits oben beschrieben, könnte die doppelte Kontingenz ohne Zufälle nicht aufgelöst und die Zirkularität nicht aufgebrochen werden. Grundlage für die Entstehung jedes Systems ist daher der Zufall. „Ohne Überraschungsmoment gäbe es deshalb keine Strukturbildung, weil nichts vorkäme, was zu verknüpfen wäre." (Luhmann 1984, S. 239)

Damit aus den zufälligen Ereignissen jedoch Strukturen entstehen können, müssen Erwartungen vorhanden sein, die dem System sagen, wie die Störung zu handhaben ist.

Erwartungen sind, und sofern sind sie Strukturen, das autopoietische Erfordernis für die Reproduktion von Handlungen. Ohne Sie würde das System in einer gegebenen Umwelt mangels innerer Anschlussfähigkeit schlicht aufhören, und zwar: von selbst aufhören. (Luhmann 1984, S. 392)

Denn Strukturen bauen sich nicht aus sich selbst heraus auf, sondern es muss von außen Hinweise geben, wie sie auszusehen haben. Denn Strukturen schränken Möglichkeiten ein. Sie begrenzen, welche Elemente wie miteinander verbunden werden können. (Luhmann 1984, S. 384)

Strukturen fassen die offene Komplexität der Möglichkeiten, jedes Element mit jedem anderen zu verbinden, in ein engeres Muster „geltender", üblicher, erwartbarer, wiederholbarer oder wie immer bevorzugter Relationen. Sie können durch diese Selektion weitere Selektionen anleiten, indem sie die Möglichkeiten auf jeweils überschaubare Konstellationen reduzieren. (Luhmann 1984, S. 74)

Während Strukturen dadurch die Zeit reversibel festhalten, erzeugen die Prozesse die Irreversibilität der Zeit (Luhmann 1984, S. 74). „Der Prozess bestimmt sich im Ausgang vom momentanen Aktuellen durch Übergang zu einem dazu passenden, aber von ihm unterschiedenen (neuen) Element." (Luhmann 1984, S. 388) „Strukturen fangen das Risiko selektiver Relationierung der Elemente auf, Prozesse das Risiko der Indirektheit der Relationierung der Elemente." (Willke 1993, S. 150)

Für den Aufbau von Strukturen muss es also Hinweise geben, wie die Möglichkeiten eingeschränkt werden sollen.

Dies ist aber nicht durch eine immanente energeia, eine Kraft, einen élan vital, des Handelns möglich, sondern, nur durch Vorgabe und laufende Reaktivierung von Erwartungsstrukturen, die die Unsicherheit der Zukunft (und damit auch die temporale Selbstreferenz des Einzelelementes Handlung) so weit reduzieren, dass das Handeln sich selbst durch Selektion von Relationierung spezifizieren kann. (Luhmann 1984, S. 392)

Strukturbildung heißt also nicht einfach, Unsicherheit durch Sicherheit zu ersetzen. Vielmehr wird mit einem höheren Grad an Wahrscheinlichkeit Bestimmtes ermöglicht und anderes ausgeschlossen, und in Bezug darauf können Erwartungen dann mehr oder weniger sicher/unsicher sein. Die Strukturbildung wird gleichsam bezahlt mit der Notwendigkeit, sich auf Sicheres/Unsicheres einlassen zu müssen. (Luhmann 1984, S. 417)

Mit der Zeit können Widersprüche in den Erwartungen auftreten, die zu Instabilität des Systems führen. Aber diese Instabilität ist für die Fortsetzung des Systems

notwendig, denn der ständige Zerfall kann nur durch weiteren Anschluss kompensiert werden. Nur durch neue Erwartungen kann die Zirkularität durchbrochen werden und können neue Wege aufgezeigt werden, die auch die Veränderungen in der Umwelt berücksichtigen (Luhmann 1984, S. 501).
Dafür sind Widersprüche notwendig, die in Konflikten Ausdruck gewinnen (Luhmann 1984, S. 530). Sie übernehmen eine alarmierende Funktion, die darauf hinweist, dass die Autopoiesis möglicherweise in bisheriger Form nicht fortgesetzt werden kann (Luhmann 1984, S. 508).

> *Er zerstört für einen Augenblick die Gesamtprätention des Systems: geordnete, redu-zierte Komplexität zu sein. Für einen Augenblick ist dann unbestimmte Komplexität wiederhergestellt, ist alles möglich. Aber zugleich hat der Widerspruch genug Form, um die Anschlussfähigkeit des kommunikativen Prozessierens von Sinn doch noch zu garantieren. Die Reproduktion des Systems wird nur auf andere Bahnen gelenkt. Sinnformen erscheinen als inkonsistent, und das alarmiert. Aber die Autopoiesis des Systems wird nicht unterbrochen.* (Luhmann 1984, S. 508)

Ist die Kommunikation erst einmal angelaufen, ist sie ein „völlig eigenständiger, autonomer, selbstreferentiell-geschlossener Vorgang des Prozessierens von Selektion" (Luhmann 1984, S. 206), wodurch „eine allmähliche Evolution in Richtung auf Ausdifferenzierung spezifisch kommunikativer (sozialer) Systeme" (Luhmann 1984, S. 223) entsteht. Denn durch die selektiv wirkende Kommunikation werden begrenzte Sozialsysteme hervorgebracht, die wiederum die Voraussetzung bieten, für eigentlich unwahrscheinliche Ereignisse Erwartungen zu bilden, die das Unwahrscheinliche in Wahrscheinliches transformieren (Luhmann 1984, S. 223).
Komplexe Systeme entstehen aus einer Ausdifferenzierung der Umwelt. Durch Evolution entstehen Strukturen, die Erwartung erzeugen, wie mit zufälligen Ereignissen umgegangen werden soll.

2.1.3   Sinn durch Reduktion von Kontingenz

In diesem Kapitel wird beschrieben, wie neuer Sinn durch die Reduktion von Kontingenz entsteht, ferner werden unterschiedliche Formen der Kontingenzreduktion dargestellt.
Oftmals wird als übergeordnete Problemstellung der Systemtheorie die Verarbeitung von Komplexität gesehen. Diese Ansätze übersehen jedoch, dass die Reduktion von Komplexität nur mit dem Aufbau von neuer Komplexität möglich ist. Die zentrale Problemstellung der Systemtheorie ist daher nicht Komplexität, sondern Sinn (Schützeichel 2003, S. 17). Systemtheoretisch bezieht sich Sinn

nicht auf das klassische Verständnis von Sinn, das mit Zweck oder Absicht gleichgesetzt werden kann (Weber 1972, S. 1 f.; Schütz 1932, S. 48 f.), sondern darauf, dass Zweck und Absicht sich im Sinne einer zweiten Ordnung auf Sinn beziehen (Schützeichel 2003, S. 32). Luhmann (1971, S. 31 ff.) untersucht Sinn mithilfe der Phänomenologie anhand des Bewusstseins. Die Basis für die Entstehung und Existenz des Bewusstseins ist Intention. In jeder Situation des Bewusstseins ist immer zugleich mehr möglich als gegeben. Jede Situation hat Potenzial zu weiteren Möglichkeiten, die intentional angestrebt werden können. Die Potenzialitäten können unterschiedlich sein. Sie können sich auf einen Außenhorizont oder einen Innenhorizont beziehen. Die Möglichkeiten können sich also sowohl auf die Umwelt einer Sache beziehen als auch auf die weitere Konkretisierung der Sache selbst.

Sinn entsteht durch die Auflösung der Differenz zwischen Aktualität und Potenzialität. Luhmann verallgemeinert diesen Zusammenhang aus dem psychischen System für eine Anwendung in sozialen Systemen. Sinn kann dadurch auf eine Differenz bezogen werden. Nicht das Objekt oder das Thema ändert sich von Situation zu Situation, sondern die Selektivität. Das heißt die Differenz aus dem Gegenstand und den Möglichkeiten. Sinn entsteht aus einem Horizont des Gegebenen und des Möglichen. Es müssen also immer zwei Ebenen vorhanden sein. Dies begründet das Konzept der doppelten Selektivität (Schützeichel 2003, S. 35 f.).

Die Systemtheorie beschreibt, wie Sinn für Systeme entstehen kann und wie Systeme mit Sinn operieren. Eine pathologische oder paradoxale Selbstreferenz der Systeme kann nur verhindert beziehungsweise aufgelöst werden, indem das System auf anderen Sinn verweist (Schützeichel 2003, S. 16).

Sinn entsteht somit durch den Bezug auf weiteren Sinn. Luhmann unterscheidet mit Sach-, Zeit- und Sozialdimension verschiedene Sinndimensionen, in denen Differenzen entstehen können, auf die weiterer Sinn bezogen werden kann (Schützeichel 2003, S. 45). Die Sozialdimension kann der Kommunikationstheorie zugeordnet werden, die Zeitdimension der Evolutionstheorie, und die Sachdimension der System-/Umwelttheorie (Schützeichel 2003, S. 19). Die Sachdimension weist auf einen sachlichen Unterschied zwischen dem Inneren und dem Äußeren des Systems hin (Luhmann 1984, S. 114). Es stellt sich dabei die Frage, ob der Anschluss von Sinn eher durch Fremd- oder durch Selbstreferenz sichergestellt werden kann (Luhmann 1984, S. 124).

In der Sozialdimension kann ein Ereignis von einem anderen System anders erlebt werden als von dem System selbst. Dies entspricht einer Situation mit doppelter Kontingenz, die durch zwei aufeinandertreffende Systeme entsteht

(Luhmann 1984, S. 119). Wesentliches Merkmal ist eine Differenz zur Einschätzung einer bestimmten Situation. In der Zeitdimension gibt es eine temporale Differenz (Luhmann 1984, S. 116). Sinn entsteht aus einer Differenz von Vergangenheit und Zukunft bzw. von „vorher" und „nachher" (Schützeichel 2003, S. 46).

Zwar können die Sinndimensionen nur kombiniert auftreten, da sie voneinander abhängen, allerdings kann durch die Selbstreferenz der Sinndimensionen deren Interdependenz reduziert werden. Durch die Selbstreferenz lösen sich alle Bezugspunkte auf, sodass eine Vielfalt an neuem Sinn möglich wird, der aber eine Verankerung in der Sinndimension selbst finden muss, um sich zu stabilisieren. Die unendlichen Möglichkeiten in den Sinndimensionen trennt sie voneinander, sie ermöglichen so den Aufbau von Komplexität zur Verarbeitung von Komplexität (Luhmann 1984, S. 127 ff.).

In sozialen Systemen kann der Druck für eine Selektion im Möglichkeitshorizont, der den Erhalt von Sinn sichert, auf drei unterschiedlichen Wegen entstehen.

Das Beispiel der Organisation zeigt, wie der Druck auf neue Entscheidungen entsteht und somit der Sinn durch weitere Entscheidung in der Organisation erhalten bleibt.

In Organisationen beruhen Entscheidungen auf vorangegangenen Entscheidungen, wobei die Erwartung einer Entscheidung auf einer bereits getroffenen Entscheidung basiert. Entscheidungen werden in diesem Fall reflexiv. Im Rahmen der sozialen Reflexivität wird betrachtet, was andere erwarten. Dies entspricht dem kategorischen Imperativ. Bei einer Normierung von Verhaltenserwartungen bestehen bereits Regeln, die vorgeben, was zu tun ist (Luhmann 1988, S. 294 ff.).

Das System kann unterschiedlich darauf reagieren. Durch Konformität kann sich das System an die Erwartungen anpassen oder es kann den Erwartungen bewusst widersprechen. Zudem können Entscheidungen so getroffen werden, dass die Folgen externalisiert werden. Damit eine Selektion aus dem Möglichkeitsraum stattfinden kann, müssen Erwartungen existieren. Falls es keine Erwartungen gibt, müssen diese Erwartungen eigenständig erschaffen werden, was immer die Gefahr birgt, dass die Entscheidung pathologisch wird (Luhmann 1988, S. 299).

Während diese Darstellung sich besonders auf die Auflösung des unendlichen Möglichkeitshorizonts in Entscheidungssituationen von Organisationen darstellt, wird im folgenden Abschnitt in Anlehnung an diese drei Möglichkeiten der Umgang mit Kontingenz für die soziale Sinndimension im Allgemeinen dargestellt. Beschrieben wird dies exemplarisch durch eine Situation mit Kontingenz, die durch Erfahrungen, ein zufälliges Suchverfahren nach dem Trial-and-Error-Prinzip oder durch Generalisierung aufgelöst werden kann.

In der sozialen Dimension besteht die Herausforderung in der Situation einer doppelten Kontingenz, wie sie bereits unter Abschnitt 2.1.1 beschrieben wurde. Durch die Komplexität von sozialen Systemen stehen zwei soziale Systeme nur als Black Box einander gegenüber, wobei der jeweils andere nicht durchschaut werden kann (Luhmann 1984, S. 153 ff.). Aus Sicht der Sozialdimension stehen soziale Systeme immer vor einer kontingenten Situation, da die Umwelt, die aus den anderen sozialen Systemen besteht, immer komplexer ist als das System selbst (Luhmann 1986, S. 33). Mit der Ausdifferenzierung haben sich die Systeme immer stärker auf ihre eigenen Operationen spezialisiert, wodurch die Komplexität der Umwelt reduziert wurde (Luhmann 1986, S. 36 f.). Durch eine eigene Beobachtungsform der gesellschaftlichen Funktionssysteme nehmen sie die Umwelt und deren Risiken unterschiedlich wahr (Strulik 2000, S. 55 ff.). Kontingenz kann durch Erfahrungen reduziert werden, indem auf vorangegangene Situationen Bezug genommen wird, wodurch schnellere Entscheidungen getroffen werden können.

Mithilfe von Erfahrungen wird Scheinsicherheit erzeugt, wie es beispielsweise bei der Wahrscheinlichkeitsberechnung von Versicherungen ersichtlich wird. Die Nichtkalkulierbarkeit des Risikos bleibt latent (Japp 1996, S. 59 f.).

Mit der zunehmenden Bedeutung der Digitalisierung (Rifkin 2013) stellen Algorithmen, die in einer Vielzahl von Anwendungsfeldern – von Steuergeräten in Fahrzeugen über Textverarbeitungen bis hin zu Finanzprodukten – eingesetzt werden, eine Methode dar, mit der eine solche Scheinsicherheit dargestellt wird.

Algorithmen sind Rechenprogramme für die Lösung von Problemen, bei dem durch eine Eingabe ein eindeutiges Ergebnis entsteht, wodurch die Lösungssuche gestoppt wird. Entscheidend dafür ist, dass die Länge des Programms (räumlich) und die Dauer der Berechnung (zeitlich) begrenzt sind (Turing 1937). Für komplexe Systeme sind diese Verfahren zur Lösung von nichttrivialen Problemen jedoch nur begrenzt geeignet, da es keine Eins-zu-eins-Beziehungen gibt und damit auch keine eindeutigen Lösungen existieren, die berechenbar sind. Es ist daher nur eine Frage der Zeit, bis die akzeptierte Methode eines scheinbar funktionierenden Algorithmus enttäuscht wird.

Rationalität hilft dabei, eine Entscheidung zu treffen. Die Paradoxie einer gleichzeitigen Sicherheit und Unsicherheit wird durch eine zeitliche Sinndimension aufgelöst. Es wird eine zeitliche Differenz gezogen, dass eine Entscheidung mit Sicherheit getroffen wird, die dann in Zukunft durch die Unsicherheit irgendwann enttäuscht wird. Die Unsicherheit, die bei jeder Entscheidung vorhanden ist, wird durch Festlegung auf bestimmte Themen in die Zukunft verschoben (temporalisiert), da man erst mal von einer scheinbaren Sicherheit ausgeht, bis man von unerwarteten Nebenfolgen irgendwann in der Zukunft überrascht wird (Japp 1996, S. 67 f.).

Mithilfe von Heuristiken können Entscheidungspfade abgekürzt werden, indem auf bisherige Erfahrungen zugegriffen wird. Sie sind einfache Problemlösungsmechanismen, die auf einfachen Regeln basieren und somit zu schnelleren Ergebnissen führen (Kahneman 2011).

Da sie nur eine begrenzte Information für ihre Entscheidungen heranziehen, führen Heuristiken zwar zu schnelleren Ergebnissen als Algorithmen, aber damit sind auch Unsicherheiten verbunden, die zu Verzerrungen und falschen Ergebnissen führen können. Neben den vereinfachenden Modellen der Realität, die durch den Bezug auf Erfahrungen eindeutige Entscheidungen ermöglichen, gibt es auch realitätsnähere Verfahren zur Auflösung von Kontingenz, die die Möglichkeiten des Zufalls berücksichtigen.

Zwar basieren bei Heuristiken die Erkenntnisse für Entscheidungen auf den Erfahrungen der Vergangenheit, aber mit dem Verfahren von Trial-and-Error kann auch bewusst der Zufall hinzugezogen werden, um einen Erkenntnisgewinn zu erlangen. Dabei werden so lange falsche Ergebnisse akzeptiert, bis sich zufällig ein richtiges Ergebnis einstellt. In Anlehnung an den Falsifikationismus von Popper (1935), der besagt, dass etwas so lange Gültigkeit hat, bis das Gegenteil bewiesen ist, geht Traill (2008, S. 31) davon aus, dass alle Lernprozesse, etwa die natürliche Selektion, solche im Gehirn, aber auch in der Gesellschaft auf dem Trial-and-Error-Verfahren basieren. Auch nach der Systemtheorie basiert die Evolution auf dem Trial-and-Error-Verfahren. Da sich die Risiken nie vollständig abschätzen lassen, können Risiken nur begrenzt werden, indem aus den bereits entstandenen unerwarteten Nebenfolgen gelernt wird und diese in den nächsten Entscheidungen mitberücksichtigt werden (Japp 1996, S. 56).

Die Erfahrungen prägen damit die Entscheidungen eines Systems und führen dazu, dass die getroffenen Entscheidungen immer auch ein Stück weit von den vorherigen Entscheidungen und deren Folgen abhängen. Zwar können Entscheidungen nicht rückgängig gemacht werden, aber die Selbstreferenz macht es möglich, dass aus den Fehlern gelernt werden kann (Japp 1996, S. 39).

Oftmals werden Formen der Unsicherheitsabsorption nicht geändert und weitere Entscheidungen auf die damit verbundenen Entscheidungen bezogen, obwohl offensichtlich ist, dass sie nicht geeignet sind. Hier können zufällige Ereignisse helfen, einen Lernprozess zu initiieren (Japp 1996, S. 93).

Damit stellt Kontingenz nicht nur ein Problem für soziale Systeme dar, indem Risiken unerwartete Nebenfolgen einer sonst erstrebenswerten Entwicklung der Gesellschaft hervorbringen, sondern die Risiken werden von den sozialen Systemen genutzt, um das System weiterzuentwickeln. In Situationen der Ungewissheit wird die Umwelt von den Systemen mit Tests abgetastet, um sie auf Reaktion und Konsequenzen zu prüfen. Damit entstehen zwar Risiken durch das System selbst, aber das System würde und könnte ohne das Eingehen von Risiken gar nicht existieren, da es sich dann nicht weiterentwickeln und erhalten könnte (Japp 1996, S. 51). Das Trial-and-Error-Verfahren trägt daher zur Evolution der Systeme bei.

Allerdings hat die Verarbeitung von Kontingenz durch das Trial-and-Error-Verfahren ihre Grenzen. Nach Kuhn (2014, S. 90) geht es bei der wissenschaftlichen Erkenntnis nicht darum, wie von Karl Popper gefordert und im Trial-and-Error-Verfahren vollzogen, eine bestimmte Abweichung zu erkennen, sondern darum, dass Wissenschaft innerhalb eines bestimmten Paradigmas arbeitet, um bestimmte Probleme zu lösen oder Anomalien zu erklären. Im Gegensatz zu Popper, nach dem Wissen entsteht, wenn etwas entgegen den bisherigen Erkenntnissen entdeckt worden ist, entsteht für Kuhn ein Wandel der Wissenschaft nur dann, wenn eine Anomalie so groß ist, dass eine Einigkeit vorhanden ist, dass das vorherrschende Paradigma abgelöst werden muss. Nicht der Unterschied, sondern die Einheit macht erst neue Erkenntnisgewinne möglich.

Damit eine Falsifikation von empirischen Ergebnissen als gültig betrachtet werden kann, müsste sie als unwiderlegbar gelten. Da sie selbst aber eine empirische Erkenntnis ist, besteht die Möglichkeit, dass sie selbst auch widerlegt werden kann. Ohne klare Stoppregeln, besteht bei dem Trial-and-Error-Verfahren daher immer die Gefahr, zu einer Endlosschleife zu werden.

In sozialen Systemen ermöglichen die zufälligen Irritationen zwar eine Aufrechterhaltung der Autopoiesis und eine Fortsetzung der Evolution, aber eine Voraussetzung, dass die selbstreferenziellen Operationen möglich sind, ist eine symbolische Generalisierung, die eine Einheit erzeugt. Mit symbolischer Generalisierung wird ein Medium bezeichnet, durch das eine Einheit hergestellt werden kann. Die Generalisierung beschreibt die Funktion einer operativen Verarbeitung von Vielheit. Eine Mehrheit wird einer Einheit zugeordnet und durch sie symbolisiert. Sinn kann in Systemen nur durch eine solche Symbolisierung oder Abstraktion entstehen. Mithilfe der Generalisierung wird es erst möglich, die Komplexität der Umwelt im System zu verarbeiten. Durch eine symbolische Generalisierung können Erwartungen erzeugt werden, die einen Hinweis darauf geben, wie Sinn verarbeitet werden soll. Gleichzeitig können aber auch Erwartungen die Generalisierung beeinflussen. Durch die Generalisierung von Erwartungen auf etwas Übliches oder Normatives kann eine Selektion aus der Gesamtheit aller Möglichkeiten erfolgen, wodurch die Komplexität verarbeitbar wird, ohne sie zu zerstören. Durch Generalisierung kann der unendliche Möglichkeitshorizont in der sachlichen, zeitlichen und sozialen Sinndimensionen so begrenzt werden, dass Erwartungen entstehen, die nicht nur in einer Situation verwendet werden können. Ein Überschuss an Sinn muss selektiv verarbeitet werden, wodurch allerdings auch die Möglichkeit besteht, Erwartungen auszuwählen, die in verschiedenen Situationen gelten und dann bei Bewährung eine Generalisierung bedingen können (Luhmann 1984, S. 135 ff.).

Entscheidungen, zukünftige Konsequenzen und Präferenzen stehen in einem zirkulären Zusammenhang, da immer ein gewisses Risiko hinsichtlich der Anschlussfähigkeit und der Folgen entsteht. Diese Zirkularität kann nur durch eine Selbstbindung unterbrochen werden. Durch Unsicherheitsabsorption werden beispielsweise die Unsicherheiten zukünftiger Konsequenzen verschleiert. Erwartungen helfen dabei, die Präferenzen stabil zu halten (Japp 1996, S. 48).

Durch Generalisierung, an der sich Erwartungen orientieren, wird eine Unterbrechung der Zirkularität der Selbstreferenz ermöglicht, was eine Voraussetzung für die Entstehung von neuem Sinn ist.

Damit soziale Systeme sich selbst erhalten, müssen sie also neuen Sinn erzeugen. Dazu müssen sie Kontingenz reduzieren, indem sie auf ein Trial-and-Error-Verfahren, Erfahrungen oder eine Generalisierung zurückgreifen.

Zusammenfassend betrachtet sind also unterschiedliche Arten von Systemen zu differenzieren. Das Kennzeichen der Systemtheorie ist, dass sie nicht mit trivialen, sondern mit nicht-trivialen Systemen arbeitet. Während triviale Systeme durch eine kausale Beziehung gekennzeichnet sind, die mit einem fest definierten Prozess aus einem Input einen Output erzeugen, sind nichttriviale Systeme komplexe Systeme, die sich durch das, was sie herstellen, selbst als Input nutzen. Sie sind daher selbsterhaltend. Die internen Prozesse sind so komplex, dass sie von außen weder verstanden noch vorhergesagt werden können. Diese Systeme werden auch autopoietische Systeme genannt. Als autopoietische Systeme werden sowohl lebende Systeme als auch Sinnsysteme bezeichnet. Luhmann bezieht sich in seiner Systemtheorie auf die Sinnsysteme, die in psychische Systeme und soziale Systeme unterschieden werden können.

In der einfachen Beschreibung wird deutlich, dass die autopoietischen Systeme aus den Elementen bestehen, die sie selbst herstellen. Sie sind dadurch geschlossene Systeme. Allerdings verfallen diese Elemente mit der Zeit, weshalb das System gleichzeitig offen sein muss für Irritationen, die Anlass für neue Elemente geben, da sonst die Autopoiesis aufhören würde.

Komplexe Systeme, die miteinander interagieren, stehen vor einer kontingenten Situation. Sie können aufgrund der Systemkomplexität das andere System nie komplett verstehen. Diese doppelte Kontingenz erzeugt Unsicherheit, bei der kein System weiß, was zu tun ist. Diese Situation kann nur durch Erfahrungen gelöst werden, die Erwartungen über das andere System erzeugen. Falls dies nicht der Fall ist, hilft ein zufälliges Ereignis. Beides führt zu Reaktionen eines Systems, das dem anderen System hilft, das System einschätzen zu können, wodurch eine Gegenreaktion möglich wird. Dies löst die Kontingenz auf und ermöglicht die Fortsetzung der Interaktion.

Soziale Systeme bestehen aus dem Element, das sie selbst produzieren – Kommunikation. Kommunikationselemente zerfallen über die Zeit. Sie brauchen daher einen externen Anschluss, da sie sich sonst auf sich selbst beziehen und dadurch tautologisch werden und ihren Sinn verlieren. Das soziale System kann dieser Tautologie entgegenwirken, indem es durch die Herstellung eines Bezugs zur Umwelt einen sinnvollen Anschluss findet. Dazu müssen Möglichkeiten wahrgenommen werden, die intern selektiert werden müssen, um die Möglichkeiten einzuschränken.

Da soziale Systeme nur mit anderen sozialen Systemen kommunizieren können, besteht die Umwelt der sozialen Systeme aus anderen sozialen Systemen. Stehen sie sich gegenüber, befinden auch sie sich in einer Situation doppelter Kontingenz, die viele Möglichkeiten bieten. In einer vollständig kontingenten Situation können Erfahrungen nicht helfen. Mithilfe einer abstrakteren Beobachtung wird es den beteiligten Systemen möglich, das Gleiche in einer Situation zu sehen, obwohl sie eigentlich vollständig andere Perspektiven einnehmen. Durch symbolische Generalisierung können Erwartungen erzeugt werden, durch die es möglich wird, die Unsicherheit der Kontingenz zu reduzieren.

Es sind somit zwei Dinge notwendig, damit Komplexität reduziert werden kann. Die Anschlussfähigkeit kann nur durch Offenheit ermöglicht werden, indem sie durch Einbezug der Umwelt die Tautologie der Selbstreferenz durchbricht. Eine Einschränkung der Möglichkeiten aus der daraus resultierenden Kontingenz kann durch Generalisierung erreicht werden.

Nach der Systemtheorie ist jede Beobachtung nur durch eine Paradoxie möglich. Die Systemtheorie impliziert eine Beobachtung zweiter Ordnung, die darin besteht, dass sie beobachtet, wie soziale Systeme beobachten. Dabei entsteht für die Systeme die Paradoxie, dass sie sich selbst und ihre Umwelt nur durch eine Differenz zwischen System und Umwelt wahrnehmen können. Für die Wahrnehmung dieser Differenz müssten sie jedoch sich selbst und die Umwelt bereits kennen. Diese Paradoxie kann nur aufgelöst werden, indem die Umwelt, in Form der Differenz von System und Umwelt, im System berücksichtigt wird (Reentry).

In sozialen Systemen besteht die Paradoxie, dass Systeme zur Aufrechterhaltung der Autopoiesis sowohl offen als auch geschlossen sein müssen. Diese Paradoxie wird durch die Differenz aus Selbst- und Fremdreferenz ersetzt, wodurch die Paradoxie invisibilisiert wird. Während ein binärer Code die Geschlossenheit von sozialen Systemen herstellt, mit der sich das System auf sich selbst bezieht, ermöglichen Programme auf einer niedrigeren Ebene eine Offenheit, mit der die

Umwelt wahrgenommen werden kann. Sinn entsteht bei sozialen Systemen durch weitere Kommunikation, die durch Irritationen der Umwelt veranlasst werden. Mithilfe der Programme wird es möglich, die Umwelt im System abzubilden, was eine wesentliche Voraussetzung für weitere Kommunikation ist. Damit die komplexe Umwelt im System abgebildet werden kann, muss die Beobachtung der Umwelt durch die gewählte Beobachtungsdifferenz auf Basis des Systemcodes begrenzt werden.

Durch Interaktion entsteht allmählich ein Quasisystem, das mit einer immer höheren Komplexität immer stärker von sich selbst abhängig wird, wodurch es sich allmählich von der Umwelt differenziert und ein autopoietisches System wird.

Die Komplexität der Umwelt der Systeme ist immer komplexer als die Systeme, weshalb die Systeme eine Vereinfachung der Umwelt vornehmen müssen, um sie intern abzubilden. Durch eine Ausdifferenzierung der Systeme aus der Umwelt erfolgt in den Systemen eine selektive Beobachtung der Umwelt, wodurch die Komplexität verarbeitbar wird.

Systeme entstehen evolutionär. Mit zufälligen Ereignissen werden Situationen der doppelten Kontingenz aufgelöst. Diese Zufälle können in dem System als Störungen wahrgenommen werden, dazu muss es im System Erwartungen in Form von Strukturen geben, die besagen, wie mit diesen umgegangen werden soll. Mit Strukturen werden die Selektionsmöglichkeiten so weit eingeschränkt, dass weitere Selektionen möglich werden. Daher wird mit der Einschränkung der Selektionsmöglichkeiten gleichzeitig die Möglichkeit weiterer Selektionen eröffnet.

Entstehen Widersprüche, ermöglicht dies eine Weiterentwicklung des Systems, da die Strukturen dann angepasst werden und die Reproduktion eine andere Richtung einnimmt.

Im Gegensatz zu Strukturen, die reversibel, weil veränderbar sind, sind Prozesse irreversibel, da sie, wenn sie einmal durchlaufen wurden, nicht mehr verändert werden können.

Die zentrale Problemstellung der Systemtheorie ist nicht Komplexität, sondern Sinn. Sinn entsteht durch die Auflösung der Differenz zwischen Aktualität und Potenzialität. Für die Erzeugung von neuem Sinn muss in der sozialen Dimension Kontingenz reduziert werden. Situationen mit hoher Kontingenz lassen sich auflösen, indem Erfahrungen aus der Vergangenheit herangezogen und rationale Entscheidungen daraus abgeleitet werden. Zudem kann durch ein eher zufallsgesteuertes Trial-and-Error-Verfahren aus unerwarteten Nebenfolgen gelernt werden. Außerdem kann durch Generalisierung eine Einheit hergestellt werden, die den Möglichkeitsraum einschränkt. Die Reduktion von Kontingenz durch Erfahrungen, Zufälle oder durch Vorgaben gibt einen abstrakten Überblick über die Möglichkeiten der gesellschaftlichen Steuerung, die im Kapitel 3 vertieft betrachtet werden.

2.2 Funktionsweise und Interdependenzen gesellschaftlicher Steuerungsformen

Da aus systemtheoretischer Sicht soziale Systeme selbstreferenzielle, autonome Systeme darstellen, die geschlossen und offen zugleich sind, stellt sich die Frage, wie soziale Systeme aufeinander wirken und sich gegenseitig beeinflussen können. Grundsätzlich wird in diesem Kapitel erörtert, welche Steuerungs-möglichkeiten der Gesellschaft bestehen. Dazu wird eine systemtheoretische Governanceperspektive eingenommen. Im ersten Schritt wird die Funktionsweise gesellschaftlicher Steuerungskonzepte aus systemtheoretischer Sicht dargestellt. Im zweiten Schritt können durch die systemtheoretische Perspektive Interdepen-denzen der gesellschaftlichen Steuerungskonzepte erläutert werden.

2.2.1 Formen der gesellschaftlichen Steuerung

Wie bereits in der Einleitung dargestellt, gibt es keine einheitliche Defini-tion von Governance, sondern es gibt unterschiedliche Auslegungen, was unter Governance zu verstehen ist. Ein wesentlicher Vorteil einer systemtheoretischen Governanceperspektive besteht darin, dass eine geschlossene und konsistente Theorie vorliegt, mit der nicht nur der gegenseitige Einfluss beschrieben werden kann, sondern mit der auch darstellbar wird, wie Systeme operieren. Sie kann damit besser Auskunft geben, wie Systeme bei einer Beeinflussung reagieren, und somit ein vollständigeres Bild von Steuerung generieren.

Zur Beschreibung der gesellschaftlichen Steuerung haben sich mit der Zeit unterschiedliche Ansätze entwickelt. Eine Übersicht zu den drei wesentlichen Steuerungsformen (Tabelle 2.1), die sich herauskristallisiert haben, gibt Willke (2006, S. 60). Üblicherweise werden die Steuerungsformen „Markt", „Hier-archie", „Gemeinschaft" bzw. „Netzwerke" unterschieden. Zur Beschreibung der Steuerungsformen „Markt", „Gemeinschaft" und „Organisation" verwendet Wiesenthal (2000, S. 45) auch eine „MGO-Begrifflichkeit".

Tabelle 2.1 Haupt- und weitere Typen der Koordination in verschiedenen Steuerungsmodellen. (In Anlehnung an Willke 2006, S. 60)

Autor	Zwei Hauptformen		Dritte Form	Vierte Form
Dahl und Lindblom (1953)	Hierarchie	Markt	Verhandlung	
Williamson (1975)	Hierarchie	Markt		
Williamson (1985)	Hierarchie	Markt	Relationaler Vertrag	
Lindblom (1977)	Politik (Staat)	Markt	Überredung	
Ouchi (1980)	Hierarchie	Markt	Klan (Solidarität)	
Kaufmann (1983)	Hierarchie	Markt	Solidarität	
Offe und Keane (1984)	Staat	Markt	Solidarität	
Streeck und Schmitter (1985a)	Staat	Markt	Solidarität (community)	Verbände (associations)
Hegner (1986)	Hierarchie	Markt	Solidarität	
Traxler und Vobruba (1987)	Zwang	Tausch	Solidarität	
Scharpf (1993)	Hierarchie	Markt	Verhandlungssysteme	
Mayntz (1993)	Hierarchie	Markt	Policy-Netzwerke	

Obwohl die meisten Ansätze der Steuerungsformen besonders durch die Soziologie und Politikwissenschaften entwickelt wurden, legten die Wirtschaftswissenschaften den Grundstein für die gewählten Unterscheidungen. Bereits Smith (1827, S. 184) erkannte mit der unsichtbaren Hand, dass der Markt eine emergente Eigenschaft besitzt. Denn der Markt erzeugt einen großen Nutzen für das Gemeinwohl, obwohl bei den damit verbundenen Handlungen eher individuelle Interessen im Vordergrund stehen. Auch Hayek (1945, S. 519) hat sich mit der Steuerungsfunktion des Marktes auseinandergesetzt. Er sieht in dem Markt eine intelligente Form der Austauschbeziehungen, die mit dem Preissystem als

Kommunikationsmedium ein Wissen impliziert, das weit über die Möglichkeiten eines Individuums hinausgeht. Die Unterscheidung zwischen Markt und Organisation wurde besonders durch Überlegungen von Coase (1937) initiiert. Er stellte sich die Frage, warum es überhaupt Organisationen gibt, wenn doch der Markt die effizienteste Koordinationsform ist. Er kam zu der Erkenntnis, dass Organisationen die Aufgabe haben, Transaktionskosten, also die nichtmarktlichen Kosten, die zur Durchführung von marktlichen Transaktionen anfallen, zu reduzieren. Für die Durchführung von Transaktionen ist die Wirtschaft auf Organisationen angewiesen, da Organisationen in der Lage sind, Unsicherheiten zu absorbieren. Diese Erkenntnis veranlasste Williamson, sich intensiver mit dem Unterschied zwischen Markt und Organisation auseinanderzusetzen (Williamson 1975). Er definierte unterschiedliche Eigenschaften von Transaktionen, für die jeweils bestimmte Koordinationsmechanismen besser geeignet sind, um Transaktionskosten zu reduzieren (Williamson 1979). Die Differenzierung zwischen Markt und Hierarchie wurde dann allmählich um eine dritte Variante erweitert. So wurde von Ouchi (1980) beispielsweise die Ergänzung um Clans vorgenommen. Während im deutschsprachigen Raum Streeck und Schmitter (1985b) neben Gemeinschaft, Markt und Staat noch Verbände ergänzten, erhielt die MGO-Begrifflichkeit durch die Etablierung des Netzwerkbegriffs, insbesondere durch Powell (1990), eine neue Ausrichtung.

In dieser Arbeit werden die etablierten Steuerungsformen nicht durch einen Bezug auf die Funktionssysteme systemtheoretisch beschrieben, sondern anhand der Ordnungsformen von Luhmann. Luhmann unterscheidet drei Typen sozialer Systeme: Interaktionen, Organisationen und gesellschaftliche Funktionssysteme (Luhmann 1984, S. 16). Die Steuerungsformen der Governanceperspektive sind mit einer systemtheoretischen Perspektive kompatibel, da die Systemtheorie auch mit unterschiedlichen Ebenen arbeitet und die systemtheoretischen Ordnungsformen „Wirtschaft", „Organisation" und „Netzwerke" unterscheidet. Der Markt als Teil der Wirtschaft wird aus der systemtheoretischen Perspektive des gesellschaftlichen Funktionssystems beschrieben. Hierarchie wird demnach nicht dem Rechtssystem zugeordnet, sondern dem sozialen System der Organisation, die mit Hierarchie arbeitet. Obwohl Organisationen in allen Funktionssystemen vorkommen, wird in dieser Arbeit überwiegend die Organisation als Unternehmen beschrieben, da die Untersuchung stärker auf das Wirtschaftssystem ausgerichtet ist. Demnach wird auf den Ursprung des wissenschaftlichen Diskurses über Koordinationsmechanismen zurückgegriffen, bei dem Unternehmen vom Markt differenziert worden sind. Da als dritte Steuerungsform sowohl Gemeinschaft bzw. Solidarität als auch Netzwerke genannt werden, wird, um eine höhere Kompatibilität mit der Systemtheorie zu erreichen, insbesondere auf Netzwerke Bezug genommen, die stellvertretend für das soziale System „Interaktion" stehen sollen, wobei sich die systemtheoretischen Ausführungen auf neuere Ansätze der Systemtheorie beziehen.

2.2.2 Markt als gesellschaftliche Steuerungsform des Wirtschaftssystems

Für eine systemtheoretische Beschreibung der Steuerungsform des Marktes wird der Blick auf die systemtheoretische Ebene der gesellschaftlichen Funktionssysteme gelegt. Neben den Funktionssystemen von Politik, Religion, Erziehung, Recht hat sich auch das Funktionssystem der Wirtschaft aus der Gesellschaft ausdifferenziert. Der Markt ist Teil des Funktionssystems der Wirtschaft, weshalb die Operationsweise des Wirtschaftssystems tiefergehend betrachtet wird. Neben der allgemeinen Beschreibung der Wirtschaft als gesellschaftliches Funktionssystem werden darüber hinaus Innovationsnetzwerke, die die Realwirtschaft repräsentieren, und das Bankennetzwerk, das die Finanzwirtschaft beschreibt, als zwei neuere Weiterentwicklungen der Systemtheorie dargestellt und eine Verbindung zwischen beiden hergestellt.

Die wirtschaftswissenschaftliche Perspektive und die systemtheoretische Perspektive auf die Wirtschaft ermöglichen unterschiedliche Beobachtungen auf denselben Gegenstand. Während die Mikroökonomik, die aus den Ideen von Adam Smith (1827) hervorgegangen ist, einzelne Sachverhalte der Wirtschaft auf Basis von handelnden Akteuren zu beobachten versucht, hat die Systemtheorie eine andere Herangehensweise. Luhmann bezeichnete die neoliberalistische Schlussfolgerung, dass bei einem Tauschhandel für beide Akteure individuell ein Vorteil entsteht (da sonst kein Tausch zustande käme) und somit gleichzeitig auch für alle, also die Gesellschaft insgesamt, Vorteile generiert werden, als einen Trugschluss (Luhmann 1988, S. 255). Nach Willke (1993, S. 197) ist der Markt kein Steuerungsakteur. Wegen der operativen Geschlossenheit der Kommunikation stellt der Markt zwar ein Subjekt mit einer Identität dar, allerdings ist er kein Akteur, dem Handlungen zuzuordnen sind. Der Markt ist als Subjekt daher nicht handlungsfähig, aber steuerungsfähig.

Klassische Ökonomen sehen die Funktion der Wirtschaft in der Befriedigung von Bedürfnissen durch Produktion und Konsum. Wenn jedoch im Rahmen einer anderen Beobachtungslogik von den Menschen abstrahiert wird, wird deutlich, dass die Wirtschaft durch Zahlungen und Nichtzahlungen beschrieben werden kann (Willke 2007, S. 140).

Wie bereits in Abschnitt 1.3 dargestellt, ist die Systemtheorie eine Theorie, die den Akteur bewusst ausschließt, um alle anderen Zusammenhänge zu erkennen. Die Grundannahme basiert darauf, dass die Wirtschaft ein emergentes System darstellt, das ganz andere Eigenschaften aufweist als die Summe seiner Teile, sodass sich daher mit der Beobachtung des Ganzen ganz andere Erkenntnisse ergeben als mit der Betrachtung von Einzelphänomenen. Wie in Abschnitt 2.1 beschrieben, werden in der Systemtheorie nicht Einheiten beobachtet, aus denen die Wirtschaft besteht, sondern es werden Differenzen identifiziert, mit der die Wirtschaft in der Lage ist, Beobachtungen durchzuführen.

Darüber hinaus gibt es unterschiedliche makroökonomische Ansätze, die versuchen, die Wirtschaft als Ganzes zu beschreiben. Ein wesentlicher Unterschied der systemtheoretischen Perspektive auf die Wirtschaft im Vergleich zu den klassischen Wirtschaftswissenschaften besteht darin, dass die Wirtschaft als ein nichttriviales System betrachtet wird. Die Wirtschaftswissenschaften versuchen meist, die Wirtschaft als triviales System zu beschreiben. Von dem Tableau économique von François Quesnay (1758), der erstmals die Wirtschaft als Kreislauf beschrieb, bis hin zur Weiterentwicklung durch Wassily Leontiefs (1986) Input-Output-Analyse, die bis heute die Basis für den internationalen Standard der volkswirtschaftlichen Gesamtrechnung (European Commission et al. 2009) bildet, wird in Modellen ein vereinfachtes Abbild der Realität angenommen. Mit allgemeinen Gleichgewichtsmodellen wird versucht, die Volkswirtschaft als Ganzes abzubilden, um Erkenntnisse zu wirtschaftlichen Größen wie Produktion, Konsum, Preis, Arbeitslosigkeit oder Inflation zu erhalten. Mit dem Walrasianischen Gleichgewichtsmodell, das auf den Erkenntnissen der klassischen Nationalökonomen Adam Smith und David Ricardo basiert, unternahm der neoklassische Ökonom Walras (1874) den Versuch, die wirtschaftlichen Zusammenhänge mathematisch zu beschreiben. Dieses Modell wurde von Arrow und Debreu (1954) zum Arrow-Debreu-Gleichgewichtsmodell weiterentwickelt, das eine Marktwirtschaft mit unterschiedlichen Produzenten, Konsumenten und Gütern beschreibt, in der auch Privateigentum existiert. Heute gibt es die computerbasierten Ansätze wie die Computable-general equilibrium-Modelle (Taylor und Black 1974), welche die Applied-general-equilibrium-Modelle (Scarf und Hansen 1973) seit den 1980er Jahren abgelöst haben. Allen Modellen ist gemeinsam, dass sie mit einem mathematischen Modell durch eine Veränderung von Eingangsvariablen ein eindeutiges Ergebnis erzielen, weshalb sie von einem trivialen System ausgehen. Einer der prominentesten Kritiker gegenüber der neoklassischen Perspektive einer statischen Wirtschaft im Gleichgewicht war John Maynard Keynes, der sie für realitätsfern hält, da die Wirtschaft nie einen statischen Zustand erreicht und mit den bisherigen Theorien keine Krisen erklärt

werden konnten (Keynes 1923, S. 80). Keynes (2002) versuchte, die wirtschaftlichen Zusammenhänge in einer veränderten Form, aber weiterhin durch
mathematische Gleichungen zu beschreiben. Auch hier wird die Wirtschaft als
ein triviales System angenommen, das einen kausalen Zusammenhang aufweist,
bei dem durch bestimmte Eingangsparameter bestimmte Ausgangsgrößen erzielt
werden. Darüber hinaus wurden Modelle entwickelt, die nicht nur eine Erklärung für konjunkturelle Änderungen der Wirtschaft geben möchten, sondern auch
Einflussfaktoren für ein langfristiges Wachstum der Wirtschaft suchen. Diese
Wachstumstheorien sind besonders nach dem Zweiten Weltkrieg in den Fokus der
Wirtschaftswissenschaften gerückt. Eine entwarfen die Postkeynesianer Harrod
(1939) und Domar (1946). Ihnen zufolge entsteht Wirtschaftswachstum besonders durch neue Investitionen. Demgegenüber entwickelten sich mit Solow (1956)
neoklassische Wachstumstheorien, die davon ausgehen, dass Wachstum besonders durch den technischen Fortschritt erklärt werden kann. Da der entscheidende
Einflussfaktor außerhalb des Modells liegt, werden diese Theorien auch als exo-
gene Wachstumstheorien bezeichnet. Ähnlich zur „invisible hand" (Smith 1827,
S. 349), die die Selbststeuerung einer statischen Wirtschaft beschreibt, wurden
auch Wachstumstheorien entwickelt, die das Wachstum einer Wirtschaft nicht
auf äußere Faktoren zurückführen, sondern darauf, dass die Wirtschaft aus sich
selbst heraus wächst. Eine der ersten endogenen Wachstumstheorien stammt von
Romer (1990), der auch den technischen Fortschritt als wesentlicher Einflussfaktor annahm, wobei dieser sich durch Forschung und Entwicklung aus dem
Modell selbst ergibt. Die Idee, dass Wirtschaftswachstum aus sich selbst heraus
entsteht, geht auf die Ideen von Schumpeter (2006) zurück. Im Gegensatz zu
den endogenen Wachstumstheorien sah er jedoch nicht nur die positiven Seiten
der Innovationen, sondern beschrieb mit dem Prozess der „Creative Destruction"
(Schumpeter 1994, S. 83) auch die negativen Folgen, die damit verbunden sind.
Da dieser Blick auf die Wirtschaft einem systemtheoretischen Verständnis der
Wirtschaft als selbstreferenzielles System sehr nahekommt, wird in diesem Kapitel noch tiefergehend darauf Bezug genommen. Grundsätzlich handelt es sich
jedoch bei den Wachstumsmodellen auch um mathematische Modelle, die von
einem trivialen System der Wirtschaft ausgehen. Mit dem Versuch, die Eingangsvariablen zu identifizieren, mit denen Wirtschaftswachstum beeinflusst werden
kann, liegt ein technisches Verständnis von Steuerung vor, das in Kausalketten
denkt und eher der Kybernetik zuzuordnen ist.

Die Ökonometrie, deren moderne Ansätze auf Henry L. Moore (1911)
zurückgehen, hat sich zu einem Standard für den empirischen Nachweis von
ökonomischen Zusammenhängen entwickelt (Epstein 1987). Aus systemtheoretischer Sicht ist, ähnlich wie aus der kritischen Sicht der österreichischen Schule

(Hayek und Hoppmann 1972), fraglich, ob statistische Methoden für zukünftige Prognosen geeignet sind. Denn die Möglichkeit, dass aus historischen Werten eine Ableitung auf zukünftige Phänomene der Wirtschaft möglich ist, basiert auf der Annahme, dass die Wirtschaft ein triviales System ist. Die Annahme, dass die aus den historischen Daten abgeleiteten Erkenntnisse auch in Zukunft gelten, vernachlässigt, dass die Zusammenhänge in Zukunft auch ganz anders sein könnten.

Diese genannten Beobachtungsperspektiven auf die Wirtschaft sollten nicht kritiert werden. Jede Einzelne hat ihre Berechtigung, da jede Beobachtung durch einen bestimmten Ausschluss der Wirklichkeit etwas anderes sichtbar macht. In dieser Arbeit wird aber eine systemtheoretische Perspektive auf die Wirtschaft eingenommen, da sie nicht von einem trivialen System der Wirtschaft ausgeht, sondern von einem nicht-trivialen selbstreferenziellen System, das der eigentlichen Komplexität der Wirtschaft eher gerecht werden soll. Mit der systemtheoretischen Betrachtung der Wirtschaft wird eine andere Perspektive gegenüber dem Markt eingenommen, wohl wissend, dass diese Beobachtung nur durch den Ausschluss von bestimmten Bereichen der Realität möglich ist, weshalb auch sie unvollständig ist. Nach einer allgemeinen Beschreibung der Wirtschaft werden die Real- und die Finanzwirtschaft differenziert dargestellt. Im Anschluss daran werden Zusammenhänge zwischen beiden Subsystemen der Wirtschaft expliziert.

Die Wirtschaft kann als autopoietisches System beschrieben werden, da es mit der Einführung von Geld einen eindeutigen binären Code verwendet, der eine konsequente Orientierung an den eignen Operationen ermöglicht. Mit Hilfe des Kommunikationsmediums Geld wird das Wirtschaftssystem gesellschaftlich ausdifferenziert (Luhmann 1988, S. 249).

Die Funktion der Wirtschaft besteht in der Auflösung des Knappheitsparadoxes. Die Paradoxie besteht darin, dass auf der kugelförmigen Erde im Grunde alles knapp ist und die Reduktion einer Knappheit nur mit einer Erhöhung einer anderen Knappheit einhergehen kann (Luhmann 1988, S. 177 ff.). Nach Luhmann besteht die Funktion der Wirtschaft nicht in der Befriedigung von Bedürfnissen, sondern darin, dass die Knappheiten so verteilt werden, dass das Wirtschaftssystem dauerhaft funktioniert und sich selbst erhält, indem ein Mechanismus die „zukunftsstabile Vorsorge [mit den] gegenwärtigen Verteilungen verknüpft" (Luhmann 1988, S. 64). Es muss daher sowohl eine Zeitdimension als auch eine Sozialdimension betrachtet werden. Dies kommt dem Prinzip der Nachhaltigkeit von inter- und intragenerationaler Gerechtigkeit (United Nations 1987) sehr nahe. Die gleichzeitige Verteilung von Gütern bei gleichzeitiger Sicherstellung zukünftiger Versorgung wird in der Wirtschaft durch Autopoiesis, die ihre Geschlossenheit nur durch Offenheit erzielt, erreicht. Die selbstreferenzielle Geschlossenheit entsteht im Wirtschaftssystem durch Operationen mit dem wirtschaftlichen Code. Zur Verschleierung des Knappheitsparadoxes haben sich zwei Codierungen im Wirtschaftssystem gebildet, mit denen die Paradoxie in eine Differenz überführt wird.

Mit Eigentum und der Unterscheidung von „Haben" und „Nicht-Haben" wird bestimmt, was knapp ist und was nicht knapp ist. Mit Geld wird zusätzlich die Knappheit codiert. Demnach wird, nachdem die Knappheit durch Eigentum bestimmt worden ist, mithilfe der Quantifizierbarkeit des Geldes eine weitere Unterscheidung innerhalb dieser Knappheit vorgenommen, aus der hervorgeht, wie stark die Knappheit ist (Luhmann 1988, S. 198). Das Wirtschaftssystem hat sich mit Geld ausdifferenziert und arbeitet mit der Unterscheidung von Zahlungsfähigkeit und Zahlungsunfähigkeit (Luhmann 1988, S. 134 ff.). Die Geschlossenheit des Wirtschaftssystems aufgrund der Autopoiesis ist nur durch Offenheit möglich. Für die langfristige Aufrechterhaltung der Autopoiesis ist es entscheidend, wie das System die Umwelt wahrnimmt.

Es ist eine interne und eine externe Umwelt zu unterscheiden. Die interne Umwelt der Gesellschaft enthält alle anderen sozialen Systeme der Gesellschaft, die mit Kommunikation arbeiten. Die externe Umwelt bezieht sich auf alles, was außerhalb der Gesellschaft liegt, z. B. Ökologie und psychische Systeme (Luhmann 1988, S. 36).

Eine Beobachtung der Umwelt durch ein Reenty der Differenz von System und Umwelt in das System wird im Wirtschaftssystem durch den Markt und Preise möglich. Der Markt ist die wirtschaftsinterne Umwelt des Wirtschaftssystems (Luhmann 1988, S. 94, 106). Er stellt für jedes Unternehmen die Wirtschaft als Ganzes ohne das Unternehmen selbst dar. Anhand der Preise kann beobachtet werden, wie die anderen Unternehmen beobachten (Luhmann 1988, S. 127 f.). Da sich die Konkurrenz am Markt orientiert, der das Unternehmen einschließt, kann sich das Unternehmen über den Markt aber auch selbstbeobachten (Luhmann 1988, S. 74). Der Markt kann die Umwelt nur berücksichtigen, wenn sie in die Wirtschaftslogik übersetzt wird. Das System muss sich selbst irritieren können, da die Autopoiesis sonst aufhören würde (Luhmann 1988, S. 113). Die Veränderung der Preise macht dies möglich, denn sie zeigen den Stellenwert innerhalb des Wirtschaftssystems an (Luhmann 1988, S. 118 ff.). Mithilfe der Preise wird es möglich, dass sich das Wirtschaftssystem selbst beobachtet. Preise reduzieren die Komplexität der Umwelt, wobei jedoch viele Informationen nicht berücksichtigt werden und die reine Orientierung an Preisen nie völlig rational sein kann (Luhmann 1988, S. 31 ff.). Die Umwelt kann im Wirtschaftssystem nur berücksichtigt werden, wenn sie in den Wirtschaftscode übersetzt wird (Luhmann 1988, S. 114). Die Gesellschaft kann nur innerhalb von Programmen für den Code relevant werden (Luhmann 1988, S. 251).

Entscheidungsprogramme definieren, welcher Code verwendet wird. Dabei entscheiden Programme, was Zahlungsfähigkeit und was Zahlungsunfähigkeit erzeugt (Luhmann 1988, S. 224 ff.). Präferenzen bilden ein Programm mit externem Bezug, und Liquidität ist ein systeminternes Programm (Luhmann 1988, S. 250).

Rentabilitäten, die durch Programme definiert werden, bestimmen über die Verteilung von Knappheit. Durch den Fokus auf Rentabilität ist der wirtschaftliche Austauschprozess nicht mehr auf Reziprozität angewiesen. Das System reguliert durch Selbststeuerung, wer was verdient hat. Es müssen nicht alle zustimmen, dass ein Unternehmer Geld bekommt, sondern die zusätzliche Zahlungsfähigkeit, die er durch seine Zahlung erhält, entsteht aus dem System. Dadurch verliert die soziale Stellung an Bedeutung (Luhmann 1988, S. 58).

Außer im Rahmen der unten genannten Beschreibung des Geldmarktes (Luhmann 1988, S. 115 ff.) hat sich Luhmann sehr wenig zur Finanzwirtschaft geäußert. Er hat sich nicht tiefergehend mit einzelnen Märkten oder Teilsystemen des Wirtschaftssystems auseinandergesetzt. Mit Bezug auf die Arbeit von Baecker (2008) zur Funktionsweise von Banken wird eine systemtheoretische Beschreibung des Kapitalmarktes erarbeitet, um Realwirtschaft und Finanzwirtschaft gegenüberzustellen und deren Interaktion beschreiben zu können.

Zur Darstellung des Finanzsystems hat sich Luhmann auf den Geldmarkt bezogen. Unterschiedliche Märkte entstehen durch unterschiedliche Perspektiven auf die Wirtschaft. Der Geldmarkt stellt einen besonderen Markt dar, da er als Eigenmarkt der Wirtschaft selbstreferenziell ist und sich dadurch eigendynamisch entwickelt. Da sich der Geldmarkt auf nichts Weiteres bezieht, erzeugt er eine hohe Kontingenz, die zu einer kurzfristigen Perspektive führt. Banken geben jedoch einen Orientierungspunkt, indem sie durch hierarchische Struktur limitierend agieren. Die Struktur geht über die Differenz zwischen Banken und Kunden hinaus, denn mit dem zweistufigen Bankensystem und der zusätzlichen Unterscheidung von Zentralbanken und Geschäftsbanken entsteht eine höhere Stabilität (Luhmann 1988, S. 117 ff.).

Mit der Dreiteilung in Zentralbanken, Geschäftsbanken und deren Kunden wird es möglich, die Selbstreferenz aufzulösen. Mit dem Bankensystem wird ein Bezug des Wirtschaftssystems zu Organisationen hergestellt. Sie ermöglichen sowohl die Zentralisierung von Geld als auch dezentrale Entscheidungen in Organisationen (Luhmann 1988, S. 146).

Der Geldmarkt hat eine besondere Bedeutung, da er in alle anderen Märkte wirkt. Da alle Märkte von ihm abhängig sind, repräsentiert der Geldmarkt das System im System. Die Funktion des Geldmarktes besteht darin, Zeitdifferenzen zu überbrücken und unterschiedliche Systemzeiten zu synchronisieren. Geld dient daher als Puffer von Einzelereignissen. Mithilfe von Geld wird es möglich, die Differenz zwischen Einnahmen und Ausgaben zu überbrücken (Luhmann 1988, S. 118,147,253).

Auch aus systemtheoretischer Sicht zeichnet sich ein kapitalistisches Wirtschaftssystem dadurch aus, dass Investitionsentscheidungen auf Basis von Rentabilitäten getroffen werden. Diese entstehen, indem durch Zahlungen Zahlungsfähigkeit hergestellt wird. Da zwischen dem Erwerb von Produktionsfaktoren und der Veräußerung von hergestellten Gütern und Dienstleistungen eine zeitliche Diskrepanz entsteht, müssen die Lücke der Zahlungen, also die Ausgaben, und die Einnahmen, also die Wiederherstellung der Zahlungsfähigkeit, mithilfe des Geldmarktes überbrückt werden. Investitionsentscheidungen auf Basis von Rentabilitäten legen der Entscheidung diese Differenz zugrunde (Luhmann 1986, S. 109).

Baecker (2008) knüpft an die Überlegungen von Luhmann an und beschreibt konkretisierend die Rolle von Banken aus systemtheoretischer Perspektive. Im Gegensatz zu der losen Kopplung des Mediums „Geld" im Funktionssystem „Wirtschaft" sind Banken Organisationen, die durch eine feste Kopplung Form erzeugen. Banken handeln mit Zahlungsversprechen. Banken sorgen für eine zeitliche Steuerung der wirtschaftlichen Operationen (Baecker 2008, S. 55 ff.).

Das klassische Risiko der Banken besteht in einem Ausfall der Zahlungsversprechen. Mit dem Übergang zu einem internationalen Bankensystem entsteht jedoch das größte Risiko einer Bank durch eine Abstufung der Bonität. Risiko wird in den Wirtschaftswissenschaften entweder einer Entscheidung oder der Umwelt zugeordnet, aber es wird nicht beides zusammen betrachtet. Luhmann unterscheidet Gefahr und Risiko, wobei die Gefahr aus der Umwelt und das Risiko aus Entscheidungen entstehen. Risiko ist selbstreferenziell und geht aus einer Rückkopplung von Wirtschaft und Banken hervor, da das Risiko aus Entscheidungen entsteht, die selbst wiederum Risiko bei ihrer Entscheidung berücksichtigen müssen. Für Banken ist es im Grunde nicht relevant, wie hoch Risiken sind, da Sie entsprechend reagieren können. Entscheidend für den Handel mit Zahlungsversprechen ist eher, ob Risiken überhaupt identifiziert werden. Die Herausforderung besteht somit in der Identifizierung von Risiko, wobei Unternehmen als Blackbox gegenüberstehen und diese aufgrund ihrer Komplexität nie vollkommen verstanden werden können. Es besteht daher eine Situation doppelter Kontingenz, die nur durch riskante Kommunikation aufgelöst werden kann. Banken beobachten, wie Unternehmen beobachten, und erzeugen daraus Erwartungen hinsichtlich der Zahlungsfähigkeit. Banken versuchen, sowohl Zahlungen als auch Entscheidungen und Zahlungsversprechen aufrechtzuerhalten (Baecker 2008, S. 108 ff.). Sind die Risiken identifiziert, werden sie in einem dreiteiligen Netzwerk aus Risikostrukturen, Risikomanagement und Risikoinstrumenten verarbeitet, um die Zahlungen, Entscheidungen und Zahlungsversprechen aufrechtzuerhalten (Baecker 2008, S. 177 ff.).

Die gegenseitige Risikoerwartung hinsichtlich der Aufrechterhaltung der Autopoiesis von Zahlungen, Entscheidungen und Zahlungsversprechen durch die Marktbeobachtung bezeichnet Becker als Risikostrukturen. Das Risikomanagement innerhalb von Banken gibt den Banken vor, welches Risiko sie eingehen können, und mit den Risikoinstrumenten werden die Risiken verteilt (Baecker 2008, S. 136 ff.).

Das Problem der Knappheit besteht nicht darin, dass knappe Güter heute so verteilt werden, dass jeder Güter erhält, sondern das größte Risiko der Wirtschaft besteht darin, dass zukünftig keine Konsum- oder Produktionsmöglichkeiten mehr bestehen. Das größte Risiko der Wirtschaft wird daher nur durch eine zeitliche Dimension ersichtlich. Indem das Wirtschaftssystem das Risiko, dass zukünftig nicht produziert oder konsumiert werden kann, auf das geldbasierte Risiko überträgt, dass möglicherweise in Zukunft keine Zahlungsfähigkeit mehr besteht, erbringt die Wirtschaft eine wichtige soziale Funktion. Erst durch die Reduktion des Knappheitsproblems auf Geld wird es möglich, das Netzwerk der Risikoverarbeitung anzuschließen und das Problem der Wirtschaft von fehlenden Konsum- oder Produktionsmöglichkeiten, welches sich in der sozialen und sachlichen Dimension befindet, durch eine zeitliche Dimension zu lösen. Eine dauerhafte Bedürfnisbefriedigung kann und soll nicht erfolgen, denn jede heutige Bedürfnisbefriedigung erzeugt das Risiko, dass morgen keine Zahlungsfähigkeit mehr besteht, um die im Zeitverlauf erneut entstandenen Bedürfnisse zu befriedigen. Dadurch entstehen wieder Probleme in der sachlichen und der sozialen Dimension der Wirtschaft. Das Paradox der Wirtschaft besteht darin, dass das Problem der Knappheit in der sachlichen und sozialen Dimension durch die zeitliche Dimension zu einer Reproduktion der Probleme in der sachlichen und sozialen Dimension führt. Damit bleibt die Wirtschaft funktionsfähig. Das Problem der sozial gerechten Verteilung wird quasi in die Zukunft verschoben, wodurch in der Zukunft neue soziale Probleme entstehen, die in die Zukunft verschoben werden können. Eine wichtige soziale Funktion der Wirtschaft besteht also darin, soziale Probleme in die Zukunft zu verschieben. Die riskante Kommunikation macht es möglich, unterschiedliche Zeithorizonte (Unternehmen langfristig – Banken mittelfristig – Börsen kurzfristig) miteinander zu vereinen. So werden Sach-

und Sozialprobleme mithilfe von Zeit gelöst. Aufgrund der Zahlungsversprechen wird die Kontingenz der Zahlungen reduziert. Da das Finanzsystem die Differenz zwischen Zahlungsmöglichkeit und Zahlungsfähigkeit auflöst, ermöglicht es die Anschlussfähigkeit von Zahlungen. Es kann daher auch als ein autopoietisches System betrachtet werden, das mit Zahlungsfähigkeit operiert (Baecker 2008, S. 180 ff.).

Luhmann (2000) hat sich überwiegend mit Unternehmen auseinandergesetzt, während er sich mit Organisationen befasste, was in Abschnitt 2.2.3 noch detaillierter betrachtet wird. Er hat allerdings keine tiefergehende Analyse der Rolle von Unternehmen innerhalb des Wirtschaftssystems durchgeführt. In Anlehnung an Röpke (2002) folgt eine differenziertere Betrachtung, mit der die Funktionsweise von Unternehmen in Innovationsnetzwerken erläutert wird. Damit wird eine systemtheoretische Beschreibung der Realwirtschaft erarbeitet, um die Interaktion mit der Finanzwirtschaft beschreiben zu können. Die systemtheoretischen Erklärungen von Röpke (2002) orientieren sich an der Theorie von Schumpeter (2006) zur wirtschaftlichen Entwicklung, da den Argumentationen von Schumpeter (2006) und Luhmann (1988) eine ähnliche Logik zugrunde liegt. Für Unternehmenssysteme ist es wichtig, dass sie es schaffen, die Zahlungsfähigkeit aufrechtzuerhalten. Dies ist für sie nur möglich, wenn sie bei Kunden eine Zahlungsbereitschaft erzeugen können.

Das Wirtschaftssystem hat nicht die Aufgabe der Bedürfnisbefriedigung, sondern der Bereitstellung der Möglichkeit, die Bedürfnisse auch in Zukunft zu befriedigen (Röpke 2002, S. 69 f.). Röpke (2002, S. 59 ff.) unterscheidet vier Verfahren, wie die Zukunftsfähigkeit der Wirtschaft sichergestellt und das Knappheitsproblem der Zeit überwunden werden kann. Er differenziert Routine-, Abitrage-, Innovations- und Evolutionsunternehmersysteme, die jeweils ein funktionales Teilsystem des Wirtschaftssystems bilden und unterschiedliche Funktionen erfüllen. Die unterschiedlichen Systeme sind aufeinander angewiesen und können sich von Routine über Abitrage und Innovation zu Evolutionsunternehmersystemen entwickeln et vice versa.

Das Routineunternehmersystem sorgt für eine effiziente Ressourcenallokation. Das System erhält sich selbst durch Autopoiesis mit Produktion und Konsum und bildet die Basis der Wirtschaft (Röpke 2002, S. 59 ff.). Ein Outputwachstum kann nur erzeugt werden, indem der Input erhöht wird (Röpke 2002, S. 216).

Das Arbitrageunternehmersystem identifiziert Bewertungsunterschiede und löst diese auf. Dies sorgt dafür, dass die Ungleichgewichte des Marktes wieder in Gleichgewicht kommen (Röpke 2002, S. 73). Sobald dies geschehen ist, verschwinden sie wieder, weshalb sie keine autopoietischen Systeme sind (Röpke 2002, S. 206).

Das Innovationsunternehmersystem setzt Neukombinationen durch. Röpke differenziert dieses System noch weiter in die Finanzunternehmersysteme, die Finanzkapital zur Verfügung stellen, und die realen Unternehmersysteme, die mithilfe des Finanzkapitals Produkte und Dienstleistungen bereitstellen (Röpke 2002, S. 208). Sie reproduzieren sich durch innovationsbezogene Zahlungen in einem Netzwerk von Unternehmersystemen. Für die Durchsetzung von Neukombinationen werden Kompetenz und Kaufkraft benötigt (Röpke 2002, S. 213 ff.). Das Evolutionsunternehmersystem erzeugt Reflexion und sorgt für die Weiterentwicklung der Fähigkeiten (Röpke 2002, S. 59 ff.). Die Weiterentwicklung der Kompetenz innerhalb des Wirtschaftssystems ist notwendig, da sonst auch die Innovationssysteme an ihre Grenzen kämen. Jedes Unternehmersystem kann zu einem Evolutionsunternehmersystem werden, wenn es neue Kompetenzen aufbaut oder sich zu einem anderen Unternehmersystem wandelt (Röpke 2002, S. 87 ff.).

Dies kann mittels struktureller Kopplung mit anderen Systemen, die sich ko-evolutiv entwickeln, bewirkt werden. Fähigkeiten reproduzieren sich autopoietisch (Röpke 2002, S. 251 ff.). Die Systeme entwickeln sich selbst zu einem anderen Unternehmersystem aufgrund der Notwendigkeit eines evolutionären Wandels (Röpke 2002, S. 198). Innovationen haben sowohl positive als auch negative Folgen. Welche Seite dominiert, kann nie im Vorfeld gesagt werden. Für die Durchsetzung von Innovationen müssen die positiven Seiten überbetont werden (Luhmann 2000, S. 333 f.).

Nach Schumpeter erzeugt der Unternehmer eine Scheinsicherheit, dass die positiven Aspekte überwiegen, da er in seiner Persönlichkeit die Energie hat, gegen Widerstände vorzugehen und andere zu Veränderungen zu motivieren (Schumpeter 2006, S. 131).

Da in vorliegender Arbeit vom Unternehmer als Subjekt abstrahiert wird, wird eine alternative Erklärung für den Aufbau von Scheinsicherheit gesucht, mit der ein Unternehmersystem Vertrauen in Innovationen aufbauen kann. Wie im folgenden Abschnitt dargestellt, kann eine Scheinsicherheit für den Erfolg von Innovationen auch durch eine Fremdreferenz erzeugt werden.

Die Zahlungsfähigkeit kann durch strukturelle Kopplung mit anderen gesellschaftlichen Funktionssystemen wie dem Rechtssystem (z. B. durch Patente) aufrechterhalten werden. Durch gegenseitige Irritation kann ein koevolutionärer Prozess entstehen (Röpke 2002, S. 226 ff.).

Die Bezugnahme auf eine abstraktere Ebene, die sich mit zunehmender Abstraktionsebene weniger dynamisch entwickelt, sorgt für scheinbar stabile Erwartungen. So können Innovation deswegen erfolgreich sein, da sie im Einklang mit Innovationen eines Konjunkturzyklus nach Juglar (1862) oder den Basisinnovationen eines Kondratjew-Zyklus (Kondratjew 1926) stehen. Während

Schumpeter und Kondratjew wirtschaftliche Entwicklung aus Innovationen erklären, geht der technoökonomische Paradigmenwechsel noch darüber hinaus und betrachtet auch die gesellschaftlichen Auswirkungen (Perez 2010). Der technoökonomische Paradigmenwechsel (Freeman und Perez 2000) beschreibt, wie technoökonomische Kräfte zu einer Veränderung der sozioinstitutionellen Rahmenbedingungen führen. Perez (2002) gibt eine Übersicht, wie Basisinnovationen nicht nur mit einer wirtschaftlichen Entwicklung, sondern auch mit institutionellem und gesellschaftlichem Wandel zusammenhängen. Während die Theorie des technoökonomischen Paradigmenwechsels (Freeman und Perez 2000) mit dem Fokus auf langfristige Wirtschaftszyklen eine eher abstraktere Perspektive einnimmt, fokussiert sich die Multi-Level-Perspektive (MLP) besonders auf konkrete technologische Systeme. Ein wesentlicher Unterschied zwischen diesen Theorien besteht darin, dass sie nicht nur beschreiben, wie Innovationen eine abstraktere Ebene beeinflussen, sondern auch, wie sie durch eine abstraktere Ebene beeinflusst werden. Geels (2002) verknüpft die Ansätze des technologischen Regimes (Nelson und Winter 1982, S. 258) und der Neukombinationen (Schumpeter 2006, S. 158) aus der evolutorischen Ökonomik und beschreibt, wie unterschiedliche Ebenen an soziotechnologischen Veränderungen beteiligt sind.

Die Erwartungsstrukturen sorgen für Stabilität, wodurch die Paradoxie einer Innovation mit unbekannten Folgen überhaupt erst aufgelöst werden kann und eine Entscheidung für eine Innovation aus dem Möglichkeitsraum aller möglichen Innovationen getroffen werden kann. Auch diese Erwartungsstrukturen generieren eine Scheinsicherheit, da Innovationen selbst die höheren Abstraktionsebenen beeinflussen können. Auch im Fall von Innovationen wird also die Paradoxie durch eine Differenz zwischen loseren Elementen und festeren Elementen, die sich auf einer anderen Ebene befinden, aufgelöst.

Um zu einem Gesamtbild der Interaktion zwischen Realwirtschaft und Finanzwirtschaft zu kommen, wird die finanzwirtschaftliche Relevanz für die wirtschaftliche Entwicklung mit Schumpeter detaillierter (2006) beschrieben, um auf der Grundlage die beiden theoretischen Erweiterungen der Systemtheorie von Becker und Röpke miteinander verknüpfen zu können.

Es gibt eine lange Debatte über die Zusammenhänge der Finanzwirtschaft und der Realwirtschaft. Aus einer klassischen (Mill 2004) und neoklassischen Perspektive (Fisher und Brown 1911; Friedman und Schwartz 1971; Kydland und Prescott 1982) ist von der Neutralität des Geldes auszugehen, da die Geldmenge keinen Einfluss auf die Realwirtschaft hat. Die Systemtheorie folgt eher dem Verständnis des Keynesianismus (Keynes 1923, S. 80), dem zufolge die Finanzwirtschaft Einfluss auf die Realwirtschaft ausübt.

In der Systemtheorie wird davon ausgegangen, dass zwischen der Realwirtschaft und der Finanzwirtschaft eine strukturelle Kopplung besteht (Willke 2007, S. 149 f.). Während für die Realwirtschaft Selbstreferenz durch Zahlungen entsteht, die sich auf den Handel mit Gütern beziehen, wird in der Finanzwirtschaft Selbstreferenz durch Investments hergestellt, die durch die erzielbaren Renditen induziert werden (Willke 2007, S. 131 f.). Ob eine Kommunikation mittels des Mediums „Geld" eher dem Wirtschaftssystem oder dem Finanzsystem zugewiesen werden kann, hängt von der jeweiligen Perspektive und den verschiedenen Akteuren, die daran beteiligt sind, ab (Willke 2007, S. 150). Im Wesentlichen ist für die Entstehung einer Entwicklung der Realwirtschaft, gemessen am Wirtschaftswachstum, eine Geldschöpfung durch die Finanzwirtschaft notwendig, mit der Innovationen finanziert werden.

Für eine Entwicklung der Wirtschaft, die auf Innovationen basiert, müssen Produktionsfaktoren neu kombiniert werden (Schumpeter 2006, S. 62). Für eine Neukombination müssen die Produktionsfaktoren aus dem Kreislauf der statischen Wirtschaft herausgelöst werden. Mithilfe von Geld kann das Unternehmersystem auf Güter zugreifen, ohne dass Kooperationen eingegangen oder Besitzer um Erlaubnis gebeten werden müssen. In einer geldbasierten Marktwirtschaft ersetzt Geld Macht und physische Gewalt, die in anders organisierten Wirtschaftssystemen die Güterverwendung bestimmen (Schumpeter 2006, S. 187 ff.).

Für den Erwerb der Güter ist Kaufkraft notwendig, die der Fähigkeit zum Kauf entspricht. Die Kaufkraft bezeichnet eine bestimmte Macht, mit der auf Güter zugegriffen werden kann und die somit eine Rekombination ermöglicht (Schumpeter 2006, S. 83 f.). Mit Kapital erhält der Unternehmer einen Fond an Kaufkraft, sodass dem statischen Kreislauf Produktionsgüter entzogen werden können (Schumpeter 2006, S. 231 ff.).

Auch Binswanger (2013, S. 116) erläutert, dass ein Wirtschaftskreislauf, in dem Geld zwischen Unternehmen und Haushalten zirkuliert, nicht ausreicht, um eine wachsende Wirtschaft zu beschreiben, da sich die Einnahmen und Ausgaben in der Summe ausgleichen würden und somit auch kein Gewinn entstehen kann. Für die Entstehung von Gewinnen muss zusätzliches Geld in das System eingeführt werden. Dies erfolgt mit einer Giralgeldschöpfung des Bankensystems. Klassischerweise wird davon ausgegangen, dass Investitionen nur möglich sind, wenn vorher gespart wurde (Hicks 1937).

Aus einer mikroökonomischen Perspektive stimmt es zwar, dass Sparen Investitionen überhaupt erst ermöglicht, allerdings kann damit nicht auf einen makroökonomischen Gesamtzusammenhang geschlossen werden. Denn auch systemtheoretisch ist das Wirtschaftssystem ein emergentes System.

Stützel (2011, S. 22 f.) unterscheidet in der Beschreibung der volkswirtschaftlichen Saldenmechanik zwischen Partialsätzen, die nur für die Betrachtung einer Gruppe der Wirtschaft gültig sind, und Globalsätzen, die erst mit Blick auf die Gesamtheit der Wirtschaft sichtbar werden.

Demnach ist die Annahme, dass erst Einlagen in einer Bank erfolgen müssen, damit die Bank Kredite an Unternehmen vergeben kann, nur für die Betrachtung von einzelnen Gruppen gültig. Aus Sicht der gesamten Wirtschaft entstehen mit der Kreditschöpfung nicht nur Schulden, sondern gleichzeitig neue Guthaben, mit denen neue Wertschöpfung betrieben werden kann (Stützel 2011, S. 214 ff.).

Aus systemtheoretischer Perspektive basiert die Verbindung der Realwirtschaft mit der Finanzwirtschaft auf einer Paradoxie: Es werden gleichzeitig Schulden und Guthaben erzeugt, die in der Summe Null ergeben (Stützel 2011, S. 80). Sie heben sich demnach gegenseitig auf und ergeben dadurch nichts – und doch ist Geld alles in der Wirtschaft. Die Paradoxie wird verschleiert, indem Kredite und Guthaben in unterschiedlichen Bereichen der Wirtschaft existieren und weitergegeben werden.

Ob zusätzliche Zahlungen und Wachstum entstehen, ist davon abhängig, wem der Kredit zugeht. Denn wenn Kredite nur dazu verwendet werden, um bereits bestehende Kredite zu tilgen, nehmen die Guthaben um die gleiche Summe ab, wie durch die neue Kreditschöpfung entstanden sind (Stützel 2011, S. 220).

Durch die Rückzahlung eines Kredites wird das erzeugte Geld der Wirtschaft wieder entzogen (Schumpeter 2006, S. 223).

Gleichzeitig behält das Konzept der Neutralität des Geldes seine Gültigkeit, wenn das zusätzliche Geld aus der Giralgeldschöpfung für nicht-innovatorische Zahlungen verwendet wird. Wenn also die Kredite nicht für eine zusätzliche Kaufkraft verwendet werden, sondern lediglich eine höhere Nachfrage nach bestehenden Gütern bewirken, steigen die Preise, und die Geldschöpfung führt lediglich zur Inflation. Damit durch die Geldschöpfung nicht Inflation entsteht, muss ein Mehrwert erzeugt werden. Der Zugriff auf die knappen Güter wird akzeptiert, wenn aus dem Weniger ein Mehr wird. Mithilfe des Finanzsystems werden die vorhandenen Produktionsfaktoren und die damit verbundene Knappheit nach den gesellschaftlichen Erwartungen gesteuert. Das Finanzsystem autorisiert das Unternehmersystem, im Namen der Gesellschaft auf die knappen Ressourcen bzw. Produktionsfaktoren zuzugreifen mit dem Versprechen, dass sie diese nicht einfach verbrauchen, sondern einen höheren Wert erzeugen, als sie vorher hatten. Je höher eine Neukombination von der Gesellschaft wertgeschätzt wird, desto höher kann der Preis für den Verkauf der neuen Produkte und Dienstleistungen angesetzt werden. Dadurch ist das Unternehmersystem eher in der Lage, einen Kredit inklusive der Zinsen zurückzuzahlen. Der Zins stellt eine Art

Steuer dar, der Unternehmersysteme daran hindert, einen Zugriff auf Produktionsfaktoren zu erhalten (Schumpeter 2006, S. 351). Der Zins ist daher ein Preis für Kaufkraft, mit der Macht über die Produktionsfaktoren ausgeübt werden kann (Schumpeter 2006, S. 361). Die Zinshöhe entscheidet, wie viel teurer die Unternehmersysteme die vorhandenen Produktionsfaktoren verkaufen müssen, damit sie den bestehenden Verwendungen entzogen werden und rentabel verkauft werden können. Mit dem Zins bestimmt die Gesellschaft, wie hoch ein Mehrwert mindestens ausfallen muss, damit er einen Zugriff auf die Produktionsfaktoren rechtfertigt. Aus Eigenkapitalperspektive entspricht der Zins einer Rendite, die erwartet wird, damit die Kaufkraft zur Verfügung gestellt wird, was das Unternehmersystem zu einer bestimmten Höhe des Mehrwertes zwingt. Die Paradoxie der Knappheit wird also durch Wachstum aufgelöst. Ein Zugriff auf die knappen Ressourcen wird gestattet, um aus dem Weniger ein Mehr zu machen. Je mehr aus dem Weniger erzeugt wird, desto eher erfolgt der Zugriff. Die Paradoxie der Knappheit kann durch eine Paradoxie des Wachstums (mehr durch weniger) ersetzt werden. Mithilfe einer zeitlichen Differenz und durch strukturelle Latenz kann die Paradoxie des Wachstums verschleiert werden. Aufgrund der Zeitdifferenz wird wirtschaftliches Wachstum möglich.

Die Voraussetzung für einen Mehrwert, der Zins und Rendite impliziert (Binswanger 2013, S. 76), besteht darin, dass die Unternehmersysteme das geschöpfte Geld für Neukombinationen einsetzen und die Gesellschaft bereit ist, dafür einen Mehrwert zu zahlen. Damit die Konsumenten einen Mehrwert zahlen können, muss in der Zeit zwischen Herstellung und Verkauf neues Geld geschöpft werden. Denn mit den Einkommen und Renten, die sie durch das geschöpfte Geld erhalten haben, können die Konsumenten nur Güter in gleichem Wert kaufen. Damit sie einen Mehrwert bezahlen können, müssen in der Zwischenzeit weitere Einkommen für Neukombinationen, die in der folgenden Periode verkauft werden, gezahlt worden sein, sodass die Konsumenten in der Lage sind, einen Mehrwert zu bezahlen (Binswanger 2013, S. 305 ff.). Dies ist nur möglich, indem die Paradoxie der Geldschöpfung durch strukturelle Latenz verschleiert wird (Binswanger 2013, S. 67).

Denn die Wachstumsspirale kann nur langfristig aufrechterhalten werden, wenn eine positive Erwartung herrscht, dass in Zukunft ein höherer Mehrwert erzielt wird, wodurch mehr investiert wird und ein höheres Einkommen schon heute für die Produkte, die gestern hergestellt wurden, zur Verfügung steht. Ein Mehrwert kann also nur durch eine strukturelle Latenz erzeugt werden, die verschleiert, dass der erwartete Mehrwert der Neukombination nicht unbedingt dem Stellenwert der Gesellschaft entspricht und dass es Unsicherheiten bei der Erzielung von zukünftigen Mehrwerten gibt (Binswanger 2013, S. 312).

Mit der Zeitdifferenz entsteht der Möglichkeitsraum für Innovationen, denn ob eine Zahlung Rentabilität erzielt, wird erst später durch die Zahlungseingänge ersichtlich. Rentabilität schafft daher höhere Freiheitsgrade und gleichzeitig stärkere Selektivität (Luhmann 1988, S. 58), indem nur die Innovationen angegangen werden, die die geforderte Mindestrentabilität oder Zinsen in Aussicht stellen oder nach Umsetzung tatsächlich erreicht haben. Die Begrenzung der Komplexität ermöglicht den Aufbau von neuer Komplexität.

Da sich die Erwartungen zur Zahlungsfähigkeit und der Rendite auf zukünftige Ereignisse beziehen, sind die Investitionen immer mit einem Risiko verbunden (Willke 2007, S. 149). Das Risiko des Scheiterns wird jedoch nicht von den Unternehmersystemen, sondern von den Banken getragen (Schumpeter 2006, S. 290). Wie bereits in diesem Kapitel mit Verweis auf Baecker (2008) beschrieben, ist aus systemtheoretischer Sicht die wesentliche Funktion des Finanzsystems die Verarbeitung von Risiken, indem sie Risiken der Zahlungsfähigkeit identifizieren und mit Zahlungsversprechen handeln. Aus Sicht von Willke (2007, S. 132) arbeitet das Finanzsystem mit der Differenz von Risiken und Chancen. Die gesellschaftliche Funktion des Finanzsystems besteht also darin zu definieren, welche Arten von Chancen und Risiken in den Anlage- und Investitionsstrategien eingegangen werden können.

Zur Beschreibung der Funktion der Finanzwirtschaft für die Realwirtschaft wird in dieser Arbeit die risikobezogene Perspektive von Baecker (2008), in Anlehnung an die Differenz aus Chancen und Risiken Perspektive nach Willke (2007), um eine chancenbezogene Ansicht ergänzt. Denn durch die Bereitstellung von Kaufkraft ermöglicht das Finanzsystem erst Innovationen und wirtschaftliches Wachstum. Mit dem Fokus auf die Rendite identifiziert die Finanzwirtschaft Zahlungen, mit denen die Zahlungsfähigkeit wiederhergestellt werden kann. Sie ermittelt die Zahlungen, mit denen möglichst hohe weitere Zahlungen ermöglicht werden. Das heißt, Geld fließt besonders in die Innovationen, die einen hohen gesellschaftlichen Mehrwert erzeugen. Gleichzeitig wird aber auch die Risikoperspektive berücksichtigt, indem die Finanzwirtschaft bei der Identifizierung der Zahlungen auch die Wahrscheinlichkeit von Zahlungsausfällen einbezieht und das damit verbundene Risiko verteilt. Mit dieser Differenz aus Chancen und Risiken hat die Finanzwirtschaft eine hohe Steuerungswirkung in Bezug auf die Ressourcenallokation der Realwirtschaft und der Auflösung des Knappheitsparadoxes in der Wirtschaft.

Wie bereits oben bei der systemtheoretischen Beschreibung der Wirtschaft expliziert, sind für die Fortsetzung von Zahlungen Irritationen notwendig, die heutzutage nicht nur durch die Preise der Waren, sondern besonders durch die Preise des Geldes entstehen. Mit den Zinsen und Renditen, die für den Erhalt von Kaufkraft unter Berücksichtigung der damit verbundenen Risiken gezahlt werden müssen, werden die Preise beeinflusst. Mit einer Änderung des Preises für Geld ändern sich alle anderen Preise der Realwirtschaft (Luhmann 1988, S. 25). Mit diesem Hebel kommt der Finanzwirtschaft eine hohe Steuerungswirkung gegenüber der Realwirtschaft zu.

Durch die Operation mit der Differenz aus Chancen, die durch rentable Innovationen auf Grund von neuer Kaufkraft erzeugt werden, und Risiken, die durch Zahlungsausfälle entstehen und verteilt werden, hat die Finanzwirtschaft einen hohen Einfluss auf die Ressourcenallokation der Realwirtschaft und der Auflösung des Knappheitsparadoxes in der Wirtschaft.

2.2.3 Hierarchie als Steuerungsform durch Organisationen

Für eine systemtheoretische Betrachtung der Steuerungsform der Hierarchie werden Organisationen betrachtet, da diese hierarchisch aufgebaut sind. In diesem Kapitel wird insbesondere den Ausführungen von Luhmann (2000) in seinem Werk „Organisation und Entscheidung" Rechnung getragen. Die Beschreibung der autopoietischen Funktionsweise von Organisationen macht es deutlich, wie eine Interaktion zwischen Makro- und Mesoebene bzw. Unternehmen und Wirtschaft möglich wird.

Es gibt sehr viele Theorien, wie Organisationen arbeiten. Dies ist unter anderem dadurch begründet, wie sich die Arbeit von Organisationen über den Zeitverlauf verändert hat. Es wird ein kleiner Überblick über diesen Wandel gegeben, um den systemtheoretischen Ansatz der Organisationstheorie besser einordnen zu können. Hinsichtlich der Organisationstheorien lassen sich klassische Ansätze, neoklassische Ansätze und moderne Ansätze unterscheiden. Die klassischen Ansätze der Organisationstheorie folgten einem sehr mechanischen Verständnis von Organisation.

Weber (1972, S. 122) untersuchte verschiedene Herrschaftsformen und sieht im Bürokratieansatz die rationalste Herrschaftsform, die am effizienteste ist, um große Organisationen in komplexen Situationen zu steuern. Im administrativen Ansatz wird Organisation als Prinzip gesehen, um einen Betrieb zu führen. Demnach wird die Organisation zentralisiert gestaltet, wobei mit Hierarchie Arbeitsteilung durch Spezialisierung möglich wird. Es gibt klare Verantwortungen und Weisungen (Fayol 1929).

Eine Organisationstheorie mit einer noch rationaleren Arbeitsteilung und Spezialisierung entwickelte Taylor (1911) mit dem arbeitswissenschaftlichen Ansatz, der bestrebt ist, Arbeitsabläufe zeitlich zu optimieren. Diese Standardisierung legte die Grundlage für die Fließbandfertigung und Massenproduktion. Bei diesem starren und regelbasierten Organisationsverständnis wurden keine Möglichkeiten berücksichtigt, wie Organisationen auf Veränderungen in der Umwelt eingehen können. Mit den neoklassischen Organisationstheorien wurde diese Perspektive aufgeweicht.

Zur Weiterentwicklung der arbeitswissenschaftlichen Ansätze wurden die Hawthrone-Experimente durchgeführt. Sie zeigten, dass die Arbeitsbedingungen Einfluss auf die Produktivität haben (Roethlisberger und Dickson 1939). Mit einem stärkeren Fokus auf das Verhalten vernachlässigt dieser Human-Relations-Ansatz jedoch die Perspektive auf die Gesamtorganisation und deren Strukturen. Auch nach der Anreiz-Beitragstheorie wurde erkannt, dass durch Verhaltensanreize die Effektivität und Effizienz gesteigert werden können (Barnard 1938). Hierbei werden jedoch jegliche Hierarchiebeziehungen und -strukturen vernachlässigt. Als moderne Organisationstheorien versucht der Human-Ressource-Ansatz eine Brücke zwischen Verhalten und Strukturen zu schlagen, indem die Strukturen des Unternehmens so gestaltet werden sollen, dass positive Verhaltensanreize durch eine höhere Flexibilität, Abwechslung und Autonomie geschaffen werden (Schreyögg 2003).

Auch die Strukturationstheorie beschreibt eine Dualität der Struktur, bei der es eine Wechselwirkung zwischen Handeln und Strukturen gibt. Regeln haben nur einen begrenzten Einfluss auf das Handeln von Akteuren in Unternehmen, da Regeln für verschiedene Situationen Interpretationsspielraum offenlassen müssen. Durch Handlungen, die sich an Strukturen orientieren, werden die Strukturen produziert oder reproduziert. Sie sind daher sowohl Medium als auch Ergebnis (Giddens 1986).

Eine der Ersten, die einen Zusammenhang zwischen Organisationen und der Umwelt beschrieben, waren Lawrence und Lorsch (1967). Sie konnten zeigen, dass es nicht eine beste Organisationsform gibt, sondern die Organisationsform sich abhängig von der Umwelt gestaltet. Dadurch bedingt ergibt sich eine Balance von Differenzierung durch effiziente Arbeitsteilung und Integration durch Abstimmungen, um effektiv das Ziel oder mehrere Ziele zu erreichen. Je turbulenter die Umwelt, desto flexibler gestaltet sich die Organisation.

Als Kritik gegenüber Bürokratieansätzen haben sich eher laterale Organisationsansätze entwickelt. So fordert der Netzwerkstrukturansatz nach Likert (1961) eine flache Hierarchie, die eine vertikale, horizontale und laterale Vernetzung ermöglichen soll. Dadurch soll die Gruppenzugehörigkeit gestärkt, Eigenverantwortung gefördert, Kommunikationsgeschwindigkeit erhöht und die Abstimmungsprozesse sollen vereinfacht werden. Virtuelle Organisationen sind gekennzeichnet durch die Vernetzung von Organisationseinheiten, die sich an verschiedenen Standorten befinden und in einen abgestimmten Wertschöpfungsprozess einbringen, wodurch sie eine hohe Flexibilität in turbulenten Umwelten erreichen (Picot et al. 2001). Auch in den Konzepten der flexiblen Firma (Toffler und Vázquez 1985), des innovativen Unternehmens (Oelsnitz 2009), der lernenden Organisation (Argyris und Schön 1978) und der agilen Organisation (Atkinson und Moffat 2007) wird immer wieder gefordert, dass Umweltveränderungen möglichst früh erfasst werden sollen, um die Strukturen der Organisation daran zu adaptieren. Auch nach der Stakeholdertheorie von Freeman (1984) können Unternehmen nur überleben, wenn sie die Umwelt berücksichtigen, indem sie die Interessen von Stakeholdern einbeziehen. Nach einem ähnlichen Ansatz aus einer eher wirtschaftsethischen Perspektive sollten Unternehmen versuchen, ihre Legitimität oder auch „lisence-to-operate" zu erhalten, indem sie Verantwortung für ihr Verhalten übernehmen und sich stetig selbst hinterfragen (Ulrich 2008; Drucker 2009).

Organisationstheorien haben sich also im Zeitverlauf von einem Fokus auf eine geschlossene Organisation und einer starren Hierarchie zu Organisationsansätzen mit flexibleren Ansätzen entwickelt, die eine höhere Offenheit gegenüber Umwelteinflüssen aufweisen.

Während ein Regelkreis im Sinne eines mechanischen Steuerungskonzeptes wie beispielsweise Plan, Do, Check, Act in vielen Managementinstrumenten verankert ist, um auf Umweltveränderungen eingehen zu können, operieren die Organisationen nach der Systemtheorie selbstreferenziell, wodurch sie zwar einerseits auch von der Umwelt beeinflusst werden, aber auch stärker selbst gestaltend auf die Umwelt einwirken können (Hasenmüller 2013, S. 63 ff.).

Im folgenden Abschnitt wird das systemtheoretische Organisationsverständnisbeschrieben, das bewusst das Individuum und damit auch die verhaltensbezogenen Ansätze ausschließt, um die Organisation als komplexes System mit ihren emergenten Eigenschaften als Ganzes verstehen zu können. Durch die Differenz zwischen System und Umwelt ermöglicht sie, das Verhältnis von Organisation und Gesellschaft zu beobachten. Sie bietet zudem den Vorteil, dass sie einen Anschluss an die systemtheoretischen Überlegungen zu den Steuerungsformen des Marktes und des Netzwerkes bietet, wodurch ein geschlossener theoretischer Rahmen entwickelt werden kann. Wie bei den Funktionssystemen werden Organisationen durch die Differenz von System und Umwelt beobachtbar (Luhmann 2000, S. 29).

Die wesentliche Paradoxie der Organisation besteht darin, dass sie sowohl nach innen anschlussfähig sein muss, um die eigenen Operationen aufrechtzuerhalten, als auch den externen Anforderungen gerecht werden muss, um nicht die

Anschlussfähigkeit der psychischen und der Funktionssysteme zu verlieren. Die Gesellschaft wird sowohl ausgegrenzt als auch eingeschlossen. Es handelt sich daher um ein System, das sowohl offen als auch geschlossen ist (Baecker 2003, S. 141 f.).

Die Offenheit im System entsteht nur durch Geschlossenheit. Zum besseren Verständnis, wie Organisationen Geschlossenheit erreichen, wird die Operationsweise von Organisationen beschrieben. Wie bereits auch in Abschnitt 2.1.3 angedeutet, wird in Organisationen die Reproduktion durch die Kommunikation von Entscheidungen bewerkstelligt (Luhmann 2000, S. 56 ff.). Organisationen ermöglichen Unsicherheitsabsorption, indem sie die Möglichkeiten durch Entscheidungen eingrenzen (Luhmann 2000, S. 185). Zudem können auch Entscheidungen über die personelle Besetzung von Stellen getroffen werden. „Der Sinn einer Stelle liegt in der wechselseitigen Einschränkung von Entscheidungsprämissen." (Luhmann 2000, S. 225)

Es können also auch Entscheidungen über Entscheidungsprämissen getroffen werden. Dies ist notwendig, denn die Entscheidungsprämissen müssen aufeinander abgestimmt werden. Die Entscheidung über Entscheidungsprämissen bezeichnet Luhmann als Planung (Luhmann 2000, S. 231). Die abstrakteste beeinflussbare Entscheidung zur Beschränkung von Entscheidung liegt in der Personalentscheidung (Luhmann 2000, S. 294). Durch den zunehmenden Bezug von Entscheidungen auf Entscheidungen entsteht allmählich Hierarchie (Luhmann 2000, S. 138).

In der Organisation erfolgt Unsicherheitsabsorption üblicherweise über Hierarchien. Eine Autorität bekommt die Macht zu entscheiden, wodurch die Kommunikationswege verkürzt werden (Luhmann 2000, S. 204). Die Unsicherheitsabsorption wird also durch Hierarchie ermöglicht, denn getroffene Entscheidungen werden nicht mehr hinterfragt, da die Entscheidungen durch Autorität getroffen wurden. Dadurch werden Entscheidungen möglich, obwohl Entscheidungen eigentlich nicht getroffen werden können. Die Paradoxie von Entscheidungen besteht darin, dass Entscheidungen unentscheidbar sind, da sie immer auch ihr Gegenteil enthalten (Luhmann 2000, S. 132). Entscheidungen enthalten immer ihr Gegenteil, da sie eine Entscheidung gegen eine Alternative sind. Es kann zum Entscheidungszeitpunkt nie genau gesagt werden, welche Entscheidung im Nachhinein die Bessere ist. Darüber hinaus besteht bei Entscheidungen eine Paradoxie in der zeitlichen Dimension.

Die Beschreibung der Gegenwart ist eine Differenz zwischen Vergangenheit und Zukunft. Damit sie beschrieben werden kann, ist eine Entscheidung über den Zeitpunkt der Vergangenheit und der Zukunft notwendig, um die Gegenwart als eine Differenz zwischen Vergangenheit und Zukunft zu beschreiben. Es ist also eine Entscheidung notwendig, um die Gegenwart, also die Differenz zwischen Vergangenheit und Zukunft, zu bestimmen. Gleichzeitig ist eine Entscheidung eine Information, die im Vergleich von Vergangenheit und Zukunft einen Unterschied macht. Bei Entscheidungen besteht die Zeitparadoxie also darin, dass die Gegenwart, als Differenz zwischen vorher und nachher, nur durch eine Entscheidung beschrieben werden kann. Gleichzeitig kann aber eine Entscheidung nur aufgrund einer Differenz zwischen Vergangenheit und Zukunft getroffen werden (Luhmann 2000, S. 156 ff.). Die Zeitparadoxie kann durch „ein ‚re-entry' der Zeit in die Zeit oder genauer: der Unterscheidung von Vergangenheit und Zukunft in die Unterscheidung von Vergangenheit und Zukunft" (Luhmann 2000, S. 141) aufgelöst werden. Eine fiktive Beschreibung der Gegenwart durch die gewählte Differenz zwischen Vergangenheit und Zukunft wird dann in die reale Gegenwart, also in die tatsächliche Differenz zwischen Zukunft und Vergangenheit, wiedereingeführt. „Ein ‚re-entry' hat zur Folge, dass das System so viele Möglichkeiten (soviel „Sinn") gewinnt, dass es für sich selbst unkalkulierbar wird." (Luhmann 2000, S. 141) Aus systemtheoretischer Sicht entsteht die Unsicherheit für Organisationen nicht aus der Umwelt, sondern Organisationen schaffen sich durch die Wahl der Beobachtung ihre eigene Unsicherheit (Luhmann 2000, S. 160). Mithilfe des Gedächtnisses, das in der Lage ist, zu vergessen, kann die Organisation sich der Umwelt öffnen und die Komplexität reduzieren (Luhmann 2000, S. 153, 275). Das Systemgedächtnis speichert, welche Entscheidungen getroffen worden sind. Im Systemgedächtnis werden die Entscheidungen über getroffene Annahmen gespeichert, die sich in der Umwelt bewährt haben (Luhmann 2000, S. 156,277).

Ein zu starker Fokus auf das System selbst entsteht bei Organisationen besonders dann, wenn sie sich zu sehr auf ihre historischen Erfolge stützen und ihrer Organisationskultur zu viel Aufmerksamkeit schenken. Dadurch können sie wichtige Veränderungen in der Umwelt verpassen, sodass an ihrem eigenen Erfolg scheitern (Luhmann 2000, S. 246).

Je mehr Entscheidungen im historischen Zeitverlauf getroffen wurden, umso mehr Entscheidungen gibt es, die sich bereits auf eine Vielzahl von Entscheidungen stützen. Eine nachträgliche Änderung von getroffenen Entscheidungen hat immer größere Auswirkungen. Die Irreversibilität nimmt zu und es wird immer schwieriger, sich auf die Umwelt einzulassen. Je älter und größer eine Organisation ist, umso schwieriger wird es, dass sie sich der Umwelt anpasst (Luhmann 2000, S. 324). Die Wahrnehmung von Irritationen aus der Umwelt ist die Voraussetzung für das Überleben der Organisation und die Fortsetzung der eigenen Autopoiesis (Luhmann 2000, S. 74).

Die Berücksichtigung der Umwelt im System ist nur durch Selbstbeobachtung mit Hilfe der Differenz aus Selbstreferenz und Fremdreferenz möglich. Beim Reentry handelt es sich um eine Beobachtung, bei der das Beobachtete in das zu Beobachtende wieder eintritt. Die Differenz zwischen Organisation und Umwelt kann so innerhalb der Organisation, die auf der Differenz von Organisation und Umwelt beruht, dargestellt werden (Luhmann 2000, S. 72).

Die stetige Erneuerung der Entscheidung macht es möglich, auf Irritationen der Umwelt in ausreichender Reaktionszeit zu reagieren und sich dadurch stetig zu aktualisieren (Luhmann 2000, S. 71,145).

Gleichzeitig sind zur Fortsetzung der Autopoiesis Unsicherheiten notwendig, die Entscheidungen notwendig machen. Die Organisation muss daher durch Selbstorganisation dafür sorgen, dass solche Unsicherheiten vorhanden sind und kontrolliert werden können. (Luhmann 2000, S. 45)

Damit die Organisation die gefühlte Sicherheit der Organisationsstruktur, die durch die bisherigen Erfahrungen und die Bestätigung durch Erfolg aufgebaut wurde, ersetzten kann, muss eine neue Unsicherheit erzeugt werden (Luhmann 2000, S. 218).

Da sich die Organisation im Zeitverlauf durch das Gedächtnis tendenziell eher an der Selbstreferenz als an der Fremdreferenz orientiert, sind für die Veränderung der Organisation Innovationen notwendig, die sich nur durchsetzen können, wenn sie die bisherigen Erfahrungen stören. Das System ändert sich nur durch Irritationen mit entsprechendem Druck aus der Umwelt (Luhmann 2000, S. 162).

Organisationen haben sowohl einen Bezug zu gesellschaftlichen Funktionssystemen (Luhmann 2000, S. 383) als auch zu psychischen Systemen. Personen als Mitglieder der Organisation haben in Organisationen die Fähigkeit, zu beobachten und zu selektieren (Luhmann 2000, S. 286). Nur durch Personen ist die Organisation daher in der Lage Entscheidungen zu treffen (Luhmann 2000, S. 390). Dabei sind die Personen stark karrieregetrieben, was die Entscheidungsmöglichkeiten einschränkt (Luhmann 2000, S. 297 ff.). Andererseits können die nicht beeinflussbaren Entscheidungsprämissen der Unternehmenskultur, die durch die Interaktion der Personen geprägt wird und die sich an den Werten der Gesellschaft orientiert, und der kognitiven Routinen – also der selbst konstruierten Erwartungen, die der Gesellschaft zugeordnet werden – für einen gesellschaftlichen Wandel sensibilisieren. „Ein Wandel der Organisationskultur wird oft durch einen gesellschaftlichen Wertewandel induziert sein." (Luhmann 2000, S. 245) Die Entscheidungen in Organisationen werden daher besonders durch die unentscheidbaren Entscheidungsprämissen, also durch Personen, die Personalentscheidungen treffen, und die Unternehmenskultur bestimmt. Veränderungen der Organisation kommen in der Organisation in Form von Reformen zum Ausdruck.

Innovationen oder Reformen sind nach Luhmann (2000, S. 332) Beobachtungen von Strukturänderungen. In Organisationen stellen Reformen oft paradoxe Anforderungen dar, da beispielsweise gefordert wird, dass eine Organisation sowohl flexibel als auch effizient sein soll (Luhmann 2000, S. 314).

Dieses Paradox kann nur durch eine paradoxe Kommunikation aufgelöst werden, indem gefordert wird, dass die Organisation diesen Zustand in der Zukunft erreichen soll. Durch die Mehrdeutigkeit bleibt es dem Adressaten überlassen, ob der Sender das Eine oder das Andere meint. Die Paradoxie wird in sehr unterschiedlichen Ausprägungen wieder in das System eingebracht (Reentry) (Luhmann 2000, S. 115 ff.).

Die Änderung der Organisation durch Reformen kann sowohl positiv als auch negativ dargestellt werden. Je nachdem, was erreicht werden soll, ist es möglich, einen entsprechenden Begriff zu wählen (Luhmann 2000, S. 303).

So schwingt bei Innovationen eine positive Konnotation für Veränderungen mit, wobei nicht gesagt sein muss, dass eine Veränderung etwas Positives bewirkt. Denn auch der Versuch, eine Innovation in einem ungeeigneten Moment durchzusetzen, kann negative Konsequenzen haben. So kann es sein, dass Beständigkeit die bessere Option ist. Daher stellt die Forderung nach Innovationen ebenso eine Paradoxie dar (Luhmann 2000, S. 220).

Reformen sind eine Paradoxie in der zeitlichen Dimension. Reformen basieren auf der Annahme, dass etwas unvollkommen ist und verbessert werden kann. Dies ist jedoch ein Paradox. Für die Kommunikation von Reformen muss die Vergangenheit gegebenenfalls schlecht gemacht und die Zukunft besser dargestellt werden, obwohl die Zukunft ungewiss ist (Luhmann 2000, S. 342).

Die Kommunikation von Reformen führt daher immer in eine Art Widerstand, der die Innovationen angreifbar macht. Dieser kann sowohl aus der Forderung die gewohnten Strukturen beizubehalten, als auch aus anderen Ansichten über die Art und Weise der Strukturveränderung resultieren. In jedem Fall führt die Zukunftsorientierung zu Konflikten (Luhmann 2000, S. 346).

Das Verlangen nach der Überwindung von Widerständen zur Transformation von Unternehmen ist letztendlich nur eine Tautologie: „es gelingt, wenn es gelingt". (Luhmann 2000, S. 330)

Obwohl es eigentlich unmöglich ist, dass Reformen so durchgeführt werden, wie sie beabsichtigt waren, verfügt die Organisation über Möglichkeiten, die Veränderungen in die gewünschte Richtung zu steuern. Dies wird üblicherweise durch die Änderung von Entscheidungsprämissen, also der Veränderung von Zuständigkeiten oder Kompetenzen, bewirkt. Der konkret angestrebte Systemzustand bleibt allerdings offen (Luhmann 2000, S. 341).

Allerdings können auch bei den sehr abstrakten Änderungsbestrebungen die gewünschten Effekte verfehlt werden. Denn: „Auch zwischen Entscheidungsprämissen und Entscheidungen besteht nur eine verhältnislose Kopplung." (Luhmann 2000, S. 341) Da kein direkter Zusammenhang zwischen Entscheidungsprämissen und Entscheidungen existiert, führt eine Veränderung der Entscheidungsprämissen nicht immer zur gewünschten Änderung von Entscheidungen. So kann es sein, dass die zukünftige Vision, die durch die Reform angestrebt wurde, der sich aus der Zukunft heraus entwickelnden Gegenwart angepasst werden muss, damit die Organisation in der Lage ist, ihre Reformziele zu erreichen.

Es besteht daher keine Kausalität, sondern die Organisation entwickelt sich eher durch zufällige Evolution. Auch wenn sich die Veränderung innerhalb von Organisationen eher durch Evolution beschreiben lässt, stellt dies doch kein Lösungsprinzip dar. Reformen bleiben notwendig, denn setzt man nur auf Evolution, sind die Effekte oft zu langsam, nichtlinear und das Ende ist nicht absehbar. Die Evolution kann auch zu einem Aussterben der Organisation führen (Luhmann 2000, S. 348 ff.).

Die Organisation kann sich selbst beobachten und auf die Ergebnisse der Evolution reagieren. Dabei geht sie jedoch nicht rational vor, da sie damit zu sehr überfordert wäre. „Aber es kann ein Netzwerk von Kennziffern usw. entwickeln und verbessern, mit dessen Hilfe es im Rückblick beobachtet und gegebenenfalls korrigiert, was durch Evolution entstanden ist." (Luhmann 2000, S. 355)

Denn Planung bleibt auch in der Evolution wichtig, da die Veränderung der Entscheidungsprämissen notwendig bleibt. Allerdings sollte der Erfolg der Planung nicht nach dem angestrebten Ziel gemessen werden, da die Planung sich selbst in der Evolution befindet – und so muss sie sich auch selbst beobachten können (Luhmann 2000, S. 358).

Für den Wandel von Organisationen ist aus systemtheoretischer Sicht eine Auseinandersetzung mit der Differenz von Vergangenheit und Zukunft notwendig. Neuere systemtheoretische Ansätze der Organisationsforschung betrachten bei der Veränderung von Organisationen besonders Pfadabhängigkeiten (Hasenmüller 2013, S. 66). Da in Kapitel 5 beschrieben wird, wie Nachhaltigkeitsratings auch durch Einfluss auf Pfadabhängigkeiten organisatorische Entscheidungen verändern, wird im folgenden Abschnitt auf grundlegende Konzepte zu Pfadabhängigkeiten in Organisationen eingegangen.

Die Überlegungen zu Pfadabhängigkeiten führen zu keiner geschlossenen Theorie, vielmehr wurden verschiedene Konzepte sowohl in der Volkswirtschaftslehre und der Soziologie als auch in der Politikwissenschaft erarbeitet. Die

Erkenntnisse der Pfadabhängigkeit wurden dann vor allem in der Betriebswirtschaftslehre auf Organisationen übertragen (Grabher 1993; Ortmann 1995; Schreyögg 2003; Schäcke 2006; Dievernich 2007).

Eines der ersten und bekanntesten Beispiele einer Pfadabhängigkeit besteht im Zusammenhang mit der Anordnung der Buchstaben auf Tastaturen. Aus einer wirtschaftshistorischen Perspektive untersuchte David (1985, S. 332 ff.), warum es bei im englischen Sprachraum verbreiteten QWERTY-Tastaturen genau zu dieser Anordnung kam. Er kam zu der Erkenntnis, dass der Markt nicht zwingend zu einem Optimum führt, sondern verschiedene Gleichgewichtszustände entstehen können.

Prozesse, die zu multiplen Gleichgewichtszuständen führen können, werden von Arthur (1994, S. 112 ff.) als nichtergodisch bezeichnet. Sie sind durch einen Bifurkationspunkt gekennzeichnet, der eine Gabelung darstellt, in der die Entwicklung zu dem einen oder dem anderen Gleichgewichtspunkt führen kann.

Pfadabhängigkeiten entstehen also, wenn mehrere Ergebnisse möglich sind und das Ergebnis von der zeitlichen Entwicklung des Prozesses abhängt.

Pfadabhängige Prozesse sind daher nicht vorhersehbar, inflexibel und sorgen potenziell für Ineffizienzen (Ackermann 2001, S. 10 ff.), sie entstehen durch positive Rückkopplungen, die zu einem selbstverstärkenden Effekt führen (David 1985, S. 332).

Bei technologischen Pfadabhängigkeiten entstehen positive Rückkopplungseffekte, besonders durch Skalenerträge, Netzwerkeffekte, Komplementarität mit technologischen Systemen oder Lerneffekten (Ackermann 2001, S. 59 f.). Diese Rückkopplungsmechanismen wurden auf institutionelle Pfadabhängigkeiten übertragen (North 1990, 95 ff.; Picot et al. 2005, 10 ff.). Aus den volkswirtschaftlichen, soziologischen und politologischen Diskussionen lassen sich die positiven Rückkopplungseffekte, Koordination, Komplementarität, Lernen, Investitionen und Macht ableiten (Schäcke 2006, S. 54).

Anhand der Erkenntnisse der Forschungen zu den technologischen und institutionellen Pfadabhängigkeiten wurden Pfadabhängigkeiten von Organisationen und für deren strategische Ausrichtung beschrieben (Schreyögg 2003, S. 257 ff.).

Auch diese Ansätze der Pfadabhängigkeiten basieren auf evolutionstheoretischen Überlegungen, indem sie die Durchsetzung von bestimmten Strukturen und Prozessen analysieren. Allerdings geht es dabei nicht darum, Erfolgsbeispiele zu beschreiben, sondern pathologische Strukturen zu identifizieren, um alternative Entwicklungsmöglichkeiten aufzuzeigen (Dievernich 2007, S. 14).

Neben dem weiten Verständnis der allgemeinen Beschreibung von Pfadabhängigkeiten wurde mit der Definition von Pfadabhängigkeiten für Organisationen ein engeres Verständnis bestimmt (Koch 2007, S. 286).

Sydow et al. (2009, S. 691) verstehen Pfadabhängigkeit als einen Prozess, der drei Phasen umfasst: kleine zufällige Ereignisse, ein kritisches Ereignis und positive Rückkopplungseffekte, die zu einem ineffizienten Zustand der Organisation führen. Bei den kleinen und zufälligen Ereignissen kann es sich jedoch auch um intendierte und bedeutende Eingriffe in die Organisation handeln. Dies ist ein wesentlicher Unterschied gegenüber technologischen und institutionellen Pfadabhängigkeiten. Die Mitglieder der Organisation versuchen mit ihrer hierarchischen Macht bewusst Einfluss auf die Entstehung und Entwicklung von Pfadabhängigkeiten in der Organisation zu nehmen. Rückkopplungseffekte, die zu organisatorischen Pfadabhängigkeiten führen können, bestehen daher in Koordinationseffekten, Komplementaritätseffekten, Lerneffekten oder mentalen Modellen, Macheffekten und Investitionseffekten (Hasenmüller 2013, S. 150 ff.).

Mit der Übertragung des eher betriebswirtschaftlichen Ansatzes zu Pfadabhängigkeiten auf Organisationen als selbstreferenziellen Systemen wird es nachvollziehbar, wie ein Rahmen geschaffen wird, in dem Entscheidungen getroffen werden, die weitere Entscheidungen ermöglichen. Es wird deutlich, wie Strukturen in der Organisation entstehen, die den Kontext für die Autopoiesis der Organisation erzeugen (Hasenmüller 2013, S. 66).

Organisationen operieren mit Entscheidungen, die durch Entscheidungsprämissen geprägt werden. Die sich evolutionär entwickelnden Strukturen von Organisationen können daher durch eine Veränderung der Entscheidungsprämissen beeinflusst werden. Die Betrachtung von Pfadabhängigkeiten gibt Hinweise, wie andere Entscheidungen in Organisationen veranlasst werden können.

2.2.4 Netzwerke als integrierende Steuerungsform

In den Diskussionen über Steuerungsformen hat sich mit der Zeit neben Markt und Hierarchie eine weitere Steuerungsform herauskristallisiert, die meist als Solidarität, Gemeinschaft oder Netzwerk bezeichnet wird. Diese Arbeit schließt sich besonders den Unterteilungen, die Netzwerke als dritte Alternative betrachten, an, da diese Form mit der Systemtheorie besonders kompatibel ist. Nach einer Übersicht über die Entstehung des Netzwerkbegriffes werden Netzwerke aus systemtheoretischer Sicht beschrieben, um damit dann auch auf Solidarität eingehen zu können.

Damit die systemtheoretischen Ausführungen zu Netzwerken besser eingeordnet werden können, wird eine kurze Übersicht über die Entstehung des Netzwerksbegriffs gegeben. Der Netzwerkbegriff ist allgegenwärtig und spiegelt die gesellschaftliche Relevanz dieser Steuerungsform (Hertner 2011, S. 68). Der

Ursprung des Netzwerkbegriffs geht mit der sozialen Netzwerkanalyse bis in die 1930er Jahre zurück, in der vor allem Verknüpfungen grafisch dargestellt wurden (Tacke 2011a, S. 89). Demgegenüber hat sich eine soziologische Netzwerktheorie mit dem Basiselement der sozialen Beziehungen als Ausgangspunkt der Theoriebildung entwickelt. Nach Granovetter (1985) ist jede ökonomische Handlung eines Akteurs auch in einen gesellschaftlichen Kontext eingebettet (social embeddedness). Der Netzwerkbegriff hat einen sehr allgemeinen Charakter, da er auch einen Zusammenhang von komplexen Beziehungen in sozialen Systemen bezeichnen kann (Hertner 2011, S. 68). Die Verwendung des Netzwerksbegriffs als Ausgangspunkt der Theorie hat jedoch den Nachteil, dass die Besonderheiten von Netzwerken in Bezug auf die Gesellschaft nicht erörtert werden können. Dem steht daher die These einer Netzwerkgesellschaft gegenüber, in der Netzwerken eine zentrale Rolle zugeschrieben wird, weil sie als neue Ordnungsform eine ganz neue Gesellschaft entstehen lassen können (Baecker 2007). Ein etwas beschränkteres Verständnis von Netzwerken ist in den Forschungen zu Unternehmensnetzwerken oder Policy-Netzwerken zu finden, insofern hier Netzwerke nur in einem ganz bestimmten Bereich der Gesellschaft verwendet werden (Tacke 2011a, S. 89).

Systemtheorie und Netzwerke scheinen auf den ersten Blick nicht miteinander kompatibel zu sein, da die Systemtheorie mit Systemen, die klare Grenzen haben, arbeitet (Bommes und Tacke 2011a, S. 28), während Netzwerke gerade durch die Grenzenlosigkeit gekennzeichnet sind (Holzer und Fuhse 2010, S. 313). Allerdings bietet die Systemtheorie mit der Komplexität und Vielseitigkeit die Möglichkeit einer gesellschaftlichen Beschreibung von Netzwerken. Die Systemtheorie macht es mit dem Bezug auf Kommunikation möglich, Netzwerke als eine besondere Steuerungsform zu beschreiben (Bommes und Tacke 2011a, S. 26 ff.) und verhindert, dass die gesamte Theorie auf Netzwerken aufgebaut wird (Tacke 2011b, S. 9 f.). Neben den einzelnen Beiträgen von Luhmann (1990) wurden in jüngster Vergangenheit tiefergehende systemtheoretische Beschreibungen von Netzwerken herausgearbeitet (Tacke 2011a, S. 89). Diesen zufolge gibt es innerhalb der Systemtheorie unterschiedliche Ansätze, Netzwerke in die Systemtheorie zu integrieren. Netzwerke können sich in Interaktionssystemen, innerhalb und zwischen Organisationen oder innerhalb von Funktionssystemen bilden (Holzer und Fuhse 2010, S. 316). Systeme sind nicht eine besondere Art von Netzwerk, dessen Grenzen klar definiert sind, sondern Netzwerke sind eine eigene Ordnungsform (Japp 2011, S. 263).

Während Netzwerke in archaischen Gesellschaften noch an bestimmte Sozialkontexte gebunden waren (Holzer 2011, S. 54 ff.), sind die heutigen Netzwerke der modernen Gesellschaft mit der Ausdifferenzierung der Funktionssysteme entstanden. Sie verbinden Personen, die mehreren Funktionssystemen gleichzeitig angehören. Sie kompensieren Probleme, die durch die Ausdifferenzierung der Funktionssysteme entstanden sind, und entstehen durch das Risiko dieser Ausdifferenzierung (Japp 2011, S. 261 ff.).

Der wesentliche Unterschied von Netzwerken im Vergleich zu den ausdifferenzierten Funktionssystemen besteht darin, dass sie nicht dem Primat der Funktion, sondern dem Primat der Adresse folgen (Bommes und Tacke 2011a, S. 30). Das entscheidende Merkmal der Netzwerke in der modernen Gesellschaft liegt in der Verwendung von polykontexturalen Adressen. Soziale Adressen sind ubiquitär. Sie sind sowohl für Personen als auch für Organisationen vorhanden (Bommes und Tacke 2011a, S. 32).

Der Begriff der Adresse ist von einem Akteur, also von einer Person oder einer Organisation, zu unterscheiden, da die Adresse betont, dass eine Person oder Organisation in mehreren Funktionsbereichen teilnimmt. Die Adresse zentralisiert die unterschiedlichen Verknüpfungen einer Person und Organisation und betont daher die Einbindung der Person und Organisation in eine Vielzahl von unterschiedlichen Kontexten. Da Adressen in mehreren Kontexten verwendet werden können, ist die Rede von polykontexturalen Adressen. Dies ermöglicht Reflexion, da durch die Polykontexturalität nun Kontakte auf andere Kontakte verweisen können. Dies ermöglicht eine heterogene Zusammensetzung auch über Funktionssysteme hinweg (Holzer 2011, S. 60 ff.).

Die Verknüpfungsmöglichkeiten von heterogenen Sinnzusammenhängen ist der wesentliche Unterschied zwischen Netzwerken und Systemen, die als komplementär betrachtet werden können. Während zu Beginn eines Netzwerks besonders die Heterogenität eine Herausforderung bei der Suche nach gemeinsamen Interessen darstellt, wird diese Heterogenität im weiteren Verlauf zum wesentlichen Vorteil, indem sie die Netzwerkstrukturen stabilisiert (Bommes und Tacke 2011a, S. 30 ff.).

Die Heterogenität in der zeitlichen Dimension führt durch Reziprozität zur Stabilität des Netzwerkes (Tacke 2011b, S. 15). Vertrauen spielt eine große Rolle in den Netzwerken, da die Reziprozität darauf ausgelegt ist, zu hoffen, dass die Gegenleistung irgendwann erbracht wird. Je vielfältiger die Netzwerke werden, desto größer ist die Gefahr einer Überlastung. Eine Einschränkung bestimmter Adressen hängt oft mit dem Ausgangspunkt zusammen. Allerdings sind die sachlichen, sozialen und zeitlichen Einschränkungen keine festen Vorgaben, sondern die Grenzen von Netzwerken sind flexibel (Bommes und Tacke 2011a, S. 37 ff.).

Das systemtheoretische Verständnis von Netzwerk hat eine Gemeinsamkeit mit den Überlegungen zum Sozialkapital oder dem Gemeinwohl. Alle diese

Konzepte empfinden den Fokus auf die etablierten und offensichtlichen Austauschprozesse der Gesellschaft als nicht ausreichend, da es noch etwas gibt, das für die Funktion der Gesellschaft notwendig ist. Es handelt sich dabei vor allem um verloren gegangene oder neu entstandene netzwerkartige Interaktionen, die sich mit Themen beschäftigen, die sonst nicht im Fokus liegen, aber für den Erhalt der Gesellschaft notwendig sind. Aus systemtheoretischer Sicht handelt es sich um das ausgeschlossene Dritte, das durch die Differenz der Gesellschaft mit der Umwelt nicht beobachtet wird, aber aufgrund ihrer Bedeutung wieder eingeschlossen werden sollte. Nach dem Verständnis der OECD (2001, S. 41) besteht bei Netzwerken eine enge Verbindung zu dem Begriff des Sozialkapitals. Ähnlich Kapital und Arbeit kann Sozialkapital für eine künftige Verbesserung genutzt werden (Ostrom und Ahn 2003, xiii). Im Gegensatz zu Kapital und Arbeit führt eine Investition des Sozialkapitals jedoch nicht zu einer Reduktion, sondern zu einer Vermehrung, da beispielsweise Vertrauen neues Vertrauen erzeugt (Woolcock 1998, S. 191).

Durkheim (1992, S. 183) hat mit der Unterscheidung von mechanischer und organischer Solidarität eine entscheidende Grundlage für das heutige Verständnis von Sozialkapital gelegt. In kleinen Gesellschaften ohne Arbeitsteilung findet eine mechanische Solidarität statt, die besonders dadurch gekennzeichnet ist, dass die festen Strukturen nicht hinterfragt werden. Im Zuge der zunehmenden Arbeitsteilung (Ausdifferenzierung) entsteht organische Solidarität, da durch die Spezialisierung eine höhere Abhängigkeit des Einzelnen von anderen ergibt, während gleichzeitig das Kollektivbewusstsein abnimmt.

Granovetter (1973, 1985) schließt an diese Überlegungen an. Granovetter (1973, S. 1360) hat den Unterschied von starken Bindungen, die innerhalb von Gruppen existieren, und schwachen Bindungen, die zwischen unterschiedlichen Gruppen bestehen, deutlich gemacht. In einer weiteren Arbeit zeigt Granovetter (1985, S. 504), dass soziales Verhalten stark in zwischenmenschliche Beziehungen eingebettet ist.

Weitere wichtige Autoren, die die Diskussion um Sozialkapital geprägt haben, sind der Politikwissenschaftler Putnam (2000) und die Soziologen Bourdieu (1983) und Coleman (1988).

Putnam (1993, S. 173 f.) sieht soziales Engagement als wesentliche Voraussetzung für soziale Integration. Die Pflege von formellen und informellen Netzwerken bildet die Grundlage für den Aufbau von Sozialkapital. Sozialkapital ist nach seiner Ansicht ein Merkmal von sozialer Organisation wie Vertrauen, Normen und Netzwerke, das die Effizienz der Gesellschaft erhöht, indem es koordinierte Handlungen ermöglicht.

In Anlehnung an Granovetter (1973) entwickelt Putnam (2000) die Unterscheidung von Bonding- und Bridging-Sozialkapital. Während Bonding-Sozialkapital nach innen gerichtet ist und eine geschlossene Einheit und homogene Gruppe sicherstellt, ist Bridging-Sozialkapital nach außen gerichtet und umfasst Menschen aus verschiedenen sozialen Bereichen. Während Bonding die Reziprozität und Solidarität innerhalb von Gruppen stärkt, verbessert Bridging Außenkontakte und erleichtert den Informationsaustausch. Sozialkapital entsteht daher durch ein gemeinschaftliches Netzwerk, das zugleich offen und geschlossen ist.

Bourdieu (1983, S. 190 f.) sieht in Sozialkapital eine Ressource, die immer wieder neu reproduziert wird, wodurch sich soziale Klassen verfestigen. Sozialkapital wird besonders von privilegierten Gruppen zur Reproduktion verwendet, da ökonomisches, soziales und kulturelles Kapital zur gegenseitigen Sicherung oder Erhöhung ihrer sozialen Stellung verwendet werden kann.

Coleman (1990) übertrug ökonomische Modelle auf eine Vielzahl von sozialen Phänomenen, um sowohl der Soziologie als auch den Wirtschaftswissenschaften einen zusätzlichen Erkenntnisgewinn zu schaffen. Sozialkapital beschreibt nach Coleman (1988) soziale Beziehungen, die Individuen nutzen, um ihre Interessen durchzusetzen. Voraussetzung dafür sind jedoch enge Bindungen und gemeinsame Werte und Normen, die die Gemeinschaft erzeugt.

Nach Woolcock und Narayan (2000, S. 229) werden aus einer institutionalistischen Perspektive gemeinschaftliche Netzwerke und die Zivilgesellschaft als Resultat der politischen, rechtlichen und institutionellen Umwelt betrachtet. Aus dieser Perspektive wird das Sozialkapital zu einer abhängigen Variablen, die von den vorherrschenden Rahmenbedingungen geprägt wird. Nach North (1990) führt beispielsweise der Rückzug des Staates gerade nicht zu einer Verbesserung der wirtschaftlichen und zivilgesellschaftlichen Entwicklung, da diese auf fördernde Rahmenbedingungen angewiesen sind.

Durch den Verweis auf polykontexturale Adressen können Netzwerke systemübergreifend kommunizieren. Netzwerke können durch institutionelle Rahmenbedingungen beeinflusst werden.

2.2.5 Interdependenzen von gesellschaftlichen Steuerungskonzepten

Komplexe Systeme entstehen durch die Ausdifferenzierung gegenüber der Umwelt. Dadurch werden sie unabhängig von anderen Systemen. Gleichzeitig sind sie jedoch weiterhin von anderen Systemen abhängig. In diesem Kapitel wird das Zusammenspiel zwischen den einzelnen Systemen beschrieben. Zuerst wird die Verbindung zwischen den Funktionssystemen analysiert. Dann wird der Zusammenhang zwischen Organisation und Funktionssysteme beschrieben. Abschließend wird die Bedeutung der Netzwerke für die Funktionssysteme und Organisationen dargestellt.

Die Formulierung „ausdifferenzierte Gesellschaft" lässt vermuten, dass die Funktionssysteme vollständig unabhängig arbeiten. Das ist zwar nicht falsch, entspricht aber nur einer Seite der Medaille. In dem folgenden Abschnitt wird erläutert, wieso die Unabhängigkeit der Funktionssysteme nur mit einer höheren Abhängigkeit einhergeht. Es werden die systemtheoretischen Begriffe „Interpenetration", „strukturelle Kopplung" und „Resonanz" erläutert.

Mit dem Übergang von einer stratifizierten zu einer differenzierten Gesellschaft haben sich verschiedene Teilsysteme der Gesellschaft gebildet, die nur die Funktion für einen ganz bestimmten Bereich in der Gesellschaft übernehmen. Durch diese Ausdifferenzierung hat die Gesellschaft eine enorme Leistungsfähigkeit und Komplexität erreicht. Gleichzeitig führt dies aber auch zu Problemen der Integration, die darin bestehen, dass die Funktionssysteme eine begrenzte Resonanzfähigkeit gegenüber anderen Funktionssystemen und der Umwelt aufweisen (Luhmann 1986, S. 74).

Differenzierung bedeutet nicht nur eine Steigerung der Komplexität, sondern durch sie wird auch Komplexität reduziert. Jedes Teilsystem stellt einen Teil der Gesamtkomplexität dar. Dadurch kann sich das Teilsystem „entlastet fühlen, dass viele Erfordernisse der Gesamtsystemreproduktion anderswo erfüllt werden." (Luhmann 1984, S. 262)

Das System gewinnt seine Freiheit und seine Autonomie der Selbstregulierung durch Indifferenz gegenüber seiner Umwelt. Deshalb kann man die Ausdifferenzierung eines Systems auch beschreiben als Steigerung der Sensibilität für Bestimmtes (intern Anschlussfähiges) und Steigerung der Insensibilität für alles Übrige – also Steigerung von Abhängigkeit und von Unabhängigkeit. (Luhmann 1984, S. 250)

Diese Ausdifferenzierung macht das System jedoch komplexer, was bedeutet, dass die Umwelt der anderen Systeme wiederum komplexer wird und sie zu einer weiteren Ausdifferenzierung zwingt (Luhmann 1984, S. 250).

Das bringt uns zur Hypothese eines evolutionären Zusammenhangs von Unsicherheitsamplifikation und Ausdifferenzierung – eines Zusammenhangs, der seine eigene Steigerbarkeit impliziert, da die Ausdifferenzierung und Denaturalisierung des Verhaltens die Unsicherheit des Erwartens erhöht und dadurch umso stärkere Abstützung auf Erwartungserwartungen erfordert, die wiederum die Ausdifferenzierung vorantreibt. (Luhmann 1984, S. 415)

Durch die Ausdifferenzierung der gesellschaftlichen Funktionssysteme entsteht eine gegenseitige Abhängigkeit, da sich die Systeme nur differenzieren können, wenn sie voraussetzen können, dass alle anderen gesellschaftlichen Funktionen von anderen Systemen übernommen werden (Luhmann 1986, S. 86). Durch ihre Spezialisierung kann die Autopoiesis immer unabhängiger von den anderen Funktionssystemen durchgeführt werden. Gleichzeitig werden sie aber dadurch immer abhängiger von den anderen Funktionssystemen, da die Funktionssysteme zur Erbringung ihrer Funktion auf die Funktion der anderen Systeme angewiesen sind (Luhmann 2000, S. 396).

Funktionssysteme reduzieren ihre Operation auf die eigene Funktion, weshalb die Systeme sich nicht gegenseitig ersetzen können. Wird die Grenze der Systeme aufgehoben, werden auch die Vorteile der Ausdifferenzierung aufgehoben (Luhmann 1986, S. 207 f.).

Funktionssysteme sind auf die Leistung der anderen Funktionssysteme angewiesen. Ein Leistungsausfall in einem System kann zu dramatischen Folgen in einem anderen System führen, was insbesondere beim Verhältnis zwischen Politik und Wirtschaft deutlich wird (Luhmann 1986, S. 222 f.).

Da jedes System eine eigene Funktion für die Gesellschaft erfüllt, müssen alle Funktionssysteme im gleichen Maße ihre Funktion vollziehen können, damit die gesellschaftliche Reproduktion gewährleistet werden kann. Die Funktionssysteme sind also auch voneinander abhängig, da sie auf eine funktionierende Gesellschaft angewiesen sind (Melde 2012, S. 58).

Mit der Interpenetration wird beschrieben, wie ein System auf die Komplexität des anderen Systems zugreifen kann und dadurch die Komplexität nicht selbst aufbauen muss (Luhmann 1984, S. 290).

Erst durch Interpenetration wird es möglich, dass sich ein emergentes System bildet, bei dem das Ganze mehr ist als die Summe seiner Teile. Eine Generalisierung in Form von Normen kann die Interpenetration erleichtern (Luhmann 1984, S. 311 f.).

Da Normen abstrakt alle Erwartungen der Gesellschaft implizieren, kann bei den Einschränkungen oder Fokussierungen eines Systems auf sie Bezug genommen und die Funktion von anderen Systemen berücksichtigt werden, ohne dass zu jedem anderen System einzeln eine Interpenetration aufgebaut wird.

Komplexitätsverarbeitung kann nur durch eine Einschränkung in einem System erfolgen, indem sich das System auf eine Generalisierung bezieht, in der auch die Einschränkungen der anderen Systeme enthalten sind. Denn nur durch eine gegenseitige Abstimmung der Einschränkungen, ohne dass die Systeme einzeln jeweils in Kontakt treten, kann ein emergentes System entstehen (Willke 1993, S. 144 ff.).

Während Interpenetration erklärt, welchen Vorteil die Ausdifferenzierung hat, beschreibt strukturelle Kopplung, wie die Funktionssysteme miteinander interagieren können. Mittels struktureller Kopplungen werden die Systeme zwar gegenseitig beeinflusst, aber nicht direkt miteinander gekoppelt. Sie wirken nicht direkt auf die Autopoiesis und den Strukturaufbau, sondern sie beeinflussen Systeme nur langfristig und bewirken daher nur einen allmählichen Wandel. Bei ausdifferenzierten Systemen können ganz unterschiedliche strukturelle Kopplungen auftreten. So ist das Wissenschafts- und Wirtschaftssystem beispielsweise durch neues technisches und ökonomisches Wissen miteinander gekoppelt, Entsprechendes gilt für das Wirtschaftssystem und das Rechtssystem hinsichtlich des Eigentums- und Vertragsrechts (Luhmann 2000, S. 397). Organisationen sind eine wichtige Voraussetzung dafür, eine strukturelle Kopplung zwischen gesellschaftlichen Funktionssystemen zu ermöglichen. Strukturelle Kopplungen werden bei ausdifferenzierten Funktionssystemen auf der Ebene des Gesellschaftssystems notwendig, da die Abhängigkeiten und Unabhängigkeiten zwischen ihnen kontinuierlich zunehmen.

Aber sie wären in der notwendigen Komplexität und Differenziertheit kaum möglich, wenn es nicht Organisationen gäbe, die Information raffen und Kommunikation bündeln können und so dafür sorgen können, dass die durch strukturelle Kopplungen erzeugte Dauerirritation der Funktionssysteme in anschlussfähige Kommunikation umgesetzt wird. (Luhmann 2000, S. 400)

Systeme werden durch Irritationen in der Umwelt beeinflusst. Wenn dies vom System wahrgenommen wird, führt das zu Resonanz im System. Durch diese Irritationen entstehen Strukturen, mit denen die Fortsetzung der Autopoiesis sichergestellt werden kann. Systeme können nur solche Irritationen verarbeiten, die mit dem eigenen Systemcode kompatibel sind. Funktionssysteme haben dadurch in manchen Bereichen eine sehr hohe Resonanz, während in allen anderen Bereichen keine Resonanz entsteht (Luhmann 1986, S. 36 ff.).

Zwar scheinen sowohl Organisationen als auch Funktionssysteme unabhängig voneinander zu operieren, allerdings können sie nicht ohne den anderen existieren. Funktionssysteme sind auf die Operationen der Organisation angewiesen.

Ohne Organisationen wären alle Funktionssysteme miteinander direkt gekoppelt und jede Veränderung in einem Funktionssystem würde sich sofort auf alle anderen Systeme auswirken. Erst durch Organisationen werden diese Interdependenzen unterbrochen. Durch Entscheidungen und den Bezug auf bereits getroffene Entscheidungen sorgen die Organisationen als Interdependenzunterbrecher für Stabilität (Luhmann 2000, S. 395 ff.). Organisationen reduzieren die Unsicherheit der Funktionssysteme (Luhmann 2000, S. 221).

Da Organisationen über die Programme der Funktionssysteme entscheiden, haben sie von den sozialen Systemen das höchste Potenzial für eine Koordination und Integration der Gesellschaft. Organisationen können nicht nur einem einzigen Funktionssystem zugeordnet werden, sondern bilden in der Umwelt der Funktionssysteme eine eigenständige Systemebene. Sie können an unterschiedlichen Funktionssystemen gleichzeitig beteiligt sein, wodurch sie auch in der Lage sind, über die Grenzen der Funktionssysteme hinweg zu kommunizieren und andere Systeme zu beeinflussen (Melde 2012, S. 75 ff.). Funktionssysteme sorgen für Veränderung, während Organisationen für Stabilität sorgen (Japp 1996, S. 43).

Luhmann unterscheidet zwischen Interaktion, Organisation und ausdifferenziertem Funktionssystem. Netzwerke ähneln zwar Interaktionssystemen, aber sie unterscheiden sich in einem wesentlichen Punkt.

Während bei Interaktionen eine Kommunikation nur unter Anwesenden möglich ist, besteht bei Netzwerken auch die Möglichkeit der Kommunikation mit Abwesenden. Da Netzwerke keine Interaktionen darstellen, heißt das aber nicht, dass sie mit Gesellschaft gleichgesetzt werden können, denn dies würde voraussetzen, dass alle Kontakte mit allen Kontakten verknüpft sind (Holzer 2011, S. 52).

Im Gegensatz zu den ausdifferenzierten Funktionssystemen können Netzwerke eher als lose Kopplung betrachtet werden. Netzwerke können innerhalb von Funktionssystemen entstehen oder diese miteinander verknüpfen, weshalb sie quer zu den Grenzen der Funktionssysteme stehen (Tacke 2011a, S. 90 ff.).

Netzwerk und Systeme können als komplementär betrachtet werden. In der differenzierten Gesellschaft mussten bestehende Netzwerke erst aufgelöst werden, bevor die hochspezialisierten Funktionssysteme überhaupt entstehen konnten (Japp 2011, S. 270).

Andererseits entstehen Netzwerke erst durch die ausdifferenzierten Funktionssysteme, die mit ihrer sehr spezialisierten Arbeitsweise offene Räume entstehen lassen, die nicht von ihnen bearbeitet werden und die dann erst von Netzwerken besetzt werden können (Bommes und Tacke 2011a, S. 47).

Netzwerke sind auf die Existenz von Funktionssystemen angewiesen, weshalb sie als sekundäre Ordnungsform bezeichnet werden (Bommes und Tacke 2011a, S. 28). Alle sozialen Systeme, also Interaktion, Organisation, soziale Bewegungen, Funktionssysteme und Gesellschaft, erzeugen identitätsbezogene Erwartungen, wodurch soziale Netzwerke auf jeder dieser unterschiedlichen Ebenen entstehen können. Netzwerke können sich sowohl in, zwischen als auch unterhalb von Interaktionssystemen, Organisationen und Funktionssystemen ergeben (Fuhse 2009, S. 307 ff.).

Im Gegensatz zu Funktionssystemen scheinen Netzwerke und Organisationen auf den ersten Blick sehr viele Gemeinsamkeiten zu haben. Allerdings gibt es grundsätzliche Unterschiede. Eine Gemeinsamkeit zwischen Organisation und Netzwerken besteht darin, dass beide quer zu Funktionssystemen entstehen können (Tacke 2011a, S. 90). Eine weitere Gemeinsamkeit besteht darin, dass beide mit Rekursivität arbeiten. Während die Organisation mit Entscheidungen auf weitere Entscheidungen verweist, besteht das Netzwerk aus Verweisungen von Adressen auf weitere Adressen, die mit reziproken Erwartungen verknüpft sind (Bommes und Tacke 2011a, S. 46). Netzwerke sind aber keine Alternative zu Organisationen, sondern bilden eine eigene Ordnungsform.

Während in Organisationen funktionsspezifische Rollen und Programme übernommen werden, entstehen Netzwerke meist genau dann, wenn Rollen und Programme nur eingeschränkt festgelegt sind. Netzwerke können die funktionsspezifische Kommunikation ergänzen oder auch vollständig ersetzen, falls die funktionsspezifische Kommunikation komplett versagt (Tacke 2011a, S. 94 f.).

Zwar erhalten sich soziale Systeme als autopoietische Systeme selbst, allerdings sind sie in Form von Intrapenetration, strukturellen Kopplungen und Irritationen auf andere Systeme angewiesen. Eine Veränderung der Operationsweise von gesellschaftlichen Funktionssystemen kann insbesondere durch Organisationen erfolgen. Netzwerke liegen quer zu sozialen Systemen, wodurch sie funktionsspezifische Kommunikation ergänzen oder ersetzen können.

Zusammenfassend werden für eine gesellschaftliche Steuerung meist drei wesentliche Steuerungsformen unterschieden, deren Funktionen in der Systemtheorie beschrieben werden können. Eine Auseinandersetzung mit Hierarchie erfolgt in der Systemtheorie innerhalb des sozialen Systems der Organisation. Der Markt wird als Teil der Wirtschaft innerhalb eines gesellschaftlichen Funktionssystems beschrieben. Zwar werden als dritte Variante Gemeinschaft und Netzwerke genannt – da der Netzwerkbegriff aber eine höhere Anschlussfähigkeit in der Systemtheorie hat, liegt der Fokus auf Netzwerken. Netzwerke können durch das soziale System einer Interaktion entstehen.

In der Systemtheorie wird die Wirtschaft nicht wie in den meisten wirtschaftswissenschaftlichen Theorien als ein triviales System, sondern als ein komplexes System dargestellt, das sich durch Autopoiesis selbst erhält. Die Funktion der Wirtschaft besteht nicht in der Befriedigung von Bedürfnissen, sondern in der Auflösung des Knappheitsparadoxes. Sie muss sicherstellen, dass Güter heute so verteilt werden, dass gleichzeitig auch eine stabile Vorsorge für die Zukunft erfolgt. Zur Steuerung der Knappheit arbeitet das Wirtschaftssystem sowohl mit

der Differenz Eigentum/kein Eigentum als auch mit derjenigen von Zahlungs-
fähigkeit/Zahlungsunfähigkeit. Der Reentry der Differenz zwischen Wirtschaft
und Gesellschaft erfolgt durch den Markt und Preise. Der Markt ist die wirtschaftsinterne Umwelt des Wirtschaftssystems, wodurch es sich selbst beobachten
kann. Mithilfe von Preisen erfolgt eine Reduktion der Umweltkomplexität, da nur
das berücksichtigt wird, was einen Einfluss auf Preise hat. Programme entscheiden über die Zahlungsfähigkeit. So wird beispielsweise die Rentabilität definiert,
durch die die Knappheiten verteilt werden. Der Umgang mit Knappheiten erfolgt
im Wirtschaftssystem daher durch Selbststeuerung.

Der Geldmarkt stellt einen Eigenmarkt der Wirtschaft dar, der sich selbstreferenziell entwickelt. Eine tautologische Selbstreferenz wird durch einen Bezug
auf die Struktur aus Zentralbanken, Geschäftsbanken und Kunden verhindert.
Der Geldmarkt wirkt in alle anderen Märkte und hat die Funktion, die zeitliche Differenz zwischen Einnahmen und Ausgaben zu überbrücken. Banken
handeln mit Zahlungsversprechen und identifizieren das Risiko für einen Ausfall
von Zahlungsversprechen, das auf Basis von Entscheidungen entsteht. Die Risiken werden in einem Netzwerk von Risikostrukturen, Risikomanagement und
Risikoinstrumenten verarbeitet. Die Probleme des Knappheitsparadoxes in der
sachlichen und sozialen Dimension können mithilfe einer zeitlichen Dimension
(eine Verschiebung in die Zukunft) aufgelöst werden. Das Finanzsystem operiert
mit Zahlungsfähigkeit.

Die Funktion von Unternehmersystemen beruht darauf, die Zahlungsfähigkeit aufrechtzuerhalten. Ein Routineunternehmersystem sorgt für eine effiziente
Ressourcenallokation. Das Abitrageunternehmersystem identifiziert und reduziert
Bewertungsunterschiede. Das Innovationsunternehmersystem setzt Neukombinationen durch. Dazu gehören Finanzunternehmersysteme, die Finanzkapital
zur Verfügung stellen, und die realen Unternehmersysteme, die mithilfe des
Finanzkapitals Produkte und Dienstleistungen bereitstellen. Das Evolutionsunternehmersystem erzeugt Reflexion und sorgt für die Weiterentwicklung der
Kompetenzen im Wirtschaftssystem.

Innovationen können sowohl positiv als auch negativ sein. Für die Durchsetzung von Innovationen müssen die Vorteile betont werden. Diese Scheinsicherheit
kann durch abstraktere Erwartungen erzeugt werden.

Aus Sicht der Systemtheorie gilt nicht die Neutralität des Geldes, da das
Finanzsystem Einfluss auf die Realwirtschaft hat. Für eine wachsende Wirtschaft,
die neue Innovationen hervorbringt, ist Geldschöpfung notwendig. Sie erzeugt
neue Kaufkraft, mit der Produktionsfaktoren aus ihrer bisherigen Verwendung
gelöst und zu Innovationen neu kombiniert werden können. Die Paradoxie besteht
darin, dass ein Kredit und Guthaben immer gleichzeitig erzeugt werden. Damit

der Kredit nicht nur zu einem höheren allgemeinen Preisniveau führt, muss das geschöpfte Geld dem Unternehmersystem zur Verfügung gestellt werden, da ein Mehrwert erzeugt werden muss. Entscheidend dafür ist die Zeitdifferenz zwischen Ausgaben und Einnahmen. Denn aus gesamtwirtschaftlicher Sicht muss nach den Ausgaben für die Produktionsfaktoren neues Geld geschöpft werden, das es ermöglicht, einen Gewinn bzw. Wirtschaftswachstum zu einem späteren Zeitpunkt zu erzeugen. Dieses Geld muss beispielsweise innerhalb der zeitlichen Differenz durch neue Ausgaben Löhnen zugegangen sein, die zu einem späteren Zeitpunkt zusätzliche Ausgaben ermöglichen. Neben der Schaffung von neuer Kaufkraft besteht die Funktion des Finanzsystems weiterhin in der Verarbeitung von Risiken, da immer das Risiko besteht, dass der erhoffte Mehrwert nicht erzielt wird und damit die Zahlungsfähigkeit gefährdet ist. Mit dieser Differenz von Chancen und Risiken hat die Finanzwirtschaft eine hohe Steuerungswirkung in Bezug auf die Ressourcenallokation der Realwirtschaft und die Auflösung des Knappheitsparadoxes in der Wirtschaft.

Organisationstheorien haben im Zeitverlauf den Fokus von geschlossenen Organisationen und deren starrer Hierarchie auf flexiblere Ansätze verlagert, die eine breitere Offenheit gegenüber Umwelteinflüssen aufweisen.

Aus systemtheoretischer Sicht besteht die Paradoxie von Organisationen darin, dass sie geschlossen und offen zu gleich sind.

Organisationen erhalten sich selbst durch Entscheidungen, die kommuniziert werden. Der Möglichkeitsraum für Entscheidungen wird durch Entscheidungsprämissen eingeschränkt. Durch Hierarchie wird eine Entscheidung autoritär getroffen, wodurch sie nicht weiter hinterfragt wird. Im Systemgedächtnis werden die Entscheidungen gespeichert, die in der Vergangenheit getroffen wurden. Eine Unsicherheitsabsorption erfolgt, indem sich Entscheidungen auf getroffene Entscheidungen beziehen.

Organisationen müssen jedoch auch ihre Umwelt wahrnehmen, damit sie Irritationen erhalten, die einen Anlass für weitere Entscheidungen geben. Die Beobachtung der Umwelt erfolgt durch Selbstbeobachtung mit Hilfe der Differenz von Selbstreferenz und Fremdreferenz. Damit die Organisation nicht an dem bisherigen Erfolg und getroffenen Entscheidungen scheitert, muss sie selbst für Unsicherheiten sorgen, die die bisherigen Erfahrungen stören. Entscheidungen werden besonders durch Personen, die Personalentscheidung treffen, und die Unternehmenskultur geprägt, da sie unentscheidbare Entscheidungsprämissen darstellen.

Strukturveränderungen innerhalb der Organisation werden durch Reformen und Innovationen beobachtbar. Da Veränderung sowohl positive als auch negative Folgen haben kann, werden zur Beschreibung von Veränderungen Begriffe wie

Innovation verwendet, die die positive Seite der Veränderung hervorheben. Da die Zukunft ungewiss ist, werden Ziele oftmals vage formuliert. Auch wenn die Zielerreichung ungewiss ist, kann die Organisation durch eine Änderung der Entscheidungsprämissen Einfluss auf die eher zufällige Evolution der Organisation nehmen.

Da die Theorien der organisatorischen Pfadabhängigkeiten ähnlich wie die Systemtheorie von einem evolutorischen Entwicklungsverständnis von Organisation ausgehen, bieten sie gute Erklärungsansätze, um zu beschreiben, wie die Organisation und deren Hierarchie durch bewusste Eingriffe in ihrer Entwicklung beeinflusst werden können. Während die Systemtheorie bei bewussten Veränderungen von Reformen spricht, entsprechen intendierte Eingriffe aus Sicht der Pfadabhängigkeit kleinen zufälligen Ereignissen, die zu einer Veränderung von Strukturen und damit auch der Entscheidungen in der Organisation führen können.

Eine systemtheoretische Perspektive auf Netzwerke hat den Vorteil, dass Netzwerke nicht als Grundlage einer gesellschaftlichen Theorie verstanden werden, die alles umfasst. Vielmehr seien Netzwerke als eine besondere Steuerungsform zu betrachten. Sie können innerhalb und zwischen Organisationen oder innerhalb von Funktionssystemen entstehen. Netzwerke in der modernen Gesellschaft verbinden unterschiedliche soziale Systeme, wodurch Nachteile der Ausdifferenzierung kompensiert werden können. Durch die Verwendung von polykontexturalen Adressen können Personen oder Organisationen in mehreren Funktionsbereichen der Gesellschaft oder mehreren Kontexten teilnehmen. Netzwerke zeichnen sich gegenüber Systemen besonders durch ihre Heterogenität aus. Durch Reziprozität werden Leistungen eingebracht, im Vertrauen zu einem späteren Zeitpunkt eine Gegenleistung zu erhalten. Dadurch erhält ein Netzwerk seine Stabilität.

Netzwerke weisen eine enge Verbindung zum Sozialkapital auf, das auch als Kapitalform betrachtet werden kann. Der Unterschied zu Arbeit und Kapital besteht darin, dass eine Investition von Sozialkapital zu mehr und nicht zu weniger Sozialkapital führt. Sozialkapital entsteht durch ein gemeinschaftliches Netzwerk, das zugleich offen und geschlossen ist. Sozialkapital reproduziert sich selbst. Sozialkapital kann dabei helfen, individuelle Interessen durchzusetzen. Allerdings sind innerhalb einer Gemeinschaft gleiche Werte und Normen notwendig. Netzwerkartige Gemeinschaften können durch institutionelle Rahmenbedingungen beeinflusst werden.

Durch die Ausdifferenzierung der Gesellschaft sind selbstreferenzielle Funktionssysteme entstanden. Sie operieren unabhängig, wodurch sie sehr komplex werden konnten. Gleichzeitig besteht eine Herausforderung der Integration, da Funktionssysteme Komplexität reduzieren, indem sie eine Indifferenz gegenüber einem Großteil der Umwelt erzeugen. Da sie jedoch nur eine spezielle Funktion in der Gesellschaft übernehmen, sind sie auf die Funktion der anderen gesellschaftlichen Funktionssysteme angewiesen. Durch die zunehmende Unabhängigkeit entsteht zugleich eine höhere Abhängigkeit von anderen gesellschaftlichen Funktionssystemen. Funktionssysteme sind für ihre Funktion daher darauf angewiesen, dass auch die anderen Funktionssysteme funktionieren.

Durch Interpenetration können Funktionssysteme auf die Komplexität der anderen Funktionssysteme zugreifen, ohne sie selbst erzeugen zu müssen. Normen erhalten Erwartungen der Gesellschaft, sodass keine Interpenetration mit allen Systemen notwendig ist. So kann die gesellschaftliche Komplexität berücksichtigt werden, ohne sie selbst erzeugen zu müssen.

Strukturelle Kopplungen beschreiben den gegenseitigen Einfluss von Systemen. Durch Organisationen können strukturelle Kopplungen zwischen gesellschaftlichen Funktionssystemen stattfinden.

Systeme werden durch Irritationen der Umwelt beeinflusst. Sie reagieren mit Resonanz auf die Irritationen, die mit ihrem Systemcode kompatibel sind. Gesellschaftliche Funktionssysteme sind auf Organisationen angewiesen, da eine direkte Kopplung zwischen Funktionssystemen zu einer sofortigen Änderung führen würde. Organisationen sorgen als Interdependenzunterbrecher für Stabilität. Sie ermöglichen eine gesellschaftliche Koordination und Integration, da sie mehreren Funktionssystemen zugehörig sein können.

Netzwerke weisen gegenüber den festen Kopplungen der gesellschaftlichen Funktionssysteme eher lose Kopplungen auf. Sie können sowohl innerhalb als auch zwischen Funktionssystemen bestehen und Interaktionssysteme, Organisationen und Funktionssysteme miteinander verbinden.

Zwar können auch Organisationen innerhalb und zwischen Funktionssystemen bestehen, allerdings übernehmen Netzwerke, im Gegensatz zu Organisationen, nicht funktionsspezifische Rollen und Programme. Sie können deshalb funktionsspezifische Kommunikation ergänzen oder ersetzen.

2.3   Zwischenfazit

Da der Einfluss der Nachhaltigkeitsratings auf eine nachhaltige Entwicklung der Gesellschaft einen komplexen Steuerungsprozess impliziert, wird eine systemtheoretische Governanceperspektive eingenommen. Die Beschreibung der systemtheoretischen Grundlagen macht nachvollziehbar, wie komplexe Systeme operieren und die systemtheoretische Beschreibung der gesellschaftlichen

Steuerungsformen bildet die Basis, um die Steuerungsmöglichkeiten der Nachhaltigkeitsratings zu erkennen.

Soziale Systeme sind nicht-triviale Systeme, die so komplex sind, dass sie nicht verstanden werden können. Als autopoietische Systeme gehören sie zu den Sinnsystemen. Sinn entsteht bei sozialen Systemen durch Kommunikation, die durch Irritationen aus der Umwelt veranlasst werden. Für die Aufrechterhaltung der Autopoiesis müssen sich Systeme selbst beobachten. Die Beobachtung von Systemen erfolgt durch eine Differenz von System und Umwelt. Da die Umwelt eigentlich viel zu komplex ist, lösen Systeme die Paradoxie durch ein Reentry der Differenz von System und Umwelt. Mithilfe eines systemspezifischen Codes wird die Umweltkomplexität reduziert, und es entsteht eine Geschlossenheit der autopoietischen Systeme. Programme, die über den Code entscheiden, erzeugen Offenheit, wodurch die Umwelt wahrgenommen werden kann. Da die Umwelt immer komplexer ist als das System, muss die Umwelt vereinfacht werden. Die Strukturen, die darüber bestimmen, wie das System beobachtet, sind durch Evolution entstanden. Sie schränken den Möglichkeitsraum der Kommunikation ein und bestimmen daher darüber, wie neuer Sinn entsteht. Bei Widersprüchen können Strukturen angepasst werden, die die Autopoiesis in eine andere Richtung lenkt.

Die zentrale Problemstellung der Systemtheorie ist Sinn, der durch die Auflösung der Differenz zwischen Aktualität und Potenzialität entsteht. Für die Erzeugung von neuem Sinn muss in der sozialen Dimension Kontingenz reduziert werden. Situationen mit hoher Kontingenz lassen sich auflösen, indem Erfahrungen aus der Vergangenheit herangezogen werden oder ein eher zufallsgesteuertes Trial-and-Error-Verfahren Verwendung findet oder eine Generalisierung eine Einheit herstellt und so den Möglichkeitsraum einschränkt.

Üblicherweise werden bei einer gesellschaftlichen Steuerung die Steuerungsformen „Markt", „Hierarchie", „Gemeinschaft" oder „Netzwerke" unterschieden. Die Systemtheorie beschreibt detailliert, wie diese Steuerungsformen sich in der Gesellschaft verorten. Der Markt gehört zum gesellschaftlichen Funktionssystem der Wirtschaft.

Die Funktion der Wirtschaft besteht nicht in der Befriedigung von Bedürfnissen, sondern in der Auflösung des Knappheitsparadoxes. Sie muss sicherstellen, dass Güter heute so verteilt werden, dass eine stabile Vorsorge für die Zukunft erfolgt. Zur Steuerung der Knappheit arbeitet das Wirtschaftssystem sowohl mit der Differenz Eigentum/kein Eigentum, als auch mit Differenz von Zahlen und Nichtzahlen. Der Reentry der Differenz zwischen Wirtschaft und Gesellschaft erfolgt durch den Markt und Preise. Der Markt ist die wirtschaftsinterne Umwelt

des Wirtschaftssystems, wodurch es sich selbst beobachten kann. Das Finanzsystem operiert mit Zahlungsfähigkeit. Der Geldmarkt stellt einen Eigenmarkt
der Wirtschaft dar, der sich selbstreferenziell entwickelt. Der Geldmarkt wirkt
in alle anderen Märkte und hat die Funktion, die zeitliche Differenz zwischen
Einnahmen und Ausgaben zu überbrücken. Banken handeln mit Zahlungsversprechen und identifizieren das Risiko eines Ausfalls von Zahlungsversprechen.
Die Funktion von Unternehmersystemen besteht darin, die Zahlungsfähigkeit aufrechtzuerhalten. Aus Sicht der Systemtheorie gilt nicht die Neutralität des Geldes,
da das Finanzsystem Einfluss auf die Realwirtschaft hat. Neben der Schaffung
von neuer Kaufkraft, mit der Produktionsfaktoren aus ihrer bisherigen Verwendung gelöst und zu Innovationen neu kombiniert werden können, besteht die
Funktion des Finanzsystems in der Verarbeitung von Risiken, da immer das
Risiko besteht, dass der erhoffte Mehrwert nicht erzielt wird und damit die Zahlungsfähigkeit gefährdet ist. Mit dieser Differenz aus Chancen und Risiken hat
die Finanzwirtschaft eine hohe Steuerungswirkung in Bezug auf die Ressourcenallokation der Realwirtschaft und die Auflösung des Knappheitsparadoxes in der
Wirtschaft.

Die Hierarchie befindet sich in Organisationen. Organisationen erhalten sich
selbst durch Entscheidungen, die kommuniziert werden. Der Möglichkeitsraum
für Entscheidungen wird durch Entscheidungsprämissen eingeschränkt. Durch
Hierarchie wird eine Entscheidung autoritär getroffen, wodurch sie nicht weiter hinterfragt wird. Eine Unsicherheitsabsorption erfolgt, indem Entscheidungen
sich auf getroffene Entscheidungen beziehen. Organisationen müssen jedoch
auch ihre Umwelt wahrnehmen, damit sie Irritationen erhalten, die einen Anlass
für weitere Entscheidungen geben. Die Beobachtung der Umwelt erfolgt durch
eine Selbstbeobachtung mit einer Differenz aus Selbstreferenz und Fremdreferenz. Strukturveränderungen innerhalb der Organisation werden durch Reformen
und Innovationen beobachtbar. Auch wenn die Zielerreichung ungewiss ist,
kann die Organisation durch eine Änderung der Entscheidungsprämissen Einfluss auf die eher zufällige Evolution der Organisation nehmen. Da die Theorien
der organisatorischen Pfadabhängigkeiten ähnlich wie die Systemtheorie von
einem evolutorischen Entwicklungsverständnis von Organisationen ausgehen, bieten sie gute Ansatzmöglichkeiten, um die Organisation und ihre Hierarchie durch
bewusste Eingriffe in ihrer Entwicklung zu beeinflussen.

Netzwerke entstehen durch Interaktion von sozialen Systemen. Eine systemtheoretische Perspektive auf Netzwerke hat den Vorteil, dass Netzwerke nicht
als Grundlage einer gesellschaftlichen Theorie verstanden werden, die alles
umfasst. Vielmehr können Netzwerke als eine besondere Steuerungsform betrachtet werden und innerhalb sowie zwischen Organisationen oder innerhalb von

Funktionssystemen entstehen. Netzwerke in der modernen Gesellschaft verbinden unterschiedliche soziale Systeme, wodurch Nachteile der Ausdifferenzierung kompensiert werden können. Durch die Verwendung von polykontexturalen Adressen können Personen oder Organisationen an mehreren Funktionsbereichen der Gesellschaft oder mehreren Kontexten teilnehmen, wodurch sie systemübergreifend kommunizieren können. Sozialkapital entsteht durch ein gemeinschaftliches Netzwerk, das zugleich offen und geschlossen ist, und reproduziert sich selbst. Netzwerkartige Gemeinschaften können durch institutionelle Rahmenbedingungen beeinflusst werden.

Die Systemtheorie bietet auch Ansätze, wie die verschiedenen Steuerungsformen der Gesellschaft miteinander interagieren können. Durch die Ausdifferenzierung operieren gesellschaftliche Funktionssysteme sehr autonom. Da sie aber auch auf die Funktionsweise der anderen gesellschaftlichen Funktionssysteme angewiesen sind, entsteht gleichzeitig eine höhere Abhängigkeit gegenüber den anderen gesellschaftlichen Funktionssystemen. Funktionssysteme sind für ihre Funktion daher darauf angewiesen, dass auch die anderen Funktionssysteme funktionieren. Durch Interpenetration können Funktionssysteme auf die Komplexität der anderen Funktionssysteme zugreifen, ohne sie selbst erzeugen zu müssen. Strukturelle Kopplungen beschreiben einen gegenseitigen Einfluss von Systemen. Durch Organisationen können strukturelle Kopplungen zwischen gesellschaftlichen Funktionssystemen stattfinden. Gesellschaftliche Funktionssysteme sind auf Organisationen angewiesen, da eine direkte Kopplung zwischen Funktionssystemen zu einer sofortigen Änderung führen würde. Organisationen sorgen als Interdependenzunterbrecher für Stabilität. Sie ermöglichen eine gesellschaftliche Koordination und Integration, da sie mehreren Funktionssystemen zugehörig sein können. Netzwerke weisen gegenüber den festen Kopplungen der gesellschaftlichen Funktionssysteme eher lose Kopplungen auf. Sie können sowohl innerhalb als auch zwischen Funktionssystemen bestehen und Interaktionssysteme, Organisationen und Funktionssysteme miteinander verbinden. Sie können dadurch funktionsspezifische Kommunikation ergänzen oder ersetzen.

Die Selbsterhaltung von Systemen wird durch neuen Sinn ermöglicht, der auf weiteren Sinn verweist. In komplexen sozialen Systemen muss dafür Kontingenz reduziert werden.

Selbstgefährdung der Wirtschaft durch Sinnverlust 3

In diesem Kapitel wird beschrieben, woher die Notwendigkeit einer nachhaltigen Entwicklung der Gesellschaft rührt. Es wird erläutert, wie in der Gesellschaft die Kontingenzauflösung durch Rationalität an ihre Grenzen stößt und die Orientierung des Wirtschaftssystems an wirtschaftlicher Rationalität zu einer Selbstgefährdung führt. Zudem wird aufgezeigt, wie Kontingenz die Steuerungsfähigkeit der Politik begrenzt.

3.1 Grenzen der Kontingenzauflösung durch Rationalität

Kontingenz lässt sich, wie in Abschnitt 2.1.3 beschrieben, durch Erfahrungen, Zufälle oder abstrakte Vorgaben reduzieren. Üblicherweise wird heute Kontingenz durch Erfahrungen reduziert, indem versucht wird, möglichst rationale Entscheidungen zu treffen. Es wird daher die Auflösung von Kontingenz durch Rationalität und deren Grenzen im folgenden Abschnitt tiefergehend aus systemtheoretischer Sicht betrachtet.

Obwohl viele davon überzeugt sind oder fordern, rational zu handeln (Smith 1827; Kant 1877; Weber 1923; Simon 1959), gibt es aus systemtheoretischer Sicht keine absolute Rationalität.

Die Rationalisierung hat zwar dazu beigetragen, dass sich gesellschaftliche Funktionssysteme durch eine Spezialisierung ausdifferenzieren konnten. Mithilfe dieser Spezialsprache konnte die gesellschaftliche Kommunikation effizienter gestaltet werden (Willke 1996, S. 59).

© Der/die Autor(en) 2024
C. Strangalies, *Ratings als Steuerungsinstrument von Unternehmen für eine nachhaltige Entwicklung*, https://doi.org/10.1007/978-3-658-44078-7_3

Da die Umwelt immer komplexer ist als das System, ist es für Systeme unmöglich, die gesamte Realität zu erfassen und zu einer gesamtgesellschaftlichen Rationalität zu gelangen. Daher kann in jedem Funktionssystem nur eine Teilrationalität verarbeitet werden (Luhmann 1986, S. 251).

Wenn also alle Beteiligten der Gesellschaft rational handeln, heißt das nicht, dass dies auch einer gesamtgesellschaftlichen Rationalität entspricht. Beispielsweise kann individuell rationales Handeln zu systemischen Nebenfolgen führen, die erst auf der Organisationsebene und der gesellschaftlichen Ebene ersichtlich werden und zu einer Gefährdung des Systems führen (Willke 1996, S. 46).

Rationale Entscheidungen sind ein Mythos, der entstehen konnte, indem die Rahmenbedingungen nicht berücksichtigt wurden und den Entscheidungsmodellen vereinfachende Annahmen zugrunde gelegt wurden. Bei rationalen Entscheidungen wird die Realität ausgeschlossen, die nur insofern berücksichtigt werden kann, als die Entscheidung selbst beobachtet wird. Erst wenn Kritik zugelassen und ein Widerstand gegen sich selbst ermöglicht wird, kann das System an Realitätsnähe gewinnen (Luhmann 2000, S. 136 f.).

Die Evolution von Systemen entsteht nicht durch eine Anpassung an die ausgeschlossene Umwelt, sondern indem das System selbst Entscheidungen trifft. Eine Veränderung entsteht durch eine Abweichung vom Bestehenden. Kritik entsteht daher dadurch, dass etwas abgelehnt wird (Baecker 2003, S. 276 ff.).

Aus systemtheoretischer Sicht können keine rationalen Entscheidungen existieren, da nie die gesamte Komplexität der Umwelt berücksichtigt werden kann. Allerdings können Entscheidungen allmählich rationaler werden, indem das bisher Ausgeschlossene der Realität wieder berücksichtigt, das heißt, das Bestehende wird durch Negation kritisiert.

Die Systemtheorie hat ein anderes Verständnis von Rationalität, was am Beispiel von Risiken ersichtlich wird. Bei der Definition von Risiko unterscheidet die klassische Risikoforschung zwischen Risiko und Sicherheit (Japp 1996, S. 9). Der Rational-Choice-Ansatz geht beispielsweise von einem trivialen System aus, das berechenbar ist (Elster 1986).

Nach der klassischen Definition der Risikoforschung besteht ein Risiko aus der Eintrittswahrscheinlichkeit, multipliziert mit der Schadenshöhe. Im Gegensatz dazu geht die Systemtheorie von der Unterscheidung von Risiko und Gefahr aus, da eine absolute Sicherheit nicht möglich ist. Während das Risiko den Entscheidungen des Systems zugeordnet wird, liegt die Gefahr in der Umwelt, die auch nicht mit Wahrscheinlichkeiten berechnet werden kann (Japp 1996, S. 14 ff.). Zwar kann spezifisches Nichtwissen in Form von Risiken in den Entscheidungen berücksichtigt werden, aber unspezifisches Nichtwissen bleibt unbekannt und wird erst ersichtlich, wenn eine unerwartete Nebenwirkung eingetreten ist (Strulik 2000, S. 78 ff.).

Risikoentscheidungen mit der Paradoxie von Sicherheit durch Unsicherheit werden nur durch eine Invisibilisierung der Gefahr mittels der Erzeugung einer Scheinsicherheit möglich (Japp 1996, S. 78). Für Entscheidungen ist von einer Differenz zwischen Risiko und Sicherheit auszugehen, da Entscheidungen nur unter der Annahme von Sicherheit getroffen werden. Für die Illusion einer Sicherheit müssen die Gefahren durch Latenz invisibilisiert werden (Japp 1996, S. 53), indem beispielsweise die Folgen der Risiken in die Zukunft verschoben oder externalisiert werden (Strulik 2000, S. 68). Die Risikoparadoxie beschreibt das Problem, dass bei jeder Entscheidung, die versucht, Risiken zu reduzieren, gleichzeitig neue Risiken erzeugt werden (Japp 1996, S. 64 f.). Durch jedes neue Wissen entsteht Nichtwissen und durch jede Risikoreduktion entsteht eine Risikoproduktion (Strulik 2000, S. 14 ff.). Chancen können daher nur ergriffen werden, weil sie die Risiken scheinbar überwiegen (Japp 1996, S. 45 ff.). Entscheidungen sind nur durch eine Invisibilisierung der Paradoxie der Unsicherheitsabsorption und durch Scheinsicherheit möglich.

Im Fall der Unsicherheitsabsorption wird in der Beobachtung erster Ordnung die Unsicherheit verschleiert, wodurch ein blinder Fleck entsteht, der nur durch Beobachtung zweiter Ordnung betrachtet werden kann. Dieser führt zwar dazu, dass überhaupt entschieden werden kann, aber er steigert damit gleichzeitig das Risiko für unerwartete Nebenfolgen, die auf das System zurückwirken können (Japp 1996, S. 90). Die Unsicherheitsabsorption ist nur mithilfe einer Konstruktion von Sicherheit möglich (Japp 1996, S. 162), denn im Grunde gibt es keine sicheren Entscheidungen (Japp 1996, S. 27). Die Paradoxie der Entscheidung, dass Zukunft ungewiss ist und eine Entscheidung eigentlich nicht getroffen werden kann, wird aufgelöst, indem Entscheidungen auf Entscheidungen verweisen (Japp 1996, S. 86). Eine Entscheidung kann auf eine bereits getroffene Entscheidung verweisen und so die Rationalität der Entscheidung begründen. Diese müsste sich dann auf eine weitere Entscheidung beziehen und diese auf eine weitere Entscheidung, damit die erstgenannte Entscheidung als tatsächlich rational gesehen werden kann. Damit eine pathologische Selbstreferenz verhindert wird, ist es jedoch notwendig, dass ein Entscheider als Letztbezug auf Interessen oder Probleme verweist, die allgemein akzeptiert werden (Luhmann 2000, S. 148 ff.). Blinde Flecken und mögliche Nebenwirkungen von Entscheidungen bleiben latent, wodurch Entscheidungen trotz Unsicherheit der Zukunft entscheidbar werden (Baecker 2003, S. 242 f.).

Durch Strukturen, Prozesse und Motive entstehen Festlegungen, die Entscheidungen trotz Unsicherheitsfolgen ermöglichen. Mit dieser Scheinsicherheit entstehen jedoch neue Risiken. Risiken können daher durch Unsicherheitsabsorption nicht reduziert, sondern nur transformiert werden (Japp 1996, S. 49).

Die Kontingenz der Funktionssysteme wird durch Entscheidungen und Unsicherheitsabsorption in Risiken transformiert. Risiko wird dadurch zu einer Art Metacode der Gesellschaft. Die Risiken in der Gesellschaft werden immer größer und die Kontingenz immer offensichtlicher (Japp 1996, S. 62 ff.).

Da Systeme die Gesellschaft immer nur aus ihrer Perspektive beobachten, können sie auch nie eine gesamtgesellschaftliche Rationalität erreichen, sondern unterliegen immer einer Systemrationalität, die die Umwelt nur durch ihren eigenen Code wahrnimmt. Aus systemtheoretischer Sicht existiert eine Rationalität im Sinne einer übergeordneten Vernunft nicht (Luhmann 1986, S. 252 ff.).

Für eine gesamtgesellschaftliche Rationalität müsste die Umwelt, also die Gesellschaft, in das System integriert werden. Da die Komplexität der Umwelt aber immer größer ist als das System, kann die Gesellschaft also nur durch einen Reentry der Einheit der Differenz zwischen System und Umwelt ein vereinfachtes Abbild der Umwelt im System integrieren. Da dieses Bild immer unvollständig ist, kann ein System auch nie eine gesamtgesellschaftliche Rationalität erreichen. Es kann sich jedoch dieser gesamtgesellschaftlichen Rationalität nähern, indem es die ausgeschlossenen blinden Flecken wieder einbezieht (Luhmann 1986, S. 256 ff.).

Durch eine höhere Resonanz der Systeme kann die Umwelt stärker wahrgenommen werden, weshalb die Perspektive stärker auf gesamtgesellschaftliche Rationalität ausgerichtet wird. Eine zu hohe Resonanz, also ein zu starker Fokus auf gesamtgesellschaftliche Rationalität, kann jedoch zu einer Überlastung des Systems führen (Luhmann 1986, S. 220). In diesem Fall versucht das System eine gesamtgesellschaftliche Rationalität einzunehmen, was zum Scheitern verurteilt wäre.

Gleichzeitig kann im System auch eine zu geringe Resonanz vorliegen, sodass Probleme in der Umwelt nicht wahrgenommen werden (Luhmann 1986, S. 220). Hierbei vernachlässigt das System eine gesamtgesellschaftliche Rationalität, weshalb sich das System gegebenenfalls nicht ausreichend der Umwelt anpasst.

Die Einschätzung der gesellschaftlichen Kontingenz beeinflusst, wie Systeme versuchen, eine gesamtgesellschaftliche Rationalität einzunehmen. Entweder wird Kontingenz überbewertet und es wird nichts für sicher gehalten, wodurch die Gesellschaft in einen anomischen Zustand fällt, oder Kontingenz wird unterschätzt, sodass die Rahmenbedingungen als gegeben angenommen werden, obwohl diese eigentlich veränderbar wären. Die moderne Gesellschaft befindet sich in einem eher anomischen Zustand, nicht nur, weil sich die alten Weltbilder aufgelöst haben, sondern auch, da sich die Kontingenz durch die Ausdifferenzierung der gesellschaftlichen Funktionssysteme und die aus der Unsicherheitsabsorption resultierende Zunahme der Unsicherheiten deutlich erhöht haben (Japp 1996, S. 23 ff.).

Wenn gesellschaftliche Funktionssysteme nur in einem sehr bestimmten Bereich eine hohe Resonanz haben und in einem anderen Bereich keine, sind sie nicht mehr in der Lage die zunehmende Kontingenz zu verarbeiten. Die ökologische Gefährdung der Gesellschaft deutet darauf hin, dass die Gesellschaft zu wenig Resonanz gegenüber der Umwelt erzeugt (Luhmann 1986, S. 220 ff.). Es muss daher eine gesellschaftliche Steuerung gefunden werden, welche die Resonanz für eine gesamtgesellschaftliche Rationalität erhöht, ohne dass eine Überlastung entsteht (Willke 1983, S. 50).

Zusammenfassend ist festzuhalten, dass aus systemtheoretischer Sicht keine absolute Rationalität erreicht werden kann. Für Systeme ist es unmöglich, die Komplexität der gesamten Umwelt zu erfassen, weshalb eine gesamtgesellschaftliche Rationalität, unerreichbar ist. Systeme können daher nur eine Systemrationalität ausbilden. Rationale Entscheidungen sind nicht möglich, da das bedeuten würde, dass in einer Entscheidung alle Folgen und Nebenfolgen berücksichtigt werden, was aber aufgrund der Komplexität der Umwelt unmöglich ist. Es kann daher auch bei Risikoentscheidungen nicht zwischen Risiko und Sicherheit unterschieden werden, da eine absolute Sicherheit aufgrund der Komplexität nie gewährleistet werden kann. Für Entscheidungen muss aber eine Scheinsicherheit erzeugt werden, da sie sonst nicht entscheidbar sind. Dies erfolgt durch Latenz, die mögliche Gefahren invisibilisiert. Entscheidungen ermöglichen Unsicherheitsabsorption, indem sie sich auf bereits getroffene Entscheidungen beziehen, da die Komplexität dieser Entscheidung nicht mehr berücksichtigt werden muss. Entscheidungen, die auf bereits getroffenen Entscheidungen basieren, erscheinen rational, allerdings muss jede Entscheidungskette enden, deren Letztbezug nicht rational sein kann. Da in Entscheidungen nie alle Nebenwirkungen berücksichtigt werden können, wird nicht nur Unsicherheit reduziert, sondern es werden auch neue Risiken erzeugt. Systeme, die versuchen, eine Gesamtrationalität einzunehmen, müssen aufgrund der Komplexität der Gesellschaft genauso scheitern wie Systeme, die gar nicht versuchen, gesellschaftliche Folgen zu betrachten. Aufgrund der ökologischen Folgen ist davon auszugehen, dass die gesellschaftlichen Funktionssysteme heutzutage eine eher zu geringe Resonanz gegenüber der Gesellschaft aufweisen, weshalb besonders Steuerungsformen gefunden werden müssen, die die Resonanz ohne Überlastung erhöhen.

3.2   Pathologische Selbstreferenz des Wirtschaftssystems

In diesem Kapitel wird beschrieben, wie das Wirtschaftssystem mit wirtschaftlicher Rationalität und der Vernachlässigung von allem Nichtwirtschaftlichen seine Komplexität erreichen konnte, sich aber dadurch zugleich selbst gefährdet. Es wird gezeigt, wie die Realwirtschaft durch den Fokus auf den sich selbst steuernden Markt und auf Wachstum zu einer Zerstörung der ökologischen und gesellschaftlichen Umwelt führt und wie die Finanzwirtschaft durch Schuldenwachstum zu einer Gefahr für die realwirtschaftliche Umwelt wird.

3.2.1   Leistungsfähigkeit der modernen Wirtschaft durch Blindheit

Inwiefern gesellschaftliche Funktionssysteme in der Lage sind, eine Perspektive der gesellschaftlichen Gesamtrationalität einzunehmen, ist davon abhängig wie sie die Umwelt, also die Gesellschaft, im System berücksichtigen können. Es stellt sich also die Frage, wie die gesellschaftlichen Funktionssysteme Resonanz gegenüber der Gesellschaft erzeugen können.

Die Ausdifferenzierung der Gesellschaft geht durch die Spezialisierung mit einem Redundanzverlust einher, der zu Sensibilität in einem sehr bestimmten Frequenzbereich führt (Luhmann 1986, S. 98). Mit den ausdifferenzierten Funktionssystemen und deren spezialisierten Kommunikationscodes wird eine Erhöhung der gesellschaftlichen Resonanz innerhalb dieser Frequenzbänder erzeugt (Luhmann 1986, S. 218). Je abstrakter der Code, desto komplexer die Programme und umso sensibler können die Sensoren externe Veränderungen wahrnehmen (Luhmann 1986, S. 83). Durch den Redundanzverlust und die Spezialisierung auf ganz bestimmte Funktionsbereiche entsteht jedoch auch ein höheres Risiko für Ausfälle (Luhmann 1986, S. 210).

Denn durch die Ausdifferenzierung und Spezialisierung der Funktionssysteme sind die Funktionssysteme auf die Funktion der anderen Systeme angewiesen. Das heißt, bei einem Ausfall können sie sich nicht wechselseitig ersetzen. Ein weiteres Problem in der Reduktion der Redundanz besteht darin, dass die Funktionssysteme bei funktionsübergreifenden Problemen nicht zusammenarbeiten können. Da die Funktionssysteme miteinander gekoppelt sind, kann es auch passieren, dass sich Störungen gegenseitig aufschaukeln (Luhmann 1986, S. 98 ff.).

Ein solches gegenseitiges Aufschaukeln von Störungen lässt sich dann aufgrund der unabhängig voneinander operierenden Systeme nicht mehr kontrollieren (Luhmann 1988, S. 224). Störungen in einem System können sich daher auf andere Systeme und die gesamte Gesellschaft übertragen. Die Ausdifferenzierung und der Redundanzverlust sind mit einem hohen Risiko verbunden. Zwar führt die Spezialisierung dazu, dass die Resonanz der Gesellschaft in bestimmten Bereichen erhöht wird. Allerdings besteht hierbei immer das Risiko einer Fehlspezialisierung, da das, was durch die Redundanzauflösung an Resonanz verloren gegangen ist, nicht ausreichend berücksichtigt wird.

Dies kann so weit führen, dass die Evolution, die darüber entschieden hat, welche Resonanz in welchen gesellschaftlichen Frequenzbereichen oder Kommunikationscodes der gesellschaftlichen Funktionsbereiche als relevant erachtet wird, korrigiert werden muss. Denn wenn gesellschaftliche Störungen nicht berücksichtigt werden, kann es passieren, dass die Umwelt so verändert wird, dass das System selbst gar nicht mehr in der Lage ist, in der Umwelt zu überleben. Die Frage der Überlebensfähigkeit von Systemen lässt sich daher nicht durch die Beschreibung von Kausalitäten erklären, sondern ist eine Frage der verwendeten Selektionskriterien (Luhmann 1986, S. 38 f.). Für eine Einschätzung der gesellschaftlichen Resonanzfähigkeit der Gesellschaft müssen daher die jeweiligen Codes und Programme der Funktionssysteme betrachtet werden (Luhmann 1986, S. 100 f.).

Die gesellschaftliche Resonanzfähigkeit des Wirtschaftssystems wird besonders an der Funktion von Geld ersichtlich. Aus systemtheoretischer Sicht besteht die wesentliche Funktion von Geld in einer symbolischen Generalisierung, indem Geld eine Abstraktion schafft, die zugleich Spezifität und Interpretationsspielraum zulässt. Mithilfe von Geld können Unterschiede des Verschiedenen überwunden werden, ohne dass der Unterschied ausgeschlossen wird.

Am Beispiel von Ego und Alter in einer Situation von doppelter Kontingenz beschreibt Luhmann (1988, S. 232 ff.), wie mit der symbolischen Generalisierung durch Geld Kontingenz reduziert werden kann. In einer Situation mit einer vollständig offenen Kontingenz ist es nicht möglich, den Anderen zu beobachten, da selbst beim Versuch nur eine Selbstbeobachtung stattfindet, da das, wie beobachtet wird, und damit auch das, was gesehen wird, selbst festgelegt werden. Generalisierung hilft, die Differenz zwischen Ego und Alter und die damit verbundene doppelte Kontingenz zu überwinden. Durch ein generalisiertes Kommunikationsmedium wird die Differenz der Beobachtung nicht mittels einer höheren Ordnung aufgehoben, sondern das generalisierte Kommunikationsmedium schafft eine Einschränkung des Möglichkeitsraums, wie beobachtet wird, wodurch die Komplexität verarbeitbar wird. Mit dem Kommunikationsmedium „Geld" findet eine Selektion bestimmter Kriterien statt, unter denen beide Tauschpartner sich etwas vorstellen können. Nun ist nur noch das relevant, was eine wirtschaftliche Verwendung hat und in Geld ausgedrückt werden kann. Voraussetzung für eine Generalisierung ist also Redundanz, da Ego und Alter zur gleichen Zeit einen gemeinsamen Sinn erleben müssen, der dann unterschiedliche Anschlussmöglichkeiten bietet. Die Generalisierung schafft für Ego und Alter Einheit und Verschiedenheit zugleich. Im Falle von Geld wird eine Wertäquivalenz hergestellt und es werden verschiedene Tauschmöglichkeiten erzeugt. Geld schafft gleichzeitig Bestimmtheit und Unbestimmtheit, denn es wird ein konkreter Betrag bestimmt, der vielfältig verwendet werden kann. Mit dieser Einheit und Differenz erzeugt die Generalisierung auf Basis von Geld zugleich „Symbolik und Diabolik" (Luhmann 1988, S. 259). Kontingenz wird reduziert, indem Komplexität durch Einschränkungen reduziert wird. Mithilfe der binären Codierung aus Zahlungen und Nichtzahlungen des Kommunikationsmediums „Geld" wird die Komplexität so stark reduziert, dass, nur das, was wirtschaftlich ist, berücksichtigt wird. Das ausgeschlossene Dritte bleibt jedoch nicht ausgeschlossen, sondern wird auf der Ebene der Programme berücksichtigt. Die Wirtschaft orientiert sich über den Zahlungsvorgang an der Umwelt, und nur, was über den Zahlungsvorgang Eingang findet, kann in der Wirtschaft berücksichtigt werden, indem sie beobachtet, wie der Markt sich als interne Umwelt verhält (Luhmann 1988, S. 239 ff.).

Das Wirtschaftssystem ist durch eine Selbstregulierung in der Lage, Umweltthemen zu berücksichtigen, sofern sie in Preisen abbildbar sind und nach der systeminternen Logik verarbeitet werden können. So können beispielsweise ökologische Themen in der Wirtschaft berücksichtigt werden, wenn sie rentabel sind. Wenn also gesellschaftliche Themen so gestaltet werden, dass sie im Wirtschaftssystem aus wirtschaftlichen Gründen berücksichtigt werden können, entsteht Resonanz. Allerdings gehen daraus praktische Herausforderungen hervor, insofern nicht alles Gesellschaftliche messbar und zurechenbar ist. Das Wirtschaftssystem wird also nie im Sinne des Gesamtsystems entscheiden können. Es orientiert sich immer nur an der systeminternen Umwelt der Wirtschaft: dem Markt. Denn die Umwelt ist zu komplex, als dass das Wirtschaftssystem in der Lage wäre, eine Gesamtrationalität zu entwickeln. Vielmehr wird sie immer einer Systemrationalität unterliegen. Durch die Ausdifferenzierung des Wirtschaftssystems und der Selbstreferenz kann das System seine eigene Zeit entwickeln, wodurch es sich nicht mehr mit der Zeit der Umwelt synchronisieren muss. Indem das Wirtschaftssystem Resonanz nur auf wirtschaftlich relevante Umweltereignisse zeigt, kann es die Geschwindigkeit der Operationen deutlich erhöhen. Durch die Reduktion des Zeithorizonts wird somit auch die Komplexitätsverarbeitungskapazität des Wirtschaftssystems erhöht (Luhmann 1986, S. 108 ff.).

Durch die symbolische Generalisierung wird es möglich, Kontingenz zu reduzieren und Komplexität zu verarbeiten. Luhmann (1988, S. 260 ff.) beschreibt, wie daraus aber auch gleichzeitig die Diabolik des Geldes entsteht. Denn im Grunde ist die Wahl, was nicht berücksichtigt werden soll, selbst gewählt und somit auch das, was ignoriert wird. Die Grenzziehung ist somit eine Fiktion. Wie jede Entscheidung enthält auch die Entscheidung über die Beobachtung der Umwelt und dessen, was als Drittes ausgeschlossen wird, ein Risiko. Das Diabolische der Generalisierung von Geld besteht also darin, dass durch die Reduktion der Kontingenz, bestimmte Gefahren nicht beobachtet werden. Eine Ursache, dass dies nicht gesehen wird, besteht in der zeitlichen Diskrepanz zwischen Symbolik und Diabolik und in der Ungewissheit der Zukunft. Bisher hatte es den Anschein, dass das Risiko durch die Generalisierung kalkulierbar ist. Mit den zunehmenden Rückwirkungen der Umwelt auf das Wirtschaftssystem wird jedoch deutlich, dass eine Verarbeitung durch die Prinzipien des rationalen Handelns nicht mehr angemessen ist. Risiken werden durch Organisation verteilt und reduziert, wodurch diejenigen, die nicht an der Entscheidung beteiligt sind, die diabolische Seite des Geldes zu spüren bekommen. In Tauschtheorien wird das ausgeschlossene Dritte vernachlässigt, indem es externalisiert wird, sodass weder die symbolische noch die diabolische Funktion des Geldes sichtbar wird (Luhmann 1988, S. 260 ff.).

Die Ausdifferenzierung des Wirtschaftssystems ermöglicht durch die Spezialisierung auf wirtschaftliche Themen den Aufbau eines komplexen Systems. Durch die Symbolik von Geld wird die Resonanz für Wirtschaftliches erhöht, aber durch den Redundanzverlust entsteht zugleich eine Diabolik des Geldes, da alles andere ausgeschlossen wird und negative Auswirkungen und Rückwirkungen nicht beobachtet werden.

3.2.2   Selbstgefährdung der Realwirtschaft

Als ausdifferenziertes Gesellschaftssystem erfüllt das Wirtschaftssystem eine rein wirtschaftliche Funktion der Gesellschaft und hat daher seine Resonanz im Frequenzbereich des Wirtschaftlichen. Mit der Entstehung des selbstregulierenden Marktes konnte die symbolische Generalisierung des Geldes entstehen und sich durch Wirtschaftswachstum ausbreiten. Mit dem reinen Fokus auf das Wirtschaftliche und der Vernachlässigung anderer gesellschaftlicher Themen wurde Kontingenz reduziert. Gleichzeitig entstand durch die Vernachlässigung von anderen gesellschaftlichen Themen eine diabolische Generalisierung, die zu negativen Auswirkungen in den anderen gesellschaftlichen Bereichen führen, die zu einer Gefährdung der Gesellschaft und damit auch der Wirtschaft selbst werden können.

Mit der Entstehung des selbstregulierenden Marktes konnte der Grundstein für die symbolische Generalisierung durch Geld erzeugt werden.

Ein selbstregulierender Markt ist dadurch gekennzeichnet, dass alle Waren verkauft und mit dem aus dem Erlös erzielten Einkommen wiederum gekauft werden können. Arbeit schafft Einkommen, Boden eine Rente und Geld Zins. Alle Einkommen können dafür verwendet werden, Waren zu kaufen. Unternehmer erzielen einen Profit aus der Differenz zwischen den eingekauften und produzierten Warenpreisen (Polanyi 1978, S. 103).

Eine Voraussetzung für die Entstehung eines selbstregulierenden Marktes ist die Gewinnorientierung. Die theoretischen Überlegungen hierzu haben ihren Ursprung bereits in der antiken Philosophie. Das Streben nach Gewinn konnte sich durch religiöse Vorstellungen verbreiten und später durch Nationalökonomen in einen zusammenhängenden wirtschaftstheoretischen Kontext gestellt werden. Durch die Unterscheidung von Haushalt und Gelderwerb machte Aristoteles bereits in der Antike deutlich, dass die Versorgung eines Haushalts begrenzt ist, aber das Gewinnstreben keine natürlichen Grenzen hat (Polanyi 1978, S. 85 f.). Nach Weber (2009) hat Religion einen hohen Anteil an der Entstehung des wirtschaftlichen Fokus der Gesellschaft, da die protestantische Ethik den Geist des Kapitalismus nach Gewinnstreben hervorbrachte. Smith (1827) entwickelte die Idee eines gewinnmaximierenden Homo oeconomicus. Sie entstand auf Basis der Beobachtung einer Wirtschaft, die auf Tausch und Tauschhandel basiert. Mit der These, dass ein Handeln nach eigenen Interessen auch der Allgemeinheit dient, wurde ein starkes Argument erzeugt, sich auf eine rein wirtschaftliche Perspektive zu beschränken.

In der Praxis waren Märkte früher nur ein Teil der Wirtschaft, und das Wirtschaftssystem war ein Teil der Gesellschaft, indem die Märkte sich an Verhaltensnormen anpassten. Die Wirtschaft und deren Steuerung entwickelten sich gleichermaßen (Polanyi 1978, S. 102).

Ein selbstregulierender Markt konnte erst in der Industrialisierung durch den Einsatz von Maschinen entstehen, da durch den Einsatz von Produktionsfaktoren und den Verkauf der Produkte ein Gewinn erzeugt werden konnte (Polanyi 1978, S. 54 ff.).

Mit der Einführung von Maschinen verschob sich die Wirtschaft vom Handel zum Gewerbe. Damit war die Industrie nicht mehr nur Teil des Handels. Zum Erhalt von Produktionsfaktoren wurden Menschen als Arbeit und Natur als

Boden rein wirtschaftlich betrachtet. Mit dieser Warenfiktion wurde verschleiert, dass Arbeit einer menschlichen Tätigkeit entspricht, die noch viele andere Facetten beinhaltet, und Boden Natur darstellt, die nicht vom Menschen hergestellt wird, und Geld Kaufkraft entspricht, die über das Finanzsystem entsteht und nicht produziert wird (Polanyi 1978, S. 108 ff.).

Im Marktsystem wurden Menschen und Natur in Form von Arbeit und Boden zu Waren, die auf einem Markt gehandelt werden konnten. Erst mit dieser Fiktion war es dem Marktsystem zu arbeiten möglich (Polanyi 1978, S. 183).

Mit dieser Ausdifferenzierung der Gesellschaft und der Reduktion der Gesellschaft auf das rein Wirtschaftliche konnte eine symbolische Generalisierung erzeugt werden, die einen reinen wirtschaftlichen Fokus auf das Marktliche ermöglichte. Mithilfe der Warenfiktion wurde die Paradoxie der Gesellschaft in der Wirtschaft aufgelöst. Es entstand strukturelle Latenz, die die Paradoxie der Gesellschaft in der Wirtschaft invisibilisierte. Der Markt konnte erst funktionieren, als Gesellschaftliches in der Wirtschaft berücksichtigt wurde, ohne dass es bewusst war, dass es gesellschaftlich war.

Die Warenfiktion konnte sich besonders durchsetzen, da eher die symbolische als die diabolische Seite des selbststeuernden Marktes betont wurde.

Mögliche negative Auswirkungen dieser einseitigen Perspektive auf das Wirtschaftliche wurden durch die Zeichnung eines sehr positiven Bildes des Fortschritts verschleiert. Die positive Entwicklung schien mögliches Leid zu rechtfertigen (Polanyi 1978, S. 122). Insbesondere der Wirtschaftsliberalismus, der sich in den 1830er Jahren nach der vollständigen Ausbildung der Marktwirtschaft entwickelte, erzeugte einen starken Glauben an den Fortschritt und stellte die positiven Seiten der Veränderungen in den Vordergrund (Polanyi 1978, S. 187 ff.).

Während in Stammesgesellschaften und im Merkantilismus die Wirtschaft noch in die Gesellschaft eingebettet war und kein separates System darstellte, führte der selbstregulierende Markt zu einer Trennung von Gesellschaft und Wirtschaft. Der selbstregulierende Markt konnte nur entstehen, indem sich die Gesellschaft den wirtschaftlichen Anforderungen unterordnete. Eine Markwirtschaft ist nur in einer Marktgesellschaft möglich. Wenn Menschen als Arbeitskräfte und die natürliche Umwelt als Boden in den Marktmechanismus einbezogen werden, wird die gesellschaftliche Substanz den Marktgesetzen unterstellt. Die Gesellschaft wurde dadurch dem Wirtschaftssystem untergeordnet (Polanyi 1978, S. 106 ff.).

Die Ausdifferenzierung des Wirtschaftssystems konnte durch eine Verschleierung der Differenz zwischen Wirtschaft und Gesellschaft entstehen. Der selbstregulierende Markt entstand aus einer Gewinnorientierung und einer Warenfiktion, die Gesellschaftliches rein wirtschaftlich betrachtet.

Während die Gewinnorientierung und der selbstregulierende Markt die Entstehung einer symbolischen Generalisierung im Wirtschaftssystem ermöglichten, sorgte ab dem Zweiten Weltkrieg bis heute das Wachstumsparadigma für deren Verbreitung. Auch hier gilt der Glaube, dass durch die Reduktion auf rein wirtschaftliche Aspekte eine gesellschaftliche Entwicklung erzeugt werden kann.

Der Begriff „Wachstumsparadigma" wurde erstmals vom ökologischen Ökonomen Herman Daly (1972) im Jahr 1972 eingeführt, um eine Abgrenzung gegenüber dem Mainstream-Ökonomen vorzunehmen, die von einem unbegrenzten Wachstum ausgingen. In Anlehnung an den Paradigmenbegriff von Thomas Kuhn (2014) bezeichnet Schmelzer (2016, 12 f.) das Wachstumsparadigma als eine bestimmte Ansammlung von gesellschaftlichen, politischen und akademischen Diskursen, Theorien und statistischen Standards, die gemeinsam die Sicht durchzusetzen und zu rechtfertigen versuchen, dass Wirtschaftswachstum wünschenswert, zwingend erforderlich und unbegrenzt sei. Es gilt die Annahme, dass das Wirtschaftswachstum mit all seinen Verkürzungen, Annahmen und Ausschlüssen geeignet ist, wirtschaftliche Aktivitäten zu messen.

Ähnlich der Gewinnorientierung, die die Grundlage für den selbstregulierenden Markt bildete, erzeugte das Bruttonationalprodukt bzw. das Bruttoinlandsprodukt die Basis für die Entstehung des Wachstumsparadigmas. Mit der Definition des Bruttonationalprodukts wurde die Beobachtung des Wirtschaftssystems klar gegenüber der Umwelt abgegrenzt, dies ermöglichte ein einheitliches Verständnis darüber, was eigentlich wachsen soll.

Das Wirtschaftswachstum ist eine Konstruktion der Wirklichkeit, die auf Basis der volkswirtschaftlichen Gesamtrechnung eine gemeinsame Sprache erzeugte, mit der ein einheitliches Verständnis des Wirtschaftssystems generiert werden sollte. Durch die internationale Einigung auf einen vergleichbaren Maßstab zur Messung des quantitativen Wachstums einer Wirtschaft nach dem Zweiten Weltkrieg wurde die Grundlage für ein Wachstumsparadigma geschaffen (Schmelzer 2016, S. 83 ff.).

Ein entscheidender Vorteil des Wirtschaftswachstums aus politischer Sicht lag besonders darin, dass diese Zielsetzung scheinbar undogmatisch war, da mit der Versprechung eines unendlichen Wachstums soziale Konflikte vermieden werden und die Frage der Verteilung und Ungleichheit eher in den Hintergrund gerückt werden konnten (Schmelzer 2016, S. 13).

Mit dem Fokus auf Wachstum wurde es möglich, das Knappheitsparadox der Wirtschaft, wonach ein Mehr nur durch ein zeitgleiches Weniger erzielt werden kann, aufzulösen. Mit dem Fokus auf das rein Wirtschaftliche konnte ein Weniger in anderen gesellschaftlichen Bereichen vernachlässigt werden. Durch den Fokus auf Wachstum wurde das Knappheitsparadox invisibilisiert, indem eine Illusion eines unendlichen Mehr ohne Weniger erzeugt wurde.

Das politische System wurde in den Jahren nach dem Zweiten Weltkrieg zu einem wesentlichen Treiber in der Verbreitung des Wachstumsparadigmas. Unabhängig von der politischen Ausrichtung wurde Wirtschaftswachstum als politisches Ziel definiert. Nachdem die Wachstumsraten in den 1970er Jahren nicht erreicht werden konnten, wurde als Ziel nicht ein anderes Wachstum, sondern mehr Wachstum als Lösung der wirtschaftlichen Probleme gesehen (Schmelzer 2016, S. 263 ff.). Auch die Herausforderungen, die der Club of Rome (1972) durch die Grenzen des Wachstums darstellte, sollten mit der Maximierung des Wirtschaftswachstums gelöst werden, da dadurch Ressourcen herausgelöst würden, die ermöglichten, die ökologischen und sozialen Knappheiten zu überwinden. Der wirtschaftliche Neoliberalismus forderte, den Markt von einer politischen und gesellschaftlichen Steuerung zu befreien (McCracken 1977). Der Wohlfahrtsstaat, der nach Polanyi zum Schutz von Arbeit, Boden und Geld im 19. Jahrhundert aufgebaut wurde, sollte geschwächt werden, um die Märkte zu entfesseln (Willke 2007, S. 72).

Mit dem Zusammenbruch der Sowjetunion und dem Ende des Kalten Krieges wurde deutlich, dass Liberalisierung und freie Marktwirtschaft sich durchsetzen konnten. Das Wachstumsparadigma und die volkswirtschaftliche Gesamtrechnung wurden von allen ehemaligen Sowjetstaaten in den 1990er Jahren übernommen. Das Bruttonationalprodukt wurde zu einem allgemeinen Standard in der gesamten Welt (Schmelzer 2016, S. 329).

Mit der Etablierung des Wirtschaftswachstums und der Illusion der Überwindung des Knappheitsparadoxes konnte sich die symbolische Generalisierung der Wirtschaft ausbreiten und sorgte dafür, dass im Wirtschaftssystem die rein wirtschaftliche Ausrichtung verstärkt wurde.

Wirtschaftswachstum entwickelte sich zu einem Synonym des gesellschaftlichen Fortschrittes (Beck 2016, S. 326).

Vor dem Hintergrund der Wachstumsraten des Bruttonationalproduktes wurden wirtschaftliche Ziele mit den grundlegendsten Zielen der Gesellschaft verschmolzen. Das Niveau des Bruttonationalproduktes und die Wachstumsrate entwickelten sich zu einem Maßstab und Symbol sehr verschiedener Ziele, beispielsweise von sozialem Wohlstand, Wohlbefinden und Lebensstandard, Fortschritt, Modernität und Entwicklung, nationaler Macht, Ansehen, sozialer Dynamik, Lebenskraft und Gesundheit (Schmelzer 2016, S. 167). Mit dem Wirtschaftswachstum wurde die Differenz zwischen Wirtschaft und Gesellschaft verschleiert, was die wirtschaftliche Betrachtung des Gesellschaftlichen verstärkte.

Aus systemtheoretischer Sicht weisen soziale Systeme nur eine beschränkte Resonanzfähigkeit gegenüber der Umwelt auf, die die Systeme nur irritieren kann. Die Umwelt ist viel zu komplex, als dass sie vollständig im System berücksichtigt werden könnte. Zur Einbeziehung der gesellschaftlichen Umwelt findet in der Gesellschaft eine doppelte Selektion statt.

Eine erste Selektion findet im psychischen System statt, das zur Umwelt gehört. Das Bewusstsein, das sich durch Gedanken reproduziert, muss die Wahrnehmungen in der Umwelt erst in eine gesellschaftlich relevante Kommunikation transferieren. Entweder löst die Irritation der Bewusstseinssysteme eine Veränderung in der Kommunikation aus oder es entsteht nur ein Rauschen, das ignoriert wird (Luhmann 1986, S. 64 f.). Eine zweite Selektion erfolgt durch die Kommunikation, da so kommuniziert werden muss, dass eine Resonanz ausgelöst wird. Die Selbstgefährdung der Gesellschaft entsteht also nicht nur durch die realen Auswirkungen auf die Umwelt, die die Reproduktion der Menschheit gefährdet, sondern durch Kommunikation, die die gesellschaftliche Kommunikation gefährdet. Die Gesellschaft muss daher erst in der Lage dazu sein, diese Gefährdung zu artikulieren (Luhmann 1986, S. 68). Nach Luhmann ist auch die Resonanzfähigkeit der Wirtschaft hinsichtlich der Berücksichtigung von gesellschaftlichen Themen begrenzt, da sie nur die wirtschaftsbezogenen Irritationen der Gesellschaft wahrnehmen kann.

Wie in Abschnitt 3.2.1 beschrieben, erzeugt Geld nicht nur eine symbolische, sondern auch eine diabolische Generalisierung, die auch in der Realwirtschaft existiert.

Zwar führt die Reduktion auf die Güterproduktion zu einem sehr hohen materiellen Wohlstand. Das heißt, die gewählte Form das Knappheitsparadoxes zu verdecken, indem einfach jeder mehr bekommt, stellte eine enorme Leistungsfähigkeit dar (Luhmann 1988, S. 101).

Allerdings werden Knappheiten, die dadurch in anderen Bereich entstehen, nicht berücksichtigt. Die Selbstreferenz des Wirtschaftssystems und der reine Fokus auf Geld führen zu einer Veränderung von Motiven, einem enormen Ressourcenverbrauch und stören das ökologische Gleichgewicht (Luhmann 1988, S. 16).

Luhmann kritisiert die Wirtschaftswissenschaften, die die begrenzte Verfügbarkeit von Ressourcen auf dem Planeten ignorieren und von einer Substitution von Produktionsfaktoren ausgehen (Luhmann 1988, S. 38). Eine rein ökonomische Perspektive aus der einseitigen Betrachtung des Fortschrittsglaubens führt zwangsläufig dazu, dass das Wirtschaftssystem negative Auswirkungen in der Gesellschaft und der Umwelt hat, die durch die diabolische Generalisierung erst invisibilisiert, aber mit der Zeit immer offensichtlicher werden und zu einer Katastrophe führen können.

Negative gesellschaftliche Folgen sind sowohl durch Vermarktung von Boden mittels Einfriedung entstanden als auch durch das Aufkommen eines freien Arbeitsmarktes im Rahmen der Industrialisierung. Während es in Westeuropa lange Zeit keinen industriellen Fortschritt gab, da die Landwirtschaft unverändert betrieben wurde, legte in England die Wollindustrie den Grundstein für die Baumwollindustrie. Mit der Einfriedung haben Großgrundbesitzer Ackerflächen in Weideland verwandelt, um Wolle zu produzieren. Dazu wurden Bauern aus ihren Häusern vertrieben. Ob die Enteignung der Bauern zu etwas Positivem oder zu einer Krise führte, war davon abhängig, ob die Menschen genug wirtschaftliche und psychische Ressourcen hatten, um eine neue Beschäftigung zu finden. Abhängig von der Veränderungsgeschwindigkeit konnte also etwas Negatives entstehen, das die positiven Seiten des Wandels kompensierte (Polanyi 1978, S. 60 ff.). Negative Auswirkungen entstehen besonders dann, wenn der Wandel sich zu schnell vollzieht und das Gemeinwesen zerstört wird (Polanyi 1978, S. 112).

Eine ähnliche Entwicklung fand im Rahmen der industriellen Revolution statt, die dramatische Auswirkungen auf die Lebensumstände hatte, da die Arbeiter in den Städten unter sehr widrigen Umständen leben mussten. Ähnlich der Einfriedung führte die industrielle Revolution zu einer Katastrophe, die nie wirklich überwunden werden konnte. Es gab viele Versuche, die negativen Auswirkungen zu reduzieren. Aber der seit der industriellen Revolution verbreitete Glaube, dass alle Probleme materiell gelöst werden können, war deutlich stärker (Polanyi 1978, S. 67).

Die Entstehung eines freien Arbeitsmarktes durch die Reduzierung der Arbeiter auf den rein wirtschaftlichen Produktionsfaktor „Arbeit" verursachte soziales Elend. Nach Owen (1817) sind die Lebensbedingungen der Arbeiter durch ein kulturelles Vakuum entstanden, da handwerkliches Geschick nicht mehr benötigt wurde und politische und gesellschaftliche Existenzbedingungen zerstört wurden.

Im Liberalismus wurde wirtschaftlicher Fortschritt ohne Rücksicht auf soziale Folgen akzeptiert. Mit dem Utilitarismus lag die Perspektive auf den Vorteilen des Wachstums, und die negativen Auswirkungen des schnellen Wandels wurden ignoriert (Polanyi 1978, S. 59).

Der Wirtschaftsliberalismus führte zu einer Gefährdung der sozialen Sicherheit und belastete so die Institutionen. Mit dem Klassenkonflikt, der aus dem Wirtschaftsliberalismus entstanden ist, wurde die Krise zu einer Katastrophe (Polanyi 1978, S. 187).

Durch den Fokus auf die symbolische Seite des Wirtschaftssystems und die Vernachlässigung der diabolischen Seite entstanden negative Auswirkungen auf Gesellschaft und Umwelt. Durch den sich selbst steuernden Markt während der Industrialisierung wurden Menschen und Umwelt zu Produktionsfaktoren reduziert, was zu katastrophalen Sozialzuständen führte.

In ähnlicher Weise führte auch das Wachstumsparadigma nach dem Zweiten Weltkrieg mit seinem Fortschrittsglauben und der einseitigen Perspektive auf rein Wirtschaftliches sowie dem vollständigen Ausschluss der Gesellschaft in eine Krise, die allerdings eher ökologischer Natur war. Durch diese wurde die diabolische Seite der Generalisierung auf Basis von Geld ersichtlich.

Die Standardisierung der volkswirtschaftlichen Gesamtrechnung und das Bruttonationalprodukt bzw. das Bruttoinlandsprodukt waren wesentliche Voraussetzungen der wirtschaftlichen Fokussierung auf Wachstum. Allerdings wurde bei den Diskussionen um die Ausgestaltung des Instruments von Anfang an gewarnt, dass diese Messung sehr einseitig ist und viele Dinge vernachlässigt werden und daher nicht geeignet sind, eine gesellschaftliche Entwicklung zu bewerten. Es gab zwei Denkschulen, die unterschiedlicher Auffassung hinsichtlich der Verwendung des Nationaleinkommens waren. Es gab Vertreter, die die Praktikabilität und Nützlichkeit des Bruttonationaleinkommens zur Analyse der Funktion der Wirtschaft und zur Beratung der Wirtschaftspolitik in den Vordergrund stellten (Gilbert 1945). Demgegenüber gab es Vertreter, die die Schwierigkeiten und Mängel für die Analyse und den Vergleich von Reichtum über Raum und Zeit betonten (Kuznets 1934). Im Jahr 1940 kritisierte bereits Clark (1940), dass das Nationaleinkommen nur einen Teil der wirtschaftlichen Wohlfahrt, die selbst nur einen Teil des Wohlstandes im Ganzen darstellt, abbildet. Dies liegt besonders daran, dass die Wirtschaftswissenschaften sich ausschließlich mit Dingen beschäftigen, die durch Zahlungen mit Geld realisiert werden, wodurch die wichtigsten Aspekte des menschlichen Lebens vernachlässigt werden.

Bei der Standardisierung des Bruttonationalproduktes in den späten 1940er Jahren haben die Protagonisten selber darauf hingewiesen, dass die Messgröße nicht dafür gedacht ist, Wohlfahrt zu messen, sondern nur dafür, den Wert der Produktion aus einer wirtschaftlichen Perspektive darzustellen (Gilbert et al. 1949).

Ab Mitte der 1950er Jahre stellte sich nicht mehr die Frage, ob das Bruttonationalprodukt die Wohlfahrt eines Landes misst, dies galt als selbstverständlich. Ab den 1960er Jahren wurde das Bruttonationalprodukt von der ökologischen Bewegung kritisiert, da mit der Konzentration auf das Bruttonationalprodukt der Fokus von ökonomischen Variablen auf Flüsse anstatt auf Bestände gelegt und somit die natürliche Einbettung der Wirtschaft vernachlässigt wurde. Es wurde kritisiert, dass in den Statistiken zum Bruttonationalprodukt die Leistungen der Ökosysteme wie natürliche Ressourcen und Senken vernachlässigt worden seien und ökologische Leistungen nur berücksichtigt werden könnten, wenn sie bepreist würden. Der Fokus auf Flüsse statt auf Bestände führte zu der allgemeinen Kritik, dass nicht berücksichtigt werde, wie sich wirtschaftliche Aktivitäten auf die sozialen und ökologischen Grundlagen der Gesellschaft und Wirtschaft auswirkten (Schmelzer 2016, S. 97 ff.).

Das quantitative Wachstumsparadigma wurde ab den 1960er Jahren stark hinterfragt, da angezweifelt wurde, dass das Wachstum des Bruttonationalproduktes Umweltauswirkungen ausreichend berücksichtigt und in der Lage ist, zum menschlichen Wohlergehen beizutragen und soziale Probleme wie Ungleichheit zu lösen. Mit der Protestbewegung von 1968 wurde die Kritik lauter, dass durch das kapitalistische Wachstum und den Materialismus Ungerechtigkeit und Ausgrenzung erzeugt würden und der verwundbare Planet durch eine unkontrollierte technologische und wirtschaftliche Entwicklung weiter Schaden nehmen könnte (Schmelzer 2016, S. 238 ff.).

Wesentliche Einflüsse hatten die Arbeiten von Galbraith (1958), Mishan und Mishan (1967), Club of Rome (1972) und Toffler (1970). Auch Soziologen und Ökologen wurden zunehmend kritischer gegenüber dem technokratischen Glauben an die positiven Effekte des quantitativen Wachstums. In den 1970er Jahren wurden mit Begriffen wie „Postmaterialismus" (Inglehart 1977) und Werten wie „Small is beautiful" (Schumacher 1973) Alternativen zur materiellen Wachstumslogik entwickelt. Diese Öffnung der Latenz offenbarte die diabolische Seite der Generalisierung durch Geld und führte das Wachstumsparadigma in eine Krise (Schmelzer 2016, S. 241 f.).

Ähnlich der Durchsetzung des Fortschrittsglaubens in der Industrialisierung, der durch das Gewinnstreben und den sich selbst steuernden Markt eine soziale Katastrophe auslöste, setze sich auch der Glaube an den Fortschritt und des Wirtschaftswachstums gegenüber dem Glauben an die negativen Auswirkungen des Fortschritts durch.

Wie oben beschrieben, wurde mit der Ausbreitung des Neoliberalismus ein Fokus auf die rein wirtschaftlichen Aspekte gelenkt, wodurch die symbolische Seite der Generalisierung des Geldes in den Vordergrund gestellt wurde.

Durch den reinen Fokus auf das Wirtschaftliche sind jedoch zunehmend negative ökologische Auswirkungen entstanden, die bis heute nicht ausreichend berücksichtigt werden.

Dazu gehören beispielsweise die Gefahren des Klimawandels. Mit der Klimarahmenkonvention (Vereinte Nationen 1992), dem Koyoto-Protokoll (Vereinte Nationen 1997) und dem Pariser Klimaabkommen (Vereinte Nationen 2015) gab es immer wieder Versuche, die Risiken des Klimawandels transparent zu machen und vor den diabolischen Folgen der Generalisierung der Wirtschaft zu warnen. Die jährlich stattfindende Klimakonferenz seit der ersten Konferenz im Jahr 1995 in Berlin konnte sich jedoch bisher nicht gegen das Wachstumsparadigma und den Fortschrittsglauben durchsetzen. Die Treibhausgaskonzentration in der Atmosphäre nimmt seit ungefähr 1750 aufgrund der Wirtschaftsaktivitäten des Menschen immer mehr zu. Auch zwischen 2011 und 2019 ist die CO_2-Konzentration in der Atmosphäre weiterhin kontinuierlich auf inzwischen 410 ppm gestiegen. Die globale Oberflächentemperatur auf der Erde hat sich dadurch bereits um ungefähr ein Grad im Durchschnitt erhöht (Intergovernmental Panel on Climate Change (IPCC) 2021, 4 f.).

Mit der Zunahme von Hitzewellen, Starkniederschlägen, Dürren und tropischen Wirbelstürmen sind die Folgen des menschengemachten Klimawandels bereits heute in jeder Region der Welt spürbar (Intergovernmental Panel on Climate Change (IPCC) 2021, S. 8).

Auf der UN-Klimakonferenz 2015 in Paris verständigten sich die 195 Staaten der Vereinten Nationen eigentlich darauf, dass der globale Anstieg der Temperatur auf 1,5 Grad Celsius begrenzt werden soll (United Nations Framework Convention on Climate Change (UNFCCC) Secretariat 2016, S. 2), da bei jedem weiteren Anstieg der Temperatur die Häufigkeit und Intensität von Hitzeextremen, marinen Hitzewellen und Starkniederschlägen zunimmt. Außerdem entsteht in einigen Regionen eine stärkere Zunahme von landwirtschaftlichen und ökologischen Dürren, und tropischen Wirbelstürmen sowie stärkere Rückgänge des arktischen Meereises, von Schneebedeckung und Permafrost (Intergovernmental Panel on Climate Change (IPCC) 2021, S. 15).

Bei einer stärkeren Erwärmung als 1,5 Grad Celsius werden hohe Risiken in einigen Regionen und sensiblen Ökosystemen gesehen (United Nations Framework Convention on Climate Change (UNFCCC) Secretariat 2015, S. 33 f.).

Neben den ökologischen Folgen treten auch Kettenreaktionen auf, wodurch Armut verstärkt wird, indem Arme noch ärmer werden und die Anzahl der Armen zunimmt (Intergovernmental Panel on Climate Change (IPCC) 2018b, S. 178).

Nach allen berechneten Szenarien wird jedoch davon ausgegangen, dass die weltweite Oberflächentemperatur im Durchschnitt bereits Anfang der 2030er Jahre um 1,5 Grad Celsius wahrscheinlich überschritten sein wird (Intergovernmental Panel on Climate Change (IPCC) 2021, S. 14).

„Climate change represents an urgent and potentially irreversible threat to human societies and the planet" (Intergovernmental Panel on Climate Change (IPCC) 2018a, S. 5).

Die Folgen des Klimawandels sind also bereits heute kaum aufzuhalten, weshalb es kaum noch eine Frage ist, ob die Menschheit durch Fortschrittsglauben und Ignoranz der diabolischen Seite Wirtschaft sowie durch den reinen Fokus auf das Wirtschaftswachstum auf eine Krise zusteuern wird oder nicht. Vielmehr ist es eher die Frage, wie schwerwiegend die Krise sein und ob die Menschheit in der Lage sein wird, diese Krise zu überleben.

Die diabolische Seite des Wirtschaftssystems wurde nach der Industrialisierung durch die Auswirkungen des sich selbst steuernden Marktes auf die Arbeiter und während der Nachkriegszeit durch die ökologischen Folgen des Wirtschaftswachstums sichtbar. Aufgrund des Glaubens, durch Wachstum Wachstumsprobleme beheben zu können, kumulierten die Risiken zu einer ökologischen Krise, die zu einer Gefahr der Menschheit geworden ist.

Die Resonanzfähigkeit von Systemen ist begrenzt, da die Umwelt aufgrund ihrer Komplexität nicht vollständig im System abgebildet werden kann. Daher können auch nicht alle Auswirkungen des Systems auf die Gesellschaft beobachtet werden. Durch einen falschen Fokus kann es passieren, dass wesentliche Auswirkungen nicht wahrgenommen werden, weshalb die Evolution der Systeme in eine falsche Richtung steuern kann und das System selbst zu einer Gefahr wird. Die Biologie bietet dazu ein anschauliches Beispiel. Der biologische Prozess der Karzigonese beschreibt die Entstehung und den Verlauf von Krebsgeschwüren. Wenn bei einer Mutation einer Zelle kein natürlicher Zelltod durch einen Suppressor eingeleitet wird, kann es passieren, dass die Zellen unkontrolliert wachsen und sich in angrenzende Bereiche ausbreiten, wodurch gesundes Gewebe bis hin zu Metastasierung verdrängt wird, wobei der Tumor in andere Körperregionen eindringt und der gesamte Organismus gefährdet wird (Hanahan und Weinberg 2000).

Auch wenn es sich hierbei um einen biologischen Prozess handelt, der physikalischen Gesetzmäßigkeiten folgt und nicht durch Kommunikation gesteuert wird, werden in Analogie dazu in dieser Arbeit soziale Systeme als pathologische Systeme bezeichnet, die durch eine zu geringe Resonanz pathologisch werden und sich durch die Verselbstständigung selbst gefährden.

Mit der Ausdifferenzierung der Gesellschaft und dem damit einhergehenden Strukturaufbau nimmt die Umwelt einen immer geringeren Stellenwert ein, weil immer mehr Möglichkeiten ausgeschlossen werden. Da die Art der internen Differenzierung zur Beobachtung der Umwelt vom System eigenständig gewählt wird, kann die Differenzierung des Systems so weit gehen, dass sie unabhängig vom eigentlichen Zustand der Umwelt operiert. Damit orientiert sich beispielsweise ein funktional ausdifferenziertes Gesellschaftssystem nur noch an seiner binärer Codierung und dem jeweiligen Funktionsproblem, ohne dass es etwas Entsprechendes in der Umwelt gibt (Luhmann 1984, S. 264 f.).

Wenn die Komplexität durch die Ausdifferenzierung insgesamt immer weiter steigt, wird auch die Unsicherheit stetig größer, dass durch die gewählte Beobachtungsform etwas Wesentliches übersehen wird. Diese Unsicherheit kann reduziert werden, indem Systeme schneller arbeiten und schneller auf Irritationen reagieren (Luhmann 1984, S. 422).

Wegen der turbulenten und sich ständig ändernden Umwelt ist es notwendig, dass sich das System der Umwelt anpasst, indem es eine höhere strukturelle Flexibilität aufweist. Wenn die Turbulenzen aber von den Systemen selbst erzeugt werden und sie sich dann durch Veränderung wieder anzupassen versuchen, entsteht eine Turbulenz-Flexibilitätsspirale, die in einer Katastrophe, in Form einer schnelleren Entropie, enden muss. Durch die selbst erzeugten Umweltänderungen erzeugt das System selbst einen Zwang, auf Probleme zu reagieren, die es selbst erschaffen hat, ohne dass eine Verbesserung der Verhältnisse des Systems oder in Bezug auf die Umwelt erzeugt wird (Luhmann 1984, S. 476 ff.). Der Wandel einer Gesellschaft, die plötzlich leidet, obwohl es ihr zuvor gut ging, muss als pathologisch angesehen werden (Polanyi 1978, S. 218). Das liegt vor allem am Wirtschaftssystem, das sich zu einem pathologischen Gesellschaftssystem entwickelt hat.

Wegen der Ausdifferenzierung des Wirtschaftssystems nimmt das System nur die Aspekte wahr, die für den wirtschaftlichen Code aus Zahlungen und Nichtzahlungen relevant sind. Durch fehlende Selbstbegrenzungen konnten das Wirtschaftssystem und dessen Logik so wachsen, dass das Wirtschaftssystem sowohl seine Umwelt als auch sich selbst gefährdet. Die Gefahr bezieht sich sowohl auf die Funktion des Wirtschaftssystems als auch auf die Gesamtgesellschaft, die auf diese Funktion angewiesen ist (Melde 2012, S. 58).

Die Auswirkungen der Wirtschaft auf die gesellschaftliche Umwelt, die psychische Umwelt und die ökologische Umwelt strahlen auf die Wirtschaft zurück (Luhmann 1988, S. 169). Da es im Wirtschaftssystem beispielsweise keine Selbstbegrenzung gibt, gefährdet das Wirtschaftssystem durch seine Komplexität die Umwelt und damit zugleich auch sich selbst (Melde 2012, S. 58). Die Wirtschaft ist zu einem hyperkomplexen System geworden, dessen eigene Komplexität zur Gefahr wird (Luhmann 1988, S. 126). Wegen der reinen Beobachtung des Wirtschaftlichen hat das Wirtschaftssystem negative Auswirkungen auf die Umwelt, die zu einer Gefahr der Gesellschaft und der Wirtschaft selbst werden. Ersichtlich wird das auch an dem sich selbst steuernden Markt und dem Wirtschaftswachstum.

Durch den sich selbst steuernden Markt unterwarfen sich andere Gesellschaftsbereiche dem Marktmechanismus. Die schöpferische Gestaltung und damit Entwicklung in anderen Gesellschaftsbereichen wurde dadurch behindert (Polanyi 1978, S. 169).

Mit der Institutionalisierung des Marktes separierte sich das Wirtschaftssystem von der Gesellschaft, sodass es nicht mehr in die Gesellschaft eingebettet war. Die Gesellschaft war nun vom Markt abhängig und passte sich den Anforderungen des Marktes an (Polanyi 1978, S. 88). Das unkontrollierte Marktsystem breitete sich auch in andere gesellschaftliche Bereiche aus (Polanyi 1978, S. 334). Der Übergang von geregelten zu selbstregulierenden Märkten erzeugte eine radikale gesellschaftliche Transformation (Polanyi 1978, S. 105). Im Rahmen der maschinellen Produktion einer kommerziellen Gesellschaft wurden natürliche und menschliche Substanzen in Waren transformiert, wodurch menschliche Beziehungen und natürlicher Raum, die die Grundlage des selbstregulierenden Marktes darstellen, zerstört wurden (Polanyi 1978, S. 70).

Ähnlich der Verelendung der Industrialisierung führt auch die Risikogesellschaft in einen Notstand. Im Gegensatz zur sozialen Verelendung der Arbeiter in der Frühindustrialisierung führen die wirtschaftliche Produktivitätssteigerung und der Glaube an den Fortschritt, zu einer ökologischen Verelendung. Sowohl im Glauben an den Fortschritt als auch an das Wirtschaftswachstum werden latente Risiken erst später durch Kritik sichtbar gemacht (Beck 2016, S. 67). Durch die Ausdifferenzierung und Spezialisierung entstehen unkalkulierbare Risiken und unerwartete Nebenfolgen, die die positiven Wirkungen konterkarieren (Beck 2016, S. 284 ff.). Dies führt zu einem Bumerangeffekt, durch den die Risiken, die das System selbst erzeugt hat, wirtschaftlich relevant werden und somit auf das Wirtschaftssystem zurückwirken (Beck 2016, S. 30).

Jedes Risiko, das Leben bedroht, gefährdet damit zugleich die Wirtschaft. Das Gewinnstreben bringt sich durch die ökologischen Schäden also selbst in Gefahr. Beim Bumerangeffekt kommt es nicht zu einer direkten Bedrohung des Lebens, sondern durch die Zerstörung von der ökologischen Umwelt werden auch ökonomische Schäden verursacht.

Diese ökologische Enteignung führt zu einem sozialen und ökonomischen Wertverlust, bei dem der Besitz entwertet und das Eigentum nutzlos wird (Beck 2016, S. 51). Unternehmen, die Wohlstand und Arbeitsplätze geschaffen haben, werden plötzlich aufgrund von Umweltverstößen verklagt. Da Umweltauswirkungen zugleich soziale und ökonomische Auswirkungen haben, ist die Naturzerstörung gleichzusetzen mit einer Zerstörung der Gesellschaft (Beck 2016, S. 102 ff.). Durch die Reaktion auf die eigenen Risiken wird das Wirtschaftssystem von sich selbst abhängig (Beck 2016, S. 30).

Mit Risiken wird die Wirtschaft pathologisch, da sie nur noch auf die eigenen Auswirkungen statt auf menschliche Bedürfnisse reagiert. Durch das fortschreitende Wirtschaftswachstum akkumulieren sich die Risiken, wodurch die Fallhöhe, das Risiko und die Schäden für Wirtschaft und Gesellschaft immer höher werden (Beck 2016, S. 74 ff.).

Die Auswirkungen des Wirtschaftssystems auf die ökologische Umwelt sind so groß geworden, dass die Phase ab der Industrialisierung mit dem Begriff „Anthropozän" (Crutzen und Stoermer 2000) eine eigene Bezeichnung einer geochronologischen Epoche erhalten hat. Dabei gilt der Mensch mittlerweile als der wichtigste Einflussfaktor auf die biologischen, geologischen und atmosphärischen Prozesse der Erde. Steffen et al. (2007) haben dies als Geologie des Menschen bezeichnet.

Seit Millionen Jahren gab es keine solchen ökologischen Veränderungen, wie sie durch den Menschen bewirkt wurden. Dazu zählen die Treibhausgasemissionen, landschaftliche Veränderungen, Übersäuerung der Meere und die Zerstörung von Flora und Fauna (Zalasiewicz et al. 2008). In das Anthropozän fällt das sechste große Massensterben der Erdgeschichte, insofern in den letzten 40 Jahren die Hälfte der Tierwelt durch den Menschen ausgerottet wurde (Ceballos et al. 2017) und die Aussterberate bis zu 1000-mal so hoch liegt wie die normale Hintergrundaussterberate (Vos et al. 2015). Durch die ökologische Zerstörung sind in den Bereichen Luftverschmutzung, Stresswasser und Biodiversitätsverlust bereits kritische Kipppunkte erreicht, die die Ökosysteme so beeinträchtigen, dass das Überleben der menschlichen Zivilisation bereits bedroht ist (Rockström et al. 2009; Steffen et al. 2015).

Neben den gesellschaftlichen Folgen der wirtschaftlichen Aktivitäten zerstört die Wirtschaft durch die Umweltauswirkungen auch ihre eigene Grundlage. Deutlich wird das besonders anhand der industrialisierten kohlenstoffbasierten Wirtschaft und der Folgen des Klimawandels.

Im Jahr 2021 entstanden durch Extremwettersituationen bereits Schäden über 100 Milliarden US-Dollar. Dies bezieht sich nur auf versicherte Verluste, weshalb die tatsächlichen finanziellen Schäden sehr wahrscheinlich deutlich höher liegen (Kramer und Ware 2021, S. 4).

Der Bericht von Stern (2007) geht davon aus, dass ohne weitere Maßnahmen aufgrund des Klimawandels jährliche Kosten entstehen, die das weltweite Bruttoinlandsprodukt um 5 % bis 20 % reduzieren.

Nach Analysen von Swiss Re Institute (2021, S. 11) würde ohne Gegenmaßnahmen durch den Anstieg der durchschnittlichen Temperatur um 3,2 Grad Celsius das weltweite Bruttoinlandsprodukt 2050 um 18 % niedriger ausfallen als ohne Klimawandel. Bei dem bestehenden Trajektionspfad mit einer Begrenzung des Temperaturanstiegs auf 2,0–2,6 Grad Celsius fällt das Bruttoinlandsprodukt durch die Schäden um 11–14 % niedriger aus.

Hinzu kommt, dass ein Großteil der bekannten fossilen Reserven nicht genutzt werden darf, wenn die globale Erwärmung auf 2 Grad Celsius beschränkt werden soll. Der Wert dieser Reserven wird auf 27 Billionen US-Dollar geschätzt (Jakob und Hilaire 2015).

Da diese Reserven dann wertlos wären, wird auch von einer Kohlenstoffblase gesprochen (Leaton et al. 2013). Citi (2015) schätzt, dass zur Erreichung des Klimaabkommens gestrandete Vermögen in Höhe von 100 Billionen entstehen, die durch Abschreibungen dann wertlos werden. Auch der Gouverneur Carney (2015) der englischen Zentralbank warnte vor gestrandeten Vermögen, die große Auswirkungen für Investoren haben und die Resilienz des Finanzsystems gefährden könnten. Auch das Weltwirtschaftsforum schätzte in seinem globalen Risikobericht, dass Umwelt- und Klimarisiken die größte globale Bedrohung darstellen (World Economic Forum 2020). Zur Erreichung des Zwei-Grad-Ziels des Pariser Klimaabkommen schätzt die OECD (2017), dass weltweit jährliche Investitionen in Höhe 6,35 Billionen Euro notwendig wären.

Die Förderung des sich selbst steuernden Marktes und des Wirtschaftswachstums bedingt eine wirtschaftliche Rationalität, mit der sich die Realwirtschaft unkontrolliert entwickelt und negative Auswirkungen auf die gesellschaftliche Umwelt ausübt, deren Rückwirkungen das Wirtschaftssystem gefährden.

3.2.3 Selbstgefährdung der Finanzwirtschaft

Wie bereits in Abschnitt 2.2.2 beschrieben, operiert die Realwirtschaft nicht unabhängig von der Finanzwirtschaft. Ziel dieses Kapitels ist es, zu beschreiben, wie die Finanzwirtschaft als Teilsystem der Wirtschaft durch zunehmende Komplexität zu einer Gefährdung ihrer Umwelt, also der Realwirtschaft, geworden ist, sodass sie auch die Fortsetzung der wirtschaftlichen Autopoiesis bedroht.

Systemtheoretisch ist eine Beobachtung nur durch eine Differenz möglich, die auf einer Paradoxie basiert, da die Beobachtung des Systems nur durch eine Differenz zwischen System und Umwelt möglich ist. Das System kann also nur durch die Umwelt bestimmt werden, die gleichzeitig ausgeschlossen werden muss. Damit eine Beobachtung möglich ist, muss diese Paradoxie verschleiert werden (Krause 2005, S. 204 f.). Wegen der Entstehung der Finanzwirtschaft wird die Paradoxie der Knappheit durch eine Unterscheidung von Zahlungsfähigkeit und Zahlungsunfähigkeit ersetzt (Luhmann 1988, S. 198 ff.).

Wie bereits in Abschnitt 2.2.2 ausgeführt, sorgt die Entstehung eines Kredits auf der einen Seite für Guthaben auf der anderen Seite. Aus einer saldenmechanischen Perspektive auf die Gesamtwirtschaft heben sich Ausgaben und Einnahmen sowie Schulden und Vermögen gegenseitig auf (Stützel 2011, 214 ff.). Durch die Differenz von Zahlungsfähigkeit und Zahlungsunfähigkeit können sie getrennt voneinander verarbeitet werden, sodass die Paradoxie des Geldes verschleiert wird. Mit der Setzung einer Differenz wird der tautologische Zirkel der Paradoxie scheinbar verhindert. Da aber die Differenz immer auch kontingent ist, können die Differenzen so, aber auch ganz anders gesetzt werden. Eine prinzipielle Änderbarkeit ist aber eine Voraussetzung dafür, dass sie gesetzt werden kann. Durch eine scheinbar stabile Differenz wird es für die Beteiligten möglich, Operationen durchzuführen. Bei einer Beobachtung von außen werden tautologische Selbstbezüge immer wieder sichtbar und die Paradoxie wird erkennbar. Durch zirkuläre Rückwirkungen sind die Unterscheidungen immer kurz davor, zu kollabieren. Das System findet aber immer wieder neue Wege und entwickelt Fiktionen, die diese Rückwirkungen verschleiern, wodurch das System scheinbar funktioniert.

Entscheidend ist, dass mögliche tautologische Zirkel begrenzt werden. Die Differenzen schaffen diese Stabilität. Selbst wenn negative Rückkopplungen bekannt sind, besteht die Alternative nur in einer anderen Differenz, bei der sich die gleichen Herausforderungen ergeben. Ohne Differenz und Begrenzung der Selbstreferenz kann das System keine Operationen mehr durchführen und die Autopoiesis kann nicht mehr fortgesetzt werden (Luhmann 2000, S. 202 ff.).

Vor der Ausdifferenzierung der Gesellschaft konnte das Knappheitsparadox durch den Bezug auf einen gerechten Preis, der extern festgelegt wurde, aufgelöst werden. Mit der Ausdifferenzierung des Wirtschaftssystems und der Operationsweise mit Rentabilitäten wurde der Zugriff auf Knappheiten durch das Wirtschaftssystem selbst beschränkt. Die Preise wurden nicht mehr durch eine externe Regulation, sondern mittels einer Selbstregulation mithilfe des Marktes festgelegt. Der Zugriff auf Knappheiten wurde durch die Voraussetzung der Erzielung eines Gewinns beschränkt. Zwar kann die Umwelt auch über Preise berücksichtigt werden, aber im Prinzip findet eine Beschränkung nun ausschließlich innerhalb des Systems statt (Luhmann 2000, S. 105 f.).

Bei der Festlegung des Preises durch das Wirtschaftssystem selbst findet allmählich eine Entkopplung von der Gesellschaft statt. Operationen werden mehr und mehr mit dem Medium „Geld" durchgeführt, weshalb der Tausch nicht mehr durch das Eigentum kontrolliert wird, sondern Tauschvorgänge bzw. Zahlungen

kontrollieren das Eigentum (Luhmann 2000, S. 197). Die finale Ausdifferenzierung der Wirtschaft ist durch die Entstehung des Finanzsystems erfolgt (Luhmann
2000, S. 144).

Mit der Entwicklung der Finanzwirtschaft wird verschleiert, dass die Verteilung der Güter einen Einfluss auf die Gütermenge hat. Entscheidend war hier
die Einführung von Kapital oder Geld. Wegen der Finanzwirtschaft wurde die
bisherige Verteilung der Güter nach moralischen Kriterien von einem Verteilungs-
programm abgelöst, das sich an der Gewinnmaximierung orientierte und nach
Rentabilitätsgesichtspunkten die Güter verteilte (siehe auch Abschnitt 2.2.2). Die
Differenz wurde also angepasst. Aber grundsätzlich bleibt eine Differenz erhalten, die aufgrund der klaren Vorgaben zur Verteilung Operationen ermöglicht,
obwohl die Differenz auch ganz anders sein könnte (Luhmann 2000, S. 208).

Banken können durch die Kreditvergabe neues Geld erzeugen. Denn das
Bankensystem insgesamt kann gleichzeitig Zahlungsfähigkeit und Zahlungsunfähigkeit herstellen. Da Zahlungsfähigkeit und Zahlungsunfähigkeit operativ
getrennt wird, wird die Differenz zwischen Überfluss und Knappheit auf eine
neue Differenz übertragen, wodurch die Paradoxie verschleiert wird (Luhmann
1988, S. 145).

Banken erzeugen zusätzliche Zahlungsfähigkeit, da ihre Kreditvergabe über
ihre Einlagen hinausgeht. Durch neue Sicherheiten der Gläubiger sind die Banken
in der Lage, einen neuen Kredit bei der Zentralbank aufzunehmen. Da die Zins-
zahlungen der Gläubiger der Bank höher sind als die Zinsen, die die Bank durch
den Zentralbankkredit erhält, ist die Bank in der Lage, ihre Schulden mit Gewinn
zu verkaufen, weshalb Luhmann sie auch als parasitär bezeichnet. Sie sind in der
Lage, Zahlungsunfähigkeit in Zahlungsfähigkeit zu wandeln. Ohne eine Begrenzung würden die Banken unendlich Schulden produzieren. Die Zentralbanken
sind daher dafür verantwortlich, dass die Schulden nicht so groß werden, dass
das Bankensystem nicht mehr funktioniert. Da die Zentralbanken nicht zahlungs-
unfähig werden können, bestehen bei ihnen auch keine Renditeanforderungen. Sie
können daher nur die Abwertung der durch sie kontrollierten Währung gegenüber
anderen Währungen riskieren (Luhmann 1988, S. 145 f.).

Die Voraussetzung zur Sicherstellung der Knappheit in der Wirtschaft besteht
in der Aufrechterhaltung der Knappheit des Geldes. Denn nur durch eine
Begrenzung kann die Paradoxie der Knappheit bzw. die Paradoxie der gleichzeitigen Zahlungsfähigkeit und Zahlungsunfähigkeit verschleiert werden und damit
erhalten bleiben.

Damit die Illusion der Paradoxie der Knappheit in dieser Form der Differenz
aufrechterhalten bleiben kann, muss das Finanzsystem die Knappheit des Geldes
sicherstellen.

Denn die gesellschaftliche Funktion der Wirtschaft besteht ja, wie bereits in Abschnitt 2.2.2 dargestellt, in einer stabilen Vorsorge, die mit der heutigen Verteilung verknüpft ist. Das Finanzsystem kann diese Zukunftssicherheit nur sicherstellen, indem es die Knappheit des Geldes aufrechterhält (Luhmann 1988, S. 64 ff.).

Die Unterscheidung von Realwirtschaft und Finanzwirtschaft entspricht systemtheoretisch der Unterscheidung von Knappheit und Überfluss. Die Realwirtschaft hält Güter knapp, und die Finanzwirtschaft macht einen unendlichen Überfluss möglich. Damit es nicht zu einem unendlichen Wachstum der Finanzwirtschaft kommt, sind künstliche Knappheiten notwendig (Willke 2007, S. 142).

Ohne Beschränkung entsteht eine pathologische Selbstreferenz, die durch das unkontrollierte Wachstum seine eigene Grundlage zerstört. Bei einem unkontrollierten Wachstum wird die Paradoxie sichtbar, dass durch mehr Schulden/Vermögen mehr Schulden/Vermögen erzeugt werden.

Mit der Einführung von prinzipiell unbegrenztem Papiergeld entstanden auch die ersten Spekulationsblasen, beispielsweise das Tulpenfieber 1637. Durch die Einführung des Goldstandards wurde versucht, das Geldwachstum zu beschränken (Graeber und Schäfer 2014, S. 429 ff.). Der Goldstandard wurde 1844 in den Vereinigten Staaten gesetzlich verabschiedet (Poovey 2008, S. 49) und setzte sich 1870 in den damaligen Industriestaaten international durch (Conze et al. 2004, S. 139 ff.). Die Weltwirtschaftskrise durch das Platzen einer Spekulationsblase 1929 (Friedman und Schwartz 1971) und die drauffolgende Deflationsspirale (Fisher 1933) durch niedrigere Gesamtausgaben (Keynes 2002) konnten erst mit der Aufhebung des Goldstandards und höheren Staatsausgaben im Rahmen des New Deal im Jahr 1933 wieder stabilisiert werden (Eggertsson 2008). Durch die Finanzierung des Zweiten Weltkrieges entstanden neue Rekordverschuldungen. Die Staatsverschuldung im Verhältnis zum Bruttoinlandsprodukt erreichte in den USA eine Höhe von 112 % (Congressional Budget Office 2015, S. 71) und in Deutschland 670 % (Kuttner 2013, S. 95). Zur Wiederherstellung von geordneten Verhältnissen wurde im Jahr 1945 das Bretton-Wood-System eingeführt. Teilnehmende Währungen mussten in Gold oder in Währungen, die in Gold konvertiert werden können, festgelegt werden (Bordo und Eichengreen 2007, S. 49). Das Bretton-Wood-System sorgte für eine Begrenzung der Geldschöpfung und es entstand eine der stabilsten Phasen in der Wirtschaftsgeschichte, in der kaum systemische Bankenkrisen auftraten (Reinhart und Rogoff 2009, S. 252). Im Jahr 1971 lösten die Vereinigten Staaten von Amerika die Bindung des US-Dollars an Gold, wodurch der US-Dollar zu einer Fiat-Währung ohne inneren Wert wurde (Bordo und Eichengreen 2007, S. 80). Nach den Theorien der neoliberalen Wirtschaftswissenschaften der Chicagoer Schule, die besonders durch die Ideen von

Friedman (1962) einer möglichst selbststeuernden Wirtschaft ohne staatliche Eingriffe geprägt war, wurde der US-amerikanischen Finanzsektor dereguliert. Durch die Deregulierung auf Grund des Neoliberalismus, die maßgeblich durch die Wirtschaftspolitik des Thatcherismus (Giddens 1999, S. 18) aus Großbritannien und der Reaganomics (Niskanen 1988) der Vereinigten Staaten vorangetrieben wurde, konnte die Finanzwirtschaft in wenigen Jahrzehnten erheblich wachsen. Nach der Dotcom-Blase und dem Terroranschlag vom 11. September 2001 wurde durch eine Reduzierung des Leitzinses die Ausbreitung der Geldmenge gefördert (Board of Governors of the Federal Reserve System (US) 2020).

Zur Stimulation der Wirtschaft wurden die Zinsen weiter gesenkt. Die weltweite Flucht aus den Aktienmärkten in Kombination mit neuen Finanzprodukten sorgte für zunehmende Spekulation am Immobilienmarkt (Zeise 2009, S. 8). Nachdem der Leitzins von 1 % auf 5,25 % von der US-Notenbank angehoben wurde (Board of Governors of the Federal Reserve System (US) 2020), platze die Immobilienblase, da die Nachfrage nach Häusern zurückging und Schuldner zunehmend nicht mehr in der Lage waren, die höheren Zinssätze zu zahlen (Sowell 2009, S. 57 f.). Die Zahlungsunfähigkeit von Lehman Brothers im September 2008 führte zu einem Verlust des Vertrauens in die Finanzinstitutionen und zu einem Bankenrun, der durch Zahlungsunfähigkeiten zu einer Reihe von Konkursen führte (The Financial Crisis Inquiry Commission 2011, S. 368). Mit der Finanzkrise wurden innerhalb von 21 Monaten 17 Billionen Dollar an Vermögen der Haushalte zerstört (The Financial Crisis Inquiry Commission 2011, S. 389), was deutlich höher war als der Wertverlust der Dotcom-Blase in Höhe von 6,5 Billionen US-Dollar (The Financial Crisis Inquiry Commission 2011, S. 392). In Form einer zurückhaltenden Kreditvergabe wirkte sich die Krise auf die Realwirtschaft aus, da somit Investitionen ausblieben und die Arbeitslosigkeit anstieg. In den USA stieg die Arbeitslosigkeit von 8,8 % im Dezember 2007 auf 17,4 % im Oktober 2009 und das Bruttoinlandsprodukt sank 2008 um 2,6 % (The Financial Crisis Inquiry Commission 2011, S. 390). Die Finanzkrise 2008 zeigt, dass die Finanzwirtschaft und die Realwirtschaft nicht unabhängig voneinander funktionieren können. Ein unbegrenztes Wachstum der Finanzwirtschaft kann zu dramatischen Konsequenzen in der Realwirtschaft führen. Nach einer unkontrollierten Schöpfung von Geld und dem damit verbundenen Anstieg von Schulden kam es schließlich zum Platzen einer Spekulationsblase, was realwirtschaftliche Auswirkungen hatte.

Aus der Perspektive der evolutorischen Ökonomik ist in einer dynamischen Wirtschaft die Gesamtmenge an Schulden immer größer als die Summe der Güter (Schumpeter 2006, S. 206).

Nach dem Konzept der Wachstumsspirale wird die Kaufkraft der Geldschöpfung für die Neukombination von Produktionsfaktoren in Löhne und Renten investiert, wodurch ein Einkommen erzeugt wird, mit dem neue Produkte und Dienstleistungen gekauft werden können. Der Mehrwert, mit denen das Unternehmersystem die Zinsen des Kredits bezahlen muss, und die Rendite, die es für das Eigenkapital erwirtschaften muss, entstehen aus dem zusätzlichen Geld, das aus den Neukombinationen geschöpft wird, und mit dem Einkommen aus den Löhnen und Renten, die in der Vorperiode für die Herstellung von Produkten und Dienstleistungen gezahlt wurden. Durch diese Wachstumsspirale entsteht ein Zwang, die Geldmenge kontinuierlich zu erhöhen. Denn damit ein Mehrwert mithilfe der gestern hergestellten Produkte erzielt werden kann, muss heute eine höhere Geldmenge investiert werden. Dadurch entsteht zeitgleich ein höheres Einkommen, mit dem bereits heute ein Mehrwert für die Produkte, die gestern hergestellt wurden, bezahlt werden kann. Damit für die Produkte, die durch die heutigen Investitionen entstehen, morgen ein Mehrwert bezahlt werden kann, muss morgen eine höhere Menge an Investitionen getätigt werden, damit zeitgleich ein höheres Einkommen zur Verfügung steht, mit dem der Mehrwert in Zukunft erzeugt wird. Sowohl die Geldmenge als auch die Investitionen müssen somit immer weiter erhöht werden, da sonst kein Gewinn mit den Investitionen von gestern erzielt werden kann. Wenn die Gewinne ausbleiben, sinkt der Erwartungswert für zukünftige Gewinne, weshalb weniger investiert wird, und damit noch weniger Geld geschöpft wird, mit dem Gewinne hätten bezahlt werden können. Die Folge ist, dass Zinsen nicht mehr bedient und die Erwartungen der Aktionäre zur Rendite und dem Risiko nicht mehr erfüllt werden können. Die finanziellen Unternehmersysteme entziehen das Kapital oder kündigen ihre Kredite. Die Folge ist eine Schrumpfungsspirale, bei der die Wirtschaft in eine Depression fällt. Für eine nachhaltige Entwicklung der Wirtschaft ist es daher notwendig, dass das Geldwachstum den erwarteten Gewinnen entspricht. Zwar kann ein geringeres Wachstum in bestimmten Ländern durch stärkere Wachstumsraten in anderen Ländern ausgeglichen werden, aber das globale Wirtschaftswachstum sollte nicht unter 1,8 % fallen, da sonst die Zinsen und Renditeerwartungen nicht mehr bedient werden können (Binswanger 2013, S. 364 ff.).

Binswanger (2009, S. 11 ff.) beschreibt die Wachstumsspirale selbst als ein Schneeballsystem, da Schulden und deren Zinsen, mit denen die Neukombinationen finanziert werden, nur durch höhere Schulden bezahlt werden können. Der Vorteil des Wirtschaftssystems gegenüber einfachen Kettenbriefen besteht jedoch darin, dass dabei reale Einkommen und Mehrwerte erzeugt werden. Neben dem Wachstumszwang besteht in der Wirtschaft auch ein Wachstumsdrang, insofern finanzielle Unternehmersysteme eine Rendite für die Zurverfügungstellung von

Eigenkapital erwarten. Da die Gewinnerwartung sich an vergangenen Gewinnen orientiert, steigen mit den zunehmenden Gewinnen auch die Erwartungen für künftige Gewinne. Unternehmersysteme müssen also noch mehr investieren, um den Erwartungen gerecht zu werden und um höhere Renditen in der kommenden Periode zu ermöglichen. Dadurch steigen die Erwartungen der finanziellen Unternehmersysteme immer weiter an, bis die Mehrwerte nicht mehr von den Unternehmersystemen realisiert werden können. Mit den bisherigen Erfahrungen einer Steigerung des Unternehmenswertes, gemessen an den zukünftig zu erwarteten Gewinnen, geht das finanzielle Unternehmersystem von weiteren Steigerungen des Unternehmenswertes aus. Unabhängig von den tatsächlich erzielten und zukünftigen Unternehmergewinnen steigt der Unternehmenswert, weil auch andere finanzielle Unternehmer auf Basis der bisherigen Erfahrung der Wertsteigerung in das Unternehmersystem investieren. Dadurch wird das Unternehmersystem zu einem Spekulationsobjekt. Bei geringen Zinsen können die Finanzunternehmer einen Kredit aufnehmen und in das Unternehmen investieren. Durch ihre Anlage tragen sie selbst zur Steigerung des Unternehmenswertes bei, wodurch ihre Rendite höher ist als die Zinsen, für die sie einen Kredit aufgenommen haben. Damit lohnt es sich, noch weitere Kredite aufzunehmen und in diesem Unternehmen anzulegen. Es entsteht eine Spekulationsspirale, die nicht mehr an reale Werte geknüpft ist. Die Wertsteigerung entspricht nicht mehr dem realen Mehrwert, der erschaffen wird. Mit Spekulationen löst sich die Finanzwirtschaft von der Realwirtschaft ab. Schulden werden nur noch gemacht, um eine Preissteigerung zu erzeugen, die durch weitere Schulden ermöglicht wird. Es entsteht ein Schneeballsystem, bei dem die Zinsen der Schulden mit weiteren Schulden bedient werden – diesmal ohne die Entstehung eines Mehrwertes. Wenn die Zinsen steigen oder eine geringere Preissteigerung erwartet wird, kann es sein, dass Erträge der Preissteigerung geringer sind als der Aufwand für die Schulden, weshalb es sich nicht mehr lohnt, mit neuen Schulden bestehende Schulden zu bedienen. Dadurch platzt die Spekulationsblase. Das Schneeballsystem der Spekulationsblase löst eine Kettenreaktion aus, sodass die Kredite nicht mehr bedient werden können und das Unternehmersystem schlagartig an Wert verliert. Diese Kettenreaktion kann sich auf das Schneeballsystem der Wirtschaft, in dem reale Werte erzeugt werden, übertragen. Es werden keine neuen Schulden mehr aufgenommen, die für neue Investitionen und höhere Einkommen notwendig wären. Dadurch werden weniger Konsumausgaben für die Produkte und Dienstleistungen aus der Vorperiode getätigt, wodurch kein Mehrwert mehr für das Unternehmersystem entsteht. Da also die erwarteten Gewinne ausbleiben, wird weniger investiert und es werden noch weniger Schulden aufgenommen, wodurch die Realwirtschaft in eine Rezession fällt.

Insofern ein neuer Kredit nicht für den Konsum verwendet wird, entsteht durch die Kreditvergabe ein Vertrauensvorschuss in zukünftig noch zu produzierende Güter (Schumpeter 2006, S. 207).

Für die Entstehung von Wachstum müssen in einer Wirtschaft die Schulden immer größer sein, da davon zukünftige Gewinne bezahlt werden. Wenn also Gewinne in Zukunft zunehmen sollen, müssen auch die Schulden steigen. Gleichzeitig besteht aber auch der Zwang, höhere Gewinne zu erzielen, damit die Zinsen und erwarteten Renditen bezahlt werden können. Daraus entsteht eine Wachstumsspirale. Wenn die Schuldenlast nicht mit weiteren Schulden getragen werden sollte, müsste das Wirtschaftswachstum in der Zukunft so steigen, dass der Mehrwert so hoch ist, dass die heute zusätzlich aufgenommen Schulden inklusive Zinsen in Zukunft getilgt werden können.

Seit dem Niedergang des Bretton-Wood-Systems wurde die Knappheit in der Finanzwirtschaft aufgelöst, die Schulden wuchsen aber im Verhältnis deutlich schneller als die Realwirtschaft.

Die Staatsausgaben der USA stiegen nach der Finanzkrise 2008 von 10 Billionen US-Dollar im Jahr 2008 auf 16,1 Billionen US-Dollar im Jahr 2012. Bis zum Jahr 2019 sind diese Schulden auf 22 Billionen US-Dollar angewachsen (U.S. Department of the Treasury 2020).

Während der Anteil der Staatsverschuldung am Bruttoinlandsprodukt im Jahr 2001 bei 54 % lag, ist die Verschuldung bis 2008 moderat auf 64 % angestiegen. Bis zum Jahr 2012 gab es jedoch einen starken Anstieg der Staatsverschuldung auf 100 % des Bruttoinlandsproduktes, sie stieg bis 2019 um weitere 5 % Punkte an (Federal Reserve Bank of St. Louis and U.S. Office of Management and Budget, Federal Debt 2020).

Die zunehmende Inflation auf Grund von Lieferengpässen durch die Covid-19 Pandemie und durch den Angriff Russlands auf die Ukraine im Februar 2022 zwang Zentralbanken zur Zinswende. Die steigenden Zinsen führen dazu, dass Kreditausfälle zunehmen, wodurch eine Finanzkrise wahrscheinlicher wird. Zur Vermeidung von Stress im Finanzsystem müsste die restriktivere Geldpolitik wieder zurückgefahren werden (Bank für Internationalen Zahlungsausgleich 2022).

Beispielsweise haben die Zentralbanken als Reaktion auf den globalen Schock der Covid-19-Pandemie im Jahr 2020 sehr schnell und in massivem Umfang reagiert. Industrieländer weiteten dabei besonders bestehende Maßnahmen zur Kreditvergabe und den Kauf von Vermögensgegenständen aus. Auch die Zentralbanken der Entwicklungsländer weiteten ihre Finanzierungsoperationen aus. Sie passten jedoch stärker die Zinsraten, Devisen- und Reservepolitik und weniger den Kauf von Vermögensgegenständen an (Bank für Internationalen Zahlungsausgleich 2021).

Zwar konnten sich die Aktienkurse dadurch schnell erholen (Jonathan 2020, S. 96), aber durch die Maßnahmen stieg Anfang 2020 die Neuverschuldung der globalen Gesamtschulden im Verhältnis zum Bruttoinlandsprodukt auf ein Rekordniveau in Höhe von 331 % (Institute of International Finance 2020). Im zweiten Quartal 2021 stieg die globale Gesamtverschuldung auf insgesamt 296 Billionen US-Dollar – 36 Billionen US-Dollar mehr als vor der Covid-19-Pandemie – und erreichte damit ebenso ein Allzeithoch (Institute of International Finance 2021).

Die Differenz zwischen dem Geldwachstum und dem realen Wirtschaftswachstum wird immer größer. Mit den höheren Schulden müsste in Zukunft also ein immer höherer Mehrwert erzielt werden. Mit den abnehmenden Wachstumsraten der Weltwirtschaft (World Bank 2021) werden jedoch zunehmende Mehrwerte in der Zukunft immer utopischer. Ein immer größerer Teil der Schulden kann nicht durch tatsächliche Mehrwerte getilgt, sondern muss durch die Aufnahme von neuen Schulden kompensiert werden, die das Problem verschärfen, da sich die Finanzwirtschaft immer weiter von der Realwirtschaft entfernt. Je schneller die Finanzwirtschaft im Verhältnis zur Realwirtschaft wächst, umso höher müssten zur vollständigen Tilgung die zukünftigen Mehrwerte und Gewinne sein und umso wahrscheinlicher wird es, dass Schulden nur noch mit neuen Schulden getilgt werden können. Es entsteht ein Ponzi-System ohne reale Mehrwerte. Das Finanzsystem agiert immer unabhängiger von der Realwirtschaft.

Im Finanzsystem kann mit Geld Geld verdient werden, ohne dass realwirtschaftliche oder innovationsbezogene Zahlungen beteiligt sind. Dies wird mit der Verarbeitung von Risiken gerechtfertigt. Im Grunde werden jedoch Schulden mit Schulden bezahlt. Damit bezieht sich das Finanzsystem auf sich selbst (Luhmann 1988, S. 144).

Es ist oft nicht vorstellbar, was Finanzkapital ist, da es nahezu unmöglich ist, es zu bestimmen. In der Realwirtschaft wird der Wert einfach anhand des Tauschwertes festgelegt. Im Finanzsystem gibt es beliebig viele Ansätze. Es ist eine reflexive Beschreibung von Geld, also der Wert des Wertes, der über die Realwirtschaft hinausgeht – eine Einheit, die symbolisch auf gesellschaftlicher Ebene konstruiert wird (Willke 2007, S. 146).

Die Investition von Geld in Geld ist die elementare Operation des Finanzsystems. Investments sind daher eine rekursive und reflexive Verwendung von Geld. Diese Reflexivität führt zu einer Abkopplung der Finanzwirtschaft von der Realwirtschaft (Willke 2007, S. 149).

Selbst die Finanzkrise konnte die zunehmende Selbstreferenz des Finanzsystems nicht aufhalten. Da sich die Operationen des Finanzsystems immer stärker auf sich selbst beziehen, verliert das Finanzsystem allmählich den Bezug zur Realwirtschaft (Willke 2007, S. 148).

Wenn die Schulden schneller wachsen als das Wirtschaftswachstum und die Gewinne, die notwendig sind, um die Zinsen und Renditen zu zahlen, können die Schulden nur durch zusätzliche Schulden getilgt werden, wodurch ein Ponzi-Schema entsteht, das sich nur durch weitere Schulden stabilisieren lässt.

Die pathologische Selbstreferenz der Finanzwirtschaft wegen der fehlenden Beschränkung führt zu einer Gefährdung der Realwirtschaft. Die Finanzwirtschaft gefährdet ihre eigene Grundlage durch eine schlagartige Zerstörung aufgrund einer globalen Finanz-/Währungskrise und durch einen schleichenden Prozess, der darin besteht, dass immer weniger innovationsbezogene Zahlungen getätigt werden.

Mit Blick auf das höhere Schulden- bzw. Kapitalwachstum im Verhältnis zum Wirtschaftswachstum, was durch den Zusammenbruch des Bretton-Wood-Systems seit den 1970er Jahren bedingt ist, wird deutlich, dass es sich hier also um eine Entwicklung handelt, die weit über eine Finanzkrise hinausgeht und eine langfristige Entwicklung darstellt, die Mises bereits 1924 beschrieb.

Den Zusammenbruch hinauszuschieben, wären die Banken allerdings in der Lage, aber schließlich muß dann doch [...] einmal der Augenblick kommen, in dem eine weitere Ausdehnung der Umlaufsmittelzirkulation nicht mehr möglich ist. Dann muß die Katastrophe eintreten, und ihre Folgen sind um so schwerer, die Reaktion gegen die Auswüchse der Haussespekulation um so stärker, je länger der Zeitraum gewesen ist, in dem der Satz des Darlehenszinses sich unter dem Niveau des natürlichen Kapitalzinses befunden hat, und je mehr durch die Lage des Kapitalmarktes nicht gerechtfertigte Produktionsumwege eingeschlagen wurden. (Mises 2005, S. 375)

Selbst wenn die Kredite unendlich ausgeweitet würden, entstünde eine Katastrophenhausse, die mit einem Zusammenbruch des gesamten Währungssystems endete (Mises 1998, S. 552).

Wenn bei einer neuen Finanzkrise das Kartenhaus nicht zusammenfallen soll, müsste im Sinne eines Ponzi-Schemas die Schuldenlast durch weitere Schulden getragen werden, sodass die Rettungsprogramme noch deutlich extremer ausfallen würden als nach der Finanzkrise 2008 und dem globalen Schock der Covid-19-Pandemie im Jahr 2020.

Die Herausforderung durch den Kapitalmarkt entsteht durch die Unsicherheit der Zukunft. Alle Transaktionen mit einem Bezug zu Finanzkapital beziehen sich auf eine Vielzahl von interdependenten zukünftigen Ereignissen, Abzinsungs-faktoren, Erwartungen, Marktentwicklungen und Kapitalflüssen. Ein Sinn kann nur erzeugt werden, wenn hypothetische Annahmen über zukünftige Bedingun-gen getroffen werden. Da diese zeitabhängigen Kategorien in einer nichttrivialen Form miteinander interagieren, sind sie kaum nachvollziehbar (Willke 2007, S. 152).

Mit Geld lassen sich die Unsicherheiten der Zukunft verarbeiten, denn durch einen Bezugspunkt in der Zukunft kann eine Konstruktion der Zukunft in der Gegenwart erzeugt werden (Esposito 2016). Mit der Berücksichtigung von mögli-chen Risiken wird versucht, die Unsicherheiten abzubilden, wodurch die Zukunft verarbeitbar wird (Esposito und Corti 2010). Allerdings können die Gefahren der Umwelt nicht gesehen werden, weshalb immer unerwartete Folgen entstehen, die zu Finanzkrisen führen können.

So hat seit den 1980er Jahren die Reaktion auf Krisen die Grundlage für weitere Krisen geschaffen, wodurch ein Schneeballeffekt entsteht, bei dem das Risiko immer weiter anwächst (Willke 2007, S. 162).

Auch die Finanzkrise 2008 deutet darauf hin, dass die Zukunft hinsichtlich ihrer Risiken und mit den verwendeten Konzeptionen inadäquat gemanagt wurde. Wegen der zeitlichen Perspektive auf das Finanzsystem kann die quantitative Lockerung der Geldpolitik nicht nur als Finanzspritze, sondern auch als eine Injektion von Zeit in die Märkte verstanden werden. Dies baut auf der Hoffnung auf, dass in dieser Zeit die Zukunft genutzt und neu konstruiert wird (Esposito 2016).

Mit der zunehmenden Größe der Finanzwirtschaft im Verhältnis zur Größe der Realwirtschaft wird zwar mehr Zukunft in die Gegenwart integriert, es wird dadurch aber zugleich immer unwahrscheinlicher, dass der erwartete Mehr-wert erreicht wird. Denn je größer die Finanzwirtschaft im Verhältnis zur Realwirtschaft, desto mehr Zeithorizonte werden gesetzt und desto mehr Unsi-cherheiten müssen in immer granulareren Risiken angenommen werden. Dadurch steigt die Wahrscheinlichkeit, dass die immer dezidierteren Annahmen über die Zukunft enttäuscht werden. Das enorme Wachstum der Finanzwirtschaft macht daher Finanzkrisen durch systemische Risiken wahrscheinlicher und verhindert somit die Entwicklung der Realwirtschaft, wodurch, sofern die realwirtschaft-lichen Wachstumsraten nicht erhöht werden können, ein totaler Kollaps immer wahrscheinlicher wird.

Außer durch eine schlagartige Zerstörung mittels einer globalen Finanz- und Währungskrise gefährdet die Finanzwirtschaft ihre eigene Grundlage auch durch einen schleichenden Prozess, da immer weniger innovationsbezogene Zahlungen getätigt werden.

Die Verschiebung der Bedeutung und der Macht von der Realwirtschaft zur Finanzwirtschaft wird auch als Finanzialisierung bezeichnet (Bresser-Pereira 2010; Epstein 2019). Die Deregulierung und Aufhebung der Schranken des Finanzsystems in Zeiten des Finanzmarkt-Kapitalismus (Windolf 2005, S. 22 ff.) ab den 1970er Jahren führen zu einer Ausbreitung von Finanzprodukten und einer Ökonomisierung der Finanzbeziehungen, wodurch der Shareholder-Value als Steuerungsgröße bei Unternehmen an Bedeutung gewann (Froud et al. 2010; Lazonick und O'Sullivan 2010; Williams 2010; Heires und Nölke 2011). Die Finanzwirtschaft wächst deutlich schneller als die Realwirtschaft (Hudson 1998), und es werden dort mehr Umsätze generiert (Krippner 2005, S. 182 ff.).

Während der Finanzsektor 1978 etwa 3,5 % des US-amerikanischen Bruttoinlandsproduktes umfasste, stieg der Anteil bis zum Jahr 2007 auf 5,9 %. Während die Gewinne der Realwirtschaft im Durchschnitt um 250 % zwischen 1980 und 2005 stiegen, lag die durchschnittliche Gewinnsteigerung der Finanzwirtschaft bei 800 % – bis dahin stiegen sie im gleichen Verhältnis an. Investmentbanken hielten ein Vermögen in Höhe von 33 Milliarden Dollar, was 1,3 % des Bruttoinlandsproduktes entspricht, das bis zum Jahr 2007 auf 3,1 Billionen Dollar anstieg und somit eine Größenordnung von 22 % des Bruttoinlandsproduktes erreichte (Johnson und Kwak 2011, S. 59 ff.).

Auch The Financial Crisis Inquiry Commission (2011, S. 65) beschreibt, dass von 1987 bis 2007 die Schulden, die vom Finanzmarkt getragen wurden, von 3 Billionen auf 36 Billionen US-Dollar anstiegen und sich damit von 130 % auf 270 % des Bruttoinlandsproduktes verdoppelten. Von 1990 bis 2005 verdoppelte sich der Anteil, der von den 10 größten kommerziellen Banken getragen wurde, auf 55 % des Vermögens der Realwirtschaft. Auch der Anteil der Gewinne des Finanzsektors an den gesamten Gewinnen stieg von 15 % im Jahr 1980 auf 27 % im Jahr 2006 (The Financial Crisis Inquiry Commission 2011, S. xvii).

Produktive Arbeit, die realwirtschaftlichen Mehrwert erzeugt, verliert an Bedeutung, und die Finanzwirtschaft erzeugt immer mehr Gewinne durch immer höhere Erwartungen an einem Wertzuwachs von Vermögen, obwohl die Realwirtschaft weniger stark wächst.

Die Herausforderung des Wirtschaftssystems wird heutzutage weniger aus der Differenz von Kapital und Arbeit ersichtlich, sondern lässt sich eher anhand der Differenz zwischen Kapital und Unternehmen beschreiben.

Arbeit ist nicht die entscheidende Basis für eine Wertschöpfung, sondern eher die Organisation, in der und für die gearbeitet wird. Nur die unternehmerische Organisation ist in der Lage, die verschiedenen Produktionsfaktoren miteinander zu kombinieren und einen Wert zu schaffen. Damit wird auch die unternehmerische Organisation zum Spekulationsobjekt des Finanzsystems. Der entscheidende

Konflikt besteht darin, dass das gleiche Kapital, das zur Spekulation verwendet wird, von den Unternehmersystemen genutzt wird, um neue Werte zu schaffen. Damit stehen die Zahlungen zur Spekulation in der Finanzwirtschaft in Konkurrenz zu den Zahlungen für die Wertschöpfung in der Realwirtschaft, und es entsteht ein Wettbewerb nicht nur zwischen Unternehmersystemen, sondern durch die Differenz aus Finanz- und Realwirtschaft, die zu einer deutlich höheren Dauerirritation führt als der Wettbewerb zwischen den Unternehmersystemen (Baecker 2003, S. 214).

Wegen der Selbstreferenz liegt die Beobachtungsperspektive des Finanzsystems stark auf der Systemrationalität, wodurch nicht nur die wirtschaftliche, sondern auch die gesellschaftliche Umwelt vernachlässigt wird. Das Ausbleiben des Versuchs, eine gesamtgesellschaftliche Rationalität durch einen Reentry in das System zu erreichen, führt dazu, dass die Konsequenzen für die eigenen Operationen nicht beachtet werden. Dies führt einerseits zu einer Perspektive mit einem verkürzten Zeithorizont zulasten einer langfristigen Perspektive, wodurch langfristige Folgen ignoriert werden. Andererseits werden auch negative Auswirkungen auf andere gesellschaftliche Funktionssysteme vernachlässigt, die zu negativen Rückwirkungen führen können.

Eine Diskrepanz des Zeithorizonts ist tief im Finanzsystem verankert. So werden die langfristigen Interessen von Investoren nicht berücksichtigt, da Intermediäre durch die Principle-Agent-Problematik falsche Anreize setzen. Dadurch sind auch Unternehmen nicht in der Lage, langfristig zu handeln, da der Fokus nur auf kurzfristigen Preisentwicklungen liegt (EU High-Level Expert Group on Sustainable Finance 2018, S. 12).

Die durchschnittliche Haltedauer von Vermögen ist in der EU von 8 Jahren auf 8 Monate gesunken. Das gesamte Portfolio wird alle 20 Monate erneuert. Verantwortlich dafür sind vor allem der Hochfrequenzhandel, eine zunehmende Anzahl an Finanzinstitutionen, die mit einem kurzen Zeithorizont arbeiten, wie beispielsweise Hedgefonds, und Leistungsbewertungen im Vergleich zum Wettbewerb oder Benchmarks, wodurch keine kurzzeitigen negativen Effekte toleriert werden (EU High-Level Expert Group on Sustainable Finance 2018, S. 46).

Kurzfristigkeit beschreibt einen zu starken Fokus auf kurzfristige Renditen auf Kosten einer langfristigen Wertsteigerung. Es kann auch als Unterinvestment in langfristiges Kapital betrachtet werden (EU High-Level Expert Group on Sustainable Finance 2018, S. 45).

Der Fokus auf kurzfristige Investitionen vernachlässigt langfristige Risiken und Chancen der Wertschöpfung. Es werden auch gesellschaftliche oder nachhaltigkeitsbezogene Vorteile nicht genutzt. Der Druck auf Unternehmen, sich kurzfristig zu orientieren wird erhöht, wodurch sie weniger strategisch handeln und keine langfristige Wertschöpfung erzeugen (UN Principles for Responsible Investment (UN PRI) 2016, S. 6).

Eine kurzfristige Orientierung widerspricht langfristigem Handeln, was für eine nachhaltige Entwicklung notwendig wäre (United Nations Environment Programme (UNEP) 2015, S. 10).

Nachhaltigkeit ist nicht mit einem kurzfristigen Zeithorizont möglich. Da Nachhaltigkeitsinvestitionen sich meist nur über einen längeren Zeitraum amortisieren, sind sie nicht mit einem kurzfristigen Investmenthorizont vereinbar. Die Tragödie des Zeithorizonts geht über Klimawandel hinaus und betrifft alle Bereiche der nachhaltigen Entwicklung (EU High-Level Expert Group on Sustainable Finance 2018, S. 45).

Es besteht im Finanzsystem eine „doppelte Kompression", die eine Fehlfunktion darstellt (EU High-Level Expert Group on Sustainable Finance 2018, S. 12).

Es erfolgt sowohl eine Kompression von Zeit als auch von Risiken. Der Zeithorizont bei Finanzen ist üblicherweise viel kürzer als der Zeithorizont, der für die Lösung von gesellschaftlichen Herausforderungen notwendig ist. Zudem ist die Konzeption von Risiken im Finanzsystem oftmals enger als es für eine effektive wirtschaftliche, soziale und ökologische Steuerung von Nachhaltigkeit notwendig wäre (EU High-Level Expert Group on Sustainable Finance 2017, S. 19).

Durch die Reduktion der zeitlichen Sinndimension auf eine nahe Zukunft wird Kontingenz deutlich eingeschränkt. Damit wird gleichzeitig die Kontingenz in der sachlichen Dimension reduziert, da weniger Folgen und damit auch weniger Interdependenzen mit anderen Systemen betrachtet werden müssen.

Ein verkürzter Zeithorizont führt dazu, dass bestimmte soziale und ökologische Themen wie Ressourcenverknappung, die sich nur in einem sehr langen Zeithorizont materialisieren, zu Externalitäten werden. Da sie scheinbar nicht für den Finanzmarkt wesentlich sind, werden sie auch nicht ausreichend bei den Eigentümern und Vermögensverwaltern berücksichtigt, obwohl sie zu finanziellen Auswirkungen in der Realwirtschaft und damit auch bei den Anlegern führen können (EU High-Level Expert Group on Sustainable Finance 2017, S. 19).

Die Nichtberücksichtigung von Nachhaltigkeit birgt hohe Risiken (United Nations Environment Programme (UNEP) 2016, S. 33).

Da gesellschaftliche Risiken bisher nicht ausreichend im Finanzsystem berücksichtigt werden, entstehen bereits jetzt negative gesellschaftliche Effekte, die finanziell auf das Finanzsystem zurückwirken. Nachhaltigkeit und ein langfristiger Zeithorizont sind zwei Seiten einer Medaille. Wegen des kurzfristigen

Zeithorizonts werden Nachhaltigkeitsthemen oftmals vernachlässigt (European Commission 2018, S. 3).

Mit der Ausdifferenzierung des Finanzsystems und der unbeschränkten Entwicklung einschließlich einer starken Selbstreferenz entstand ein Fokus auf eine reine Systemrationalität innerhalb der Finanzwirtschaft. Dadurch konnten die Auswirkungen auf die wirtschaftliche und gesellschaftliche Umwelt nicht berücksichtigt werden, und die Perspektive des Zeithorizonts wurde immer weiter verkürzt. Die Systemrationalität des Finanzsystems führt daher nicht nur zu einer allmählichen Zerstörung der Realwirtschaft und somit seiner direkten Umwelt, sondern trägt auch zur Zerstörung der Umwelt der Wirtschaft bei, die indirekt auch wieder auf das Finanzsystem zurückwirkt.

Zusammenfassend ist zu konstatieren, dass das Wirtschaftssystem mit dem Medium „Geld" eine enorme Leistungsfähigkeit erzielt, da die Resonanz von Irritationen der Umwelt durch die Operationsweise des Wirtschaftssystems mit einem binären Code begrenzt wird. Diese Reduktion ist allerdings nur zulasten einer Vernachlässigung anderer Themen möglich.

In der Realwirtschaft führt der selbstregulierende Markt mit der Gewinnorientierung zu einer Zerstörung der sozialen, ökologischen und wirtschaftlichen Grundlage, wodurch er sich selbst zerstört. Ebenso erzeugen das Wachstumsparadigma und der Fortschrittsglaube ökologische, aber auch gesellschaftliche Risiken, die auf das Wirtschaftssystem zurückwirken.

Die starke Reduzierung auf Geld führt zwar zu einer enormen Komplexität, die allerdings gleichzeitig zu einer Selbstgefährdung der Wirtschaft führen kann. In den Programmen der Wirtschaft wird die Umwelt nicht berücksichtigt. Durch den reinen Fokus auf das Wirtschaftliche im Wirtschaftssystem wurde es möglich, Entscheidungen schneller zu treffen und damit gleichzeitig eine höhere Komplexität aufzubauen. Diese Effizienzsteigerung geht zulasten von Redundanzen, die eine höhere Sicherheit gegenüber Risiken bieten. Die reine Reduktion der Kontingenz in der zeitlichen Sinndimension führt zu einer Steigerung der Kontingenz in der Umwelt der Wirtschaft. Die rücksichtslose Operationsweise führt zu einer Möglichkeitseinschränkung anderer Systeme, was zu so großen Nebenfolgen führt, dass sich das Wirtschaftssystem selbst gefährdet. Diese Selbstgefährdung führt zu einer Sinnkrise, da dem Wirtschaftssystem die Möglichkeiten fehlen, die Operationen fortzusetzen.

Durch die Einführung von Geld wurde eine Differenz zwischen der physischen und der monetären Sphäre geschaffen, wodurch die wirtschaftlichen Operationen getrennt voneinander in der Realwirtschaft und der Finanzwirtschaft laufen konnten. Wie wir jedoch in Abschnitt 2.2.2 gesehen haben, sind beide jedoch aufeinander angewiesen, und die Wirtschaft bildet die Einheit dieser Differenz. Die

Realwirtschaft ist für Innovationen auf Zahlungen angewiesen, und das Finanzsystem benötigt Innovationen, um mit Zahlungsversprechen zu handeln. Durch diese Differenz wurde es jedoch möglich, dass die Operationen unabhängig voneinander in den Systemen verarbeitet werden konnten und die Paradoxie in den Hintergrund geriet. Dies ermöglichte den Aufbau enormer Komplexität.

Mit der eingeschränkten Beobachtungsperspektive auf rein Finanzielles entsteht jedoch eine kurzfristige Perspektive, die die Auswirkungen auf die Realwirtschaft vernachlässigt. Aufgrund eines unbeschränkten Schuldenwachstums wächst auch die Finanzwirtschaft deutlich schneller als die Realwirtschaft. Dadurch entstehen höhere Renditen als in der Realwirtschaft, wodurch mehr Kapital angezogen wird, das die Renditen in der Finanzwirtschaft weiter erhöht. Zahlungen entstehen zunehmend in der Finanzwirtschaft, ohne dass in der Realwirtschaft ein Mehrwert durch innovationsbezogene Zahlungen generiert wird. Da die Finanzwirtschaft aber auf realwirtschaftliche Zahlungen angewiesen ist, weil die realwirtschaftlichen Zahlungen eine Irritation darstellen, die dem Finanzsystem ein Anlass gibt, weitere finanzwirtschaftliche Zahlungen zu tätigen, zerstört das Finanzsystem so seine eigene Grundlage.

Gleichzeitig führt die größere Finanzwirtschaft im Verhältnis zur Realwirtschaft zu der Gefahr eines vollständigen Zusammenbruchs des Finanzsystems. Denn mit der hohen Anzahl an Schulden wird es immer unwahrscheinlicher, dass in der Zukunft die Mehrwerte zur Tilgung der Schulden tatsächlich in dem Umfang entstehen. Neben dem möglichen Vertrauensverlust müssen immer detailliertere Annahmen über die Zukunft getroffen werden, wodurch sich das Risiko erhöht, dass Nebenfolgen übersehen werden. Zur Verhinderung von Finanzkrisen müssen neue Schulden eingesetzt werden. Die Gefahr für einen Systemkollaps steigt, wodurch auch eine Zerstörung der Realwirtschaft droht.

Die Perspektive auf kurzfristige Renditen führt zu einer Fehlallokation, bei der Kapital nicht mehr dahin fließt, wo es in der Realwirtschaft den höchsten Mehrwert mit geringsten Risiken erzeugt. Dadurch wird das Knappheitsparadox nicht mehr so aufgelöst, dass die gegenwärtige Verteilung eine zukunftsstabile Vorsorge ermöglicht (Luhmann 1988, S. 64). Diese pathologische Selbstreferenz, in der sich Zahlungen und Zahlungsversprechen nur noch auf sich selbst beziehen, führt dazu, dass die Finanzwirtschaft ihre Umwelt und damit die Grundlage ihrer eigenen Operationen zerstört.

Die Systemrationalität des Finanzsystems führt aber nicht nur zu einer Zerstörung der Realwirtschaft und somit seiner direkten Umwelt, sondern trägt auch zur Zerstörung der Umwelt der Wirtschaft bei, die indirekt auch wieder auf das Finanzsystem zurückwirkt.

Durch die pathologische Selbstreferenz der Finanzwirtschaft verliert die Finanzwirtschaft an Sinn, und die Realwirtschaft wird auf einen nicht nachhaltigen Entwicklungspfad gelenkt.

3.3 Grenzen der politischen Steuerungsfähigkeit durch Kontingenz

Die ausdifferenzierte Gesellschaft und die Komplexität des Wirtschaftssystems mit der daraus resultierenden Kontingenz machen es dem politischen System immer schwerer, steuernde Eingriffe vorzunehmen, um die pathologische Selbstreferenz des Wirtschaftssystems aufzulösen und die Selbstgefährdung der Gesellschaft zu verhindern. Neben den Grenzen der politischen Steuerung des Wirtschaftssystems wird in diesem Kapitel beschrieben, welche grundsätzlichen Steuerungsmöglichkeiten bezüglich sozialer Systeme bestehen, ferner werden unterschiedliche Arten der Kontingenz beschrieben, die das politische System an einer Steuerung hindern.

3.3.1 Grenzen der politischen Steuerung des Wirtschaftssystems

In der Vergangenheit gab es immer wieder Versuche, mithilfe der Politik eine pathologische Selbstreferenz der Wirtschaft, die ihre eigenen Grundlagen zerstört, zu verhindern.

Während der Industrialisierung zerstörte der selbststeuernde Markt Menschen, Natur und die Realwirtschaft und dadurch seine eigene Grundlage. Zum Schutz der Gesellschaft entwickelten sich Kritiker, die versuchten, die Kräfte des Marktes zu beschränken.

Der Owenismus war bestrebt, den selbststeuernden Markt durch eine politische Steuerung zu begrenzen. Mithilfe von Gesetzen sollten die Menschen und die Umwelt vor der Ausbeutung des Marktsystems geschützt werden. Auch Organisationen sollten durch Steuerung des Finanzsystems vor einer Zerstörung bewahrt werden (Polanyi 1978, S. 180 ff.). In vielen Ländern folgten nach der Laissez-faire-Politik, unabhängig von der politischen Ideologie, politische Maßnahmen, die auf den Erhalt der Arbeiter, der Natur und der Realwirtschaft abzielten (Polanyi 1978, S. 203 ff.).

So sollte beispielsweise das Speenhamlandsystem durch lohnergänzende Zahlungen Arbeiter vor Armut schützen. Nachdem es jedoch scheiterte, da die

Löhne dadurch nicht stiegen, sondern das gesamte Lohnniveau absank und die Armut zunahm, entstand in England eine Arbeiterbewegung, die sich durch Gewerkschaften und Parteien politisch engagierte. Auf dem europäischen Festland konnten die Arbeiter während der später erfolgenden Industrialisierung direkt auf die Erfahrungen in England zurückgreifen, weshalb die Arbeitsbedingungen nie so erschütternd waren wie in England. Eine Sozialversicherung entstand viel früher, da auch Arbeiter viel früher das Wahlrecht erhielten. Die Gewerkschaften entstanden dadurch aus politischen Parteien, während in England die Gewerkschaften erst die Parteien gründeten. Beide Wege sorgten für den Schutz der Arbeitskraft vor dem Markt. Denn bei einem reinen Marktsystem würden die Löhne mit den Preisen fallen, und Arbeiter wären absoluter Unsicherheit ausgesetzt und müssten höchste Mobilität und Flexibilität zeigen. Durch sozialen Schutz wurde der Markt begrenzt und eine solche Entwicklung verhindert. Der Markt sollte nur weiterarbeiten, wenn die Arbeit menschenwürdig erledigt werden konnte. Eingriffe waren daher bewusst so gestaltet, dass der Markt nicht mehr perfekt funktionieren konnte (Polanyi 1978, S. 231 ff.).

Diese politischen Bestrebungen sorgten bei den Kapitalisten, die sich weiterhin für einen selbststeuernden Markt einsetzten, für eine Gegenkraft, die zum Erhalt der wirtschaftlichen Substanz beitrug (Polanyi 1978, S. 214).

Auch während der Industrialisierung gab es Versuche, den Zugriff auf ökologische Ressourcen zu begrenzen und den Markt zu beschränken, indem insbesondere der Umgang mit Boden reguliert wurde.

So wurde bei der Entstehung der Marktwirtschaft Boden zuerst gehandelt. Danach erfolgte die Steigerung der Produktivität des Bodens, um die steigende Bevölkerung zu ernähren. Als Letztes fand eine Ausdehnung der Überproduktion auf Kolonien und das weitere Ausland statt. Damit war der Boden Teil des selbstregulierenden Marktes geworden. Die Reaktion der Arbeiter und Bauern auf die Marktwirtschaft führte zum Protektionismus, wodurch neben den sozialen Fabrikgesetzen auch Agrarzölle und Bodengesetze geschaffen wurden. In der daraus resultierenden Wirtschaftskrise versuchten die Bauern jedoch, das Marktsystem zu erhalten, während die Arbeiter nicht davor zurückscheuten, den Markt zu zerstören (Polanyi 1978, S. 245 ff.).

Aus diesen Ausführungen geht hervor, dass in der Industrialisierung die Begrenzung der Marktwirtschaft für einen Erhalt der Natur stark in Zusammenhang mit den sozialen Auswirkungen betrachtet wurde. Wie folgende Beispiele zeigen, gewann eine explizite Betrachtung der ökologischen Umwelt erst in der Nachkriegszeit an Bedeutung. Nachdem die ökologische Krise durch die Kritik der ökologischen Bewegung deutlich sichtbarer wurde, entwickelte sich ein politischer Schutz, der die Zerstörung der ökologischen Grundlage durch die Wachstumsbestrebungen des Wirtschaftssystems mithilfe direkter Eingriffe verhindern sollte.

In den USA geht die ökologische Bewegung auf aufklärende Arbeiten wie die von Carson (1963) oder Ehrlich et al. (1971) zurück. Mit der Gründung von NGOs wie dem World Wide Fund For Nature (WFF) (2020) im Jahr 1961 und Greenpeace (2020) im Jahr 1971 wurde ein politischer Aktivismus gestartet und mit internationalen Konferenzen wie 1949 die UN Scientific Conference on the Conservation and Utilization of Resources (Gibboney 1949) oder die Konferenz der United Nations (1992) über Umwelt und Entwicklung in Rio de Janeiro im Jahr 1992 eine politische Debatte initiiert. Im Jahr 1970 erfolgte in den USA die Gründung der United States Environmental Protection Agency (EPA) (2020), und wesentliche Meilensteine der Umweltgesetzgebung wurden erreicht, wie mit dem Clean Air Act (United States Congress 1963), dem National Environmental Policy Act (United States Congress 1969), dem Clean Water Act (United States Congress 1972) und dem Endangered Species Act (United States Congress 1973). In Europa führte die große Smog-Katastrophe in London 1952 zum Clean Air Act 1956 (Parliament of the United Kingdom 1956). 1972 wurde auf der UN Conference on the Human Environment in Stockholm (Vereinte Nationen 1972) das UN-Umweltprogramm (United Nations Environment Programme (UNEP) 2012) gegründet. Nach der Pariser Gipfelkonferenz waren der Rat der Europäischen Gemeinschaften und die im Rat vereinigten Vertreter der Regierungen der Mitgliedstaaten (1973) mit der ersten Erklärung zur Umwelt- und Verbraucherschutzpolitik bestrebt, die Lebensqualität durch die Vermeidung von Umweltbelastungen zu verbessern. Diese Erklärung war der Beginn der EU-Umweltpolitik. Mit der Verabschiedung der Einheitlichen Europäischen Akte (Europäische Gemeinschaften 1987) wurde der Schutz der Umwelt erstmals in einem Artikel (Art. 25) festgehalten. Mit dem Vertrag von Maastricht (Europäische Union 1992) und dem Vertrag von Amsterdam (Europäische Union 1997) konnte der Umweltschutz gestärkt werden, und durch den Vertrag von Lissabon (Europäische Union 2007) sind die Bekämpfung des Klimawandels und die nachhaltige Entwicklung zu wesentlichen Zielen erklärt worden.

Es wurde versucht nicht nur den Menschen und die Natur, sondern auch die Realwirtschaft vor dem zerstörerischen Marktmechanismus zu schützen. Der Aufbau des Zentralbankwesens sollte eine Geldschöpfung ermöglichen, die Unternehmen vor dem Marktsystem schützt. Zentralbanken entstanden als Folge der Auswirkungen des Goldstandards, der als ein internationales System von Warengeld betrachtet werden kann, und des Bestrebens nach stabilen Währungskursen. Hartgeld bzw. Gold ist für eine nationale Wirtschaft zu einem bestimmten

Zeitpunkt nicht mehr ausreichend, da die Geldmenge nicht flexibel an eine plötzliche Zunahme an Transaktionen angepasst werden kann. Wenn zu wenig Geld im Markt ist, müssten entweder die Geschäfte eingeschränkt werden oder die Preise sinken, wodurch die Konjunktur zurückginge und Arbeitslosigkeit entstünde. Durch die Deflationseffekte des Goldstandards im 19. Jahrhundert wurde die Realwirtschaft desorganisiert, und die Arbeitslosigkeit stieg enorm an. Ähnlich wie bei Arbeit und Boden führte die Warenfiktion von Geld zu einer Ausbeutung des Marktsystems, was zu einer Gefährdung der Gesellschaft führte. Durch das Warengeld wurde das Preisniveau gefährlich reduziert, was die Produktionsbetriebe gefährdete. Die Deflationstendenzen von Wirtschaften mit Münzen konnten durch Geld aufgehoben werden. Der Eingriff mit Geldpolitik war somit eine wesentliche Voraussetzung für das Funktionieren der Marktwirtschaft. Das grundsätzliche Problem bestand darin, dass Geld rein wirtschaftlich und nicht mehr politisch betrachtet worden ist. Geld wurde aber nie vollständig von der Politik getrennt, die für die Aufrechterhaltung des Wertes von Geld sorgte und es als Zahlung von Steuern akzeptierte. Geld ist nicht nur Tauschmittel und somit eine Ware, sondern es ist Kaufkraft (Polanyi 1978, S. 260 ff.).

Ein weiteres Beispiel für eine Warenfiktion von Geld zeigt das Triffin-Dilemma. Es beschreibt einen Fehler im Bretton-Wood-System, wonach die Liquidität und damit die Zahlungen in der wachsenden Weltwirtschaft durch die begrenzten Goldbestände nur aufrechterhalten werden konnten, indem die USA zusätzliche US-Dollars schöpften und das Zahlungsbilanzdefizit enorm anstiegen ließen. Damit existierte eine immer größere Dollarmenge, die nicht mit Gold gedeckt war. Als Frankreich forderte, eigene Dollarreserven in Gold zu konvertieren, war dies nicht möglich, wodurch das Vertrauen in das System sank (Triffin 1978, S. 2 ff.). Nach Ölkrise, Stagflation und Umweltkrise trat die USA 1971 aus dem Bretton-Wood-System aus, wodurch sie wieder deutlich höhere Schulden, u. a. zur Finanzierung des Vietnamkrieges, machen konnten (Graeber und Schäfer 2014, S. 476 ff.).

Erst mit der Auflösung der starren Wechselkurse konnten wieder mehr Schulden gemacht werden, sodass wieder mehr Kaufkraft für Innovationen zur Verfügung stand, mit denen ein Mehrwert und damit Wachstum erzeugt werden konnten. So konnte der Erhalt der Funktion des Wirtschaftssystems gesichert werden. Allerdings wurde die expansive Geldpolitik immer extremer, weshalb die unkontrollierte Geldschöpfung zu einer ähnlichen Bedrohung wurde, wie es die Deflationstendenzen durch Warengeld geworden sind. Daher folgte auf dem Neoliberalismus in der Finanzpolitik eine Tendenz zu einer schärferen Regulierung, um die Realwirtschaft zu schützen. Insbesondere nach der Finanzkrise 2007 wurde von den G20-Staaten eine bessere Regulierung der Finanzmärkte gefordert. Gleichzeitig wollten sie jedoch Protektionismus verhindern, um den freien Markt und offenen Handel zu erhalten. Auf Basis von Einzelmaßnahmen sollte die Entstehung einer erneuten Finanzkrise verhindert werden (Group of Twenty (G20) 2008). Auf einem Folgetreffen im Jahr 2009 in London verabschiedeten die G20-Staaten Konjunkturprogramme, die die Funktionsweise der Realwirtschaft wiederherstellen sollten und ein höheres Wirtschaftswachstum als Ziel verfolgten (Group of Twenty (G20) 2009).

Seit der Industrialisierung gab es Versuche, die Umwelt der Real- und Finanzwirtschaft vor den negativen Auswirkungen eines unkontrollierten Wachstums zu schützen. Die politischen Maßnahmen stießen aber immer wieder an Grenzen, da sie die Ausdifferenzierung des Wirtschaftssystems begrenzten, wodurch sie zugleich die Operationsweise der Wirtschaft blockierten.

3.3.2 Steuerungsmöglichkeiten sozialer Systeme

Eine ausdifferenzierte Gesellschaft ist wesentlich komplexer und damit zugleich auch kontingenter. Die Entscheidungsmöglichkeiten nehmen zu. Sinn entsteht nur, wenn aus der Differenz von Aktualität und Potenzialität die Möglichkeit gewählt wird, die weiteren Sinn ermöglicht. Im folgenden Kapitel wird beschrieben, wie Kontingenz in den verschiedenen Sinndimensionen aufgrund der Ausdifferenzierung zunimmt und es für das Politiksystem mit den bisherigen Strukturen immer schwieriger wird, eine sinnvolle Möglichkeit zu wählen und damit eine Fortsetzung von Sinn zu ermöglichen.

Aus systemtheoretischer Sicht arbeitet das politische System mit Macht, wodurch es nur begrenzt eine gesamtgesellschaftliche Rationalität erreichen kann.

In der Politik „geht es um Innehaben bzw. Nichtinnehaben der Positionen, in denen öffentliche Gewalt ausgeübt werden kann und von denen aus sich regulieren lässt, wer politischen Einfluss hat, in welchen Angelegenheiten und wieviel." (Luhmann 1986, S. 170) Das heißt, der Code der Politik unterscheidet zwischen Macht haben und keine Macht haben. Damit ist gewährleistet, dass politische Ämter besetzt sind und die Autopoiesis fortgesetzt werden kann. Im Gegensatz zu den anderen Systemen ist jedoch eine Differenz dieses Codes zum Programm notwendig. Denn nur wenn eine politische Opposition mit einem anderen Politikprogramm vorhanden ist, kann das Politiksystem korrekt arbeiten. Zur Überbrückung dieser Differenz gibt es eine Zweitcodierung, die unterscheidet, ob eine restaurative (konservative) oder progressive Politik bzw. ein restriktives bzw. expansives Staatsverständnis vorhanden ist. Zur Umsetzung ihrer Macht kann sie zum einen dafür sorgen, dass neues Recht durchgesetzt wird, und zum anderen kann sie sich unbegrenzt Geld besorgen. Diese Maßnahmen haben jedoch Grenzen. Die Resonanzfähigkeit gegenüber der Umwelt ist durch räumliche und zeitliche Grenzen beschränkt. Denn über den Territorialstaat hinaus fehlen bisher wirksame Regulierungen, die gesamtgesellschaftliche Herausforderungen angehen. Daneben existiert ein zeitliches Problem, die gesellschaftliche Umwelt umfassender zu berücksichtigen, da die Wettbewerbsdemokratie ihre Themen nach den Wahlen ausrichten muss und aus politischen Gründen oftmals bestimmte Vereinbarungen nicht infrage gestellt werden. Mit diesen Einschränkungen, die es nach Luhmann immer gibt, sieht er jedoch nicht die Möglichkeit verwehrt, dass beispielsweise ökologische Themen in der Regierung berücksichtigt werden und sie somit mit dem politischen Code kompatibel sind (Luhmann 1986, S. 173 ff.).

Allerdings bestehen in der Politik Grenzen, wie die anderen gesellschaftlichen Funktionssysteme und die Umwelt der Gesellschaft berücksichtigt werden. Gesellschaftliche und ökologische Themen aus der Umwelt der Politik können nur berücksichtigt werden, wenn sie mit dem politischen Code kompatibel sind (Willke 1993, S. 258). Eine gesamtgesellschaftliche Rationalität wird daher nur betrachtet, wenn sie mit der Systemrationalität vereinbar ist. Eine gesamtgesellschaftliche Steuerung ist so jedoch nicht möglich (Wiesenthal 2006, S. 32).

Der Steuerungsbegriff hat sich trotz der Realitätsferne etabliert, da sich durch Staatstheorie und Handlungstheorie ein kausales Denken von Subjekt-Objektbeziehungen etabliert hat (Wiesenthal 2006, S. 34 f.). Der Glaube an eine zentrale Gesellschaftssteuerung durch die Politik hat historische Gründe, denn die Politik galt lange Zeit als Spitze der Gesellschaft. Zudem ist sie in der Lage, kollektiv bindende Entscheidungen zu treffen und durchzusetzen (Strulik 2000, S. 108).

Die Überlegungen zur Steuerung haben ihren Ursprung in der politischen Planung, die seit der großen Depression versuchte, durch staatliche Interventionen wirtschaftliche und soziale Vorgaben zu machen. Dieses kybernetische Steuerungsverständnis geriet in den 1980er Jahren durch die zunehmenden Unsicherheiten und Legitimationsschwierigkeiten auf Grund von Massenarbeitslosigkeit in Verbindung mit hoher Staatsverschuldung an seine Grenzen. Damit wurde die Begrifflichkeit „politische Planung" vom Begriff „Steuerung" abgelöst. Dieser wurde sowohl von Handlungstheorien, bei denen Akteure im Mittelpunkt stehen, als auch von der Systemtheorie, die eher eine gesellschaftliche Selbststeuerung beschreibt, verwendet (Wiesenthal 2006, S. 19 ff.).

Nach der Systemtheorie können sich die ausdifferenzierten Funktionssysteme nicht gegenseitig steuern, sondern sich nur über die strukturelle Kopplung mehr oder weniger massiv irritieren. Sie sind von außen durch ihre Oszillation zwischen Fremd- und Selbstreferenz beeinflussbar, aber sie können von außen nicht definiert werden, denn die Entscheidung zur Anpassung wird vom System immer noch selbst getroffen. Es bleibt dem System überlassen, ob es eine Information als relevant für die Fortsetzung der eigenen Autopoiesis hält oder nicht. Damit ist zwar eine Auslösekausalität möglich, aber es besteht keine Durchgriffskausalität. Ob eine Irritation etwas im System bewirkt, ist abhängig von dem aktuellen Moment und Zustand des Systems und damit nicht von irgendwelchen Ursache-Wirkungsprinzipien (Luhmann 2000, S. 401).

In einem Streitgespräch zwischen Niklas Luhmann und Fritz W. Scharpf auf dem Kongress der Deutschen Vereinigung für Politische Wissenschaft am 12. September 1988 in Darmstadt wurden die unterschiedlichen Perspektiven der Systemtheorie und der Handlungstheorie auf den Steuerungsbegriff besonders deutlich.

Luhmann kritisiert aus Sicht der Systemtheorie, dass Handlungstheorien zur Steuerung von komplexen Gesellschaftszusammenhängen ungeeignet sind, da sie keine komplexen Kausalverhältnisse darstellen und auch nicht die Informationsdefizite im Zeitverlauf berücksichtigen können. Die Anwendung von Handlungstheorien in komplexen Situationen muss daher zwangsläufig Fehler enthalten und die Ergebnisse müssen gezwungenermaßen nach einer Umsetzung der Empfehlung mit unvorhergesehenen Nebenwirkungen relativiert werden. Weder die Gesellschaft noch ein politisches System sind damit in der Realität steuerbar (Wiesenthal 2006, S. 34).

Scharpf kritisiert die Systemtheorie, da sie ein sehr eingeschränktes Politikverständnis hat und damit Steuerungserfolge nicht sieht. Die Reduktion von Politik auf Macht führt dazu, dass nur die Dimension Politics der politischen Analyse betrachtet wird und Polity und Policy vernachlässigt werden. Dadurch könne Luhmann nicht sehen, dass die Funktionssysteme innerhalb und in Bezug auf Andere eigentlich ganz gut funktionieren. Da Luhmann sich nur auf die Differenz von Regierung und Opposition beschränkt, kann er sich zudem nur auf einen politischen Bereich beziehen, der Nullsummenspiele beschreibt. Scharpf bestätigt zwar die konzeptionellen Schwächen der Handlungstheorie, aber er kritisiert, dass der Akteur in der Systemtheorie nicht als komplexes System berücksichtigt wird, wodurch die Steuerungsskepsis entsteht. Die Systemtheorie überschätzt die gegenseitige Intransparenz von Systemen. Unterhalb der Ebene der Funktionssysteme, bei Organisationen, wird ersichtlich, dass dort mehrere Sprachen gesprochen werden. Diese Integrationsmöglichkeit von Organisationen und Individuen wird von der Systemtheorie ignoriert. Die Systemtheorie sollte sich daher mit der Steuerung von Politik und der Interaktion zwischen Akteuren auseinandersetzen. Da an einer politischen Steuerung immer mehrere Akteure mit unterschiedlichen Interessen beteiligt sind, ist die Handlungstheorie nicht in der Lage, Bedingungen so zu bestimmen, dass ein Steuerungserfolg garantiert werden kann. Durch die Berücksichtigung von Interdependenzen und verschiedenen Akteurskonstellationen kann aber eine begrenzte Anzahl an möglichen Resultaten bestimmt werden, weshalb davon auszugehen ist, dass nicht keine Steuerung möglich ist (Wiesenthal 2006, S. 37 f.).

Allerdings gehen die Theorien auch von einem unterschiedlichen Verständnis von erfolgreicher Steuerung aus.

Während Scharpf eher ein alltägliches Verständnis von Steuerung zugrunde legt, wonach eine Handlung etwas zu erreichen beabsichtigt, aber nicht klar ist, ob die erwünschten Ergebnisse erreicht werden können, hat Luhmann ein anspruchsvolleres Verständnis von Steuerung. Eine Steuerung liegt erst bei einem Systemwandel vor, bei dem das Steuerungsziel zuverlässig und vollständig erreicht wird, was üblicherweise nur durch eine systeminterne Steuerung möglich ist (Wiesenthal 2006, S. 38).

Nach Wiesenthal kritisiert die Systemtheorie, dass andere Theorien nicht in der Lage sind, Prognosen zu erzeugen, obwohl sie selbst dazu nicht in der Lage ist. Während Interaktionstheorien fähig sind, gewisse Tendenzaussagen zu treffen, die auch empirisch überprüft werden können, ist die Systemtheorie empirisch nicht sehr präzise und ermöglicht höchstens Tendenzaussagen. Andererseits können Interaktionstheorien auch keine Aufzählung bereitstellen, unter welchen Bedingungen eine Steuerung erfolgreich ist. Genauso ist aber auch die Systemtheorie nicht in der Lage, zu beschreiben, unter welchen Bedingungen ein Funktionssystem bei einem Umweltereignis mit Resonanz reagiert. Somit sind beide Theorien nur in der Lage, mögliche Wirkungen bei einer Veränderung zu bestimmen. Luhmanns Einwände hinsichtlich einer begrenzten Steuerungsfähigkeit aufgrund von Kontingenz sind berechtigt (Wiesenthal 2006, S. 39 ff.).

Auch Scharpf versucht nicht, diese Aussagen von Luhmann zu widerlegen. Auch wenn unter bestimmten Wahrscheinlichkeiten mögliche Steuerungseffekte ermittelt werden können, kann es keine Theorie geben, die dem Akteur alle Bedingungen für einen Handlungserfolg klar darstellt. Die Unsicherheit der Zukunft ist die größte Herausforderung der Steuerungstheorien (Wiesenthal 2006, S. 41).

Zusammenfassend gibt es zwar Möglichkeiten der Steuerung, die aber abhängig von der Evolution des Systems begrenzt sind. Je komplexer das System wird, umso schwieriger wird es, das System zu steuern. Da Luhmann davon ausgeht, dass gar nichts steuerbar ist, beschäftigt er sich auch nicht mit den Möglichkeiten, die zur Verfügung stehen, um die Evolution in eine bestimmte Richtung zu beeinflussen (Wiesenthal 2006, S. 209 ff.).

Während Luhmann also davon ausgeht, dass keine Steuerung möglich ist, weicht Willke von der harten Definition des Steuerungserfolgs ab und sieht aus systemtheoretischer Sicht, dass eine Steuerung zwar nicht absolut sicher, aber doch mit einer gewissen Wahrscheinlichkeit wirkt. Mit dieser Anerkennung von möglichen Steuerungswirkungen setzt er sich mit den Steuerungsmöglichkeiten aus systemtheoretischer Sicht auseinander. Demnach können andere gesellschaftliche Funktionssysteme durch Kontextsteuerung beeinflusst werden.

Nach Willke ist eine lineare Steuerung eine Illusion eines trivialen Steuerungsmodells und eine Differenzierung von Selbst- und Fremdsteuerung zu simplifizierend. Nichttriviale Systeme sind zwar nur durch Selbststeuerung veränderbar, aber sie können durch eine Kontextsteuerung beeinflusst werden (Willke 2005, S. 132 ff.).

Durch die „reflexive Modernisierung" (Beck 2016, S. 16) entsteht eine Selbststeuerung, da bestehende Rationalitäten aufgebrochen werden, und mit dem zusätzlichen Wissen wird strukturelle Latenz sichtbar. Dadurch erkennt die Politik die eigenen Grenzen ihres Einflusses auf andere Systeme (Beck 2016, S. 369 ff.).

Durch Reflexion erkennt der Staat seine eigenen Grenzen der Steuerung und die Gründe für die Überforderung, wodurch er gleichzeitig die Erkenntnis gewinnt, wie ein höheres Leistungsniveau von Steuerung erzielt werden kann (Wiesenthal 2006, S. 69). So kann das politische System mithilfe von Kontextsteuerung andere gesellschaftliche Funktionssysteme beeinflussen (Strulik 2000, S. 109 f.).

Durch die Herstellung von strukturellen Kopplungen wird eine Resonanz in anderen Systemen erzeugt. Zwar ist die Steuerung auf ein Verständnis des anderen Systems angewiesen. Dies erreicht das politische System aber nur, indem durch die Einrichtung von neuen strukturellen Kopplungen Interdependenzen geschaffen werden, die durch einen rekursiven Lernprozess weitere Anpassungsmöglichkeiten schaffen. Policy-Netzwerke ermöglichen eine empirische Untersuchung von Supervision, da den beteiligten Systemen eine gewisse Selbststeuerung zugetraut wird (Strulik 2000, S. 123 ff.).

Das Steuerungsverständnis von Willke ist damit weniger streng an die Theorie von Luhmann angelehnt, der zufolge sich Systeme nur an ihrer eigenen Systemlogik orientieren, da strukturelle Kopplungen unter der Voraussetzung der Aufrechterhaltung der Autopoiesis eingegangen werden, wodurch Systeme ihre externen Auswirkungen reflektieren und damit einen Vorteil für alle Beteiligten schaffen können (Wiesenthal 2006, S. 70).

Wiesenthal geht davon aus, dass eine positive Steuerung aus systemtheoretischer Sicht nicht möglich ist, allerdings kann unter bestimmten Umständen Steuerung erfolgreich sein. Von welchen Bedingungen das abhängt und welche Ansätze wirken, kann jedoch nicht vorhergesagt werden. Eine positive Steuerungstheorie ist nicht möglich, da die Gesellschaft zu komplex ist, um sie entsprechend zu erfassen und zu verarbeiten. Es ist jedoch nicht auszuschließen, dass zukünftig Ansätze entwickelt werden, die eine solch komplexe Steuerung ermöglichen. Die Herausforderung besteht dann eher darin, dass diese Akzeptanz finden (Wiesenthal 2006, S. 197).

Aus systemtheoretischer Sicht kann durch das politische System keine direkte Steuerung mit sicheren Ergebnissen erfolgen. Aber die Beeinflussung des politischen Systems kann mit einer gewissen Wahrscheinlichkeit erfolgreich sein, weshalb die Politik durchaus Steuerungsmöglichkeiten besitzt.

3.3.3 Kontingenz der politischen Steuerung in der sachlichen, zeitlichen und sozialen Sinndimension

Die wesentliche Herausforderung für eine Steuerungstheorie besteht in Kontingenz. Die Grenzen der Steuerung, vor dem insbesondere das politische System steht, werden durch zunehmende Kontingenz sowohl in der sachlichen und zeitlichen als auch in der sozialen Sinndimension deutlich. Diese zunehmende Kontingenz erschwert es, im politischen System neuen Sinn zu finden und durch die Fortsetzung der eigenen Operationen neuen Sinn zu erzeugen.

Die Kontingenz in der sachlichen Sinndimension führt dazu, dass unerwartete Nebenfolgen durch Steuerungseingriffe entstehen.

Aufgrund der Ausdifferenzierung und der Bearbeitung mit einem binären Code müssen in den gesellschaftlichen Funktionssystemen andere Themen ausgeschlossen werden.

Durch die Unterscheidung eines „Designationswert[es]" (Japp 1996, S. 40) und eines „Reflexionswert[es]" (Japp 1996, S. 40), was im wirtschaftlichen Code beispielsweise Zahlungen und Zahlungsunfähigkeit entspricht, werden dritte Werte wie beispielsweise „Moral" in der Politik ausgeschlossen. Da auf solche Werte auf der Ebene des Codes nicht Rücksicht genommen werden muss, steigt die Risikoaffinität. So wird beispielsweise der Opposition aus dem Zweck der Machterhaltung geschadet, ohne die Auswirkungen auf die Umwelt der Politik zu achten. Der binären Codierung ist Kontingenz inhärent, da eine Entscheidung für den Designationswert gleichzeitig am Reflexionswert gespiegelt wird – und damit immer auch die Möglichkeit, dass anders hätte entschieden werden können und die Entscheidung, wie sie getroffen wurde, vorher mit einer Unsicherheit verbunden war. Da in den gesellschaftlichen Funktionssystemen für die Aufrechterhaltung der Autopoiesis jedoch ein Selektionszwang besteht, ist jede Operation in allen Funktionssystemen mit einem Risiko verbunden. Mit der Ausdifferenzierung und den stärkeren binären Operationen wurde die Rücksichtnahme auf andere Werte vernichtet, weshalb mit der Ausdifferenzierung der Gesellschaft auch der Beginn einer enormen Risikoproduktion eingeleitet wurde (Japp 1996, S. 40 ff.).

Im Fall der gesellschaftlichen Funktionssysteme können die binären Codierungen nicht gleichzeitig die Kriterien für die Selektion sein. Während der Code des Funktionssystems unverändert bleibt, können die Kriterien, nach denen die Ausprägung des Codes definiert wird, vollständig geändert werden. Die Ausdifferenzierung der Gesellschaft ist daher nur durch eine Unterscheidung von zwei Ebenen möglich. Während Codes dafür sorgen, dass die Systeme geschlossen operieren, ermöglichen Programme eine Offenheit der Systeme, da sich innerhalb dieser Ebene die Kriterien für die Selektion befinden (Luhmann 1986, S. 82 ff.).

Aufgrund der Ausdifferenzierung erfolgt ein Redundanzverzicht, wodurch die Funktionssysteme nur eine sehr beschränkte Resonanzfähigkeit haben. Sie reagieren innerhalb ihrer Codes nur auf Umweltveränderungen, die für ihre funktionsspezifische Logik relevant sind. Das scheint aber eher die Ausnahme zu sein, da die gesellschaftlichen Funktionssysteme selbstreferenziell operieren. Prinzipiell ist jedoch zwischen den Systemen auch Kommunikation möglich, wenn es sich nämlich um Kommunikation handelt, die auch für die jeweiligen Codes der Funktionssysteme relevant ist. Die Kommunikation über bestimmte Ereignisse kann also sowohl positive als auch negative Auswirkungen auf andere Systeme haben. Voraussetzung für die Berücksichtigung der Umwelt und die Operationen der anderen Systeme ist einerseits die Codierung, da Umweltereignisse erst berücksichtigt werden können, wenn sie zu etwas in Relation gestellt werden können. Andererseits sind auch Programme notwendig, die Selektionskriterien implizieren, nach denen die Relevanz der Umweltereignisse überprüft wird. Erst wenn Umweltereignisse diese beiden Filter durchlaufen haben, sind sie systemrelevant und werden durch die internen Operationen verarbeitet und an die systembezogene Kommunikation angeschlossen (Luhmann 1986, S. 219 ff.).

Da die Funktionssysteme diese Irritation für die Fortsetzung ihrer Autopoiesis brauchen, entsteht ihre Geschlossenheit nur durch diese Offenheit. Die Paradoxie von Offenheit und Geschlossenheit wird durch diese Differenz der zwei Ebenen überwunden. Da sie aber nur das berücksichtigen, was systemrelevant ist, können sie nur beschränkt resonanzfähig gegenüber den Rückwirkungen auf andere Systeme sein (Japp 1996, S. 33).

Hinzu kommt, dass Themen aus der ökologischen Umwelt vom Gesellschaftssystem nur dann übernommen werden, wenn darüber kommuniziert wird. Es sind also insbesondere psychische Systeme notwendig, die ein Bewusstsein und die ökologischen Probleme wahrnehmen und darüber kommunizieren können (Luhmann 1986, S. 221).

Die Themen, die sich außerhalb der Umwelt befinden, stellen neben der Codierung und den Programmen der gesellschaftlichen Funktionssysteme einen zusätzlichen Filter dar, der es also schwer macht, dass ökologische Themen Anschluss an die jeweiligen gesellschaftlichen Funktionssysteme finden.

So führen die gesellschaftlichen Operationsweisen der Funktionssysteme auch zu einer Gefährdung der natürlichen Systeme, die die Umwelt der Gesellschaft darstellen. Zwar ignorieren die Funktionssysteme die Externalitäten, die sie erzeugen. Allerdings sind sie in der Lage, die daraus entstehenden Irritationen in der Umwelt wahrzunehmen, sobald sie eine Gefahr für die eigene Reproduktion darstellen (Melde 2012, S. 59).

Wegen des fehlenden Verständnisses für andere Systeme fehlt auch das Verständnis für mögliche Nebenfolgen, die in anderen Systemen entstehen. Durch die Spezialisierung der Ausdifferenzierung auf ganz bestimmte Funktionen können die Operationen der anderen Systeme und damit auch die Auswirkungen der eigenen Operationen auf die anderen Systeme immer weniger nachvollzogen werden, wodurch die Kontingenz in der sachlichen Dimension zunimmt.

Eine Herausforderung der Steuerung von sozialen Systemen besteht in der sachlichen Dimension.

Zu der eingeschränkten Beobachtungsperspektive der Systeme kommt hinzu, dass Systeme auf Basis eines aktuellen Zustands oder vergangener Erfahrungen gesteuert werden. Der angestrebte Steuerungszustand befindet sich jedoch in der Zukunft. Das heißt, während der Steuerung gibt es weitere Veränderungen, weshalb der angestrebte Steuerungszustand nie erreicht werden kann. Die Herausforderung besteht darin, dass in milliardenfacher Hinsicht gleichzeitig etwas anderes passiert, das man nicht kausal beeinflussen kann. Umwelt und Systeme müssen zukünftig als etwas anderes wahrgenommen werden. Da man aber nie sicher sein kann, was die Zukunft bringt, kann man nur in eine offene Zukunft steuern. Bereits die Verwendung von Steuerungsmitteln kann das System so verändern, dass es nicht mehr dem entspricht, was es am Anfang war. Dann kann es sein, dass die angestrebten Effekte schon vor der eigentlichen Steuerung eintreten und die Steuerung somit überflüssig machen. Eine Steuerung entsteht dann bereits durch die Setzung eines Signals, ohne dass ein Eingriff erfolgt (Wiesenthal 2006, S. 33 ff.).

Die Wirkungen von Steuerungen sind unvorhersehbar. Demnach kann es auch keine realistischen Prognosen geben, und eine Systemsteuerung in diesem Sinne ist nicht möglich. Die Politik ist nicht in der Lage, die Folgen ihrer Eingriffe abzuschätzen. Für sie kann es zwar nachvollziehbar sein, welche Handlungsmöglichkeiten aktuell bestehen, aber sie kann nicht antizipieren, wie die Handlungsmöglichkeiten sich im Zeitverlauf verändern (Wiesenthal 2006, S. 195 f.).

Kontingenz entsteht, wenn Entscheidungen hätten anders getroffen werden können. Durch Kontingenz wird jede Entscheidung riskant, da andere die Situation möglicherweise ganz anders sehen werden, aber diese Beobachtung bei der Entscheidung (noch) nicht vorliegt. Durch diese Intransparenz können unmöglich alle Folgen berücksichtigt werden (Japp 1996, S. 21 f.).

Da die Operationen sich in den gesellschaftlichen Funktionssystemen ununterbrochen erneuern und fortsetzen, ändert sich in jedem Zeitpunkt die Realität, wodurch es unmöglich ist, ohne Risiko zu entscheiden. Denn mit jeder weiteren Entscheidung, die parallel anderswo getroffen wird, steigt das Risiko, dass eine Entscheidung im Nachhinein anders gesehen wird. Durch die Differenz zwischen gegenwärtiger Zukunft und zukünftiger Gegenwart entsteht immer ein blinder Fleck, der nicht berücksichtigt werden kann (Japp 1996, S. 39 ff.).

Eine Steuerung durch einen direkten Eingriff in Systeme ist nicht erfolgversprechend, da jeder Steuerungsversuch nur den Versuch einer Beeinflussung darstellt. Neben der Selbststeuerung der autopoietischen Systeme kommt hinzu, dass während des Steuerungsversuchs viele weitere Ereignisse und Operationen der Systeme stattfinden, wodurch die erwarteten Steuerungsziele durchkreuzt werden (Strulik 2000, S. 109).

Durch die höhere Komplexität der Ausdifferenzierung und wegen der Globalisierung, der Umweltprobleme und des technologischen Wandels entsteht eine größere Notwendigkeit für eine politische Steuerung. Allerdings fehlen der Politik die Möglichkeiten, die immer weiter ausdifferenzierende Gesellschaft zusammenzuhalten, da die Demokratie nicht in der Lage ist, diese Probleme zu lösen (Wiesenthal 2006, S. 68).

Die Gesellschaft fühlt sich dem Fortschritt ausgesetzt, da keiner für die Nebenwirkungen verantwortlich ist. Die Politik kann nur noch im Nachhinein entscheiden, die Wirtschaft muss sich wirtschaftlichen Faktoren unterwerfen, und die Wissenschaft erzeugt nur Wissen, das wirtschaftlich verwertet, aber nicht als negative Kritik gegenüber dem Fortschritt verwendet werden kann. Nicht mehr Utopien, sondern die Nebenfolgen, die durch Wirtschaft und Wissenschaft erzeugt werden, bestimmen die Politik. Die Forschungspolitik läuft den Forschungen und Entwicklungen der Industrie hinterher, da mögliche Entscheidungen erst dann getroffen werden können, wenn die Vorhaben bereits realisiert worden sind (Beck 2016, S. 342 ff.).

In der ausdifferenzierten Gesellschaft nimmt die Kontingenz in der sachlichen Sinndimension zu, da die gesellschaftlichen Funktionssysteme die Folgen ihrer eigenen Operationen kaum abschätzen können. Dies liegt einerseits daran, dass sie durch ihren binären Code nur eine eingeschränkte Wahrnehmung der Umwelt haben. Sie können also nur bestimmte Sachverhalte wahrnehmen. Andererseits verändert sich die Umwelt jederzeit, weshalb Steuerungsversuche immer mit veralteten Sachständen arbeiten. Die eingeschränkte Wahrnehmung in Verbindung mit veralteten Sachverhalten führt bei der zunehmenden Komplexität dazu, dass unerwartete Nebenfolgen zunehmen.

Durch die hohe Unsicherheit der Zukunft, die durch eine Zunahme der sachlichen Kontingenz entsteht, wird der Betrachtungshorizont immer weiter verkürzt, wodurch sich auch eine Zunahme der Kontingenz in der zeitlichen Dimension ergibt.

Die Reduzierung der gesellschaftlichen Komplexität, indem sich die ausdifferenzierten Gesellschaftssysteme auf ihre systemrelevanten Sachverhalte reduzieren, ermöglicht den Aufbau von neuer Komplexität. Diese neue Komplexität bedarf einer erneuten Reduzierung, um sie verarbeitbar zu halten und die Autopoiesis der Systeme zu erhalten. Neben dem Ausschluss von allen nicht systemrelevanten Themen kann eine Komplexitätsreduktion auch durch eine Beschleunigung der Operationen erzielt werden, indem die Differenz zwischen Vergangenheit und Zukunft immer geringer wird (Japp 1996, S. 23).

Durch die Ausdifferenzierung werden Redundanzen reduziert, die früher besonders bei Moral und Familie zu finden waren. Allerdings entstehen gleichzeitig auch neue Redundanzen, da bei einer Veränderung eines Systems durch die Interdependenzen der Systeme Auswirkungen auf andere Systeme erzeugt werden. Die Folgen werden jedoch meist erst nach einer gewissen Zeitdauer sichtbar. Somit wird Komplexität temporalisiert. Präventionsmaßnahmen nehmen zu, um bei einem Auftreten dieser unerwarteten Folgeprobleme schnell reagieren zu können. Die Problematik von auftretenden Nebenwirkungen in der Zukunft wird gelöst, indem Möglichkeiten geschaffen werden, bei einer Nebenfolge sofort zu reagieren (Luhmann 1986, S. 209).

In komplexen Systemen sind mögliche Auswirkungen alternativer Möglichkeiten kaum voraussehbar und werden durch die Dauer der Informationsbeschaffung und -verarbeitung schnell zu einem zeitlichen Problem (Luhmann 2000, S. 404).

Mit steigender Komplexität verliert die Vergangenheit an Bedeutung, da die bisherigen Erfahrungen nicht ausreichen, um eine Situation mit riskanten Entscheidungen richtig einzuschätzen. Aufgrund der Zunahme der Nebenfolgen wird die Zukunft immer offener, sodass jede Festlegung riskanter wird. Andererseits müssen immer mehr Entscheidungen getroffen werden, weil auch immer mehr selektiert werden muss. Dadurch steigt die Abhängigkeit von Entscheidungen bei einem gleichzeitigen Bedeutungsverlust von Erfahrungen und Erwartungen (Strulik 2000, S. 116).

Der betrachtete Zeithorizont wird immer geringer, da jedes Ereignis auf mögliche Handlungen hochgerechnet wird und so jedes Ereignis bereits alle möglichen Konsequenzen auslöst. Dies wird vor allem durch neue Algorithmen bestimmt, die in der Lage sind, mögliche Handlungen zu kalkulieren, wodurch die Systeme immer komplexer, aber gleichzeitig auch kurzfristiger werden (Luhmann 1988, S. 104). Diese „Defuturisierung" (Luhmann 1990, S. 130) führt zu einer erneuten Unsicherheit, wodurch der Zeithorizont weiter eingeschränkt wird (Strulik 2000, S. 117).

Da die Konsequenzen eines Steuerungseingriffes nie komplett berücksichtigt werden, muss bei jedem Versuch der Steuerung eine Korrektur erfolgen. Jede Steuerung bedarf daher einer weiteren Steuerung, wodurch sich Steuerung selber beschleunigt (Luhmann 2000, S. 404).

Bei selbstreferenziellen Gesellschaftssystemen beschleunigt sich mit der Ausdifferenzierung der Dauerzerfall der Elemente, aus denen sie bestehen. Sie erhalten sich selbst durch eine Temporalisierung der Komplexität. Die Verkürzung der Reaktionszeit bis zu momenthaften Ereignissen führt zu einer ständigen Reversibilität, die es dem System ermöglicht, mit der Irreversibilität der Zeit innerhalb des Systems umzugehen (Luhmann 1984, S. 77 ff.).

Je nach Funktion haben die Gesellschaftssysteme unterschiedliche Zeithorizonte. Während beispielsweise das Rechtssystem eher darauf abzielt, normative Erwartungen von Verhalten in einer unsicheren Zukunft zu stabilisieren, versucht das Wirtschaftssystem durch eine zukunftsstabile Vorsorge die gegenwärtige Verteilung zu sichern. Systemzeiten werden bei zunehmend komplexeren Systemen immer unterschiedlicher. Durch die Ausdifferenzierung von Systemen entwickeln Systeme eine eigene Systemzeit und werden von der Umweltzeit unabhängig. Nur mit einem Bezug zur Gegenwart, also der Differenz aus Vergangenheit und Zukunft, können die unterschiedlichen Zeithorizonte wieder integriert werden (Strulik 2000, S. 117 f.).

Die durch sachliche Kontingenz bedingte zeitliche Kontingenz führt auch zu einer Steigerung der sozialen Kontingenz.

Durch die Futurisierung, indem negative Aspekte beispielsweise durch Externalisierung auf die Zukunft verschoben werden, entsteht eine neue Spannung zwischen Zeitdimension und Sozialdimension. Denn von den zunehmenden unerwarteten Nebenfolgen der riskanten Entscheidungen können nicht nur die Entscheider selbst, sondern auch andere betroffen sein. Dies gilt beispielsweise für die Risiken des Bankensystems. Die Risiken eines kurzfristigen Zeithorizonts treffen nicht den Entscheider selbst, sondern bei einer Systemkrise alle. Die Regulierung kommt den zukunftsorientierten Entscheidungen nicht hinterher, da sie sich nur auf die bisherigen Erfahrungen stützen kann (Strulik 2000, S. 118 ff.).

Durch die Erhöhung der Kontingenz in der zeitlichen Sinndimension aufgrund der Zunahme der Kontingenz in der sachlichen Sinndimension fällt es insbesondere demokratischen Politiksystemen immer schwerer, schnell genug zu reagieren oder gar proaktiv zu steuern.

Nach Willke (2007, S. 181) ist es schwierig, die Demokratie zu kritisieren, da man immer der Gefahr ausgesetzt ist, missverstanden zu werden. Zwar hat die Demokratie viel erreicht, allerdings sollte sie auch nicht als immun gegenüber historischem Wandel betrachtet werden.

Mit der Einführung des Wahlsystems wurden Hierarchie und Monokratie durch eine intelligente Demokratie (Lindblom 1965) ersetzt, die wegen der begrenzten Regierungszeiten eine höhere zeitliche Flexibilität erreichte. Sie war erfolgreicher, weil sie anfing, auf Basis der Vergangenheit zu lernen (Willke 2007, S. 166).

Die intelligente Demokratie nutzt die Intelligenz der Evolution, um sich vorsichtig in inkrementellen Schritten weiterzuentwickeln und an veränderte Bedingungen und Umwelten anzupassen. Allerdings ist davon auszugehen, dass dies nicht ausreicht, um mit den Herausforderungen der Komplexität der modernen Gesellschaft und dem schnellen Wandel mitzuhalten (Willke 2007, S. 181).

Willke (2007, S. 122) geht davon aus, dass in demokratischen Nationalstaaten die formale Legitimität der Gesetzgebung und die prozessuale Legitimität der Demokratie zur Lösung von komplexen Problemen begrenzt sind. Insbesondere interdisziplinäre, intergenerationale und internationale Probleme können nicht mit der Logik eines demokratischen Wahlsystems mit den kurzen Wahlperioden und Grenzen des Nationalstaates gelöst werden. Durch die Institutionalisierung von Gremien, Beiräten, Think Tanks, Panels und anderen Beratungen haben die Nationalstaaten bereits versucht, die Expertise zu erhöhen.

Da sich die Politik jedoch an Wahlstimmen orientieren muss, kann sie keine langfristig verbindlichen Steuerungsentscheidungen treffen (Wiesenthal 2006, S. 202 f.). Der demokratische Entscheidungsfindungsprozess bleibt daher sehr kurzfristig und missachtet negative Externalitäten. Durch langwierige Verhandlungen, Abkommen und Koalitionsbildungen kann die Politik nur sehr langsam reagieren. Gleichzeitig zwingen die kurzen Wahlzyklen zu einer Kurzsichtigkeit, die auch die Verantwortung der Politik simplifiziert und dadurch anfällig für Populismus macht (Willke 2007, S. 171).

Gesetze können im Grunde erst dann richtig diskutiert werden, wenn sie in Kraft gesetzt worden sind und alle Nebenwirkungen der Steuerungsmaßnahme sichtbar werden. Neben der schweren Abschätzbarkeit von Nebenfolgen kommt hinzu, dass Gegenmaßnahmen einen sehr langen und zeitintensiven Prozess durchlaufen müssen und viel Zeit vergeht, bis sie durchgesetzt werden können. So kommt es, dass zu den heutigen Folgen einer technischen und wirtschaftlichen Entwicklung, deren Entscheidung bereits gestern getroffen wurde und deren Grundlagen „vorgestern" erarbeitet worden sind, erst morgen über Gegenmaßnamen entschieden wird, die dann „übermorgen" wirken können (Beck 2016, S. 336 ff.).

Hinsichtlich präventiver Maßnahmen beschränkt sich die Macht der Politik auf die Bereitstellung von öffentlichen Gütern. Meist reagiert die Politik nur auf bereits bestehende gesellschaftliche Probleme wie beispielsweise negative Externalitäten. Im Wesentlichen bietet sie einen Reparaturdienst für den hochkomplexen und hochriskanten Gesellschaftsapparat (Willke 2007, S. 90). Nach Willke (2007, S. 116 f.) kann ein demokratisches System zwar einzelne Probleme in der Gesellschaft lösen, aber sie ist nicht in der Lage, einen fundamentalen Gesellschaftswandel einzuleiten. Es sollten daher nachhaltige Demokratien im Sinne einer nachhaltigen Entwicklung aufgebaut werden. Dazu gehört eine reflexive Politik, die vorausschauend handelt (Willke 2007, S. 90).

Die Zunahme der sachlichen Kontingenz führt zu einer Erhöhung der zeitlichen Kontingenz, da immer schneller entschieden werden muss. Dem Politiksystem fehlen allerdings die Strukturen, um auf die Herausforderungen in der sachlichen Dimension in ausreichend hoher Dynamik reagieren zu können. Wegen des kurzfristigeren Zeithorizonts können gleichzeitig keine komplexen Sachverhalte mit langfristigem Zeithorizont angegangen werden. Mit einer zu geringen Komplexität können daher die sinnvollen Möglichkeiten nicht schnell genug gewählt werden, sodass auch die Kontingenz in den anderen Sinndimensionen, insbesondere in der sachlichen Sinndimension, zunimmt.

Die Herausforderungen der gesellschaftlichen Steuerung entstehen besonders durch die Kontingenz in der sozialen Sinndimension, da sich komplexe Systeme immer in einer Situation von doppelter Kontingenz gegenüberstehen.

Durch die gesellschaftliche Ausdifferenzierung haben sich evolutionsbedingt für die jeweiligen Funktionssysteme spezifische binäre Codes entwickelt. Dadurch erfolgt die Steuerung der Gesellschaft nicht mehr mit einem einheitlichen Ethos, sondern die Irritationen durch die Umwelt werden durch die funktionsspezifischen Codes innerhalb der Systeme gesteuert. Die Herausforderung ergibt sich daraus, dass die Codes nur noch schlecht miteinander integriert sind. Das heißt, wenn aus Sicht des Codes eines Systems etwas sinnvoll erscheint, muss sich dies nicht zwingend auch für den Code eines anderen Systems als richtig erweisen. So kann sich der Versuch einer politischen Steuerung als nicht wirtschaftlich herausstellen (Luhmann 1986, 87 f.).

Wie in jedem gesellschaftlichen Funktionssystem besteht auch im Politiksystem die Herausforderung in der sozialen Dimension. Soziale Systeme stehen einander, wie in Kapital 2.1 beschrieben, in einer Situation doppelter Kontingenz gegenüber, da sie sich wegen ihrer Komplexität nicht gegenseitig durchschauen können.

Zwar setzt eine Steuerung Rationalität voraus, aber für den Erfolg einer sozialen Steuerung muss zusätzlich die Reaktion des Steuerungssubjektes berücksichtigt werden. Dazu zählen nicht nur die direkt beobachtbaren Reaktionen, sondern auch die Annahmen, Erwartungen und Absichten, die damit verbunden sind, was einer Situation doppelter Kontingenz entspricht. Die erwartete Situation kann so eintreten, aber sie könnte sich auch ganz anders entwickeln. Da zukünftige Ereignisse immer auch ganz anders sein könnten, ist die Zukunft im Zusammenspiel von Systemen immer unsicher. Eine kausale Herleitung von zukünftigen Entwicklungen ist daher nicht möglich. Sie können zwar auf Annahmen und Hypothesen über die Wirkung basieren, aber eine Gewissheit über den Erfolg wird es nie geben können. Jede Steuerungsabsicht kann damit nur einen Versuch der sozialen Steuerung darstellen (Wiesenthal 2006, S. 15 f.).

Die Grenzen der politischen Steuerung werden in der sozialen Sinndimension besonders durch die Grenzen des Nationalstaates sichtbar. Aus den Theorien zu Internationale Regime und Policy-Netzwerken geht hervor, dass der Nationalstaat nicht mehr der Hauptakteur der politischen Steuerung ist (Haas 1980; Krasner 2004; Lehmbruch 1991).

Die Bedeutung des Nationalstaates nimmt aufgrund der Globalisierung und der damit einhergehenden räumlichen Unabhängigkeit von Zahlungen ab. Es scheint eine Machtverschiebung vom politischen System hin zum wirtschaftlichen System zu geben (Strulik 2000, S. 112).

Es gibt viele Gründe für eine Auflösung der territorialen Souveränität. Dazu zählen negative Externalitäten, die kein Halt vor Staatsgrenzen machen, aber auch Wissen, Erfindungen und Innovationen, die sich in globalen Netzwerken unabhängig von Staatsgrenzen ausbreiten (Willke 2007, S. 53).

Mit den steigenden Löhnen und Lohnnebenkosten führte der Sozialstaat zu Widerstand bei Investoren, die darauf mit Rationalisierungsmaßnahmen und Stellenabbau reagieren. Zudem können die Nationalstaaten die globalen Umweltrisiken nicht mehr kontrollieren (Beck 2016, S. 309 f.).

Nach Beck (2016, S. 63) konnte die Klassengesellschaften noch innerhalb des Nationalstaats koordiniert werden. Aber eine Risikogesellschaft kann nur durch Global Governance koordiniert werden. Die gesellschaftliche Selbstgefährdung zwingt die Weltgemeinschaft zur Zusammenarbeit und lässt eine Weltgesellschaft näher rücken.

Durch die allmählich entstehende Weltgesellschaft nimmt die Kontingenz in der sozialen Dimension zu, was die Steuerungsfähigkeit der Politik vor neue Herausforderungen stellt. Durch die Entgrenzung des Raumes verliert die bisherige normative Orientierung an Bedeutung, während die Orientierung an kognitiven Erwartungen an Bedeutung gewinnt (Strulik 2000, S. 114 f.).

Luhmann (1991) geht davon aus, dass die heutige Gesellschaft bereits eine Weltgesellschaft ist, da durch die Globalisierung ein globales Kommunikationsnetzwerk existiert. Durch die Dominanz der gesellschaftlichen Funktionssysteme verliert der Nationalstaat an Bedeutung und stellt neben der primären Differenzierung der Gesellschaft in Funktionssysteme nur noch eine sekundäre Gesellschaftsdifferenzierung dar.

Willke kritisiert dies, da die Weltgesellschaft noch nicht in der gleichen Art und Weise arbeitet wie Nationalstaaten. Die Vielfalt und Heterogenität der weltweiten Gesellschaften verursachen Konflikte und verhindern die Entstehung einer Weltgesellschaft. Eine Weltgesellschaft sollte in der Lage sein, sich selbst zu steuern, indem sie ihre grundlegenden Prozesse und Strukturen hinterfragt. Bisher gibt es jedoch keinen Beweis, dass sich ein globales Governance-Regime entwickelt hat. Es gibt aber viele Ansätze, die in diese Richtung zielen. Beispielsweise haben sich globale Regime aus Normen, Regeln und Institutionen entwickelt (Willke 2007, S. 60 ff.).

Nach dem Niedergang des Bretton-Wood-Systems haben sich neue Governance-Elemente wie internationale Gerichtshöfe und globale Policy-Netzwerke staatlicher Behörden und anderer Offizieller gebildet, wodurch der Nationalstaat an Macht verlor. Internationale Agenturen, Institutionen und Stiftungen aber auch NGOs und soziale Bewegungen nutzten diese Möglichkeit, um die Agenden, Diskurse und Entscheidungen der Nationalstaaten zu prägen (Slaughter 2009).

Von einer Weltgesellschaft zu sprechen, hält Willke aber für übertrieben, da eine gesellschaftliche Selbststeuerung noch nicht existiert (Willke 2006, S. 34). Soziale Beziehungen und Transaktionen spielen sich heute noch überwiegend auf regionaler oder lokaler Ebene ab. So wird immer noch die Mehrheit der Güter, die in den USA oder in der EU hergestellt werden, innerhalb dieser Regionen gehandelt. Wichtiger ist aber, dass in modernen Demokratien die inländische Souveränität weiterhin die maßgebliche Souveränität darstellt, mit der Handlungen beeinflusst werden (Willke 2007, S. 54).

Durch eine „Deglobalization" (Bello 2004) aufgrund eines zunehmenden Protektionismus, den der Handelskonflikt zwischen USA und China vermuten lässt (Lau 2019), könnte die Bedeutung des Nationalstaates sogar wieder steigen. Aus globaler Sicht nahmen die Handelsbarrieren in den vergangenen Jahren zumindest nicht ab. Denn im Gegensatz zur starken Reduktion der durchschnittlichen Zollquote aller Produkte weltweit seit Mitte der 1990er Jahre nahm diese Quote seit 2012 wieder marginal zu (World Bank 2022).

Durch die Selbststeuerung der ausdifferenzierten Funktionssysteme werden die nationalstaatlichen Gesellschaften zwar gestört, allerdings sind weitere Destabilisierungen bisher nicht erkennbar. Da eine globale Selbststeuerung noch nicht institutionalisiert wurde, hat sie auch nicht die Qualität einer Gesellschaft erreicht, weshalb es auch zu früh ist, von einer Weltgesellschaft zu sprechen. Es sollte daher eher von lateralen Weltsystemen anstatt von einer Weltgesellschaft gesprochen werden (Willke 2006, S. 38 f.).

Laterale Weltsysteme entstehen als grundlegende Ergänzung der modernen Gesellschaft. Sie sind eine Erweiterung der internen funktionalen Differenzierung der modernen Gesellschaft in einen globalen Raum über den Nationalstaat hinaus. So entsteht beispielsweise aus den nationalen Wirtschaften eine Weltwirtschaft, die über die Nationalgrenzen hinaus die nationalen Wirtschaften miteinander verbindet (Willke 2007, S. 55 ff.).

Zwar verliert der Nationalstaat gegenüber einem globalen Steuerungsregime an Steuerungskompetenz, indem die lateralen Weltsysteme die Souveränität der Selbststeuerung innerhalb der Nationalstaaten angreifen. Allerdings ist eine Verabsolutierung des Nationalstaates eine ebenso falsche Folgerung wie die Behauptung der Existenz einer Weltgesellschaft (Willke 2005, S. 131).

Auch die Theorien der internationalen Politik gehen weiterhin von einer wichtigen Bedeutung des Nationalstaates aus, da durch eine Verknüpfung von privaten und öffentlichen Akteuren neue Steuerungsmöglichkeiten im Sinne einer Global Governance entstehen können (Altvater und Mahnkopf 2007; Strange 1996; Reinicke 1998; Zürn 2005).

Damit verliert der Nationalstaat zwar an Bedeutung, was aber nicht gleichbe-
deutend ist mit dem Ende des Nationalstaates. Er bleibt ein wichtiger Akteur der
Global Govenance neben Institutionen, Konzernen, NGOs, Stiftungen, sozialen
Bewegungen und so weiter, deren Bedeutung für die gesellschaftliche Steuerung
in Abschnitt 4.3.2 noch näher beschrieben wird. Grundsätzlich stellt sich die
Frage, wie die zunehmend komplexen Akteure und Institutionen in Form von
verteilter und disaggregierter Governance am besten organisiert werden (Willke
2007, S. 8).

Global Governance erreicht ihre Stärke weder aus einem hegemonialen
Regime noch durch Zentralisierung, sondern eher mit einem geduldigen und
gemäßigten Ansatz der Koordination in Verbindung mit einer Verteilung der
Governancekapazitäten auf die lateralen Weltsysteme (Willke 2007, S. 59).

Eine gesellschaftliche Steuerung ist nicht zwingend auf das politische System angewiesen, denn es besteht auch die Möglichkeit, dass sich die Systeme
untereinander abstimmen (Wiesenthal 2006, S. 70 f.).

Gegenüber der externen Steuerung durch die Politik bietet die Stärkung der
internen Steuerungsmöglichkeiten innerhalb der gesellschaftlichen Funktionssysteme neue Ansätze, um mit der zunehmenden Kontingenz in der Gesellschaft
zurechtzukommen.

So wurde durch die demokratische Steuerung des Nationalstaats lange Zeit die
Selbststeuerung innerhalb der gesellschaftlichen Funktionssysteme unterdrückt,
da die Entwicklungen in den jeweiligen Systemen begrenzt wurden. Beispielsweise erfolgte im Bretton-Wood-System der Versuch, das globale Finanzsystem
mit einem politischen System, das nur lokale Reichweite hat, zu steuern. Damit
stieß die politische Steuerung durch den Nationalstaat an ihre Grenzen. Mit der
Globalisierung hat der Nationalstaat seinen Zenit der Macht überschritten und
kann damit nicht mehr nur das Wirtschaftssystem nicht begrenzen, sondern er
kann auch nicht mehr die anderen gesellschaftlichen Funktionssysteme in ihrer
Entwicklung beschränken (Willke 2007, S. 90).

Die Machtverschiebung vom politischen zum wirtschaftlichen Funktionssystem kann daher nicht nur als ein Machtmissbrauch der Wirtschaft betrachtet
werden, sondern ist auch als eine Möglichkeit zu sehen, die Verselbstständigung
der Politik, die in ihrer eigenen Logik verharrt, aufzulösen, wodurch neue Möglichkeiten geschaffen werden, weitere Interessen zu berücksichtigen (Beck 2016,
S. 308).

Durch die Ausdifferenzierung ergeben sich immer mehr Möglichkeiten, wie
andere Systeme ihre Operationen gestalten, wodurch die Kontingenz in der sozialen Dimension zunimmt. Dies führt dazu, dass auch das Politiksystem immer
weniger in der Lage ist, die Operationen der anderen Systeme nachzuvollziehen

und sie damit auch nicht mehr kontrollieren kann. Dabei hat beispielsweise das Wirtschaftssystem eine solche Komplexität erreicht, die weit über Nationalgrenzen hinausgeht. Der Nationalstaat mit den begrenzten Steuerungsmöglichkeiten kann daher die Entwicklung des Wirtschaftssystems zu einer pathologischen Selbstreferenz nicht mehr aufhalten, weshalb neue Arten der gesellschaftlichen Steuerung entwickelt werden müssen. Eine höhere Selbststeuerung innerhalb der gesellschaftlichen Funktionssysteme muss nicht als Machtmissbrauch verstanden, sondern kann auch als überfällige Entwicklung gesehen werden, bei der die veralteten Strukturen des politischen Systems aufgebrochen werden, um eine Steuerung der modernen Gesellschaft zu ermöglichen und die damit verbundene Kontingenz zu verarbeiten.

Zusammenfassend ist festzuhalten, dass in der Vergangenheit zum Schutz der Realwirtschaft vor der Finanzwirtschaft und zum Schutz der Gesellschaft und Umwelt vor der Realwirtschaft versucht wurde, die Wirtschaft durch das politische und rechtliche Funktionssystem der Gesellschaft in andere Bahnen zu lenken. Dabei stießen diese Eingriffe in die Wirtschaft jedoch immer wieder an Grenzen. Der Schutz der wirtschaftlichen Grundlage erfolgt immer nur durch eine Einschränkung der wirtschaftlichen Operationen, wodurch die Gefahr von einer Zerstörung der Umwelt zu einer Zerstörung der Wirtschaft verschoben wurde.

Die Politik kann aufgrund ihrer Systemrationalität keine Systeme im Sinne einer gesamtgesellschaftlichen Rationalität steuern. Zudem sind autopoietische Systeme wegen ihrer Selbststeuerung nicht direkt steuerbar. Die Systemtheorie kritisiert Handlungstheorien, da diese wegen kausaler Annahmen der Komplexität von sozialen Systemen nicht gerecht werden und daher die angenommenen Steuerungsziele nie erreichen können. Allerdings kann auch die Systemtheorie nicht genau vorhersagen, mit welcher Irritation eine Resonanz im System entsteht. Während Luhmann davon ausgeht, dass keine gesellschaftliche Steuerung möglich ist, da ein Steuerungserfolg nie vollständig gewährleistet werden kann, hält Willke es für möglich, dass die Selbststeuerung von Systemen durch Kontextsteuerung zumindest beeinflusst werden kann. Durch strukturelle Kopplungen können Lerneffekte über unerwartete Nebenwirkungen entstehen, wodurch eine Steuerung effektiver wird.

In der ausdifferenzierten Gesellschaft nimmt die Kontingenz in der sachlichen Sinndimension zu, da die gesellschaftlichen Funktionssysteme die Folgen ihrer eigenen Operationen kaum abschätzen können. Die eingeschränkte Wahrnehmung in Verbindung mit veralteten Sachverhalten führt bei der zunehmenden Komplexität dazu, dass bei Steuerungseingriffen die unerwarteten Nebenfolgen zunehmen.

Aufgrund der hohen Unsicherheit der Zukunft, die auf der Zunahme der sachlichen Kontingenz beruht, wird der Betrachtungshorizont kontinuierlich verkürzt, wodurch sich auch eine Zunahme der Kontingenz in der zeitlichen Dimension ergibt, weshalb immer schneller entschieden werden muss. Dem Politiksystem fehlen allerdings die Strukturen, um auf die Herausforderungen in ausreichender Dynamik reagieren zu können. Aufgrund der Tendenz kurzfristiger Betrachtungshorizonte können keine komplexen Sachverhalte mit langfristigen Zeithorizonten angegangen werden.

Die Herausforderungen für die gesellschaftliche Steuerung entstehen besonders durch die Kontingenz in der sozialen Sinndimension, da das Politiksystem durch die Ausdifferenzierung immer weniger in der Lage ist, die Operationen der anderen Systeme nachzuvollziehen, und sie damit auch nicht mehr kontrollieren kann. Der Nationalstaat mit den begrenzten Steuerungsmöglichkeiten kann daher die Entwicklung des Wirtschaftssystems zu einer pathologischen Selbstreferenz nicht mehr aufhalten.

Eine stärkere Selbststeuerung innerhalb der gesellschaftlichen Funktionssysteme muss aber nicht als Machtmissbrauch verstanden werden, sondern kann auch eine Steuerung der modernen Gesellschaft ermöglichen und die damit verbundene Kontingenz reduzieren.

3.4   Zwischenfazit

Um die Bedeutung der gesellschaftlichen Steuerung der Nachhaltigkeitsratings zu verstehen, muss in Erfahrung gebracht werden, woher die Notwendigkeit einer nachhaltigen Entwicklung der Gesellschaft resultiert und worin die Probleme der Steuerung in eine solche Entwicklung bestehen.

Es bedarf neuer Formen der gesellschaftlichen Steuerung, die eine Gefährdung der Gesellschaft verhindern und die Gesellschaft vor einem anomischen Zustand bewahren. Die Forderung nach einer höheren Rationalität reicht hier nicht aus, da diese nur die Systemrationalitäten verstärken würde. Entscheidend ist, wie die Realität im System verarbeitet wird und wie durch eine andere Wahrnehmung der Umwelt des Systems die gesellschaftliche Gesamtrationalität besser berücksichtigt werden kann, ohne dass es zu einer Überlastung des Systems kommt. Nur dann kann Sinn erhalten und die gesellschaftliche Autopoiesis fortgesetzt werden.

Grundsätzlich steht die Wirtschaft vor einer Paradoxie. Unter Berücksichtigung des Finanzsystems kann das System sich nur dynamisch, also durch Wachstum, stabilisieren und selbst erhalten. Allerdings ist, realwirtschaftlich betrachtet, Wachstum nicht unbeschränkt möglich, da es auf Knappheiten basiert.

Während also die Realwirtschaft neue Knappheiten erzeugt, versucht das Finanz-system diese Knappheiten zu überwinden. Die Selbsterhaltung der Wirtschaft als Ganzes kann nur auf einer Ausgewogenheit beider Teilsysteme beruhen und nicht einseitig aufgelöst werden.

Die ausdifferenzierten Funktionssysteme operieren zwar eigenständig, was jedoch nicht heißt, dass diese voneinander unabhängig sind, sondern vielmehr, dass jedes System auf die anderen Systeme angewiesen ist. Besonders durch die ökologische Krise und durch Finanzkrisen wird deutlich, dass die Realwirt-schaft und die Finanzwirtschaft mit einer zu geringen Resonanz arbeiten und sich allmählich verselbstständigen. Diese Rücksichtslosigkeit führt zwar zu enor-mer Leistung, aber gleichzeitig auch zur Ignoranz von Nebenwirkungen und negativen Folgen. Auf Basis der Beschreibung von historischen Entwicklungen wird deutlich, wie durch die Systemrationalität die eigene Umwelt zerstört wird und wie die Rückwirkungen zu einer Selbstgefährdung des Wirtschafts- und Finanzsystems führen.

Das politische System ist nicht in der Lage, die Selbstgefährdung durch das pathologische Wirtschaftssystem zu verhindern. Aus systemtheoretischer Sicht können soziale Systeme nicht direkt gesteuert werden.

Die Hausforderungen der gesellschaftlichen Steuerung bestehen in der zuneh-menden Kontingenz in der sachlichen, zeitlichen und sozialen Sinndimension, was durch die ausdifferenzierte Gesellschaft bedingt ist. Mit den bestehenden Strukturen und den rationalen Komplexitätsverarbeitungslogiken des aktuellen politischen Systems wird es immer schwieriger, Kontingenz zu reduzieren.

Politik kann daher nicht alleine dafür sorgen, dass sinnvolle Anschlussope-rationen im Wirtschaftssystem gefunden werden. Damit die Autopoiesis nicht einfach aufhört, muss die pathologische Selbstreferenz durch Selbststeuerung aufgelöst werden. Dazu müssen neue und komplexere Steuerungsformen gefun-den werden, mit denen die zunehmende Kontingenz der modernen Gesellschaft verarbeitet werden kann.

Mit der Reduktion der Kontingenz können neue Anschlussmöglichkeiten geschaffen und die Autopoiesis fortgesetzt werden. Da die Kontingenz in der sachlichen und zeitlichen Sinndimension stark von der Kontingenz in der sozialen Sinndimension abhängt, bietet die Erhöhung der Komplexität in dieser Dimension die Möglichkeit, die Kontingenz in der sozialen Dimension – aber damit verbun-den auch die Kontingenz in der sachlichen und zeitlichen Sinndimension – zu reduzieren und damit eine gesellschaftliche Steuerung zu schaffen, die wieder Anschlussfähigkeit und neuen Sinn für die Fortsetzung der Operationen in den gesellschaftlichen Funktionssystemen erzeugt.

Gesellschaft und Wirtschaft gefährden sich durch Sinnverlust selbst, da das pathologische Wirtschaftssystem mit der wirtschaftlichen Rationalität die eigene Umwelt zerstört und dadurch immer weniger sinnvolle Anschlussoperationen findet, die weiteren Sinn ermöglichen. Das politische System kann die pathologische Selbstreferenz durch zu hohe Kontingenz nicht mehr auflösen.

4

Entstehung eines sinnvollen Wirtschaftssystems durch gesellschaftliche Selbststeuerung

In diesem Kapitel wird aus systemtheoretischer Sicht beschrieben, wie ein nachhaltiges Wirtschaftssystem operiert. Es wird gezeigt, wie durch Reflexion die pathologische Selbstreferenz aufgelöst und durch eine Generalisierung stabilisiert wird. Es wird erläutert, wie eine begrenzte Reflexion in wirtschaftlichen Entscheidungen eine Selbststeuerung des Wirtschaftssystems ermöglicht und wie sie durch Fremdbeschreibungen beeinflusst werden kann.

4.1 Öffnung der pathologischen Selbstreferenz durch Reflexion

In diesem Kapitel wird beschrieben, wie durch Reflexion die pathologische Selbstreferenz des Wirtschaftssystems geöffnet werden kann. Nach einer allgemeinen systemtheoretischen Beschreibung von gesellschaftlicher Reflexion durch Netzwerke wird deren Steuerungsmöglichkeit anhand des Wirtschaftssystems erläutert.

4.1.1 Reduktion von Kontingenz durch Bezug auf die Sozialdimension

Bei der gesellschaftlichen Steuerung lag der Fokus bisher stark auf der Auflösung von Kontingenz durch die zeitliche Dimension. Das heißt, die Unsicherheit der Zukunft wurde rational auf Basis von Erfahrungen aus der Vergangenheit bearbeitet (siehe Abschnitt 3.1). Da diese Sinndimension wenig Anschlusspotenzial bietet, ist es nun notwendig, eine andere Sinndimension zu wählen, um Kontingenz zu reduzieren. Für die Entwicklung von neuem Sinn wird der Fokus

© Der/die Autor(en) 2024
C. Strangalies, *Ratings als Steuerungsinstrument von Unternehmen für eine nachhaltige Entwicklung*, https://doi.org/10.1007/978-3-658-44078-7_4

auf die soziale Dimension gelegt, um die beschränkte Rationalität durch neue
Perspektiven zu öffnen. Im folgenden Kapitel wird untersucht, mit welchen
Steuerungsmöglichkeiten der Gesellschaft die Komplexität der zunehmenden
gesellschaftlichen Kontingenz verarbeitet werden kann.

Zur Annäherung an die Frage, wie die pathologische Selbstreferenz des Wirtschaftssystems aufgelöst werden kann, werden Überlegungen von Willke (2007)
und Baecker (2007) herangezogen, die aus systemtheoretischer Sicht jeweils ein
Szenario für ein Gesellschaftsbild in der Zukunft darstellen. Ein weiterer Vertreter, der Reflexion als einen Lösungsansatz für die Probleme der modernen
Gesellschaft sieht, ist Beck (2016). Während Willke (2007) mit der Wissen-
schaftsgesellschaft erläutert, dass Wissen im Gegensatz zur Normativität für die
gesellschaftliche Steuerung eine immer größere Rolle spielt, zeichnet Baecker
(2007) mit einer Netzwerkgesellschaft nach, dass durch die neuen Informati-
onstechnologien eine immer höhere Unsicherheit entsteht, die nur durch die
Flexibilität der Steuerungsform „Netzwerke" kontrolliert werden kann. Aus Sicht
einer reflexiven Modernisierung (Beck 2016) können unerwartete Nebenfolgen
der Risikogesellschaft durch Reflexion von Wahrheit reduziert werden. Aus
systemtheoretischer Sicht führt jedoch jede Schaffung von neuem Wissen gleichzeitig zu neuem Nichtwissen, sodass die gesellschaftliche Kontingenz zunimmt,
da Gefahren, die nicht beobachtbare Risiken enthalten, häufiger auftreten (Strulik
2000, S. 47).

Aus einer systemtheoretischen Perspektive entsteht Reflexion, wenn bei Systemen die Selbstreferenz und die Systemreferenz zusammenfallen. Systemreferenz
ist die Referenz, die mittels der Differenz von System und Umwelt auf das System verweist. Die Selbstreferenz entspricht einem besonderen Fall von Referenz,
da sie zugleich die Operation beinhaltet, die diese Differenz darstellt. Sie bezieht
sich dadurch auf sich selbst. Mit der Selbstreferenz muss nicht der Gesamtsinn
erfasst werden. Die Möglichkeiten sind kontrollierbar, indem sich das System
an sich selbst orientiert und die Differenz zu seiner Umwelt beobachtet. Dies
entspricht der Reflexion (Luhmann 1984, S. 216).

Bei einer Reflexion beobachten Systeme die Wirkung der eigenen Identität
auf die Umwelt und die Rückwirkungen dieser Wirkungen auf sich selbst im
Vergleich zu den Wirkungen, die andere Systeme auf ihre Umwelt erzeugen.
Reflexion entsteht im System, wenn die System-Umweltdifferenz wieder in das
System eintritt. Das System muss in der Lage sein, sich selbst zu beobachten
und zu beschreiben. Reflexion entsteht durch eine Veränderung der Identität zur
Sicherstellung der zukünftigen Selbsterhaltung. Wie die Auswirkungen beobach-
tet werden, ist aber von den gewählten Selektionskriterien des Systems selbst

abhängig. Identität und Selbstbeobachtung lassen sich daher nur durch das System selbst ändern (Willke 1987, S. 266 ff.).

Auch für Japp (1996, S. 200) bedeutet Reflexion, dass ein System sich selbst als Differenz zwischen System und Umwelt beobachten kann. Systeme erkennen, dass andere Systeme anders beobachten, und können diese Erkenntnis auf sich selbst beziehen.

Durch eine Beobachtung zweiter Ordnung, bei der die Art der Beobachtung beobachtet werden kann, wird diese Kontingenz deutlich (Japp 1996, S. 54 ff.).

Damit sich das System jedoch mit der Vielzahl an Möglichkeiten und Komplexität nicht überlastet, muss die Auswahl durch Asymmetrie begrenzt werden. Erst mit einer asymmetrischen Inkongruenz ist es möglich, dass die Reflexion beschränkt wird und Operationen, also Beobachtungen erster Ordnung, fortgesetzt werden (Japp 1996, S. 206).

Zwar nähert sich das System durch Reflexion einer absoluten Rationalität an, aber eine gesamtgesellschaftliche Rationalität, mit der die gesamte Gesellschaft und deren Auswirkungen in der Gesellschaft abgebildet werden können, bleibt unerreichbar. Die gesellschaftlichen Funktionssysteme können zwar ihre Umwelt in einem begrenzten Maße berücksichtigen. Aber die Auswirkungen betreffen oft auch die Umwelt von anderen Funktionssystemen. Es fehlt daher ein gesellschaftliches Subsystem, das in der Lage ist, die Interdependenzen wahrzunehmen und entsprechend zu verarbeiten. Ein solches System kann aus systemtheoretischer Sicht nicht existieren, da dann die Gesellschaft komplett in der Gesellschaft abgebildet wäre, was aufgrund der Komplexität unmöglich erscheint. Es gibt jedoch die Möglichkeit, dass die bekannten Probleme klar artikuliert werden und die Umweltorientierung der gesellschaftlichen Funktionssysteme gesteigert wird. Insgesamt sollten in der Gesellschaft die Rückwirkungen auf die Gesellschaft transparent und besser kontrollierbar gemacht werden (Luhmann 1984, S. 645).

Durch die stärkere gegenseitige Abhängigkeit der gesellschaftlichen Funktionssysteme aufgrund der Ausdifferenzierung der Gesellschaft entsteht auch die Notwendigkeit, dass die gesellschaftlichen Funktionssysteme ihre Reflexionsleistung erhöhen, indem sie ihre eigenen Auswirkungen auf die anderen Systeme berücksichtigen und ihre eigenen Möglichkeiten durch Spezialisierung selbst begrenzen (Willke 1993, S. 247).

Durch Reflexion werden die eigenen Möglichkeiten beschränkt und damit die Überlebensmöglichkeiten der anderen Systeme gesteigert. Dies ermöglicht die Koevolution der Systeme (Willke 1987, S. 268).

Eine höhere gesellschaftliche Reflexion entsteht durch strukturelle Kopplungen, mit denen Systeme durch den gegenseitigen Austausch von Erwartungen ihre Erwartungsstrukturen ändern (Melde 2012, S. 131 f.).

Die strukturelle Kopplung ermöglicht die Berücksichtigung der Gesellschaft auf drei unterschiedlichen Ebenen. Zum einen können Individuen durch strukturelle Kopplung in das Gesellschaftssystem integriert werden (Sozialintegration), zum anderen kann die Reproduktionsfähigkeit der Gesellschaft durch die ökologische Integration der natürlichen Umwelt ermöglicht werden, und die Systemintegration ermöglicht die Balance zwischen den unterschiedlichen Funktionssystemen. Durch gegenseitige Berücksichtigung der Erwartungen werden die Freiheitsgrade und somit der Möglichkeitsraum der weiteren Operationen der Systeme eingeschränkt (Melde 2012, S. 65 ff.).

Netzwerke entstehen, um in einer unkontrollierbaren Umwelt durch gegenseitiges Vertrauen und Abhängigkeiten wieder ein Stück weit Kontrolle zu erlangen. Mit Netzwerken versuchen Organisationen, ein besseres Verhältnis zu anderen Organisationen aufzubauen (Luhmann 2000, S. 409).

Während in der Vergangenheit bei Organisationen der Fokus besonders auf der wirtschaftlichen Umwelt lag, ermöglicht der Fokus auf Erwartungen, dass die gesellschaftliche und ökologische Umwelt berücksichtigt wird (Baecker 2003, S. 225).

Netzwerke führen zu einer Beschleunigung und zur Zunahme der Tiefenschärfe, was die Änderungsmöglichkeiten von Systemen verbessert. Besonders für Unternehmen wird deutlich, dass deren Umwelt nicht nur aus dem Markt, sondern auch aus anderen gesellschaftlichen Funktionssystemen besteht. Durch die höhere Komplexität und Unsicherheit in Organisationen wandelt sich der Steuerungsansatz von einer stark kontrollierten Arbeit hin zu einer stärker eigenverantwortlichen Arbeit, die eine intensivere Berücksichtigung von nichtwirtschaftlichen Themen erfordert (Luhmann 2000, S. 410 f.).

Es geht dabei um eine Veränderung der Perspektive, insofern die gegenseitigen Erwartungen berücksichtigt werden und externe Effekte nicht externalisiert, sondern internalisiert werden. Es geht darum, dass auch die ökologischen Auswirkungen berücksichtigt werden und die Organisation sich nicht nur auf ein gesellschaftliches Funktionssystem als Referenz beschränkt. Vielmehr muss es auch Rücksicht auf andere gesellschaftliche Funktionssysteme nehmen und damit eine stärkere gesellschaftliche Verankerung ermöglichen (Baecker 2003, S. 318).

Mithilfe von Individuen, die als psychische Systeme wahrnehmungsfähig sind, kann die Organisation ihre Funktion erweitern. Das psychische System ist in der Lage, eine Verbindung der Organisation zu den anderen gesellschaftlichen Funktionssystemen und zur Umwelt herzustellen (Baecker 2003, S. 299 ff.).

Durch Netzwerke können Störungen in der Informationsübertragung behoben werden. Üblicherweise werden in Systemen Irritationen in Informationen transformiert, das heißt, ein kommunikatives Ereignis wird einem der zwei möglichen

Codes, mit denen das System arbeitet, zugewiesen. Bei dieser Zuweisung kann es jedoch zu Störungen kommen. Wenn eine Irritation einem Code nicht eindeutig zugeordnet werden kann, entsteht Lärm oder Rauschen. Besteht dieser Lärm längerfristig im System, kann es zu einer evolutionären Transformation innerhalb des Systems kommen, wobei die Strukturen verändert werden. Wird der Lärm allerdings zu laut, kann die Irritation auch zu einer Zerstörung des Systems führen. Andererseits ist das System auch auf Irritation und Lärm angewiesen, da das System sich sonst nicht verändern kann, sondern im Gegenteil erstarrte und damit zu existieren aufhören würde. Netzwerke können den Lärm erhöhen und das System damit stärker stören. Diese Netzwerke sind parasitär, da sie sich durch den Lärm selbst reproduzieren (Schneider und Kusche 2011, S. 176 ff.).

Eine gesamtgesellschaftliche Perspektive wird besonders durch Angst hervorgebracht. Sie bietet eine alternative Sinnorientierung, ohne auf rationale Argumente angewiesen zu sein, wodurch auch ein stärkerer Fokus auf gesellschaftliche und ökologische Themen möglich ist – insbesondere wenn über Angst kommuniziert wird und sie dadurch zur Moral zu werden scheint (Luhmann 1986, S. 238 ff.).

Durch Angst können soziale Bewegungen entstehen (Japp 1996, S. 185), deren Netzwerke eine Berücksichtigung der Gesellschaft ermöglichen. Durch den Verweis auf Konflikte und Widersprüche können soziale Bewegungen, insbesondere NGOs (Melde 2012, S. 101), systemübergreifend kommunizieren und die blinden Flecken der Funktionssysteme sichtbar machen (Luhmann 1986, S. 233 f.). Durch diesen Reentry der Gesellschaft in die Gesellschaft ermöglichen sie eine gesellschaftliche Selbstbeobachtung (Melde 2012, S. 72). Diese Paradoxie wird aufgelöst, indem sie sich selbst nicht als Teil der Gesellschaft beobachten und indem sie die Illusion aufbauen, dass die Gesellschaft lediglich ihrem Protestthema entspricht (Luhmann 1986, S. 235 f.). Zwar haben soziale Bewegungen damit immer einen blinden Fleck und sind damit selber paradox. Aber sie können auch Themen außerhalb der sozialen Systeme wählen und damit auf Gefahren hinweisen, die bisher nicht betrachtet wurden. Für Veränderungen müssen sie aber erreichen, dass ihre Kommunikation in den gesellschaftlichen Funktionssystemen Resonanz auslöst (Japp 1996, S. 188 ff.).

Durch Reflexion nimmt die Kontingenz zu, da das Beobachtete je nach Beobachtung anders erscheint, sodass sich eine Differenz ausbildet (Japp 1996, S. 58). Die Gefahr der Reflexion besteht darin, dass die blinden Flecken der Beobachtung immer wieder hinterfragt werden und in einem unendlichen Prozess des Hinterfragens zu einer Überlastung des Systems führen können (Japp 1996, S. 215).

Die Gesellschaft kann die Kontingenz durch Orientierung an Erwartungsstrukturen reduzieren. Durch die Referenz auf Erwartungen kann die tautologische Selbstreferenz der gesellschaftlichen Reflexion unterbrochen und eine Überlastung verhindert werden (Melde 2012, S. 136). Luhmann (2008, S. 56 ff.) beschreibt die gegenseitige Berücksichtigung von Erwartungen als Moral. Moral dient als Kontingenzformel, die unbestimmbare in bestimmbare Kontingenz überführt und damit Kontingenz reduziert. Sie entsteht aus der Differenz aus Achtung und Missachtung. Zwar ist jede Situation mit einem binären Code moralisch klassifizierbar, aber andere gesellschaftliche Funktionssysteme können dieselbe Situation auch anderes bewerten. Moral basiert nicht auf Konsens, sondern auf Konflikt. Takt bezeichnet eine Generalisierung von Moral zu einer Metamoral. Wenn der Takt moralisiert wird, kann Moral auch reflexiv werden, wodurch die Risiken von Moral sichtbar werden. Die Aufgabe der Ethik ist es daher, vor zu viel Moral zu warnen.

Mit dem Verweis auf Moral und die damit verbundenen Konflikte tragen soziale Bewegungen dazu bei, dass kommuniziert wird, wodurch die Systeme sich erhalten können (Melde 2012, S. 68 f.).

Außer durch Fremdreferenz kann die Kontingenz auch durch Selbstreferenz reduziert werden. Eine Referenz auf Verantwortung ermöglicht die Beschränkung des Hinterfragens von Entscheidungen durch Reflexion. Durch diese Einschränkung der Beobachtung zweiter Ordnung werden Entscheidungen in der Organisation möglich. Wenn Nebenfolgen der Entscheidung entstehen und diese nicht der Umwelt, sondern dem System zugewiesen werden, lernt die Organisation. Da die Zuweisung meist nicht kausal nachverfolgt werden kann, ist die Zuweisung eine soziale Konstruktion, die abhängig von der Kultur ist (Japp 1996, S. 130 ff.).

Wer Verantwortung trägt, ist insbesondere aus politischer Sicht abhängig von der Zuweisung von Legitimität und Autorität. Während in der Demokratie Legitimität durch die Mehrheit erzeugt wird, ist die Legitimität in einer Wissensgesellschaft zunehmend von Expertise abhängig. Durch eine eher wissensbezogene Entscheidungsfindung entsteht zunehmend eine private Autorität, die auf einer Verknüpfung von privaten Organisationen und anderen Akteuren beruht. Private Autorität entsteht entweder dadurch, dass Legitimität durch den Staat vorgegeben wird, oder auf dem Weg, dass Legitimität durch besondere Expertise oder eine besondere Rolle in der Vergangenheit vom privaten Akteur erworben wird. Neue Formen der Rechenschaftspflicht können helfen, die Defizite der Verantwortung auf globaler Ebene zu reduzieren. So können beispielsweise globale Policy-Netzwerke die Reichweite von Mechanismen für die Erzeugung von Verantwortung erhöhen (Willke 2007, S. 44 ff.). Die zusätzliche

Verantwortungsübernahme durch nichtstaatliche beziehungsweise private Autoritäten kann die Kontingenz aufgrund der gesellschaftlichen Reflexion wieder reduzieren. Durch Reflexion wird es möglich, das bisher aus einer Beobachtung Ausgeschlossene wieder sichtbar zu machen. Durch die systemübergreifende Kommunikation von Netzwerken, insbesondere von NGOs, kann ein Reentry der Gesellschaft in die Gesellschaft erfolgen. Zum Schutz einer Überlastung kann die Reflexion mit einem Bezug auf Erwartungen oder Verantwortung begrenzt werden.

4.1.2   Reflexion der Gesellschaft in der Wirtschaft

Damit die Wirtschaft die autopoietische Selbsterhaltung nicht ohne Beachtung der anderen Systeme fortsetzt und die pathologische Selbstreferenz nicht in eine Katastrophe mündet, muss das Wirtschaftssystem die eigenen Auswirkungen auf die Gesellschaft reflektieren.

Im Werk „der neue Geist des Kapitalismus" beschreiben Boltanski und Chiapello (2003), dass Reflexion dem modernen Wirtschaftssystem inhärent ist, da der Kapitalismus sich durch Kritik kontinuierlich weiterentwickelt und damit seinen Fortbestand sichert. Eine Dauerkritik der Wirtschaft erfolgt durch das Finanzsystem, das mit der kontinuierlichen Überprüfung der Renditen einen Wettbewerb erzeugt, in dem erfolgreiche Unternehmersysteme ihre Operationen fortführen oder beginnen können, während weniger erfolgreiche Unternehmer ihre Operationen einstellen müssen (Boltanski und Chiapello 2007, S. 489 ff.).

Mit „spirit of capitalism" bezeichnen Boltanski und Chiapello (2007, S. 8) sowohl die Regeln des Kapitalismus als auch die Gründe für ein Engagement im Kapitalismus. Durch Kritik entsteht eine argumentative oder reale Anpassung des Geistes, wodurch ein neuer Geist des Kapitalismus entsteht. Aufgrund dieser Veränderung verlieren Kritiker ihre Argumentationsgrundlage – und es wird der Sinn, sich für den Kapitalismus einzusetzen, erneuert – zum Beispiel durch Engagement in Form von Arbeit (Boltanski und Chiapello 2007, S. 8 ff.).

Da innerhalb des Wirtschaftssystems durch Wettbewerb bereits eine Dauerkritik stattfindet, ist das kapitalistische System besonders auf Kritik von sozialen Bewegungen angewiesen, da sie das Wirtschaftssystem über die Bedrohung der Gesellschaft durch Gefahren außerhalb des Wirtschaftssystems informiert (Boltanski und Chiapello 2007, S. 514).

Aus systemtheoretischer Sicht kann das Wirtschaftssystem seine Autopoiesis durch die Reflexion der gesellschaftlichen Auswirkungen erhalten. Aufgrund der zunehmenden Komplexität der Gesellschaft muss das Immunsystem der Gesellschaft die Sensibilität für Störungen dementsprechend steigern (Luhmann 1984, S. 525). Für eine intensivere gesellschaftliche Reflexion des Wirtschaftssystems spielen Organisationen eine entscheidende Rolle, denn die Kommunikation zwischen Funktionssystemen ist nur mit Organisationen möglich (Luhmann 2000, S. 401).

Zwar sind die Organisationen unabhängige Systeme, die auch keinen direkten Eingriff in die gesellschaftlichen Funktionssysteme vornehmen können, aber sie sind in der Lage, durch Entscheidungen die Ausrichtung der gesellschaftlichen Funktionssysteme zu beeinflussen (Baecker 2003, S. 22).

Für eine höhere Reflexion im Wirtschaftssystem ist eine höhere Reflexion in Organisationen notwendig. Eine Reflexion über die Organisation der Organisation wird üblicherweise der hierarchischen Spitze zugewiesen. Allerdings findet innerhalb der Organisationen eigentlich eine Dauerreflexion durch Entscheidungen statt, da kontinuierlich hinterfragt wird, auf welche Irritationen die Organisation mit Resonanz reagieren soll (Luhmann 2000, S. 327). Eine höhere Reflexion in Organisationen bedeutet eine Änderung der Entscheidungsprämissen (Luhmann 2000, S. 305). „Kompetente Organisationen" (Luhmann 2000, S. 190) hinterfragen die eigenen Strukturen, und „responsive Organisationen" (Willke 1996, S. 201) verändern sich mit den Umweltveränderungen. Die eigene Identität muss mit Reflexion hinterfragt werden (Willke 1996, S. 209). Organisationen brauchen daher eine stärkere Beobachtung zweiter Ordnung, die die eigenen Operationen hinterfragt (Japp 1996, S. 72). Dies gelingt, indem sie sich weniger an Rationalität und eher an Erwartungen orientieren (Japp 1996, S. 168 ff.). Entscheidungsprämissen wie beispielsweise Unternehmensziele müssen an unerwartete Ereignisse angepasst werden können (Japp 1996, S. 73 f.). Im strategischen Management wird untersucht, wie Unternehmen sich durch einen kontinuierlichen Veränderungsprozess an verändernde Umweltbedingungen anpassen können (Schendel und Hofer 1979, S. 10). Bei der Betrachtung der Umwelt haben Organisationen in der Vergangenheit durch ihre strategischen Ansätze insbesondere die wirtschaftlichen Folgen in den Fokus genommen (Burmann 2002, S. 98). Mit den daraus abgeleiteten Zielen haben sich daher auch die Erwartungsstrukturen eher auf wirtschaftliche Themen begrenzt, sodass Entscheidungen überwiegend wirtschaftlich und weniger gesellschaftlich reflektiert wurden. Die pathologische Selbstreferenz des Wirtschaftssystems kann daher durch Reflexion geöffnet werden, indem die Auswirkungen auf die gesellschaftliche Umwelt in Entscheidungsprämissen berücksichtigt werden.

4.1.3 Gesellschaftliche Reflexion in realwirtschaftlichen Organisationen

Während die bisherige Reflexion der Organisationen sich auf den Wettbewerb stützt und sich aus der Dauerkritik der Wirtschaftlichkeit im Wirtschaftssystem ergibt, hat sich in Organisationen zusätzlich eine gesellschaftliche Reflexion entwickelt, die auf die Kritik in Bezug auf die äußere Umwelt der Wirtschaft eingeht.

Zur Auflösung der pathologischen Selbstreferenz des Wirtschaftssystems ist eine höhere gesellschaftliche Reflexion bei Organisationen notwendig. Nach Baecker versucht eine intelligente Organisation die Auswirkungen der Organisation auf die Umwelt zu berücksichtigen, die auf die Organisation zurückwirken (Baecker 2003, S. 74). Während gemäß der Bürokratisierung nach Max Weber die Rationalisierung durch den Bezug auf Experten entsteht, sollen intelligente Organisationen durch Reflexion auf Netzwerke zurückgreifen (Baecker 2003, S. 324). Mit deren Mitgliedern können die Auswirkungen auf die gesellschaftliche und ökologische Umwelt beobachtet werden (Baecker 2003, S. 237 f.).

Nach Willke (2007, S. 41 f.) entsteht eine intelligente Organisation nicht nur durch intelligente Mitglieder, sondern aus den Strukturen, Prozessen und Regelsystemen der Organisation, die reflexiv werden müssen. Organisationen sollten daher ein Gleichgewicht finden zwischen personeller und organisatorischer Intelligenz.

Das „postheroische[s] Management" (Baecker 1994) ist ein Management, das die Entscheidungsprämissen reflektiert und die strukturellen Kopplungen anpasst, um die Gesellschaft wieder stärker in die Organisation einzubringen und somit die Reflexion zu erhöhen (Melde 2012, S. 199).

Die pathologische Selbstreferenz des Wirtschaftssystems lässt sich somit durch eine höhere gesellschaftliche Reflexion von intelligenten Organisationen mit einem postheroischen Management auflösen.

Die Möglichkeiten zur Berücksichtigung der Gesellschaft innerhalb einer Organisation wurde unter dem Konzept der Corporate Social Responsibility in einer kontroversen akademischen Auseinandersetzung diskutiert.

Da sich das Konzept in den letzten 50 Jahren kontinuierlich weiterentwickelt hat, hat sich bisher kein einheitliches Verständnis für Corporate Social Responsibility etabliert. (Schneider 2015, S. 40; Aguinis und Glavas 2012, S. 933; Lin-Hi und Suchanek 2011, S. 64) Carroll (1999), Lee (2008), Carroll (2008) und Aguinis und Glavas (2012) geben mit Literaturübersichten einen Überblick über die Vielfalt der Definitionen, auf die nur im Hinblick auf die Möglichkeit

zur Berücksichtigung der Gesellschaft in der Wirtschaft eingegangen werden, um
die Anschlussfähigkeit zur Systemtheorie herzustellen.

Zur Berücksichtigung der Gesellschaft in Organisationen hat sich das Konzept
der Corporate Social Responsibility in mehreren Phasen entwickelt. Bereits Ende
des 19. Jahrhunderts wurden die Arbeitsbedingungen diskutiert (Wren 2005). Ab
den 1930er Jahren entstanden philanthropische Aktivitäten (Heald 1970) und erste
treuhänderische (Hay und Gray 1974) und soziale Verpflichtungen für Organisationen (Eberstadt 1973, S. 22). Der Begriff „Corporate Social Responsibility"
(CSR) entstand jedoch erst ab den 1950er Jahren (Bowen 1953, S. 6). Daraufhin stand sehr stark das Thema „Philanthropie" im Zentrum. CSR beruhte
auf freiwilligen Aktivitäten, die über die gesetzlichen Anforderungen hinausgin-
gen (Davis 1960, S. 70; McGuire 1963, S. 144). In diesem Zeitraum änderte
sich das Verständnis von CSR, da die Verantwortlichkeit nicht mehr bei Personen, sondern bei Unternehmen gesehen wurde (Walton 1967, S. 18). Die 1970er
Jahre waren besonders geprägt durch Rückwirkungen der Gesellschaft auf die
Unternehmen (Carroll und Shabana 2010, 87 f.). In dieser Zeit entwickelten
sich weitere Definitionen und Konzepte (Johnson 1971). Einen wichtigen Beitrag leistete das Committee for Economic Development (CED) (1971), das die
Bedeutung der Wirtschaft für die Gesellschaft betonte und forderte, dass die Wirtschaft auf die gesellschaftlichen Bedürfnisse eingeht und diese befriedigt. Die
Voraussetzung dafür sei ein Vertrag zwischen Wirtschaft und Gesellschaft, in
dem die Wirtschaft die Verantwortung gegenüber der Gesellschaft anerkennt und
der Gesellschaft dient.

In einem ähnlichen Ansatz beschrieben Eells und Walton (1976), dass im
Fall der Corporate Social Responsibility nicht nur wirtschaftliche Ziele, sondern
auch gesellschaftliche Bedürfnisse und Ziele berücksichtigt werden sollen, denn
auch das Wirtschaftssystem könne nur in einer funktionierenden Gesellschaft
überleben, weshalb die Wirtschaft die Verantwortung übernehmen sollte, diese
Gesellschaft zu unterstützen und zu verbessern.

Es entwickelte sich aber auch zunehmend Kritik gegenüber dem CSR-
Konzept.

Levitt (1958) vermutete, dass die sozialen Bewegungen Unternehmen auch
von der Gewinnorientierung, die die eigentlich Wohlfahrtsfunktion der Unternehmen darstellt, abbringen könnte. Die gesellschaftliche Wohlfahrt sollte eher vom
Staat übernommen werden.

Ähnlich argumentierte auch Hayek (1967), der in CSR die Gefahr sah,
dass sie die primären Unternehmensziele verwässert und dass Unternehmen von
den eigentlichen Aufgaben abhält. Als prominentester Kritiker der CSR gilt
der Ökonom Milton Friedman, der CSR als geschäftsbedrohendes Konzept als

nicht erfüllbar erachtet und die einzige Verantwortung von Unternehmen in der Gewinnerzielung für Aktionäre sieht (Friedman 1962, S. 133). So betitelt der Ökonom Friedman seinen Artikel über die gesellschaftliche Verantwortung von Unternehmen provokativ: „The Social Responsibility of Business is to Increase its Profits!" (Friedman 2007)

Wallich und McGowan (1970) stimmten Friedman dahin gehend zu, dass aus einem eingeschränkten Fokus auf die Profitmaximierung eine Investition in CSR keinen Sinn machen würde. Allerdings seien Aktionäre nicht nur an einem Unternehmen beteiligt, sondern besäßen ein diversifiziertes Portfolio, weshalb der Gewinn eines Unternehmens zulasten eines anderen Unternehmens auch nicht im Interesse der Aktionäre sein könne.

Diese These unterstützt auch Davis (1973), der die Annahme hatte, dass Unternehmen, die ihre Umwelt zerstören, zu der sie gehören, auch die Akzeptanz und Kunden verlieren, weshalb es für die langfristigen Interessen von Unternehmen sinnvoll ist, die Umwelt zu berücksichtigen.

In den 1980er Jahren entwickelte sich ein Verständnis von CSR, in dem Unternehmen die Umwelt berücksichtigten, da die eigenen Auswirkungen auf die Gesellschaft auf das Unternehmen zurückwirken (Lee 2008). Dieses Verständnis von CSR entspricht der Reflexion aus systemtheoretischer Sicht. Drucker (1984) geht davon aus, dass Unternehmen besonders dann gesellschaftliche Verantwortung übernehmen, wenn sie mit einer Gewinnerzielung kompatibel ist. Nach dem Konzept der Corporate Social Responsiveness (CSR2) von Frederick (1978) sollen Unternehmen aufgrund von strategischen Überlegungen stärker auf die Erwartungen von gesellschaftlichen Anspruchsgruppen eingehen.

Mit dem Stakeholdergedanken (Freeman 1984) wurde eine eher strategische Orientierung von CSR eingeläutet. Freeman (1984) entwickelte mit seiner Stakeholder Theory die These, dass das Überleben des Unternehmens nicht nur durch Aktionäre, sondern auch durch eine Vielzahl von anderen Stakeholdern wie Mitarbeitern, Regierungen und Kunden beeinflusst wird. Für eine Verknüpfung des CSR-Konzeptes mit dem Stakeholderansatz, musste die Definition von CSR an die konkreten Stakeholdererwartungen angepasst werden, wodurch eine Vielzahl von unterschiedlichen Definitionen von CSR entstanden ist (Lee 2008, S. 62). Die wohl bekannteste Definition von CSR stammt aus den 1990er Jahren. Nach der CSR-Pyramide von Carroll (1991) umfasst CSR „the simultaneous fulfillment of the firms economic, legal, ethical, and philanthropic responsibilities. Stated in more pragmatic and managerial terms, the CSR firm should strive to make a profit, obey the law, be ethical, and be a good corporate citizen" (Carroll 1991, S. 43). Die Basis, damit Unternehmen gesellschaftliche Verantwortung übernehmen können, besteht demnach in der Generierung von Gewinnen.

Insbesondere um die Jahrtausendwende wurden weniger theoretisch-konzeptionelle Weiterentwicklungen geleistet. Eher gewannen empirische Untersuchungen der Konzepte an Relevanz. Auch die Untersuchung von Best-Practices und die Ermittlung des Business Case gewann an Bedeutung (Carroll 2008, S. 40).

Aus systemtheoretischer Sicht tritt gesellschaftliche Verantwortung in jeder Entscheidung von Unternehmen auf. Die Verantwortungsübernahme, die nur durch Personen erfolgen kann, trägt zur Unsicherheitsabsorption bei (Luhmann 2000, S. 197).

Mit einer stärkeren strategischen Ausrichtung auf gesellschaftliche Ziele kommt das Unternehmen zwangsläufig in Konflikt mit wirtschaftlichen Zielen, denn für das Unternehmen ist es unmöglich, die gesamte Gesellschaft zu berücksichtigen und für alles Verantwortung zu übernehmen. Zur Realisierung von Corporate Social Responsibility muss es gelingen, dass die gesellschaftlichen Erwartungen in Einklang mit den wirtschaftlichen Erwartungen stehen. Da Unternehmen zur Selbsterhaltung auf Wirtschaftlichkeit angewiesen sind, können sie darüber hinaus keine gesellschaftliche Verantwortung übernehmen. Durch Corporate Social Responsibility wird die Komplexität von externen Anforderungen verarbeitbar. Sie ermöglichen eine Kopplung der Unternehmen mit ihrer Umwelt, denn durch Berücksichtigung von gesellschaftlichen Themen werden die Differenzen zwischen den externen Erwartungen und den internen Zielen reduziert. Mithilfe von Corporate Social Responsibility entsteht eine Selbstverpflichtung, woraus neue externe Erwartungen entstehen, die zu neuen Selbstverpflichtungen führen. Durch diese Spirale wird es immer wieder ermöglicht, die Gesellschaft in der Wirtschaft zu berücksichtigen, was die Komplexität der Umwelt verarbeitbar macht. Durch Corporate Social Responsibility werden externe Erwartungen in die Unternehmenskommunikation übersetzt, wodurch die Gesellschaft eine interne Anschlussfähigkeit erhält und damit bearbeitbar wird (Melde 2012, S. 178 ff.).

Corporate Social Responsibility ermöglicht eine gesellschaftliche Reflexion in realwirtschaftlichen Organisationen, wodurch in den Entscheidungsprämissen die Auswirkungen auf die gesellschaftliche Umwelt berücksichtigt werden können.

4.1.4 Gesellschaftliche Reflexion in finanzwirtschaftlichen Organisationen

Auch das Finanzsystem arbeitet dauerhaft mit einer Reflexion, die sich allerdings auch nur auf die systeminterne Umwelt der Wirtschaft bezieht, indem Veränderungen der Umwelt in Form von Risiken durch das Finanzsystem wahrgenommen werden.

Untersuchungen zum Finanzsystem stützen sich daher meist auf die Auflösung der Kontingenz durch Rationalität, indem ein nutzenorientierter Homo oeconomicus, der die Chancen und Risiken rational abwägt, zugrunde gelegt wird. Dazu gehört beispielsweise die Portfoliotheorie (Markowitz 1952) und deren Weiterentwicklungen wie das Single-Index-Modell (Sharpe 1963) oder das Capital Asset Pricing Model (Lintner 1965; Mossin 1966). Mit der Annahme eines vollkommenen Marktes wird von einem trivialen System der Wirtschaft ausgegangen. Zwar gibt es auch Ansätze wie die Arbitragepreistheorie (Roll und Ross 1980), die nicht mehr davon ausgeht, dass Marktgleichgewichte entstehen, sondern nur davon, dass der Wertpapiermarkt bestrebt ist, abitragefrei zu werden. Aus systemtheoretischer Sicht sind diese Ansätze sehr leistungsfähig, da sie die Komplexität auf eine begrenzte Anzahl an Parametern beschränken und somit sofort eindeutige Lösungen produzieren. Allerdings sind sie jedoch nur so lange erfolgreich, wie auch das Finanzsystem in Einklang mit den grundlegenden Annahmen operiert. Da sie nicht in der Lage sind, die gesamte Komplexität der Wirtschaft im Modell abzubilden, ist es nur eine Frage der Zeit, bis die unterkomplexen Modelle scheitern. Sie bleiben immer unvollständig und enthalten immer die Gefahr, dass bestimmte Risiken übersehen werden. Beispielhaft ist die Finanzkrise 2009, deren vorangegangene Spekulation nicht mit den rationalen und empirischen Modellen erklärt werden konnte, was zeigt, dass die moderne Portfoliotheorie selbst zu unerwarteten Konsequenzen beitragen kann (Beyhaghi und Hawley 2013). Für eine Reflexion im systemtheoretischen Sinne müssten die Rückwirkungen der Umwelt durch die eigenen Auswirkungen auf die Umwelt betrachtet werden. Zwar verfolgen Aufsichtsbehörden und andere Marktteilnehmer das Interesse, solche systemischen Risiken zu identifizieren. Die quantitativen und qualitativen Methoden, beispielsweise bei der Darstellung der Risikokonstellation im einheitlichen Aufsichtsmechanismus (Single Supervisory Mechanism – SSM) (Europäische Zentralbank 2018), sind jedoch begrenzt aussagefähig, da das Wirtschaftssystem zu komplex ist, als dass alle Erwartungen und Interdependenzen erfasst werden könnten, die zukünftige Entwicklungen zu prognostizieren ermöglichen würden. Mit einem Policy-Netzwerk, das Markt und Hierarchie verbindet, und einer stärkeren strukturellen Kopplung zwischen privaten und öffentlichen

Akteuren kann die Komplexität besser verarbeitet werden (Strulik 2000, S. 283). Qualitative Steuerungsansätze ermöglichen, die gegenseitigen Erwartungen besser zu berücksichtigen und die Auswirkungen genauer zu reflektieren (Strulik 2000, S. 254 ff.). Mithilfe von Kontextsteuerung können die bestehenden Annahmen reflektiert und neue Risiken identifiziert werden (Strulik 2000, S. 292). Diese Transparenz schafft einerseits Sicherheit, erzeugt aber gleichzeitig neue Unsicherheit, da die gewählte Beobachtungsperspektive die falsche sein kann (Strulik 2000, S. 149 ff.). Auch in Bezug auf die Finanzwirtschaft sollte daher nicht zwischen Risiko und Sicherheit, sondern zwischen Risiko und Gefahr unterschieden werden. Dies erhöht die Resonanz gegenüber Auswirkungen des Finanzsystems auf die systeminterne Umwelt der Wirtschaft (Strulik 2000, S. 280). Im Finanzsystem fand eine Reflexion besonders in Bezug auf die wirtschaftsinterne Umwelt statt. Finanzmathematische Modelle, die sich auf empirische Modelle beziehen, setzen auf eine Kontingenzreduktion auf Basis von historischen Erfahrungen, die allerdings nie die vollständige Komplexität der Wirtschaft erfassen können. Sie bleiben unvollständig, wodurch immer die Gefahr besteht, bestimmte Risiken zu übersehen. Aus systemtheoretischer Sicht können qualitative Steuerungsansätze, die gegenseitige Erwartungen berücksichtigen, neue Risiken aufdecken. Da die Beobachtungsperspektive aber immer blinde Flecken haben wird, ist zwischen Risiko und Gefahr zu unterscheiden.

Neben der Reflexion der systeminternen Umwelt der Wirtschaft hat sich jedoch auch eine Reflexion der systemexternen Umwelt der Wirtschaft entwickelt, welche die gesellschaftlichen Auswirkungen durch das Finanzsystem reflektiert. Ähnlich zur Corparate Social Responsiblity in der Realwirtschaft hat sich mit Social Responsible Investment in mehreren Phasen ein Ansatz in der Finanzwirtschaft entwickelt (Louche et al. 2012, S. 303), der die Auswirkungen auf die gesellschaftliche Umwelt reflektieren kann.

Die erste Phase bezieht sich auf die Wurzeln von SRI, als Religion eine wesentliche Rolle spielte. Im frühen 18. Jahrhundert entwickelten in den USA die Methodisten und später die Gesellschaft der Freunde (Quäker) die Idee, Investitionen in Industrien, die den eigenen Nachbarn Schaden zufügen, auszuschließen, um eine Mitschuld zu vermeiden (Mehrpouya 2014, S. 17).

In Europa gehen die Wurzeln von SRI auf das 18. Jahrhundert zurück, in dem viele Banken mit einer konkreten Mission gegründet worden sind, gesellschaftliche Herausforderungen anzugehen. Dazu gehörten Mikrokreditinstitute oder die Raiffeisen- und Volksbanken als Genossenschaften (Kaufer 2014, S. 76).

Daraus haben sich erste Fonds mit Ausschlusskriterium gebildet. Alle religionsbasierten SRI-Ansätze hatten die Gemeinsamkeit, dass sie sich auf die Achtung von religiösen Werten, Vermeidung von Mitschuld und dem Ausschluss von sündigen Sektoren fokussierten. In der zweiten Phase entwickelte sich das Verständnis von SRI im heutigen Sinne. In dieser Phase gab es einen Wandel von glaubensorientierten Ansätzen zu einem stärkeren Fokus auf die Erzeugung eines höheren Bewusstseins hinsichtlich der gesellschaftlichen Verantwortung von Unternehmen (Louche et al. 2012, S. 303).

Ab den 1960er Jahren verbreiteten sich soziale Bewegungen in den USA, angetrieben von Studentenprotesten, die ein kollektives Divestment von Unternehmen, die in Südafrika investierten, mobilisierten, um Druck gegen das Apartheidregime aufzubauen (Mehrpouya 2014, S. 17 ff.).

Im gleichen Zeitraum versuchte beispielsweise die Antivietnam-Kriegsbewegung, institutionelle Investoren zu einem Verkauf von Dow-Chemical-Aktien zu bewegen, da Dow Chemical Napalm herstellte (Puaschunder 2016, S. 44). Ein weiteres Beispiel ist der proaktive Investorenaktivismus mit dem Namen Campaign GM, der 1970 die Aktionäre von GM mobilisierte, um die Interessensvertretung der Gesellschaft im Vorstand zu erhöhen und um erstmals eine schwarze Person in den Vorstand aufzunehmen (Mehrpouya 2014, S. 17 ff.). In den 1980er Jahren praktizierten US-Universitäten, Investoren, Kirchen, Städte, Gemeinden und Regierungen politische Deinvestitionen, um gegen das südafrikanische Apartheidregime, die Rassentrennung und ökonomische Diskriminierung von Nichteuropäern in Südafrika vorzugehen (Puaschunder 2016, S. 44).

Während also bis 1960 das Motiv für SRI hauptsächlich in einer Mischung aus Achtung von religiösen Werten und der Vermeidung einer Mittäterschaft bestand, indem Alkohol, Glücksspiel oder sündige Aktien vermieden wurden, entwickelte sich ab den 1960er Jahren durch Bürgerrechtsbewegung und Umweltbewegung der Anspruch, durch Divestments die Welt zu verändern (Puaschunder 2016, S. 44).

Die 1990er Jahre bildeten die dritte Phase. Diese Übergangsphase war durch ihre weniger konfrontativen Ansätze geprägt (Louche et al. 2012, S. 303).

Im Kontext des Wandels des institutionellen Rahmens und des neoliberalen Drucks zur Finanzialisierung seit den 1990ern entwickelte sich SRI allmählich aus der Nische in den Mainstream der Finanzwirtschaft. Mit der Entstehung von sozialen Bewegungen entstanden Grenzakteure, sodass sich die etablierten Finanzorganisationen und Investoren mit der gesellschaftlichen Umwelt auseinandersetzen mussten (Puaschunder 2016, S. 45).

Es gab einen starken Fokus auf Umweltthemen, weshalb besonders in Europa Umweltfonds aufgelegt wurden. In dieser Zeit begann es, dass sich eine Vielzahl an SRI-Ratingagenturen und -indizes entwickelte (Louche et al. 2012, S. 303).

Ab der Jahrtausendwende begann die Wachstumsphase von SRI. Der Anfang des 21. Jahrhunderts stellte einen Wendepunkt sowohl für die verwendeten Ansätze als auch für das Wachstum dar. Durch die stärkere Professionalisierung konnte eine höhere Akzeptanz in der Community der Mainstreaminvestoren erreicht werden. Dies hatte zur Folge, dass SRI seinen Aktivismus-Image verlor und eher kommerzielle Ambitionen verfolgte (Louche et al. 2012, S. 303).

Die Entwicklung der SRI-Bewegung von einer regional zu einer nationalen und dann internationalen Ebene führte zu einer globalen Diffusion, die durch eine zunehmende Größe und Vielfalt der Organisationen, die sich mit SRI beschäftigten, unterstützt wurde. Da immer mehr und größere Unternehmen in einer größeren Vielfalt durch SRI adressiert wurden, konnte ein immer größeres Netzwerk entstehen, das die Auswirkungen des Finanzsystems auf die gesellschaftliche Umwelt reflektierte. Während am Anfang besonders NGOs und religiöse Investoren für eine höhere Resonanz bezüglich gesellschaftlicher und ökologischer Themen im Finanzsystem sorgten, entwickelte sich ein vielfältiges Netzwerk, das sich mit SRI auseinandersetzte. Mit diesem wachsenden Netzwerk, das sich sowohl national als auch international ausstreckte und Netzwerk- und Beratungsorganisationen, Researchanbieter, wertebasierte und Mainstreaminvestoren, Konferenzen und Wirtschafts- und akademische Zeitschriften und Publikationen umfasste, konnte die Sensibilität gegenüber gesellschaftlichen Themen deutlich gesteigert werden (Puaschunder 2016, 45 ff.).

Ab 2010, der fünften Phase in der Entwicklung von SRI, kam SRI im Mainstream an und wurde zunehmend von institutionellen Investoren akzeptiert (Louche et al. 2012, S. 303).

Die zunehmende Informationstransparenz in Verbindung mit Benchmarks zum gesellschaftlichen Verhalten von Unternehmen und die Förderung des Gesellschaftsbewusstseins bei Treuhändern durch Regierungsbehörden sorgten für die Etablierung von SRI. Gleichzeitig nutzten Investoren ihre Macht, um das Verhalten von Unternehmen hin zu einer stärkeren gesellschaftlichen Verantwortung zu beeinflussen. SRI erreichte eine beispiellose Vielfalt mit weitreichenden Möglichkeiten für gesellschaftliches Engagement (Puaschunder 2016, S. 45).

Mittlerweile haben sich durch das internationale Netzwerk und die Vielzahl an Akteuren einschließlich NGOs, die sich mit SRI beschäftigen, auch internationale Institutionen gebildet, welche die gesellschaftliche Reflexion innerhalb der Finanzwirtschaft erleichtern.

Die internationale Zusammenarbeit zwischen Marktteilnehmern, Zentralbanken, Finanzministerien und Regulatoren wächst. Sie fokussiert sich besonders darauf, Wissen auszutauschen und neues Wissen zu schaffen. Dazu gehören zum Beispiel Sustainable Banking and Finance Network (SBFN), Principles for

Responsible Investment (PRI) und die United Nations Environment Programme Finance Initiative (UNEP FI) (G20 Green Finance Study Group 2016, S. 7). Es arbeitet mittlerweile eine Vielzahl an Akteuren an der Schnittstelle von Finanzmärkten und Nachhaltigkeit.

In Deutschland wurden 2017 420 relevante Akteure identifiziert, wovon sich 129 ausschließlich mit der Schnittstelle zwischen Nachhaltigkeit und Finanzmärkten beschäftigen: Dies waren unter anderem Investoren, Intermediäre, Investierte, Dienstleister, Fachverbände, Regierungsbehörden, Universitäten und Forschungseinrichtungen (Forum Nachhaltige Geldanlagen (FNG) 2017, S. 14). In Europa bietet insbesondere die Platform on Sustainable Finance die Möglichkeit zu einem Dialog und einer engen Kooperation zwischen verschiedensten Stakeholdern aus dem öffentlichen und privaten Sektor (EU Platform on Sustainable Finance 2021). Darüber hinaus gibt es noch die International Platform on Sustainable Finance, die als multilaterales Forum einen Austausch über Sustainable Finance Policies und Initiativen zwischen öffentlichen Behörden ermöglicht (International Platform on Sustainable Finance 2021).

Durch SRI kann das bisherige Policy-Netzwerk der qualitativen Kontextsteuerung um Akteure wie NGOs, die über die Systemgrenzen des Wirtschaftssystems kommunizieren können, erweitert werden. Durch Verantwortungsübernahme einzelner Mitglieder des Netzwerks entstehen klare Erwartungen, wodurch die Finanzwirtschaft die komplexe Gesellschaft in ihrer Logik verarbeiten kann. SRI macht daher in finanzwirtschaftlichen Organisationen eine gesellschaftliche Reflexion möglich, sodass in den Entscheidungsprämissen die Auswirkungen auf die gesellschaftliche Umwelt berücksichtigt werden können. Indem die finanzielle Perspektive um gesellschaftliche Aspekte ergänzt wird, wird die Transparenz hinsichtlich der gesellschaftlichen Gefährdung durch das Finanzsystem erhöht.

Zusammenfassend ist zu konstatieren, dass Reflexion entsteht, wenn bei Systemen die Selbstreferenz und Systemreferenz zusammenfällt und wenn die System-Umweltdifferenz im System wieder eintritt. Bei einer Reflexion beobachten Systeme die Wirkung der eigenen Identität auf die Umwelt und die Rückwirkungen dieser Wirkungen auf sich selbst. Wie die Auswirkungen beobachtet werden, ist aber von den gewählten Selektionskriterien des Systems selbst abhängig und kann daher auch nur das System selbst ändern. Durch diese Beobachtung zweiter Ordnung wird jedoch Kontingenz sichtbar. Erst mit einer asymmetrischen Inkongruenz ist es möglich, dass die Reflexion beschränkt und Operationen, also Beobachtungen erster Ordnung, fortgesetzt werden. Zwar nähert sich das System durch Reflexion einer absoluten Rationalität an, aber eine gesamtgesellschaftliche Rationalität, mit der die gesamte Gesellschaft und deren Auswirkungen in der Gesellschaft abgebildet werden könnten, bleibt unerreichbar. Durch Reflexion können Systeme jedoch die eigenen Auswirkungen auf andere Systeme berücksichtigen, um die eigenen Möglichkeiten so zu begrenzen, dass die Überlebensmöglichkeiten der anderen Systeme steigen.

Organisationen können mithilfe von Netzwerken die eigenen Auswirkungen auf Umwelt und andere Gesellschaftssysteme reflektieren. Denn durch Individuen als wahrnehmungsfähige psychische Systeme innerhalb eines Netzwerkes können Netzwerke systemübergreifend kommunizieren.

Soziale Bewegungen können mit ihren Netzwerken die blinden Flecken der gesellschaftlichen Funktionssysteme sichtbar machen. Durch eine Reduktion der Gesellschaft auf ein Protestthema ermöglichen sie den Reentry der Gesellschaft in die Gesellschaft.

Durch Reflexion nimmt Kontingenz zu, da die blinden Flecken der Beobachtung unendlich hinterfragt werden können, was zu einer Überlastung führen kann.

Durch Referenz auf Erwartungen kann die tautologische Selbstreferenz der gesellschaftlichen Reflexion unterbrochen und eine Überlastung verhindert werden. Insbesondere durch Moral, die auf einer gegenseitigen Berücksichtigung von Erwartungen beruht, kann Kontingenz reduziert werden.

Auch Verantwortung kann Kontingenz reduzieren, da sie verhindert, dass Entscheidungen hinterfragt werden.

Gesellschaftliche Kritik sorgt für gesellschaftliche Reflexion in der Wirtschaft, wodurch die gesellschaftliche Legitimität des Kapitalismus aufrechterhalten bleibt, sodass auch das Wirtschaftssystem seine Operationen fortsetzen kann. Aus systemtheoretischer Sicht kann das Wirtschaftssystem durch Reflexion der gesellschaftlichen Auswirkungen seine Autopoiesis erhalten.

Für eine höhere Reflexion im Wirtschaftssystem ist eine höhere Reflexion in Organisationen notwendig. In Organisationen findet eine Dauerreflexion durch Entscheidungen statt. Für eine Erhöhung der Reflexion müssen Entscheidungsprämissen geändert werden. Es sind stärker die eigenen Strukturen zu hinterfragen und stärkere Anpassungen an die Gesellschaft vorzunehmen. Entscheidungsprämissen, beispielsweise Unternehmensziele, müssen flexibler werden. Bei strategischen Ansätzen lag der Fokus in der Vergangenheit besonders auf der wirtschaftlichen Reflexion, aber nicht auf der gesellschaftlichen.

Die Entstehung von Corporate Social Responsibility (CSR) ermöglicht in realwirtschaftlichen Organisationen eine gesellschaftliche Reflexion, sodass in den Entscheidungsprämissen die Auswirkungen auf die gesellschaftliche Umwelt berücksichtigt werden können.

Social Responsible Investment (SRI) macht in finanzwirtschaftlichen Organisationen eine gesellschaftliche Reflexion möglich, sodass in den Entscheidungsprämissen die Auswirkungen auf die gesellschaftliche Umwelt berücksichtigt werden können.

Real- und finanzwirtschaftliche Organisationen können die gesellschaftliche Komplexität mithilfe eines Netzwerkes aus wirtschaftlichen, staatlichen und zivilgesellschaftlichen Stakeholdern reduzieren. Die Übersetzung der Erwartungen der Stakeholder in die systemeigene Logik macht die Gesellschaft an die interne Kommunikation anschlussfähig. Durch diese Reflexion der gesellschaftlichen Auswirkungen kann das Wirtschaftssystem seine Autopoiesis erhalten.

4.2   Stabilisierung von neuem Sinn durch Generalisierung

In diesem Kapitel wird beschrieben, wie durch Generalisierung eine Überlastung der gesellschaftlichen Reflexion verhindert wird und durch Nachhaltigkeit ein einheitlicher Bezugspunkt entsteht, der Stabilität für wirtschaftliche Entscheidungen bietet. Nach der Beschreibung der gesellschaftlichen Funktion von Nachhaltigkeit wird deren Bedeutung für das Wirtschaftssystem dargestellt und erläutert, wie sich wirtschaftliche Entscheidungen an Nachhaltigkeit orientieren.

4.2.1   Generalisierung durch Nachhaltigkeit

Neben der Möglichkeit, Kontingenz durch die zeitliche Dimension mithilfe von Erfahrungen und Rationalität oder mit der sozialen Dimension aufgrund einer höheren Reflexion über Netzwerke zu reduzieren, besteht eine Alternative in der Kontingenzreduktion mittels Generalisierung und eines einheitlichen Bezugspunktes in der sachlichen Dimension.

Auf der gesellschaftlichen Ebene ermöglicht eine höhere Reflexion zwar eine stärkere Berücksichtigung der Umwelt, aber wegen der Komplexität der Gesellschaft und vielfältiger Reflexionsmöglichkeiten entsteht gleichzeitig neue Kontingenz. Die Einführung der neuen gesellschaftlichen Steuerungsform mittels Netzwerke in Verbindung mit neuen Kommunikationsmedien der Digitalisierung sorgt zusätzlich für eine höhere Kontingenz.

Die Grenzen der gesellschaftlichen Reflexion werden anhand der Paradoxie der Beobachtungen ersichtlich. Zwar können Entscheidungsfolgen reflektiert werden, aber es ist nie möglich, alle Unsicherheiten zu beobachten, da die Komplexität der Gesellschaft zu groß ist. Bei dem Versuch, diese Komplexität in Gänze erfassen zu wollen, wäre es nicht mehr möglich, eine Entscheidung zu treffen. Damit eine Entscheidung getroffen werden kann, muss daher die Illusion der Sicherheit aufgebaut werden, dass alle relevanten Unsicherheiten berücksichtigt werden. Jede Beobachtung ist nur durch Blindheit möglich (Japp 1996, S. 164 f.).

Die Beobachtung von Netzwerken und NGOs ermöglicht zwar den Reentry von bisher Ausgeschlossenem, wodurch sich die Beobachtung einer Rationalität nähert (Luhmann 1984, S. 543), allerdings entstehen durch eine Beobachtung zweiter Ordnung erst mal unendliche Konflikte, mit denen gesellschaftliche Probleme in ihrer Umwelt sichtbar werden, die bisher in den Kommunikationen der Funktionssysteme so nicht berücksichtigt wurden. Unendliche Konflikte verweisen auf den blinden Fleck, der jeder Beobachtungsdifferenz eines Systems eigen ist. Auch die Reflexion durch soziale Bewegungen kann zu Blockadeeffekten führen, indem eine nachhaltige Lösung als zu gefährlich eingestuft wird, da jeder Versuch der Auflösung von Risiken zu scheinbar neuen Risiken führt (Japp 1996, S. 221 ff.).

Durch neue Kommunikationsmedien wird versucht, die neue Kontingenz, die durch die Beobachtung zweiter Ordnung entsteht, verarbeitbar zu machen. Durch Netzwerke (Baecker 2007) und die zunehmende Digitalisierung lassen sich mögliche Unsicherheiten aus den unendlichen Konflikten der Reflexion schneller bearbeiten (Luhmann 2000, S. 328). Da Algorithmen, sobald sich ein Inputfaktor ändert, sofort reagieren, entsteht eine direkte Kopplung, mit der eine höhere Sensibilität gegenüber der Umwelt möglich ist (Luhmann 2000, S. 367 ff.). Durch Informationstechnologie mit Echtzeitinformation wird vieles sofort möglich, und räumliche Entfernungen werden immer irrelevanter, da es möglich wird, jederzeit an jedem Ort der Welt zu sein (Willke 2007, S. 91). Durch die Digitalisierung kann jede Transaktion kosteneffizient und in Echtzeit ausgeführt werden, weshalb in der atopischen Gesellschaft Distanzen keine Rolle mehr spielen (Willke 2007, S. 196). Durch die direkte Kopplung nimmt die Komplexität jedoch auch weiter zu, und damit wird auch die Kontingenz an anderer Stelle erhöht, die dann durch eine indirekte Kopplung wieder reduziert werden muss (Luhmann 2000, S. 375 ff.). Algorithmen werden entwickelt, um Unsicherheit zu reduzieren, zugleich erhöhen sie aber an anderer Stelle die Unsicherheit (Esposito 2014).

Die zeitlich relevante zunehmende Beschleunigung und die Abnahme von räumlichen Distanzen in einer atopischen Gesellschaft führen zu einer enormen Erhöhung der Kontingenz. Die Auflösung der – insbesondere nationalstaatlichen – Ordnung führt zur Heterotopia (Willke 2003). Dies beschreibt eine

Gesellschaft, die sich ihrer Hyperkomplexität und der daraus resultierenden Unordnung zunehmend bewusst wird.

Nach Japp können die unlösbaren Konflikte aufgelöst werden, indem durch die Unterstützung von intermediären Verhandlungssystemen ein vorläufiger Konsens hergestellt wird, durch den Konflikte dann entscheidbar werden. Blockaden zwischen den Funktionssystemen können von Verhandlungssystemen nur aufgelöst werden, wenn eine gemeinsame Sprache gefunden wird, die so mehrdeutig ist, dass sie in allen beteiligten Selbstbeschreibungen verwendet werden kann. Dies bewirkt bereits eine Steigerung der Selbstbeobachtung der Gesellschaft. Die wesentliche Steigerung der Selbstbeobachtung entsteht allerdings dadurch, dass die Selbstbeschreibungen komplexer werden, was Einfluss auf die Reproduktion des Systems hat. Mithilfe einer Einheitssemantik können Warnsysteme die Gesellschaft funktionsunabhängig beobachten. Verhandlungssysteme ermöglichen, dass diese institutionalisiert werden (Japp 1996, S. 221 ff.).

Einen einheitlichen Bezugspunkt für Organisationen, der ein einheitliches Verständnis schafft und damit Unsicherheit reduziert, stellen Institutionen dar. Im folgenden Abschnitt wird daher beschrieben, wie aus systemtheoretischer Sicht durch Institutionen Kontingenz reduziert werden kann, um Entscheidungen zu ermöglichen.

Umgangssprachlich werden Institutionen oftmals mit Organisationen gleichgestellt, aus Sicht des Neo-Institutionalismus sind Institutionen aber Erwartungen, dass bestimmte Regeln eingehalten werden, die grundlegende Gültigkeit besitzen (Esser 2000, 2 ff.).

Nach Powell und DiMaggio (1991, S. 8) wird der Institutionenbegriff allerdings noch breiter gefasst. Neben Regeln, Prozessen und Normen, die formal gelten, zählen dazu auch „Symbolsysteme, kognitive Skripte, kulturelle Konventionen, soziokulturell konstruierte Identitäten und moralische Einstellungen, die dem menschlichen Verhalten einen (unhinterfragten) Bedeutungsrahmen verleihen."

Aus dieser Sicht werden Institutionen nicht als Vorgabe gesehen, sondern sie ermöglichen die Entstehung von Handlungserwartungen, Präferenzen und Identitäten. Sie prägen die Erwartungen, was als möglich erachtet wird. In diesem Verständnis von Institutionen sind sowohl gegenseitige Erwartungen von Organisationen als auch allgemeine Erwartungen aus der Umwelt an Organisationen enthalten (Hasse und Krücken 1999, S. 53 f.).

Mit dem Fokus auf die institutionellen Umwelten versucht der neue soziologische Institutionalismus darauf hinzuweisen, dass es für das Überleben von Organisationen nicht mehr ausreicht, rein auf wirtschaftliche Effizienz zu achten, wie es üblicherweise in den wirtschaftswissenschaftlichen Theorien angenommen wird (Hiß 2006, S. 129). Entscheidend für die Legitimität ist die Befolgung von institutionalisierten Regeln, die als Bestimmungen in der Gesellschaft reziprok entstandene Typisierungen oder Interpretationen darstellen (Berger und Luckmann 1967, S. 54).

Institutionelle Regeln werden von Akteuren befolgt, auch wenn sie nicht zwingend im Interesse der Akteure sind. Die Konformität mit diesen Regeln ist auf eine Art Vertragsbeziehung zurückzuführen, die darauf beruht, dass auf ein angemessenes Verhalten mit einer angemessenen Verhaltensweise reagiert wird. Sie wirken oft wie ein willentlicher Vertrag, allerdings entsprechen die Regeln einer gelernten Folge von Erwartungen (March und Olsen 1989, 22 ff.).

Wenn Organisationen die Erwartungen erfüllen, legitimieren sie sich gegenüber der technischen und institutionellen Umwelt. Dadurch erhalten sie die Ressourcen, die für das eigene Überleben bzw. die Selbsterhaltung notwendig sind (Meyer und Rowan 1977).

Luhmann kritisiert den neuen Institutionalismus, da er davon ausgeht, dass Organisationen externe Anforderungen unreflektiert übernehmen und der Eigenheit von Organisationen nicht ausreichend Rechnung getragen wird. Für Luhmann liegt der Theorie die fälschliche Annahme zugrunde, dass Organisationen keine Alleinstellungsmerkmale aufweisen, wodurch sie sich von der Umwelt gar nicht mehr unterscheiden und somit auch keine eigene Identität entwickeln (Luhmann 2000, S. 35,383,414,437).

Dies widerspricht dem Grundsatzgedanken der Systemtheorie, nach dem die Systeme aus sich selbst heraus entstehen und entwickeln, wodurch auch die Steuerungsproblematik von autopoietischen Systemen unterschätzt wird.

Nach dem Neo-Institutionalismus sind alle Organisationen in dieselbe institutionelle Umwelt eingebettet, weshalb eine Trennung von Wirtschaft und Kultur, also das Setzen von Werten, keinen Sinn macht. Die meisten empirischen Untersuchungen befassen sich mit dem organisationalen Feld und den Auswirkungen der Gesellschaft auf die Organisation. Es gibt aber auch vereinzelte Untersuchungen, die die Auswirkung der Organisation auf die Gesellschaft betrachten (Senge 2011, S. 154 ff.).

Im Ansatz des Institutional Entrepreneur wird zugelassen, dass Unternehmen auch eigene Ziele verfolgen und Institutionen nach ihren Interessen verändern können (DiMaggio 1988, S. 15; Beckert 1999, S. 781). Mit institutioneller Arbeit wird beschrieben, wie Organisationen Einfluss auf die Entstehung, Aufrechterhaltung oder Veränderung von Institutionen nehmen (Lawrence und Suddaby 2006, S. 215).

Die meisten Arbeiten befassen sich jedoch weiterhin eher mit dem organisatorischen Feld, da genau das die Stärke des institutionellen Ansatzes ist. Er beschreibt, dass die Handlungen und Werte von Akteuren und Organisationen nicht aus sich selbst heraus entstehen, sondern durch die Gesellschaft und soziale Einbettung geprägt sind. Wenn zu stark auf die Kritiker eingegangen würde, bliebe vom theoretischen Kern des Neo-Institutionalismus nicht mehr viel übrig (Senge 2011, S. 162).

Denn es stellt sich die Frage, wie Institutionen von Akteuren verbreitet oder modifiziert werden können, wenn sie diese eigentlich unhinterfragt befolgen.

Wegen dieses „paradox of embedded agency" (Battilana und D'Aunno 2009) stellt sich die Frage: Wenn die Interessen und die Identität des Akteurs durch das institutionelle Feld bestimmt werden, wie ist er dann in der Lage, neue Verfahren zu entwickeln und andere dazu zu bringen, diese zu übernehmen?

Auch Beckert (1996) sieht die Notwendigkeit, Interessen stärker in der Theorie des Institutionalismus zu berücksichtigen, und entwickelt daher das Konzept des intentional rationalen Akteurs. Dieser Akteur verfolgt im Sinne des Homo oeconomicus eigene Interessen, allerdings greift er in Situationen der Ungewissheit auf soziale Mechanismen wie Regeln, Normen, Konventionen, Institutionen, soziale Strukturen oder Machtverhältnisse zurück. Diese sozialen Mechanismen reduzieren die Unsicherheit, indem sie die komplexe Handlungssituation strukturieren und für Entscheidungssicherheit sorgen. Handlungen werden allerdings nur so eingeschränkt, dass der Akteur weiterhin eigenen Interessen verfolgen kann.

Der intentional-rationale Akteur ist mit der Grundidee des soziologischen Institutionalismus kompatibel, da er trotz der Bereitschaft, Institutionen zu verändern, sie als gegeben annimmt (Hiß 2006, S. 198).

Die Systemtheorie steht mit der neoinstitutionalistischen Akzeptanz der Paradoxie der Differenz von Umwelt und System heutzutage nicht mehr ganz so im Widerspruch zum Neo-Institutionalismus, wie das Luhmann in den Anfängen angenommen hat. Allerdings bleibt der grundsätzliche Unterschied zwischen den Theorien erhalten, dass der wesentliche Einfluss auf die Entwicklung einer Organisation aus Sicht des Neo-Institutionalismus von außerhalb kommt, während die Systemtheorie von einer Entwicklung aus sich selbst heraus ausgeht. Demnach vernachlässigt der Neo-Institutionalismus die Autonomie von sozialen Systemen, wodurch auch der Erfolg von Steuerungseingriffen zur Beeinflussung von Organisationen überschätzt wird.

Da Institutionen und Systemtheorie einander nicht gänzlich gegenseitig ausschließen, hat sich die Systemtheorie daher sowohl aus einer risikotheoretischen als auch aus einer governancetheoretischen Perspektive mit Institutionen auseinandergesetzt.

Der risikoorientierte Ansatz versucht, die Kultursoziologie mit der System-theorie zu verknüpfen. Während die Kultursoziologie eine Kultur fordert, die sich stärker mit Risiken auseinandersetzt, betont die Systemtheorie die Bedeutung von Erwartungssicherheiten für Entscheidungen. Nur durch Latenz und Verschleie-rung von blinden Flecken können Entscheidungen getroffen werden (Japp 1996, 208 f.).

Nach Luhmann sind Institutionen zeitlich, sachlich und sozial generalisierte Symbolzusammenhänge (Luhmann 1984, S. 135), mit denen der Möglichkeits-raum eingeschränkt werden kann. Sie geben nicht vor, was als objektiv richtig betrachtet werden kann, sondern geben einen Kontext, was in einer bestimmten Situation als angemessen erscheint.

Institutionen können in der Systemtheorie mit Erwartungen und Erwartungser-wartungen übersetzt werden, die bei Entscheidungen durch Generalisierung eine Asymmetrie erzeugen, mit der Kontingenz reduziert werden kann (Japp 1996, S. 112). Soziale Erwartungen sorgen für stabile Verhältnisse, die allerdings auch kontingent sind (Japp 1996, S. 63).

Da auch Erwartungssicherheit veränderbar ist, muss eine Sicherheitsillusion entstehen, die die Möglichkeit verschleiert, dass es auch anders sein könnte (Japp 1996, S. 40).

Durch die Scheinsicherheit wird auch die Risikoparadoxie bei Entscheidungen, die darin besteht, dass mit jeder Reduktion von Risiken neue Risiken erzeugt werden, aufgelöst. Entscheider erzeugen eine Selbstbindung, indem sie sich am Ende auf irgendetwas Irrationales beziehen, was die Paradoxie auflöst (Japp 1996, S. 212).

Entscheidungen in Organisationen beziehen sich meist auf Entscheidungspro-gramme, die eine Scheinsicherheit erzeugen, da sie dem Entscheider bei einer unerwarteten Nebenfolge als Rechtfertigung dienen kann. Entscheidungspro-gramme beziehen sich auf strukturelle, prozessuale und motivationale Entschei-dungsprämissen, die sich an Institutionen, Kulturen und Ideologien orientieren (Japp 1996, S. 104).

Der Bezug auf Institutionen bei Entscheidungen, die die Entscheidung ermög-lichen und damit Kontingenz reduzieren, ist von der Kultur abhängig. Da aber auch die Kultur veränderbar ist, entscheidet die vorherrschende Ideologie, welche Kultur eher dominiert (Japp 1996, S. 121 ff.).

Für den Verweis auf Motive, Erwartungen oder Werte sind als Letztbezug Ideologien notwendig, mit denen erst eine irrationale Zurechnung möglich wird (Japp 1996, S. 103).

So sorgt auch Normativität für eine Unsicherheitsabsorption, da bei Entschei-dungen, die sich auf vorangegangene Entscheidungen beziehen, ein Letztbezug erzeugt wird, der die Entscheidungskette abbricht (Japp 1996, S. 88). Die Governancetheorie nach Willke schließt an die Regimetheorie (Keohane 1982; Krasner 1982) an, geht aber über diese hinaus, da nicht nur die Vor- und Nachteile bestimmter Regime, also Normen, Regeln und Prozesse zu Regelung eines bestimmten Themenfeldes, analysiert werden, sondern allgemeiner hinterfragt wird, warum welche Governanceformen in sozialen Systemen entstehen (Willke 2007, S. 12 ff.). Dabei befasst sich Willke sowohl mit normativen Regimen als auch mit Governance-Regimen. Ein normatives Regime stützt sich zur Durchsetzung nicht auf die Exekutive, sondern muss mit Soft Power, also durch Argumente, Wissen und faire Prozesse überzeugen, wodurch es sich von der politischen Macht emanzipieren kann (Willke 2007, S. 84).

Das Governance-Regime impliziert intelligente Superstrukturen sozialer Systeme, die Formen und Modi für eine Selbsterhaltung entwickeln und steuern, um ein kollektives Ziel zu erreichen. Im Gegensatz zum Neoinstitutionalismus entsteht das kollektive Ziel jedoch immer intern und ist ein Ergebnis interner Operationen. Allerdings stehen die Ziele durch eine strukturelle Kopplung immer in Bezug zur gegebenen Umwelt oder einem Kontakt. Durch eine Balance aus Autonomie und Umweltreaktion entsteht ein viables System (Willke 2007, S. 127).

Wie in Abschnitt 3.2.2 dargestellt, lag der Fokus in der Vergangenheit auf dem Wirtschaftswachstum als Bezugspunkt, was als Ideologie in vielfältiger Weise die Entscheidungsfindung beeinflusst hat. Diese starke Reduktion der Beobachtung der Gesellschaft hat zwar die Entscheidung erleichtert, dies führt allerdings wegen der unerwarteten Nebenfolgen durch die blinden Flecken der Beobachtung dazu, dass diese Form der Ideologie als Letztbezug hinterfragt wurde. Aufgrund der Selbstgefährdung der Gesellschaft deutet sich ein kultureller Wandel an, der zu einer anderen Selbstbeobachtung der Gesellschaft führt. Nachhaltigkeit als normatives Leitbild kristallisiert sich zunehmend als neuer Bezugspunkt heraus, der als Letztbezug Orientierung in vielfältigen Entscheidungssituationen bietet. In diesem Abschnitt wird beschrieben, warum Nachhaltigkeit weder durch politische Steuerung noch durch die Forderung nach Verantwortung angestrebt werden kann. Es wird dargestellt, warum Nachhaltigkeit eine Selbststeuerungsfunktion für die Gesellschaft impliziert.

Der Ursprung des Begriffs liegt auch in steuerungstheoretischen Überlegungen. Der Begriff Nachhaltigkeit geht auf das Jahr 1713 zurück, wobei das Ziel verfolgt wurde, den Waldbestand zu erhalten, indem nicht mehr Bäume gefällt wurden, als nachwuchsen.

Wird derhalben die größte Kunst/Wissenschaft/Fleiß und Einrichtung hiesiger Lande darinnen beruhen / wie eine sothane Conservation und Anbau des Holtzes anzustellen / daß es eine continuierliche beständige und nachhaltende Nutzung gebe / weiln es eine unentberliche Sache ist / ohne welche das Land in seinem Esse nicht bleiben mag. (Carlowitz 2009, S. 150)

Eine andere geläufige Definition bezieht sich weniger auf den ökologischen Erhalt, sondern stellt mit einer Betonung der inter- und intragenerationalen Gerechtigkeit die soziale Dimension in den Vordergrund: „Sustainable development is development that meets the needs of the present without compromising the ability of future generations to meet their own needs." (United Nations 1987, S. 37)

Die Interpretation von Nachhaltigkeit als Leitbild führt bis heute in der sozialwissenschaftlichen Forschung zu einer intensiven Diskussion der politischen Steuerung mit unterschiedlichen Instrumenten und Maßnahmen. Es wird angenommen, dass durch politische Steuerung das Ziel einer nachhaltigen Gesellschaft erreicht werden kann. Diese Steuerungsillusion führt jedoch die Sozialwissenschaften in eine mögliche Sackgasse, denn die zunehmende Komplexität und Dynamik der Gesellschaft steigern das Wissen, aber auch das Nichtwissen, und damit die Unsicherheit, insofern jeder politische Eingriff zu unerwarteten Nebenfolgen führt und wichtige Aspekte vernachlässigt werden, um unerwarteten Nebenfolgen vorzubeugen (Melde 2012, S. 23 ff.).

Da die Komplexität der Gesellschaft eine Steuerung von Nachhaltigkeit unmöglich macht, wurden Forderungen nach Moral und Verantwortung lauter. Allerdings resultierte daraus das Problem, dass die Gesellschaft nicht in der Lage war, sich selbst zu repräsentieren, weshalb sie für ihre Selbstgefährdung nicht zur Verantwortung gezogen werden konnte.

Die Heterogenität der unterschiedlichen Moralvorstellungen macht es unmöglich, eine „richtige" Entscheidung zu treffen. Die Illusion der Verantwortung besteht im Wesentlichen darin, dass wir selbst und vollkommen eigenständig über unsere Zukunft bestimmen können, was aber wegen der Fremdbestimmung und der Ungewissheit der Zukunft nicht realistisch erscheint. Gegenüber der handlungs- und akteurstheoretischen Perspektive erkennt die Systemtheorie die Ambivalenz der Gesellschaft, das Steuerungspotenzial von Organisationen und ist sich den Konflikten durch eine Integration mit Hilfe von Moral bewusst. Zudem wird in der Systemtheorie die Steuerung nicht als eine einfache Intervention konzipiert, sondern als ein iterativer Prozess, der ergebnisoffen verläuft. Die systemtheoretische Betrachtung der Steuerung von Nachhaltigkeit setzt daher auf eine Stärkung der Selbststeuerung der Funktionssysteme und Organisationen (Melde 2012, S. 39 ff.).

Für ein besseres Verständnis der Steuerungsfunktion von Nachhaltigkeit setzt sich die Systemtheorie mit der Semantik von Nachhaltigkeit auseinander, denn mit Semantik wird Sinn in einer Gesellschaft geordnet. Dabei ist zwischen einem semantischen Apparat und der gepflegten Semantik zu unterscheiden. Der semantische Apparat impliziert die vielfältigen Begriffe, die in der Kommunikation verwendet werden und das Wissen darüber. Die gepflegte Semantik arbeitet mit diesem semantischen Apparat, in dem er hinterfragt wird und semantische Innovationen entwickelt werden. Die gepflegte Semantik stellt die Reflexion der gesellschaftlichen Selbstbeschreibung dar. Beide Ebenen beeinflussen sich kontinuierlich (Luhmann 1997, S. 866 ff.).

Nachhaltigkeit hat sich von der Ebene des semantischen Apparates zur Ebene der gepflegten Semantik weiterentwickelt.

Es hat über 200 Jahre gebraucht, bis der Begriff auch in anderen Kontexten als der Forstwirtschaft verwendet wurde. Eine zunehmende gesellschaftliche Auseinandersetzung mit Nachhaltigkeit erfolgte erst ab den 1960ern und 1970ern. Aufgrund der gesellschaftlichen Selbstgefährdung begann die Gesellschaft, eine stärkere Reflexivität auszubilden und insbesondere die Wirtschaftsweise zu hinterfragen. Ein Konzept, das für eine Transformation geeignet schien, war Nachhaltigkeit. Die bisherigen Semantiken reichten nicht aus, um eine Antwort auf diese gesellschaftlichen Probleme zu geben, weshalb die semantische Innovation der Nachhaltigkeit diffundierte. Die erste offensichtliche Kritik, die die im wahrsten Sinne des Wortes existierenden Grenzen der Wachstumssemantik aufzeigten, war der Bericht des Club of Rome (1972). Nachhaltigkeit wurde dort als eine Alternative zur Fortschrittssemantik ausgedeutet, die das Bewahrende der Nachhaltigkeitssemantik betont. Allerdings war dieser radikale Gegenentwurf nicht anschlussfähig. Um diese Radikalität zu mäßigen, hat sich die Semantik „Nachhaltigkeit" zu „nachhaltiger Entwicklung" weiterentwickelt. Die Betonung liegt damit nicht mehr auf der Bewahrung, sondern lässt auch Fortschritt zu. Die semantische Innovation der nachhaltigen Entwicklung besteht in einem Oxymoron, das gleichzeitig auf Stabilität und Veränderung setzt. Mit dem Brundtland-Bericht (United Nations 1987) hat sich eine weitere Veränderung der Semantik nachhaltiger Entwicklung ergeben. Mit der Definition von nachhaltiger Entwicklung in Bezug auf Bedürfnisse hat sich das Verständnis von nachhaltiger Entwicklung von einer Auseinandersetzung zwischen Natur und Gesellschaft auf ein rein soziales Phänomen verschoben. Ökologische Grenzen wurden nicht als absolut betrachtet, sondern als abhängig davon, inwiefern die Gesellschaft selbst in der Lage ist, mit den Herausforderungen umzugehen. Damit ist die gesellschaftliche Entwicklung nicht mehr von dem Menschen oder der Natur abhängig, sondern ausschließlich von der Gesellschaft. Die Gesellschaft kann durch Innovationen dafür sorgen, dass sich die Grenzen verschieben. Die Nachhaltigkeitssemantik wird dadurch zur Selbstbeschreibung der Gesellschaft (Melde 2012, S. 92 ff.).

Die Gesellschaft macht sich damit selbst zum Subjekt nachhaltiger Entwicklung. Dabei wird die Nachhaltigkeitssemantik zur Selbstbeschreibung einer Gesellschaft, die sich selbst als vermittelnde Variable zwischen Natur und Individuum beobachtet. Sie ordnet nunmehr auch im semantischen Apparat Kommunikation, mit denen sich die Gesellschaft zuvorderst selbst (als soziales System) und im Verhältnis zu ihrer natürlichen (ökologische Systeme) und psychischen Umwelt (Bewusstseinssysteme) beschreibt. Möchte man den von der Nachhaltigkeitssemantik verbreiteten Sinn also auf einen Nenner bringen, so geht es ihm um die langfristige Aufrechterhaltung der Entwicklungsfähigkeit gekoppelter sozialer, ökologischer und psychischer Systeme. Die Nachhaltigkeitssemantik macht die desintegrativen Tendenzen zwischen den beteiligten Systemen innerhalb dieser Entwicklung zu ihrem Thema und spielt sich entweder zu moralisch-normativen oder zur regulativen - jedenfalls aber immer zur integrativen - Instanz der Weltgesellschaft auf. (Melde 2012, S. 97)

Nachhaltigkeit ermöglicht die Entstehung von neuem Sinn, der sich systemtheoretisch aus einer Differenz zwischen Aktualität und Potenzialität ergibt. Sinn dient als Supermedium aller Formbildung. Er basiert auf einem Verweisungsüberschuss von einer aktuellen zu einer potenziellen Formentstehung. Sinn ist immer nur selektiv, da aus einer bestimmten Anzahl von Möglichkeiten gewählt werden muss (Schützeichel 2003, S. 55 f.).

Die Selektion in jeder Aktualisierung entspricht einer Negation, weshalb Sinn nur durch Negation hervorgerufen werden kann. Negation beutet nicht, dass Sinn vernichtet wird, sondern dass Potenzial für neuen Sinn erzeugt wird. Die Negation ermöglicht sowohl Reflexivität, also die Negation der Negation, als auch Generalisierung (Schützeichel 2003, S. 38).

Die Nachhaltigkeitssemantik führt zu einer Ordnung von Kommunikation und verleiht den Systemen Sinn. Aufgrund der polykontexturalen Gesellschaft, die auf vielschichtigen Perspektiven alleine schon zwischen den unterschiedlichen Funktionssystemen beruht, kann keine eindeutige Lösung angeboten werden, weshalb der Nachhaltigkeitsbegriff meist in einer Negation definiert, was verhindert oder nicht getan werden soll (Melde 2012, S. 87 ff.).

Aus systemtheoretischer Sicht fordert Nachhaltigkeit daher nicht eine bestimmte Entwicklung der Gesellschaft, sondern führt eher an, was an negativen Konsequenzen zu vermeiden ist (Melde 2012, S. 106). Aber genau in diesen Hinweisen auf das Negative besteht die integrative Funktion der Nachhaltigkeitssemantik. Denn sie fasst alle Risiken zusammen, die für Individuen, in der Natur oder zwischen den Systemen bestehen und auf die die Gesellschaft mit der Integrationsforderung der Nachhaltigkeit antworten kann (Melde 2012, S. 107).

Nachhaltigkeit erzeugt durch einen intersystemischen Diskurs eine systemunabhängige Sinnstruktur, die jedes System auf seine Situationen auslegen kann. Dabei spielen soziale Bewegungen eine besondere Rolle, da sie neue Themen zur Überlebensfähigkeit der Gesellschaft für den Diskurs produzieren (Melde 2012, S. 162 ff.).

Die Integration der Nachhaltigkeit durch Semantik wird generalisiert, da Nachhaltigkeit für bestimmte Ereignisse ein einheitliches Verständnis bei unterschiedlichen Systemen schafft und somit eine vorübergehende Kopplung ermöglicht. Für eine dauerhafte Lösung, die Nachhaltigkeit eigentlich anstrebt, müssen jedoch auch die Strukturen innerhalb des Systems verändert werden. Dazu sind die Erwartungen zu verändern. Denn nur bei der Berücksichtigung von Nachhaltigkeit in Entscheidungen kann von einer Integration in Strukturen gesprochen werden. Nachhaltigkeit löst durch die Negation Irritationen aus, die wiederholt zur Enttäuschung von Erwartungsstrukturen führen. Dies löst in den Systemen Resonanz aus, wodurch deren Programme so verändert werden, dass Freiheitsgrade, die zu negativen Konsequenzen bei anderen Systemen führen können, eingeschränkt werden. Nachhaltigkeit übernimmt die Aufgabe einer Kontingenzformel, da sie als Abschlussformel nicht mehr hinterfragt wird und dadurch Erwartungssicherheit schafft. Die Kontingenzformel Nachhaltigkeit wirkt dann, wenn eine negative Entwicklung mithilfe einer negativen Selektion verhindert werden muss. Diese Einschränkungen führen zu einer negativen Integration der Gesellschaft. Sie definiert kein vorgegebenes Ziel, aber sie verhindert die Überforderung mit Kontingenz (Melde 2012, S. 121 ff.).

Nachhaltigkeit ermöglicht besonders eine Reduktion der sozialen und zeitlichen Kontingenz.

Die Reduktion der sozialen Kontingenz entsteht durch Systemintegration, soziale Integration und ökologische Integration. Eine Systemintegration entsteht durch Nachhaltigkeit, indem sie eine gegenseitige Beschränkung des Möglichkeitsraums zwischen Systemen erzeugt, und zwar dadurch, dass Nachhaltigkeit fehlende Selbstbegrenzungsmechanismen aufdeckt. Soziale Integration wird durch Nachhaltigkeit erzeugt, indem eine Inklusion des Individuums als psychisches System in die Gesellschaft bzw. in alle gesellschaftlichen Funktionssysteme sichergestellt wird, wodurch Ungleichheit abgebaut wird und gleichberechtigte Chancen vergeben werden. Eine ökologische Integration wird erzeugt, indem

Resonanz für ökologische Themen in der Gesellschaft ausgelöst wird, wodurch die Freiheitsgrade der Umweltauswirkungen eingeschränkt werden. Außer vor der Herausforderung der sozialen Kontingenz steht die Gesellschaft auch vor derjenigen der zeitlichen Kontingenz. Eine zeitliche Integration entsteht, wenn Systeme trotz ihrer unterschiedlichen Operationsweise bei einem Ereignis eine strukturelle Kopplung erreichen. Durch die Einschränkung der Freiheitsgrade, wie der Moment interpretiert werden soll, entsteht auch in diesem Fall aus der Negation eine Integration (Melde 2012, S. 107 ff.).

Die zunehmende Kontingenz durch gesellschaftliche Reflexion kann durch Institutionen als Erwartungserwartungen begrenzt werden. Nachhaltigkeit erzeugt eine Erwartungssicherheit, mit der Entwicklungsmöglichkeiten von einzelnen Systemen so beschränkt werden, dass sich die Entwicklungsmöglichkeiten der Gesellschaft insgesamt verbessern.

4.2.2 Nachhaltigkeit als Referenz im Wirtschaftssystem

Auch im Wirtschaftssystem führt eine höhere gesellschaftliche Reflexion zu einer zunehmenden Kontingenz, die nur durch Generalisierung begrenzt werden kann.

Im Wirtschaftssystem ist eine Beobachtung nur durch Ausgrenzung möglich. Rationalität bietet in wirtschaftlichen Organisationen einen Bezugspunkt, wie aus der Vielzahl an Beobachtungsmöglichkeiten eine Auswahl der Beobachtungsform generiert werden kann. Im Wirtschaftssystem wurde üblicherweise die Komplexität durch einen Bezug auf Rationalität begrenzt (Luhmann 2000, S. 27).

Organisationen operieren vor allem mit dem Fokus auf wirtschaftlicher Rationalität, die der Logik des Wirtschaftswachstums zugrunde liegt. Dem Wachstum können Organisationen nur folgen, indem sie mehr und schneller Entscheidungen treffen (Japp 1996, S. 46).

Da Organisationen selbst zur Umwelt von anderen Organisationen gehören, führt die zunehmende Veränderung von Organisationen zu einer Zunahme der Unsicherheit der Umwelt von Organisationen (Luhmann 2000, S. 404 ff.). Die blinden Flecken der rationalen Beobachtung führen zu einer Zunahme von unerwarteten Nebenfolgen, die auf das System zurückwirken können (Japp 1996, S. 46 f.). Die Nachteile der Scheinsicherheit von Rationalität werden immer stärker sichtbar, und die Illusion der rationalen Entscheidungen wird deutlicher, weshalb immer mehr verlangt wird, das bisher Ausgeschlossene stärker zu berücksichtigen (Luhmann 2000, S. 458). Durch die stärkere Reflexion werden

die blinden Flecken der Beobachtung deutlich. Gleichzeitig verlieren die bisherigen Referenzpunkte ihre Stabilität, da jedes Wissen zu neuem Nichtwissen
führt.

Wenn nämlich neues Wissen geschaffen wird, heißt das erst mal, dass nur
dort, wo das Wissen erzeugt wurde, neues Wissen vorhanden ist, während sonst
überall Nichtwissen entstanden ist (Wiesenthal 2006, S. 50). Im Versuch, gesellschaftliche Erwartungen zu berücksichtigen, müssen Personen netzwerkartig mit
einer Vielzahl an Adressanten kommunizieren, was leicht zu einer Überforderung der Organisation führen kann (Baecker 2003, S. 67). Zur Vermeidung einer
Überlastung der Organisation durch eine zu umfangreiche gesellschaftliche Reflexion sollte daher eine gegenseitige Begrenzung der Systeme geschaffen werden.
Die Freiheitsgrade sollten so eingeschränkt werden, dass sie mit der Autopoiesis kompatibel sind und somit Sinn aufrechterhalten bleibt. Die Einschränkung
der Komplexität macht es erst möglich, dass eine höhere Komplexität entsteht
(Luhmann 2000, S. 100).

Mit der Veränderung einer internen Referenz auf wirtschaftliche Rationalität
in Richtung einer Referenz in der Umwelt können Organisationen dafür sorgen, dass sich die Kontingenz ihrer Umwelt wieder reduziert. Denn nur mit dem
Bezug auf die Gesellschaft können Organisationen die turbulente Umwelt wieder stabilisieren, indem Kooperationen geschlossen werden, die ein höheres Ziel
verfolgen – auch auf die Gefahr hin, dass sie nicht die richtigen sind (Luhmann
2000, S. 412).

Die Governanceethik nach Wieland (1999), die einen moralischen Bezug zu
Institutionen aus systemtheoretischer Sicht herstellt, gibt einen Hinweis darauf, wie Organisationen die Kontingenz der gesellschaftlichen Reflexion durch
eine Referenz in der Umwelt reduzieren können, um den Möglichkeitsraum
für Entscheidungen in wirtschaftlichen Organisationen sinnvoll einzuschränken. Die Governanceethik basiert auf Aspekten der Institutionenökonomik, die
gesellschaftstheoretisch reflektiert wird (Wieland 1999, S. 85).

Demnach schließen Organisationen Verträge, um ein kollektives Ziel zu erreichen, dass individuell nicht erreichbar wäre. Durch ethische Systeme kann
die Kooperationsbereitschaft gesteigert werden, da die Kommunikation von
moralischen Werten und Selbstbindung die Erwartungssicherheit für andere
Organisationen erhöht. So stellt die Einführung von Verhaltensgrundsätzen ein
Leistungsversprechen dar, das Verhaltenserwartungen für die eigene Organisation
wie auch eine Erwartungssicherheit bei anderen Organisationen erzeugt (Wieland
1999, S. 52 ff.).

Allerdings kann kritisiert werden, wie Wieland (1999) die Governanceethik weiter konkretisiert. So bleibt unklar, warum die Einflussfaktoren auf die Kooperationsrente in einer mathematischen Formel dargestellt werden, da dies der systemtheoretischen Komplexität eigentlich nicht gerecht wird (Schwegler 2009, S. 237 f.). Auch der starke Fokus auf die Einhaltung von Regeln entspricht eigentlich nicht der systemtheoretischen Logik, da der Innovationsfähigkeit der Unternehmen und der Entwicklung aus sich selbst heraus nicht ausreichend Beachtung geschenkt wird (Beschorner 2008, S. 92). Ebenso ist der Vorschlag eines Wertemanagementsystems kritisierbar, das Erwartungssicherheit in einem Unternehmen erzeugen soll, da damit eine intensive Bürokratisierung verbunden ist (Neuberger 2006, S. 394).

Der Ansatz macht jedoch sehr gut deutlich, wie Erwartungssicherheiten aufgebaut werden können und damit die Stabilität in der Umwelt von Organisationen erhöht werden kann. Durch eine moralische Kommunikation wird der Möglichkeitsraum der Entwicklung der Organisation so eingeschränkt, dass die Entwicklungsmöglichkeiten von anderen Organisationen nicht verschlechtert, sondern sogar verbessert werden. Wenn sich die anderen Unternehmen auch in ihren Möglichkeiten einschränken, um die Entwicklungsmöglichkeiten der anderen Organisationen zu verbessern, entsteht für alle ein Vorteil. So zeigt beispielsweise das Bekenntnis zum UN Global Compact (United Nations Global Compact 2020) und den UN Principles for Responsible Investment (UN Principles for Responsible Investment (UN PRI) 2020) an, dass eine Entwicklung der real- oder finanzwirtschaftlichen Organisation nicht rein auf Grundlage eines wirtschaftlichen Opportunismus erfolgt, sondern dass auch die Umwelt nicht beschädigt werden soll und die Entwicklungsmöglichkeiten der anderen gesellschaftlichen Funktionssysteme beachtet werden.

Die Governanceethik (Wieland 1999, S. 115) geht ähnlich wie Luhmann (2000, S. 449) und Baecker (2003, S. 236) davon aus, dass es noch keine globale normative Zieldimension gibt, auf die Bezug genommen werden kann, vielmehr entstehe diese gerade erst (Luhmann 2000, S. 464). In dieser Arbeit wird jedoch davon ausgegangen, dass sich mit Nachhaltigkeit bereits eine solche Semantik entwickelt hat, auf die auch als Zieldimension Bezug genommen werden kann, sodass sie damit eine entsprechende Sicherheit für Entscheidungen in Unternehmen erzeugt. Mit der Entstehung der United Nations Sustainable Development Goals konnte sich die Staatengemeinschaft auf 17 globale Ziele einigen, die gemeinsam erreicht werden sollen. Sie ermöglichen eine neue Form der Global Governance (Biermann et al. 2017). Sie können von Unternehmen als globales Rahmenwerk herangezogen werden, um konkrete Entscheidungssituationen zu klären. Da die Ziele auf die Politik ausgelegt sind, bedarf es in den Unternehmen jedoch einer gewissen Transferleistung, um einen konkreten Unternehmensbezug herzustellen. Aber allein das Bekenntnis zu einer nachhaltigen Entwicklung und die damit verbundenen Fremd- und Selbstbegrenzungen schaffen bereits Entscheidungssicherheit für das Unternehmen und andere Organisationen und erzeugen dadurch neue Handlungsmöglichkeiten.

Ersichtlich wird die Bedeutung der Nachhaltigkeit im Wirtschaftssystem besonders durch die Verschiebung der Kontingenzreduktion in Organisationen von einer Referenz auf eine wirtschaftliche Rationalität zu einer Referenz auf Nachhaltigkeit.

Analog zum Wirtschaftswachstum auf Ebene des Wirtschaftssystems konnte auf Ebene der Organisation mit Hilfe von Rationalität der Fokus auf rein wirtschaftliche Aspekte gelegt werden, wodurch alles andere ausgeschlossen werden konnte.

Aufgrund der Theorie wirtschaftlichen Entscheidens scheint es so, als ob über Aufwand und Ertrag, Kosten, Nutzen und Risiken, Nachteile und Vorteile gleichzeitig entschieden werden könnte. Voraussetzung für eine solche systematisierte Darstellung ist die Begrenzung von externen Kosten, die berücksichtigt werden sollen. Denn je mehr Variablen berücksichtigt werden, umso stärker nehmen auch die Widersprüche zu. Mit zunehmender Komplexität entsteht eine höhere Wahrscheinlichkeit von Konflikten, denn jedes neue Wissen führt auch zu Kritik. Bei der Verarbeitung der Unsicherheit und Widersprüche ist auch die zeitliche Dimension zu berücksichtigen, da ein zusätzlicher Zeithorizont dazu führt, dass die betrachteten Variablen stärker im Widerspruch zueinander stehen. Bei der Betrachtung eines längeren Zeithorizonts nehmen Widersprüche zu. Durch die klare Definition der Berechnung der Kosten werden widersprüchliche Erwartungen aufgelöst. In einer Entscheidung kann ein Widerspruch zwischen Gegenwart und Zukunft aufgelöst werden, indem die Zukunft bereits heute berücksichtigt wird. Durch Kausalanalysen können zukünftige Konsequenzen von Entscheidungen abgeschätzt werden, wodurch der Möglichkeitsraum für Entscheidungen eingeschränkt werden kann (Luhmann 1984, S. 457 ff.).

Durch diesen klaren Bezugspunkt der Wirtschaftlichkeit wird es möglich, Komplexität zu reduzieren, und durch diese Scheinsicherheit wird es möglich, Entscheidungen zu treffen.

Im Rahmen einer betriebswirtschaftlichen Betrachtung können durch Kosten und Gewinne Vorteile und Nachteile eindeutig gegeneinander aufgewogen und somit klare Entscheidungen getroffen werden. Der Bezug der Organisation auf das Wirtschaftssystem und das Wirtschaftswachstum, woraus sich die wirtschaftliche Rationalität ableitet, ist jedoch nur eine unter vielen Referenzen, mit denen die Organisation ihre Umwelt beobachten kann. Mit dem Bezug auf die Gesellschaft wird deutlich, dass es auch andere Erwartungen als wirtschaftliche gibt. Dadurch wird ersichtlich, dass eine Differenz zwischen der Organisation und der Gesellschaft existiert, wodurch eine neue Referenz zur Auflösung der Paradoxie durch Nachhaltigkeit möglich wird (Baecker 2003, S. 236 ff.).

Da der Bezugsrahmen für die Referenz auf die Umwelt nur durch eine Konstruktion des Systems selbst erzeugt werden kann, kann ein anderer Bezug zur Umwelt nur durch die Veränderung der Beobachtungsperspektive des Systems generiert werden (Luhmann 2000, S. 100). Indem das System die Beobachtungsdifferenz stärker auf die Umwelt ausrichtet, können die Systemoperationen so eingeschränkt werden, dass die Entwicklungsmöglichkeiten der Gesellschaft verbessert werden.

Die Gegenwart ist abhängig von Entscheidungen. Die Entscheidung, was beobachtet werden soll, bestimmt darüber, welche Differenz zwischen Vergangenheit und Zukunft gesetzt wird. Gleichzeitig ist die Entscheidung abhängig von der Gegenwart. Je nachdem welcher Blick in der Vergangenheit gesetzt worden ist und welcher Zeithorizont in der Zukunft betrachtet wird, werden andere Entscheidungen getroffen (Luhmann 2000, S. 157).

Auch im Wirtschaftssystem hat die Zeitdimension eine Auswirkung auf die Sachdimension. Wenn also eine andere Beobachtung stattfindet, kann ein anderer Zeitbezug gewählt werden. Andererseits kann die Wahl eines anderen Zeitbezugs auch eine andere Entscheidung hinsichtlich der Beobachtung in der Sachdimension notwendig machen.

Mit der Verschiebung der Referenz von der wirtschaftlichen Rationalität zur Nachhaltigkeit entsteht eine neue Entscheidungssicherheit, an der sich Entscheidungen in Organisationen orientieren können. Durch die gegenseitige Beschränkung wird es möglich, ein höheres gemeinsames Ziel anzustreben.

4.2.3   Nachhaltigkeit in realwirtschaftlichen Organisationen

Um besser nachvollziehen zu können, wie wirtschaftliche Organisationen mit einer Referenz auf Nachhaltigkeit beobachten, wird im folgenden Kapitel der Fokus auf realwirtschaftliche Organisationen und nachhaltige Innovationen gelegt. Damit kann nicht nur gezeigt werden, wie Organisationen den einheitlichen Referenzpunkt „Nachhaltigkeit" konkretisieren, sondern auch die systemtheoretische Annahme, berücksichtigt werden, dass Organisationen als selbstreferenzielle Systeme aus sich selbst heraus entstehen und sich nicht nur einfach den Anforderungen der Umwelt anpassen.

In Unternehmen wurden zur Ausrichtung der Entscheidungsprogramme an Nachhaltigkeit verschiedene Ansätze entwickelt, die sich auf Nachhaltigkeit beziehen und versuchen, diese für die wirtschaftliche Organisation zu konkretisieren.

Zu den Programmen gehören insbesondere Nachhaltigkeitsstrategien, in denen zunächst mit den Konzepten Effizienz (Schmidt-Bleek 1997), Konsistenz (McDonough und Braungart 2002; Ellen MacArthur Foundation 2013), Suffizienz (Sachs 1993) ökologische Aspekte in den Vordergrund gestellt wurden. Mit der Zeit wurde immer deutlicher, dass eine nichtnachhaltige Wirtschaftsweise nur aufgelöst werden kann, wenn auch die gesellschaftliche Dimension berücksichtigt wird. Mit einer Verknüpfung zum Thema der Corporate Social Responsibility wurde zunehmend auch die gesellschaftliche Umwelt als weitere Beobachtungsreferenz hinzugezogen. In der Praxis haben sich daher CSR und Nachhaltigkeit sehr stark angenähert (Schneider 2015, S. 29). Diese Annäherung ging soweit, dass die Begriffe heutzutage sogar synonym verwendet werden (Schaltegger 2011). Damit gelten die Erläuterungen im Abschnitt 4.1.3 zu CSR, die das Verhältnis der Organisation zur gesellschaftlichen Umwelt beschreiben, auch für Organisationen, die ihre Beobachtungsreferenz an Nachhaltigkeit ausrichten. Durch die Entwicklung von Konzepten wie die Triple Bottom Line (Elkington 1998) entwickelten sich Konzepte, deren Nachhaltigkeitsperspektive sowohl die sozialen als auch die ökologischen Aspekte umfassen. Dadurch wurde die rein auf die Wirtschaft ausgerichtete Beobachtungsperspektive um die Referenz auf die Umwelt, die sowohl die Gesellschaft als auch die ökologische Umwelt impliziert, erweitert.

Mit dem Nachhaltigkeitsmanagement übernimmt die realwirtschaftliche Organisation Verantwortung, gesellschaftlichen Erwartungen gerecht zu werden. Es ist eine spezielle Form der Verantwortungsübernahme, da im Rahmen einer integrierten Funktion in der ökologischen, sozialen und wirtschaftlichen Dimension langfristig Wertschöpfung erzeugt und Wertverlust reduziert wird, wodurch Erwartungen zur sozialen und ökologischen Umwelt in der Organisation berücksichtigt werden können (Beckmann et al. 2020).

Durch den Einfluss auf die Kommunikation der Unternehmen in der Wirtschaft und deren Bedeutung innerhalb der Gesellschaft können Organisationen durch eine Veränderung der Beobachtungsperspektive in Richtung der Nachhaltigkeit einen Wandel der Wirtschaft maßgeblich prägen. Da Unternehmen ständig mit der gesellschaftlichen Umwelt kommunizieren, haben sie kontinuierlich eine negative oder positive Wirkung auf die Verwendung von Nachhaltigkeit als Referenz. Wenn Unternehmen diese Perspektive nicht einnehmen und die eigenen

Auswirkungen auf die gesellschaftliche und ökologische Umwelt nicht berücksichtigen, beschränken sie gleichzeitig die Entwicklungsmöglichkeit der anderen Systeme. Ein nachhaltiges Unternehmen zeichnet sich besonders dadurch aus, dass es nicht nicht-nachhaltig ist. Es berücksichtigt die Erwartungen der anderen Systeme und schränkt diese nicht ein. Eine nachhaltige Wirtschaftsweise sorgt für eine weltweite und dauerhafte Befriedigung der Grundbedürfnisse, ermöglicht gleichzeitig eine hohe Lebensqualität und den Erhalt der Natur und kümmert sich um eine gerechte Gesellschaft unter Beachtung der Menschenrechte. Unternehmerisches Nachhaltigkeitsmanagement versucht, einen wirtschaftlichen Vorteil unter Berücksichtigung der gesellschaftlichen und ökologischen Umwelt durch den Bezug auf Nachhaltigkeit herzustellen (Schaltegger 2015, S. 199 ff.).

Durch Nachhaltigkeitsstrategien kann der Möglichkeitsraum von Entscheidungen eingeschränkt werden. Paech (2005, S. 274 ff.) zeigt mit dem „offenen hierarchischen System" wie die Strategien zusammenhängen und Entscheidungsmöglichkeiten beschränken. Dabei werden die Nachhaltigkeitsstrategien unterschiedlichen Abstraktionsebenen zugeordnet. Auf der untersten Ebene kann ein technischer Wandel von Produkten und Techniken zu einer Veränderung in den bestehenden Nutzungssystemen führen. Auf der Ebene der Nutzungssysteme können durch einen systemischen Wandel mit einer Veränderung der Hardware- und Infrastrukturen bestehende Bedarfe befriedigt werden. Auf beiden Ebenen lassen sich Effizienz- und Konsistenzstrategien verwenden. Darüber hinaus lassen sich allerdings auch Bedarfe durch einen kulturellen Wandel verändern, indem der Sinn und Ausmaß der Konsumkultur hinterfragt wird. Bedarfe können durch Suffizienzstrategien verändert werden. Darüber hinaus existieren als Letztbezug menschliche Bedürfnisse, die keinen Spielraum für eine Steuerung gewähren, da sie existenziell notwendig sind und nicht infrage gestellt werden können.

Nach der risikotheoretischen Perspektive der Systemtheorie auf Institutionen (Japp 1996, S. 212) entsteht eine Scheinsicherheit, indem Entscheidungen auf Entscheidungsprogramme, Entscheidungsprogramme auf Institutionen, Institutionen auf Kultur und Kultur auf Ideologien verweisen. Für nachhaltige Entscheidungen müssen diese Scheinsicherheiten aufgebrochen werden und durch eine Scheinsicherheit in Bezug auf Nachhaltigkeit ersetzt werden. Nachhaltigkeit ermöglicht als Ideologie eine Scheinsicherheit für Kultur, Kultur für Institutionen, Institutionen für Entscheidungsprogramme und Entscheidungsprogramme für Entscheidungen. Dadurch wird es möglich, dass andere Entscheidungen in Organisationen getroffen werden.

Als realwirtschaftliche Organisationen müssen Unternehmersysteme aber auch ihre Innovationsaktivitäten (siehe Abschnitt 2.2.2) auf Nachhaltigkeit ausrichten.

Geels (2002) beschreibt in Bezugnahme auf die Ansätze des technologischen Regimes (Nelson und Winter 1982, S. 258) und der Neukombinationen (Schumpeter 2006, S. 158) der evolutorischen Ökonomik, wie unterschiedliche Ebenen an soziotechnologischen Veränderungen beteiligt sind. Radikale Innovationen entstehen zuerst in Nischen (Mikroebene) und können sich nur durchsetzen, wenn sie mit den soziotechnischen Regimen (Mesoebene) kompatibel sind. Diese Regime entstehen aus den Erwartungen von verschiedenen gesellschaftlichen Funktionssystemen. Sie umfassen etablierte Praktiken und sorgen durch Regulierung und Institutionen für Stabilität und Erwartungssicherheit, wodurch auch Pfadabhängigkeiten entstehen. Die Regime sind wiederum in eine Landschaft (Makroebene) mit externen Faktoren wie Wirtschaftswachstum, Migration, kulturelle Normen und Werte, aber auch Umweltprobleme eingebettet. Diese externen Rahmenbedingungen ändern sich langsam und können nicht kurzfristig von der Nischenebene oder der Regimeebene beeinflusst werden. Da die Regimeebene und die mit ihr verbundenen Erwartungen von der Landschaft geprägt werden, ist der Erfolg von radikalen Innovationen aus der Nische ebenso von der Landschaftsebene abhängig. So können Veränderungen in der Landschaft Druck auf bestehende Regime ausüben, der es ermöglicht, dass sich bestimmte Innovationen aus der Nische durchsetzen können. Radikale Innovationen können sich etablieren, wenn Erwartungen präziser und allgemeiner akzeptiert werden. Mit einer Veränderung des Regimes können Innovationen auch zu einer Veränderung der Landschaft beitragen. Dabei ist zu betonen, dass die Veränderung sich nicht schlagartig vollzieht, sondern sich eher über die Zeit durch verschiedene Neukombinationen nicht-linear und schrittweise ergibt.

Geels (2011) ergänzt in einem Aufsatz, dass die Multi-Level-Perspektive besonders für eine Entwicklung in Richtung Nachhaltigkeit einen guten Erklärungsansatz bietet, da diese systemische Veränderung meist sehr komplex und ein langfristiger Prozess ist, an dem viele unterschiedliche Systeme daran beteiligt sind. Meist fehlt der Anreiz für einen Wandel zu mehr Nachhaltigkeit, der oftmals mit Bereitstellung eines kollektiven Gutes einhergeht, da Probleme wie Trittbrettfahrer und das Gefangenendilemma auftreten. Es ist daher eine Veränderung der politischen Rahmenbedingungen notwendig in Verbindung mit einer strategischen Neuausrichtung der Unternehmen. Durch verschiedene Lock-In Mechanismen sind Pfadabhängigkeiten entstanden, die erst aufgebrochen werden müssen.

Die hierarchischen Zusammenhänge von Nachhaltigkeitsstrategien und -innovationen zeigen, dass für eine Ausrichtung von Unternehmen auf Nachhaltigkeit nicht nur eine Veränderung von Entscheidungsprogrammen, sondern auch eine Veränderung von Institutionen und der Kultur notwendig ist. Allerdings bleibt der Wandel des Wirtschaftssystems auf einer Initiative der Unternehmer-systeme angewiesen, sich an Nachhaltigkeit auszurichten.

Nachhaltiges Entrepreneurship zeichnet sich dadurch aus, dass diese Unternehmer Produkte, Technologien, Dienstleistungen und neue Geschäftsmodelle, die einen ökologischen Schaden verringern und einen Mehrwert für die Gesellschaft als Ganzes erzeugen, entwickeln und durchsetzen. Dadurch besteht eine enge Verbindung zwischen nachhaltigem Unternehmertum und Nachhaltigkeitsinnovationen, denn nachhaltige Unternehmen sorgen dafür, dass sich Nachhaltigkeitsinnovationen aus einer Nische in den Massenmarkt bewegen, wodurch ein größerer Einfluss auf Wirtschaft und Gesellschaft erzeugt wird (Schaltegger und Wagner 2011, S. 223).

Aus systemtheoretischer Sicht nehmen die Nachhaltigkeitsunternehmer Einfluss auf die Autopoiesis der Innovationen innerhalb der Realwirtschaft, indem sie die Möglichkeiten der Evolution begrenzen und eine Ausrichtung auf Nachhaltigkeit vornehmen. Dadurch haben sie einen wesentlichen Einfluss auf die nachhaltige Evolution der Gesellschaft (Hasenmüller 2013, S. 293).

Voraussetzung für ein nachhaltiges Unternehmertum sind also „Nachhaltigkeitsinnovationen" (Konrad und Nill 2001, S. 38). Von Nachhaltigkeitsinnovationen kann dann gesprochen werden, wenn eine Erneuerung einer Technik, einer Organisation, eines Nutzungssystems, einer Institution oder Soziales geschaffen wurde, was dazu beiträgt, ökologische Knappheit zu reduzieren und eine global und langfristig übertragbare Wirtschaftsweise zu erzeugen oder zu erhalten (Fichter et al. 2006, S. 44). Es geht also darum, die Autopoiesis der Innovationen unter Berücksichtigung der Auswirkung auf die soziale und ökologische Umwelt dauerhaft zu erhalten. Damit verfolgen aus systemtheoretischer Sicht nachhaltige Unternehmer und Nachhaltigkeitsinnovationen ein ähnliches Ziel wie das Wirtschaftssystem (siehe Abschnitt 2.2.2). Denn auch darin soll die Zahlungsfähigkeit erhalten werden, indem die Knappheit so verteilt wird, dass die gegenwärtige Verteilung nicht eine stabile Vorsorge für die Zukunft gefährdet (Luhmann 1988, S. 64).

Systemtheoretisch betrachtet kann eine Veränderung von Nachhaltigkeit als Institution nur aus einem Zusammenspiel verschiedener Faktoren erzielt werden. Eine höhere Reflexion gesellschaftlicher Auswirkungen in einem Netzwerk von Akteuren (siehe Abschnitt 4.1) macht es möglich, nachhaltige Innovationen zu entwerfen. Diese können sich jedoch nur durchsetzen, wenn sich das Regime, also die Institutionen des Wirtschaftssystems, entsprechend ändert. Dazu braucht es Irritationen aus der Umwelt und einen Wandel auf der gesellschaftlichen Ebene zu einer nachhaltigen Entwicklung. Erst wenn diese stabilisierenden Faktoren der Regimeebene bzw. der Institutionen des Wirtschaftssystems sich ändern, wird es möglich, dass Innovationen auch zu einer Veränderung des Wirtschaftssystems führen. Eine Verschiebung der Referenz innerhalb des Wirtschaftssystems zu Nachhaltigkeit und die Berücksichtigung der Auswirkungen auf die gesellschaftliche und ökologische Umwelt können daher nicht durch das Wirtschaftssystem alleine erfolgen, sondern sie sind zudem davon abhängig, dass diese Beobachtungsform auch in anderen gesellschaftlichen Funktionssystemen eingenommen wird. Denn erst wenn es zu diesem Paradigmenwechsel auf der Gesellschaftsebene kommt, können Entscheidungen auf diese abstrakteste Scheinsicherheit als Letztbezug referenzieren und höhere kombinatorische Gewinne erzeugen.

In realwirtschaftlichen Organisationen wird eine Referenz auf Nachhaltigkeit besonders durch Nachhaltigkeitsstrategien möglich, da sie als Entscheidungsprämissen die Entscheidungen der Organisation prägen. Durch nachhaltiges Unternehmertum und Nachhaltigkeitsinnovationen können realwirtschaftliche Organisationen selbst zur Etablierung von Nachhaltigkeit beitragen.

4.2.4 Nachhaltigkeit in finanzwirtschaftlichen Organisationen

Im folgenden Kapitel wird dargestellt, wie Nachhaltigkeit am Kapitalmarkt von der globalen Ebene konkretisiert wird, sodass sich finanzwirtschaftliche Organisationen an Nachhaltigkeit ausrichten können und nachhaltige Innovationen finanziert und Risiken durch eine nichtnachhaltige Wirtschaftsweise reduziert werden können.

Der bisherige Fokus auf eine wirtschaftliche Rationalität wird bei Organisationen der Finanzwirtschaft am ehesten am Umgang mit Risiken ersichtlich.

In den finanzwirtschaftlichen Organisationen der Banken erzeugen Entscheidungen sowohl Wissen als auch Nichtwissen. Banken reduzieren mit ihren Entscheidungen für beispielsweise neue Finanzinstrumente und -produkte Risiken, die allerdings aufgrund der Komplexität auch neue Risiken schaffen. Wegen der Ungewissheit der Zukunft lassen sich die Folgen nie ganz abschätzen, weshalb auch die systemischen Risiken zunehmen. Banken üben eine latente Funktion aus. Sie reduzieren nicht nur Risiken, sondern sie ermöglichen zudem, eine höhere Komplexität aufzubauen, die allerdings höhere Risiken birgt, da neue Externalitäten und Systemrisiken erzeugt werden. Dadurch wird auch die Umwelt des Finanzsystems gefährdet, was auf die Banken selbst zurückwirken kann (Strulik 2000, S. 17 ff.).

Scheinsicherheit wird durch die Differenz von Risiko und Sicherheit erzeugt. Sie wird erzeugt, indem die Organisation eine Reflexion von Entscheidungsfolgen vollzieht und dadurch Externalitäten scheinbar internalisiert (Strulik 2000, S. 84). Durch die Institutionalisierung des Risikomanagements entsteht eine Erwartungssicherheit, die Entscheidungen ermöglicht, da selbst bei unerwarteten Nebenfolgen darauf rekurriert werden kann. Das Risikomanagement reduziert dadurch zeitliche, sachliche und soziale Kontingenz (Strulik 2000, S. 24 f.).

Die Unterscheidung zwischen Risiko und Sicherheit ist jedoch eine soziale Fiktion, da absolute Sicherheit nie vollständig garantiert werden kann. Diese Scheinsicherheit hilft allerdings, Entscheidungen zu treffen (Strulik 2000, S. 66).

Die scheinbare Sicherheit, die dadurch entsteht, dass einige Folgen der Entscheidung berücksichtigt werden, begrenzt die Suche nach möglichen Entscheidungsfolgen und löst daher die Entscheidungsparadoxie auf. Obwohl das Risikomanagement nie die ganze Umwelt berücksichtigen kann, erzeugt es eine Scheinsicherheit, die Entscheidungen ermöglicht.

Auch bei der treuhänderischen Pflicht wurde in der Vergangenheit eine wirtschaftliche Rationalität als Referenzpunkt zur Auflösung von Kontingenz verwendet.

Im Finanzsystem verwalten Treuhänder das Geld oder andere Vermögenswerte im Auftrag von Investoren oder anderen Begünstigten. Diese verlassen sich auf die Treuhänder, dass sie im besten Interesse für die Investoren und anderen Begünstigte handeln, was meist finanziell ausgedrückt wird. Die treuhänderische Pflicht, die gesetzlich definiert ist, versucht sicherzustellen, dass die Treuhänder verantwortlich im Sinne der Investoren und Begünstigten und nicht zu ihrem eignen Vorteil handeln. Die treuhänderische Pflicht beruht klassischerweise auf Loyalität und Vorsicht (UN Principles for Responsible Investment (UN PRI) und United Nations Environment Programme Finance Initiative (UNEP FI) 2019, S. 10).

Die treuhänderische Pflicht kann als eine Art Institution verstanden werden, die den Möglichkeitsraum für finanzwirtschaftliche Entscheidungen vorgibt und auf die als Letztbezug der Entscheidungsketten referenziert wird.

Während es in der Vergangenheit fraglich war, ob durch die Berücksichtigung von Nachhaltigkeit die treuhänderische Pflicht verletzt wird, hat sich durch die zunehmende Bedeutung von Nachhaltigkeit auch die treuhänderische Pflicht verändert. Dies liegt daran, dass die Berücksichtigung von Nachhaltigkeit sich in der Zwischenzeit als eine Investmentnorm etabliert hat. Zudem konnte nachgewiesen werden, dass die Berücksichtigung von Nachhaltigkeit vorteilhaft oder zumindest nicht negativ für den wirtschaftlichen Erfolg ist (siehe dazu auch Abschnitt 4.3.1). Außerdem werden politische und gesetzliche Rahmenbedingungen so verändert, dass Nachhaltigkeit stärker in Investmententscheidungen berücksichtigt wird (UN Principles for Responsible Investment (UN PRI) und United Nations Environment Programme Finance Initiative (UNEP FI) 2019, S. 21).

Die Veränderung der treuhänderischen Pflicht macht deutlich, dass eine Verschiebung in der Referenz der Finanzwirtschaft von einer rein wirtschaftlichen Rationalität zu Nachhaltigkeit stattfindet.

Neben der Veränderung der Referenz für Treuhänder orientieren sich auch die politischen Rahmenbedingungen des Finanzsystems nicht mehr nur an der Ideologie des Wachstums, sondern an der nachhaltigen Entwicklung der Gesellschaft.

Die EU hat sich zum Ziel gesetzt, führend im Bereich des nachhaltigen Finanzwesens zu werden, um ein nachhaltiges Wirtschaftswachstum zu erzeugen. Neben den Interessen der EU wird darin auch die Verantwortung gesehen, einen Beitrag für die UN Sustainable Development Goals zu leisten (EU High-Level Expert Group on Sustainable Finance 2018, S. 11).

Ein zukünftiges nachhaltiges Finanzsystem soll einerseits die Lehren der Finanzkrise berücksichtigen, aber gleichzeitig auch einen Beitrag leisten, die bereits vereinbarten Ziele einer nachhaltigen Wirtschaft zu erreichen (European Commission 2018, S. 1).

Mit dem Referenzpunkt der Nachhaltigkeit und der Einigung auf globaler Ebene, wird es möglich, gesellschaftliche und ökologische Aspekte in den Rahmen gebenden Strukturen des Finanzsystems zu berücksichtigen.

Das grundlegende Ziel eines nachhaltigen Finanzsystems besteht darin, einen Beitrag für Wirtschaft und Gesellschaft zu leisten. Das bedeutet, dass ein nachhaltiges Finanzsystem die nachhaltige Entwicklung unterstützt, indem es die heutigen Bedürfnisse befriedigt, ohne die Möglichkeiten von zukünftigen Generationen, ihre Bedürfnisse zu befriedigen, zu beschränken (EU High-Level Expert Group on Sustainable Finance 2017, S. 11).

Ein nachhaltiges Finanzsystem wird als Instrument gesehen, wirtschaftliche Entwicklung, soziale Inklusion und eine ökologische Erneuerung zu erreichen (EU High-Level Expert Group on Sustainable Finance 2018, S. 9). Ein nachhaltiges Finanzsystem bietet die beste Chance für eine Neuordnung des Finanzsystems, das nicht mehr auf einer kurzfristigen Stabilisierung basiert, sondern langfristig positive Auswirkungen erzeugt (EU High-Level Expert Group on Sustainable Finance 2017, S. 16). In einem nachhaltigen Finanzsystem wird die Beobachtungsperspektive erweitert, indem gesellschaftliche und ökologische Themen starker berücksichtigt werden. Gleichzeitig wird aber auch die Perspektive in der zeitlichen Dimension geändert, indem ein langfristigerer Zeithorizont betrachtet wird. Ein nachhaltiges Finanzsystem soll sowohl zu einer nachhaltigen

Realwirtschaft führen als auch die Stabilität der Finanzwirtschaft erhöhen (EU High-Level Expert Group on Sustainable Finance 2018, S. 6). Es sollte daher sowohl Risiken und Chancen durch Nachhaltigkeit in Finanzentscheidungen berücksichtigen, um ein besseres Finanzsystem zu erzielen, als auch eine bessere Entwicklung ermöglichen, indem mehr Jobs geschaffen, Armut bekämpft, ein inklusives Wachstum herbeigeführt und ein Wandel zu einer dekarbonisierten, ressourceneffizienten Wirtschaft erzeugt werden (EU High-Level Expert Group on Sustainable Finance 2017, S. 11). Mit einem stärkeren Fokus auf Nachhaltigkeit soll also aus systemtheoretischer Sicht nicht nur die Umwelt des Finanzsystems erhalten bleiben und wiederhergestellt, sondern auch die Autopoiesis des Finanzsystems sichergestellt werden. Es geht also auch um die Sicherstellung der Selbsterhaltung des Finanzsystems, indem die Umwelt aufrechterhalten bleibt, da sie durch die Ausdifferenzierung der Gesellschaft Funktionen erfüllt, auf die das Finanzsystem zugreift und die es braucht, um selbst zu funktionieren.

Mit einem Aktionsplan für nachhaltiges Wachstum soll die Finanzwirtschaft stärker mit der europäischen und globalen Realwirtschaft verbunden werden, um daraus einen positiven Beitrag für die gesellschaftliche und ökologische Umwelt zu erzeugen. Mit dem Aktionsplan wird angestrebt, Finanzströme in nachhaltige Investitionen, die ein nachhaltiges und inklusives Wachstum ermöglichen, zu allokieren, sowie Finanzrisiken, die durch Nachhaltigkeitsthemen entstehen, zu managen und die Transparenz und langfristige Perspektive in Finanz-, aber auch Wirtschaftsaktivitäten zu erhöhen. Die EU versteht daher unter einem nachhaltigen Finanzwesen die Berücksichtigung von Umwelt- und Sozialthemen in Investmententscheidungen, die zu längerfristigen und nachhaltigen Aktivitäten führen (European Commission 2018, S. 2 f.).

Aus systemtheoretischer Sicht werden durch ein nachhaltiges Finanzsystem die Rahmenbedingungen so verändert, dass in nachhaltigen Innovationen höhere Renditen entstehen und weniger Risiken erzeugt werden. Soziale Systeme müssen deshalb nicht mehr gegenseitig ein Bekenntnis für eine Orientierung an Nachhaltigkeit aussprechen und Vertrauen aufbauen, um ein übergeordnetes Ziel zu erreichen, sondern können sich auf die politischen Vereinbarungen beziehen, die über demokratische Prozesse entstanden sind und für alle gleichermaßen gelten. Mit einem nachhaltigen Finanzsystem werden Governance-Strukturen geschaffen, die Entscheidungssicherheit erzeugen, wodurch Investmententscheidungen auf Nachhaltigkeit ausgerichtet werden können.

Nachhaltiges Investment macht deutlich, wie Nachhaltigkeit in den Programmen der finanzwirtschaftlichen Organisationen berücksichtigt werden kann. Es bietet eine Alternative, wie die Vielzahl an Investitionsmöglichkeiten reduziert werden können. Analog zur Weiterentwicklung von „CSR" zu „Nachhaltigkeit" in der Realwirtschaft hat sich in der Finanzwirtschaft der Begriff „Social Responsible Investment (SRI)" zu „nachhaltiges Investment" weiterentwickelt. Ähnlich der CSR hat SRI seine Wurzeln in einer Reflexion der gesellschaftlichen Auswirkungen von wirtschaftlichen Entscheidungen. Durch Verantwortung soll die gesellschaftliche und ökologische Umwelt stärker in diese Entscheidungen wieder miteinbezogen werden. Sozial verantwortliche Investoren integrieren damit CSR in die Finanzentscheidung und lenken finanzielle Ressourcen auf Basis der gesellschaftlichen Auswirkungen der investierten Aktivitäten (Puaschunder 2016, S. 42).

Über SRI gab es eine lange akademische Auseinandersetzung, was darunter verstanden werden und welche Terminologie verwendet werden soll. Die zwei wichtigsten Begrifflichkeiten waren „Social Responsible Investment" und „ethisches Investment" (Sparkes und Cowton 2004, S. 46). Eine Literaturanalyse von 190 akademischen Artikeln von 1975–2009 ergab, dass unter ethischem Investment ein stärker deontologisches ethisches Verständnis vorherrscht und Responsible Investment stärker finanzorientiert ist, wobei Nachhaltigkeitskriterien besonders aufgrund zusätzlicher Risikoinformationen hinzugezogen werden (Eccles und Viviers 2011, S. 389). SRI ist also eine Investmentphilosophie, die Profitmaximierung mit Sozialbemühungen kombiniert. Durch die Integration von Sozial-, Umwelt- und Finanzaspekten in Investitionen verfolgen sozial gewissenhafte Investoren wirtschaftliche und gesellschaftliche Wertmaximierung gleichzeitig. Dabei ist eine ähnliche Weiterentwicklung hinsichtlich der Verwendung der Begrifflichkeit von SRI wie CSR festzustellen, da SRI an Bedeutung verliert und durch den Begriff „nachhaltiges Investment" abgelöst wird. Ein Beispiel dafür ist die Namensgebung des europäischen Verbandes für SRI, der sich 2008 noch als European Social Investment Forum (EUROSIF 2014b) und sich dann ab dem Jahr 2010 als European Sustainable Investment Forum bezeichnete (EUROSIF 2014a, S. 63).

Seit 2018 macht der deutsche Verband für nachhaltige Investments FNG eine Unterscheidung zwischen verantwortlichen und nachhaltigen Investments. „Verantwortliche Investments" bezeichnet einen breiteren Ansatz, da dieser Anlagestrategien umfasst, die produktunabhängig über die gesamte Organisation angewendet werden können. Sie sehen ein öffentliches Bekenntnis über die Einhaltung von bestimmten Standards oder Prinzipien vor. Nachhaltige Investments stellen nur eine Teilmenge davon dar, da sie sich nur auf Produkte und Spezialbanken beziehen, die explizit als nachhaltig ausgewiesen werden (Forum Nachhaltige Geldanlagen (FNG) 2020, S. 29).

Es ist auch aus systemtheoretischer Sicht nachvollziehbar, dass nachhaltige Investments eine Teilmenge von SRI darstellen. Allerdings nicht, weil die Produktebene eine Teilmenge der Organisation darstellt, sondern weil Nachhaltigkeit eine Teilmenge der Gesellschaft ist. Aus dieser Perspektive erfolgt auch ein Bekenntnis zu öffentlichen Standards und Prinzipien nicht durch verantwortliche Investments, sondern durch nachhaltige Investments. Denn nachhaltige Investments zeichnen sich in dem systemtheoretischen Verständnis gerade dadurch aus, dass sie auf das global vereinbarte Ziel einer nachhaltigen Entwicklung einzahlen und sich somit aus der übergeordneten Institution „Nachhaltigkeit" ableiten. Nachhaltige Investments können daher sowohl auf der Organisations- als auch der Produkt- oder Entscheidungsebene getätigt werden. Unter nachhaltigen Investments werden daher Investitionen verstanden, die einen Beitrag zur nachhaltigen Entwicklung durch eine Integration von langfristig ausgerichteten ökologischen, sozialen und Governancekriterien in der Investitionsentscheidung leisten (Busch et al. 2016, S. 305).

Aus systemtheoretischer Sicht besteht also der wesentliche Unterschied zwischen SRI und nachhaltigen Investments darin, dass SRI versucht, die gesellschaftliche und ökologische Umwelt zu berücksichtigen, während sich nachhaltige Investments auf ein globales Ziel der nachhaltigen Entwicklung beziehen, welche die gesellschaftlichen und ökologischen Themen definiert und einschränkt. Nachhaltige Investments sorgen somit für eine klare Orientierung, was die Entscheidungsfindung bei Finanzentscheidungen auf der konkreten Ebene erleichtert und somit auch die Berücksichtigung von gesellschaftlichen und ökologischen Aspekten in Finanzentscheidungen verbessert.

Zusammenfassend ist zu konstatieren, dass die gesellschaftliche Reflexion immer wieder blinde Flecken der Beobachtung deutlich werden lässt. Die Beobachtung von Netzwerken und NGOs ermöglicht einen Reentry von bisher Ausgeschlossenem, wodurch sich die Beobachtung einer absoluten Rationalität annähert. Die Aufdeckung von blinden Flecken löst jedoch Scheinsicherheiten auf und macht immer mehr Widersprüche sichtbar, wodurch Konflikte entstehen. Zur Auflösung der unlösbaren Konflikte braucht es eine gemeinsame Sprache, in der funktionsunabhängige Gefährdungen der Gesellschaft kommuniziert werden können. Durch einen temporär gütigen Konsens können die gesellschaftlichen Funktionssysteme einen gemeinsamen Sinn finden, mit dem Kontingenz reduziert werden kann.

Die Systemtheorie hat sich sowohl aus einer risikotheoretischen als auch einer governanceorientierten Perspektive mit Institutionen auseinandergesetzt. Aus einer risikotheoretischen Perspektive der Systemtheorie auf Institutionen sind bei Risikoentscheidungen Scheinsicherheiten notwendig. Durch Scheinsicherheit kann die Risikoparadoxie bei Entscheidungen, die darin besteht, dass mit jeder Reduktion von Risiken neue Risiken erzeugt werden, aufgelöst werden. Besonders Ideologien dienen als Letztbezug für eine Scheinsicherheit, wodurch auch Normativität Kontingenz reduzieren kann.

Nach der governanceorientierten Perspektive auf Institutionen der Systemtheorie können sich soziale Systeme zu einem Governance-Regime zusammenschließen und durch Selbststeuerung ein kollektives Ziel anstreben, das zwar auch die Umwelt berücksichtigen kann, aber im Wesentlichen aus sich selbst heraus entsteht.

Während in der Vergangenheit die Vielzahl an Entscheidungsmöglichkeiten durch Wachstum begrenzt wurde, wird zunehmend ein Orientierungsrahmen für Entscheidungen durch Nachhaltigkeit geschaffen. Moral scheitert genauso wie die politische Steuerung an der zunehmenden Kontingenz der Gesellschaft. Das Verständnis von Nachhaltigkeit als ein normatives Leitbild trägt maßgeblich zu dieser Steuerungsillusion bei. Die Systemtheorie legt den Fokus daher stärker auf Selbststeuerung. Nachhaltigkeit steht für den Sinn, die Entwicklungsfähigkeit von gekoppelten, sozialen, ökologischen und psychischen Systemen langfristig zu erhalten. Nachhaltigkeit bekommt ihre integrative Funktion durch Negation, da bei Nachhaltigkeit negative Entwicklungen aufgezeigt werden und kommuniziert wird, was verhindert oder unterlassen werden soll. Dadurch werden Freiheitsgrade, aber auch Kontingenz reduziert, wodurch Nachhaltigkeit zur Kontingenzformel wird. Durch Nachhaltigkeit wird eine einheitliche Abstimmung möglich, die zum einen ein Bekenntnis zu einem einheitlichen Ziel schafft und die zum anderen aufzeigt, wo Einschränkung notwendig sind, damit auch Entwicklungsmöglichkeiten bei anderen Systemen garantiert sind. Nachhaltigkeit schafft durch Negation Einheit.

Eine höhere gesellschaftliche Reflexion macht zwar die Blindheit der Rationalität sichtbar, führt aber auch zu einer weiteren Erhöhung der Unsicherheit, was leicht in einer Überforderung der Organisation enden kann. Zur Vermeidung einer Überlastung der Organisation durch eine zu starke gesellschaftliche Reflexion sollte daher eine gegenseitige Begrenzung der Systeme geschaffen werden. Mit einer Veränderung der internen Referenz von der Referenz auf wirtschaftliche Rationalität zu der Referenz auf die Umwelt können Organisationen ein höheres Ziel anstreben und dafür sorgen, dass sich die Kontingenz ihrer Umwelt wieder reduziert. Durch die Beobachtung mit der Differenz von Organisation und Gesellschaft mit Hilfe der Referenz auf Nachhaltigkeit wird ein langfristigerer Zeithorizont als Perspektive eingenommen, sodass andere Konsequenzen ersichtlich werden, wodurch wiederum andere Entscheidungen getroffen werden können.

In Unternehmen werden mit Nachhaltigkeitsstrategien klare Entscheidungserwartungen erzeugt. Dadurch können Unternehmen Erwartungen von anderen
sozialen Systemen berücksichtigen und ihre eigene Umwelt erhalten. Unternehmen können sich so entwickeln, dass sie nicht die Entwicklungsmöglichkeiten der
anderen Systeme einschränken. Mithilfe von Nachhaltigkeitsinnovationen können
nachhaltige Unternehmersysteme die realwirtschaftlichen Operationen verändern
und somit die gesellschaftliche Evolution beeinflussen. Es müssen dafür stabile
Rahmenbedingungen geschaffen werden, die auf einer abstrakteren Ebene für die
notwendige Sicherheit sorgen.

Auch in der Finanzwirtschaft findet eine Verschiebung der Referenz von
der wirtschaftlichen Rationalität auf Nachhaltigkeit statt. Durch den Bezug auf
Nachhaltigkeit kann der Möglichkeitsraum gesellschaftlicher und ökologischer
Themen eingeschränkt werden, da ein einheitliches Verständnis geschaffen wurde,
wie die Selbstgefährdung der Gesellschaft verhindert werden kann. In finanzwirtschaftlichen Organisationen gibt es eine wichtige Entscheidungsprämisse in
der treuhänderischen Pflicht. Mit einer stärkeren Ausrichtung an Nachhaltigkeit
wird es möglich, in den finanzwirtschaftlichen Organisationen Entscheidungen in
Bezug auf Nachhaltigkeit zu treffen. Im Rahmen eines nachhaltigen Finanzsystems werden die Rahmenbedingungen so gestaltet, dass sich finanzwirtschaftliche
Entscheidungen an Nachhaltigkeit orientieren. Durch nachhaltige Investments
können finanzwirtschaftliche Organisationen Nachhaltigkeitsinnovationen fördern
und Nachhaltigkeitsrisiken reduzieren.

4.3   Selbststeuerung der Wirtschaft durch begrenzte Reflexion

In diesem Kapitel wird beschrieben, wie die Gesellschaft stärker in der Wirtschaft
berücksichtigt werden kann. Es wird gezeigt, wie durch eine Verschleierung der
Differenz zwischen Wirtschaft und Gesellschaft die Voraussetzungen für eine
begrenzte Reflexion in wirtschaftlichen Entscheidungen geschaffen werden und
wie die Selbststeuerung durch Fremdbeschreibungen beeinflusst werden kann.

4.3.1   Verschleierung der Differenz zwischen Wirtschaft und Gesellschaft

Aus systemtheoretischer Sicht erfolgt eine Steuerung durch eine Erhöhung oder
Reduktion einer Differenz, daher spielt auch die Differenz zwischen Wirtschaft

und Gesellschaft eine entscheidende Rolle für eine andere Operationsweise des Wirtschaftssystems.

Die gesellschaftlichen Funktionssysteme sind durch einen Zufall über die Wahl der Beobachtungsdifferenz entstanden. Was vom System beobachtet wird, ist abhängig von den Strukturen des Systems. Es ist nie möglich, alles zu beobachten, sondern immer nur eine vereinfachte Abbildung beobachtbar (Willke 1987, S. 248 ff.).

Strukturen eines Systems können aufrechterhalten werden, indem etwas nicht bewusst ist oder nicht gesehen wird. Bewusstseinslatenz beschreibt eine Art von Latenz, in der bestimmte Dinge in der Selektion nicht berücksichtigt werden, da sie nicht bekannt sind. Darüber hinaus gibt es strukturfunktionale Latenz. Diese versucht bewusst, Kommunikation zu verhindern, um die eigenen Strukturen zu bewahren. Denn würden die nicht bekannten Informationen kommuniziert werden und ins Bewusstsein rücken, würden die Strukturen zerstört werden (Luhmann 1984, S. 459).

Für eine Veränderung der Beobachtung müssen die Differenzen der Beobachtung anders gesetzt werden. Auch für eine gesellschaftliche Steuerung spielen aus systemtheoretischer Sicht Differenzen eine wesentliche Rolle. Unter Steuerung versteht Luhmann eine „intentionale Kommunikation" (Luhmann 2000, S. 403). Da die Steuerung eines gesamten Systems viel zu komplex wäre, bezieht sie sich nur auf eine spezifische Unterscheidung. Ziel ist die Erhöhung oder Reduzierung einer bestimmten Differenz. Beobachtet wird also nur diese Differenz. Das System wird daher nicht in seiner Ganzheit und in seinem Unterschied zur Umwelt betrachtet, sondern die Steuerung wird lediglich auf die beobachtete Differenz reduziert (Luhmann 2000, S. 403). Bei einer Steuerung geht es immer um eine Veränderung einer Differenz, die sich sowohl innerhalb des Systems als auch in der Umwelt befinden kann (Luhmann 1988, S. 328).

Nach Luhmann (1988, S. 343) erfolgt die Steuerung innerhalb des Wirtschaftssystems durch eine Geldmengendifferenzminimierung. Durch den evolutionär gebildeten Geldcode (Luhmann 1988, S. 344 f.) erfolgt die Verarbeitung von Ereignissen in der Gesellschaft durch Zahlungen und Preise (Willke 1996, S. 59). Da der Code nicht verändert werden kann, besteht die einzige Möglichkeit für eine Veränderung der Beobachtung im Wirtschaftssystem in einer Veränderung der Programme (Luhmann 1988, S. 347).

Ein Steuerungseingriff ist im Grunde nur eine Operation unter vielen – egal ob er sich auf das System oder die Umwelt bezieht. Bei parallel stattfindenden Operationen ist immer mit Nebeneffekten zu rechnen, so kann selbst die Beobachtung der Steuerung unerwartete Effekte bewirken. Auch die Politik kann nicht steuern, da die Systeme nach ihrer eigenen Logik arbeiten und jeweils ganz andere

Unterscheidungen verwenden. Politik ist daher nur einer von vielen Differenzmi-nimierungsversuchen, die es vielfach gibt. Systemtheoretisch ist eine Steuerung eher als Selbststeuerung zu verstehen (Luhmann 1988, S. 331 ff.). Das Wirtschaftssystem kann nicht durch direkte Eingriffe der Politik gesteuert werden, denn dadurch werden rentable Investitionen unrentabel gemacht. Durch Steuern werden beispielsweise Zahlungen geleistet, ohne dass die eigene Zah-lungsfähigkeit dadurch wiederhergestellt werden kann. Durch die Politik können die Preise kaum so verändert werden, dass sie die Externalitäten genau miteinbe-ziehen. Wenn aber nicht alle Aspekte in den Kosten berücksichtigt werden, führt das zu einer unvollständigen Perspektive des Wirtschaftssystems, sodass die zu lösenden Probleme durch die Wirtschaft nicht adäquat gelöst werden, was sich wiederum auf andere Systeme überträgt (Luhmann 1986, S. 109 ff.). Nach der Theorie der Autopoiesis kann das Wirtschaftssystem nur sich selbst steuern, da Politik andere Systeme nicht steuern kann (Luhmann 1988, S. 325).

Systeme haben ihren primären Fokus auf der Selbsterhaltung, sie können die Umwelt daher eigentlich nicht berücksichtigen. Für sie macht es keinen Sinn, zukünftige Auswirkungen zu berücksichtigen, wenn dies dazu führt, dass sie diese Zukunft gar nicht erreichen können (Luhmann 1986, S. 38). Nach Willke (1995, S. 231 ff.) kann das Steuerungsproblem mit zusätzlichem Wissen durch eine höhere Reflexion gelöst werden. Willke (1997, S. 69 ff.) geht davon aus, dass Funktionssysteme ihre Autopoiesis an einer externen Referenz orientieren können. Zwar nimmt er nicht an, dass eine direkte externe Steuerung möglich ist, aber die gesellschaftlichen Funktionssysteme können eine gesamtgesellschaftli-che Rationalität in ihrer eigenen Systemlogik wahrnehmen. Damit sie dazu in der Lage sind, benötigt es externe Supervision, wodurch die Möglichkeiten der Operationen des Systems gemeinsam beschränkt werden.

Eine Berücksichtigung der gesellschaftlichen und ökologischen Umwelt in der Wirtschaft ist also nur möglich, wenn klar ist, welche externen Erwartun-gen es gibt, welche Möglichkeiten der anderen Systeme durch die Operationen des Systems beschränkt werden und mit welchen Einschränkungen im Mög-lichkeitsraum des Systems die Entwicklungsmöglichkeiten der anderen Systeme wiederhergestellt werden können.

Demnach bleibt das System auf Supervisoren, insbesondere die Politik, ange-wiesen, die die gesellschaftliche Gesamtrationalität für das System übersetzt, das in eine stärkere Abstimmung mit der Umwelt gehen sollte. Durch die Übertra-gung von neuem Sinn werden für das System neue Win-Win-Lösungen sichtbar, die mit der Autopoiesis des Systems und des beteiligten Systems kompatibel sind (Willke 1997, S. 304).

Wiesenthal kritisiert diese Perspektive, da darin das politische System plötzlich in der Lage ist, eine Gesamtrationalität einzunehmen, die hinter der Systemrationalität steht. Damit würden die Systeme die Fortsetzung ihrer eigenen Autopoiesis hintenanstellen, um eine gegenseitige Abstimmung zu ermöglichen, was eigentlich nicht mehr mit der Logik der Systemtheorie kompatibel wäre (Wiesenthal 2006, S. 73).

Dabei vernachlässigt Wiesenthal jedoch eine wesentliche Möglichkeit, die einen solchen Zusammenhang wieder mit der Systemtheorie kompatibel macht: nämlich die Berücksichtigung einer gesamtgesellschaftlichen Rationalität, die die Möglichkeiten der Selbsterhaltung des Systems zwar kurzfristig eingeschränkt, die aber aus einer langfristigen Perspektive dem System die Möglichkeit bietet, zum Erhalt der eigenen Grundlagen beizutragen, wodurch die Voraussetzungen geschaffen werden, die Autopoiesis des Systems langfristig fortzusetzen.

Dies ist allerdings nur möglich, wenn durch die gesamtgesellschaftliche Perspektive nicht die eigene Autopoiesis kurzfristig gefährdet wird. Eine Einschränkung der Möglichkeiten sollte aber nicht mit der Selbstgefährdung des Systems gleichgestellt werden. Im Gegenteil, es kann durch eine Einschränkung der Möglichkeiten auch neuer Sinn erzeugt werden, der die Selbsterhaltung sogar erleichtert.

Anhand der Reflexion im System wird deutlich, dass die Systeme Leistungen für andere Systeme zur Verfügung stellen und selbst auf die Leistung von anderen Systemen angewiesen sind. Dadurch wird die Berücksichtigung anderer Themen in der Entscheidungslogik wahrscheinlicher, denn Systeme integrieren in ihre Selbstbeschreibungen Erwartungen an andere Systeme. Damit wird eine gegenseitige Rücksichtnahme ermöglicht. Durch die stärkere gegenseitige Berücksichtigung werden jedoch auch gegensätzliche Erwartungen wahrscheinlicher, die zu Konflikten führen können und eine gegenseitige Annäherung notwendig machen. Diese Diskrepanzen führen jedoch erst dazu, dass die Beobachtungsperspektive verändert wird und Operationen sich verändern. Für eine Veränderung der Operationen ist eine Differenz zwischen Systemrationalität und gesamtgesellschaftlicher Rationalität notwendig (Japp 1996, S. 209 f.).

Die gesellschaftlichen Funktionssysteme sind aufgrund der Ausdifferenzierung auf die Funktionsweise der anderen Systeme angewiesen. Eine Beachtung der Entwicklungsmöglichkeiten anderer Systeme ist durch Selbstbegrenzung möglich. Sie können deren Erwartungen jedoch nur berücksichtigen, wenn sie ihre Selbsterhaltung dadurch nicht gefährden – oder umgekehrt formuliert: Sie sind in der Lage, ihre Erwartungen zu berücksichtigen, wenn sie auch zu deren Selbsterhaltung beiträgt.

Im Wirtschaftssystem kann die Berücksichtigung der Gesellschaft nur auf der Ebene der Programme, die über den Code bestimmen, erfolgen, da sie veränderbar sind. Die Steuerung der systeminternen Operationen erfolgt daher durch die Programmierung des Systems. Im Wirtschaftssystem erfolgt die Programmierung von Zahlungen über Preise. Durch quantitative Vergleiche von Preisen wird es möglich, zu entscheiden, ob eine Zahlung richtig oder falsch ist. Die Veränderung des Programmes, also eine Programmierung der Programmierung, erfolgt durch den Markt, da er über den Preis bestimmt. Die Umwelt wird im Wirtschaftssystem also nur in den Preisen berücksichtigt, wenn die externen Kosten internalisiert werden. Da das Wirtschaftssystem nur in einer sehr beschränkten Bandbreite eine Sensibilität oder einem beschränkten Resonanzbereich gegenüber Umweltereignisse aufweist, kann es auch nur begrenzt auf die gesellschaftliche Selbstgefährdung reagieren. Zwar ist das Wirtschaftssystem theoretisch in der Lage, alles aus der Gesellschaft zu berücksichtigen, allerdings nur das, was wirtschaftlich ist. Es muss daher immer die Frage sein, mit welchen Preisen kann die Zahlungsfähigkeit erhalten werden. Denn nur so erzeugt das Rauschen der Umwelt Resonanz im Wirtschaftssystem und sorgt für die Aufrechterhaltung der Autopoiesis (Luhmann 1986, S. 90 ff.).

Für eine andere Beobachtung der Wirtschaft müssen also die Preise so verändert werden, dass darin die ökologischen und gesellschaftlichen Auswirkungen auf die Umwelt enthalten sind.

Stehr (2007) beschreibt unter Moralisierung der Märkte, dass durch veränderte gesellschaftliche Erwartungen immer mehr nichtwirtschaftliche Kriterien im Markt berücksichtigt werden, da sich sowohl das Konsumverhalten als auch die Produktionsverfahren geändert haben.

Für das Wirtschaftssystem ist es daher vorteilhaft, wenn die eigenen Operationen und die damit verbundene Systemrationalität mit der gesamtgesellschaftlichen Rationalität in Einklang gebracht werden. Dies gelingt, wenn die Systeme ihre eigene Rationalität in Bezug auf den Umweltkontext reflektieren. Das Wirtschaftssystem steuert sich selbst durch einen Reentry der Gesellschaft in das Wirtschaftssystem. Die Erwartungsstrukturen werden nicht mehr nur im Hinblick auf die systeminterne Umwelt, also die Märkte, sondern auch mit Bezug auf die systemexterne Umwelt stabilisiert. Dies bedeutet eine fundamentale Veränderung in der Selbstbeschreibung des Marktes, da das Wirtschaftssystem nun in der Lage, ist die eigenen Auswirkungen auf die Umwelt in der eigenen Sprache zu berücksichtigen, das heißt, dass die bisher unberücksichtigten externen Kosten nun internalisiert werden können. Zwar stimmt es weiterhin, dass das Wirtschaftssystem nichts anderes als wirtschaftliche Kriterien mit dem Systemcode verarbeiten kann, denn die Selbstbeschreibung der Wirtschaft läuft nur über Preise. Allerdings können die Auswirkungen auf die Umwelt, die durch Wissenschaft, Politik und soziale Bewegungen ermittelt werden, in die Preise aufgenommen werden. Allerdings können in den Preisen aufgrund der Komplexität der Umwelt nicht alle ökologischen und sozialen Auswirkungen berücksichtigt werden. Ob Organisationen tatsächlich die gesellschaftliche und ökologische Umwelt in den Operationen berücksichtigen, muss mit Blick auf die Organisationen und nicht auf die Funktionssysteme analysiert werden (Melde 2012, S. 165 ff.).

Die Gesellschaft kann also nur im Wirtschaftssystem verarbeitet werden, wenn sie wirtschaftlich relevant geworden ist. Sie kann also auch nur so weit berücksichtigt werden, als sie mit wirtschaftlichen bzw. finanziellen Zielen kompatibel ist. Da die Gesellschaft sich immer von der Wirtschaft unterscheiden wird, da sie ansonsten mit ihr identisch wäre, stellt diese Annahme ein Paradox dar. Dass alle gesellschaftlichen Ziele mit wirtschaftlichen Zielen kompatibel sind, ist eine Illusion. Diese Paradoxie lässt sich invisibilisieren, indem die gesellschaftlichen Ziele betrachtet werden, die mit dem Wirtschaftssystem kompatibel und verarbeitbar sind. Durch diese Begrenzung der Reflexion kann die Gesellschaft trotz ihrer höheren Komplexität in das Wirtschaftssystem eingeschlossen werden.

Die Kritik am Wirtschaftswachstum, an dessen negativen sozialen und ökologischen Auswirkungen die Differenzen zwischen Wirtschaft und gesellschaftlicher und ökologischer Umwelt ersichtlich wurden, konnte durch das Narrativ eines grünen Wachstums verdrängt und invisibilisiert werden.

Das Kernargument bestand darin, dass ein Rückgang des Wachstums auch zu einem Rückgang des Wohlstands führt. Demgegenüber könne eine Internalisierung der ökologischen Externalitäten sowohl zu Wachstum als auch zu einer Verbesserung der Umweltqualität führen (Schmelzer 2016, S. 298). Mit grünem Wachstum wird bis heute bei der OECD geworben (OECD 2015). Mit der Illusion eines grünen oder inklusiven Wachstums wird es möglich, die Komplexität der Gesellschaft zu reduzieren und in der Wirtschaft zu berücksichtigen. Denn der Möglichkeitsraum der wirtschaftlichen Entwicklung wird eingeschränkt, indem nur die gesellschaftlichen Aspekte berücksichtigt werden müssen, die wirtschaftlich relevant sind, wodurch die Gesellschaft in die Wirtschaft wieder eingeschlossen werden kann. Dies führt dazu, dass die pathologische Selbstreferenz aufgelöst wird, da sie sich stärker gegenüber der Umwelt öffnet. Zudem ist eine Anschlussfähigkeit an die Kommunikation im Wirtschaftssystem über Zahlungen gewährleistet, sodass die Autopoiesis fortgesetzt werden kann. Gleichzeitig schützt die Begrenzung auf Wirtschaftliches vor einer Überlastung der gesellschaftlichen Komplexität. Der Möglichkeitsraum der Entwicklung der Wirtschaft wird so eingeschränkt, dass in der aktuellen Entwicklung ein Potenzial für weitere Entwicklung entsteht, da alle Möglichkeiten ausgeschlossen werden, die zu einer Gefährdung der Umwelt führen. Diese aktuellen Einschränkungen der Möglichkeiten öffnen den Möglichkeitsraum für zukünftige Entwicklungen und für die Fortsetzung der Autopoiesis. Die Potenzialität nimmt zu und neuer Sinn entsteht.

Organisationen können die Berücksichtigung der Gesellschaft im Wirtschaftssystem ermöglichen, da die Programme der Wirtschaft durch Organisationen verändert werden können. Aufgrund der Differenz zwischen Wirtschaft und Gesellschaft kann eine stärkere Berücksichtigung der Wirtschaft nur erfolgen, wenn bei Entscheidungen die Reflexion auf wirtschaftliche Gesellschaftsthemen begrenzt wird. Für eine Änderung der Beobachtungsdifferenz im Wirtschaftssystem sind Organisationen von grundlegender Bedeutung, da sie die Programme verändern können, auf deren Ebene die Gesellschaft berücksichtigt werden kann. Organisationen sind in der Lage, durch ihre Entscheidungen eine Differenz zu verändern und Paradoxien zu verschleiern.

In Organisationen erfolgt die Steuerung durch das Management, dessen Aufgabe es ist, Unterschiede zu identifizieren, die entweder vergrößert oder verkleinert werden sollen.

Eine gebräuchliche Unterscheidung besteht in der Soll-Ist-Abweichung. Diese führt zu beobachteten Differenzen, die erhöht oder reduziert werden sollen. Gewinn und Rendite bilden Beobachtungsdifferenzen, die zwar nicht von der Organisation selbst entworfen wurden, aber an denen sich die Organisation durch die Definition von Zielen selbst messen kann. Mit der Wahl der Beobachtungsdifferenz erfolgt eine doppelte Selektion, denn die gewählte Differenz prägt das aktuelle Bild und beeinflusst den potenziellen Zustand der Organisation. Die Aufgabe des Managements besteht darin, die Differenz zwischen Organisation und Umwelt in die Organisation einzuführen und verarbeitbar zu machen. Es muss sich daher darüber klar werden, welche Differenz es setzen möchte. Das Management kann eine Referenz zur Organisation, Wirtschaft, Gesellschaft oder zum Individuum herstellen. In einem Strategieprozess erfolgt eine Festlegung, die korrigierbar ist. Dabei entstehen Spannungen aus der Differenz zwischen einem aktuellen und einem zukünftigen Zustand des Systems, die zu Entscheidungen anregen. Das Management muss die Differenzen zwischen Aktualität und Potenzialität so für die Organisation wählen und die Organisation entsprechend ausstatten, dass sie die Ziele erreicht (Baecker 2003, S. 234 ff.).

Organisationen richten ihre Zielsetzung und Beobachtungsdifferenz auf die Funktion eines bestimmten gesellschaftlichen Funktionssystems aus. Allerdings müssen alle Organisationen ihre Mitglieder bezahlen und eine Refinanzierung sicherstellen, wodurch alle Organisationen vom Wirtschaftssystem abhängig sind und dieses System eine besondere Rolle spielt (Luhmann 2000, S. 405).

Da sich jedoch nicht alle über den Markt refinanzieren können, kommt auch der Politik durch die Unterstützung mit staatlichen Zahlungsmitteln eine gewisse Bedeutung zu (Luhmann 2000, S. 468). Zwar befinden sich Systeme in einem gegenseitigen Abhängigkeitsverhältnis, da alle Funktionssysteme mit allen anderen Funktionssystemen gekoppelt sind, aber Organisationen können die Gesellschaft nur berücksichtigen, wenn dies ihre Zahlungsfähigkeit nicht gefährdet.

Durch eine Begrenzung der Reflexion auf wirtschaftlich relevante Gesellschaftsthemen wird es möglich, dass bei Entscheidungen in der Finanzwirtschaft die Gesellschaft berücksichtigt wird. Für die Auflösung der Paradoxie durch die Einführung der ökologischen und gesellschaftlichen Umwelt in die Wirtschaft, also durch ein Reentry der Differenz zwischen Wirtschaft und Umwelt in das System, ist es notwendig, dass die Wirtschaft sich nicht selbst gefährdet, sondern ihre Selbsterhaltung im Blick behält. Es reicht also nicht aus, wenn sich wirtschaftliche Organisationen durch eine Beobachtung zweiter Ordnung selbst beobachten, sondern sie benötigen eine Beobachtung dritter Ordnung, die die Rückwirkungen auf das System der Auswirkungen des Systems auf die Umwelt betrachtet. Es gibt daher eine Reihe von finanzwissenschaftlichen Untersuchungen, welche wirtschaftlichen Folgen die Berücksichtigung von sozialen und ökologischen Themen hat.

Im Finanzsystem wurden die wirtschaftlichen Rückwirkungen der eigenen Entscheidungen besonders bei großen institutionellen Investoren anhand des Prinzips „Universal Ownership" (Monks und Minow 1995, S. 143) ersichtlich. Nach diesem Prinzip richten sich große Investoren mit einem breiten Portfolio nicht an Eigeninteressen, sondern an der Allgemeinheit aus.

Denn durch die breite Diversifikation führt eine Externalisierung einer Anlage zu einem Nachteil bei einer anderen Anlage. Investoren sollten daher die Auswirkungen auf Umwelt und Gesellschaft berücksichtigen, um einen eigenen Vorteil daraus zu ziehen (Hawley und Williams 1997, 2000; Hawley und Wicks 2002; Hawley und Williams 2007).

Durch ihre Größe sind sie strukturell dazu veranlagt, sich dem Ziel einer nachhaltigen Entwicklung zu verschreiben und den Markt, ergänzend zu gesetzlichen Anforderungen, in diese Richtung zu bewegen. Allerdings ist es in der Praxis schwer, die finanziellen Konsequenzen aller Auswirkungen abzuschätzen, weshalb die universelle Investorentheorie zwar als erstrebenswerte oder normative Theorie gesehen werden kann, aber keinen aktuellen Zustand abbildet (Richardson und Peihani 2015, S. 406 ff.).

Mit dem Versuch, gesellschaftliche Auswirkungen zu messen, wurde es möglich, auch die finanzielle Relevanz der gesellschaftlichen und ökologischen Umwelt nicht nur theoretisch herzuleiten, sondern auch empirisch zu untersuchen. Margolis und Walsh (2003, S. 268) beschrieben die Untersuchung des Zusammenhangs zwischen der Corporate Social Performance und der Corporate Financial Performance als ein 30-jähriges Bestreben, eine empirische Beziehung zwischen dem gesellschaftlichen Engagement von Unternehmen und seinem finanziellen Erfolg herzustellen. Bereits in den Anfängen zur Auswertung von Metastudien zum Zusammenhang von Corporate Social Performance und Corporate Financial Performance entstand eine Diskussion über die Methodik und die Interpretation der Ergebnisse (Griffin und Mahon 1997; Roman et al. 1999; Mahon und Griffin 1999; Margolis und Walsh 2003). In den jüngeren Metastudien wird meist das Fazit gezogen, dass in Summe ein eher signifikant neutraler bis leicht positiver Zusammenhang zwischen der Nachhaltigkeitsleistung und dem wirtschaftlichen Erfolg besteht (Friede et al. 2015; Busch und Friede 2018; Atz et al. 2021).

Es gibt jedoch auch sehr grundsätzliche Kritik gegenüber einer statistischen Analyse der wirtschaftlichen Bedeutung der Gesellschaft. Ein klassisches Problem bei Metaanalysen besteht in Publikationsverzerrungen, da nicht alle Studien, sondern nur Studien mit erwünschten Ergebnissen publiziert werden (Rosenthal 1979). Diese Art der Verzerrung soll auch bei den Ergebnissen der Metastudien über den Zusammenhang zwischen der Corporate Social Performance und der Corporate Financial Performance vorliegen (Orlitzky 2011; Rost und Ehrmann 2017). Neuere Studien kommen zu dem Ergebnis, dass keine Publikationsverzerrungen vorliegen (Busch und Friede 2018). Es muss jedoch betont werden, dass bei dieser Analyse der Verzerrung nur die Untereffekte der Metaanalysen zugrunde gelegt wurden, weshalb nicht ausgeschlossen werden kann, dass bei einer Untersuchung der den Metastudien zugrunde liegenden Primärstudien Publikationsverzerrungen festzustellen sind. Auf eine Verzerrung deuten zumindest die unterschiedlichen Korrelationen in den Gruppen der Fachzeitschriften hin. Es kann also nicht gänzlich ausgeschlossen werden, dass die Ergebnisse zu dem Zusammenhang zwischen Nachhaltigkeitsleistung und finanzieller Leistung aufgrund von Publikationsverzerrungen durch erwünschte Effekte beeinflusst werden. Ein weiterer Diskussionspunkt bei den Untersuchungen zum Zusammenhang zwischen der Nachhaltigkeitsleistung und der finanziellen Leistung besteht in der Frage zur Richtung der Kausalität (Salzmann et al. 2005, S. 30). Einerseits gibt es die Überlegung, dass ein Management mit einer guten Nachhaltigkeitsleistung zu einem finanziellen Erfolg führt (Waddock und Graves 1997). Andererseits gib es auch die These, dass erst finanzieller Erfolg notwendig ist, um in Nachhaltigkeit

zu investieren, weshalb eine gute Nachhaltigkeitsleistung erst aus dem finanziellen Erfolg resultiert (McGuire et al. 1988). Da beide Thesen empirisch belegt
werden können, gibt es auch die Annahme eines positiven Kreislaufs, in dem
sich die Nachhaltigkeitsleistung und der finanzielle Erfolg gegenseitig bedingen,
was auch die Metametastudie von Busch und Friede (2018, S. 602) als besonders
wahrscheinlich erachtet. Die Nachhaltigkeitsleistung und die finanzielle Leistung
befinden sich in einer selbstverstärkenden Steigerungsspirale. In diesem Stei-
gerungsprozess spielt die Wissenschaft keine unwesentliche Rolle, denn durch
Performation kann es sein, dass Theorien nicht nur die Realität beschreiben, sondern auch gestalten. Dies kann so weit gehen, dass sie zu einer selbsterfüllenden
Prophezeiung werden.

Marti und Gond (2018) beschreiben am Beispiel der Diskussion um die
positive Korrelation von Corporate Social Performance und Corporate Financial Performance, wie es zu einer solchen Selbsterfüllung kommen kann. Die
Darstellung eines positiven Zusammenhangs zwischen der Corporate Social Performance und der Corporate Financial Performance kann die Investoren zum
Experimentieren verleiten, die tatsächlich in manchen Fällen positive Erfahrungen sammeln. Dadurch kann eine positive Rückkopplungsschleife entstehen, die
zu einem Wandel hin zu einer nachhaltigen Wirtschaft anregt und durch die die
wissenschaftlichen Annahmen zur gesellschaftlichen Realität werden.

Obwohl am Ende nicht mit absoluter Sicherheit gesagt werden kann, dass
es generell wirtschaftlich vorteilhaft ist, die Gesellschaft zu berücksichtigen,
oder dass die Kritik gegenüber den Metastudien gerechtfertigt ist, hilft die
Scheinsicherheit eines positiven Zusammenhangs, dass die Gesellschaft in finanzwirtschaftlichen Entscheidungen berücksichtigt wird. Durch die wissenschaftliche
Bestätigung, dass die Berücksichtigung der Gesellschaft wirtschaftlich ist, werden
Praktiker davon überzeugt, sich stärker mit gesellschaftlichen Aspekten auseinanderzusetzen, sodass die Gesellschaft tatsächlich stärker in der Wirtschaft
berücksichtigt wird. Umfragen zeigen, dass Manager und Investoren zunehmend eine höhere Relevanz von Nachhaltigkeit für den Shareholder-Value sehen
(McKinsey 2020) und Portfoliomanager und Finanzanalysten zunehmend Nachhaltigkeit in ihren Investmententscheidungen und -analysen berücksichtigen (van
Duuren et al. 2016; CFA Institute 2017; Umweltbundesamt (UBA) 2017; EY
2020). Die qualitativen Angaben werden unterstützt durch den Anteil an nachhaltigen Investments am gesamten verwalteten Vermögen (siehe Abschnitt 5.5.1).
Mit dem Fokus auf wirtschaftlich relevante Gesellschaftskriterien wird es also
möglich, die Gesellschaft in die bestehenden Entscheidungserwartungen zu integrieren und damit einen Anschluss an existierende Strukturen zu finden, wodurch
Resonanz im Finanzsystem entsteht.

Durch die Begrenzung der Reflexion auf wirtschaftlich relevante Gesellschaftsthemen wird es möglich, dass die Gesellschaft bei Entscheidungen in der
Realwirtschaft berücksichtigt wird.

Die Beziehung zwischen Nachhaltigkeit und wirtschaftlichen Erfolg ist sehr
komplex und von der Kontingenz der Situation, den Unternehmen und den stand-
ortbezogenen Faktoren abhängig, die nur schwer analytisch gemessen werden
können. Die Herausforderung von quantitativen Studien bei der Untersuchung
des Zusammenhangs zwischen Corporate Social Performance und der Corporate
Financial Performance besteht in Hinblick auf die Identifikation der Bedeutung
und der Rolle des Business Case für Nachhaltigkeit innerhalb eines Unternehmens, da beispielsweise der ökonomische Wert von Nachhaltigkeitsstrategien weit
schwieriger zu erfassen ist und immaterielle Vermögenswerte (wie beispielsweise
Markenwert oder Mitarbeiterloyalität) schwer zu quantifizieren sind (Salzmann
et al. 2005, S. 30 ff.).

Die Untersuchungen geben daher wenig Erkenntnis über die wirtschaftliche
Relevanz von Gesellschaftsthemen auf organisationaler Ebene und dazu, wie ein
Business Case in Unternehmen entwickelt und verwendet werden kann. Allerdings gibt es Theorien, die sich auf organisatorischer Ebene näher damit befasst
haben, wie in wirtschaftlichen Entscheidungen stärker gesellschaftliche Themen
berücksichtigt werden können. Das Stakeholder-Management, der Business Case
for CSR, Shared Value und der Business Case for Sustainability sind Ansätze,
die sich aus einer strategischen Perspektive mit der wirtschaftlichen Bedeutung
der Gesellschaft auseinandergesetzt haben.

Den Anstoß für eine wirtschaftliche Betrachtung von gesellschaftlichen Themen in strategischen Entscheidungen von Unternehmen hat das Stakeholder-
Management gegeben. Im Stakeholder-Management wird die Berücksichtigung
der Gesellschaft in Form von Stakeholderinteressen als Voraussetzung eines wirtschaftlichen Erfolges gesehen, da die Rückwirkungen der Auswirkungen der
Unternehmen auf deren Umwelt wesentliche Rückwirkung auf die Wirtschaftlichkeit von Unternehmen erzeugen (Freeman 2004, S. 231).

Aus systemtheoretischer Sicht wird damit deutlich gemacht, dass Unternehmen für eine höhere gesellschaftliche Reflexion auf ein Netzwerk an Akteuren
angewiesen sind. Vergleichbar mit der Generalisierung durch Nachhaltigkeit, die
Entscheidungssicherheit durch eine Einheit erzeugt, wird aber gleichzeitig betont,
dass Unternehmen und Stakeholder eine gemeinsame normative Basis benötigen,
um eine stabile Beziehung aufzubauen (Freeman 2004, S. 234 f.).

Mit der Frage, ob Shareholder die gleichen Interessen wie Stakeholder
haben können (Williamson 1985; Freeman und Evan 1990; Goodpaster 1991;
Boatright 1994; Marens und Wicks 1999; Goodpaster und Holloran 1994)

arbeitet die Stakeholder-Managementtheorie selbst mit der Paradoxie der Gesellschaft im Wirtschaftssystem. Im Gegensatz zu den Theorien zur CSR, die die Differenz zwischen Wirtschaft und Gesellschaft hervorhebt, invisibilisiert die Stakeholder-Managementtheorie die Differenz zwischen Unternehmen und Gesellschaft (Freeman und Moutchnik 2013, S. 5 ff.), indem das Stakeholder-Management als Teil der Unternehmensstrategie betrachtet wird (Freeman 2004, S. 231). Die gesellschaftliche Reflexion wird begrenzt, indem Vorschläge unterbreitet werden, mit welchen Akteuren aus einem Netzwerk das Unternehmen kommunizieren soll (Phillips und Reichart 2000; Mitchell et al. 1997; Agle et al. 1999). Mit einem holistischen Ansatz von Harrison und St. John (1994) erzeugt die Stakeholdertheorie eine kommunikative Anschlussfähigkeit gegenüber bestehenden Managementtheorien, wodurch die Berücksichtigung der Gesellschaft in der Wirtschaft erleichtert wird.

Die Bedeutung der Wirtschaftlichkeit wurde im Forschungsfeld zu CSR unter dem Begriff „Business Case for CSR" diskutiert. Während in der Stakeholdertheorie besonders Akteure in den Fokus gestellt wurden, liegt der Fokus beim Business Case for CSR eher auf den Themen, die für einen wirtschaftlichen Erfolg berücksichtigt werden sollten. Da nach dem Business Case for CSR gesellschaftliche Themen eher berücksichtigt werden, wenn sie wirtschaftlich sind (Schreck 2015, S. 74 f.), wurden direkte und indirekte Strategien ausgearbeitet, die zeigen, wie CSR eine positive Auswirkung auf die Wirtschaftlichkeit haben kann (Carroll und Shabana 2010, S. 101 f.). Aufgrund der unternehmensspezifischen Kontingenz sollten jedoch unbedingt die individuellen Rahmenbedingungen der Unternehmen berücksichtigt werden (Schreck 2015, S. 76 f.).

Auch im Konzept des Shared Values wird aufgezeigt, wie durch die Berücksichtigung der Gesellschaft Innovationen und Wettbewerbsvorteile für Unternehmen entstehen können (Porter und Kramer 2006, S. 78).

Nach dem Shared-Value-Ansatz entsteht ein höherer Mehrwert, wenn Unternehmen gesellschaftliche Aspekte berücksichtigen. Unternehmen sollten auf den Erhalt ihrer Umwelt achten, da sie auf deren Funktion angewiesen sind (Kramer und Porter 2011, S. 6). Durch den Fokus auf Themen, die sowohl einen wirtschaftlichen als auch einen gesellschaftlichen Mehrwert bewirken, entsteht ein selbstverstärkender Prozess (Kramer und Porter 2011, S. 6 ff.).

Aus systemtheoretischer Sicht führen die daraus resultierenden positiven externen Effekte dazu, dass die Entwicklungsmöglichkeiten in der Umwelt der Wirtschaft verbessert und mit dieser gesunden Umwelt auch neue Entwicklungsmöglichkeiten der Wirtschaft geschaffen werden. Die Scheinsicherheit der Wirtschaftlichkeit der Berücksichtigung von gesellschaftlichen Themen führt dann tatsächlich zu einer verbesserten Wirtschaftlichkeit.

Im Unterschied zum Business Case for CSR liegt der Fokus beim Shared Value auf der Messbarkeit, weshalb nur Themen betrachtet werden, die mit dem Kerngeschäft vereinbar sind. Während CSR eher kritisch gegenüber dem Kapitalismus steht, vertraut der Shared-Value-Ansatz eher den Möglichkeiten des Kapitalismus, um das Wirtschaftssystem zu erhalten (Liel und Luetge 2015, S. 186).

Auch beim Konzept des Business Case for Sustainability geht es darum, dass mit dem Geschäftsmodell von Unternehmen eine gesellschaftliche Herausforderung gelöst werden soll. Die Ziele einer nachhaltigen Entwicklung sollen wirtschaftlich erreicht werden (Schaltegger und Lüdeke-Freund 2012, S. 2 ff.). Er berücksichtigt die Kontingenz der Unternehmen (Salzmann et al. 2005, S. 27; Schaltegger und Hasenmüller 2005, S. 2) und zeigt mit Unternehmensstrategien, die sowohl einen direkten als auch einen indirekten Einfluss auf die Wirtschaftlichkeit haben, unter welchen Bedingungen die Berücksichtigung der Gesellschaft wirtschaftlich ist (Schaltegger und Lüdeke-Freund 2012, S. 6 f.). Nachhaltige Unternehmer können durch ihre Innovationen zu einer positiven Entwicklungsdynamik einer nachhaltigen Gesellschaft beitragen (Schaltegger 2015, S. 207).

Beim Business Case for Sustainability entsteht durch eine doppelte Selektion der Gesellschaft Scheinsicherheit. Durch Nachhaltigkeit wird die Komplexität der Gesellschaft reduziert, indem nur bestimmte Themen, die für die Selbsterhaltung der Gesellschaft kritisch sind, ausgewählt werden. Im zweiten Schritt werden dann aus diesem Möglichkeitsraum der Unternehmen die Themen ausgewählt, die sich wirtschaftlich umsetzen lassen. Damit wird also einerseits die Komplexität so reduziert, dass die Gesellschaft trotz ihrer Komplexität in der Wirtschaft berücksichtigt werden kann, und durch den Fokus auf die wirtschaftlichen Themen wird Anschlussfähigkeit an die wirtschaftliche Kommunikation erzeugt. Durch die Integration von Nachhaltigkeitsthemen in die Unternehmensstrategie werden die Erwartungsstrukturen in den Unternehmen verändert, sodass auch in den operativen Entscheidungen gesellschaftliche Themen Berücksichtigung finden.

Die Invisibilisierung der Paradoxie der Gesellschaft in der Wirtschaft macht die Beobachtung der Gesellschaft in der Wirtschaft möglich. Ohne die Paradoxie könnte die Gesellschaft nicht in der Wirtschaft berücksichtigt werden. Die Überzeugung, dass Nachhaltigkeit und gesellschaftliche Erwartungen mit wirtschaftlichem Erfolg kompatibel sind, führt dazu, dass sich Unternehmen um mehr Nachhaltigkeit bemühen. Allerdings wird dabei unterstellt, dass alle gesellschaftlichen Erwartungen mit finanziellen Kriterien kompatibel sind, wodurch auftretende Zielkonflikte ignoriert werden.

Die Frage, wie gesellschaftliche Erwartungen in Einklang mit der Gewinnorientierung der Unternehmen gebracht werden können und somit sowohl
gesellschaftliche als auch wirtschaftliche Ziele erreicht werden können, haben
Lin-Hi und Suchanek (2011) anhand des Spannungsfeldes von Moral und Gewinn
untersucht, das in den folgenden Absätzen nachgezeichnet wird.

Lin-Hi und Suchanek (2011, S. 66) untersuchen aus einem systemtheoretischen Verständnis, wie Moral und Gewinn und somit gesellschaftliche und
wirtschaftliche Ziele vereint werden können. Demnach steht Moral für die
Codierung „Gut und Böse" und Gewinn für die Codierung „Zahlung und
Nichtzahlung". Durch die ausdifferenzierten Systeme entsteht eine Integrationsherausforderung in Form der Frage, wie die Systeme in einen kontrollierten
Zusammenhang gebracht werden können.

Nach Lin-Hi und Suchanek (2011, S. 78) existieren Konflikte von Gewinn und
Moral auf unterschiedlichen Ebenen, die mit unterschiedlichen Strategien gelöst
werden können.

Auf der „Spielzugebene" (Lin-Hi und Suchanek 2011, S. 76) können gesellschaftliche Ziele aus Wettbewerbsgründen in Konflikt mit einer kurzfristigen
Gewinnerzielung stehen. In einer zeitraumbezogenen Perspektive können Anreize
so gestaltet werden, dass bei einer Betrachtung von Gewinnen zu einem späteren
Zeitpunkt auch die moralischen Auswirkungen berücksichtigt werden. Die Übernahme von gesellschaftlicher Verantwortung kann in dem Fall als Investition in
die Zukunft betrachtet werden. So kann auch der Verzicht auf einen kurzfristigen Gewinn mit dem wettbewerbsorientierten Anreizsystem kompatibel sein, da
zukünftige Erträge den Verzicht überkompensieren. Die Voraussetzung für solch
eine Selbstbeschränkung besteht in dem Vertrauen, dass die zukünftigen Gewinne
auch tatsächlich realisiert werden können. Wenn Unternehmen überlegen, ob sie
eine Kooperation mit einer anderen Organisation eingehen sollen, können sie sich
an der Reputation und Integrität der Organisation orientieren, da sie ein Gedächtnis der Organisation bilden. Als Sicherheit dienen Vermögenswerte, die als Pfad
für eine Kooperation betrachtet werden können. Sie reduzieren Komplexität, da
das Verhalten besser abschätzbar wird. Damit eine Vorleistung erbracht wird, ist
am Ende jedoch immer Vertrauen notwendig, das durch ein hohes Sozialkapital
gestärkt werden kann (Lin-Hi und Suchanek 2011, S. 78).

Wie bereits im Abschnitt 2.2.4 dargestellt, sind auch aus systemtheoretischer
Sicht für diesen Fall Netzwerke notwendig, die mit dem Vertrauen arbeitet, durch
das Einbringen einer Vorleistung eine Gegenleistung zu erhalten.

Bei einem Konflikt zwischen Gewinn und Moral verzichten Unternehmen
immer dann auf kurzfristige Gewinne, wenn dieser Verzicht zu einem späteren

Zeitpunkt einen höheren Gewinn in Aussicht stellt. Gesellschaftliche Verantwortung wird durch eine Selbstbeschränkung hinsichtlich kurzfristiger Gewinne
bei einer gleichzeitigen Investition in Integrität, Image und Reputation, die die
Voraussetzung für zukünftige Gewinne bilden, ermöglicht. Kurzfristige Gewinne
stehen deshalb prinzipiell mit einem langfristigen Erfolg in Konflikt. Die Verantwortung des Unternehmens besteht also besonders darin, einen Verzicht auf
kurzfristige Gewinne institutionell zu verankern (Lin-Hi und Suchanek 2011,
S. 79).

Wenn eine zeitraumbezogene Perspektive nicht mehr ausreicht, um wirtschaftliche und gesellschaftliche Zielkonflikte aufzulösen, werden auf der „Spielregelebene" (Lin-Hi und Suchanek 2011, S. 80) neue ordnungspolitische Strategien
benötigt. Wenn der Wettbewerb nicht ausreichend reguliert wird, kann es sein,
dass kurzfristige Gewinne für Unternehmen einen höheren Anreiz bieten als die
Selbstbeschränkung für einen langfristigen Unternehmenserfolg, da die langfristigen Vorteile die kurzfristigen Kosten oder die verpassten Gewinnchancen nicht
kompensieren können. Auch wenn es mit bestehenden Anreizstrukturen kompatibel ist, kann es sein, dass das Erzielen der kurzfristigen Gewinne gesellschaftlich
kritisiert wird. Es ist möglich, dass ein Unternehmen eine Selbstbeschränkung
erwägt, diese aber nur sinnvoll erscheint, wenn sich auch andere Unternehmen
beschränken, um selber keine Nachteile zu erfahren. Dieses Gefangenendilemma
wird auch als Tragik der Allmende (Hardin 1968; Ostrom 1990) diskutiert. Die
Vorteile der Beschränkung entstehen erst in einer Kooperation und der Sicherheit, dass alle anderen Akteure sich ebenso beschränken. Dies kann jedoch nur
durch Institutionen, z. B. durch Global Governance, sichergestellt werden, die
die Voraussetzungen schaffen, dass die Anreize so gestaltet werden, dass Gewinn
und Moral integriert werden können. Durch die Globalisierung und den damit
einhergehenden Machtverlust der Nationalstaaten steigt die Steuerungsdeutung
der Unternehmen, eigene Defizite der Anreizstrukturen innerhalb des Wettbewerbs zu beseitigen. Allerdings verhindern fehlende Sanktionsmechanismen und
ein zu geringes Vertrauen oftmals, einen gemeinsamen Vertrag einzugehen, um
eine Selbstbeschränkung verbindlich zu machen. Oftmals ist die Unsicherheit zu
groß, ob durch die Einschränkung tatsächlich ein größerer Nutzen in der Zukunft
im Vergleich zu den Aufwänden der Beschränkung oder entgangenen Chancen
des Verzichts entsteht (Lin-Hi und Suchanek 2011, S. 80 ff.).

Wie bereits im Abschnitt 4.2.1 dargestellt, dient besonders die Generalisierung
durch Nachhaltigkeit als Referenz für eine Vereinbarung von Beschränkungen.
Denn mit der Referenz auf Nachhaltigkeit versucht ein System die Möglichkeiten
der Entwicklung von anderen Systemen nicht zu beeinträchtigen, um langfristig
die Umwelt und somit auch sich selbst erhalten zu können. Je mehr Unternehmen

sich zu Nachhaltigkeit bekennen und ihren Möglichkeitsraum bei ihren Entscheidungen aufgrund der Berücksichtigung von Nachhaltigkeit einschränken, entsteht zunehmend Sicherheit, dass Unternehmen durch eine Selbstbeschränkung keinen Nachteil erfahren.

Darüber hinaus wird jedoch auch kritisiert, dass Unternehmen per se nachteilig für die Gesellschaft sind. Diese Vorstellungen und normativen Erwartungen beziehen sich auf das „Spielverständnis" (Lin-Hi und Suchanek 2011, S. 76). Auf dieser Ebene bestehen semantische Konflikte, bei denen die Unternehmen nicht akzeptiert und grundsätzlich als schädlich für die Gesellschaft gesehen werden. Durch Vorbehalte gegenüber ökonomischen Zusammenhängen können normative Forderungen entstehen, die nicht im Sinne der Gesellschaft sind. So kann es auch im gesellschaftlichen Interesse liegen, durch Wettbewerb effizientere Leistungen und Innovationen hervorzubringen, mit denen im ersten Schritt auch Arbeitsplatzverluste verbunden sind. Diese semantischen Konflikte entstehen durch normative Einstellungen von Akteuren, die die praktischen Entscheidungsprozesse der Wirtschaft nicht ausreichend berücksichtigen. Da es kaum möglich ist, diesen normativen Vorstellungen entgegenzuwirken, besteht die einzige Möglichkeit für Unternehmen, mit solchen normativen Vorstellungen umzugehen, darin, ihre begrenzten Verantwortungsmöglichkeiten aufzuzeigen und zu demonstrieren, dass sie auf der Spielzugebene alles tun, was in ihrer Macht liegt, um Gewinn und Moral zu vereinen (Lin-Hi und Suchanek 2011, S. 83 ff.).

Auf allen drei Ebenen bleibt die Voraussetzung, dass gesellschaftliche Ziele mit der Logik des Wirtschaftssystems kompatibel sein müssen. Die unterschiedlichen Ebenen, in denen Zielkonflikte entstehen, unterscheiden sich jedoch in der Unsicherheit, mit der dieser Zusammenhang besteht. Auf der Spielzugebene kann durch einen Wechsel der Beobachtungsperspektive unter Berücksichtigung der Unsicherheit der Zukunft eine gleichzeitige Erreichung der Ziele hergestellt werden. Auf der Spielregelebene steigt die Unsicherheit, da die Vereinbarkeit nicht nur von den eigenen Entscheidungen, sondern auch von anderen Organisationen abhängt. Beim Spielverständnis scheint die Unsicherheit so groß zu sein, dass eine Vereinigung von gesellschaftlichen und wirtschaftlichen Zielen unwahrscheinlich bleibt. In allen Fällen besteht jedoch die Notwendigkeit, dass für eine Berücksichtigung der Gesellschaft eine Kompatibilität von Wirtschaft und Gesellschaft erzeugt und die Unsicherheit so weit reduziert wird, dass eine Vereinigung von beiden möglich erscheint. Auf der Spielzugebene wird das durch eine scheinbar vorhersehbare Zukunft erzeugt, die die Sicherheit für heutige Investitionen bietet. Auf der Spielregelebene wird die Sicherheit generiert, dass andere Organisationen die Gesellschaft auch berücksichtigen und sich beschränken. Eine absolute Unvereinbarkeit, wie auf der Ebene des Spielverständnisses, lässt sich nicht auflösen, ohne das System selbst zu hinterfragen. Innerhalb eines kapitalistischen Wirtschaftssystems lässt sich daher nur auf die Sicherheiten des Spiels und der Spielzugebene verweisen. Es müssen also in dem Fall die Unsicherheiten verschleiert werden. Mit dem Verweis auf die Scheinsicherheit, dass die Berücksichtigung der Gesellschaft in der Wirtschaft wirtschaftlich sinnvoll ist, ist es möglich, die Differenz zwischen Wirtschaft und Gesellschaft zu invisibilisieren. Durch die Auflösung der Paradoxie der Gesellschaft in der Wirtschaft wird es möglich, dass die Gesellschaft in der Wirtschaft berücksichtigt wird.

Aus systemtheoretischer Sicht kann nicht davon ausgegangen werden, dass die Berücksichtigung der Gesellschaft per se wirtschaftlich ist. Denn auch an der Diskussion um Moral und Gewinn wird deutlich, dass es viele gesellschaftliche Themen gibt, die nicht mit der Wirtschaftlichkeit von Unternehmen kompatibel sind. Dies trifft auch auf die Berücksichtigung der zeitlichen Perspektive zu, bei der davon ausgegangen wird, dass Unternehmen heute auch unwirtschaftliche Gesellschaftsthemen beachten sollten, die in einer langfristigen Perspektive wirtschaftlich vorteilhaft werden können. Durch die Ungewissheit der Zukunft ist dies ein hohes Risiko für die Unternehmen. Die Voraussetzung dafür, dass Unternehmen die Gesellschaft berücksichtigen, besteht darin, dass sie ihre eigene Selbsterhaltung nicht gefährden. Unternehmen schränken ihre Gewinnmaximierung nur ein, wenn sie sich sicher sein können, dass sie in Zukunft daraus einen Vorteil ziehen. Durch die Generalisierung von Nachhaltigkeit werden Hinweise gegeben, wo es sich lohnt, Einschränkungen vorzunehmen. Dies setzt jedoch voraus, dass Wettbewerber sich im gleichen Maße einschränken, damit das Unternehmen keine Nachteile erfährt. Daher müssen die Anreizsysteme des Wettbewerbs entsprechend geändert werden. Wenn also die Berücksichtigung der Gesellschaft nicht oder noch nicht wirtschaftlich ist, bleibt nichts anderes übrig, als die Rahmenbedingungen entsprechend anzupassen.

Da im Wirtschaftssystem nur Wirtschaftliches verarbeitet werden kann, muss für einen Reentry der Gesellschaft in die Wirtschaft die Differenz zwischen Wirtschaft und Gesellschaft invisibilisiert werden. Indem der Fokus auf wirtschaftliche Gesellschaftsthemen gelegt wird, kann die Gesellschaft in finanz- und realwirtschaftlichen Entscheidungen berücksichtigt werden.

4.3.2   Selbststeuerung durch Selbst- und Fremdbeschreibungen

Da das Wirtschaftssystem nicht durch eine direkte Steuerung verändert werden kann, ist eine stärkere begrenzte Reflexion der Gesellschaft in der Wirtschaft

nur durch Selbststeuerung möglich. Da die Selbststeuerung auf einer Selbstbeschreibung basiert (siehe Abschnitt 2.2.4), kann jedoch durch die Veränderung
einer Fremdbeschreibung Einfluss auf die Selbstbeschreibung und damit auf die
Selbststeuerung genommen werden.

Die Beobachtung von Organisationen steht, wie jede Beobachtung von autopoietischen Systemen, vor der Herausforderung, dass diese zu komplex sind, um
sie vollständig von außen erfassen zu können. Auch bei einer Reflexion der eignen Operationen bleibt das System für sich selbst unerreichbar, wodurch eine
gewisse Intransparenz immer vorhanden ist und sich nie vollständig vermeiden
lässt (Luhmann 2000, S. 424).

Für Baecker (2003, S. 331) besteht die Selbstorganisation eines Systems in
einer Ausdifferenzierung eines Selbst innerhalb des Systems, das sich vom eigentlichen System unterscheidet. Durch dieses System im System wird das System
für die Umwelt erfassbar.

In der Selbstbeschreibung erzeugt das System selbst eine Innendarstellung und
eine Außendarstellung. Im Gegensatz dazu, gibt es Fremdbeschreibungen, die von
außen angefertigt werden. Organisationen dient die Selbstbeschreibung zur Schaffung einer Identität. Dabei müssen Organisationen gleichzeitig Einzigartigkeit
und Anpassungsfähigkeit demonstrieren (Luhmann 2000, S. 417 ff.).

Die Identität einer Organisation ist jedoch nur durch eine Selbstbeobachtung
in Verbindung mit einer Fremdbeobachtung möglich. Selbstreferenzielle Systeme
können nur mit der Irritation aus der Umwelt existieren, weshalb Organisationen
auf Fremdbeschreibungen angewiesen sind (Baecker 2003, S. 328 f.).

Da eine Selbststeuerung sowohl auf eine Selbstbeschreibung als auch auf eine
Fremdbeschreibung angewiesen ist, wird im folgenden Abschnitt zur Beschreibung einer stärkeren begrenzten Reflexion in der Wirtschaft auf beide Perspektiven eingegangen und dargestellt, wie eine Verschiebung der Selbstbeschreibung
und der Fremdbeschreibung – von der Referenz auf die interne Umwelt der
Wirtschaft auf die externe Umwelt der Wirtschaft – stattfindet.

In Organisationen erfolgt die Selbstbeschreibung durch Texte (Luhmann 2000,
S. 417) und eine Auswahl an aussagekräftigen Indikatoren, die die Geschichte der
Organisation erzählt (Luhmann 2000, S. 423).

Voraussetzung für die Berücksichtigung der Gesellschaft in der Wirtschaft ist
eine Beschreibung der Gesellschaft. Diese Selbstbeschreibung der Gesellschaft in
der Gesellschaft kann durch Indikatoren erleichtert werden. Eine Scheinsicherheit
des gesellschaftlichen Abbildes in der Gesellschaft entsteht, wenn durch wenige
Indikatoren viele Rückschlüsse möglich werden (Luhmann 1984, S. 387).

In Form von Indikatoren und anderen Formen, die keine Zahlungen darstellen, aber Hinweise auf Zahlungen geben können, wird eine Selbstbeschreibung

im Wirtschaftssystem möglich (Luhmann 1988, S. 128). In wirtschaftlichen
Organisationen erfolgt die Selbstbeschreibung üblicherweise durch die doppelte
Buchhaltung über Geschäftsberichte, die eine lange Evolution durchlebte. Die
erste schriftliche Dokumentation von wirtschaftlichen Operationen wurde bereits
3500 Jahre vor Christus auf Tontafeln vorgenommen (Carmona und Ezzamel
2007, S. 183 ff.). Die doppelte Buchführung wurde im 15. Jahrhundert erstmals von Luca Pacioli (1494) in Venedig niedergeschrieben und konnte sich
durch den Buchdruck ausbreiten (Sangster et al. 2008, S. 115). Durch den
Computer konnte ab den 1950er Jahren die Leistungsfähigkeit der Buchhaltung deutlich gesteigert werden (Sandner und Spengler 2011, S. 7 ff.). Mit
dieser Selbstbeschreibung entstand ein Gedächtnis der Organisationen, mit dem
sehr komplexe Operationen möglich wurden (Luhmann 1988, S. 19). Der Fokus
auf rein wirtschaftliche Indikatoren in der doppelten Buchführung ermöglichte
eine rein wirtschaftliche Rationalität (Luhmann 2000, S. 406) und trug damit
maßgeblich zur Komplexitätssteigerung des Wirtschaftssystems bei (Luhmann
2000, S. 442). Mit der Komplexität konnte auch die Geschwindigkeit der Verarbeitung gesteigert werden, wodurch wirtschaftliche Operationen beschleunigt
werden konnten (Luhmann 1988, S. 21). Die doppelte Buchhaltung erzeugt eine
gesellschaftliche Legitimität für die wirtschaftlichen Operationen, da sie aufzeigt,
dass das Aufwand-Nutzenverhältnis gerechtfertigt ist (Carruthers und Espeland
1991, S. 55). Durch Rechnungslegungsstandards wie die International Financial Reporting Standards vom International Accounting Standards Board (IASB)
(2018) oder die Deutschen Rechnungslegungs Standards (DRS) vom Deutsches
Rechnungslegungs Standards Committee e. V. (2018) konnte die Legitimität
weiter gesteigert und Akzeptanz erzeugt werden, dass aus der Auswahl von
möglichen Beobachtungsdifferenzen der Selbstbeschreibung die richtige Differenz gesetzt wurde und die Vernachlässigung aller nicht berücksichtigten Themen
berechtigt ist.

Neben den positiven Effekten, die durch die Komplexitätsreduktion der doppelten Buchhaltung entstehen, trägt die doppelte Buchhaltung mit der Setzung der
Beobachtungsdifferenz aber auch zur Selbstgefährdung des Wirtschaftssystems
bei, wodurch die gesellschaftliche Legitimität verloren geht.

Da bei der Selbstbeschreibung durch die doppelte Buchhaltung viele Themen
vernachlässigt werden und die gesellschaftlichen und ökologischen Auswirkun-
gen in der Kosten-/Nutzenabwägung keinen Eingang finden, sind alternative
Selbstbeschreibungen für eine höhere gesellschaftliche Reflexion notwendig.
Bei einem Gedächtnis wie der doppelten Buchhaltung entsteht das Bild der
Gegenwart aus einer Differenz zwischen Vergangenheit und Zukunft – und die

Selbstbeschreibung durch einen Reentry der Differenz zwischen System und Umwelt (Luhmann 2000, S. 442 ff.).

Für ein anderes Gedächtnis müssen daher die Differenzen zwischen Vergangenheit und Zukunft sowie zwischen System und Umwelt verändert werden. In Organisationen besteht neben der Selbstbeschreibung oft eine Vielzahl an anderen Differenzen, die die Organisation hyperkomplex machen. Luhmann geht davon aus, dass Organisationen weiterhin mit einem rationalen Modell operieren, das allerdings allmählich von einer neuen Selbstbeschreibung verdrängt wird. Somit existieren in der Organisation zwei Selbstbeschreibungen gleichzeitig, die unterschiedlich Sinn erzeugen, ohne die bereits existierende Selbstbeschreibung zu ersetzen (Luhmann 2000, S. 441 f.).

Eine Alternative sieht Luhmann daher in einer Ergänzung der klassischen Buchhaltung um weitere Kennziffern (Luhmann 2000, S. 328). Wie von Luhmann vermutet, hat sich in der Zwischenzeit in der Unternehmenspraxis aus dem hyperkomplexen Raum der unterschiedlichen Differenzen eine zweite Differenz gegen eine Vielzahl anderer möglicher Differenzen durchgesetzt. Neben der klassischen Selbstbeschreibung durch die doppelte Buchhaltung hat sich als alternative Selbstbeschreibung mit einer langfristigen Orientierung und der Berücksichtigung von gesellschaftlichen Themen die Nachhaltigkeitsberichterstattung herauskristallisiert.

Für ein besseres Verständnis dieser Selbstbeschreibung wird die Entstehungsgeschichte ansatzweise nachgezeichnet.

Während in den 1970er Jahren vor allem untersucht wurde, wie die Finanzberichterstattung um soziale Themen erweitert werden konnte, traten ab den 1980er Jahren besonders Umweltthemen ins Zentrum der Beobachtung. Mit der Entstehung der Nachhaltigkeitsberichterstattung in den 1990er Jahren wurden die Bilanzierungsansätze der Finanzbuchhaltung auf ökologische Themen übertragen (Mathews 1997, S. 484 ff.).

Gray et al. (1993) unterscheiden drei Arten der Nachhaltigkeitsberichterstattung, die von der doppelten Buchhaltung geprägt sind: Nachhaltigkeitskosten, Inventarisierung des Naturkapitals und Input-Output Analysen.

Mit der Triple Bottom Line (TBL) beschrieb Elkington (1998) erstmals, dass die wirtschaftlichen, sozialen und ökologischen Auswirkungen einer Organisation in einer Nachhaltigkeitsberichterstattung zusammen dargestellt werden sollten. Die Idee der integrierten Betrachtungsweise von sozialen, ökologischen und ökonomischen Aspekten geht auf den Brundtland-Bericht (United Nations 1987) der Weltkommission für Umwelt und Entwicklung der Vereinten Nationen zurück (Lamberton 2005, S. 13).

Ähnlich den Finanzberichterstattungsstandards entstanden auch für die Nachhaltigkeitsberichterstattung Berichtsstandards wie beispielsweise die Global Reporting Initiative (GRI) (2018) oder der Deutsche Nachhaltigkeitskodex (DNK). Sie ermöglichen eine Generalisierung von gesellschaftlichen Themen, da sie eine Auswahl an gesellschaftlichen Themen vorgeben, die in der Selbstbeschreibung enthalten sein sollten. Dadurch wird die Komplexität der Gesellschaft reduziert, die Auswahl aller anderen wirtschaftsexternen Umweltthemen legitimiert und eine Begründung für die Vernachlässigung aller nicht berücksichtigten Themen gefunden. Auch bei den Berichterstattungsstandards – beispielsweise den Standards des Sustainability Accounting Standards Board (SASB) und des International Integrated Reporting Council (IIRC) (2018) oder den Empfehlungen der Task Force on Climate-related Financial Disclosures (TCFD) und den Diskussionen über eine integrierte Berichterstattung (CDP et al. 2020) – entwickelte sich eine Tendenz zur Fokussierung auf wirtschaftlich relevante Gesellschaftsthemen. Durch diese Begrenzung der gesellschaftlichen Reflexion wurde die Paradoxie zwischen Wirtschaft und Gesellschaft invisibilisiert, was die Berücksichtigung der Gesellschaft in der Wirtschaft erleichterte.

Zwar helfen die Berichterstattungsstandards mit Vorgaben wie beispielsweise einer Materialitätsanalyse dabei, zu bestimmen, wie gesellschaftliche Themen ausgewählt werden sollen (Taubken und Feld 2018, S. 1 ff.). Allerdings bleibt die Auswahl der gesellschaftlichen Themen eine Entscheidung der Organisation. Denn die Organisation entscheidet selbst darüber, welche Themen für sie wichtig sind und welche Stakeholder einbezogen werden sollen, um zu erfahren, was für andere wichtig ist.

Systemtheoretisch können sich Organisationen zwar der Meinung von außen anpassen, damit sie ihre Identität jedoch nicht verlieren, müssen sie aber eigene Entscheidungen treffen. Da soziale Systeme sich selbst nie vollständig erfassen können, müssen sie Entscheidungen treffen, was für die eigene Beschreibung relevant ist und was von der Beschreibung ausgeschlossen wird. Da immer davon ausgegangen werden muss, dass nicht alles erkannt und berücksichtigt wurde, ist bei einer Selbstbeschreibung immer damit zu rechnen, dass sie nicht mehr aktuell ist. Das bisher Ausgeschlossene könnte möglicherweise schon relevant geworden sein, sodass es eingeschlossen werden müsste, oder das Eingeschlossene könnte irrelevant geworden sein, sodass es ausgeschlossen werden müsste (Luhmann 1988, S. 424 ff.).

Durch eine regelmäßige Aktualisierung der Materialitätsanalyse kann sichergestellt werden, dass bisher Unberücksichtigtes Eingang findet und somit die Scheinsicherheit erzeugt wird, dass die gesamte Gesellschaft beobachtet werden kann.

Ähnlich zur Selbstbeschreibung erfolgt auch bei der Fremdbeschreibung von wirtschaftlichen Organisationen eine Verschiebung von einer wirtschaftlichen Rationalität auf eine gesellschaftliche Perspektive. Mit anderen Fremdbeschreibungen können die Selbstbeschreibung und somit auch die Selbststeuerung der Organisation beeinflusst werden.

Dazu zählen beispielsweise Berater, die mit einer Fremdbeschreibung die Perspektive der Selbstbeschreibung erweitern und so bisher nicht Betrachtetes hervorheben. Indem Berater vermeiden, die Organisation in ihrer vollständigen Komplexität erfassen zu wollen, werden auch direkte Steuerungsversuche vermieden, wodurch die Akzeptanz der Fremdbeobachtung erhöht wird und die Wahrscheinlichkeit steigt, dass die Selbstbeobachtung verändert wird (Luhmann 2000, S. 433 ff.).

Weitere Fremdbeschreibungen werden durch Mitarbeiter, Kunden, Zulieferer, Banker und Analysten angefertigt, die einen Einfluss auf die Selbstbeschreibung ausüben (Baecker 2003, S. 335).

Organisationen nutzen Fremdbeschreibungen, um Scheinsicherheiten zu erzeugen, indem sie beispielsweise externe Informationen sammeln, um intern und extern nachweisen zu können, dass die organisationalen Entscheidungen nach einer rationalen Vorgehensweise getroffen werden. Fremdbeschreibungen werden damit als Legitimation von Entscheidungen mit hohen Unsicherheiten verwendet. Die Fremdbeschreibungen können aber auch durch die neuen Informationen zu anderen Erwartungen innerhalb der Organisation führen, wodurch es zu internen Strukturveränderungen kommen kann und die Entscheidungen selbst beeinflusst werden, obwohl sie möglicherweise zuerst nur eine symbolische Funktion haben sollten. Durch die Unsicherheitsabsorption in Organisationen führen nicht alle externen Beschreibungen sofort zu Änderungen. Organisationen erzeugen einen Widerstand, insbesondere gegenüber Umweltereignissen mit hoher Unwahrscheinlichkeit (Japp 1996, S. 176 f.).

Für eine höhere gesellschaftliche Reflexion in der Wirtschaft ist eine Wiedereinführung der Umwelt in das System notwendig. Die Voraussetzung dafür ist Latenz.

Luhmann (1984, S. 458 f.) unterscheidet Latenz in faktische Latenz und strukturfunktionale Latenz. Faktische Latenz besteht dann, wenn bestimmte Informationen in der Kommunikation nicht berücksichtigt werden, da ein Wissen darüber unmöglich ist. Strukturfunktionale Latenz schützt Strukturen, indem bestimmte Informationen bewusst verschleiert werden, was der Stabilisierung von Strukturen dient. Falls diese Informationen und die Latenz aufgedeckt werden, werden die bestehenden Strukturen zerstört. Gleichzeitig entsteht dadurch die Möglichkeit zum Aufbau von neuen Erwartungsstrukturen. Sozialer Wandel resultiert daher insbesondere aus dem Aufbrechen von latenten Strukturen.

So reduzieren beispielsweise Kreditratingagenturen durch ihre Fremdbeschreibungen in Form von Bewertungen die Komplexität über wirtschaftliche Zusammenhänge, was die Entscheidungsfindung erleichtert. In ihrer latenten Funktion sorgen sie aber dafür, dass der Anschein erhalten bleibt, dass sie die Wirtschaft in ihrer Komplexität tatsächlich verstehen. Sie verschleiern, dass die wirtschaftliche Umwelt eigentlich viel zu komplex ist, als dass sie in einer Organisation vollständig abgebildet und damit verstanden werden könnte. Mit dieser Latenz wird die Differenz der wirtschaftlichen Umwelt und der Wirtschaft verschleiert, wodurch die Differenz der Wirtschaft und ihrer wirtschaftlichen Umwelt in der Wirtschaft berücksichtigt werden kann. Dadurch entsteht die Scheinsicherheit, die es ermöglicht, dass wirtschaftliche Entscheidungen getroffen werden können und weitere Komplexität im Wirtschaftssystem aufgebaut wird (Strulik 2008, S. 291 ff.).

Zwar haben auch Kreditratingagenturen damit begonnen, die wirtschaftsexterne Umwelt zu berücksichtigen (UN Principles for Responsible Investment (UN PRI) 2018b, 2018a), innerhalb des Finanzsystems sind jedoch spezielle Organisationen entstanden, die Fremdbeschreibungen über die gesellschaftlichen Auswirkungen von Unternehmen erstellen (United Nations Environment Programme (UNEP) und World Bank Group 2017, S. 35).

Das Umweltbundesamt (UBA) (2017, S. 7) hat ein Modell für die Informationskette von gesellschaftlichen Informationen innerhalb des Finanzsystems entwickelt, das vier Anwender der Selbstbeschreibungen von Unternehmen unterscheidet: Direktnutzer, wozu Nachhaltigkeitsratingagenturen gehören, sammeln Primärdaten von Unternehmen und NGOs. Screener, wie beispielsweise Fondmanager, betrachten Unternehmensinformationen nur sehr grob und gehen in einen direkten Dialog mit den Unternehmen. Rohdatennutzer, wozu auch Fondmanager zählen, verwenden die aufgearbeiteten Primärdaten von Nachhaltigkeitsratingagenturen und ergänzen diese mit NGO-Informationen, um Risiken und Kontroversen zu identifizieren. Dies ist ein standardisierter Prozess in der Finanzanalyse. Ratingnutzer, wie zum Beispiel Pensionskassen, orientieren sich bei der Investitionsentscheidung an den Ergebnissen und Einschätzungen der Nachhaltigkeitsratings und der Auswahl in Nachhaltigkeitsfonds. Da sie sehr selten direkte Unternehmensinformationen verwenden, sind die Informationen der Investitionsentscheidung sehr abstrahiert.

Die Selbstbeschreibung der Unternehmen in Form von Nachhaltigkeitsberichten wird also nur von den Direktnutzern verwendet. Die Finanzmarktakteure stützen sich eher auf die Fremdbeschreibung, die von den Intermediären auf Basis der Nachhaltigkeitsberichte, also der Selbstbeschreibung, erstellt wird. Damit nehmen Nachhaltigkeitsratingagenturen eine zentrale Position in der Informationskette ein und spielen eine wichtige Rolle im Finanzsystem (Umweltbundesamt (UBA) 2017, S. 7).

Entscheidungen in der Finanzwirtschaft orientieren sich zur Berücksichtigung gesellschaftlicher Themen daher besonders an der Fremdbeschreibung von Nachhaltigkeitsratingagenturen.

Auch für die Realwirtschaft sind Nachhaltigkeitsratingagenturen bedeutsam für die Erstellung einer Fremdbeschreibung der gesellschaftlichen Auswirkungen von Unternehmen. Nach Melde (2012, S. 155) haben sich neben Ratingagenturen auch Beratungen und Wirtschaftsprüfungsgesellschaften auf das Thema „Nachhaltigkeit" spezialisiert und stellen Unternehmen Fremdbeschreibungen mit einem stärkeren Fokus auf die Gesellschaft zur Verfügung und können darüber Unternehmen beeinflussen.

Da Nachhaltigkeitsratingagenturen nicht nur für Finanzmarktakteure, sondern auch für Unternehmen eine zentrale Rolle in den Fremdbeschreibungen der Unternehmen mit Bezug auf die gesellschaftliche Umwelt spielen, haben sie ein hohes Potenzial, die Selbstbeschreibung der Unternehmen zu verändern und eine Selbststeuerung im Wirtschaftssystem auszulösen. Voraussetzung für eine solche Steuerung ist die Messbarkeit der gesellschaftlichen Themen, die bei Organisationen beobachtet werden. Die Basis dafür war eine einheitliche Definition von Corporate Social Responsibility, die den Möglichkeitsraum der zu betrachtenden Gesellschaftsthemen einschränkte.

Im wissenschaftlichen Diskurs hat es sich etabliert, die Messgröße der Corporate Social Responsibility als „Corporate Social Performance" zu bezeichnen. Sethi (1975) erwähnte erstmals den Begriff „Corporate Social Performance" und diskutierte Dimensionen, mit denen Corporate Social Responsibility gemessen werden kann.

In dem Artikel „A three-dimensional conceptual model of corporate performance" von Carroll (1979) wurde zum ersten Mal aus der Vielzahl an unterschiedlichen Definitionen zu CSR, die Carroll in Coporate Responsibility, Social Issues und Social Responsivness (Carroll 1979, S. 499) eingeteilt hatte, ein einheitliches Modell entwickelt, das die gesellschaftliche Verantwortung von Unternehmen zusammenfassend mit den Kategorien „economic, legal, ethical and discretionary" (Carroll 1979, S. 500) beschrieb und damit messbar machte.

Nach Lee (2008, S. 60) ist das Besondere an diesem Konzept, dass gesellschaftliche und wirtschaftliche Interessen nicht als gegensätzlich und unvereinbar galten, sondern es wurden unternehmerische Ziele in das Konzept integriert und besonders die Beziehung der Organisation zur Umwelt thematisiert.

Es gab diverse Weiterentwicklungen dieses Konzeptes (Miles 1987; Ullmann 1985; Wartick und Cochran 1985; Wood 1991).

Eine besonders erwähnenswerte Abwandlung entwickelten Wartick und Cochran (1985, S. 767), die die wesentlichen Aspekte von CSR nach Carroll (1979) Coporate Responsibility, Social Issues und Social Responsivness durch Principles, Processes und Policies ersetzten, was die praktische Anwendung erleichterte.

Das Modell von CSR wurde von Carroll (1991) selbst nochmals überarbeitet, indem er Discretionary durch Philanthropic ersetzte und darunter auch das Thema Corporate Citizenship einordnete. In einer pyramidalen Darstellung, die sich mittlerweile als Standardmodell für CSR etabliert hat, wurden auch konkrete Vorgaben gemacht, wie ein Unternehmen gesellschaftliche Verantwortung übernehmen sollte: „make profit, obey the law, be ethical, and be a good corporate citizen" (Carroll 1991, S. 43).

Mit diesen Anpassungen lag nun eine klare Definition der gesellschaftlichen Verantwortung vor, wodurch die Messbarkeit der Corporate Social Performance möglich wurde. Wissenschaftler konnten, wie in Abschnitt 4.3.1 beschrieben, nun empirische Analysen zur Korrelation von Corporate Social Performance und Coporate Finanical Performance durchführen, und Praktiker waren nun in der Lage in der Wirtschaft gesellschaftliche Verantwortung zu übernehmen (Wood and Jones 1995). Voraussetzung für die Messbarkeit der gesellschaftlichen Auswirkungen von Unternehmen war also eine Einigung oder Generalisierung, welche Themen der komplexen Gesellschaft wie berücksichtigt werden sollten. Die Diskussion, wie die gesellschaftlichen Auswirkungen von Unternehmen am besten gemessen werden können, hat sich in die Form von Nachhaltigkeitsratings weiterentwickelt, für die es auch eine Vielzahl an anderen Bezeichnungen gibt (Avetisyan und Hockerts 2017, S. 318). Während sie früher CSR-Ratingagenturen (Scalet und Kelly 2010) oder soziale Ratingagenturen (Chatterji et al. 2009; Chatterji und Toffel 2010; Arjaliès 2010) genannt wurden, sind sie dann zunehmend auch als ESG-Ratingagenturen bezeichnet worden (SustainAbility 2018), da sie meist aus den Dimensionen „Environment", „Social" und „Governance" aufgebaut sind.

Allerdings gibt es bisher noch keine einheitliche Begrifflichkeit zu Nachhaltigkeitsratings. Neben ESG-Rating, wie MSCI und Sustalytics ihre Ratingprodukte nennen, gibt es, wie im Fall von VigeoEiris, auch die Bezeichnung als Sustainability Rating (Europäische Kommission, Generaldirektion Finanzstabilität, Finanzdienstleistungen und Kapitalmarktunion 2021, S. 31).

Da die Bezeichnung SRI kaum noch verwendet wird, liegt mit der Entwicklung von SRI zu ESG beziehungsweise zu Nachhaltigkeitsratings eine ähnliche Weiterentwicklung vor, wie sie aus unternehmerischer Sicht bei dem Wandel von

CSR zu Nachhaltigkeit festzustellen ist (siehe Abschnitt 4.2.3), weshalb in dieser Arbeit auch die Bezeichnung „Nachhaltigkeitsratings" verwendet wird. Nachhaltigkeitsratings sind Bewertungen von Unternehmen, Ländern, Finanzprodukten oder -fonds, die auf vergleichende Auswertungen der Ansätze, Berichterstattungen, Strategien oder Performances zu Nachhaltigkeitsthemen basieren. Die vergleichende Bewertung erfolgt in Bezug auf Kriterien, die durch die Nachhaltigkeitsratingagentur vorgegeben werden, oder in Bezug auf die Wettbewerber. Einige Nachhaltigkeitsratings umfassen Umwelt-, Sozial- und Governance-Kriterien gemeinsam in einem Rating, während andere Nachhaltigkeitsratings sich auf einen bestimmten Aspekt von Umwelt, Soziales oder Governance fokussieren. Nachhaltigkeitsratingagenturen können nach dem unterschieden werden, was sie messen. Die übliche Form besteht in einer Nachhaltigkeitsrisikobewertung, bei der die Risikoexposition und das Management der Unternehmen analysiert werden. Es gibt auch Nachhaltigkeitswirkungsbewertungen, die die Auswirkung einer Entität auf ein bestimmtes Nachhaltigkeitsthema bewerten. Darüber hinaus gibt es noch eine Vielzahl an anderen Nachhaltigkeitsratingagenturen, die Aspekte wie die Berichterstattung oder andere spezifische Themen wie klimabezogene Themen bewerten (Europäische Kommission, Generaldirektion Finanzstabilität, Finanzdienstleistungen und Kapitalmarktunion 2021, S. 58).

Da Nachhaltigkeitsratings üblicherweise die Nachhaltigkeitsleistung von Unternehmen ermitteln, sind sie von Ansätzen, die die nachhaltige Entwicklung von Staaten bewerten, zu unterscheiden. Es gibt Ansätze, die die Berechnung des Bruttoinlandsprodukts modifizieren. Dazu gehört beispielsweise der Measure of Economic Welfare (MEW) von Nordhaus und Tobin (1972) oder der Index of Sustainable Welfare (ISEW) von Daly und Cobb (1994), der später zum Genuine Progress Indicator (GPI) (Cobb et al. 1995) weiterentwickelt wurde. Außerdem gibt es Ansätze, die das Bruttoinlandsprodukt als einzelnen Indikator mit weiteren Indikatoren zu einem Index aggregieren. Dazu zählt beispielsweise der Human Development Index (HDI) des United Nations Development Programme (1990). Darüber hinaus wurden Alternativen zum Bruttoinlandsprodukt entwickelt, die ausschließlich die Lebenszufriedenheit messen, beispielsweise der Inequality-Adjusted Happiness Index von Veenhoven und Kalmijn (2005) und der Gross National Happiness Index aus Buthan (Ura et al. 2012). Zufriedenheit wurde auch ergänzend in Indizes mitaufgenommen, wie zum Beispiel der Happy Planet Index (HPI) der New Economics Foundation (2006), der World Happiness Report der Vereinen Nationen (Helliwell et al. 2012) oder der Better Life Index der OECD (2013). Als Alternative zum Bruttoinlandsprodukt wurden auch Ansätze entwickelt, die Indikatoren nicht aggregiert in einem Index zusammenfassen, sondern einzeln darstellen. Dazu zählen die 169 Indikatoren der UN-Ziele der Agenda

2030 für eine nachhaltige Entwicklung (United Nations 2015). Mit den Sustaina-biliy Governance Indicators (SGI) der Bertelsmann Stiftung (2022) können auf Länderebene auch nachhaltige Politikergebnisse ermittelt werden. Mit diesen Daten lässt sich beispielsweise untersuchen, welcher Zusammenhang zwischen Demokratiequalitäten oder Good Governance und nachhaltigen Politikergebnissen besteht (Bandelow und Hornung 2022). Da diese Arbeit den Fokus auf Unterneh-men und nicht Staaten legt, werden die in diesem Abschnitt genannten Ansätze in vorliegender Arbeit nicht weiter untersucht.

Die Nachhaltigkeitsratingagenturen sind deutlich von Kreditratingagenturen abzugrenzen. Beide Agenturen stellen zwar ein wesentliches Instrument für die Orientierung bei Investitionsentscheidungen dar. Während aber Kreditra-tingagenturen den Fokus auf die klassischen finanziellen Themen, wie die Kreditwürdigkeit oder das Ausfallrisiko von Emittenten, legen, bewerten Nach-haltigkeitsratingagenturen mithilfe von ESG-Kriterien die Nachhaltigkeitsleistung und -auswirkungen von Unternehmen. Sie stellen Informationen über andere, möglicherweise finanziell relevante, Themen zur Verfügung. Die beiden Arten von Ratingagenturen haben unterschiedliche Geschäftsmodelle, Unabhängigkei-ten, Methoden und Kunden. So werden Kreditratingagenturen beispielsweise üblicherweise von den Emittenten bezahlt, während es bei den Nachhaltig-keitsratingagenturen meist Investoren sind. Im Kern bewerten und vergleichen Nachhaltigkeitsratingagenturen die Nachhaltigkeitsleistung von Unternehmen, Ländern und anderen Wertpapieremittenten hauptsächlich in den Bereichen, in denen für die Emittenten die größten Nachhaltigkeitsherausforderungen exis-tieren. Die analytische Arbeit basiert in erste Linie auf öffentlich verfügbaren Informationen, die von den Emittenten oder Drittanbietern bereitgestellt werden. Darüber hinaus werden auch Informationen verarbeitet, die im direkten Austausch mit den Emittenten gesammelt werden. Unternehmen und Finanzinstitutionen, die kreditsensitive Geschäfte durchführen, verwenden neben Kreditratings auch Nachhaltigkeitsratings, um die Gegenparteirisiken besser zu bewerten. Inves-toren verwenden üblicherweise Nachhaltigkeitsratings, die auftragsunabhängig erstellt werden, während Unternehmen und andere Emittenten auch freiwillig die Erstellung von Nachhaltigkeitsratings in Auftrag geben. Wenn Nachhaltigkeitsra-tings beauftragt wurden, erfolgte die Bezahlung meist über die Emittenten (EU High-Level Expert Group on Sustainable Finance 2018, S. 75 ff.).

Schäfer et al. (2006, S. 22 ff.) nähern sich dem Thema der Nachhaltigkeitsra-tings mit dem allgemeinen Konzept eines „Nachhaltigkeitsbewertungssystems", das als Instrument einen Markt für Kommunikations- und Sanktionsprozesse über Nachhaltigkeit institutionalisiert, und unterscheidet die Nachhaltigkeitsbewertungssysteme nach den Erstellern: Inhouse-Analysten, Ratingagenturen und Indexanbieter.

Inhouse-Analyseabteilungen sind jedoch wenig transparent. Es existieren kaum Informationen, welche Finanzinstitutionen über eine solche Abteilung verfügen und wie diese arbeitet. Einer der wenigen Vermögensverwalter, der seinen Research-Prozess transparent macht, ist die DZ Bank AG. Sie zeigt, dass die Auswahl der Unternehmen auch auf Nachhaltigkeitsratings, in diesem Fall Sustainalytics, basiert (DZ BANK AG 2018). Aufgrund der begrenzten Information und da die meisten Inhouse-Analysten, wie die DZ Bank, sich auch auf Nachhaltigkeitsratingagenturen stützen, werden die Inhouse-Analysten nicht weiter untersucht.

Als weiteres Nachhaltigkeitsbewertungssystem werden von Schäfer (2012, S. 24) Nachhaltigkeitsindizes aufgeführt. Sie werden von Indexanbietern erstellt, indem sie eine Liste von gewichteten Aktien aus einem breiten Aktienuniversum auf Basis von Nachhaltigkeitskriterien auswählen (Slager 2015, S. 393).

Indizes und Benchmarks werden herangezogen, um die Performance des Marktes und von Portfolios einschätzen zu können. Die wichtigsten Indizes, die oftmals mit dem Markt gleichgesetzt werden, betrachten eine begrenzte Anzahl an großen Unternehmen. Benchmarks leisten einen indirekten, aber wichtigen Beitrag für die Kapitalallokation. Obwohl viele Indizes nicht die gesamte wirtschaftliche Situation widerspiegeln, werden sie oft so wahrgenommen. Sie werden häufig als Barometer zur Bewertung der Entwicklung des Aktienmarktes herangezogen (EU High-Level Expert Group on Sustainable Finance 2018, S. 53).

Nachhaltigkeitsindizes unterscheiden sich von den klassischen sehr umfassenden Indizes des Gesamtmarktes, da sie bestimmte Nachhaltigkeitskriterien einbeziehen, mit denen eine Auswahl an Wertpapieren vorgenommen wird. Alle Indizes werden mit Regeln entwickelt, die sicherstellen, dass die Auswahl der Wertpapiere objektiv und konsistent vorgenommen wird (Europäische Kommission, Generaldirektion Finanzstabilität, Finanzdienstleistungen und Kapitalmarktunion 2021, S. 64).

Mit dem Domini Social 400 Index entstand 1990 der erste Nachhaltigkeitsindex in den USA. Erst eine Dekade später kamen weitere Nachhaltigkeitsindizes wie der Dow Jones Sustainability Index (DJSI), der Financial Times Stock Exchange-Index (FTSE4Good) und der Ethibel Sustainability Index (ESI) hinzu (Schäfer et al. 2006, S. 157).

Nachhaltigkeitsindizes werden auch allgemeiner als Nachhaltigkeitsrankings bezeichnet, die oftmals gegenüber Nachhaltigkeitsratings abgegrenzt werden.

Nach SustainAbility (2018, S. 4) werden bei einem Ranking Unternehmen mit einem Bewertungssystem aufgelistet und in eine Reihenfolge oder Gruppierung gebracht.

Ein Ranking ist eine Liste, die Unternehmen oder Finanzprodukte auf Basis der Nachhaltigkeitsperformance klassifiziert und nach einem spezifischen Einstufungssystem in eine Reihenfolge, Gruppierung oder Priorisierung bringt. Oftmals sind Rankings jedoch nur ein anderer Output eines Nachhaltigkeitsratings, da das Einstufungssystem im Wesentlichen der Methode des Nachhaltigkeitsratings entspricht (Europäische Kommission, Generaldirektion Finanzstabilität, Finanzdienstleistungen und Kapitalmarktunion 2021, S. 60).

Da die Erstellung eines Indizes oder Rankings durch die Festlegung einer Reihenfolge bzw. einer Einordnung von Unternehmen in eine Gruppe eine Nachhaltigkeitsbewertung voraussetzt, handelt es sich lediglich um eine bestimmte Form der Ergebnisdarstellung eines Nachhaltigkeitsratings. Es wird daher im weiteren Verlauf der Arbeit die Unterscheidung zwischen Indexanbieter und Nachhaltigkeitsratingagentur nicht vollzogen, sondern auch bei dem Indexanbieter von einer Nachhaltigkeitsratingagentur gesprochen.

Die meisten Nachhaltigkeitsratingagenturen entstanden in den 1970er Jahren. Die ersten Nachhaltigkeitsratingagenturen wurden in den USA gegründet, um die Bedürfnisse von institutionellen Anlegern wie Kirchen, Stiftungen und Pensionsfonds zu befriedigen. In den 1980er Jahren entwickelten sich unter Menschen- und Verbraucherrechtsorganisationen kundenorientierte Bewertungssysteme, die die Unternehmen nach ethischen, sozialen und Umweltkriterien bewerteten. In Großbritannien legte EIRIS 1985 den Grundstein für Nachhaltigkeitsbewertungen für britische Investoren. Sowohl in den USA als auch in Großbritannien wurde diese Entwicklung stark von religiösen Institutionen unterstützt. Ab den 1990er Jahren entwickelten sich weltweit eher kapitalmarktorientierte Ratingagenturen, die als unabhängige Finanzmarktintermediäre in den Markt traten. An diesem Trend waren auch Banken und institutionelle Investoren beteiligt, die für ihre eigenen Finanzprodukte Methoden entwickelten oder aufkauften (Schäfer et al. 2006, S. 156 f.).

Bis in die 1990er Jahre wurden Nachhaltigkeitsratings von Unternehmen kaum beachtet. Mit der Zeit haben sich die Unternehmen aber intensiver mit Nachhaltigkeitsratings auseinandergesetzt und begannen, die Ergebnisse stärker intern und extern zu kommunizieren (Avetisyan und Hockerts 2017, S. 318).

Zudem wurden ab den 2000er Jahren zunehmend auch konventionelle Kreditratings auf diesen Trend aufmerksam und haben vorsichtige Entwicklungen in Richtung Nachhaltigkeitsratings getätigt (Schäfer et al. 2006, S. 26).

In den darauffolgenden Jahren entwickelte sich eine große Vielfalt an Rating-produkten. Schäfer et al. (2006) identifizierten für das Jahr 2006 71 Institutionen mit einem Nachhaltigkeitsbewertungssystem. Während bei der Untersuchung von SustainAbility im Jahr 2013 noch 50 Nachhaltigkeitsratingagenturen mit 100 Nachhaltigkeitsratings betrachtet wurden, waren es in der Erhebung der Global Initiative for Sustainability Ratings mittlerweile mehr als 600 Nachhaltigkeitsra-tingprodukte (SustainAbility 2018, S. 3). Nach einer Studie von KPMG umfasst der weltweite Markt für Nachhaltigkeitsratings 150 Nachhaltigkeitsratingagentu-ren. Es wird geschätzt, dass etwa 30 bis 40 Nachhaltigkeitsratingagenturen ihren Sitz in Europa haben (Europäische Kommission, Generaldirektion Finanzstabili-tät, Finanzdienstleistungen und Kapitalmarktunion 2021, S. 16).

Im Markt gab es in den letzten Jahren den Trend zu einer Konsolidierung der etablierten Nachhaltigkeitsratingagenturen durch Übernahmen von klassi-schen Finanzinvestmentanalyseunternehmen und gleichzeitig ein Wachstum der Gesamtanzahl an Nachhaltigkeitsratingagenturen durch den Markteintritt von neuen Wettbewerbern. Allerdings ist es für die neuen Wettbewerber heraus-fordernd, mit den großen Nachhaltigkeitsratings mitzuhalten, da ein großes Investmentvolumen notwendig ist, um eine glaubwürdige Alternative zu schaf-fen, die eine Vielzahl an gesellschaftlichen Themen mit tausenden Datenpunkten von tausenden Unternehmen umfasst (Europäische Kommission, Generaldirektion Finanzstabilität, Finanzdienstleistungen und Kapitalmarktunion 2021, S. 8).

Avetisyan und Hockerts (2017, S. 323) identifizierten auf Grundlage einer vertieften Analyse dieses Konsolidierungsprozesses drei Wachstumsstrategien der Nachhaltigkeitsratingagenturen: organisches Wachstum, Partnerschaften und M&A (Merger and Acquisitions).

Während sich das organische Wachstum durch Eröffnung von weiteren Stand-orten und mithilfe von Partnerschaften auf eine regionale Ebene beschränkte, konnte dieser regionale Radius durch M&As deutlich erweitert werden, sodass das Wachstum in einer globalen Dimension stattfand.

Avetisyan und Hockerts (2017, S. 324) führen den Konsolidierungsprozess im Ratingmarkt auf wirtschaftliche Ursachen zurück. Zum einen entstehen durch einen Zusammenschluss Skaleneffekte, was den Unternehmen ein langfristig trag-fähiges Geschäftsmodell ermöglicht. Zum anderen führt eine Kooperation zu einer höheren Marktmacht, und die Synergieeffekte mit der erworbenen Agentur erleichtern eine Standardisierung.

Aktuell wurden zehn bis 15 wesentliche Nachhaltigkeitsratingagenturen identi-fiziert. Dazu zählen: Bloomberg, CDP, FTSE Russell, ISS-ESG, MSCI, Refinitiv, RepRisk, RobecoSAM, Sustainalytics und Vigeo Eiris (Europäische Kommission,

Generaldirektion Finanzstabilität, Finanzdienstleistungen und Kapitalmarktunion 2021, S. 15).

Wichtige Anbieter wie MSCI, S&P, Moody's, Fitch und CDP haben ihren Sitz in Nordamerika oder dem Vereinigten Königreich. Alle haben jedoch auch Standorte in der EU, da ein Teil Anbieter übernahmen, die vorher ihren Hauptsitz in Europa hatten. Dazu zählen beispielsweise, Sustainalytics, Vigeo Eiris, Oekom und SAM. Darüber hinaus gibt es noch 30 bis 40 kleinere Anbieter für nachhaltigkeitsbezogene Ratings, Daten und Research-Produkte und Dienstleistungen, die in der EU angesiedelt sind (Europäische Kommission, Generaldirektion Finanzstabilität, Finanzdienstleistungen und Kapitalmarktunion 2021, S. 7 f.). Auch wenn der Konsolidierungsprozess überwiegend wirtschaftliche Gründe hat, bringt er mit sich, dass die Anforderungen an die Nachhaltigkeit von Unternehmen durch Nachhaltigkeitsratings weltweit immer weiter harmonisiert werden und ein globales Bild von Nachhaltigkeitsanforderungen entsteht. Im Abschnitt 5.4 wird vertieft darauf eingegangen.

Voraussetzung für eine Selbststeuerung ist eine Selbstbeschreibung, die durch eine Fremdbeschreibung beeinflusst werden kann. Nachhaltigkeitsratings ermöglichen eine Fremdbeschreibung in Bezug auf Nachhaltigkeit, wodurch die gesellschaftlichen Auswirkungen von Organisationen beschrieben werden können.

Zusammenfassend ist zu konstatieren, dass für eine Veränderung der Operationsweise von Systemen deren Differenzen, mit denen sie beobachten, verändert werden müssen. Im Wirtschaftssystem erfolgt die Steuerung durch die Geldmengendifferenz. Eine Veränderung der Differenz ist jedoch nur durch eine Selbststeuerung möglich, indem das wirtschaftliche Programm in Form von Preisen verändert wird. Die Berücksichtigung der Gesellschaft ist nur möglich, wenn die eigene Selbsterhaltung nicht gefährdet wird, weshalb die gesellschaftliche Reflexion begrenzt werden muss. Da das Wirtschaftssystem sich gerade durch die Differenz zur Gesellschaft auszeichnet, stellt die Gleichstellung der Wirtschaft mit der Gesellschaft eine Paradoxie dar. Die Berücksichtigung der Gesellschaft ist daher nur möglich, indem die Illusion der Beobachtung der Gesellschaft in der Wirtschaft invisibilisiert wird. Dies erfolgt beispielsweise durch die Illusion eines grünen Wachstums. Mit einer Begrenzung der Beobachtung auf die Gesellschaftsthemen, die mit dem wirtschaftlichen Code relevant sind, kann die Differenz der Beobachtung des Wirtschaftssystems verändert werden.

Da die Programme der Wirtschaft nur durch Organisationen verändert werden können, kann die gesellschaftliche Umwelt nur berücksichtigt werden, indem die Reflexion in Entscheidungen auf wirtschaftliche Gesellschaftsthemen begrenzt wird. Dies erzeugt die Scheinsicherheit, dass die Berücksichtigung der

Gesellschaft wirtschaftlich ist. Im Finanzsystem wird diese Scheinsicherheit mit Korrelationsanalysen zwischen Nachhaltigkeitsleistung und Finanzleistung nachgewiesen. Im Unternehmen wird dies durch den Business Case für Nachhaltigkeit dargestellt. Dies ist jedoch eine Illusion, da es auch gesellschaftliche Themen gibt, die nicht mit der Logik des Wirtschaftssystems vereinbar sind. Durch die Latenz, die diese Möglichkeit verschleiert, wird es denkbar, dass die gesellschaftlichen Erwartungen ohne Überlastung in die wirtschaftlichen Entscheidungen Eingang finden. Durch diese Begrenzung der Reflexion auf wirtschaftlich relevante Gesellschaftsthemen kann das Wirtschaftssystem zu einer nachhaltigen Entwicklung der Gesellschaft beitragen.

Eine stärkere begrenzte Reflexion der Gesellschaft im Wirtschaftssystem ist nur durch Selbststeuerung möglich. Selbststeuerung basiert auf Selbstbeobachtung, die sich in einer Selbstbeschreibung manifestiert. Für eine Veränderung der Steuerung muss eine andere Selbstbeschreibung entstehen.

In wirtschaftlichen Organisationen erfolgt die Selbstbeschreibung üblicherweise über Geschäftsberichte auf Basis der doppelten Buchhaltung. Da bei der Selbstbeschreibung durch die doppelte Buchhaltung viele Themen vernachlässigt werden und die gesellschaftlichen und ökologischen Auswirkungen keinen Eingang in die Kosten-/Nutzenabwägung finden, entstand mit der Nachhaltigkeitsberichterstattung eine alternative Selbstbeschreibung, die eine höhere gesellschaftliche Reflexion ermöglicht. Durch den Trend in Richtung einer integrierten Berichterstattung mit wirtschaftlich relevanten Gesellschaftsthemen wird die gesellschaftliche Reflexion begrenzt und die Paradoxie der Gesellschaft in der Wirtschaft invisibilisiert, was die Berücksichtigung von gesellschaftlichen Themen erleichtert.

Für eine externe Steuerung von Organisationen zum Zweck einer stärkeren begrenzten Reflexion können Fremdbeschreibungen als Steuerungsinstrument herangezogen werden. Mit anderen Fremdbeschreibungen kann die Selbstbeschreibung der Organisation, und somit auch die Selbststeuerung, beeinflusst werden.

Bisherige Fremdbeschreibungen von Organisationen haben sich stark an der wirtschaftlichen Rationalität mit einer Differenz zur internen Umwelt des Wirtschaftssystems orientiert. Für die Fremdbeschreibung von Unternehmen mit einer Referenz auf die externe Umwelt des Wirtschaftssystems haben sich mit Nachhaltigkeitsratingagenturen spezialisierte Institutionen gebildet. Da Nachhaltigkeitsratingagenturen sowohl mit Finanzakteuren als auch mit Unternehmen kommunizieren, spielen sie eine zentrale Rolle bei den Fremdbeschreibungen der gesellschaftlichen Umwelt.

Voraussetzung für eine Fremdbeschreibung mit Referenz auf die gesellschaftliche Umwelt ist die Messbarkeit der gesellschaftlichen Themen, die bei Organisationen beobachtet werden. Die Basis dafür ist eine einheitliche Definition von Corporate Social Performance, mit der die gesellschaftliche Reflexion beschränkt werden kann. Es haben sich mit der Zeit spezialisierte Agenturen herausgebildet, die die gesellschaftlichen Auswirkungen der Unternehmen messen. Im Zusammenhang mit der zunehmenden Anzahl der Nachhaltigkeitsratingagenturen und der gleichzeitigen Konsolidierung des Marktes entwickelten sich die bisher regionalen Agenturen zu internationalen Organisationen mit einer globalen Reichweite. Die methodischen Ansätze der Nachhaltigkeitsratingagenturen und deren Herausforderungen werden in Kapitel 5 vertieft.

4.4   Zwischenfazit

Damit Nachhaltigkeitsratings in den Steuerungsmöglichkeiten für eine nachhaltige Entwicklung systemtheoretisch eingeordnet werden können, muss ein systemtheoretisches Verständnis für eine nachhaltige Gesellschaft und ein nachhaltiges Wirtschaftssystem aufgebaut werden.

Reflexion ermöglicht die Auflösung der pathologischen Selbstreferenz des Wirtschaftssystems. Durch den Einbezug von weiteren Akteuren durch ein vielfältiges Netzwerk wird Kontingenz reduziert, da ersichtlich wird, welche Operationen umgesetzt werden können, ohne dass Gesellschaft und Ökologie gefährdet werden, wodurch neuer Sinn generiert wird. Gleichzeitig entsteht durch die gesellschaftliche Reflexion auch eine Erhöhung der Kontingenz, da im Grunde alle bisherigen Annahmen, Erfahrungen und Entscheidungen hinterfragt werden könnten. Diese Möglichkeit wird durch die Auswahl der Akteure begrenzt, die ihr Wissen über gesellschaftliche Auswirkungen in das Netzwerk einspeisen. Sie übernehmen die Verantwortung, die gesellschaftlichen Themen aus ihrem individuellen Netzwerk zu selektieren, darüber zu kommunizieren und eine Anschlussfähigkeit innerhalb des Wirtschaftssystems herzustellen.

Im Wirtschaftssystem entsteht eine wirtschaftliche Reflexion durch den Wettbewerb, der das Kapital immer dorthin fließen lässt, wo die Renditen am höchsten sind. Durch die Berücksichtigung der wirtschaftlichen Erwartungen anderer Systeme kann die Resonanz gegenüber der internen Umwelt der Wirtschaft erhöht werden. Zur Vermeidung der pathologischen Selbstreferenz der Wirtschaft sollte eine höhere gesellschaftliche Reflexion durch den Einbezug eines Netzwerkes, das gesellschaftliche Erwartungen impliziert, ergänzt werden, da dadurch die Resonanz gegenüber der externen Umwelt der Wirtschaft, also gegenüber

Gesellschaft und Ökologie, erhöht wird. Die Berücksichtigung der Rückwirkung der eigenen Auswirkungen auf die interne und externe Umwelt der Wirtschaft trägt sowohl zur Aufrechterhaltung der Wirtschaft als auch zu derjenigen der Gesellschaft bei, denn mit der Reflexion werden die latenten selbstgefährdenden Operationen aufgedeckt. Die gesellschaftliche Reflexion schafft die Möglichkeit für eine andere Evolution des Wirtschaftssystems, die dessen dauerhafte Funktionsweise durch die Aufrechterhaltung der Zahlungsfähigkeit sicherstellt.

Abstrakter beschrieben stellt die Reflexion eine Alternative zur Auflösung von Kontingenz durch Rationalität und zur Bezugnahme auf Erfahrungen aus der Vergangenheit dar. Mit dem Prinzip „Trial and Error" werden zufällige Ereignisse als Irritationen genutzt, um eine höhere Resonanz zu erzeugen. Durch Reflexion werden die bisherigen Annahmen hinterfragt. Die Rückwirkungen der Umwelt auf das System selbst durch dessen Auswirkungen auf die Umwelt werden ersichtlich und veränderbar, wodurch neuer Sinn für die Anschlussfähigkeit der Autopoiesis entsteht.

Die Generalisierung durch Nachhaltigkeit erzeugt eine Stabilisierung für neuen Sinn.

Durch eine höhere gesellschaftliche Reflexion werden bestehende Scheinsicherheiten, blinde Flecken und Widersprüche aufgedeckt, wodurch neue Kontingenz entsteht, welche durch Netzwerke in Verbindung mit neuen Kommunikationsmedien der Digitalisierung verstärkt werden. Zur Auflösung der unlösbaren Konflikte kann eine gemeinsame Sprache, in der funktionsunabhängige Gefährdungen der Gesellschaft kommuniziert werden, einen gemeinsamen Sinn erzeugen, der Kontingenz zu reduzieren vermag. Für eine Reduktion der Kontingenz ist eine Unsicherheitsabsorption notwendig. Institutionen können als Orientierungsrahmen Unsicherheiten reduzieren. Für Entscheidungen sind Scheinsicherheiten notwendig, auf die Bezug genommen werden kann. Dazu zählen als Letztbezug auch Ideologien. Soziale Systeme können sich auch zu einem Governance-Regime zusammenschließen, um ein kollektives Ziel zu erreichen.

Nachhaltigkeit steht für den Sinn, die Entwicklungsfähigkeit von gekoppelten, sozialen, ökologischen und psychischen Systemen langfristig zu erhalten. Eine gesellschaftliche Integration erfolgt durch Negation, da Nachhaltigkeit negative Entwicklungen aufzeigt. Nachhaltigkeit erzeugt durch einen intersystemischen Diskurs eine systemunabhängige Sinnstruktur, die jedes System auf seine Situationen hin auslegen kann. Nachhaltigkeit übernimmt die Aufgabe einer Kontingenzformel, da sie als Abschlussformel nicht mehr hinterfragt wird und dadurch Erwartungssicherheit schafft. Nachhaltigkeit beeinflusst die operativen und strukturellen, festen und losen Kopplungen der Systeme, wodurch Erwartungsstrukturen verändert werden. Durch eine Koevolution der Systeme wird eine

Selbststeuerung der Gesellschaft möglich. Durch die Einschränkung der eigenen Entwicklungsmöglichkeiten werden die Entwicklungsmöglichkeiten der anderen verbessert.

Im Wirtschaftssystem findet eine Verschiebung der Referenz von der wirtschaftlichen Rationalität auf Nachhaltigkeit statt. Organisationen können ein kollektives Ziel anstreben, wenn sie moralische Werte und Selbstbindungen kommunizieren, wodurch sie Erwartungssicherheiten für andere Organisationen schaffen. Nachhaltigkeit erzeugt als Referenz eine Scheinsicherheit, welche ökologischen und gesellschaftlichen Themen bei Innovations- oder Investmententscheidungen berücksichtigt werden sollten. Damit gibt sie sowohl Organisationen der Realwirtschaft als auch der Finanzwirtschaft einen Hinweis, wie die eigenen Möglichkeiten beschränkt werden müssen, um die Entwicklungsmöglichkeiten anderer Systeme zu verbessern.

Durch eine Generalisierung mit Nachhaltigkeit kann Kontingenz mit einem Bezug auf die sachliche Sinndimension reduziert werden, da ein einheitlicher Bezugspunkt existiert, der die Reflexionsmöglichkeiten der Gesellschaft beschränkt. Durch diese Einschränkung des Möglichkeitsraums können im Wirtschaftssystem Entscheidungen für Operationen getroffen werden, die Sinn erzeugen, indem sie auf Operationen verweisen, die weitere Operationen ermöglichen.

Eine Selbststeuerung der Wirtschaft ist nur durch Begrenzung der Reflexion auf wirtschaftlich relevante Gesellschaftsthemen möglich. Die Gesellschaft kann im Wirtschaftssystem nur berücksichtigt werden, wenn die Differenz zwischen Wirtschaft und Gesellschaft verschleiert wird. Die Voraussetzung für eine Berücksichtigung der Gesellschaft in wirtschaftlichen Entscheidungen besteht also darin, dass die Gesellschaft mit der Wirtschaft gleichgestellt wird. Da die Umwelt der Wirtschaft nur über Preise wahrzunehmen möglich ist, kann mit dieser Illusion die Gesellschaft anschlussfähig an die wirtschaftliche Logik gemacht werden. In der Finanzwirtschaft erfolgt die Illusion durch den Nachweis, dass eine positive Korrelation zwischen der Nachhaltigkeitsleistung und der Finanzleistung besteht. In der Realwirtschaft erfolgt eine Bestätigung durch den Business Case für Nachhaltigkeit. Für Situationen, in denen dieser Zusammenhang nicht besteht, müssen jedoch die Rahmenbedingungen angepasst werden.

Die Invisibilisierung der Paradoxie erzeugt die Voraussetzung für eine Selbststeuerung des Wirtschaftssystems. Dazu muss die Selbstbeobachtung geändert werden, die in Selbstbeschreibungen Ausdruck gewinnt. In wirtschaftlichen Organisationen vollzieht sich momentan ein Wandel der Selbstbeschreibung. Neben der doppelten Buchhaltung, die sich auf wirtschaftliche Rationalität bezieht, entsteht eine Nachhaltigkeitsberichterstattung, die auf Nachhaltigkeit referenziert. Durch Fremdbeschreibungen können andere Selbstbeschreibungen entstehen, wodurch neue Strukturen generiert und andere Entscheidungen getroffen werden. Während in der Vergangenheit Fremdbeschreibungen meist in Bezug auf eine wirtschaftsinterne Umwelt erfolgten, sorgen Nachhaltigkeitsratings heutzutage für eine Fremdbeschreibung in Bezug auf die wirtschaftsexterne Umwelt.

Die gesellschaftliche Selbstgefährdung durch ein pathologisches Wirtschaftssystem löst sich auf, indem durch eine begrenzte Reflexion neuer Sinn für das Wirtschaftssystem erzeugt wird, der im Einklang steht mit den gesellschaftlichen Entwicklungsmöglichkeiten. Durch begrenzte Reflexion kann die wirtschaftliche und gesellschaftliche Autopoiesis langfristig fortgesetzt werden.

Evolution einer sinnvollen Wirtschaft durch beschränkte Reflexion am Beispiel von Nachhaltigkeitsratings

5

Da die systemtheoretische Beschreibung einer begrenzten Reflexion sehr abstrakt ist, wird anhand von Nachhaltigkeitsratings ein konkretes Beispiel angeführt, wie Entscheidungen mit einer begrenzten Reflexion in Unternehmen entstehen können. Neben dem Bezug zu bestehender Literatur erfolgt die systemtheoretische Einordnung auch auf Basis von empirischen Erkenntnissen. Im folgenden Kapitel wird die Vorgehensweise der Untersuchung erläutert. Nach einer Beschreibung, wie die Evolution einer Wirtschaft mit begrenzter Reflexion entstehen kann, wird beschrieben, wie Nachhaltigkeitsratings durch ihre Reflexions- und Generalisierungsfunktion einen Reentry der Gesellschaft in die Wirtschaft unterstützen und damit einen Beitrag zur Selbststeuerung der Wirtschaft leisten.

5.1 Empirische Untersuchung der begrenzten Reflexion durch Nachhaltigkeitsratings

Es gibt drei unterschiedliche Meinungen zur Vereinbarkeit von empirischer Forschung mit der Systemtheorie. Einige systemtheoretische Wissenschaftler sind davon überzeugt, dass empirische Forschungen, beispielsweise Experteninterviews, für eine systemtheoretische Arbeit absolut unproblematisch sind und daher nicht explizit begründet werden müssen. Vertreter der zweiten Meinung sehen ebenso eine Vereinbarkeit der Systemtheorie mit Empirie, was allerdings begründet werden sollte. Für Vertreter der dritten Meinung ist die Systemtheorie, die auf Kommunikation basiert, nicht mit qualitativen Untersuchungen, die mit dem Akteurskonzept arbeiten, vereinbar (John et al. 2010c, S. 327).

Vorliegende Arbeit schließt sich der zweiten Meinung an, und zwar mit der Begründung, dass die systemtheoretische Kommunikation nach ihrer eigenen Logik nur durch eine äußere Irritation, die in der Systemtheorie Resonanz

© Der/die Autor(en) 2024
C. Strangalies, *Ratings als Steuerungsinstrument von Unternehmen für eine nachhaltige Entwicklung*, https://doi.org/10.1007/978-3-658-44078-7_5

erzeugt, fortgesetzt werden kann. Ohne Offenheit würde sich der systemtheoretische Diskurs nur noch um sich selbst drehen und damit eine pathologische Selbstreferenz erzeugen. Neues Wissen kann zu Irritationen des Diskurses führen und zur Selbsterhaltung beitragen. Besonders empirische Untersuchungen schaffen neues Wissen, wodurch Resonanz im systemtheoretischen Diskus erzeugt und somit ein Reentry der Gesellschaft in die Systemtheorie möglich wird.

Die Systemtheorie kann daher ihr volles Potenzial zur Erkenntnisgenerierung nur ausschöpfen, wenn sie sich auch auf andere Theorien bezieht und sich mit empirischen Erkenntnissen der gesellschaftlichen Wirklichkeit stellt (John et al. 2010c, S. 330).

In vorliegender Arbeit wird daher eine empirische Untersuchung durchgeführt, um die Selbstreferenz, wie sie in den verschiedenen Theoriesträngen im theoretischen Teil dieser Arbeit thematisiert wird, durch empirische Erkenntnisse zu irritieren und Resonanz im systemtheoretischen Diskurs zu erzeugen. Wie die vielen Beispiele in John et al. (2010a) zeigen, ist die Systemtheorie besonders mit qualitativer empirischer Sozialforschung kompatibel.

Vorliegende Arbeit stützt ihre Erkenntnisse auf Beobachtungen von Experten. Zwar wird der Akteur aus der Systemtheorie ausgeschlossen, allerdings zeigt selbst Luhmann (1988, S. 558), dass der Akteur nicht vollständig ignoriert werden kann. Das psychische System mit Bewusstsein ist zwar der Umwelt von sozialen Systemen zuzuordnen, aber es hat eine wichtige Bedeutung für die Autopoiesis der Kommunikation. Die Wahrnehmung von gesellschaftlichen Phänomenen kann nur durch menschliche Physis und Psyche erfolgen. Die Fortsetzung der kommunikativen Autopoiesis durch Irritationen ist daher auf eine Interpenetration durch das psychische System angewiesen (Luhmann 1984, S. 558).

Da die Systemtheorie die Emergenz von Systemen erfasst, sollte von Personen abstrahiert und sollten mithilfe der Wahrnehmung der Mitglieder der Organisation die dahinterliegenden Kommunikations- und Entscheidungsstrukturen betrachtet werden. Nur so entsteht ein vollständiges Bild der Organisation (Willke 1996, S. 162).

Auch bei Interviews können die Informationen einem Akteur bzw. einem Menschen zugeordnet werden, dessen Bewusstsein ein eigenes System darstellt und das sich in der Umwelt der Gesellschaft bzw. außerhalb von gesellschaftlicher Kommunikation befindet (John et al. 2010c, S. 328). In vorliegender Arbeit wird durch Experteninterviews ein Bezug zum Akteur hergestellt, da er mithilfe des psychischen Bewusstseins in der Lage ist, Organisationen zu beobachten. Der Akteur ermöglicht eine Interpenetration des psychischen Systems mit dem sozialen System. Durch die Wahrnehmungsfähigkeit des Experten sollen neue Erkenntnisse geschaffen werden, mit denen die Systemtheorie irritiert wird.

Die empirische Untersuchung hat keinen Anspruch auf Beschreibung einer einzigen Wahrheit, sondern es sollen die Überlegungen des theoretischen Teils dieser Arbeit an einer Perspektive der Wirklichkeit gemessen werden. Mit der empirischen Untersuchung dieser Arbeit sollen die theoretischen Überlegungen einer begrenzten Reflexion unterzogen und gleichzeitig weiterentwickelt werden. Das wesentliche Problem für die Evolution einer Wirtschaft mit begrenzter Reflexion besteht darin, herauszufinden, wie die Gesellschaft wieder in der Wirtschaft berücksichtigt werden kann, ohne dass das Wirtschaftssystem überlastet wird. Durch die empirische Untersuchung der systemtheoretischen Annahmen soll daher beobachtet werden, wie die Gesellschaft innerhalb der Wirtschaft beobachtet wird, um dann daraus abzuleiten, wie die Beobachtung der Wirtschaft beeinflusst werden kann, um eine begrenzte Reflexion in der Wirtschaft zu erhöhen.

5.1.1 Beobachtungsfokus der empirischen Untersuchung

Um herauszufinden, wie eine Steuerung für die Evolution einer sinnvollen Wirtschaft möglicherweise realisierbar ist, wird der Einfluss von Fremdbeschreibungen auf die Selbstbeschreibungen und die Entscheidungen der Organisationen näher betrachtet.

Da die Fremdbeschreibungen der Nachhaltigkeitsratingagenturen sehr spezifisch, präzise und eindeutig sind und die Komplexität der gesellschaftlichen Anforderungen auf eine oder wenige Größen reduziert wird, kann besonders gut nachvollzogen werden, wie organisatorische Entscheidungen von Fremdbeschreibungen beeinflusst werden.

Nachhaltigkeitsratings eigenen sich für eine empirische Untersuchung, da sie die Theorie einer Wirtschaft mit einer begrenzten Reflexion zu überprüfen ermöglichen. Außer hinsichtlich der empirischen Bestätigung der theoretischen Überlegungen kann vorliegende Untersuchung auch dabei helfen, konkrete Aspekte der Theorie auf Basis von neuen Erkenntnissen weiterzuentwickeln.

Für die empirische Untersuchung wird daher folgende These zugrunde gelegt.

Nachhaltigkeitsratings ermöglichen eine Selbststeuerung der Wirtschaft durch eine begrenzte Reflexion in Unternehmen.
Durch ein mehrstufiges Experteninterview wurden in einem Unternehmen zunächst die Bedeutung und der Einfluss von Nachhaltigkeitsratings ermittelt, die dann anschließend mittels mehrerer Nachhaltigkeitsratingagenturen in der

Breite validiert und ergänzt wurden, um die sehr konkreten Erkenntnisse der Befragungen im Unternehmen zu generalisieren.

Mit dem Fokus auf eine Organisation kann in einer tiefergehenden Analyse anhand mehrerer Experteninterviews untersucht werden, welchen konkreten Einfluss die Fremdbeschreibung der Nachhaltigkeitsratingagenturen auf Entscheidungen von Organisationen hat. Für die Auswahl einer passenden Organisation müssen allerdings einige Voraussetzungen erfüllt werden. Das Unternehmen sollte eine gewisse Bereitschaft zeigen, sich nachhaltig ausrichten zu wollen, damit Nachhaltigkeitsratings im Unternehmen überhaupt beachtet werden. Zudem muss sich das Unternehmen auch mit Nachhaltigkeitsratings auseinandersetzen oder es muss von Nachhaltigkeitsratingagenturen angefragt werden. Da die Nachhaltigkeitsratings besonders für den Kapitalmarkt Informationen bereitstellen, sollte es sich daher um ein börsennotiertes Unternehmen handeln. Ein Großunternehmen hat zudem den Vorteil, dass es in den einzelnen Fachbereichen stärker spezialisiert ist und dadurch eine tiefere und gleichzeitig differenziertere Analyse möglich ist. Es wurde ein Großunternehmen aus der Automobilindustrie gewählt, da diese Branche einem besonders hohen Druck ausgesetzt ist, zu einer nachhaltigeren Wirtschaftsweise überzugehen, und sich somit vor oder in einer Evolution einschließlich der damit verbundenen Herausforderungen befindet. Mit einem Umsatz von 222,88 Milliarden Euro im Jahr 2020 gehört der Volkswagen Konzern zu einem der größten Unternehmen weltweit (Volkswagen Aktiengesellschaft 2021a, S. 25). Es handelt sich um eine Aktiengesellschaft, deren Aktien auch an der Börse gehandelt werden, weshalb das Unternehmen auch von Nachhaltigkeitsratingagenturen bewertet wird (Volkswagen Aktiengesellschaft 2021a, S. 115). Mit der Beschäftigung von mehr als 665.000 Mitarbeitern trägt es auch eine große gesellschaftliche Verantwortung (Volkswagen Aktiengesellschaft 2021a, S. 109). Das Unternehmen hat mit 118 Standorten eine internationale Ausrichtung (Volkswagen Aktiengesellschaft 2021a, S. 152), und mit der Herstellung von 9,16 Millionen Fahrzeugen im Jahr (Volkswagen Aktiengesellschaft 2021a, S. 25) übt das Unternehmen auch einen hohen Einfluss auf die Umwelt aus. Im Hinblick auf den Klimawandel trägt das Unternehmen eine hohe ökologische Verantwortung, da der Volkswagen Konzern nach dem Scope-3-Standard des World Business Council for Sustainable Developments – insbesondere wegen der Emissionen von Fahrzeugen mit Verbrennungsmotoren im Fahrbetrieb – für die CO_2-Emissionen in Höhe von 369 Millionen Tonnen verantwortlich ist (Volkswagen Aktiengesellschaft 2021b, S. 89). Mit einer Dekarbonisierungsstrategie versucht das Unternehmen, die CO_2-Emissionen zu reduzieren, indem der Anteil verkaufter Elektrofahrzeuge erhöht wird (Volkswagen Aktiengesellschaft 2018b, S. 56). Allerdings ist mit 231.624 ausgelieferten vollelektrischen

Fahrzeugen (Volkswagen Aktiengesellschaft 2021a, S. 103) der Anteil von Elektrofahrzeugen am Gesamtfahrzeugabsatz in Höhe von 2,5 % noch sehr gering. Aufgrund der Notwendigkeit dieser Transformation steht das Unternehmen vor einer großen Nachhaltigkeitsherausforderung. Neben dieser langfristigen Evolution zu einer Organisation mit begrenzter Reflexion durchlebte das Unternehmen im Untersuchungszeitraum eine tiefgreifende Krise.

Am 18. September 2015 gab die US-Umweltbehörde EPA bekannt, dass Volkswagen mithilfe von einer Abschalt-Software die Stickoxid-Emissionen von Dieselfahrzeugen in den USA manipulierte. Vier Tage später sprach das Unternehmen eine Gewinnwarnung aus, wodurch der Aktienkurs einbrach. Volkswagen gab bekannt, dass weltweit 11 Millionen Fahrzeuge, wovon 5 Millionen Fahrzeuge zur Marke „Volkswagen" gehörten, mit dieser Abschalt-Software ausgestattet waren und hohe Rechtsrisiken drohten. Am 23. September 2015 trat der damalige Vorstandsvorsitzende Dr. Martin Winterkorn vom Volkswagen Konzern zurück und wurde von Matthias Müller abgelöst (Volkswagen Aktiengesellschaft 2016, S. 6).

Trotz der bestehenden Risiken von Rückrufen und Rechtsstreitigkeiten konnte der Volkswagen Konzern durch Rekordumsätze (Volkswagen Aktiengesellschaft 2018b, S. 23) eine finanzielle Katastrophe abwenden.

Die Nachhaltigkeitsratingagenturen, die den Volkswagen Konzern bewerten, haben zu unterschiedlichen Zeitpunkten festgestellt, dass der Volkswagen Konzern auf eine Krise zusteuert bzw. sich in einer Krise befindet.

So hat beispielsweise die Governance-Bewertung des Volkswagen Konzerns bei der Nachhaltigkeitsratingagentur MSCI von 2014 auf 2015 abgenommen. Dann wurde der Volkswagen Konzern im Mai 2015 aus dem MSCI-Nachhaltigkeitsindex ausgeschlossen und in einen neu entstehenden Nachhaltigkeitsindex nicht aufgenommen. Im August wurde das Rating des Volkswagen Konzerns aufgrund stärkerer Bemühungen um die Reduktion der Umweltauswirkungen der Produkte mittels niedrigerer CO_2-Flottenemissionen und einer geringeren Anzahl an Rückrufen von BBB auf BB angepasst. Mit dem Dieselskandal im September 2015 wurde das Nachhaltigkeitsrating von BBB auf CCC herabgesetzt (MSCI 2015).

Vor der Dieselkrise bescheinigten die meisten Nachhaltigkeitsratingagenturen, dass der Volkswagen Konzern sich auf einem sehr guten Weg in der langfristigen Evolution zu einer sinnvollen Organisation befand. Das Unternehmen stellte die positiven Bewertungen sehr ausführlich im Geschäftsbericht 2014 dar (Volkswagen Aktiengesellschaft 2015, S. 97 f.).

Aufgrund der sehr kurzfristig entstandenen Herausforderungen durch die Dieselkrise haben die meisten Nachhaltigkeitsratingagenturen den Volkswagen

Konzern im Rating herabgestuft und aus den Nachhaltigkeitsindizes ausgeschlossen. So wurde der Volkswagen Konzern noch drei Wochen vor der Dieselkrise als nachhaltigster Automobilhersteller von der Nachhaltigkeitsratingagentur Robeco-SAM, die auch den Dow Jones Sustainability Index erstellt, ausgezeichnet, die ihn kurz darauf wieder aus dem Index entfernte (Volkswagen Aktiengesellschaft 2018a, S. 108).

Der Beobachtungsfokus auf lediglich ein Unternehmen bringt zwar tiefere Erkenntnisse, aber es bleibt aus systemtheoretischer Sicht die Herausforderung bestehen, dass die Beobachtung eines anderen Unternehmens zu einer ganz anderen Erkenntnis führen könnte und dass somit aus der fallspezifischen Beobachtung keine Verallgemeinerungen gezogen werden können. Daher werden die Erkenntnisse der Unternehmensbefragung um die eigenen Beobachtungen der Ratingagenturen ergänzt. Um die Wahrscheinlichkeit zu reduzieren, dass die Beobachtungen nur auf Volkswagen zutreffen, werden mehrere Ratingagenturen unabhängig von Volkswagen ausgewählt und befragt. Dies ermöglicht eine breitere Perspektive, die auch die Einflüsse der Nachhaltigkeitsratingagenturen auf andere Unternehmen impliziert. Darüber hinaus werden die Nachhaltigkeitsratingagenturen möglichst heterogen ausgewählt, um ein möglichst breites Bild zu erhalten. Wie bereits in Abschnitt 4.3.2 beschrieben, ist der Markt der Nachhaltigkeitsratings von einer hohen Dynamik geprägt, insofern einerseits immer wieder neue Konzepte und Anbieter auftreten und es andererseits ebenso zu Zusammenschlüssen von mehreren Ratingagenturen kommt. Um die verschiedenen Perspektiven der vielfältigen Agenturen wahrnehmen zu können, werden sowohl etablierte Ratingagenturen, die teilweise durch Zusammenschlüsse entstanden sind oder andere Ratingagenturen aufgekauft haben und schon längere Zeit am Markt bestehen, als auch noch relativ junge Start-ups als Beobachtungsobjekte aufgenommen. Zu den etablierten Nachhaltigkeitsratingagenturen, die in dieser Untersuchung befragt wurden, gehören MSCI, RobecoSAM, Sustainalytics, CDP, oekom und VigeoEiris. Die genannten Ratings wurden 2013 nach einer Umfrage unter 702 Nachhaltigkeitsexperten im Rahmen der Rate-the-Rater-Untersuchung unter den 18 wichtigsten Ratings platziert (SustainAbility und GlobeScan 2013, S. 8). Die Nachhaltigkeitsexperten waren am vertrautesten mit den Nachhaltigkeitsratings: Dow Jones Sustainability Index, CDP und FTSE4Good Index Series, die damals noch von Eiris erstellt wurden. Auch in einer Befragung von 1363 Finanzmarktakteuren, zusammengesetzt aus Analysten und Portfoliomanagern, und 704 Unternehmensvertretern aus den Bereichen „Nachhaltigkeit" und „Investor Relations" wurden diese Nachhaltigkeitsratings als diejenigen der wichtigsten Ratingagenturen benannt. MSCI, Sustainalytics,

CDP, oekom Research und VigeoEiris zählen demnach zu den sechs besten Unternehmen für „SRI research" (Extel Surveys und SRI-CONNECT 2017, S. 69). Auch nach der Studie der Europäische Kommission, Generaldirektion Finanzstabilität, Finanzdienstleistungen und Kapitalmarktunion (2021, S. 15) zählen MSCI, RobecoSAM, Sustainalytics, CDP, oekom (Übernommen durch ISS-ESG) und VigeoEiris zu den zehn bis fünfzehn wesentlichen Nachhaltigkeitsratingagenturen. Diese Nachhaltigkeitsratingagenturen haben bereits einige Erfahrung sammeln können. RobecoSAM existiert seit 1995 (RobecoSAM 2018). Durch den Erwerb von andern Ratingagenturen verfügt MSCI über mehr als 40 Jahre Erfahrung (MSCI 2018), Sustainalytics blickt auf eine mehr als 25-jährige Unternehmensgeschichte zurück (Sustainalytics 2018). CDP engagiert sich bereits seit mehr als 15 Jahren (CDP 2018), oekom Research wurde 1993 gegründet (Institutional Shareholder Services (ISS) 2018), und VigeoEiris hat mit der Gründung von Eiris 1983 35 Jahre Erfahrung vorzuweisen (VigeoEiris 2018). Neben den etablierten Nachhaltigkeitsratingagenturen wurden auch Start-ups betrachtet, die die Schwächen oder Lücken der etablierten Nachhaltigkeitsratingagenturen nutzen, um neue Dienste anzubieten. Sie ermöglichen daher eine ergänzende und zusätzlich reflektierende Perspektive zu den etablierten Ratingagenturen. Darüber hinaus geben sie einen Hinweis, wie sich die Nachhaltigkeitsratings in Zukunft entwickeln werden. Die Auswahl der Start-ups entstand im Rahmen der Literaturrecherche zum Themenbereich „Nachhaltiges Investment". Zu den Ausgewählten zählen WikiRate, die 2012 gegründet wurden (Berlin Amtsgericht 2012). Dieses Start-up hat eine öffentlich zugängliche Plattform entwickelt, auf der die Öffentlichkeit die Nachhaltigkeitsleistung von Unternehmen sowohl einsehen als auch bewerten kann, damit Nachhaltigkeitsbewertungen von Unternehmen nicht nur Investoren und Analysten erhalten, sondern auch für weitere Stakeholder zugänglich werden (WikiRate Project e. V. 2018).

Sustainability Intelligence bewertet die Nachhaltigkeitsleistung von Unternehmen. Im Gegensatz zu den klassischen ESG-Ratings berücksichtigt die Agentur auch die ökonomische Dimension, indem sie den Fokus auf die Zukunftsfähigkeit des Geschäftsmodells legt. Sustainability Intelligence wurde im Jahr 2013 gegründet (Sustainability Intelligence 2018).

Das Start-up TrueValue Labs mit Gründung im Jahr 2013 und Sitz in San Francisco analysiert und interpretiert mithilfe von maschineller Verarbeitung natürlicher Sprache (Natural Language Processing), künstlicher Intelligenz (Cognitive Computing) und maschinellem Lernen (machine learning) sehr große Mengen an unstrukturierten Daten (Big Data) in Echtzeit. Die Analyse von aktuellen Ereignissen zu Nachhaltigkeit und ESG-Themen mit dieser Methode soll zu besseren Entscheidungen bei Investoren und Unternehmen führen (TrueValue Labs 2018).

Das Unternehmen Arabesque, das 2013 gegründet wurde, geht mit der Analyse von Nachhaltigkeitsinformationen mithilfe von Big Data und maschinellem Lernen einen Schritt weiter, da es nicht nur die Nachhaltigkeitsleistung bewertet, sondern auf dieser Basis auch Auskunft darüber gibt, wie eine langfristige Wertsteigerung bei gleichzeitiger Risikoreduktion realisiert werden kann (Arabesque 2018).

Damit Entscheidungen mit begrenzter Reflexion in der Organisation wahrgenommen werden können, wird in dieser Untersuchung auf das psychische System von Experten zurückgegriffen. Experten werden als Personen in ihrer Rolle als Mitarbeiter befragt. Die Personen beobachten die Strukturen und geben damit Auskunft über die Erwartungen innerhalb der Organisationen, die die Kommunikation beeinflussen. Es ist daher nicht die Kommunikation der Experten selbst, die untersucht wird, sondern es werden deren Beobachtungen analysiert. Es wird daher, systemtheoretisch betrachtet, mit einer Beobachtung zweiter Ordnung gearbeitet. Im Untersuchungsgegenstand „Volkswagen Konzern" werden die Personen als Experten identifiziert, die mit dem Inhalt und den Fragestellungen der Nachhaltigkeitsratings vertraut sind und sich auch in ihrer operativen Tätigkeit mit den Erwartungen beschäftigen, wodurch der konkrete Einfluss von Nachhaltigkeitratingagenturen bekannt ist. Bevorzugt werden die Leiter der Fachbereiche interviewt, um die Entscheidungsrelevanz der Nachhaltigkeitsratings erfahren zu können. Falls dies nicht möglich ist, werden Vertreter aus diesem Fachbereich interviewt. Vorstände und Topmanager gehören nicht zu dem Expertenkreis, da sie bei der konkreten Umsetzung von Erwartungen nicht direkt beteiligt sind und tiefergehende Fragen damit nicht möglich wären. Um dennoch ein möglichst ganzheitliches Bild der Organisation zu erhalten, werden die Fachbereiche, zu denen die Experten gehören, möglichst heterogen ausgewählt. Folgende Fachbereiche werden über Interviews abgedeckt: Nachhaltigkeit, Vertrieb und Marketing, Investor Relations, Betriebsrat, Innovationsmanagement, Beschaffung, Rechtswesen, Entwicklung, Produktion, Personal, Umwelt, Risikomanagement, Arbeitssicherheit, Finanzpublizität, Umweltstrategie und Compliance. Die Interviewpartner wurden per E-Mail angeschrieben, ob sie sich an der Untersuchung beteiligen wollen. Alle Interviewpartner haben sich dazu bereit erklärt, an dem Interview teilzunehmen. Vereinzelt wurde ein Stellvertreter benannt. Es folgte eine Terminabsprache, die in relativ kurzer Zeit zu einem Interview führte. Nach einem Pretest fanden die bilateralen Interviews in einem Besprechungsraum der jeweiligen Interviewpartner statt. Der Erhebungszeitraum erstreckte sich von März 2016 bis November 2016. Die durchschnittliche Dauer der Interviews betrug eine Dreiviertelstunde, wobei das kürzeste Interview 37 Minuten und das Längste eine Stunde und sieben Minuten umfasste. Die Auswahl der Experten der Nachhaltigkeitsratingagenturen basierte auf ähnlichen Kriterien der Auswahl der Unternehmensexperten. Bevorzugt wird mit den Leitern des Researchbereichs gesprochen, um möglichst detaillierte Informationen über die Entwicklung der Bewertungsmethodik und die Unternehmensbewertung zu erhalten. Diese Bereiche stehen meist in einem direkten Austausch mit den Unternehmen, weshalb sie am ehesten Auskunft über den Einfluss von Ratingagenturen auf die Unternehmen geben können. Die Interviewpartner wurden per E-Mail angefragt, ob sie sich an der Untersuchung beteiligen möchten. Alle Interviewpartner der Nachhaltigkeitsratingagenturen haben sich dazu bereit erklärt, an dem Interview teilzunehmen. Vereinzelt wurde ein Stellvertreter benannt. Es folgte eine Terminabsprache, die in relativ kurzer Zeit zu einem Interview führte. Da es sich unter anderem um internationale Nachhaltigkeitsratingagenturen handelte, wurden nach einem Pretest überwiegend persönliche Interviews mit Unternehmensvertretern an deutschen Standorten durchgeführt. Bei den Nachhaltigkeitsratingagenturen Wikirate, TrueValueLabs, und RobecoSAM war dies jedoch nicht möglich, weshalb telefonische Interviews durchgeführt wurden. Bei den anderen Nachhaltigkeitsratingagenturen fand das Interview in Besprechungsräumen der Interviewpartner statt. Üblicherweise waren es bilaterale Gespräche. Bei einer Nachhaltigkeitsratingagentur wurde das Interview mit zwei Personen durchgeführt, bei einer anderen Nachhaltigkeitsratingagentur wurden drei Personen befragt. Der Erhebungszeitraum erstreckte sich von November 2016 bis Februar 2017. Die Dauer der Befragung betrug bei den meisten Interviews zwischen 45 Minuten und einer Stunde.

5.1.2 Vorgehensweise zur Ermittlung der empirischen Ergebnisse

Da die Systemtheorie konstruktivistisch ausgelegt ist und sich durch sich selbst als Theorie weiterentwickeln kann, besteht die Gefahr einer pathologischen Selbstreferenz, die sinnlos wäre. Das Ziel dieser Untersuchung besteht deswegen darin, die systemtheoretische Beschreibung der vorangegangenen Kapitel einer Wirtschaft mit begrenzter Reflexion empirisch zu belegen, aber gleichzeitig auch die Systemtheorie mit neuen Erkenntnissen zu irritieren, um weiteren Sinn zu erzeugen. Es wurde daher eine Methode ausgewählt, mit der sowohl Thesen überprüft werden können als auch Raum für neue Erkenntnisse entsteht.

Etablierte Auswertungsmethoden qualitativer Forschung wie die Grounded Theory (Glaser und Strauss 1998), bei der theoretisch codiert wird, oder die zusammenfassende Inhaltsanalyse (Mayring 2003), die sehr beschreibend ist, arbeiten stark induktiv und eigenen sich gut für die Entwicklung von neuen Theorien. Allerdings sind sie weniger für die Validierung einer Theorie geeignet. Da bei dieser empirischen Untersuchung die These einer Wirtschaft mit begrenzter Reflexion überprüft werden soll und gleichzeitig neue Erkenntnisse zur Weiterentwicklung der detaillierten Ausgestaltung einer solchen Theorie generiert werden sollen, wird die Auswertung auf Basis einer thematischen Codierung in Anlehnung an Hopf und Schmidt (1993) durchgeführt. Dies ermöglicht, auf Basis der bereits bestehenden Theorie Auswertungskategorien abzuleiten und gleichzeitig neue Kategorien aus dem empirischen Material induktiv zu entwickeln.

Die Vorgehensweise nach Hopf und Schmidt (1993) unterscheidet vier Schritte: Zuerst werden Auswertungskategorien entwickelt, dann wird das Material codiert, danach wird eine Fallübersicht erstellt und zuletzt eine vertiefende Analyse von ausgewählten Fällen dargestellt (Kuckartz 2010, S. 85).

Im folgenden Abschnitt wird dargestellt, wie der Interviewleitfaden entwickelt wurde, ferner werden die Fragen beschrieben, mit denen Erkenntnisse zur Prüfung der These ermöglicht werden sollen. Zwar ist Kommunikation die grundlegende Operation, mit der soziale Systeme in der Systemtheorie arbeiten, aber Kommunikation ist nicht der Untersuchungsgegenstand der Systemtheorie.

Aufgrund der ständigen Erneuerung ist die Systemtheorie gar nicht in der Lage Kommunikation zu beobachten. Sie bezieht sich daher auf Erwartungen, die als soziale Strukturen die konkrete Kommunikation lenken (John et al. 2010c, S. 328).

Empirische Untersuchungen sind also besonders dann mit der Systemtheorie kompatibel, wenn sie nicht die Kommunikation direkt beobachtet, sondern sich auf die Strukturen und Erwartungen konzentriert, die die Kommunikation beeinflussen. Da die Kommunikation der Organisation in Entscheidungen besteht, liegt der Fokus dieser empirischen Untersuchung nicht auf der Analyse, wie Entscheidungen mit begrenzter Reflexion getroffen werden, sondern es wird beobachtet, wie im Fall von Entscheidungen mit begrenzter Reflexion die Erwartungen bezüglich Entscheidungen beziehungsweise Entscheidungsprämissen beeinflusst werden. Es wird daher untersucht, wie Nachhaltigkeitsratings Entscheidungsprämissen wie Ziele oder Prozesse beeinflussen, sodass Entscheidungen mit begrenzter Reflexion in der Organisation entstehen. Die Befragung erfolgte auf Basis eines teilstandardisierten Interviews. Ein teilstandardisiertes Interview ist sowohl geschlossen, da es bestimmte Themenschwerpunkte vorgibt, als auch offen, weil die Befragten bisher unberücksichtigte Aspekte ergänzen können. Es ist daher sehr gut geeignet, gleichzeitig eine bestehende Theorie zu überprüfen und neue Erkenntnisse zu ergänzen. Da zu dem untersuchten Themenbereich bereits einige Literatur existiert, flossen diese Erkenntnisse in den Leitfaden ein. Gleichzeitig wurde genug Raum für Ergänzungsmöglichkeiten gegeben, um neue Erkenntnisse zu berücksichtigen, weil der Diskurs noch nicht abgeschlossen ist und die theoretischen Überlegungen ergänzt werden sollen. Zur Erstellung des Fragebogens wurde die bestehende Literatur so berücksichtigt, dass in der Auswertungsphase daraus Kategorien abgeleitet werden konnten. Die Literaturrecherche floss daher sowohl in die Erstellung des Fragebogens als auch in die Entwicklung von Auswertungskategorien ein. Auf der abstrakten Ebene wurden die systemtheoretischen Erkenntnisse berücksichtigt, auf der konkreten Ebene wurden Fragen und Kategorien aus Forschungen zur Pfadabhängigkeit von Unternehmen (Hasenmüller 2013) und insbesondere aus aktuellen Veröffentlichungen zu den Themen Nachhaltiges Investment und Nachhaltigkeitsratings abgeleitet. Da Publikationen zu dem Projekt „Rate the Raters" (SustainAbility 2010a, 2010b, 2011a, 2011b, 2012, 2018), das die erste und umfangreichste Untersuchung zu Nachhaltigkeitsratings ist, eine Beobachtung der Nachhaltigkeitsratingagenturen zweiter Ordnung darstellt, werden in dieser Untersuchung besonders Relationen zu diesen Erkenntnissen hergestellt und an dieses Wissen angeknüpft. Darüber hinaus werden weitere Dokumente von wesentlichen Institutionen im Bereich des nachhaltigen Investments wie die Weltbank, G20, United Nations, Principles for Responsible Investments, Europäische Kommission und die EU High-Level Expert Group on Sustainable Finance herangezogen. Diese Publikationen sind oftmals eher praktisch als wissenschaftlich ausgelegt, und die Ergebnisse könnten durch eine andere Beobachtung möglicherweise ganz anders ausfallen. Sie bieten daher nur eine wahrscheinliche Aussage über Möglichkeiten und Herausforderungen in diesem Themenfeld. Da meist eine große Anzahl an Experten befragt wird, ergibt sich ein guter Einblick in die gelebten Praktiken und bietet sich ein guter Ausgangspunkt für tiefergehende Untersuchungen, welchen Einfluss Nachhaltigkeitsratings auf die Evolution einer sinnvollen Ökonomie ausüben können. In dem zweistufigen Interview wurden verschiedene Unternehmensvertreter eines Unternehmens und unterschiedliche Ratingagenturen befragt, weshalb zwei Interviewleitfäden entwickelt wurden.

Im Rahmen der Befragung von Unternehmen wurde untersucht, wie Nachhaltigkeitsratings eine begrenzte Reflexion im Unternehmen ermöglichen. Konkret wurde ermittelt, inwieweit Nachhaltigkeitsratings als Treiber für ein nachhaltiges Unternehmen gesehen werden und inwiefern sie Pfadabhängigkeiten eines nicht nachhaltigen Entwicklungspfades auflösen können. Es wurde in der Tiefe untersucht, welchen Einfluss Nachhaltigkeitsratings auf Unternehmensentscheidungen ausüben. Da die Befragung kurze Zeit nach der Dieselkrise stattfand und dieses Ereignis mit der damit verbundenen Abstufung bei Nachhaltigkeitsratings auch einen starken Einfluss auf die Sichtweise der Befragten hinsichtlich des Themas „Nachhaltigkeitsratings" hätte ausüben können, wurden die Interviewpartner grundsätzlich zur Situation vor und nach der Dieselkrise befragt. Die Untersuchung gibt daher nicht nur Aufschluss darüber, wie ein Unternehmen mit einer guten Nachhaltigkeitsleistung mit Nachhaltigkeit und Nachhaltigkeitsratings umgeht, sondern auch dazu, wie sich dieser Umgang durch ein negatives Nachhaltigkeitsereignis verändert. Der Interviewleitfaden für die Befragten des Unternehmens gliedert sich in vier Themenbereiche. Im ersten Themenbereich werden die Motive für Nachhaltigkeit abgefragt, um herauszufinden, welche Treiber für das Unternehmen relevant sind. Der Teil der Befragung folgt der Logik vom Abstrakten zum Konkreten, da die Bedeutung von Nachhaltigkeit zuerst bezüglich der Gesellschaft, anschließend in Bezug auf Unternehmen und letztendlich hinsichtlich des Unternehmensbereichs abgefragt wird. Zu Beginn der Befragung wurde der Interviewpartner gebeten, die Bedeutung von Nachhaltigkeit für die Gesellschaft abzuschätzen. Damit sollte zum einen der Einstieg in die Befragung erleichtert werden und zum anderen war herauszufinden, welche individuelle Einstellung der Befragte zum Thema „Nachhaltigkeit" hat. Damit die Bedeutung von Nachhaltigkeitsratings innerhalb des Unternehmens besser eingeordnet werden konnte, wurde untersucht, welche Bedeutung dem Thema „Nachhaltigkeit" im Unternehmen überhaupt zukommt. Dazu wurde zuerst die Bedeutung von Nachhaltigkeit innerhalb des Unternehmens und anschließend innerhalb des Bereichs, in dem der jeweilige Befragte tätig gewesen ist, betrachtet. Da die Dieselkrise des Volkswagen Konzerns kurz vor der Erhebung auftrat, wurde die Bedeutung von Nachhaltigkeit sowohl vor der Dieselkrise als auch nach der Dieselkrise ermittelt. Im zweiten Themenbereich wird die Bedeutung von Nachhaltigkeitsratings als Treiber ermittelt. Dieser Teil verfolgt die entgegengesetzte Logik vom Konkreten zum Abstrakten. Ausgehend von der Bedeutung von Nachhaltigkeit auf der Bereichsebene, wurde übergeleitet auf die Bedeutung von Nachhaltigkeitsratings innerhalb des Bereichs. Anschließend wurde die Bedeutung von Nachhaltigkeitsratings für das Unternehmen untersucht. Die Bedeutung von Nachhaltigkeitsratings wurde ebenso jeweils vor und nach der Dieselkrise abgefragt. Am Ende des Interviews erging an die Befragten die Bitte, eine Einschätzung der Bedeutung von Nachhaltigkeitsratings für die Gesellschaft zu geben, um mit einer offenen Abschlussfrage bisher unberücksichtigte Themen und unerwähnte Aspekte zu erfassen. Zuvor wurde jedoch in einem dritten Themenbereich untersucht, welchen konkreten Einfluss Nachhaltigkeitsratings auf

Unternehmensentscheidungen haben. Hier sollten die Befragten möglichst konkrete Beispiele nennen, wie Nachhaltigkeitsratings Organisationsentscheidungen beeinflusst haben. Im vierten Themenbereich wurden die Barrieren ermittelt, die den Einfluss von Nachhaltigkeitsratings als Treiber beschränken.

In einem zweiten Schritt wurden die Nachhaltigkeitsratingagenturen untersucht. Mit einer Abfrage von konkreten Beispielen, wie Unternehmen durch Nachhaltigkeitsratings beeinflusst werden, sollen die Erkenntnisse der Unternehmensbefragung verifiziert werden. Da die Nachhaltigkeitsratingagenturen im Austausch mit einer Vielzahl von Unternehmen stehen, ist Ihnen auch für eine Vielzahl von Unternehmen der Einfluss der Nachhaltigkeitsratingagenturen bekannt. Im Vergleich zur Unternehmensbefragung wird mit der Befragung der Nachhaltigkeitsratingagenturen dadurch eine breitere Perspektive eingenommen, mit der eher generalisierende Aussagen getroffen werden können. Zudem wird die Rolle der Nachhaltigkeitsratings bezüglich der Berücksichtigung der Gesellschaft in der Wirtschaft analysiert. Indem die Rolle der Nachhaltigkeitsratings für eine nachhaltige Entwicklung der Wirtschaft und Gesellschaft erfragt wird, wird untersucht, welche Bedeutung Nachhaltigkeitsratingagenturen für die Selbststeuerung der Wirtschaft haben. Die Ratingagenturen werden unabhängig vom Volkswagen Konzern befragt, damit die Erkenntnisse aus der Unternehmensbefragung noch besser verallgemeinert werden können und die Erfahrungen der Ratingagenturen nicht auf dem Volkswagen Konzern beschränkt bleiben, sondern auch die Wirkungen auf andere Unternehmen berücksichtigt werden. Aus einer eher makroökonomischen Perspektive wird die Bedeutung der Nachhaltigkeitsratings als Treiber für die nachhaltige Entwicklung der Gesellschaft untersucht. Der Interviewleitfaden für die Nachhaltigkeitsratingagenturen orientiert sich sowohl an der Literatur zum nachhaltigen Investment als auch an den Erkenntnissen, die aus der ersten Stufe des Experteninterviews, also der tiefergehenden Analyse innerhalb des Unternehmens, gezogen werden. Nachhaltigkeitsratings wurden zuerst hinsichtlich ihrer Ziele, Methoden und Vorgehen befragt, um herauszufinden, wie und woher die Nachhaltigkeitsansprüche entstehen, die die Nachhaltigkeitsratingagenturen ihrem Rating zugrunde legen. Danach wurde die Bedeutung der Nachhaltigkeitsratings für die Finanzwirtschaft und anschließend für die Realwirtschaft ermittelt. Dafür wurden konkrete Beispiele für den Einfluss von Nachhaltigkeitsratings auf die bewerteten Unternehmen abgefragt. Abschließend wurden die Barrieren und Herausforderungen der Nachhaltigkeitsratings untersucht und die Rolle der Politik abgefragt. Mit einer offenen und sehr allgemeinen Frage zur Rolle von Nachhaltigkeitsratings für die Gesellschaft wird dem Interviewten die Möglichkeit eingeräumt, am Ende noch unberücksichtigte Themen oder weitere Aspekte anzusprechen.

Die Interviews wurden wie folgt durchgeführt. Der Ablauf der Interviews bei dem Unternehmen und den Nachhaltigkeitsratingagenturen gestaltete sich recht ähnlich. Das Interview wurde aus datenschutzrechtlichen Gründen mit einem nicht internetfähigen Diktiergerät aufgezeichnet. Es wurden zwei Geräte verwendet, um durch Redundanz die Datensicherheit zu erhöhen. Nach einer Begrüßung und persönlichen Vorstellung wurden kurz die Forschungsfrage und der Ablauf des Interviews dargestellt. Es gab keine Rückfragen bezüglich der Bedeutung oder des Sinns der Untersuchung. Nach den teilstandardisierten Fragen wurde noch eine offene Frage ans Ende gestellt, um mögliche Themen, die bisher nicht erfragt worden sind, zu erfassen. So wurde beispielsweise der Hinweis auf Qualitätsstandards bei Nachhaltigkeitsratings gegeben. Die Beantwortung der gestellten Fragen verlief sehr unterschiedlich. Einige Befragte zeigten sich sehr offen und beantworteten die Fragen sehr ausführlich, vereinzelt auch ausschweifend, was teilweise andere Fragen vorwegnahm, weshalb die Reihenfolge der Interviewfragen verändert werden musste. Demgegenüber gab es auch Interviewpartner, besonders Führungskräfte, die ihre Antworten sehr kurzhielten, aber sehr prägnant waren. In solchen Interviews wurden zusätzlich offene Nachfragen gestellt, um tiefer liegende Informationen zu erhalten. Das Interview wurde wortgetreu transkribiert und in einem zweiten Durchlauf nochmals auf Fehler überprüft und anschließend anonymisiert.

Die Auswertung umfasste folgende Schritte. Nach der Durchführung und Transkription der Interviews erfolgte das Codieren der Transkripte. Im Rahmen des ersten Schrittes wurden die Kategorien aus der Literatur abgeleitet, die auch bei der Erstellung des Fragebogens berücksichtigt wurden. Welche Quellen in die Kategorienbildung einflossen, wird in den Ergebnissen der empirischen Untersuchung anhand der ausgewählten Fälle der vertiefenden Analyse dargestellt, indem vor den jeweiligen Fällen die bereits erschlossenen Erkenntnisse der Literatur beschrieben werden. In einem zweiten Schritt wurden diese Kategorien in der Befragung überprüft und gegebenenfalls angepasst oder um neue Kategorien ergänzt. Damit die Codierung konsistent bleibt, waren nach dem ersten Durchgang ähnliche Codierungen zusammenzufassen beziehungsweise logisch zu gruppieren. Da im Verlauf der ersten Codierung weitere Kategorien dazukamen, die noch nicht bei allen Transkripten angewendet wurden, waren in einem zweiten Codierungsdurchgang alle Transkripte hinsichtlich der neu entwickelten Kategorien zu überprüfen. Im letzten Schritt wurden die Kategorien den systemtheoretischen Überlegungen aus dem ersten Teil der Arbeit angepasst, um die These, dass Nachhaltigkeitsratings durch eine begrenzte Reflexion in Unternehmen eine Selbststeuerung der Wirtschaft ermöglichen, überprüfen zu können. Auf Basis der Interviews mit Unternehmensvertretern wurden Kategorien erarbeitet, die die Motive und die Barrieren des Unternehmens für eine Auseinandersetzung mit Nachhaltigkeit und Nachhaltigkeitsratings darstellen. Zudem wurden Kategorien entwickelt, die die Veränderungen durch Nachhaltigkeitsratings innerhalb der Organisation und der Gesellschaft insgesamt beschreiben. Auf Grundlage der Interviews mit Nachhaltigkeitsratingagenturen wurden Kategorien zu den Zielen und Methoden der Nachhaltigkeitsratingagenturen bestimmt. Zudem wurden Kategorien bezüglich des Einflusses der Nachhaltigkeitsratingagenturen auf die Real- und Finanzwirtschaft und die Gesellschaft gebildet. Zuletzt wurden Kategorien erzeugt, die die Herausforderungen der Nachhaltigkeitsratingagenturen und die Rolle der Politik beschreiben. Der dritte Schritt umfasste die Erstellung einer Fallübersicht. Dieser quantitative Überblick auf Grundlage einer Häufigkeitsauszählung gibt einen ersten Eindruck hinsichtlich der Relevanz einzelner Kategorien. Es konnten auf Basis der Fallübersicht weitere Zusammenhänge entdeckt und im Material näher analysiert werden. Eine Fallübersicht wurde insbesondere für eine bessere Einschätzung der Bedeutung, der Treiber und der Barrieren von Nachhaltigkeit und den Nachhaltigkeitsratings herangezogen. Die Fallübersicht mit repräsentativen Zitaten ist Teil des Codebuchs. Mithilfe der Fälle konnten die aus der Literatur abgeleiteten Erkenntnisse besonders gut bestätigt oder widerlegt werden. Insgesamt geben die ausgewählten Fälle repräsentative Antworten auf die Fragestellungen des Interviewleitfadens.

Durch die Darstellung des Einflusses von Nachhaltigkeitsratings auf Unternehmensentscheidungen aus Sicht des Unternehmens und aufgrund der Beschreibung der Nachhaltigkeitsratings als Treiber für eine nachhaltige Ausrichtung von Unternehmen und der damit verbundenen Pfadabhängigkeiten, die einen nachhaltigen Entwicklungspfad behindern, kann gezeigt werden, wie Nachhaltigkeitsratings eine begrenzte Reflexion in Unternehmen ermöglichen. Mit der Beschreibung des Einflusses der Nachhaltigkeitsratings auf die Unternehmensentscheidungen aus Sicht der Nachhaltigkeitsratings ist es möglich, die Erkenntnisse der Unternehmensbefragung generalisiert zu überprüfen, sodass eine begrenzte Reflexion durch Nachhaltigkeitsratings und die Erzeugung von Entscheidungen mit begrenzter Reflexion nachvollziehbarer wird. Mit einer fallbezogenen Beschreibung der Bedeutung von Nachhaltigkeitsratings für eine nachhaltige Entwicklung der Wirtschaft und Gesellschaft kann dargestellt werden, welche Bedeutung Nachhaltigkeitsratingagenturen für die Selbststeuerung der Wirtschaft zukommt.

Insgesamt wird durch diese Auswertung möglich, die These zu überprüfen, ob **Nachhaltigkeitsratings eine Selbststeuerung der Wirtschaft durch eine begrenzte Reflexion in Unternehmen ermöglichen.**

Dazu werden mit einem Transfer der systemtheoretischen Überlegungen aus Kapitel 4 auf den konkreten Anwendungsfall der Nachhaltigkeitsratings folgende Unterthesen überprüft:

○ Mit der Erzeugung einer höheren Reflexion der Gesellschaft unterstützen Nachhaltigkeitsratings die Auflösung des bisherigen Evolutionspfades des Wirtschaftssystems. (Abschnitt 5.3)
○ Mithilfe der Generalisierung tragen Nachhaltigkeitsratings zu einer Stabilisierung eines neuen Evolutionspfades für eine Wirtschaft mit beschränkter Reflexion bei. (Abschnitt 5.4)
○ Die begrenzte Reflexion durch Nachhaltigkeitsratings ermöglicht einen Reentry der Gesellschaft in die Wirtschaft und trägt zur Selbststeuerung der Wirtschaft bei. (Abschnitt 5.5)

Die folgenden Ausführungen stellen eine Zusammenfassung der Ergebnisse der empirischen Untersuchung dar und umfassen insbesondere die Interpretation der Ergebnisse der Auswertung in Bezug auf die systemtheoretischen Thesen.

5.2 Evolution einer Wirtschaft mit begrenzter Reflexion

Eine Wirtschaft mit begrenzter Reflexion entsteht, wenn in Unternehmen eine begrenzte Reflexion der Gesellschaft stattfindet. Wenn Unternehmen zu einer Wirtschaft mit begrenzter Reflexion der Gesellschaft beitragen, unterstützen sie die Selbsterhaltung der Gesellschaft. Das heißt, einen Beitrag zur nachhaltigen Entwicklung der Gesellschaft leistet ein Unternehmen, wenn es die Erwartungen der anderen Systeme berücksichtigt und sich so beschränkt, dass die Möglichkeiten der anderen Systeme nicht eingeschränkt werden und sie weiterhin ihre Autopoiesis fortsetzen können. Wie bereits in Abschnitt 2.2.3 beschrieben, kann systemtheoretisch die Evolution von Organisationen verändert werden, wenn durch einen Einfluss auf Pfadabhängigkeiten die Rahmenbedingungen für Entscheidungen verändert werden. Im folgenden Kapitel werden anhand der Nachhaltigkeitstreiber und -barrieren die Einflüsse auf die Evolution eines Unternehmens mit begrenzter Reflexion dargestellt, ferner wird die Rolle der Nachhaltigkeitsratings beschrieben.

5.2.1   Bedeutung von Nachhaltigkeit in Unternehmen

Für den Wandel von Unternehmen zu einer stärkeren begrenzten Reflexion müssen die Entscheidungen innerhalb der Organisation verändert werden.

Das Management einer Organisation arbeitet mit einem vereinfachten Abbild der Organisation innerhalb der Organisation, indem die Organisation vom Rest der Gesellschaft differenziert wird. Das Abbild der Organisation kann daher als Reentry der Differenz zwischen Organisation und Gesellschaft in die Organisation angesehen werden. Es ähnelt sich zwar der Organisation, unterscheidet sich jedoch von der Realität. Dabei können unterschiedliche Managementkonzepte innerhalb einer Organisation existieren, die miteinander konkurrieren. Es bestehen also unterschiedliche Formen, wie die Differenz zwischen Organisation und Gesellschaft gesetzt werden kann, wodurch die Reproduktion in der Organisation unterschiedlich gesteuert wird (Baecker 2003, S. 228).

Gesellschaftliche Aspekte werden für Unternehmen immer wichtiger. 97 % der Vorstände internationaler Unternehmen glauben, dass Nachhaltigkeit wichtig für den zukünftigen Geschäftserfolg ist (UN Global Compact und Accenture 2016). Am ehesten wird die Bedeutung von Nachhaltigkeit anhand der Transparenz der Unternehmen ersichtlich (UN Principles for Responsible Investment (UN PRI) 2017, S. 33). Besonders die Nachhaltigkeitsberichterstattung hat in den vergangenen Jahren deutlich zugenommen. Während von den 100 größten Unternehmen aus 49 Ländern 1993 lediglich 12 % einen Nachhaltigkeitsbericht publizierten, waren es 2017 bereits 75 % (KPMG International Cooperative 2017, S. 10). Als Ursache für die zunehmende Transparenz können gestiegene Anforderungen von Stakeholdern, worunter auch der Gesetzgeber fällt, gesehen werden (Guenther et al. 2015). Ein weiteres Anzeichen für eine zunehmende Bedeutung von Nachhaltigkeit sind, wie in Abschnitt 5.5.1 beschrieben, der wachsende Markt für nachhaltige Investments und das damit zusammenhängende Wachstum der Nachhaltigkeitsratings.

Im untersuchten Unternehmen wird deutlich, dass die Relevanz von Nachhaltigkeit stark mit Wirtschaftlichkeit zusammenhängt.

Zwar hat das befragte Unternehmen bereits vor der Krise einige Bemühungen unternommen, sich zu einem nachhaltigen Unternehmen zu entwickeln (Interview U8, Pos. 5). Allerdings wurde das als nicht ausreichend eingeschätzt (Interview U11, Pos. 6). Es folgte die Dieselkrise. Direkt danach verschob sich der Fokus des Unternehmens durch die existenzielle Bedrohung nahezu vollständig von der gesellschaftlichen Umwelt hin zu einer wirtschaftlichen Rationalität, um kurzfristig die Zahlungsfähigkeit nicht zu verlieren: „Aber in diesem Spannungsfeld befinden wir uns gerade und während des Umbaus, glaube ich, stehen noch mal andere Themen im Vordergrund als Nachhaltigkeit." (Interview U6, Pos. 14) Die Kommunikation zu Nachhaltigkeit wurde nahezu vollständig eingestellt (Interview U2, Pos. 8). Im Zweifel scheint die Priorität also nicht auf der Gesellschaft, sondern auf der Selbsterhaltung der Organisation zu liegen. Das Unternehmen kündigte an, dass nach der Krise Nachhaltigkeit wieder stärker in den Entscheidungen berücksichtigt wird (Interview U17, Pos. 15–16).

Dies deutet darauf hin, dass gesellschaftliche Themen berücksichtigt werden müssen, damit das Unternehmen langfristig wirtschaftlich operieren und sich selbst erhalten kann. Allerdings kann das Unternehmen nicht sofort alle gesellschaftlichen Erwartungen erfüllen, sondern ist durch Pfadabhängigkeiten und weitere wirtschaftliche Zwänge gebunden. Das Problem resultiert aus der allgemeinen Paradoxie, die Gesellschaft in der Wirtschaft zu berücksichtigen. Das Unternehmen löst diese allgemeine Paradoxie von Wirtschaft und Gesellschaft temporal auf, indem kurzfristig erst mal der Fokus auf Wirtschaft und dann langfristig auf die Gesellschaft gelegt wird. Die Dieselkrise zeigt, welche Abhängigkeiten zwischen gesellschaftlichen und wirtschaftlichen Aspekten bestehen. Eine zu geringe Berücksichtigung von gesellschaftlichen Aspekten kann zu negativen wirtschaftlichen Folgen führen, wie auch die zu starke Berücksichtigung von gesellschaftlichen Aspekten in bestimmten Situationen zu einer wirtschaftlichen Gefahr werden kann. Zwar gibt es einen langfristigen Trend durch die Verschiebung der Generalisierung von einem kurzfristigen Fokus auf wirtschaftliche Aspekte zu einem langfristigen Fokus auf gesellschaftliche Aspekte, der aber weder schlagartig noch linear verlaufen kann. Es ist ein schmaler Grat, auf dem der Weg aus zu viel und zu wenig gesellschaftlicher Berücksichtigung zu einer Wirtschaft mit begrenzter Reflexion führt.

Wie bereits in Abschnitt 4.3.2 beschrieben, gibt es unterschiedliche Selbstbeschreibungen der Organisation. Mit der Finanzberichterstattung und der Nachhaltigkeitsberichterstattung gibt es zwei unterschiedliche Differenzen, die zwischen Organisation und Gesellschaft gesetzt werden, wodurch zwei unterschiedliche vereinfachte Abbildungen der Organisation entstehen, die nach außen getragen werden. Ähnlich dazu gibt es das klassische betriebswirtschaftliche Managementmodell der Organisation (Gutenberg 1998), das die Differenz der Organisation sehr stark in Bezug zum Wirtschaftssystem abgrenzt. Demgegenüber entsteht ein Nachhaltigkeitsmanagement (Hasenmüller 2013), das die Grenzen zwischen Organisation stärker in Richtung Gesellschaft setzt und dadurch den Fokus von einer reinen wirtschaftlichen Perspektive auf eine eher gesellschaftliche Perspektive verschiebt.

Es gibt einige Faktoren, die die Entstehung einer solchen internen Steuerungsform, die eine stärkere gesellschaftlich orientierte Differenz zwischen Organisation und Umwelt innerhalb der Organisation setzt, positiv beeinflussen können und damit wahrscheinlicher machen. Ein solches Nachhaltigkeitsmanagement kann sich besonders gegenüber etablierten Managementansätzen durchsetzen, wenn Nachhaltigkeit in der Unternehmensstrategie verankert ist (siehe dazu auch Abschnitt 4.3.1). Auch auf der Strukturebene sollte das Geschäftsmodell auf Nachhaltigkeit ausgerichtet werden. Durch Unterstützung seitens des Vorstandes und durch regelmäßige Kommunikation kann Nachhaltigkeit stärker in die Unternehmenskultur aufgenommen werden. Darüber hinaus kann die Integration von Nachhaltigkeit durch organisationales Lernen und Promotoren beeinflusst werden. Zudem gibt es eine Reihe von Ansätzen, die das Nachhaltigkeitsbewusstsein im Unternehmen steigern. Dazu gehören Informations- und Kommunikationsinstrumente oder Maßnahmen, die Motivation für ein nachhaltiges Handeln erzeugen. Darüber hinaus gibt es einige Ansätze, die Anreize schaffen, dass Nachhaltigkeit stärker in den Entscheidungen berücksichtigt wird. Neben intrinsischen Anreizen kommen extrinsische Anreize infrage. Neben einer Führung von unten, die die intrinsische Motivation unterstützt, kann ein taktisches Verhalten auf der Führungsebene die Pfadschaffung unterstützen (Hasenmüller 2013, S. 283 ff.).

Neben Treibern gibt es jedoch auch Pfadabhängigkeiten, die eine stärkere Berücksichtigung der Gesellschaft verhindern. Bei Pfadabhängigkeiten handelt es um einen evolutorischen Prozess, der stark von Kontingenz geprägt ist. Pfadabhängigkeiten entstehen weder ausschließlich durch Planung noch absolut zufällig. Das heißt, für Organisationen ist diese Evolution nicht direkt steuerbar, aber es besteht eine gewisse Einflussmöglichkeit, einen Pfad zu verändern. Bei der Untersuchung von Pfadabhängigkeiten geht es vor allem darum, herauszufinden, wie ein bestehender Pfad gebrochen beziehungsweise aufgelöst oder wie ein neuer Pfad geschaffen werden kann. Pfadabhängigkeiten können besonders dann überwunden werden, wenn der bestehende Pfad durch einen externen Einfluss oder auf einer höheren Ebene gebrochen wird. Je nach selbstverstärkendem Mechanismus müssen bei einer Reform einzelne Regeln bis zu ganzen Regelstrukturen verändert werden. Damit ein Pfad aufgebrochen werden kann, müssen die Ursachen des Pfades bekannt sein. Vertreter von Pfadkreationsansätzen gehen von einer höheren Steuerungsfähigkeit aus. Während die Vertreter der Pfadbrechung annehmen, dass Pfade eher aus zufälligen Ereignissen entstehen und sich nur im Nachhinein durch externe Eingriffe verändern lassen, gehen Vertreter des Pfadkreationsansatzes davon aus, dass Akteure die Evolution von Pfaden strategisch und planbar beeinflussen können. Mit einem Fokus auf die Möglichkeiten von Unternehmern und deren Innovationen wird es als wahrscheinlich erachtet, dass neue Pfade erschaffen werden können. Bei der Pfadschaffung geht es um bewusste Abweichungen und die Erzeugung einer Dynamik, die zu einer Veränderung des kollektiven Handelns von Akteuren führt. Voraussetzung für die Pfadschaffung ist jedoch ausreichend Zeit, damit mit Zufällen gespielt werden kann und Innovationen getestet werden können. Gleichzeitig müssen Institutionen und Marktverhältnisse unterstützend wirken, damit ein neuer Pfad sich durchsetzen kann. Für die Schaffung eines neuen Pfades müssen bestehende Grenzen erweitert werden. Dafür ist ein zukünftiger Nutzen überzeugend darzustellen (Hasenmüller 2013, S. 263 ff.).

5.2.2 Treiber von Nachhaltigkeit in Unternehmen

Für die Evolution eines Unternehmens mit begrenzter Reflexion braucht es Irritationen, die das Unternehmen in den entsprechenden Entwicklungspfad lenken. Es existieren bereits wissenschaftliche Untersuchungen, die beschreiben, welche Treiber zu einer nachhaltigeren Ausrichtung von Unternehmen führen können. Dies ist aus systemtheoretischer Sicht nicht mit absoluter Sicherheit gegeben, da jedes Unternehmen individuell ist. Wie in Abschnitt 2.2.3 beschrieben, ist dieser Einfluss auf die Organisation aber mit einer gewissen Wahrscheinlichkeit erfolgreich und kann zu anderen Entscheidungen und damit zu einer anderen Evolution führen.

Die zunehmende Bedeutung von Nachhaltigkeit für Unternehmen kann auf zwei wesentliche Gründe zurückgeführt werden. Einerseits gibt es einen höheren gesellschaftlichen Druck, der dazu führt, dass Nachhaltigkeit stärker in der Unternehmensstrategie berücksichtigt wird (Hasenmüller 2013, S. 30). Es gibt bei Unternehmen eine Reihe von Stakeholdern, die zwar unterschiedliche Motive haben, aber gemeinsam die Entscheidungen von Unternehmen hinsichtlich Nachhaltigkeit beeinflussen. Auch institutionelle Kräfte wie Regulierung, Standards und Zertifizierungen üben Einfluss auf die Nachhaltigkeit der unternehmerischen Operationen aus (Aguinis und Glavas 2012, S. 941). Neben den externen Faktoren zeigen Unternehmen aber auch ein gewisses Eigeninteresse, die Unternehmensstrukturen und -prozesse nachhaltiger auszurichten (Hasenmüller 2013, S. 30). Unternehmen haben das Motiv, sich mit Nachhaltigkeit zu beschäftigen, da dies positive wirtschaftliche Effekte bewirken kann (siehe Abschnitt 4.3.1). Gleichzeitig gibt es jedoch auch einen normativen Anspruch, der in den Unternehmenswerten liegt, indem Unternehmen beispielsweise versuchen „das Richtige zu tun" (Aguinis und Glavas 2012, S. 943).

Zwar spielen auch individuelle Faktoren wie die intrinsische Motivation eine Rolle in der nachhaltigen Ausrichtung von Unternehmen, allerdings liegen die psychologischen Faktoren außerhalb des Beobachtungshorizonts vorliegender Arbeit, die daher separat untersucht werden müssten.

Hasenmüller (2013, S. 44 f.) beschreibt auch Rückkopplungseffekte, die einen selbstverstärkenden Mechanismus erzeugen können. Nachhaltigkeit kann einen größeren Effekt auf die Wirtschaftlichkeit ausüben, wodurch mehr Anreize entstehen, in Nachhaltigkeit zu investieren, was zu Wettbewerbsvorteilen führen kann, die die Wirtschaftlichkeit wiederum beeinflussen. Durch die gezielte Einflussnahme auf diese selbstverstärkenden Effekte kann unter Umständen ein nachhaltigkeitsorientierter Unternehmenspfad kreiert werden. Hierbei wird deutlich, dass die Zahlungsfähigkeit von den gesellschaftlichen Erwartungen abhängig ist, aber gleichzeitig die gesellschaftlichen Erwartungen nur unter der Berücksichtigung von Effekten auf die Zahlungsfähigkeit erfüllt werden können. Zukünftig muss daher auch stärker auf die gesellschaftlichen Erwartungen geachtet werden, damit die Zahlungsfähigkeit gesichert ist. Nur wenn ein Unternehmen nicht die eigenen Grundlagen zerstört, wird es durch die Aufrechterhaltung der Zahlungsfähigkeit belohnt und kann weiterexistieren.

In der Literatur wurden bereits sowohl interne als auch externe Treiber für die Entstehung einer nachhaltigen Organisation identifiziert. Während externe Treiber vornehmlich eine gesellschaftliche Reflexion im Unternehmen ermöglichen, unterstützen überwiegend interne Treiber sowohl eine Generalisierung von Nachhaltigkeit als auch einen Reentry der Gesellschaft in das Unternehmen.

Zu den externen Treibern, die gesellschaftliche Erwartungen an das Unternehmen herantragen und damit eine gesellschaftliche Reflexion ermöglichen, werden in wissenschaftlichen Arbeiten wie der von Bassen et al. (2005) oder Haigh und Jones (2006) beispielsweise Investoren, Konsumenten, NGOs, Medien und die Politik genannt.

In Unternehmen gibt es eine Vielzahl von individuellen Anfragen von Stakeholdern zu Daten und Informationen über die nachhaltigkeitsbezogene Leistung, einschließlich – aber nicht nur – Großkunden, Gesetzgeber, NGOs, Verbände, Medien, lokale Gemeinden, Forschungseinrichtungen, Aktionäre, Investoren und nachhaltigkeitsbezogene Ratings, Daten, Rankings und Benchmark-Anbieter. Nachhaltigkeitsratingagenturen bilden daher nur einen Teil dieser Nachfrage (Europäische Kommission, Generaldirektion Finanzstabilität, Finanzdienstleistungen und Kapitalmarktunion 2021, S. ii).

Die häufigsten externen Treiber, die von den Experten des Unternehmens genannt wurden, sind Politik (Interview U7, Pos. 11–12), Gesellschaft (Interview U18, Pos. 2) und Investoren (Interview U3, Pos. 15–16), weshalb auch die Einschätzung der Nachhaltigkeitsratingagenturen immer wichtiger für die Refinanzierungskosten geworden ist.

> *Für mich ist es eine ganz besondere Situation. Wir haben ja bei Volkswagen die Gleichrangigkeit von Wirtschaftlichkeit und Beschäftigungssicherung. Das ist ein wesentlicher Punkt und das ist auch in der Unternehmenspolitik so verankert. Und ohne die gute Bewertung des Standings der Nachhaltigkeit eines Unternehmens habe ich auch eine andere Fremdkapitalfinanzierung zu leisten / andere Zinsbeaufschlagung zu leisten, und letztendlich kann ich dann auch nicht so gewinnorientiert arbeiten, wie ich es gerne würde. Bei einer hohen Fremdkapitalaufnahme, wie wir sie hier haben, habe ich ein anderes Geschäftsmodell zugrunde liegen – und letztendlich, wenn ich es nicht erfülle, gefährde ich eben auch den Aspekt der Beschäftigungssicherung – weil ich dann den wirtschaftlichen Gewinn nicht mehr einfahren kann. Also so ist ein direkter Zusammenhang zwischen Einstufung von Nachhaltigkeit eines Unternehmens, der Refinanzierung des Unternehmens und damit letztendlich der Absicherung der Fremdkapitalquoten und damit auch der Gewinnerzeugung des Unternehmens. (Interview U4, Pos. 5–6)*

Von geringerer Bedeutung sind NGOs (Interview U12, Pos. 8), Wissenschaft (Interview U4, Pos. 11–12) und Medien (Interview U18, Pos. 8). Aber auch Mitarbeiter[1] versuchen, Nachhaltigkeit zu fördern, da sie das Thema als wichtig erachten (Interview U12, Pos. 12). Durch ein vielfältiges Netzwerk an Stakeholdern aus diversen gesellschaftlichen Funktionssystemen ist das Unternehmen in der Lage, eine höhere Sensibilität gegenüber gesellschaftlichen Erwartungen zu erzeugen, dies ermöglicht, sich durch die stärkere gesellschaftliche Reflexion ausgiebiger mit Nachhaltigkeit auseinanderzusetzen.

Neben externen Treibern haben aber auch interne Treiber einen großen Einfluss auf die nachhaltige Ausrichtung eines Unternehmens. Es gibt Untersuchungen, die zeigen, dass die internen Treiber sogar wichtiger für die nachhaltige Ausrichtung einer Organisation sind als die externen Treiber (Orlitzky et al. 2015, S. 14 ff.). Dies steht im Einklang mit der systemtheoretischen Perspektive, dass sich Systeme nur durch Selbststeuerung verändern, aber Irritationen von außen diesen Selbststeuerungsprozess auch beeinflussen können. Durch Stakeholder-Anforderungen kann die gesellschaftliche Reflexion im Unternehmen gesteigert werden. Damit die gesellschaftlichen Themen allerdings Eingang in Operationen der Organisation finden und eine Entscheidung getroffen werden kann, muss der Möglichkeitshorizont der Gesellschaft so reduziert werden, dass Entscheidungen mit einer bestimmten Sicherheit getroffen werden können. Diese Sicherheit kann

---

[1] Trotz ihrer Zugehörigkeit zur Organisation werden sie aus systemtheoretischer Sicht als extern betrachtet, da das psychische System der Mitarbeiter sich in der Umwelt der Organisation befindet.

durch die Generalisierung von Nachhaltigkeit aufgebaut werden. Denn dadurch entstehen Entscheidungserwartungen, mit denen die gesellschaftliche Reflexion begrenzt wird. Im untersuchten Unternehmen sorgen besonders Eigeninteresse (Interview U20, Pos. 6), Strategien (Interview U17, Pos. 7–8), die Berichterstattung (Interview U20, Pos. 11–12) und Nachhaltigkeitsratingagenturen (Interview U10, Pos. 27–28) für eine Begrenzung von möglichen gesellschaftlichen Themen und der gesellschaftlichen Reflexion, wodurch Erwartungsstrukturen aufgebaut werden können. Am Beispiel der Nachhaltigkeitsratingagenturen wird deutlich, wie es möglich wird, dass die Gesellschaft in den Entscheidungen des Unternehmens berücksichtigt werden kann.

Naja, vielleicht kann man schon sagen, dass im Unternehmen die Erkenntnis entstanden ist, dass Ratings eine Rolle spielen und damit das auf ein Rating auszahlt muss man das in irgendeiner Form systematisieren und gezielt verfolgen, und damit entwickelt es sich auch von der reinen Einstellung der Leute und dem Gesamtkonsens im Unternehmen zu einem systematischen Prozess. Das ist wahrscheinlich ein wesentlicher Punkt, das kann eine wesentliche Erkenntnis sein, aus der Forschung dazu, dass es halt einen Unterschied gibt, ob ich, sag ich mal, so einen Grundkonsens habe oder ob man das systematisch anhand von Regeln, Leitlinien, Programmen, Zielen, zugeordneten Budgets usw. macht, also ob es Teil des Unternehmensbetriebssystems ist, inklusive Zielsetzung usw., oder ob es eher so auf so einer Werteebene ist. Bei Volkswagen ist eben gelungen, von einer reinen Werteebene auf eine also im Betriebssystem des Unternehmens zu verankern, genauso wie Qualität und Wirtschaftlichkeit. Und ich glaube, das ist der entscheidende Unterschied, den wir gemacht haben, und da kann schon ein Auslöser sein, dass wir gesagt haben, wenn wir darüber extern sprechen wollen, wenn wir intern damit erfolgreich sein wollen, dann müssen wir es eben so systematisieren. (Interview U9, Pos. 27–30)

Die Bedeutung der internen Treiber von Nachhaltigkeit ist auch abhängig von den externen Treibern. In dem untersuchten Unternehmen kam das Thema „Nachhaltigkeit" erstmals durch wissenschaftliche Untersuchungen auf. Anschließend hatte sich das Unternehmen insbesondere durch individuelle Motive und aus dem Gefühl einer gesellschaftlichen Verantwortung und aus sich selbst heraus damit beschäftigt. Danach entstand erst ein externer Druck durch NGOs, Investorenanforderungen und die Politik, wodurch sich das Unternehmen intensiver damit auseinandersetzte. Dazu kamen höhere Anforderungen an die Berichterstattung und seitens der Kunden, weshalb das Unternehmen Nachhaltigkeit stärker in die Unternehmensstrategie verankerte (Interview U11, Pos. 12; Interview U17, Pos. 22).

Der Wandel zu einer sinnvollen Organisation kann nur durch andere Entscheidungen entstehen, die mit einem Wandel der Entscheidungsprämissen einhergehen. Dazu sind Irritationen durch Stakeholder außerhalb der Organisation notwendig, die zu einer höheren Reflexion bezüglich gesellschaftlicher Themen im Unternehmen führt. Die Entscheidung, welche Irritation zu einer Resonanz führt und in den Entscheidungen berücksichtigt wird, obliegt jedoch der Organisation. Durch eine Verschiebung der Generalisierung von kurzfristigen wirtschaftlichen Aspekten hin zu langfristigen gesellschaftlichen Aspekten in Form von Nachhaltigkeit werden Entscheidungsprämissen geändert, und der Entscheidungshorizont wird so eingeschränkt, dass gesellschaftliche Aspekte berücksichtigt werden können. Dadurch entsteht eine neue Entscheidungssicherheit, die neuen Sinn schafft. Zusammenfassend ist festzuhalten, dass gesellschaftliche Aspekte nur durch eine koevolutionäre Entwicklung von externen und internen Treibern erfolgreich in den Entscheidungen des Unternehmens berücksichtigt werden können und so zu einem Unternehmen mit begrenzter Reflexion beitragen.

Eine Evolution zu einem Unternehmen mit begrenzter Reflexion entsteht aus dem Zusammenspiel einer höheren Reflexion der Gesellschaft durch externe Stakeholder und der Generalisierung von Nachhaltigkeit durch den Aufbau von Erwartungsstrukturen im Unternehmen. Die Voraussetzung einer begrenzten Reflexion besteht in der Aufrechterhaltung der Zahlungsfähigkeit, denn die Wirtschaft kann gesellschaftliche Aspekte nur berücksichtigen, wenn die Autopoiesis nicht gefährdet wird. Es gibt verschiedene gesellschaftliche Themen, die mit der Wirtschaftlichkeit des untersuchten Unternehmens kompatibel sind. Für das untersuchte Unternehmen führt die Berücksichtigung von gesellschaftlichen Aspekten zu einer Erhöhung des Umsatzes (Interview U19, Pos. 14–22), der Reputation (Interview U4, Pos. 7–8), der Kundenanzahl (Interview U11, Pos. 12), der Wettbewerbsfähigkeit (Interview U15, Pos. 8), der Innovationsfähigkeit (Interview U3, Pos. 66–67), der Arbeitgeberattraktivität (Interview U10, Pos. 50–51) und zu einer Reduktion von Kosten (Interview U17, Pos. 11–12) und Risiken, wie die folgende Aussage zeigt.

Wir erfassen, sag ich mal, Nachhaltigkeitsrisiken, zum Beispiel im Risikomanagement. Das Ziel des Risikomanagements ist es ja, bestandsgefährdende Risiken für das Unternehmen zu erkennen und zu steuern. Das können natürlich auch Nachhaltigkeitsthemen sein, wenn ich sage, für das Thema haben wir vor drei Jahren oder zwei Jahren eine neue Kategorie geschaffen, dass wir explizit auf Umwelt und Nachhaltigkeitsthemen eingehen, wo man sagt: „Wo sind denn da unsere Risiken in unserem Bereich?" Das wird wieder auf der Agenda haben und auch entsprechend steuern, von daher beschäftigt sich unser Prozess schon intensiv damit. Da gehen mehrere hundert Risiken ein in diesen Bereich. Da spielt jetzt aktuell [..] eine Rolle, als ein

Element solche Informationen weltweit einzusammeln, zu sagen „Wo habe ich jetzt denn irgendwelche Nachhaltigkeit?", nennen wir das man lieber sustainability risks. Aber an sich Nachhaltigkeit, und damit ist der ganze Prozess ein Beitrag zur Nachhaltigkeit des Unternehmens, in die man sich frühzeitig mit diesen Risiken beschäftigt und sagt „Wir gehen vierteljährlich im Vorstand mit dem Thema durch und diskutieren die wichtigsten Risiken" und gucken „Werden die adäquat angegangen?". Von daher ist es ein Beitrag zur Stabilität und Nachhaltigkeit des Unternehmens. So wird das Thema auch gesehen. (Interview U13, Pos. 25–26)

Eine nachhaltige Ausrichtung des Unternehmens muss sich letztendlich immer auch wirtschaftlich rentieren (Interview U15, Pos. 21–22).

Eine Berechnung des Business Case von Nachhaltigkeit, indem Aufwand und Nutzen von Nachhaltigkeit bestimmt werden, könnte dabei helfen, zu entscheiden, ob eine Investition in Nachhaltigkeit sinnvoll ist (Interview U6, Pos. 87–88).

Einerseits können Unternehmen ihre Wirtschaftlichkeit nur erhalten, indem gesellschaftliche Aspekte berücksichtigt werden. Andererseits können Unternehmen nur gesellschaftliche Aspekte berücksichtigen, wenn die Zahlungsfähigkeit gesteigert oder zumindest nicht geschmälert wird, da sonst ihre Selbsterhaltung gefährdet würde.

Die Berücksichtigung von gesellschaftlichen Aspekten führt zu einer Paradoxie, da die Gesellschaft aufgrund ihrer Komplexität nicht vollständig in der Wirtschaft berücksichtigt werden kann. Die Organisation löst diese Paradoxie auf, indem sie sich besonders auf die gesellschaftlichen Themen fokussiert, die zur Aufrechterhaltung der Zahlungsfähigkeit beitragen. Ein Reentry der Gesellschaft in die Wirtschaft ist daher nur durch die Berücksichtigung der wirtschaftlich relevanten Gesellschaftsaspekte möglich.

5.2.3 Pfadabhängigkeiten bei einer nachhaltigen Ausrichtung von Unternehmen

Die Evolution eines Unternehmens in einem sinnvollen Entwicklungspfad ist nur möglich, wenn der bestehende Entwicklungspfad verlassen wird. Dieser Pfad besitzt jedoch Beharrungskräfte, die zu einer Pfadabhängigkeit führen. Erst wenn diese Pfadabhängigkeiten überwunden werden, ist die Evolution zu einem Unternehmen mit begrenzter Reflexion erfolgreich. Der Abbau von Barrieren bietet Ansatzpunkte, wie eine begrenzte Reflexion in Unternehmen entstehen kann und eine solche Entwicklung wahrscheinlicher wird. In der Literatur wurden bereits wesentliche Barrieren beschrieben, die die Ausrichtung von Unternehmen in

Richtung Nachhaltigkeit behindern. Diese lassen sich in einen Mangel an Veränderungsbereitschaft und einen Mangel an Veränderungsfähigkeit unterscheiden. Darüber hinaus gibt es noch Unwissenheit und Paradoxien, die verhindern, dass sich Unternehmen in diese Richtung entwickeln (Hasenmüller 2013, S. 160). Wissen ist eine der wichtigsten Ressourcen für die Wettbewerbsfähigkeit von Organisationen. Damit sich eine Organisation dieses Wissen aneignen kann, muss es sowohl replikationsfähig als auch rekonfigurationsfähig sein. Pfadabhängigkeiten entstehen besonders dann, wenn ein in der Vergangenheit erlernter Sachverhalt zum Erfolg geführt hat. So kann der Erfolg durch eine starke Wettbewerbsperspektive zu einer Bestätigung führen, bestehende Praktiken nicht zu verändern, wodurch sich das Gelernte noch weiter verfestigt. Dieser Lerneffekt kann dazu führen, dass sich das Unternehmen auf einen nichtnachhaltigen Evolutionspfad befindet. Solange das Unternehmen erfolgreich ist und sich noch nicht in eine Krise befindet, besteht für das Unternehmen kein Handlungsdruck (Hasenmüller 2013, S. 232 ff.).

Auch bei dem untersuchten Unternehmen bestehen Pfadabhängigkeiten aufgrund von Lerneffekten, sodass das wegen der Berücksichtigung von gesellschaftlichen Themen bestehende Potenzial an neuen Erkenntnissen nicht ausgeschöpft wird. So werden beispielsweise kaum Konsequenzen aus den Nachhaltigkeitsratings gezogen, da die Unterstützung für eine Reflexion der Ergebnisse fehlt. Dies resultiert einerseits aus fehlenden Arbeitsanweisungen seitens des Vorstandes und andererseits aus zu geringen Ressourcen (Interview U6, Pos. 82).

Zur Berücksichtigung von gesellschaftlichen Aspekten muss die Organisation in der Lage sein, neue Themen zu verarbeiten. Besonders erfolgreiche Unternehmen tun sich aber schwer, zusätzliche gesellschaftliche Themen aufzunehmen, da ihnen der Erfolg keinen Anlass zum Lernen gibt. Solange also keine externen Irritationen entstehen, die zu einer Resonanz führen, bleiben die Prozesse und Strukturen der Organisation unverändert. Diese Beharrungskräfte werden zu einer Barriere, die eine nachhaltige Ausrichtung der Organisation verhindert. Entscheidend für die Berücksichtigung von gesellschaftlichen Themen in den Entscheidungen ist, dass eine Reflexion der gesellschaftlichen Themen, die von einem Netzwerk an Stakeholdern an das Unternehmen herangetragen wird, nicht durch zu positive Erfahrungen mit einem reinen Fokus auf wirtschaftliche Aspekte behindert wird, wodurch gesellschaftliche Erwartungen ignoriert werden.

Eine weitere Ursache der Pfadabhängigkeiten besteht in Koordinationseffekten. Organisationen werden einerseits von den gesellschaftlichen Institutionen geprägt, andererseits beeinflussen Organisationen auch die gesellschaftlichen Institutionen. Durch die Anpassung der Organisationen an Institutionen, verfestigen sich diese immer mehr. Mit der Zeit führt dies zu stabilen formalen und informalen Strukturen. Mithilfe von Normen werden Unsicherheiten reduziert und Erwartungssicherheit für Handlungen erzeugt. Die Mitglieder der Organisation haben ähnliche Erwartungen, was zu Sicherheit führt. Personen befolgen besonders dann Regeln, wenn sie erwarten, dass sie auch von anderen eingehalten werden. Informale Strukturen beruhen in Unternehmen besonders auf Normen und Routinen und wirken komplementär zu den formalen Strukturen, weshalb Unternehmen überhaupt erst durch informale Strukturen funktionieren (Hasenmüller 2013, S. 175 ff.).

Eine weitere Barriere, die den Wandel von Unternehmen verhindert, besteht in Koordinationseffekten, die durch unterschiedliche Erwartungen entstehen. Während Nachhaltigkeitsabteilungen eine langfristige Zukunftsorientierung sicherstellen wollen, müssen sie doch andererseits auch die Anschlussfähigkeit an andere Bereiche berücksichtigen und einen Kompromiss mit kurzfristigen Erfolgen finden. Gleichzeitig kann mit einem reinen Fokus auf eine kurzfristige Orientierung auch die langfristige Orientierung und damit die Zukunftssicherung verloren gehen. Wenn formale Strukturen sehr auf kurzfristigen Erfolg ausgerichtet sind, kann das zur Folge haben, dass individuell kein Nutzen gesehen wird, langfristige Ziele zu verfolgen. Dies ist besonders dann der Fall, wenn keine klare Priorisierung der Ziele existiert und das Topmanagement sich nicht klar zur Nachhaltigkeit bekennt (Hasenmüller 2013, S. 185 ff.).

Auch in dem untersuchten Unternehmen existieren Barrieren durch Koordinationseffekte, die aus hinderlichen Normen und Routinen hervorgehen. Da Nachhaltigkeit bisher nicht strategisch verankert gewesen ist, kann kaum ein Bezug auf die formalen Strukturen auf der abstrakten Ebene hergestellt werden (Interview U1, Pos. 4).

Zudem gibt es noch viele Mitarbeiter, die keinen Wert auf Nachhaltigkeit legen, was deutlich macht, dass in dem untersuchten Unternehmen noch eine starke Ausrichtung auf kurzfristige Effekte auf Grund des Wachstumsparadigmas vorherrscht. Oftmals beschäftigen sich die Mitarbeiter nur deshalb mit Nachhaltigkeit, weil sie es müssen (Interview U6, Pos. 16).

Nachhaltigkeit allgemein und die konkreten Anforderungen aus den Nachhaltigkeitsratings werden nur von einem kleinen Mitarbeiterkreis, der sehr intrinsisch motiviert ist, vorangetrieben. Da die Mitarbeiter aber nicht mit einer Weisungsbefugnis des Vorstandes ausgestattet sind, können verweigernde Bereiche nicht zur Unterstützung gezwungen werden (Interview U6, Pos. 82).

Zusammenfassend ist hinsichtlich der Koordinationseffekte festzuhalten, dass die informellen Strukturen für eine Evolution einer nachhaltigen Organisation in dem untersuchten Unternehmen stärker ausgeprägt sind als die formellen Strukturen.

Eine weitere Barriere gegen die Evolution zu einer sinnvollen Organisation besteht in den Machteffekten. Durch Macht können Strukturen und Prozesse so gestaltet werden, dass Macht gefestigt wird. Wenn das Nachhaltigkeitsmanagement versucht, Strukturen, Prozesse und Strategien anzupassen, kann das immer auch zu Machtreduktion in den etablierten Machtstrukturen führen, was somit Gegenwehr auslöst. Daher ist es besonders wichtig, dass das Topmanagement hinter Nachhaltigkeit steht und das Thema mit formaler Weisungsbefugnis ausgestattet ist (Hasenmüller 2013, S. 196 ff.).

Auch das untersuchte Unternehmen wird durch Machteffekte an einer nachhaltigen Ausrichtung gehindert. Insgesamt ist die Veränderung in Richtung Nachhaltigkeit in dem untersuchten Unternehmen sehr stark personenabhängig (Interview U4, Pos. 15–16). Die fehlenden formalen Strukturen verhindern, dass die nachhaltige Ausrichtung der Organisation über die klassischen hierarchischen Funktionen der Organisation erfolgt.

Es gibt auch in meiner Wahrnehmung gar keinen klaren Auftrag dafür, dass die Fachbereiche zuarbeiten müssen bei den Ratings. Ich warte immer noch auf den Tag, dass ein Fachbereich sagt: „Nein, wieso?" Ich hab da überhaupt gar keinen Vorstandsauftrag, das zu machen. Den gibt es einfach nicht. (Interview U6, Pos. 22)

Eine nachhaltige Ausrichtung des Unternehmens wird in diesem Fall stark durch Eigenmotivation getrieben (Interview U6, Pos. 84), was eher der informellen Organisation zugeordnet werden kann. Der Letztbezug, auf dem die Entscheidungsentscheidung beruht, sind daher eher Personen. Da Personen ihre Stellen wechseln können, ist die Verankerung in der Organisation sehr instabil, daher sollten gesellschaftliche Themen stärker in die Entscheidungsprämissen verankert werden (Interview U4, Pos. 15–16).

Komplementaritätseffekte zeigen, dass sich mikropolitische Prozesse und Strukturen gegenseitig beeinflussen können (Hasenmüller 2013, S. 235 ff.). Die nachhaltige Ausrichtung der Organisation kann zu Machtverlusten führen, was eine Gegenwehr auslöst und zur Barriere wird. Wenn außerdem gesellschaftliche Aspekte in formalen und informalen Strukturen nicht berücksichtigt werden, fehlen Anreize, die Organisation nachhaltig auszurichten. Die Unterstützung der Mitarbeiter bleibt aus, da sie keine Karriere damit machen können und keine zusätzliche Macht bekommen. Da die Motivation der Mitarbeiter für gesellschaftliche Aspekte stark von individuellen Interessen und dem gesellschaftlichen Bewusstsein abhängt, sind sie durch die Organisation kaum beeinflussbar. Die Aufhebung von Pfadabhängigkeiten aufgrund von Machteffekten kann daher besonders durch eine Veränderung von formalen und informalen Strukturen erfolgen. Eine entscheidende Barriere kann also auch die Generalisierung sein, insofern formale Strukturen eher auf einer kurzfristigen wirtschaftlichen Orientierung ausgerichtet sind und nicht auf eine langfristige Berücksichtigung von gesellschaftlichen Aspekten abzielen.

Eine weitere Barriere, die die Evolution zu einer sinnvollen Organisation verhindert, bilden die Investitionseffekte. Eine Pfadabhängigkeit entsteht bei Investitionen besonders dann, wenn sie sehr spezifisch sind und es keine alternativen Verwendungen für die Investitionsobjekte gibt. Stabilisierende Rückkopplungseffekte entstehen besonders dann, wenn Folgeinvestitionen notwendig sind. Investitionen in Investitionsobjekte, die schwer liquidierbar sind, sind erst einmal Sunk Costs, die zwar aufgewendet wurden, aber zunächst nicht amortisiert werden können. Wenn diese Investitionen weitere Investitionen in bestimmten Ressourcen nach sich ziehen, wird dieser Effekt noch verstärkt, insbesondere wenn die Ressourcen asynchron beschafft werden. Diese Rückkopplungseffekte erschweren die Verschiebung der Investitionen in alternative Investitionsobjekte. Investitionen in Nachhaltigkeit sind meist sehr spezifisch, was mit einem hohen Risiko verbunden ist. Besonders langfristige Investitionen wie der Aufbau einer nachhaltigen Infrastruktur verursacht große Unsicherheiten, die durch einen unklaren politischen Rahmen verstärkt werden können. Eine Verschiebung von nicht nachhaltigen zu nachhaltigen Investitionen wird dadurch erschwert. Auch in Unternehmen sind Investitionen in nachhaltige Investitionsobjekte oft schwierig. Denn das bereits investierte Kapital ist durch Amortisationszeiten gebunden und kann nicht direkt in nachhaltigere Alternativen investiert werden (Hasenmüller 2013, S. 189 ff.).

Die Unsicherheitsabsorption der Unternehmen erfolgt durch Entscheidungen, die sich auf weitere Entscheidungen beziehen. Damit gibt es grundsätzliche Entscheidungen, deren Änderung eine Vielzahl von weiteren Änderungen von Entscheidungen nach sich ziehen würde. Dies trifft besonders auf Investitionsentscheidungen mit hohem Investitionsvolumen und einem langen Investitionszeitraum zu. Bereits getätigte Investitionen können als pfadabhängig betrachtet werden, da ein Wechsel zu einer anderen Investition mit einem hohen Risiko verbunden ist. Das untersuchte Unternehmen bestätigt, dass sich die Investitionsentscheidungen für Nachhaltigkeit erst langfristig auszahlen (Interview U11, Pos. 31–32) und auch ein hohes Investitionsvolumen umfassen, wie am Beispiel des Wandels von Fahrzeugen mit Verbrennungsmotoren hin zu Elektrofahrzeugen ersichtlich wird (Interview U10, Pos. 69). Die Entscheidungen sind meist sehr grundsätzlich und können daher nicht schnell geändert werden (Interview U9, Pos. 77), wodurch sie ein sehr großes Risiko implizieren. Diese

Unsicherheit könnte reduziert werden, indem Nachhaltigkeit in die sehr grund-sätzlichen Entscheidungsprämissen, die als Generalisierungsfunktion dienen, mit aufgenommen wird. Dies erzeugt Entscheidungssicherheit bezüglich Nachhal-tigkeit, wodurch weitere nachhaltige Entscheidungen möglich werden. Somit können grundsätzliche Entscheidungen in nachhaltige Investitionen auch wei-tere nachhaltige Investitionen nach sich ziehen, wodurch der Zahlungsstrom des Wirtschaftssystems aufrechterhalten werden kann. Insgesamt können Investitions-effekte eine begrenzte Reflexion der Gesellschaft in die Wirtschaft behindern, da die Berücksichtigung von gesellschaftlichen Themen in den Entscheidungen nicht wirtschaftlich ist.

5.2.4 Rolle von Nachhaltigkeitsratings bei der Evolution von Unternehmen mit begrenzter Reflexion

Für eine begrenzte Reflexion in Unternehmen stellt das Finanzsystem mit Inves-toren als Stakeholdern wichtige Treiber bereit und erzeugt gleichzeitig durch Investitionseffekte hohe Barrieren und Pfadabhängigkeiten.

Durch das Finanzsystem können gesellschaftliche Auswirkungen verändert werden, denn der Finanzsektor hat große finanzielle Ressourcen, die eine nachhaltige Entwicklung fördern können (Scholtens et al. 2008, S. 138).

Aus einer mikroökonomischen Perspektive stellen Finanzintermediäre priva-ten und gewerblichen Haushalten ein Risikomanagement zur Verfügung, indem sie analysieren, kontrollieren und steuern. Gleichzeitig geben die Finanzmarktin-termediäre durch die Analyse und Kontrolle der Unternehmen und Projekte dem Unternehmen vor, wie sie ihre Entwicklung ausrichten sollten, wodurch sie die Wirtschaft indirekt lenken. Dadurch können Finanzmarktintermediäre auch einen Einfluss auf die gesellschaftlichen Auswirkungen von Unternehmen ausüben, wodurch sie aggregiert auch Einfluss auf die gesellschaftlichen Auswirkungen der Wirtschaft insgesamt ausüben (Scholtens 2006, S. 24 ff.).

Investoren können keine direkten Auswirkungen auf die Gesellschaft haben, denn sie verfügen nur über Einfluss auf die Unternehmen, in die sie inves-tieren, welche wiederum Einfluss auf die Veränderung von gesellschaftlichen und ökologischen Parametern haben (Brest et al. 2018). Auf Basis dieses Ver-ständnisses identifizieren Kölbel et al. (2020) mithilfe einer Literaturauswertung drei wesentliche Mechanismen, wie Investoren Unternehmen beeinflussen. Durch Aktionärsengagement können Investoren Unternehmen direkt beeinflussen. Durch die Kapitalallokation wird ein Anreiz für Veränderungen erzeugt und Wachstum geschaffen, und durch einen Einfluss auf Dritte können die Auswirkungen von Unternehmen indirekt beeinflusst werden.

Der direkte Effekt entsteht aus einer direkten Beziehung der Nachhaltigkeitsinvestoren und des Unternehmens, die in zwei Richtungen wirkt. Einerseits kommunizieren Unternehmen wesentliche Informationen an die Investoren, die die Entscheidungen der Investoren prägen. Andererseits versuchen die Nachhaltigkeitsinvestoren, die zur Verfügung gestellten Informationen zu reflektieren und das Unternehmen nach ihren Interessen zu beeinflussen (Carolina Rezende de Carvalho Ferrei et al. 2016, S. 116).

Mehrere Studien zeigen, dass das Engagement der Aktionäre zu Verbesserungen der Nachhaltigkeitsaktivitäten von Unternehmen führen kann. Die Ergebnisse zeigen, dass die Engagementaktivitäten eine Erfolgsquote von 18–60 % aufweisen (Barko et al. 2017; Dimson et al. 2015, 2020; Dyck et al. 2019; Hoepner et al. 2022). Der Erfolg wird auch über einer Verbesserung bei Nachhaltigkeitsratings festgestellt (Barko et al. 2017; Dyck et al. 2019).

Je größer der Einfluss des Investors ist und je mehr Erfahrung das Unternehmen mit Nachhaltigkeitsaktivitäten hat, umso erfolgreicher sind die Engagementaktivitäten der Investoren. Zusätzliche Forderungen verursachen jedoch zunehmend Kosten in den Unternehmen, die die Wahrscheinlichkeit für eine Veränderung reduzieren (Kölbel et al. 2020, S. 560).

Investoren haben einerseits Einfluss auf Unternehmen, da sie direkt mit dem Management sprechen, andererseits haben sie auch Einfluss, wenn sie durch den Kauf und Verkauf von Aktien den Unternehmenswert und die Refinanzierungskosten prägen (Carolina Rezende de Carvalho Ferrei et al. 2016, S. 118).

Aus einer theoretischen Sicht können Investoren positive gesellschaftliche Auswirkungen verstärken, wenn sie in Unternehmen mit positiven gesellschaftlichen Auswirkungen investieren und für dessen Wachstum sorgen (Kölbel et al. 2020, S. 563). Investoren können nachhaltige Unternehmen unterstützen, indem sie solchen Unternehmen Kapital zu günstigeren Konditionen als Investoren mit neutralen Präferenzen zur Verfügung stellen (Brest et al. 2018; Chowdhry et al. 2019). Dies ist jedoch nur möglich, wenn die Finanzierung einen Engpassfaktor darstellt, was besonders auf kleine und junge Unternehmen zutrifft (Baker et al. 2003). Allerdings ist es empirisch bisher nicht nachgewiesen, dass höhere Kapitalkosten zu einer Veränderung der gesellschaftlichen Auswirkungen der Unternehmen führen (Kölbel et al. 2020, S. 562).

Darüber hinaus gibt es einen indirekten Effekt von Investoren auf die Auswirkungen der Unternehmen. Ein indirekter Einfluss der Investoren auf die gesellschaftlichen Auswirkungen der Unternehmen entsteht, indem Investoren durch ihre Aktivitäten Einfluss auf Dritte und somit indirekt auf die Unternehmen ausüben.

Wie beispielsweise Divestmentkampagnen zeigen, können Investoren durch Stigmatisierung Unternehmen über die öffentliche Meinung beeinflussen. Investoren können auch die Nachhaltigkeitsleistung von Unternehmen bestätigen, indem sie die Unternehmen in nachhaltige Fonds oder Indizes aufnehmen. Benchmarking mit Nachhaltigkeitsratingagenturen kann zu einer besseren Beantwortung der Fragebögen und einer Verbesserung der Nachhaltigkeitsleistung führen. Nachhaltige Investoren können helfen, nachhaltige Investments als gesellschaftliche Norm zu etablieren, wodurch es anderen Investoren leichter fällt, sich daran zu orientieren. Durch Investitionen, die neue Möglichkeiten veranschaulichen (zum Beispiel effizientere Technologien), können andere Investoren überzeugt werden, weiterer Investitionen zu tätigen. Diese Effekte sind empirisch jedoch kaum belegt (Kölbel et al. 2020, S. 564 ff.).

Aus systemtheoretischer Sicht entsteht der Einfluss der Finanzwirtschaft, indem die Entscheidungen der wirtschaftlichen Organisation verändert werden. Entscheidungen mit begrenzter Reflexion können durch einen direkten Einfluss der Finanzwirtschaft auf die Entscheidungen erfolgen, indem eine Veränderung der Entscheidungsprämissen direkt angestoßen wird – oder indirekt durch eine Veränderung der Rahmenbedingungen, die eine Änderung der Entscheidungsprämissen für eine begrenzte Reflexion erleichtern.

Eine Voraussetzung dafür, dass die Finanzwirtschaft sowohl direkt als auch indirekt Einfluss auf die gesellschaftlichen Auswirkungen ausüben kann, besteht darin, dass die gesellschaftlichen Auswirkungen von Unternehmen gemessen werden (Busch et al. 2016, S. 320). Nachhaltigkeitsratings spielen also eine wesentliche Rolle in den Unternehmensentscheidungen in Bezug auf eine Verbesserung der gesellschaftlichen Auswirkungen. Nachhaltigkeitsratings können zu einem wesentlichen Treiber für die Evolution von Unternehmen mit begrenzter Reflexion werden (Ho 2013, S. 370).

Bisher gibt es jedoch kaum Informationen über die Bedeutung der Nachhaltigkeitsratings für die Unternehmen. So kommt die Umfrage von oekom research (2013) zu der Erkenntnis, dass es für viele Unternehmen wichtig ist, ein positives Nachhaltigkeitsrating zu erhalten und in Nachhaltigkeitsfonds und -indizes aufgenommen zu werden.

Ergänzend zur Bedeutung von Nachhaltigkeit wurden daher die Experten des untersuchten Unternehmens zur Bedeutung von Nachhaltigkeitsratings innerhalb ihres Unternehmens und Bereichs befragt. Nachhaltigkeitsratings haben weniger eine Bedeutung für einzelne Bereiche (Interview U3, Pos. 19–20), sondern eher für das Unternehmen als Ganzes (Interview U19, Pos. 31–32). Ähnlich zur

Bedeutung der Nachhaltigkeit hat die Relevanz der Nachhaltigkeitsratings kurz nach der Dieselkrise eher abgenommen (Interview U3, Pos. 4), sie soll aber langfristig wieder zunehmen:

> *Ja aktuell, mehr denn je würde ich sagen. Wir sind ja gerade in keinem drin [lachen]. Aufgrund der aktuellen Situation – ich sag mal, in der Vergangenheit wurden die immer nickend zur Kenntnis genommen und man hat, wie ich vorhin schon sagte, da nicht den größten Fokus darauf gelegt – jetzt, wo es auf einmal richtig im Karton gescheppert hat sozusagen, da ist man aufgewacht. Und nimmt das anders wahr. Man nimmt wahr, dass man sich aus allen Ratings verabschiedet hat. Die Mitgliedschaften ruhen lässt und da wird man dann doch nach vorne gucken und schauen, dass man in 2/3 Jahren, das ist der Zeitraum von dem Herr [XX] spricht, doch dann wieder seine Hausaufgaben gut gemacht hat bis dahin, und dann wieder reinkommt in diese Ratings, das wird jetzt deutlicher wahrgenommen als vorher, und da ist sicherlich ein gesteigertes Interesse da. (Interview U2, Pos. 29–30)*

Die Bedeutung von Nachhaltigkeitsratings ist damit grundsätzlich stark von der Bedeutung von Nachhaltigkeit abhängig. Die Rolle der Nachhaltigkeitsratings ist also auch sehr davon abhängig, wie die Generalisierung in einer Organisation stattfindet. Mit einem Wechsel von einer kurzfristig rein ökonomischen Perspektive hin zu einer langfristigen gesellschaftlichen Perspektive nehmen auch die Bedeutung und der Einfluss von Nachhaltigkeitsratings auf die Organisation zu (Interview U17, Pos. 29–30). Damit ist die Bedeutung der Nachhaltigkeitsratings nicht nur von den Einflüssen, die direkt auf sie wirken, sondern auch von den indirekten Einflüssen, die zu einer stärkeren Generalisierung durch Nachhaltigkeit führen, abhängig.

Bisher ist auch wenig darüber bekannt, welchen Einfluss Nachhaltigkeitsratings auf die gesellschaftlichen Auswirkungen der Unternehmen tatsächlich haben. Grundsätzlich stellt sich die Frage, ob diese nur die gesellschaftlichen Auswirkungen der Unternehmen bewerten oder ob sie auch zu einer Veränderung der Unternehmen im Sinne einer sinnvollen Evolution beitragen (Slager 2015, S. 387).

Es existieren Studien, die herauszufinden versuchen, wie sich Unternehmen aufgrund der Anfragen durch Nachhaltigkeitsratings verändern.

Scalet und Kelly (2010, S. 77 ff.) untersuchen, ob Unternehmen, die als nicht nachhaltig eingestuft wurden, sich öffentlich dazu äußern und mit welchen Maßnahmen sie darauf reagieren. Sie finden heraus, dass Unternehmen, die eine schlechtere Bewertung erhalten haben, dahin tendieren, nicht über diese Verschlechterung zu berichten, sondern sie versuchen, die positive Seite ihrer gesellschaftlichen Auswirkungen zu betonen. Während 80 % der untersuchten

Unternehmen nicht auf die negativen Veränderungen eingehen, geben 20 % der Unternehmen einen öffentlichen Kommentar zu dieser Verschlechterung ab. Die Autoren vermuten, dass die Verschlechterung der Ergebnisse bei Nachhaltigkeitsratings auch mit Rechtsstreitigkeiten zusammenhängen könnte. Rechtsabteilungen könnten die Kommunikation über vorgefallene Ereignisse verhindern, da sich eine öffentliche Aussage gegebenenfalls negativ auf das Rechtsverfahren auswirkt. Da Unternehmen nicht öffentlich äußern, dass sie Maßnahmen aufgrund eines schlechteren Ergebnisses bei Nachhaltigkeitsratings definiert haben, kommt die Studie zu dem Ergebnis, dass die Nachhaltigkeitsratingagenturen kaum Einfluss auf die Unternehmen ausüben. Am Ende geben sie allerdings selbstkritisch zu, dass diese Betrachtung kaum etwas darüber aussagt, welche Erwartungen der Nachhaltigkeitsratings von den Unternehmen übernommen und umgesetzt werden. Denn das, was extern kommuniziert wird, muss noch lange nicht das sein, was die Organisation alles aufgrund der Irritation der Nachhaltigkeitsratings durch die Kommunikationsform Entscheidungen innerhalb der Organisation verarbeitet.

So zeigen beispielsweise Chatterji und Toffel (2010), dass Unternehmen besonders dann ihre Nachhaltigkeitsleistung verbessern, nachdem sie eine schlechte Platzierung in einem Benchmark erzielt haben.

Andere Studien versuchen herauszufinden, ob Fonds, die angeben, dass sie nachhaltig sind, tatsächlich nachhaltiger sind als konventionelle Fonds, die nicht explizit auf Nachhaltigkeit verweisen. Sie versuchen dies herauszufinden, indem sie die Nachhaltigkeitsleistung der Unternehmen des nachhaltigen Fonds und die Nachhaltigkeitsleistung der Unternehmen eines konventionellen Fonds direkt von einer Nachhaltigkeitsratingagentur heranziehen und vergleichen.

So finden Kempf und Osthoff (2008) in einer Untersuchung amerikanischer Aktienfonds im Zeitraum von 1991–2004 heraus, dass auf Basis der Nachhaltigkeitsratingagentur KLD im Durchschnitt die Ergebnisse bei nachhaltigen Fonds leicht besser sind als bei kommerziellen Fonds.

Darüber hinaus untersuchen Hirschberger et al. (2012), ob Nachhaltigkeit gegebenenfalls nur als Marketinginstrument verwendet wird, um Investoren anzuziehen, oder ob bei dem Auswahlprozess tatsächlich gesellschaftliche Themen berücksichtigt werden. Sie finden heraus, dass die Nachhaltigkeitsfonds im Durchschnitt ein besseres Ergebnis bei der Nachhaltigkeitsratingagentur Inrate erzielen als die kommerziellen Fonds.

Darüber hinaus finden Nitsche und Schröder (2015) heraus, dass in ihrer Untersuchung, in der drei unterschiedliche Nachhaltigkeitsratingagenturen und zwei unterschiedlichen geografische Regionen betrachtet wurden, alle Nachhaltigkeitsfonds ein besseres Ergebnis erzielen als konventionelle Fonds.

In einem Vergleich der zehn größten Nachhaltigkeitsaktienfonds und ähnlicher konventioneller Fonds in Deutschland erzielen die Nachhaltigkeitsfonds bei Thomson Reuters Asset4 durchschnittlich ein besseres Ergebnis. Allerdings gibt es auch einen konventionellen Fond, der bessere Ergebnisse erzielt als der nachhaltige Fond (Bauckloh et al. 2017, S. 89).

Der Vergleich von nachhaltigen Fonds und konventionellen Fonds auf Basis der durchschnittlichen Ergebnisse bei Nachhaltigkeitsratings zeigt zwar, dass die nachhaltigen Fonds meist tatsächlich bessere Ergebnisse bei Nachhaltigkeitsratings erzielen. Daraus kann abgeleitet werden, dass die Nachhaltigkeitsfonds sich tatsächlich darum bemühen, die Bewertungen über die gesellschaftlichen Auswirkungen der Nachhaltigkeitsratings zu berücksichtigen und nicht nur behaupten, dass sie nachhaltiger sind. Allerdings lässt sich daraus nicht ableiten, dass nachhaltige Fonds tatsächlich bessere gesellschaftliche Auswirkungen haben als konventionelle Fonds. Denn es bleibt offen, ob Fonds, die im Durchschnitt ein besseres Ergebnis bei Nachhaltigkeitsratings erzielen, tatsächlich bessere gesellschaftliche Auswirkungen vorweisen können. Denn die dahinter liegende Frage ist, ob ein gutes Nachhaltigkeitsrating tatsächlich bedeutet, dass Unternehmen bessere gesellschaftliche Auswirkungen haben und sich positiv entwickeln.

Aus systemtheoretischer Sicht arbeiten Nachhaltigkeitsratings mit einer strukturellen Latenz, indem sie latent halten, dass sie nur einen Bruchteil der gesellschaftlichen Auswirkungen von Unternehmen in ihrer Bewertung betrachten können. Mit der Verschleierung, dass sie gar nicht die gesellschaftlichen Auswirkungen von Unternehmen vollständig bewerten können, erzeugen sie eine Scheinsicherheit, dass die Nachhaltigkeitsratingagenturen in der Lage sind, die gesellschaftlichen Auswirkungen zu bewerten. Erst durch diese Scheinsicherheit ist es den Nachhaltigkeitsratings möglich, ein Ergebnis über die gesellschaftlichen Auswirkungen der Unternehmen darzustellen. Diese Scheinsicherheit entsteht durch Entscheidungen über die Auswahl und Priorisierung der gesellschaftlichen Themen, die innerhalb der Nachhaltigkeitsratingagenturen getroffen werden (siehe Abschnitt 4.3.2).

Es wird deutlich, dass die Nachhaltigkeitsratingagenturen gar nicht in der Lage sind, die gesellschaftlichen Auswirkungen von Unternehmen vollständig zu bewerten, weshalb sie genau genommen auch keine Aussage über den Beitrag von Unternehmen zu einer nachhaltigen Gesellschaft treffen können. Auch jede weitere quantitative Untersuchung muss daran scheitern, dies abzubilden, da dazu eine weitere Bewertung notwendig wäre. Diese wäre aber von der gesellschaftlichen Komplexität im gleichen Maße überfordert wie die Nachhaltigkeitsratingagenturen. Alle müssen mit einem vereinfachten Abbild der Gesellschaft arbeiten, weshalb sie auch nie die vollständigen gesellschaftlichen

Auswirkungen von Unternehmen abbilden können, weshalb sie auch nicht mit vollkommener Sicherheit über die gesellschaftlichen Auswirkungen zu berichten vermögen. Was allerdings betrachtet werden kann, ist der Einfluss der Nachhaltigkeitsratings auf die Faktoren, die die Entscheidungen im Unternehmen beeinflussen.

Zusammenfassend ist zu konstatieren, dass für die Evolution von Unternehmen mit begrenzter Reflexion Treiber notwendig sind, die das Unternehmen auf einen nachhaltigen Entwicklungspfad lenken. Es gibt externe und interne Treiber, die dazu führen, dass sich Entscheidungen in Unternehmen stärker an Nachhaltigkeit orientieren. Zwischen diesen Faktoren können auch Rückkopplungseffekte entstehen. Für das untersuchte Unternehmen sind die externen Treiber besonders die Politik, die Gesellschaft allgemein und die Investoren, weshalb Nachhaltigkeitsratings auch an Bedeutung gewinnen. Sie erzeugen eine Irritation, die eine höhere gesellschaftliche Reflexion im Unternehmen auslöst. Strategien, die Berichterstattung und Nachhaltigkeitsratingagenturen erzeugen innerhalb des Unternehmens einen Anreiz, dass Entscheidungen in Bezug zu Nachhaltigkeit getroffen werden. Sie sind daher als Teil der Erwartungsstrukturen innerhalb des Unternehmens zu sehen, die den Möglichkeitsraum der Entscheidungen einschränken. Allerdings muss das Unternehmen als wirtschaftliche Organisation dabei seine Zahlungsfähigkeit berücksichtigen. Mit dem Fokus auf gesellschaftliche Themen, die sich positiv auf die Wirtschaftlichkeit auswirken, können gesellschaftliche Themen leichter in Entscheidungen berücksichtigt werden, da die Fokussierung auf wirtschaftliche Gesellschaftsthemen die Differenz zwischen Gesellschaft und Wirtschaft invisibilisieren.

Für die Evolution einer Organisation mit einer beschränkten Reflexion der Gesellschaft bestehen verschiedene Herausforderungen, die überwunden werden müssen. Wie in Abschnitt 5.2.3 ersichtlich wurde, kann die beschränkte Reflexion durch eine Generalisierung von Nachhaltigkeit durch Koordinationseffekte, Machteffekte und Komplementaritätseffekte behindert werden. Eine wesentliche Voraussetzung für den Reentry der Gesellschaft in die Organisation besteht darin, dass diese Entscheidung für das Unternehmen wirtschaftlich sein muss. Investitionseffekte von Nachhaltigkeit, die eine langfristige Kapitalbindung in Verbindung mit hoher Unsicherheit darstellen, können dazu führen, dass die Berücksichtigung von gesellschaftlichen Aspekten nicht wirtschaftlich ist.

Für eine begrenzte Reflexion in Unternehmen stellt das Finanzsystem mit Investoren als Stakeholdern wichtige Treiber bereit und erzeugt gleichzeitig durch Investitionseffekte hohe Barrieren und Pfadabhängigkeiten. Aus systemtheoretischer Sicht kann die Finanzwirtschaft die Entscheidungen der wirtschaftlichen Organisation beeinflussen. Eine Voraussetzung dafür, dass die Finanzwirtschaft

Einfluss auf die gesellschaftlichen Auswirkungen ausüben kann, besteht in der Messung der gesellschaftlichen Auswirkungen von Unternehmen durch Nachhaltigkeitsratings. Mit einer strukturellen Latenz bauen sie die Scheinsicherheit auf, dass sie die Gesellschaft als Ganzes erfassen können, sodass scheinbar die Gesellschaft in Entscheidungen berücksichtigt werden kann. In den nächsten Kapiteln wird daher beschrieben, welchen Einfluss Nachhaltigkeitsratings auf die begrenzte Reflexion von Unternehmen haben. Es wird gezeigt, wie Nachhaltigkeitsratings mit der Erzeugung einer höheren Reflexion die Auflösung des bisherigen Entwicklungspfades unterstützen und gleichzeitig mithilfe der Generalisierung zu einer Stabilisierung eines neuen Pfades beitragen. Die Pfadbrechung und die Pfadkreation ermöglichen eine begrenzte Reflexion, wodurch die Gesellschaft bei wirtschaftlichen Entscheidungen wieder stärker berücksichtigt werden kann.

5.3 Reflexionsfunktion von Nachhaltigkeitsratings

Mit der Erzeugung einer höheren Reflexion der Gesellschaft unterstützen Nachhaltigkeitsratings die Auflösung des bisherigen Evolutionspfades des Wirtschaftssystems. Im folgenden Abschnitt wird daher die Reflexionsfunktion von Nachhaltigkeitsratings näher erläutert. Es wird gezeigt, wie Nachhaltigkeitsratings die Wirtschaft irritieren und dadurch die Gesellschaft stärker in der Wirtschaft berücksichtigt wird.

5.3.1 Gesellschaftliche Reflexion durch Nachhaltigkeitsratings

Eine wesentliche Funktion von Nachhaltigkeitsratings besteht in der Identifikation der für das Wirtschaftssystem gesellschaftlich relevanten Themen. Wie in Abschnitt 4.1.4 beschrieben, führt SRI zu einer höheren Reflexion des Finanzsystems. Voraussetzung dafür sind jedoch entsprechende nicht finanzielle Informationen, die etwas über die gesellschaftlichen Auswirkungen aussagen (Ho 2013, S. 364). Nachhaltigkeitsratings erhöhen die Transparenz gesellschaftlicher Themen und machen damit Investmententscheidungen unter Berücksichtigung von gesellschaftlichen Aspekten erst möglich (European Commission 2018, S. 7). Das Wachstum des SRI-Marktes ist daher stark mit der Entwicklung von Nachhaltigkeitsratings verknüpft (Carolina Rezende de Carvalho Ferrei et al. 2016, S. 116). Durch Nachhaltigkeitsratings wird die Vielfalt im Finanzsystem erhöht, wodurch auch die Resilienz verbessert wird. Die klassischen Finanzratings, die rein auf finanzielle Aspekte Wert legen und für die nur eine geringe Anzahl an Ratingagenturen existiert, sind sehr effizient. Die Nachhaltigkeitsratingagenturen kompensieren die Nachteile dieser Effizienz mit Heterogenität. Durch eine größere Vielfalt der Ansätze und Akteure sorgen Nachhaltigkeitsratings dafür, dass die Marktentwicklung mehr als nur in eine – möglicherweise falsche – Richtung gelenkt wird, sondern bieten mit den verschiedenen Optionen einen größeren Möglichkeitsraum, sodass sie einen Beitrag zur Steigerung der Resilienz des Kapitalmarktes leisten (Nagel et al. 2017). Es geht nicht mehr nur um die Aufrechterhaltung des Finanzsystems und dessen Ausdifferenzierung, das durch die Reduktion eine enorme Leistungsfähigkeit erzielt hat, sondern auch um die Erhaltung der eigenen Grundlagen durch eine stärkere Berücksichtigung der Gesellschaft.

Wie bereits im Abschnitt 4.1.2 dargestellt, haben Stakeholder einen großen Einfluss auf die Berücksichtigung der Gesellschaft in der Wirtschaft.

Es gibt diverse Strategien wie zum Beispiel Boykottaktionen, Brief- und Medienkampagnen und so weiter, wie Stakeholder, insbesondere NGOs, Unternehmensentscheidungen beeinflussen können. SRI kann als eine weitere Einflussstrategie von Stakeholdern betrachtet werden, die Unternehmen zu einer stärkeren Berücksichtigung von gesellschaftlichen Aspekten bewegen soll (Benijts 2014, S. 321 ff.). Die Bewertung und Veröffentlichung der gesellschaftlichen Auswirkungen von Unternehmen kann ein sehr mächtiges Instrument sein, um Unternehmensverhalten zu beeinflussen – und zwar unter der Voraussetzung, dass die Nachhaltigkeitsratings konsistent und sorgfältig die gesellschaftlichen Auswirkungen der Unternehmen reflektieren (Porter und Kramer 2006, S. 81). Auch bei dem untersuchten Unternehmen sind Nachhaltigkeitsratings ein wesentlicher Treiber für eine gesellschaftliche Ausrichtung des Unternehmens (Interview U11, Pos. 47–48). Als besonders bedeutend werden Nachhaltigkeitsratings für den Aktienkurs (Interview U3, Pos. 17–18) und die Refinanzierung des Unternehmens eingeschätzt.

Für mich persönlich ist es so. Sie waren für mich der Anlass, mich damit zu beschäftigen, weil ich es dienstlich musste, hab dann gemerkt, dass wir vieles unserer Tätigkeiten sich darunter gut labeln lassen oder subsumieren lassen, zurzeit stellen sie für mich ein notwendiges Übel dar, weil ich doch wirklich sehe, jeder, und das sage ich auch all meinen Mitarbeitern, jeder muss dazu beitragen, dass wir in unserem Rating besser werden müssen, weil es unser Geschäftsmodell ist, wir leben davon, dass wir billig Geld kriegen, unter anderem auch von Nachhaltigkeitsratings dann, die durch Nachhaltigkeitsratings beeinflusst werden. (Interview U10, Pos. 72–73)

Das untersuchte Unternehmen setzt sich daher besonders mit Nachhaltigkeits-ratings auseinander, um die Erwartungen von Investoren zu erfüllen. Damit werden Investoren zu einem wesentlichen Treiber für eine stärkere Reflexion von gesellschaftlichen Themen im Unternehmen.

Wie in Abschnitt 3.1 beschrieben, ist jede Entscheidung mit einem bestimm-ten Risiko verbunden. Insbesondere Entscheidungen, die sich auf die Gesellschaft beziehen, sind von einer hohen Unsicherheit geprägt. Es stellt sich daher die Frage, wie Nachhaltigkeitsratings in der Lage sind, Entscheidungen über die gesellschaftlichen Auswirkungen zu erzeugen, an denen sich wiederum die Unternehmen mit ihren Entscheidungen orientieren.

Die Bewertung der Nachhaltigkeitsratingagenturen erfolgt in drei Schritten. Im ersten Schritt wird festgelegt, welche Indikatoren zur Bewertung der Nach-haltigkeitsleistung die höchste Relevanz für eine Branche haben. Im zweiten Schritt werden die Daten gesammelt und auf Konsistenz geprüft und, falls notwendig, ergänzende Schätzungen vorgenommen. Im dritten Schritt werden die gesammelten Datenpunkte durch eine Bewertungsmethode quantifiziert und durch einen relativen Vergleich innerhalb einer Branche oder in Bezug auf einen absoluten Wert gewichtet und in einem Gesamtergebnis zusammengefasst (Euro-päische Kommission, Generaldirektion Finanzstabilität, Finanzdienstleistungen und Kapitalmarktunion 2021, S. 95).

Die Datenanbieter verwenden daher üblicherweise drei Arten von Daten. Quantitative und qualitative Daten, die freiwillig oder verpflichtend direkt von Unternehmen kommen; unstrukturierte Daten, die von alternativen Quellen wie Medien oder NGOs stammen, und Daten von Drittanbietern, die bereits durch einen anderen Anbieter erhoben wurden (Europäische Kommission, General-direktion Finanzstabilität, Finanzdienstleistungen und Kapitalmarktunion 2021, S. 82). Zwar beziehen Nachhaltigkeitsratingagenturen bei ihren Entscheidungen andere Stakeholder über Gremien ein. Es bleibt aber unklar, wie genau das erfolgt (SustainAbility 2011b, S. 29). Auch bei den Quellen der Nachhaltigkeitsratings geben sie zwar deren Arten bekannt (zum Beispiel Medienanalysen, NGOs), aber sie bleiben sehr intransparent, auf Basis welcher Quellen sie welche Entscheidung getroffen haben (SustainAbility 2011b, S. 17).

Nachhaltigkeitsratingagenturen aktualisieren die Unternehmensdaten meist jährlich. Es gibt jedoch auch Nachhaltigkeitsratingagenturen, die mithilfe von neuen Technologien die Prozesse effizienter gestalten, wodurch die Aktualisie-rungen schneller erfolgen können (Europäische Kommission, Generaldirektion Finanzstabilität, Finanzdienstleistungen und Kapitalmarktunion 2021, S. ii).

Diese Einschätzungen werden durch die Experteninterviews mit den Nach-haltigkeitsratingagenturen bestätigt. Während besonders bei der Auswahl der

Themen externe Stakeholder wie Beratungsunternehmen (Interview N3, Pos. 18) oder Akteure der Wissenschaft (Interview N1, Pos. 15–16) berücksichtigt werden, findet die Entwicklung der Methode grundsätzlich unabhängig von externem Einfluss statt, sodass sich die Evolution eines Nachhaltigkeitsratings aus der Ratingorganisation selbst ergibt (Interview N6, Pos. 13–14). Diese Evolution wird auch durch eine Referenz auf andere Nachhaltigkeitsratingagenturen beeinflusst (Interview N1, Pos. 10) und kann daher aus Sicht aller Nachhaltigkeitsratingagenturen als selbstreferenziell betrachtet werden. Neue Themen werden identifiziert, indem die Erwartungen von Akteuren aus anderen sozialen Systemen erfasst werden. Stakeholder, insbesondere NGOs, dienen sowohl bei der Entscheidung über die Ausprägung der Kriterien (Interview N2, Pos. 7–12) als auch bei der Auswahl der Kriterien als Letztbezug, um die Paradoxie der Differenz zwischen Wirtschaft und Gesellschaft aufzulösen.

Also jetzt zum Beispiel, ob das jetzt irgendwie das Involvement irgendwo, Western Sahra, Sudan oder irgendwelche Skandale, Umweltthemen sind, also irgendwelche Themen, die breite sind, Kartellstrafen, wenn es um große Sachen geht, Kooperation in dem Bereich. Und das ist dann eher thematisch aufgehängt, und in dem Bereich suchen wir uns dann auch, also kooperieren wir auch mit NGOs, und das ist auch möglich, dass, wenn wir unsere Indikatoren aktualisieren, dass wir dann eben auch mit NGOs, die entsprechendes Wissen haben oder in dem Bereich arbeiten, uns kurzschließen, um zu schauen, was da der Trend ist, um auch eine Gegenposition zu finden oder eine Industriemeinung zu bekommen. (Interview N3, Pos. 20)

NGOs sind daher eine weitere wesentliche Voraussetzung, damit über die Nachhaltigkeitsratings die Gesellschaft in der Wirtschaft berücksichtigt werden kann. Für eine Reflexion im Unternehmen ist daher ein Netzwerk, insbesondere aus NGOs, notwendig. Dadurch können im Möglichkeitsraum der Entwicklung des Wirtschaftssystems die Möglichkeiten der anderen gesellschaftlichen Funktionssysteme berücksichtigt werden.

Es gibt immer wieder neue wesentliche Gesellschaftsthemen, die von verantwortlichen Investoren adressiert werden. Auch Nachhaltigkeitsratingagenturen berücksichtigen gesellschaftliche Themen, auf denen bisher kein Fokus lag oder die bisher unbekannt waren. Ho (2013, S. 361 ff.) zeigt, dass sich die Themen, die für die Übernahme gesellschaftlicher Verantwortung durch Unternehmen betrachtet werden sollten, über den Zeitverlauf ändern. Die wesentlichen gesellschaftlichen Kriterien zur Bewertung von Unternehmen sollten daher flexibel gehalten werden, da sie den gesellschaftlichen Wandel unseres Alltags reflektieren.

Die Methodik wird von der Mehrzahl der Nachhaltigkeitsratingagenturen jährlich angepasst. Außer von den Nachhaltigkeitsratingagenturen CDP und RobecoSAM, die mit Fragebögen arbeiten, werden jedoch wenig Informationen zu Änderungen der Methodik preisgegeben (Europäische Kommission, Generaldirektion Finanzstabilität, Finanzdienstleistungen und Kapitalmarktunion 2021, S. 107).

Ho (2013, S. 363) sieht in den gesellschaftlichen Themen, die als wesentlich erachtet werden, eine soziale Konstruktion, die das aktuelle Wissen über soziale und ökologische Weltprobleme reflektiert. Es handelt sich daher nur um eine (Schein-)Wirklichkeit der gesellschaftlichen Themen.

Um der Unsicherheit entgegenzuwirken, dass wesentliche gesellschaftliche Themen übersehen oder dass gesellschaftliche Themen zu Unrecht als wesentlich für eine unternehmerische Verantwortung erachtet wurden, wird die Bewertung der Nachhaltigkeitsratingagenturen flexibel ausgelegt. Durch diese Flexibilität kann einerseits die gesellschaftliche Auswirkung von Unternehmen eingeschätzt, andererseits können aber auch die gesellschaftlichen Themen, die als Kriterien für die Bewertung zugrunde gelegt werden, angepasst werden. Aus systemtheoretischer Sicht entspricht diese kontinuierliche Anpassung an gesellschaftliche Themen einem Reentry des unbekannten Dritten in das Wirtschaftssystem. Was zuvor mit einer klaren Differenz von der Wirtschaft ausgeschlossen wurde und der Gesellschaft, als Umwelt des Wirtschaftssystems, zugeordnet wurde, wird nun wieder in das Wirtschaftssystem mit aufgenommen.

Nachhaltigkeitsratings werden von Unternehmen als Frühwarnsystem verwendet, um neu aufkommende gesellschaftliche Themen zu identifizieren und die jeweiligen gesellschaftlichen Auswirkungen mit denen von Wettbewerbern zu vergleichen. Die Veränderung der Methode der Nachhaltigkeitsratings gibt unternehmerischen Entscheider einen Hinweis über einen Wandel der gesellschaftlichen Erwartungen (SustainAbility 2018, S. 9).

Nachhaltigkeitsratings decken immer wieder neue Risiken und Themen auf (Interview U18, Pos. 34) und führen zu einer stärkeren Auseinandersetzung des Unternehmens mit Nachhaltigkeit (Interview U17, Pos. 23–24). Damit ermöglichen die Nachhaltigkeitsratingagenturen eine stärkere Reflexion von gesellschaftlichen Themen, die kontinuierlich angepasst wird (Interview U17, Pos. 35–36). Durch das wiederkehrende Aufdecken von neuen gesellschaftlichen Themen wird die Scheinsicherheit, dass bereits alle wesentlichen gesellschaftlichen Aspekte berücksichtigt werden, aufgelöst, weshalb die Nachhaltigkeitsratings zu einer Reduktion von Latenz führen. Durch die Aufnahme von gesellschaftlichen Themen, die als wesentlich erachtet werden, wird die Resonanz in einem bestimmten

Bereich der Gesellschaft erhöht. Durch die ständige Anpassung der Kriterien bilden die Nachhaltigkeitsratings immer wieder einen unterschiedlichen Ausschnitt der Gesellschaft ab. Durch diese punktuellen, vielfältigen und wechselnden Themen entsteht eine neue Scheinsicherheit, dass die Gesellschaft als Ganzes erfasst werden kann, obwohl weiterhin nur ein Bruchteil der gesellschaftlichen Komplexität dargestellt wird. Nachhaltigkeitsratings führen durch diesen Schein zu einer stärkeren Reflexion von gesellschaftlichen Themen bei Unternehmen und damit auch zur Berücksichtigung von Erwartungen aus anderen gesellschaftlichen Funktionssystemen.

5.3.2 Reflexion in Entscheidungen

Ein indirekter Einfluss der Nachhaltigkeitsratings auf die Entscheidungen der Unternehmen entsteht besonders durch eine stärkere gesellschaftliche Reflexion aufgrund einer höheren Transparenz (Slager 2015, S. 398 f.).

Besonders bei Unternehmen mit einer aktiven Konformität, die sich aktiv an Nachhaltigkeitsratings beteiligen, um ein besseres Ergebnis zu erzielen, führen Nachhaltigkeitsratings zu einer besseren Berichterstattung (Clementino und Perkins 2021). Die Anfragen der Nachhaltigkeitsratingagenturen führen einerseits dazu, dass Unternehmen ihre gesellschaftlichen Auswirkungen transparenter machen (Interview U12, Pos. 18), indem zusätzliche gesellschaftliche Informationen im Nachhaltigkeitsbericht (Interview U6, Pos. 65–66) und Geschäftsbericht (Interview U15, Pos. 43–44) aufgenommen und gesellschaftliche Informationen direkt an die Nachhaltigkeitsratingagenturen übermittelt werden (Interview U17, Pos. 34). Ein Beispiel für ein neues Thema, mit dem sich das Unternehmen aufgrund von Nachhaltigkeitsratings auseinandersetzt, ist „Menschenrechte".

Was natürlich so ein bisschen ein Treiber ist und was nochmals ein neuer Aspekt ist, den die Abfragen, ist zum Thema Menschenrechte, das kommt jetzt ja noch mal stark, zum Beispiel bei RobecoSAM habe ich es gerade mit einer Kollegin heute noch mal angeguckt, da kommen jetzt natürlich stark Fragen hoch zu DueDiligence-Prozesse hinsichtlich der Einhaltung von Menschenrechten usw. Das ist genau ja ein Thema, wo ich sage, das fordert uns jetzt und das sind jetzt neue Themen und ich weiß zwar, dass es diese Gedankengänge gibt und dass man sich damit beschäftigen muss. Ich kann nicht sagen, ob andere Wettbewerber das bereits haben, könnte mir das vorstellen, aber das ist zum Beispiel ein Thema, das wir uns stark widmen müssen, glaube ich, wie gehen wir mit diesem Thema um, wer hat die Verantwortung für das Thema? Wir haben Moment zum Beispiel wie gesagt kein Verantwortlichen für das Thema so richtig, sondern jeder macht etwas, und wir müssen das jetzt bündeln und müssen gucken, wie stellen wir uns jetzt auf. Das ist zum Beispiel genauso was, so eine

Nachfrage wird uns jetzt da auch nach vorne bringen, weil, wir sehen, das kommt, wir müssen uns das Thema stellen, natürlich auch durch die Politik, der Aktionsplan den Ruggie Framework, das müssen jetzt nach und nach umsetzen; und da ist natürlich sehr stark das politische Interesse dahinter, das internationale, aber das sehe ich halt wirklich, dass wir das nutzen und umsetzen werden. (Interview U12, Pos. 23–24)

Andererseits ermöglicht die höhere Transparenz auch eine stärkere Berücksichtigung der gesellschaftlichen Auswirkungen bei den Stakeholdern der Unternehmen, wodurch die Erwartungen erzeugt werden, dass das Unternehmen die Gesellschaft stärker in ihren Entscheidungen berücksichtigt (Interview N1, Pos. 37–38).

Nachhaltigkeitsratings führen also zu einer Veränderung der Berichterstattung und der Transparenz der Unternehmen. Durch ihre Fremdbeschreibung beeinflussen sie die Selbstbeschreibung des Unternehmens und erzeugen eine höhere Reflexion, die zur Entstehung einer Wirtschaft mit begrenzter Reflexion beiträgt.

5.3.3 Grenzen der Reflexionsfunktion von Nachhaltigkeitsratings

Bei der Reflexionsfunktion der Nachhaltigkeitsratings, die ein wesentlicher Treiber für die Evolution einer Wirtschaft mit begrenzter Reflexion bilden, existieren jedoch auch Barrieren, die die vollständige Reflexionsleistung behindern und damit das Aufbrechen des bisherigen Entwicklungspfades erschweren.

Die Auswahl für die Reflexion von gesellschaftlichen Themen wird in den Nachhaltigkeitsratings mit Bezugnahmen auf Experten und Akteure aus unterschiedlichen Funktionssystemen, insbesondere auch auf NGOs, die eine funktionsübergreifende Kommunikation erlauben, begründet. Ein wesentlicher Kritikpunkt besteht darin, dass die Nachhaltigkeitsratingagenturen nicht ausreichend Akteure bei der Entscheidung über die Auswahl und Einschätzung der Bedeutung gesellschaftlicher Themen, die für die Bewertung der Unternehmen herangezogen werden, berücksichtigen. Nachhaltigkeitsratingagenturen sollten während und nach der Bewertung mehr Zeit in die Beteiligung von Unternehmen investieren, um das Geschäftsmodell besser zu verstehen und Ergebnisse zu erläutern (SustainAbility 2011b, S. 20). Nachhaltigkeitsratings sollten Stakeholder durch externe Beratungsgremien beteiligen und die Art, das Feedback und die Ergebnisse der Beteiligung erläutern (SustainAbility 2011b, S. 14 f.). Die Kritik bezieht sich auch auf die Entwicklung der Bewertungskriterien und auf die Auswahl und Einschätzung der Bedeutung der gesellschaftlichen Themen (Chatterji und Levine 2006, S. 50).

Aus Sicht des Autors kann zu den Kritikpunkten der Literatur zur Reflexionsleistung der Nachhaltigkeitsratings ergänzt werden, dass der Auswahlprozess für die Akteure, die bei den Entscheidungen der Nachhaltigkeitsratingagenturen mitwirken, nicht transparent gemacht wird. Die Intransparenz erzeugt für die Entscheidungsprämissen einen unbegründeten Letztbezug. Da die Auswahl der Akteure aber einen hohen Einfluss auf die Reflexion der gesellschaftlichen Themen hat, sollten die Nachhaltigkeitsratings näher beschreiben, wie sie die Stakeholder, die sie bei den Entscheidungen und den Entscheidungsprämissen einbeziehen, auswählen.

Für eine Verbesserung der Reflexionsleistung sollten die Nachhaltigkeitsratingagenturen daher in einen intensiveren Dialog mit Unternehmen gehen, stärker die Erwartungen durch NGOs berücksichtigen und transparent machen, wie diese Kommunikation in der Auswahl und Priorisierung der gesellschaftlichen Themen berücksichtigt wird. Dadurch wird verständlicher, wie die Illusion der Gesellschaft aufgebaut wird und welche Aspekte der komplexen Gesellschaft nicht enthalten sind.

Ein weiterer wesentlicher Kritikpunkt gegenüber den Nachhaltigkeitsratings besteht bezüglich der Überlastung durch eine zu starke Reflexion, da eine Vielzahl an Entscheidungsprämissen von den Nachhaltigkeitsratingagenturen definiert wird. Nachhaltigkeitsratings und die Beobachtung von Nachhaltigkeit sind nur durch eine Differenz zwischen Wirtschaft und Gesellschaft möglich. Da es sehr viele unterschiedliche Möglichkeiten gibt, wie die Differenz zwischen Wirtschaft und Gesellschaft gesetzt wird, gibt es auch eine Vielzahl an Möglichkeiten, wie die gesellschaftlichen Auswirkungen der Unternehmen durch die Nachhaltigkeitsratingagenturen bewertet werden. Die Vielfalt der Nachhaltigkeitsratings hat in den vergangenen Jahren enorm zugenommen (siehe Abschnitt 4.3.2). Angesichts der Vielfalt an Nachhaltigkeitsratingagenturen und Differenzen zwischen Wirtschaft und Gesellschaft kann hinterfragt werden, ob die gewählte Perspektive einer Nachhaltigkeitsratingagentur tatsächlich die Richtige ist, um die gesellschaftlichen Auswirkungen eines Unternehmens zu bewerten. Zur Beschreibung der gesellschaftlichen Auswirkung von Unternehmen gibt es eine Vielzahl an unterschiedlichen Methoden, mit denen die Bewertung durchgeführt werden kann. Es gibt Bewertungsobjekte, die ausgewählt, Zeithorizonte, die betrachtet und gesellschaftliche Themen, die ausgewählt und priorisiert werden können. Methodisch betrachtet können gesellschaftliche Auswirkungen hinsichtlich Transparenz oder Performance (Interview N9, Pos. 10–11), absolut (Interview N2,

Pos. 14) oder relativ (Interview N3, Pos. 7–8), branchenspezifisch oder branchenübergreifend (Interview N9, Pos. 17) bewertet werden. Auch bezüglich des Bewertungsobjekts stellt sich die Frage, welche Unternehmen in den Bewertungshorizont aufgenommen werden (Interview U5, Pos. 42–50). Neben der Frage, welche Unternehmen berücksichtigt werden, stellt sich auch die Frage, welche Bewertungsgrenzen innerhalb des Unternehmens zu ziehen (Interview U12, Pos. 44) und ob regionenspezifische Aspekte zu berücksichtigen sind (Interview U11, Pos. 35–36). In zeitlicher Hinsicht stellt sich die Frage, ob eher vergangenheitsbezogene oder zukunftsorientierte Bewertungskriterien zugrunde gelegt werden (Interview N8, Pos. 8). Für die Erstellung der Bewertungskriterien gibt es eine Vielzahl an Möglichkeiten, welche gesellschaftlichen Themen ausgewählt und wie diese gewichtet werden (Interview N9, Pos. 13). Durch die Vielzahl an Beobachtungsperspektiven kann auch eine Differenz zwischen der Selbstbeschreibung des Unternehmens und der Fremdbeschreibung seitens der Nachhaltigkeitsratingagentur auftreten. So kritisiert das Unternehmen die Einschätzung der Nachhaltigkeitsratings, da aus seiner Sicht nicht immer die richtigen Themen abgefragt (Interview U19, Pos. 54) oder wesentliche Themen wie die Dieselkrise nicht berücksichtigt werden (Interview U10, Pos. 70–71). Das Unternehmen löst diese Differenzen auf, indem es teilweise diese Themen trotzdem bearbeitet (Interview U20, Pos. 37–40), aber größtenteils werden die Themen, die nicht mit den eigenen Vorstellungen vereinbar sind, nicht angegangen und bewusst nicht beantwortet (Interview U13, Pos. 36). Für Unternehmen besteht jedoch auch die Möglichkeit, Nachhaltigkeitsratings nur durch kommunikative Maßnahmen zu verbessern, ohne, dass es eine grundsätzliche Veränderung der gesellschaftlichen Auswirkungen gibt (Interview U19, Pos. 63–64). Zwar können die Nachhaltigkeitsratingagenturen durch die systematische Abfrage mögliches Greenwashing aufdecken, da sie aber nicht in der Lage sind, Unternehmen im Detail zu bewerten, können durch kleine Veränderungen im Unternehmen große Veränderungen im Rating bewirkt werden (Interview U10, Pos. 63–64). Es besteht daher immer noch die Herausforderung für die Nachhaltigkeitsratingagenturen, eine hohe Datenqualität zu erzeugen (Europäische Kommission, Generaldirektion Finanzstabilität, Finanzdienstleistungen und Kapitalmarktunion 2021, S. 166 ff.). Dies ist jedoch nicht nur auf die Unternehmen zurückzuführen, sondern auch auf die Auswertungsprozesse der Nachhaltigkeitsratingagenturen (Interview U11, Pos. 20), weshalb eine höhere Datenqualität von den Nachhaltigkeitsratingagenturen gefordert wird (Interview U11, Pos. 21–22). Dafür haben sich bereits Qualitätsstandards entwickelt (Interview N7, Pos. 43), denen allerdings, ähnlich der Messung der gesellschaftlichen Auswirkung, eine große

Vielzahl an möglichen Definitionen zugrunde liegt. Da die Nachhaltigkeitsrating-agenturen trotz Qualitätsstandard nicht in der Lage sind, die gesamte Gesellschaft und damit alle gesellschaftlichen Auswirkungen zu beobachten, bleibt die Unsicherheit bestehen, dass sie nicht das Wesentliche beobachten und damit zu falschen Schlussfolgerungen kommen. Insgesamt gibt es daher sehr unterschiedliche Meinungen, wie die gesellschaftlichen Auswirkungen von Unternehmen am besten gemessen werden sollten. Die Beobachtungsdifferenz zur Betrachtung der gesellschaftlichen Auswirkungen von Unternehmen, kann sehr unterschiedlich gesetzt werden. Je nach Definition von Entscheidungsprämissen zur Beobachtung von gesellschaftlichen Auswirkungen werden einige Aspekte berücksichtigt und andere vernachlässigt. Damit gibt es viele Möglichkeiten, die Differenz zwischen Wirtschaft und Gesellschaft zu setzen und gesellschaftliche Themen in der Wirtschaft zu reflektieren. Es bestehen diverse Optionen, wie das unbekannte Dritte aus der Gesellschaft wieder in der Wirtschaft sichtbar gemacht werden kann. Dadurch entsteht Kontingenz in der räumlichen, zeitlichen und sozialen Dimension.

Durch die zunehmende Vielfalt, wie gesellschaftliche Auswirkungen von Unternehmen bewertet werden können, entsteht auch zunehmende Komplexität. Damit verbunden steigt auch die Kontingenz, die zu Unsicherheit führt.

Es gibt nicht nur Unterschiede in der Differenzsetzung von Wirtschaft und Gesellschaft zwischen Unternehmen und Nachhaltigkeitsratingagentur, sondern auch unter den Nachhaltigkeitsratingagenturen für sich. Durch die große Vielfalt an Nachhaltigkeitsratings können Zielkonflikte entstehen. So wurde im Rahmen eines Vergleichs der Bewertungen der gesellschaftlichen Auswirkungen von Unternehmen durch die Nachhaltigkeitsratingagenturen ASSSET4, Bloomberg und KLD ersichtlich, dass die Ergebnisse der Nachhaltigkeitsratingagenturen nicht konvergent sind (Dorfleitner et al. 2016, S. 13).

In einem Vergleich der Daten der Nachhaltigkeitsratingagenturen Sustainalytics, MSCI, RobecoSAM (S&P Global) und Bloomberg fanden State Street Global Advisors (2019) heraus, dass bei den Ergebnissen eine Korrelation von 0,48 besteht, was im Vergleich zur Korrelation zwischen den Kreditratingagenturen von Moody's und Standard and Poor's in Höhe von 0,99 sehr niedrig erscheint. Denn dies bedeutet, dass nur bei etwa der Hälfte der bewerteten Unternehmen konsistente Ergebnisse vorliegen. In einem Vergleich von sechs verschiedenen Nachhaltigkeitsratingagenturen in einer Studie von Gibson et al. (2021) liegt die Korrelation bei durchschnittlich 0,46. Auch in einer weiteren Studie (Berg et al. 2019), die von 823 Unternehmen die jeweiligen Ratingergebnisse von den Nachhaltigkeitsratingagenturen KLD (jetzt MSCI KLD), Sustainalytics,

VigeoEiris und RobecoSAM, Asset4 (jetzt Refinitiv und MSCI) analysierte, beträgt die Korrelation im Durschnitt bei 0,54.

Die Unterschiede in den Ergebnissen der Nachhaltigkeitsratingagenturen führen dazu, dass Investoren nicht in der Lage sind, einzuschätzen, welche Unternehmen eine bessere Nachhaltigkeitsleistung haben als andere, weshalb die gesellschaftlichen Auswirkungen der Unternehmen weniger wahrscheinlich bei Investitionsentscheidungen berücksichtigt werden. Zudem führen diese unterschiedlichen oder sogar widersprüchlichen Signale von den Nachhaltigkeitsratings dazu, dass Unternehmen nicht in der Lage sind, ihre Nachhaltigkeitsleistung zu verbessern, da sie nicht genau wissen, welche Maßnahmen sie ergreifen sollen (Berg et al. 2019).

Die Paradoxie der Vielfalt wird nicht nur aus einer statischen Perspektive ersichtlich, sondern auch bei einer dynamischen Betrachtung. Denn es entstand im Zeitverlauf nicht nur eine Vielzahl an unterschiedlichen Nachhaltigkeitsratings, sondern ebenso eine Vielfalt an neuen Nachhaltigkeitsratingagenturen. So gab es im Jahr 2000 lediglich 21 der 108 Nachhaltigkeitsratingagenturen, die 2010 von Rate the Raters untersucht wurden. Dieser Wandel hat zwar einerseits den Vorteil, dass zahlreiche neue Themen aufgenommen und so die Bewertungen der gesellschaftlichen Auswirkungen der Unternehmen an die Veränderungen der gesellschaftlichen Erwartungen angepasst werden konnte. Anderseits kann diese kontinuierliche Anpassung aber auch zu Irritationen bei Unternehmen und Anwendern führen, da der Maßstab für die Bewertung der Unternehmen immer wieder verändert wird. Dadurch können keine Zeitvergleiche gezogen werden, und es ist keine Aussage darüber möglich, ob sich Unternehmen im Zeitverlauf zu einer sinnvollen Organisation entwickeln oder nicht (SustainAbility 2010b, S. 11).

Die große Zahl an unterschiedlichen Methoden, um die gesellschaftlichen Auswirkungen zu bewerten, kann als sehr wertvoll für eine höhere Reflexion der gesellschaftlichen Auswirkungen der Wirtschaft gesehen werden. Durch unterschiedliche Perspektiven auf die Gesellschaft werden die gesellschaftlichen Themen zur Bewertung der Unternehmen vielfältiger ausgewählt, wodurch die gesellschaftliche Komplexität besser abgebildet wird. Allerdings kann eine zu starke Reflexion auch zu Überlastungen führen.

Die wachsende Vielfalt an gesellschaftlichen Methoden zur Bewertung der gesellschaftlichen Auswirkungen führt zu Unsicherheit (Interview U11, Pos. 20) und sogar bis hin zu Widersprüchen (Interview U15, Pos. 57–58). Unternehmen sind dann nicht mehr in der Lage, zu entscheiden, welche die richtigen Maßnahmen sind, um die Gesellschaft stärker in den eigenen Operationen zu berücksichtigen, wodurch auch die Evolution zu Unternehmen mit einer begrenzten Reflexion behindert wird.

> *[...] Gleichwohl glaube ich, muss man so selbstbewusst sein, zu sagen, es ist nicht das einzige Ziel, in Ratings, zumal in allen Ratings, gleichzeitig die Toppositionen zu erlangen. Dazu ist die Ratingwelt zu wenig sagen wir mal belastbar, wir stellen ja fest, dass, wenn man auf der einen Seite Punkte macht, auf der anderen Seite eines anderen Ratings eher Punkte verliert. Dass der widersprüchliche Anforderungen an uns gestellt werden, allein aus dem Tatbestand heraus kann man eigentlich nicht das Ziel haben, dass man in allen Ratings, die wir kennen, die sich auch verändern oder die neu dazu kommen, sozusagen immer zielgerichtet die Topplatzierung haben [...]*
> (Interview U8, Pos. 18)

Da Unternehmen nicht wissen, wie die Ergebnisse der Nachhaltigkeitsratingagenturen einzuordnen sind, versuchen sie, die Nachhaltigkeitsratings besser nachzuvollziehen, und fordern eine höhere Transparenz der Nachhaltigkeitsratings (Interview N2, Pos. 38). Denn auf Grundlage von Intransparenz können keine klaren Entscheidungen über die Berücksichtigung der Gesellschaft in den eigenen Operationen getroffen werden (Interview U10, Pos. 26). Die Intransparenz der Bewertungsmethode und des Bewertungsprozesses der Nachhaltigkeitsratings überträgt sich auf das untersuchte Unternehmen, da unklar ist, wie die Ergebnisse zu interpretieren sind und mit welchen Maßnahmen welche Effekte im Rating erzielt werden können. Die Intransparenz der Nachhaltigkeitsratingagenturen ist damit eine wesentliche Barriere, die bedingt, warum Unternehmen nicht wissen, wie sie Nachhaltigkeitsratings nutzen können, um die Organisation auf einen sinnvollen Entwicklungspfad auszurichten.

Aus systemtheoretischer Sicht kann Transparenz das Problem einer zu hohen Reflexion jedoch nicht lösen, sondern im Gegenteil wird die Kontingenz dadurch noch verschärft. Denn wenn ein tieferer Einblick in die Bewertung der gesellschaftlichen Auswirkungen gegeben wird, kann noch viel stärker hinterfragt werden, warum die Bewertung so und nicht anders durchgeführt wurde – bis hin zur grundsätzlichen Frage, inwiefern negative gesellschaftliche Auswirkungen mit positiven gesellschaftlichen Auswirkungen kompensiert werden können (Capelle-Blancard und Petit 2015, S. 3 f.). Für die Nachhaltigkeitsratings ist es eigentlich nicht möglich, die Gesellschaft abzubilden. Nachhaltigkeitskriterien sind sowohl bei der Auswahl der Themen als auch im Umfang der Inhalte, die bewertet werden, begrenzt (Interview U18, Pos. 34). Zudem sind sie auch nicht in der Lage, die Prozesse des Unternehmens in der Tiefe zu prüfen und sie mit denjenigen anderer Unternehmen zu vergleichen (Interview U13, Pos. 53–64). Außerdem gibt es gesellschaftliche Aspekte, die nicht messbar gemacht werden können (Interview U16, Pos. 35–38). Es wird also immer gesellschaftliche Aspekte geben, die von den Nachhaltigkeitsratingagenturen nicht berücksichtigt oder bewertet werden können. Hier wird die Paradoxie deutlich, mit der die Beobachtung der gesellschaftlichen Themen in der Wirtschaft erst möglich wird. Die Gesellschaft und damit auch die gesellschaftlichen Auswirkungen von Unternehmen können nie vollständig abgebildet werden. Nachhaltigkeitsratings müssen eine Differenz zwischen der Gesellschaft und Wirtschaft setzen. Dazu müssen sie eine Reihe von Tradeoffs machen: Transparenz und Performance, absolute und relative Kriterien, branchenbezogen und branchenübergreifend, große Unternehmen und kleine Unternehmen, regional und international, retrospektiv und prospektiv. Sie müssen entscheiden, welche gesellschaftlichen Themen ausgewählt und wie sie priorisiert und wie generell positive Auswirkungen mit negativen Auswirkungen verrechnet werden. Bei einer vollständigen Betrachtung der Gesellschaft müssten alle Aspekte berücksichtigt werden, was eine Überforderung aller Beteiligten bedeutete, weshalb die Nachhaltigkeitsratingagenturen eine Vielzahl an Entscheidungen treffen müssen, damit eine Bewertung der gesellschaftlichen Auswirkungen möglich wird. Diese Entscheidungen bestimmen darüber, wie die gesellschaftliche Komplexität reduziert wird und wie damit als vereinfachtem Abbild der Gesellschaft diese in der Wirtschaft verarbeitbar wird. Dafür müssen sie verschleiern, dass die definierte Differenz zwischen Wirtschaft und Gesellschaft wegen der Vielzahl an Entscheidungen auch ganz anders hätte gesetzt werden können. Wenn Nachhaltigkeitsratings vollständig transparent wären, würden sie nicht mehr akzeptiert werden (Interview U14, Pos. 65–66). Nachhaltigkeitsratings müssen die gesellschaftliche Paradoxie verschleiern, da sonst sichtbar wird, dass eine (vollständige) Beobachtung der Gesellschaft gar nicht möglich ist, sodass auch keine gesellschaftlichen Auswirkungen von Unternehmen bewertet werden können. Sie brauchen strukturelle Latenz, um ihre Funktion zu erfüllen und um diese Paradoxie zu verschleiern. Dies erreichen die Nachhaltigkeitsratingagenturen, indem sie einerseits möglichst viele gesellschaftliche Kriterien aufnehmen, um die gesellschaftlichen Auswirkungen möglichst umfangreich darzustellen und um die Scheinsicherheit aufzubauen, dass die Gesellschaft als Ganzes berücksichtigt wird, und indem sie andererseits die Auswahl der Kriterien so begrenzen, dass weder die Nachhaltigkeitsratingagenturen und die Unternehmen noch die Investoren überfordert werden. Sie müssen also ein Kompromiss zwischen zu hoher und zu niedriger Komplexität finden. Eine zu hohe Komplexität beziehungsweise zu hohe Reflexion kann zu Überlastungen führen, weshalb die Reflexionsleitung der Nachhaltigkeitsratingagenturen begrenzt werden muss, damit gesellschaftliche Themen in der Wirtschaft berücksichtigt werden können. Dies wird besonders durch Generalisierung und Standardisierung möglich.

Zusammenfassend ist festzuhalten, dass Nachhaltigkeitsratings eine höhere Reflexion von gesellschaftlichen Themen im Wirtschaftssystem durch einen stärkeren Einbezug anderer gesellschaftlicher Funktionssysteme bei der Auswahl und der Gewichtung der gesellschaftlichen Themen ermöglichen, auf deren Grundlage die gesellschaftlichen Auswirkungen der Unternehmen bewertet werden. Durch Interpenetration geben die Nachhaltigkeitsratings dem Wirtschaftssystem die Möglichkeit, netzwerkartig über die Systemgrenzen hinweg mit anderen Funktionssystemen zu kommunizieren, die an der Auswahl und Gewichtung der Kriterien und bei der jeweiligen Bewertung beteiligt sind. Da die Gesellschaft viel komplexer ist als die Wirtschaft, können Nachhaltigkeitsratings nur einen begrenzten Ausschnitt der Gesellschaft abbilden. Indem die Nachhaltigkeitsratings sich jedoch kontinuierlich anpassen und das unbekannte Dritte aus der Gesellschaft jederzeit einbeziehen können, erzeugen sie die Scheinsicherheit, dass sie in der Lage sind, die Gesellschaft als Ganzes zu bewerten. Dadurch werden immer wieder neue Gesellschaftsthemen in die Wirtschaft aufgenommen, und das Wirtschaftssystem wird kontinuierlich durch gesellschaftliche Themen irritiert. Die Beobachtung der Gesellschaft durch die Nachhaltigkeitsratings erweitert die meist eher wirtschaftliche Beobachtungsperspektive der Unternehmen um eine gesellschaftliche Perspektive. Mit dieser neuen Perspektive aus anderen gesellschaftlichen Funktionssystemen werden dem Unternehmen alternative Entwicklungsmöglichkeiten aufgezeigt. Mit der Erzeugung dieser höheren Reflexion der Gesellschaft im Wirtschaftssystem unterstützen Nachhaltigkeitsratings die Auflösung des bisherigen Evolutionspfades.

Nachhaltigkeitsratings beeinflussen indirekt die Entscheidungen in Unternehmen, indem sie die Berichterstattung verändern und die Transparenz der Unternehmen erhöhen. Durch ihre Fremdbeschreibung beeinflussen sie die Selbstbeschreibung des Unternehmens und erzeugen eine höhere Reflexion, die zur Entstehung einer Wirtschaft mit begrenzter Reflexion beiträgt.

Es wird allerdings kritisiert, dass die Nachhaltigkeitsratings nicht ausreichend Akteure für die Entscheidung über die Auswahl und Einschätzung der gesellschaftlichen Themen, die für die Bewertung der Unternehmen herangezogen werden, berücksichtigen. Zudem sollte der Auswahlprozess für die Akteure, die bei den Entscheidungen der Nachhaltigkeitsratingagenturen mitwirken, transparent gemacht werden. Durch eine begrenzte Anzahl von Akteuren, die in den Ratingprozess einbezogen werden, bleibt die Reflexion der Gesellschaft unvollständig. Diese Begrenzung erzeugt aber bewusst oder unbewusst eine Stoppregel für die unendlich vielen Möglichkeiten der Bewertung der gesellschaftlichen Auswirkungen der Wirtschaft. Der Verweis auf Experten dient daher als Begrenzung einer gesellschaftlichen Reflexion im Wirtschaftssystem. Die große Vielfalt an Nachhaltigkeitsratings führt jedoch zu einer zu hohen Reflexion, die die Unternehmen überlasten, da dadurch Widersprüche bei den gesellschaftlichen Erwartungen entstehen. Die oftmals geforderte bessere Transparenz führt zu einer höheren Unsicherheit, da mit zusätzlichen Erkenntnissen die gesellschaftliche Bewertung der Nachhaltigkeitsratings noch stärker hinterfragt werden kann. Nachhaltigkeitsratings sind nicht in der Lage, die Gesellschaft als Ganzes abzubilden, und müssen daher einen Kompromiss aus vielen Faktoren finden, der ab einem bestimmten Punkt beliebig erscheint, da die Auswahl subjektiv wird. Damit sie die gesellschaftlichen Auswirkungen bewerten können, müssen sie den Schein wahren, dass sie in der Lage sind, die Gesellschaft als Ganzes zu erfassen. Mit einer Balance aus ausreichend Kriterien, die den Schein erwecken, dass die Auswahl vollständig ist, und einer begrenzten Anzahl an Kriterien, die die beteiligen Organisationen nicht überlasten, wird es möglich, eine strukturelle Latenz aufzubauen. Nachhaltigkeitsratings erhöhen einerseits die Transparenz zu gesellschaftlichen Themen. Allerdings erzeugen sie mit diesen Methoden neue Intransparenz, da nicht nachvollzogen werden kann, wie die Ergebnisse der Nachhaltigkeitsratingagenturen entstehen. Mit dieser Transformation von Latenz tragen die Nachhaltigkeitsratings zu einer Wirtschaft mit begrenzter Reflexion bei.

Mit der Erzeugung einer höheren Reflexion unterstützen Nachhaltigkeitsratings die Auflösung des bisherigen Evolutionspfades.

5.4 Generalisierungsfunktion von Nachhaltigkeitsratings

Mithilfe von Generalisierung tragen Nachhaltigkeitsratings zu einer Stabilisierung eines neuen Evolutionspfades für eine Wirtschaft mit beschränkter Reflexion bei. Im folgenden Abschnitt wird die Generalisierungsfunktion der Nachhaltigkeitsratings erläutert. Zur Beschreibung der Generalisierungsfunktion von Nachhaltigkeitsratings und ihrer Auswirkung auf die Wirtschaftsorganisation „Unternehmen" wird sowohl das rational-kalkulatorische Institutionenverständnis der Institutionenökonomie als auch das eher kulturalistische Verständnis durch den soziologischen Institutionalismus zur Beschreibung herangezogen.

5.4.1   Generalisierung durch Nachhaltigkeitsratings

Wie bereits in Abschnitt 4.2.1 beschrieben, sind Institutionen eine wesentliche
Voraussetzung für die Erzeugung von Sinn und für die Aufrechterhaltung der
Autopoiesis, denn für Systeme ist es nur durch eine Beschränkung möglich,
die komplexe Umwelt zu verarbeiten. Für die Berücksichtigung der Gesellschaft
spielt daher Nachhaltigkeit eine wesentliche Rolle. In Anlehnung an Mayntz und
Scharpf (1995) unterscheiden Göhler und Kühn (1999) einen ökonomischen,
soziologischen und politischen Neo-Institutionalismus. Während der ökonomische Institutionalismus (Coase 1937; Hardin 1968; Williamson 1975; Jensen und
Meckling 1976; North 1990) eher ein rational-kalkulatorisches Verständnis von
Institutionen hat und der soziologische Institutionalismus (Meyer und Rowan
1977; Scott 1995; DiMaggio und Powell 1983; Cohen et al. 1972) mit einem
bedingt rational-kulturalistischen Verständnis von Institutionen arbeitet, beinhaltet der politische Institutionalismus sowohl rational-ökonomische (Pierson 2016;
Pollack 1996) als auch soziologisch-kulturalistische Ansätze (Bulmer 1993).

Allerdings ist mittlerweile eine genaue Zuordnung des Institutionalismus zu
den wissenschaftlichen Disziplinen schwierig, da sie sich aufeinander beziehen
und sich gegenseitig beeinflussen, weshalb die Ansätze einen eher transdiszipli-
nären Charakter aufweisen und eine genaue Beschreibung der disziplinbezogenen
Eigenheiten des neuen Institutionalismus kaum möglich ist. Ein scheinbarer
Vorteil des Institutionalismus besteht darin, dass er als Mesotheorie zwischen
Mikro- und Makrotheorien liegt. Bei genauerer Analyse wird jedoch deutlich,
dass die Theorien sich entweder auf die eine oder die andere Seite beziehen.
Deutlich wird das bei einer Untersuchung der institutionalistischen Beschreibung
von Wirtschaftsorganisationen. Tacke (1999) zeigt aus einer systemtheoretischen
Perspektive, dass die Institutionenökonomie und der Neoinstitutionalismus kom-
plementäre Konzepte sind, die Wirtschaftsorganisationen beschreiben. Während
die Institutionenökonomie eher das Wirtschaftliche und kaum das Organisatorische der Wirtschaftsorganisation beschreibt, bezieht sich der Neoinstitutionalismus eher auf die Beschreibung der Organisation als auf das Ökonomische. In der
Transaktionskostenökonomie werden institutionelle Strukturen durch die Fremdreferenz zu anderen Funktionssystemen, zum Beispiel dem Rechtssystem erzeugt,
und mit dem Neo-Institutionalismus wird deutlich, dass sich die Organisationen
auch selbst beschränken können, um weitere Entscheidungen in einer komplexen
Umwelt treffen zu können (Tacke 1999, S. 81 ff.).

Zur Beschreibung der Generalisierungsfunktion von Nachhaltigkeitsratings
und deren Auswirkung auf die Wirtschaftsorganisation „Unternehmen" wird

daher sowohl das rational-kalkulatorische Institutionenverständnis der Institutionenökonomie als auch das eher kulturalistische Verständnis durch den soziologischen Institutionalismus herangezogen.

Systemtheoretisch kann die Transaktionskostenökonomie als Reflexionstheorie betrachtet werden, die eine Reflexion aus Sicht der Wirtschaft darstellt. Bei der Transaktionskostenökonomie handelt es sich um eine Reflexionstheorie der Wirtschaft, da sie nicht den Austausch von Produkten gegen Zahlungen oder die Leistungen im Verhältnis zu deren Preisen, sondern die Kosten dieser Transaktionen analysiert. Transaktionen beschreiben die Einheit der Differenz aus der Selbstreferenz des Wirtschaftssystems, die sich auf die Funktion des Wirtschaftssystems in Form von Zahlungen bezieht, und Fremdreferenz in Form von Leistungen, die erbracht werden. Transaktionskosten beschreiben aus einer abstrakteren Sicht die Kosten, die für die Transaktionen notwendig sind. Da die Kosten der Kosten betrachtet werden, handelt es sich um eine Art Kosten zweiten Grades, wodurch deutlich wird, dass es sich bei der Transaktionskostentheorie um eine Reflexionstheorie des Wirtschaftssystems handelt. Sowohl die Zahlungen als auch die Leistungen können aber nicht aus dem Wirtschaftssystem selbst heraus erbracht werden, sondern basieren auf Entscheidungen, die in der Organisation getroffen werden (Tacke 1999, S. 96 ff.).

Auch Nachhaltigkeitsratings können aus einer institutionenökonomischen Sicht betrachtet werden.

Der Bezug zu Institutionen von Nachhaltigkeitsratings kann aus Sicht der Transaktionskostenökonomie analysiert werden. Die Theorie ergibt sich einerseits aus der Prinzipalagententheorie, bei der eine Informationsasymmetrie zwischen Unternehmen und Investor auftritt, welche durch die Nachhaltigkeitsratings reduziert werden kann. Gleichzeitig werden dadurch auch Transaktionskosten reduziert, da nicht jeder Akteur einzeln die Informationen beschaffen muss, weshalb auch aus der Perspektive einer Kosteneffizienz ein Vorteil erzielt werden kann (Windolph 2011, S. 40 f.).

Nachhaltigkeitsratings reduzieren Transaktionskosten in zweierlei Hinsicht. Einerseits werden die Transaktionskosten innerhalb der Unternehmen reduziert, indem die Nachhaltigkeitsratings sich an bereits bestehenden Normen, Standards und Konventionen orientieren, was den Aufwand für die Datenerhebung und -aufbereitung für die Unternehmen reduziert (Schäfer 2012, S. 24). Andererseits definieren sie mit einem eigenen Ansatz eine einheitliche Bewertung der Nachhaltigkeitsleistung von Unternehmen. Der einmal entwickelte Ansatz und die einmal erhobene Nachhaltigkeitsleistung von Unternehmen können damit einer Vielzahl an Investoren und anderen Stakeholdern zur Verfügung gestellt werden, wodurch nicht jeder einzeln den Aufwand für die Kommunikation mit

Stakeholdern und die Entwicklung der Methode der Informationssammlung und -auswertung aufbringen muss (Windolph 2011, S. 41).

Die Übersetzung von Nachhaltigkeitsthemen und gesellschaftlichen Erwartungen in die wirtschaftliche Logik ist eine wesentliche Leistung von Nachhaltigkeitsratings, die dadurch Komplexität und Kontingenz reduzieren und somit auch Transaktionskosten verringern. Die Nachhaltigkeitsratingagenturen orientieren sich bei der Auswahl der Kriterien an den Standards, Normen und Konventionen zu Nachhaltigkeit (Interview N1, Pos. 12). Diese bereits bestehenden Anforderungen werden durch die Nachhaltigkeitsratings konkretisiert, indem sie eigene Bewertungskriterien entwickeln (Interview N9, Pos. 12–13). Diese ergeben sich einerseits aus den bisherigen Erfahrungen (Interview N9, Pos. 12–13) und neuen Trends (Interview N9, Pos. 12–13). Die eigentliche Entscheidung über die Auswahl der Themen erfolgt aber durch Gremien und Analysten der Nachhaltigkeitsratingagentur selbst (Interview N2, Pos. 17–18). Auch die Gewichtung und somit die Priorisierung werden üblicherweise von den Nachhaltigkeitsratingagenturen festgelegt:

> *Die Gewichtung kommt eigentlich bottom-up zustande, genau aus dieser Materialitätsbetrachtung, die ich vorher beschrieben habe, ich habe ja die zwei Ströme beschrieben, die Analystenmeinung und dann die rückwärts gerichtete quantitative Analyse, und was wir eigentlich machen ist, dass der Startpunkt ist die Analystenmeinung, die eben sagt „Ja ‚das ist ein sehr wichtiges Kriterium, das kriegt ein stärkeres Gewicht oder auch nicht“, das ist der Startpunkt, und dann nehmen wir die quantitativen Erkenntnisse und für ein Kriterium, das dann auch in der quantitativen Untersuchung bereits als materiell erkannt wird und signifikant erkannt wird, dann erhöhen wir das Gewicht ein bisschen, und wenn aber die quantitative Analyse zeigt „Ja, das mag zwar vorausschauend wichtig sein aus Analystensicht, aber wir sehen das noch nicht in den Daten“, dann machen wir das Gewicht kleiner im Fragebogen, und dadurch kriegen wir eigentlich diese Dynamik hin, dass sich der Fragebogen auch über die Zeit ändert, das soll auch so sein. Lustigerweise kann ich Ihnen sagen, vor 15 Jahren haben wir gefragt, „Verwenden Sie das Internet?“ Das war damals nur bei führenden Unternehmen der Fall, das wäre heute eine peinliche Frage, die muss verschwinden, oder? Das heißt, sie müssen eine Dynamik in der Methodologie hinkriegen, und das haben wir so, ein sich bewegendes Zeitfenster, auch von der Gewichtung her. (Interview N6, Pos. 13–14)*

Somit geben Normen, Standards und Konventionen zu Nachhaltigkeit den Nachhaltigkeitsratings zwar Orientierung. Damit sie von Investoren und Unternehmen in den Entscheidungen berücksichtigt werden können, müssen sie allerdings weiter konkretisiert werden. Dies erreichen die Nachhaltigkeitsratingagenturen, indem sie eigene Entscheidungen treffen, die die Vielzahl an Möglichkeiten zur

Auswahl und Priorisierung von gesellschaftlichen Themen begrenzen. Die Nachhaltigkeitsratings übersetzen durch eigene Ansätze die gesellschaftlichen Themen in eine wirtschaftliche Logik. Damit orientieren sich Nachhaltigkeitsratingagenturen nicht nur passiv an externen Umweltbedingungen, sondern reagieren als komplexes System nach einer eigenen Logik. Mit einer Ideologie der Zahlen (Chelli und Gendron 2013) erhöhen die Nachhaltigkeitsratingagenturen die Konkretisierung von Nachhaltigkeit. Durch Nachhaltigkeitsratingagenturen wird alles Gesellschaftliche, was nicht messbar ist, ausdifferenziert, und das, was messbar ist, umfasst weiterhin eine solch große Komplexität, dass dort nur bestimmte Themen ausgewählt werden können. Durch diese weitere Selektion im Möglichkeitsraum gesellschaftlicher Themen werden die Normen, Standards und Konventionen noch weiter konkretisiert. Nachhaltigkeit kann dadurch als Institution in Situationen von Informationsasymmetrien Orientierung geben. Nachhaltigkeitsratingagenturen nutzen in Situationen von Informationsasymmetrien die Institution Nachhaltigkeit als Orientierung und konkretisieren entsprechende Erwartungen, indem sie an der Schnittstelle zwischen Wirtschaft und Gesellschaft konkrete Regeln vorgeben, wie die gesellschaftlichen Auswirkungen von Unternehmen bewertet werden sollen. Durch diesen allgemein akzeptierten Standard können die Nachhaltigkeitsratingagenturen die Vielzahl der gesellschaftlichen Erwartungen abstrahiert zusammentragen und zahlreichen Investoren und Unternehmen vermitteln, ohne dass alle Investoren und Unternehmen individuell diesen Aufwand tragen. Obwohl Nachhaltigkeitsratings nicht rechtlich bindend sind, werden sie sowohl von Unternehmen als auch von Investoren als Orientierung bei Informationsasymmetrien akzeptiert und tragen dadurch zur Reduktion von Transaktionskosten bei.

Da an Wirtschaftsorganisationen neben Erwartungen von wirtschaftlichen Institutionen auch noch andere Erwartungen, die in einem kulturalistischen Institutionenverständnis deutlicher werden, herangetragen werden, wird die Generalisierungsfunktion der Nachhaltigkeitsratings zusätzlich aus einer neoinstitutionalistischen Perspektive betrachtet, die die Wirtschaftsorganisation stärker aus der organisatorischen und weniger aus der wirtschaftlichen Sichtweise beobachtet.

Nach der institutionellen Organisationstheorie umfassen institutionelle Regeln zur Entscheidungsfindung weit mehr als nur reine ökonomische Effizienz. Das Ökonomische zur Beschreibung von Wirtschaftsorganisationen wird ausgeschlossen. Wirtschaftliche Berechnungen werden in Organisationen nur noch genutzt, um bereits getroffene Entscheidungen zu rechtfertigen. Sie übernehmen eine symbolische Funktion, um auf ökonomische Erwartungen zu antworten, die außerhalb der Organisation liegen (Tacke 1999, S. 87).

Zwar wird in der Theorie beschrieben, dass die Erwartungen aus normativen Verpflichtungen entstehen, aber es bleibt unklar, wie diese entstehen und welche Bedeutung der Gesellschaft zukommt. Aus systemtheoretischer Sicht läge der Bezug zur Gesellschaft in den Funktionssystemen. Aber im Neoinstitutionalismus wird die Unterscheidung zwischen Organisation und Funktionssystem bewusst verdeckt, obwohl bei den Operationen der Organisationen immer wieder mit dieser Trennung gearbeitet wird. Denn Organisationen orientieren sich bei den Operationen an ihrem jeweiligen Funktionssystem und werden von Organisationen auch immer mit in die Selbstbeschreibung aufgenommen. Die Funktionssysteme tragen daher wesentlich zur Selbstbeschränkung des Möglichkeitshorizonts der Organisation bei. Nach dem Neoinstitutionalismus verwenden Organisationen jedoch eine vereinfachte Selbstbeschreibung, wodurch die Differenz zwischen Organisation und Gesellschaft meist latent bleibt. Gleichzeitig lässt der Neoinstitutionalismus die Differenz zwischen Funktion und Leistung der Organisation intransparent. Auch wenn es in Organisationen immer Unterschiede zwischen den selbstreferenziellen Operationen und den fremdreferenziellen Erwartungen gibt, werden diese Unterschiede verschleiert, indem sie vereinfacht dargestellt werden. Mit diesen simplifizierenden Selbstbeschreibungen können mögliche Widersprüche aufgelöst werden. Darin liegt auch eine wesentliche Funktion von Institutionen, die versuchen, komplexe, mehrdeutige und widersprüchliche Situationen aufzulösen, indem sie Konsens und einheitliche Erwartungen erscheinen lassen. Durch begrenzte Informationen wird es möglich, Inkommensurabilitäten zu kombinieren. Organisationen müssen mit vereinfachten Selbstbeschreibungen arbeiten, um die Komplexität zu beschränken und die Mehrdeutigkeit und Unterschiede zu überwinden sowie Erwartungssicherheit zu erzeugen, damit Entscheidungen aufrechterhalten bleiben können. Die Simplifizierung durch Selbstbeschreibungen besitzt daher auch einen institutionellen Charakter. Da sie den Möglichkeitshorizont von Entscheidungen dadurch begrenzt, hat sie eine wesentliche Bedeutung für die Selbsterhaltung der Organisation (Tacke 1999, S. 103 ff.).

Die Bedeutung der Invisibilisierung der Differenz von Organisation und gesellschaftlichen Funktionssystemen wurde bereits im Abschnitt 4.3.2 zur Nachhaltigkeitsberichterstattung erörtert. Die Auflösung der Differenz zwischen Organisation und Gesellschaft ist eine wesentliche Voraussetzung dafür, dass von Unternehmen eine Selbstbeschreibung über die gesellschaftlichen Auswirkungen dargestellt werden kann. Mit dem Fokus auf die Nachhaltigkeitsratings wird daher die Feststellung von Tacke (1999) näher betrachtet, dass die Differenz aus Funktion und Leistung, also die Differenz zwischen der Selbstbeschreibung über die Funktion und den Fremdbeschreibungen über die Erwartungen der Leistungen, grundsätzlich Widersprüche und Konflikte beinhaltet, die aufgelöst werden müssen, damit eindeutige Entscheidungsprämissen entstehen, die Entscheidungen ermöglichen.

Neben der Orientierung an einem eher bedingt rational-kulturalistischen Verständnis von Institutionen beeinflussen Nachhaltigkeitsratings diese Institutionen, indem sie institutionelle Arbeit durch Standardisierung verrichten. Standards haben heute einen großen Einfluss auf das Verhalten von Organisationen, weshalb Standardisierung zunehmend als eine Regulierungsform betrachtet wird (Brunsson und Jacobsson 2005). Standardisierung wird als institutionelle Arbeit betrachtet (Lawrence und Suddaby 2006), an der unterschiedliche Akteure beteiligt sind (Timmermans und Epstein 2010). Institutionelle Arbeit beschreibt, wie durch Individuen oder Organisationen Institutionen geschaffen, aufrechterhalten oder zerstört werden können (Lawrence et al. 2009). Mit dem Ansatz der institutionellen Arbeit kann untersucht werden, wie einzelne Aktivitäten von verschiedenen Akteuren zur Entstehung von neuen Standards beitragen (Lawrence et al. 2011).

Die Entstehung und Erhaltung von Standards ist ein dynamischer Prozess. Standards entstehen aus Regeln, Legitimation und Kontrollen. Diese drei Konzepte können als Prozesse verstanden werden, die sich gegenseitig beeinflussen, wodurch der Standard seine regulatorische Macht erhält. Indizes und Rankings haben eine ähnliche Steuerungsfähigkeit wie Standards, was am Beispiel von Hochschulen bereits empirisch nachgewiesen werden konnte (Sauder und Espeland 2009). Organisationen passen oft ihr Verhalten den Erwartungen dieser Rankings an, um eine bessere Platzierung zu erhalten (Slager et al. 2012, S. 764 ff.).

Unternehmen orientieren sich traditionell an Institutionen, die durch Gesetzgeber in Form von Regulierungen oder durch Investoren, wie den Shareholder-Value, an die Unternehmen herangetragen werden.

Neben den Normen aus Markt und Politik entwickelt sich CSR, die analog zu Abschnitt 4.2.3 im Folgenden als Nachhaltigkeit bezeichnet wird, da auch der Begriff Nachhaltigkeit eine stärkere generalisierende Funktion hat, zunehmend zu einer Institution, die Unternehmen beeinflusst. Die Gestalt der Institution „Nachhaltigkeit" wird durch eine Vielzahl an Akteuren wie Gewerkschaften, Zivilgesellschaft oder NGOs geprägt. Während früher Investoren mit der Lenkung des Fokus auf den Shareholder-Value sehr stark die wirtschaftliche Perspektive gefördert haben, werden sie durch nachhaltiges Investment nun zu einem wesentlichen Treiber der Institution „Nachhaltigkeit". Der institutionelle Wandel zu Nachhaltigkeit wird besonders durch die Entstehung der Nachhaltigkeitsratings ersichtlich, welche einen großen Einfluss auf die Institution „Nachhaltigkeit" haben (Avetisyan und Hockerts 2017, S. 316 ff.).

Slager et al. (2012) untersuchten, wie Standards in Form von Nachhaltigkeitsindizes entstehen und aufrechterhalten werden. Es gibt drei Arten institutioneller Arbeit, die zu einer Etablierung und Aufrechterhaltung von Standards beitragen: Standardisierung entsteht durch die Bestimmung eines kalkulatorischen Rahmens, durch Anreize zur Partizipation und durch die Beeinflussung von Werten.

Durch den kalkulatorischen Rahmen der Nachhaltigkeitsratingagenturen findet eine Übersetzung der gesellschaftlichen Aspekte in die wirtschaftliche Logik statt. Die Nachhaltigkeitsratingagenturen orientieren sich dabei an abstrakten internationalen Standards. Durch Kommensurabilität werden nicht vergleichbare Dinge vergleichbar gemacht, sodass eine Einschätzung getroffen werden kann, dass etwas besser ist als etwas anderes (Slager et al. 2012, 774 ff.). Durch die Generalisierungsfunktion der Nachhaltigkeitsratings wird das sehr abstrakte Verständnis von Nachhaltigkeit konkretisiert, um daraus konkrete Erwartungen für Unternehmen zu formulieren. Obwohl nur ein sehr kleiner Ausschnitt der Gesellschaft von den Nachhaltigkeitsratings berücksichtigt werden kann, erzeugt eine standardisierte Übersetzung von gesellschaftlichen Aspekten in die wirtschaftliche Logik Vertrauen. Die Latenz, dass nicht alle gesellschaftlichen Aspekte berücksichtigt werden können, wird dadurch akzeptiert.

Die Nachhaltigkeitsratings erreichen die Legitimität ihres Übersetzungsstandards, indem sie einen Anreiz zur Partizipation schaffen. Kooperationen mit NGOs schaffen den Anreiz, gemeinsam an einer Lösung zu arbeiten. In einem iterativen Prozess werden die Bewertungskriterien erarbeitet und damit gegenseitige Erwartungen ausgetauscht (Slager et al. 2012, S. 778).

Aus systemtheoretischer Sicht schaffen Nachhaltigkeitsratings ein einheitliches Verständnis von Nachhaltigkeit, indem sie auf bestehende Standards und auf eine Vielzahl an Akteuren zugreifen und damit unterschiedliche gesellschaftliche Erwartungen harmonisieren. Der Vorteil der Nachhaltigkeitsratings besteht besonders darin, dass sie im Sinne einer Interpenetration Zugriff auf andere gesellschaftliche Systeme bekommen und das Wissen bzw. die dort stattfindende Kommunikation zentral sammeln, wodurch ein einheitliches Verständnis von Nachhaltigkeit geschaffen wird. Der Möglichkeitshorizont, welche gesellschaftliche Themen in Entscheidungen berücksichtigt werden, wird dadurch reduziert und erleichtert damit die Berücksichtigung von gesellschaftlichen Themen in Entscheidungen.

Der Anreiz zur Partizipation, die den Standard legitimiert, wird in Unternehmen erzeugt, indem sie beraten, wie sie die Erwartungen zu Nachhaltigkeit

umsetzen können. Zur Etablierung und Aufrechterhaltung von Standards beeinflussen die Nachhaltigkeitsratings auch die Werte der Unternehmen, indem sie
durch Logos oder Zertifikate einen symbolischen Wert erhalten. Dadurch wird
die normative Ausrichtung des Unternehmens beeinflusst (Slager et al. 2012,
S. 777 ff.). So können Strukturen und Machtverhältnisse in eine andere Richtung
ausgerichtet werden. Nach den Experten des befragten Unternehmens beschäftigt
sich das Unternehmen mit Nachhaltigkeitsratings, um eine höhere Reputation
zu erhalten (Interview U17, Pos. 39–40) und um die eigene Nachhaltigkeits-
strategie zu verändern (Interview U1, Pos. 20). Nachhaltigkeitsratingagenturen
prägen damit das Verständnis von Nachhaltigkeit und ermöglichen durch ihre
Konkretisierung von Nachhaltigkeit, dass Nachhaltigkeit in die Entscheidungsprämissen aufgenommen werden kann. Die Ableitung der abstrakt formulierten
Nachhaltigkeitsanforderungen der Nachhaltigkeitsratingagenturen kann von dem
untersuchten Unternehmen aber nur konkretisiert werden, wenn Zuständigkeiten
für die gesellschaftlichen Themen innerhalb des Unternehmens definiert werden (Interview U20, Pos. 17–18). Die Zuständigkeiten können einerseits aus der
Hierarchie entstehen, aber andererseits auch durch Eigeninitiative bedingt sein
(Interview U3, Pos. 64–65). Damit gesellschaftliche Themen im Unternehmen
verarbeitet werden können, muss also auch eine Übersetzungsleistung innerhalb
des Unternehmens erfolgen.

Grundsätzlich ermöglichen die Nachhaltigkeitsratingagenturen dem Unternehmen, seine Nachhaltigkeitsleistung extern (Interview U20, Pos. 22) und intern
(Interview U5, Pos. 25–26) darzustellen, wodurch die Erwartungen der Nachhaltigkeitsratingagenturen in Strategien, Ziele und Prozesse integriert werden können
(Interview U9, Pos. 92–97). Allerdings muss das Unternehmen die Erwartungen von Nachhaltigkeitsratings auch noch weiter konkretisieren, um Maßnahmen
abzuleiten (Interview U19, Pos. 45–48). Also können erst durch eine weitere
Konkretisierung unter Berücksichtigung von unternehmensspezifischen Eigenschaften Maßnahmen abgeleitet und die gesellschaftlichen Erwartungen in den
Entscheidungen berücksichtigt werden.

Aus einer neoinstitutionalistischen Perspektive wird deutlich, dass die Nachhaltigkeitsratings die Institution „Nachhaltigkeit" durch institutionelle Arbeit
mitgestalten und gleichzeitig durch ihre Konkretisierung von Nachhaltigkeit
Unternehmen beeinflussen. Nachhaltigkeitsratings übernehmen daher nicht nur
passiv die gesellschaftlichen Erwartungen, sondern prägen sie selbst mit, indem
sie in Form eines eigenen Standards die Gesellschaft und die gesellschaftlichen Auswirkungen nach einer eigenen Logik simplifiziert darstellen. Erst durch
diese Einschränkungen der Nachhaltigkeitsratingagenturen wird die Institution
„Nachhaltigkeit" für Entscheidungen in Unternehmen operationalisierbar. Aus

der systemtheoretischen Perspektive wird jedoch deutlich, dass Unternehmen als autopoietische Systeme die Erwartungen zu Nachhaltigkeit durch eigene Entscheidungen konkretisieren müssen, damit Unternehmen sie als Entscheidungsprämissen verwenden können. Die Generalisierungsfunktion der Nachhaltigkeitsratingagenturen beschränkt sich daher nicht nur auf die Institution „Nachhaltigkeit", sondern bezieht sich auch auf die Erwartungen an die Unternehmen. Denn die Anforderungen für Unternehmen, müssen so gestellt werden, dass sie so allgemein sind, dass Unternehmen mit unterschiedlichen Eigenschaften verglichen werden können und gleichzeitig müssen sie aber so konkret sein, dass die Anforderungen in die Entscheidungen der Unternehmen einfließen können. Nachhaltigkeitsratingagenturen müssen die Institution „Nachhaltigkeit" so übersetzen, dass sie von Unternehmen in den eigenen Entscheidungslogiken berücksichtigt werden können.

5.4.2 Generalisierung in Entscheidungen

Neben der Reflexionsfunktion der Nachhaltigkeitsratings besteht durch ihre Generalisierungsfunktion ein weiterer indirekter Einfluss der Nachhaltigkeitsratings auf die Entscheidungen der Unternehmen.

Mit der Transparenzforderung der Nachhaltigkeitsratings wird ein Anreiz bei Mitarbeitern erzeugt, sich mit gesellschaftlichen Themen auseinanderzusetzen (SustainAbility 2018, S. 8), und es wird eine Vielzahl an internen Stakeholdern in die Beantwortung involviert (Searcy und Elkhawas 2012, S. 86). In Unternehmen mit einer aktiven Konformität führen Nachhaltigkeitsratings zu einem höheren Bewusstsein, zu Lerneffekten und zur Einführung von Leitlinien (Clementino und Perkins 2021).

Slager (2015, S. 398) unterscheidet hinsichtlich der Reaktion der Unternehmen auf die Erwartungen der Nachhaltigkeitsratingagenturen zwischen einer performativen und einer ostensiven Reaktion. Mit der performativen Reaktion werden neue Leitlinien, Managementsysteme, Berichterstattungspraktiken erzeugt oder verändert. Die ostensive Reaktion bezieht sich auf die Entstehung oder Veränderung des gemeinsamen Verständnisses, welche gesellschaftliche Themen als wichtig zu erachten sind. Die Spannungen zwischen diesen beiden Ebenen werden durch Symbole reduziert. Ein Logo der Nachhaltigkeitsratings kann dazu verwendet werden, externen Adressaten die Qualität der Nachhaltigkeitsaktivitäten zu demonstrieren oder auch intern für eine Veränderung oder Verbesserung der Nachhaltigkeitsaktivitäten zu werben.

In einer Studie der Europäischen Kommission, Generaldirektion Finanzstabilität, Finanzdienstleistungen und Kapitalmarktunion (2021, S. 163) gaben die meisten Unternehmen an, dass sich die Reputation und Beziehung zu den aktuellen und potenziellen Investoren durch eine stärkere Berücksichtigung von Nachhaltigkeitsratings verbessert hat. Nachhaltigkeitsratings helfen dabei, die Perspektive von Investoren und anderen Stakeholdern besser zu verstehen. Sie können als Fundament der Wesentlichkeitsanalyse herangezogen werden und helfen bei der Entscheidung über die wesentlichen Themen der Zukunft.

Nachhaltigkeitsratingagenturen ermöglichen die Überführung von gesellschaftlichen Themen zu Nachhaltigkeitsthemen, sodass die Themen unter Nachhaltigkeit im Unternehmen kommuniziert werden können (Interview U14, Pos. 23–24). Nachhaltigkeitsratingagenturen tragen mit ihrer Generalisierungsfunktion daher auch zu einem einheitlichen Verständnis innerhalb des Unternehmens bei. Die Unternehmen nutzen die Nachhaltigkeitsratings als Spiegel, indem sie die an sie herangetragenen Stakeholdererwartungen vergleichen (Interview U11, Pos. 28) und bei Unterschieden auch strategische Ziele anpassen (Interview U19, Pos. 40–44):

Wir hatten in SAM die Empfehlung, durchaus zum Beispiel im Bereich Markenprozesse, Markenwerte ein NetPromotorScore auch nicht einzuführen, zu bedienen, der einfach nur sagt, wie viele Menschen empfehlen meine Marke, [...] um die, die unsere Marke ablehnen, habe ich mich nicht gekümmert, nachhaltig heißt aber nicht, dass ich mich nur um die guten kümmer, die uns ja sowieso mögen, sondern ich muss mich auch um die kümmern, die uns auch nicht mögen, weil das genau diejenigen sind, die das, was sie an uns nicht mögen, entsprechend auch weitertragen. So, das ist jetzt z. B. eine Kleinigkeit, kein großer Deal, aber wir haben das zum Beispiel an die Marktforschungsprozesse mit aufgenommen, [...] das ist bei uns zum Beispiel im A-Koffer drinnen, dass wir genau wissen wollen, wie ist unser NetPromtorScore, wie viele tatsächlich empfehlen die Marke weiter, jetzt also nicht als Bruttomenge, sondern als Nettomenge, wenn ich die bösen von den guten abziehe, wie viele bleiben noch übrig, das war jetzt eine kleine Veränderung, die wir gemacht haben, die durchaus, glaube ich, besser ist als reine Zufriedenheit, weil ich da eine Veränderung habe von 0,05 % im Jahr, und von 0,05 % im Jahr kann ich keine Maßnahmen ableiten.

Das ist schon eine Maßnahme die durch RobecoSAM...

.. Aufgedeckt wurde. Ja also es wurde gefordert in Anführungszeichen. Ich immer gesagt, wir haben doch Zufriedenheit, das reicht doch vollkommen, und dann aus einer necessity sag ich einfach mal, haben wir gesagt, komm, wir probieren das jetzt einfach mal aus, warum nicht, können wir machen, wir dachten, wir können mit unseren Indikatoren ganz gut leben, aber es war jetzt eine, würde ich sagen so vom handwerklichen her, das kann ich übernehmen, das ist gar keine schlechte Idee, die zum Beispiel ein Sam als Grundvoraussetzung in der Markenbewertung sieht, das hat hatten wir vorher nicht, aber das haben wir jetzt. [...] (Interview U19, Pos. 40–44)

Durch diesen Abgleich der Selbst- und Fremdbeschreibung beeinflussen die Nachhaltigkeitsratingagenturen das Unternehmen darin, welche gesellschaftliche Themen als wesentlich erachtet werden, um die gesellschaftlichen Auswirkungen des Unternehmens zu beschreiben.

Ein gegenseitiger Austausch zwischen Unternehmen und Nachhaltigkeitsratingagenturen ermöglicht es den Unternehmen, die gesellschaftlichen Erwartungen besser zu verstehen (Interview U8, Pos. 22). Der Austausch ermöglicht es den Unternehmen aber auch, ihre Erwartungen zu äußern und Einfluss auf die abgefragten gesellschaftlichen Themen der Nachhaltigkeitsratingagenturen zu nehmen:

> *Bei RobecoSAM kommen ab und an neue Fragestellungen in den Fragebogen, wir haben auch da, vielleicht noch mal zu der Frage zurückzukommen, wir haben auch hier die Möglichkeit, die Ratingkriterien mitzubestimmen. Also die Gelegenheit nehmen wir auch wahr, dass wir die Ratingkriterien, wo wir angefragt werden, dort auch mit beeinflussen können, unsere Expertise mit einbringen können, das machen wir auch über Econsense, beispielsweise, wo wir auch eine Arbeitsgruppe zu Ratings/Rankings haben, wo ab und an auch die Ratingagenturen mal zugegen sind und wo wir auch Feedback geben. In diesem Fall bei RobecoSAM ist es so, dass wir den Fragebogen auf vorher zugeschickt bekommen mit möglichen Fragen und diese kommentieren können, und da gehören wir auch mit zu den Unternehmen, die es auch schon seit einigen Jahren machen, und die Gelegenheit nehmen wir auch immer wahr. (Interview U1, Pos. 30)*

Dieser gegenseitige Erwartungsaustausch verstärkt ein einheitliches Nachhaltigkeitsverständnis. Die Anschlussfähigkeit wird dadurch im Unternehmen verbessert, wodurch Nachhaltigkeit leichter in das Unternehmen integriert werden kann.

Nachhaltigkeitsratingagenturen reduzieren die gesellschaftliche Komplexität, indem sie im Austausch mit NGOs (Interview N9, Pos. 20–21) die gesellschaftlichen Auswirkungen in einem Rating abbilden (Interview N7, Pos. 32). Der Aufwand für die Ermittlung von gesellschaftlichen Auswirkungen wird reduziert, indem Unternehmen und Investoren im Sinne der neuen Institutionenökonomik mit nur einem Stakeholder interagieren müssen (Interview N9, Pos. 21).

Nachhaltigkeitsratings führen also nicht nur zu einer höheren Reflexion, sondern sie tragen auch zu einem einheitlichen Verständnis von gesellschaftlichen Erwartungen sowohl innerhalb als auch außerhalb des Unternehmens bei. Sie fördern die Generalisierung von Nachhaltigkeit, da eine Einheit von Nachhaltigkeit erzeugt wird. Diese Einheit beschränkt die Auswahl der gesellschaftlichen Themen, wodurch gesellschaftliche Erwartungen klarer an Unternehmen adressiert werden können, sodass auch die Unternehmen diese gesellschaftlichen Erwartungen klarer und besser in ihren Entscheidungen und Entscheidungsprämissen zu berücksichtigen vermögen.

5.4.3 Grenzen der Generalisierungsfunktion

Es existieren Grenzen zum Einfluss der Nachhaltigkeitsratingagenturen auf die Unternehmen, die sowohl auf Grund der Unternehmen als auch der Nachhaltigkeitsratingagenturen bestehen. Im folgenden Abschnitt werden die Barrieren auf Seiten der Unternehmen beschrieben, die den Steuerungseinfluss behindern.

Neben Unternehmen mit einer passiven Konformität, bei der die Unternehmen ihre externe Berichterstattung verändern, und Unternehmen mit einer aktiven Konformität, die auch Prozesse und Verfahren innerhalb des Unternehmens verändern, gibt es auch passiv resistente Unternehmen, die Nachhaltigkeitsratings komplett ignorieren, und aktiv resistente, die versuchen, den Einfluss von Nachhaltigkeitsratings aktiv zu reduzieren. Da Unternehmen das Nachhaltigkeitsrating beeinflussen können, indem sie ihre Berichterstattung verändern, hat das zur Konsequenz, dass durch die Anfragen zwar die tatsächliche Nachhaltigkeitsleistung verändert werden könnte, dies aber nicht zwingend der Fall sein muss. Unternehmen können zwar das Ratingergebnis verbessern, indem sie ihre Nachhaltigkeitsleistung optimieren und darüber berichten, aber Unternehmen können das Ratingergebnis auch verbessern, indem sie die Berichterstattung im Sinne der Anforderungen der Nachhaltigkeitsratings ändern, ohne dass eine Veränderung der Nachhaltigkeitsleistung angestoßen wurde. Der Anreiz entsteht für Unternehmen besonders dadurch, dass die Veränderung der Berichterstattung günstiger und weniger aufwendig ist als eine wesentliche Änderung der Organisation in Richtung Nachhaltigkeit (Clementino und Perkins 2021).

Die befragten Unternehmen der Studie gaben an, dass die meisten Maßnahmen auf Grund der Anfragen der Nachhaltigkeitsratingagenturen in einer verbesserten Berichterstattung bestehen und weniger in einer direkten Verbesserung der Nachhaltigkeitsleistung. Denn Nachhaltigkeitsratings sind nur ein Einflussfaktor mit Bezug auf die Nachhaltigkeitsleitlinien, -praktiken und -performance, der aber meist nicht der bedeutendste ist (Clementino und Perkins 2021).

Die Europäische Kommission, Generaldirektion Finanzstabilität, Finanzdienstleistungen und Kapitalmarktunion (2021, S. 162) kommt mit der durchgeführten Umfrage jedoch zu dem Ergebnis, dass mehr als die Hälfte der Befragten glaubt, dass Nachhaltigkeitsratings sowohl einen deutlichen Einfluss darauf haben, wie

Nachhaltigkeit gemanagt wird, als auch darauf, wie über Nachhaltigkeit berichtet wird.

Eine Grenze für den Einfluss der Nachhaltigkeitsratings hinsichtlich einer stärkeren Berücksichtigung von gesellschaftlichen Aspekten in den Entscheidungen der Unternehmen entsteht dadurch, dass Unternehmen unterschiedlich mit den Erwartungen der Nachhaltigkeitsratingagenturen umgehen. Während einige Unternehmen die Erwartungen nutzen, um im Unternehmen eine begrenzte Reflexion zu fördern, nehmen andere Unternehmen diese wohlwollend zur Kenntnis – bis hin zu einer vollständigen Ignoranz der Erwartungen (Interview N2, Pos. 29–30). Darüber hinaus gibt es Unternehmen, die sich auf die Beantwortung der Fragen der Nachhaltigkeitsratingagenturen beschränken, um möglichst eine positive Kommunikation zu erzielen, ohne einen grundlegenden Wandel einzugehen.

RWE ist so ein Beispiel, die haben jahrelang, auf jeden Fall, wir sind ja total transparent, wir erzählen alles, wir machen aber nichts, die waren immer superfreundlich, der CEO hat bei uns auf einem Event gesprochen, aber das Unternehmen ist trotzdem vor die Wand gefahren, wie auch immer. (Interview N2, Pos. 16)

Die Irritation der Nachhaltigkeitsratingagenturen führt daher bei jedem Unternehmen zu einer unterschiedlichen Resonanz.

Andererseits ist der Einfluss der Nachhaltigkeitsratingagenturen auf die Unternehmen durch die Nachhaltigkeitsratingagenturen selbst beschränkt. Durch die begrenzte Auswahl an gesellschaftliche Themen können Nachhaltigkeitsratings nur einen Teil der Realität sichtbar machen (Interview U12, Pos. 21–22). Da die Organisation und ihre gesellschaftlichen Auswirkungen aufgrund der Komplexität nicht vollständig abgebildet werden können, ist es auch nicht klar, ob Nachhaltigkeitsratings zu einer nachhaltigen Entwicklung beitragen (Interview N1, Pos. 36). Die begrenzte Perspektive auf die Gesellschaft birgt das Risiko, dass Unternehmen in eine falsche Richtung der Evolution gelenkt werden, in der unerwartete Nebenfolgen auftreten können. Grundsätzlich bleibt es aufgrund der gesellschaftlichen Komplexität unmöglich, die gesellschaftlichen Auswirkungen von Unternehmen vollständig zu ermitteln.

Zudem haben die Nachhaltigkeitsratings nur einen begrenzten Einfluss auf die Berücksichtigung von gesellschaftlichen Aspekten in Entscheidungen, da auch andere Einflüsse auf die Evolution einer sinnvollen Organisation wirken. Das Nachhaltigkeitsverständnis wird zwar stark durch die Nachhaltigkeitsratingagenturen geprägt, aber es wird auch durch eine Vielzahl weiterer Akteure wie Politik und NGOs beeinflusst (Avetisyan und Hockerts 2017, S. 316 ff.). Deutlich wird das auch anhand der Vielzahl an unterschiedlichen Treibern, die die nachhaltige Ausrichtung des Unternehmens beeinflussen (siehe Abschnitt 5.2.2). So sind die gesellschaftlichen Themen, die von Nachhaltigkeitsratingagenturen abgefragt werden, dem Unternehmen bereits bekannt (Interview U11, Pos. 41–42), da die gesellschaftlichen Erwartungen schon durch andere Stakeholder adressiert wurden (Interview U6, Pos. 57–58). Dabei sehen die Nachhaltigkeitsratingagenturen selbst NGOs (Interview N4, Pos. 42) und die Politik (Interview N9, Pos. 21) als wichtige Stakeholder, die gesellschaftliche Erwartungen an Unternehmen stellen. Da Unternehmen selbst entscheiden, welche Anforderungen wie umgesetzt werden (Interview N5, Pos. 47), können die Nachhaltigkeitsratingagenturen keine Forderungen stellen, sondern nur Empfehlungen aussprechen.

Was wir nicht machen möchten, ist eigentlich ein konfrontierendes Gespräch sozusagen mit den Firmen, wir sehen uns eher als Partner, das den Unternehmen den Spiegel vorhält, wir überlassen es dann aber auch in einem gewissen Maße den Unternehmen, die Prioritäten zu setzen, es kann ja einen Grund haben, warum man in einem Kriterium nicht so gut ist wie die Konkurrenten, vielleicht ist das Businessmodell vielleicht etwas anders oder was weiß ich was, man hat eine Akquisition getätigt, und die ist noch nicht voll integriert und das wissen die Unternehmen dann besser, aber ich glaube, wir haben einen sehr großen Einfluss. (Interview N6, Pos. 17–18)

Eine Einschränkung des Einflusses der Nachhaltigkeitsratingagenturen auf Unternehmen beruht also darauf, dass Unternehmen selbststeuernde Systeme sind. Sie befinden sich selbst in einer komplexen Umwelt mit vielen anderen Systemen, weshalb die Nachhaltigkeitsratingagenturen sie nur irritieren, aber nicht direkt steuern können. Unternehmen entscheiden selbst darüber, mit welcher Resonanz sie auf die vielfältigen Irritationen reagieren. Die Generalisierungsfunktion der Nachhaltigkeitsratings wird also beschränkt, indem Unternehmen unterschiedlich mit den gesellschaftlichen Erwartungen, die die Nachhaltigkeitsratingagenturen an die Unternehmen herantragen, umgehen. Die Irritation der Nachhaltigkeitsratingagenturen führt bei Unternehmen zu einer unterschiedlichen Resonanz. Unternehmen übernehmen als selbstreferenzielle Systeme nicht alle Erwartungen. Zudem können die Nachhaltigkeitsratingagenturen die gesellschaftlichen Auswirkungen aufgrund der Komplexität nicht vollständig abbilden, was dazu führen kann, dass wesentliche negative gesellschaftliche Auswirkungen nicht bewertet und daher von den Unternehmen auch nicht verändert werden. Zudem ist die Steuerungsfähigkeit der Nachhaltigkeitsratingagenturen begrenzt, da Unternehmen eigenständige Systeme mit vielfältigen Einflüssen sind, die sich nicht direkt steuern lassen. Neben den Nachhaltigkeitsratingagenturen erzeugen auch andere Stakeholder des Unternehmens eine Irritation für eine begrenzte Reflexion, die bei den Unternehmen auf Resonanz stoßen kann. Welches Nachhaltigkeitsverständnis von welchen Stakeholdern übernommen wird, ist abhängig von der Beobachtungsperspektive der Unternehmen. Eine weitere Konkretisierung der Institution „Nachhaltigkeit" erfolgt daher in den Unternehmen und kann durch die Nachhaltigkeitsratingagenturen nicht gesteuert werden.

Zusammenfassend lassen sich die Generalisierungsfunktion von Nachhaltigkeitsratings und deren Auswirkung auf die Wirtschaftsorganisation Unternehmen sowohl aus einem rational-kalkulatorischen Institutionenverständnis der Institutionenökonomie als auch aus einem eher kulturalistischen Institutionenverständnis durch den soziologischen Institutionalismus beschreiben.

Nachhaltigkeitsratings sorgen aus der Perspektive der neuen Institutionenökonomik für zwei Arten der Reduzierung von Transaktionskosten. Sie reduzieren den Datenerhebungsaufwand von Unternehmen, da sie zu einer Standardisierung von Nachhaltigkeitsberichterstattungsstandards beitragen und damit die Vielzahl der Darstellungsmöglichkeiten reduzieren. Zudem wird der Aufwand von Investoren und anderen Stakeholdern reduziert, da nur einmal eine Bewertung der gesellschaftlichen Auswirkung der Unternehmen erstellt wird, die aber an eine Vielzahl an Interessenten weitergereicht werden kann. Bestehende Standards werden von den Nachhaltigkeitsratings noch weiter reduziert, indem sie eigene Entscheidungen über die Auswahl und Priorisierung von gesellschaftlichen Themen treffen. Mit ihrer Generalisierungsfunktion konkretisieren sie die Institution „Nachhaltigkeit" und sorgen damit für Erwartungssicherheit bei Unternehmen.

Nicht nur Wirtschaftlichkeit im Sinne der neuen Institutionenökonomie dient als Orientierung für Entscheidungen. Im Sinne des soziologischen Institutionalismus können Entscheidungsprämissen auch durch gesellschaftliche Aspekte der Institution „Nachhaltigkeit" beeinflusst werden. Mit dem Bezug auf möglichst viele Stakeholder wird der Schein erzeugt, dass alle gesellschaftlichen Erwartungen von den Nachhaltigkeitsratingagenturen erfasst werden können. Durch diese strukturelle Latenz werden eine funktionsübergreifende Kommunikation und Interpenetration möglich. Denn neben den Erwartungen von NGOs an Unternehmen übertragen Nachhaltigkeitsratings auch die wirtschaftlichen Restriktionen der Unternehmen an NGOs. Auf diese Weise sorgen sie mit einem gegenseitigen Erwartungsaustausch für ein einheitliches Verständnis von Nachhaltigkeit. Damit Unternehmen gesellschaftliche Aspekte in ihren Entscheidungen berücksichtigen, reicht eine Orientierung und Beeinflussung der Institution „Nachhaltigkeit" nicht aus, sondern Nachhaltigkeitsratings müssen diese Institutionen auch weiter konkretisieren, damit sie von Unternehmen verarbeitet werden können. Die Konkretisierung der Institution „Nachhaltigkeit" durch die Nachhaltigkeitsratingagenturen muss aber auch noch von den Unternehmen weiter konkretisiert werden, damit sie in den unternehmensspezifischen Entscheidungen berücksichtigt werden können.

Nachhaltigkeitsratings beeinflussen durch ihre Generalisierungsfunktion indirekt die Entscheidungen von Unternehmen, indem die erzeugte Einheit von Nachhaltigkeit die Auswahl der gesellschaftlichen Themen beschränkt, wodurch gesellschaftliche Erwartungen klarer an Unternehmen adressiert werden können. Damit vermögen die Unternehmen auch, diese gesellschaftlichen Erwartungen besser in ihren Entscheidungsprämissen und Entscheidungen zu berücksichtigen.

Allerdings sind Nachhaltigkeitsratingagenturen nicht die einzigen Akteure, die das einheitliche Verständnis von Nachhaltigkeit prägen. Nachhaltigkeitsratings beeinflussen das Verständnis von Nachhaltigkeit in Unternehmen und stoßen dort Veränderungen an. Dabei handelt es sich jedoch nicht um einen direkten Steuerungseingriff, da die Unternehmen als autopoietisches System eine eigene Auslegung der Institution „Nachhaltigkeit" vornehmen. Allerdings lassen sie sich aber zumindest von den Nachhaltigkeitsratingagenturen beeinflussen.

Durch diese Generalisierungsfunktion von Nachhaltigkeit können die Nachhaltigkeitsratings die Pfadkreation für die Evolution einer Wirtschaft mit begrenzter Reflexion stabilisieren.

5.5 Selbststeuerung der Wirtschaft mit begrenzter Reflexion durch Nachhaltigkeitsratings

Die begrenzte Reflexion durch Nachhaltigkeitsratings ermöglicht einen Reentry der Gesellschaft in die Wirtschaft und trägt zur Selbststeuerung der Wirtschaft bei.

In diesem Kapitel wird beschrieben, wie Nachhaltigkeitsratings die Differenz zwischen Wirtschaft und Gesellschaft durch einen Fokus auf wirtschaftliche Gesellschaftsthemen auflösen, ferner wird aufgezeigt, wie Entscheidungsprämissen mit begrenzter Reflexion durch Nachhaltigkeitsratings in Unternehmen entstehen. Diese Selbststeuerung mithilfe der Nachhaltigkeitsratings hat jedoch Grenzen, weshalb auch Möglichkeiten zur Fremdsteuerung aufgezeigt werden.

5.5.1 Reentry der Gesellschaft in das Wirtschaftssystem durch wirtschaftlich relevante Gesellschaftsthemen

Nachhaltigkeitsratings ermöglichen durch den Fokus auf wirtschaftliche Gesellschaftsthemen einen Reentry der Gesellschaft in das Wirtschaftssystem, indem der Fokus auf wirtschaftliche Gesellschaftsthemen gelegt wird.

Organisationen orientieren sich bei ihren Entscheidungen nicht nur an Erwartungen, sondern auch an dem Funktionssystem, dem sie zugehören. Auch Unternehmen richten ihre Entscheidungen am Wirtschaftssystem aus, da die Aufrechterhaltung ihrer Autopoiesis an die Zahlungsfähigkeit geknüpft ist (siehe Abschnitt 2.2.2 und 4.3.1). Für die Berücksichtigung der Gesellschaft über die Orientierung an dem Wirtschaftscode von Zahlen und Nichtzahlen in Unternehmen spielt das Finanzsystem eine entscheidende Rolle.

Banken und Investoren spielen durch ihre Finanzierungsfunktion eine wesentliche Rolle in der Kapitalallokation. Da die Kapitalmarktakteure eine zentrale Rolle im Wirtschaftssystem übernehmen, kommt diese Bedeutung auch der nachhaltigen Entwicklung zu. Banken und Investoren können daher sowohl als Haupttreiber als auch als wesentliche Barriere betrachtet werden (Busch et al. 2016, S. 320).

Durch die eingesetzten Instrumente könnten negative Externalitäten entstehen, sie können aber auch zu einer stärkeren Berücksichtigung der Gesellschaft führen (Myklebust 2013, S. 45 f.). Durch die Veränderung der Investitionen und die Refinanzierungskosten kann die Finanzwirtschaft Einfluss auf die Ressourcenallokation ausüben und Ressourcen in Wirtschaftsaktivitäten mit besseren gesellschaftlichen Auswirkungen lenken (United Nations Environment Programme (UNEP) und World Bank Group 2017, 27 f.).

Die Veränderungen in der Realwirtschaft kann die Finanzwirtschaft durch die aus Veränderung der Investitionen und Finanzierungskosten angepassten Unternehmensentscheidungen erzielen.

Der Finanzsektor kann die gesellschaftlichen Auswirkungen der Realwirtschaft beeinflussen, da Unternehmen, die als nachhaltig gelten, eher in der Lage sind, Kapital zu beziehen. Unternehmen versuchen also, ihre gesellschaftlichen Auswirkungen zu verbessern, um bessere Refinanzierungsmöglichkeiten zu erhalten (Delmas und Blass 2010, S. 246).

Die Kapitalallokation durch Investoren kann sowohl einen Anreiz für eine Veränderung der Unternehmen schaffen als auch zu einem Wachstum der Unternehmen beitragen. Der Anreiz der Veränderung entsteht entweder aus der Investition in besonders nachhaltigen Unternehmen oder dem Ausschluss von

besonders nichtnachhaltigen Unternehmen. Beides kann Einfluss auf die Vermögenswerte haben (Heinkel et al. 2001; Fama und French 2007; Luo und Balvers
2017).

Die Entscheidungen in den Unternehmen werden durch die Kapitalallokation
der Finanzwirtschaft beeinflusst, da die wirtschaftlichen Organisationen durch
die Aufrechterhaltung der Zahlungsfähigkeit besonders vom Wirtschaftssystem
abhängen. Die Bedeutung der Nachhaltigkeitsratings für die Kapitalallokation
der Finanzwirtschaft hängt stark von der Marktentwicklung von nachhaltigem
Investment ab.

Der globale Markt für nachhaltige Investments umfasste unter Berücksichtigung aller Anlagestrategien im Jahr 2020 ca. 35,3 Billionen US-Dollar. Im
Vergleich zu 2018 verzeichnete der Markt ein Wachstum in Höhe von 15 %.
Insgesamt umfasst dieser Markt mittlerweile 35,9 % aller professionell verwalteten Vermögen (Global Sustainable Investment Alliance (GSIA) 2021, S. 9). Zwar
handelt es sich um ein starkes Wachstum, aber es ist zu erwähnen, dass es sich
hierbei um ein breites Verständnis von nachhaltigen Investments handelt, wodurch
auch Anlagen mit geringen Nachhaltigkeitsanforderungen enthalten sind. Zudem
bedeutet dies, dass in der Mehrheit der global verwalteten Vermögen weiterhin
noch keine Nachhaltigkeitskriterien berücksichtigt werden.

Zu den aktuellen Treibern in Europa gehören der EU-Aktionsplan für nachhaltiges Wachstum, Industrieinitiativen, die eine höhere Nachhaltigkeitsleistung
anstreben, und eine höhere Nachfrage von Privatlegern (Global Sustainable
Investment Alliance (GSIA) 2021, S. 15). Es gibt sehr unterschiedliche Motive,
warum Investoren nachhaltig investieren. Das reicht von einer besseren Einschätzung finanzieller Risiken bis hin zu einer Förderung der nachhaltigen
Entwicklung (Busch et al. 2016, S. 305). Wissenschaftliche Studien und die
Erkenntnis, dass die Berücksichtigung von gesellschaftlichen Aspekten auch mit
einer wirtschaftlichen Logik kompatibel ist, haben Investoren dazu motiviert,
sich stärker mit gesellschaftlichen Themen auseinanderzusetzen (Interview N9,
Pos. 19). Als ein entscheidender Triggermoment für die Evolution eines nachhaltigen Finanzsystems kann die Finanzkrise gesehen werden (Puaschunder 2016,
S. 40 ff.). Im Sinne einer externen Irritation wurde aufgezeigt, dass ein Umdenken
auf eine langfristige Perspektive unter Berücksichtigung von gesellschaftlichen
Themen notwendig ist (Interview N1, Pos. 4). Eine wesentliche Voraussetzung
sind entsprechende Informationen, die durch die zunehmende Digitalisierung und
Vernetzung im Rahmen der Nachhaltigkeitsratings aufbereitet werden können.

*Um die Finanzwelt ein bisschen zu verteidigen, es war bisher auch schwer für Finanz-
analysten, Rahmen und Tools zur Verfügung zu haben, um mit dem Thema überhaupt*

umgehen zu können, Menschenrechtsexperten oder Klimaexperten, die haben natürlich ihre speziellen Tools und die schwören auch drauf, aber für Finanzanalysten, die eh wenig Zeit haben, die wollen am liebsten of the shelf ready to apply framework haben. Eine Linse, die ihnen alles gibt, und sowas gab es bisher noch nicht, das hat auch damit zu tun, dass die Dateninfrastruktur bisher so imperfect war, dass es unheimlich schwierig war, das umzusetzen in finanzrelevante risikoadjusted perspectives, und das ändert sich ja, das ist meines Erachtens der große Wandel, das ist die Data Revolution, dass die Verfügbarkeit von Information sich immer mehr verbessert, die ist nach wie vor imperfect, aber sie wird immer besser und sie wird mit Sicherheit auch besser werden, weil Transparenz und Informationsverfügbarkeit wie technologischer Wandel irreversibel sind, von daher gehe ich davon aus, dass diese Faktoren eine immer größere Rolle spielen werden, in der Finanzwelt, in den Entscheidungen, wie Kapital allokiert wird, wie Risiken eingeschätzt werden, keine Frage. Das ist die Zukunft. (Interview N1, Pos. 28)

Die steigende Bedeutung von Nachhaltigkeitsratings durch einen wachsenden Markt für nachhaltige Investments (Interview N3, Pos. 60) kann jedoch durch wirtschaftliche, technische und regulatorische Effekte gedämpft oder aufgehoben werden. Der zunehmende Wettbewerb und die Konsolidierungswelle (siehe Abschnitt 4.3.2) stellen insbesondere für kleinere Nachhaltigkeitsratingagenturen eine Bedrohung dar (Interview N5, Pos. 61). Erhöht wird dieser Druck durch neue Technologien wie den Einsatz von cognitive computing (Interview N8, Pos. 2), die zumindest einen Teil der Nachhaltigkeitsratings überflüssig machen könnten (Interview N8, Pos. 27–29).

Die zunehmende Bedeutung des Finanzmarktes für Nachhaltigkeit wird auch anhand der Ausrichtung der Nachhaltigkeitsratings ersichtlich. Nachhaltigkeitsratings sind einerseits NGOs, also eine soziale Bewegung, die sehr netzwerkartig organisiert ist (Interview N10, Pos. 5–8). Aber andererseits sind Nachhaltigkeitsratings wirtschaftliche Organisationen (Interview N4, Pos. 1–2), die auch nach dem Systemcode der Wirtschaft operieren. Systemtheoretisch betrachtet sind Nachhaltigkeitsratingagenturen damit ein Hybridsystem aus sozialer Bewegung und Wirtschaftsorganisation. Die Zielgruppe sind überwiegend Investoren, was im Grunde für einen Shareholder-Value-Ansatz und einen starken Finanzfokus spricht. Gleichzeitig richten sie sich auch an unterschiedliche Stakeholder und berücksichtigen deren Erwartungen (Interview N4, Pos. 3–4). Im Sinne eines Stakeholder Values stehen hier gesellschaftliche Themen im Vordergrund, das heißt, die Nachhaltigkeitsratings integrieren Akteure aus anderen gesellschaftlichen Funktionssystemen in das Wirtschaftssystem. Diese hybride Eigenschaft spiegelt sich auch in der Ausrichtung der Nachhaltigkeitsratings wider. Als Ziel verfolgen die Nachhaltigkeitsratings zum einen eine nachhaltige Entwicklung der Gesellschaft: „Unsere Ratingagentur hat in seinem Mission Statement festgelegt, dass wir die nachhaltige Entwicklung im Rahmen unseres Einflussbereiches global fördern wollen." (Interview N7, Pos. 1–2) Zum anderen sind sie aber auch bestrebt, wirtschaftliche Effekte durch Nachhaltigkeit zu identifizieren (Interview N6, Pos. 2).

> *Früher waren unsere Kunden vor allem ethisch motiviert und die hatten einfach klare Filter, wo sie gesagt haben, das materielle ist jetzt nicht so wichtig, sondern es ist die Haltung dahinter, und inzwischen sind mehr und mehr unsere Kunden kommen aus dem Mainstream und sagen, Nachhaltigkeit ist wichtig, aber eher vielleicht aus der Ecke, also einmal Reputationsmanagement, dieses Risiko und ja jetzt mehr und mehr eben auch materielle Risiken in Form von Strafen, und denen ist das jetzt, ja genau, also das sind so die zwei Kundentypen, die wir haben, und der Trend geht eben schon zum Mainstream. (Interview N3, Pos. 11–12)*

Allerdings spielt die finanzielle Materialität bei den Nachhaltigkeitsratingagenturen eine immer größere Rolle (Interview N3, Pos. 10) und wird zunehmend zur Entscheidungsprämisse für das Ratingergebnis, da sie sowohl bei der Auswahl der gesellschaftlichen Themen (Interview N6, Pos. 10) als auch bei der Gewichtung der Themen zunehmend ausschlaggebend wird (Interview N1, Pos. 24). Durch den stärkeren Fokus auf Wirtschaftlichkeit lösen Nachhaltigkeitsratings die Paradoxie der Differenz aus Wirtschaft und Gesellschaft auf, indem sie sich für die eine (wirtschaftliche) Seite entscheiden. Während einige Nachhaltigkeitsratings explizit die Entwicklung einer nachhaltigen Gesellschaft anstreben und sich damit auf die Seite der Gesellschaft beziehen, richten die meisten Nachhaltigkeitsratingagenturen den Fokus auf Investoren und die wirtschaftlichen Effekte durch Nachhaltigkeit, weshalb sich diese Nachhaltigkeitsratingagenturen stärker an der wirtschaftlichen Seite der Differenz orientieren. Mit dem Fokus auf die wirtschaftliche Logik können Nachhaltigkeitsratings eine höhere Legitimität für die Berücksichtigung der Gesellschaft im Wirtschaftssystem erzeugen. Der scheinbare Widerspruch zwischen Wirtschaft und Gesellschaft wird aufgelöst, indem die Gesellschaft als wirtschaftlich dargestellt wird.

5.5.2 Begrenzte Reflexion in Entscheidungen

Der Fokus auf wirtschaftliche Gesellschaftsthemen durch die Nachhaltigkeitsratings ermöglicht, dass Unternehmen ihre Entscheidungsprämissen in Richtung einer begrenzten Reflexion verändern, da die Unternehmen zahlungsfähig bleiben müssen. Durch den wirtschaftlichen Fokus erhalten die Nachhaltigkeitsratingagenturen einen direkten Einfluss auf die Entscheidungen der Unternehmen.

Nachhaltigkeitsratings üben Einfluss auf die Nachhaltigkeit von Unternehmen aus, da sie durch den Best-in-Class-Ansatz, also durch eine branchenbezogene Bewertung und die Wettbewerbsorientierung im Sinne des Top-Runners-Ansatzes, der den Bewertungsmaßstab abhängig vom besten Unternehmen festlegt, zunehmend Druck ausüben, wodurch Unternehmen die besten Praktiken zur Verbesserung der gesellschaftlichen Auswirkungen adaptieren (Scalet und Kelly 2010, S. 73 f.).

In Unternehmen mit einer aktiven Konformität führen Nachhaltigkeitsratings zu einer Veränderung der Organisationstruktur und der Anreizsysteme. Außerdem bewirken Nachhaltigkeitsratings in solchen Unternehmen die Erstellung von Wettbewerbsvergleiche, die zu einem nachhaltigeren Verhalten des Unternehmens führen. Nachhaltigkeitsratings können in bestimmten Fällen zur Berücksichtigung von neuen Nachhaltigkeitsthemen in den Praktiken und Strategien führen, zudem kann eine interne Organisationsveränderung eine effektivere Operationalisierung von Nachhaltigkeit bewirken und zur Einschätzung der strategischen Bedeutung von Nachhaltigkeit herangezogen werden (Clementino und Perkins 2021).

Nach der Unternehmensbefragung der Europäischen Kommission, Generaldirektion Finanzstabilität, Finanzdienstleistungen und Kapitalmarktunion (2021, S. 163) beeinflusst die stärkere Berücksichtigung von Nachhaltigkeitsratings seitens der Investoren auch das obere Management und schafft einen Anreiz besser zu werden. Sie helfen zudem dabei, Verbesserungen in der Performance oder im Risikomanagement zu identifizieren, und ermöglichen einen Wettbewerbsvergleich mit Konkurrenten.

Die höhere Reflexion von gesellschaftlichen Auswirkungen von Unternehmen und die Einigung auf wesentliche Themen durch die Generalisierung von Nachhaltigkeit ermöglichen einen Vergleich der gesellschaftlichen Auswirkungen unterschiedlicher Unternehmen, der durch die Wettbewerbsorientierung zu einem kontinuierlichen Verbesserungsprozess der Unternehmen führt (Interview N2, Pos. 4).

Unternehmen prüfen zuerst, ob eine Verbesserung des Ratings durch eine kommunikative Maßnahme möglich ist. Falls dies nicht möglich ist, bemühen sie sich um eine Veränderung des Unternehmens (Interview N2, Pos. 4). Dafür vergleichen sie auch ihre gesellschaftlichen Auswirkungen mit den Wettbewerbern (Interview U18, Pos. 24). Dies stellt eine Übertragung des Marktprinzips von einer rein wirtschaftlichen Dimension auf vielfältige gesellschaftliche Aspekte dar. Das Marktprinzip wird nun nicht mehr nur für die Entfaltung der Wirtschaft genutzt, sondern es dient auch einer kontinuierlichen Verbesserung von gesellschaftlichen Aspekten, wodurch ein Beitrag zu einer Wirtschaft mit begrenzter Reflexion geleistet wird.

Durch die veränderte Wettbewerbsorientierung und den kontinuierlichen Verbesserungsprozess wird es für das Unternehmen möglich, Entscheidungsprämissen zu ändern. Der Einfluss von Nachhaltigkeitsratings auf Entscheidungsprämissen wird besonders anhand der Veränderung von Strategien ersichtlich.

Sie wollen darauf hinaus das die Ratings einen Einfluss haben auf das, was wir im Unternehmen getan haben. Ich glaube, das ist schon so, weil bei Think.blue Factory, dem Umweltprogramm für die Produktion, wir natürlich geschaut haben, auf was schauen die Ratings, und die fünf Kennzahlen, die da entstanden sind, nachdem wir das Messen das sind schon für Ratings relevante Kennzahlen gewesen. Also da haben wir uns ganz klar leiten lassen. Das kann man eindeutig sagen, dass die Umweltkennzahlen der Produktion aus den Ratingkriterien abgeleitet sind. (Interview U9, Pos. 31–32)

Dies geht so weit, dass Nachhaltigkeitsratingagenturen mit den Unternehmen gemeinsam über die strategischen Ziele der Unternehmen diskutieren, wodurch Entscheidungen im Unternehmen verändert werden.

Die Zielfrage hat, seitdem wir sie jetzt geändert haben, ich glaube 80 % der deutschen [XX] Teilnehmer sind jetzt dabei, sich neue Ziele zu setzen, mit unterschiedlichen Zeithorizont, bis es fertig wird, aber da habe ich im letzten Jahr viele Gespräche auch geführt, wie die dann auch aussehen müssen usw. und auch Scope drei, wie gesagt, die Banken sind ein schönes Beispiel, die sich da immer gewehrt haben, wo man aber erst über Score drei eben wirklich auch erst wieder mit Zahlen klar machen kann, wait a minute, ihr investiert einfach eure Zeit völlig falsch, die Energie, die ihr verbringt, die Bankfiliale grün zu machen, was schön ist, aber diese Energie reingesteckt in die Frage, wie viel Kohlekraftwerke finanziere ich dann, ist der Hebel einfach mal tausendmal so groß, das geht wirklich bis zu Metty-pretty-Geschichten, also ich habe Unternehmen, die mich dann im Dezember anrufen und sagen, hör mal ganz kurz ändert sich etwas im Scoring nächstes Jahr oder nicht, weil wenn nicht, dann würden wir gerne schnell hier noch mal 40.000 t Renewable-Energy-Zertifikate kaufen, damit wir nächstes Jahr den Score schaffen. Gibt es auch, im Dezember, Zack. Und dann hat man plötzlich da für eine kurze Spitze in der Ökostromnachfrage gesorgt. (Interview N2, Pos. 32)

Nachhaltigkeitsratingagenturen haben aber auch Einfluss auf die Vergütungsstrukturen von Unternehmen:

Wir stellen auch fest, dass eine zunehmende Anzahl von Unternehmen die Entlohnung der Charter-Mitarbeiter anbindet an das Abschneiden in unserem Fragebogen, und das ist natürlich eine große Motivation dann auch für die entsprechenden Leute, diese Themen voranzutreiben in den Firmen, es gibt zum Beispiel eine größere Versicherung in Europa, und die seit letztem Jahr, die den Bonus für 7000 Mitarbeiter teilweise an unseren Fragebogen angeknüpft hat, das zeigt schon ein bisschen die Wirkung, die wir haben können, und hat aber auch natürlich zur Folge, dass wir sehr genau arbeiten müssen, das ist auch ein Grund, warum wir den ganzen Fragebogen oder das ganze Prozedere auditieren lassen von unabhängiger Stelle, um einfach sicherzustellen, dass die Qualität im Fragebogen stimmt. (Interview N6, Pos. 18)

Die Veränderung von Entscheidungsprämissen führt zu einer stärkeren Berücksichtigung von gesellschaftlichen Themen in den Entscheidungen bzw. Operationen der Wirtschaftsorganisation, indem der Möglichkeitshorizont der Entscheidungen eingeschränkt wird. Damit werden die Entscheidungen ausgeschlossen, die zwar individuell für die Organisation einen kurzfristigen Vorteil erzeugen, aber langfristig die Möglichkeiten der gesellschaftlichen Systeme einschränken und zu einer Selbstgefährdung der Gesellschaft führen und auch Grundlagen für die Fortsetzung der organisatorischen Autopoiesis zerstören würden, da die Organisation weiterhin durch Interpenetration auf die anderen Systeme angewiesen bleibt.

Wie bereits unter Abschnitt 4.3.1 beschrieben, wird auch bei der empirischen Untersuchung deutlich, dass gesellschaftliche Aspekte nur unter Berücksichtigung des wirtschaftlichen Codes in Form von Zahlungen und Nichtzahlungen im Wirtschaftssystem eingebracht werden können. Das untersuchte Unternehmen bearbeitet Nachhaltigkeitsratings und versucht dort eine bessere Bewertung über die gesellschaftlichen Auswirkungen zu erhalten, da es sich dadurch eine Reduktion von Risiken und eine Reputationssteigerung (Interview U17, Pos. 14) sowie Wettbewerbs- und Innovationsvorteile erhofft (Interview U18, Pos. 24). So können beispielsweise die Nachhaltigkeitsbemühungen des Unternehmens besonders gut durch einen Bezug auf den Wettbewerber in Verbindung mit einem unabhängigen Nachhaltigkeitsrating demonstriert werden.

Die Gründe sind relativ einfach, die Gründe sind einfach die, wenn ich ein Ziel habe wie beispielsweise „Wir wollen im Vergleich zum Wettbewerb besser sein im Bereich Umwelt oder Nachhaltigkeit", dann muss ich mich mit solchen Ratings auseinandersetzen, das ist der intrinsische Treiber, und es gibt auch kein besseren Beleg dafür im Wettbewerbsumfeld, zum Beispiel zu sagen „Ich bin jetzt ökologisch oder nachhaltigkeitsmäßig Nummer eins, Nummer zwei, Nummer drei im Vergleich zum Wettbewerb", als mir das durch ein renommiertes anerkanntes und unabhängiges Rating bestätigen zu lassen, das ist einer der zentralen Treiber. (Interview U11, Pos. 23–24)

Indem das Unternehmen nicht alle Anforderungen der Nachhaltigkeitsratingagentur umsetzt, erfolgt eine Auswahl der gesellschaftlichen Erwartungen auf Basis von Wirtschaftlichkeit. Die Vielzahl an Möglichkeiten, wie die Gesellschaft in der Wirtschaft berücksichtigt wird, wird durch die wirtschaftliche Logik innerhalb des

Unternehmens begrenzt. Der Marktmechanismus im Sinne einer effizienten Ressourcenallokation wird somit auf gesellschaftliche Aspekte angewendet und sorgt
dafür, dass gesellschaftliche Ziele ökonomisch effizient erreicht werden. Nachhaltigkeitsratings eröffnen die Möglichkeit, dass gesellschaftliche Themen stärker
im Wirtschaftssystem berücksichtigt werden, da die Nachhaltigkeitsratings mit
einem Bezug auf die Investoren einen hohen Druck auf die Unternehmen ausüben
können (Interview U7, Pos. 47–48). Denn über Investoren wird die Ressourcenallokation bestimmt und damit auch die Zahlungsfähigkeit der Unternehmen
beeinflusst (Interview U5, Pos. 62).

Damit eröffnet insbesondere der wirtschaftsorientierte Fokus auf gesellschaftliche Aspekte einen guten Ansatzpunkt, gesellschaftliche Aspekte im
Wirtschaftssystem zu adressieren. Gleichzeitig bedeutet das allerdings auch,
dass Unternehmen nur die wirtschaftlichen Gesellschaftsaspekte berücksichtigen
können, was den Einfluss der Nachhaltigkeitsratingagenturen beschränkt.

> *Und da ist der Punkt, wo ich sage, an den Stellen bewegen sich Dinge und an den*
> *Stellen, wo der Verbrauch oder die Verschmutzung nichts kostet, bewegen sich Dinge*
> *eben nicht, und deshalb glaube ich nicht, dass Nachhaltigkeit im Unternehmensumfeld*
> *so ein Selbstläufer ist, dass Menschen sagen oder Entscheider sagen „Wir wollen*
> *nachhaltig sein, deswegen machen wir die Dinge so oder anders", sondern der Fokus*
> *liegt auf der kaufmännischen Perspektive, denn ein Unternehmen hat in erster Linie*
> *die Aufgabe, sich selbst zu erhalten und Geld zu verdienen für diejenigen, die ihr Geld*
> *reingeben, an den Stellen, wo es mir etwas bringt, mache ich das an anderen Stellen,*
> *wo es mir nichts bringt und keine zu großen Schmerzen bereitet, mache ich nichts.*
> (Interview U15, Pos. 9–10)

Gleichzeitig wird die Bedeutung der Nachhaltigkeitsratingagenturen durch die
Bedeutung von Nachhaltigkeit bei Investoren beschränkt, da die Relevanz sich auf
die Bedeutung der Refinanzierungskosten auswirkt. Zum Zeitpunkt der Befragung
wurde der Anteil an nachhaltigen Investoren zu gering eingeschätzt (Interview
U13, Pos. 73–74), da bei mehr als der Hälfte der Aktien gesellschaftliche Aspekte
berücksichtigt werden müssen, damit die Nachhaltigkeitsratingagenturen Einfluss
auf die Refinanzierung haben (Interview U3, Pos. 0–33). Prinzipiell können
Unternehmen besonders einen Wandel in Krisen beschreiten, da sie in Krisen
aus existenziellen Gründen dazu gezwungen sind, sich zu verändern (Interview
N1, Pos. 36). In Krisen wird hinterfragt, ob Irritationen aus der organisatorischen
Umwelt richtig wahrgenommen wurden und die richtige Resonanz innerhalb
der Organisation entstanden ist. Unternehmen können gesellschaftliche Aspekte
daher besser berücksichtigen, wenn die Selbsterhaltung bzw. Zahlungsfähigkeit

des Unternehmens gefährdet ist. Nachhaltigkeit entsteht bei Unternehmen besonders durch eine negative Integration. Den Unternehmen wird nämlich aufgezeigt, was nicht mehr geht.

Mit einer stärkeren Berücksichtigung von gesellschaftlichen Aspekten im Programm des Wirtschaftssystems, das über die Ausprägung des Codes (Zahlung/Nichtzahlung) bestimmt, sorgt das Wirtschaftssystem nicht mehr für eine Selbstgefährdung der Gesellschaft, sondern ermöglicht eine nachhaltige Entwicklung der Gesellschaft und trägt als sinnvolle Ökonomie zur Aufrechterhaltung der gesellschaftlichen Autopoiesis bei. Nachhaltigkeitsratings beeinflussen Entscheidungsprämissen, wodurch die Entwicklungsmöglichkeiten der Unternehmen so eingeschränkt werden, dass die Entwicklungsmöglichkeiten von anderen gesellschaftlichen Funktionssystemen nicht (mehr) behindert werden und die Autopoiesis der Systeme langfristig fortgesetzt werden kann. Durch den Fokus der Unternehmen auf wirtschaftliche Gesellschaftsthemen der Nachhaltigkeitsratings wird es möglich, die gesellschaftlichen Erwartungen in der wirtschaftlichen Logik des Unternehmens zu berücksichtigen. Denn eine Voraussetzung für eine Berücksichtigung der Anforderungen der Nachhaltigkeitsratings besteht in der Aufrechterhaltung der Zahlungsfähigkeit. Dies ist zugleich ein Anreiz, um die gesellschaftlichen Erwartungen der Nachhaltigkeitsratings in den Entscheidungen zu berücksichtigen, da innerhalb des Unternehmens die Erwartung besteht, dass die gesellschaftlichen Anforderungen aus dem Finanzmarkt die Wirtschaftlichkeit des Unternehmens steigern. Durch eine stärkere Berücksichtigung der Gesellschaft in wirtschaftlichen Entscheidungen des Unternehmens tragen Nachhaltigkeitsratings zu einem Wirtschaftssystem mit einer beschränkten Reflexion bei.

5.5.3 Grenzen der begrenzten Reflexion bei Entscheidungen

Zwar ermöglicht der wirtschaftliche Fokus der Nachhaltigkeitsratings eine Berücksichtigung der Gesellschaft in der Wirtschaft, allerdings entstehen durch den wirtschaftlichen Fokus auf gesellschaftliche Themen der Nachhaltigkeitsratings jedoch auch Einschränkungen hinsichtlich der Reflexion der Gesellschaft in unternehmerischen Entscheidungen.

Eine Umfrage im Auftrag der EU-Kommission macht deutlich, dass einige Unternehmen Hunderte von Fragebögen von Nachhaltigkeitsratingagenturen erhalten. Zudem beschäftigen sich Unternehmen im Durchschnitt 155 Tage im Jahr mit der Beantwortung von Anfragen von Nachhaltigkeitsratingagenturen. Der enorme Aufwand war einer der größten Kritikpunkte der Unternehmen gegenüber den Nachhaltigkeitsratingagenturen in dieser Studie (Europäische Kommission, Generaldirektion Finanzstabilität, Finanzdienstleistungen und Kapitalmarktunion 2021, S. 176).

Mit der Bearbeitung und Umsetzung von Maßnahmen zur Erfüllung der Anforderungen der Nachhaltigkeitsrating sind hohe Aufwände verbunden: „Wir kommen beim Dow Jones im Schnitt auf einen Personenmonat in der Beantwortung nur für unseren Fachbereich. Einen kompletten Personenmonat. Und ich weiß nicht, ob das Ergebnis das rechtfertigt." (Interview U6, Pos. 67–68) Deshalb ist das Unternehmen nicht in der Lage alle Erwartungen umzusetzen (Interview U4, Pos. 42–43). Da die Gesellschaft immer komplexer sein wird als die Wirtschaft, können gesellschaftliche Aspekte nur begrenzt im Wirtschaftssystem betrachtet werden. Aufgrund der beschränkten Ressourcen des Unternehmens können die Nachhaltigkeitsratings auch nicht die gesamten gesellschaftlichen Auswirkungen abfragen (Interview U8, Pos. 17). Dies würde zu einer Überlastung des Unternehmens führen und die wirtschaftliche Autopoiesis, also die Zahlungsfähigkeit des Unternehmens, gefährden. Nachhaltigkeitsratings müssen sich daher auf die wesentlichen Themen beschränken. Die befragten Experten aus dem untersuchten Unternehmen fordern, dass für jede Maßnahme genau hinterfragt wird, ob sie sich aus wirtschaftlicher Sicht rentiert (Interview U6, Pos. 85–86). Denn diese detaillierte wirtschaftliche Übersetzungsleistung von gesellschaftlichen Erwartungen findet in dem untersuchten Unternehmen noch nicht statt (Interview U6, Pos. 78). Dies liegt einerseits an der Intransparenz der Nachhaltigkeitsratings, da sie kaum erläutern, welche wirtschaftliche Relevanz die ausgewählten gesellschaftlichen Themen haben (Interview U15, Pos. 2), andererseits wird auch im untersuchten Unternehmen nicht versucht, den Business Case zu berechnen (Interview U6, Pos. 87–88). Da die Ressourcen von Unternehmen begrenzt sind, können gesellschaftliche Themen nur berücksichtigt werden, wenn sie für das Unternehmen einen nicht zu hohen Aufwand mit sich bringen und wirtschaftlich sind. Dabei muss jedoch die Wirtschaftlichkeit nicht genau ermittelt werden, sondern es genügt, die Scheinsicherheit zu erzeugen, dass die Berücksichtigung der Gesellschaft wirtschaftlich ist. Durch den Fokus auf wirtschaftlich relevante Themen kann es jedoch sein, dass die wirtschaftliche Perspektive noch stärker verfestigt und legitimiert wird, was zu einer Vernachlässigung von nichtwirtschaftlichen Gesellschaftsthemen führen kann (Döpfner und Schneider 2012, S. 86). Dadurch kann im Wirtschaftssystem eine noch stärkere Selbstreferenz entstehen, die aufgrund der negativen gesellschaftlichen Auswirkungen gegebenenfalls zu einer noch höheren Selbstgefährdung führt.

Nachhaltigkeitsratingagenturen sind zudem selbst auf einen wirtschaftlichen Fokus angewiesen, da sie ihre eigene Zahlungsfähigkeit erhalten müssen, weshalb sie wettbewerbsorientiert operieren müssen (Interview U20, Pos. 49–50). Der Zwang, sich vom Wettbewerb abzugrenzen, verhindert die Etablierung eines einheitlichen Standards zur Bewertung der gesellschaftlichen Auswirkungen (Interview U1, Pos. 55). Einerseits führt das zu Vielfalt, die aber die Unternehmen verwirrt (Interview U11, Pos. 20) und in der Folge die Berücksichtigung von gesellschaftlichen Aspekten verhindert (Interview U1, Pos. 55). Andererseits fehlt es den Bewertungen an gesellschaftlicher Legitimität (Interview U16, Pos. 57–58).

Eine gesellschaftliche Einigung über die Auswahl und Priorisierung der gesellschaftlichen Themen wäre aber für einen einheitlichen Standard notwendig.

Zwischen Gesellschaft und Rating, weil das, was wir machen, machen wir für die Gesellschaft. Wir sind eingebunden in die Gesellschaft als Unternehmen und wir haben den gesellschaftliche Auftrag, Arbeitsplätze zu schaffen und die Gesellschaft zu erhalten und die Ratingagenturen sind nur die Instrumente, die den Auftrag haben, das zu überprüfen, die haben aber nicht den Auftrag, den Maßstab festzusetzen, den Maßstab hat die Gesellschaft festzusetzen. Also müsste es eine gesellschaftliche Diskussion sein, und das ist Auftrag der Politik, dieser gesellschaftliche Diskussion voranzutreiben, damit die Ratingagenturen einen klaren Auftrag bekommen, was sie zu überprüfen haben. Die Ratingagenturen haben ansonst ein Eigenleben, dass wir unkontrolliert befolgen müssen, und das ist dann so was wie Herrscher Gottes Gnaden, das wollen wir ja alle nicht, und es gibt ja nicht so viele Ratingagenturen, die wir dann an der Stelle haben, wenn die festlegen, was sie meinen, was wichtig ist, dann tanzt die ganze Welt nach diesen Ratingagenturen, das kann eigentlich nicht so das Positive sein. (Interview U14, Pos. 59–60)

Damit wird deutlich, dass die Berücksichtigung der Gesellschaft durch die Auflösung der Paradoxie aus Wirtschaft und Gesellschaft, indem der Fokus auf wirtschaftliche Gesellschaftsthemen gelegt wird, dazu führt, dass Nachhaltigkeitsratingagenturen gesellschaftliche Themen aufgrund des Wettbewerbsdrucks und der Erwartungen ihrer Kunden vernachlässigen müssen, wenn diese wirtschaftlichen Anforderungen nicht genügen. Zusätzlich nehmen Unternehmen sich auch nur der Erwartungen der Nachhaltigkeitsratings an, die sich aus ihrer Sicht wirtschaftlich rentieren, wodurch gesellschaftliche Themen, bei denen ein Zielkonflikt zwischen Wirtschaft und Gesellschaft besteht, vernachlässigt werden.

5.5.4 Möglichkeiten der Fremdsteuerung der Selbststeuerung durch Nachhaltigkeitsratings

Nachhaltigkeitsratings ermöglichen durch ihre Reflexions- und Generalisierungsfunktion einen Reentry der Gesellschaft in die Wirtschaft. Unter der Voraussetzung von wirtschaftlichen Gesellschaftsthemen tragen sie zu einer Selbststeuerung der Wirtschaft mit einer begrenzten Reflexion bei. Diese Selbststeuerung kann durch Fremdsteuerung unterstützt werden.

Aus einer makroökonomischen Perspektive spielen Finanzintermediäre eine entscheidende Rolle bei der Allokation des Finanzkapitals, da sie die Höhe der Ersparnisse und Investments prägen. Sie beeinflussen die Grenzproduktivität des Kapitals, was bestimmt, welche Projekte finanziert werden. Sie beeinflussen die Wirtschaftsaktivitäten des gesamten Systems durch die Bereitstellung und Aufrechterhaltung des Zahlungssystems. Zudem beeinflussen sie die Vermittlungskosten (Scholtens 2006, S. 21).

Aus einer systemtheoretischen Governance-Perspektive kann die Funktion der Finanzintermediäre als Private Governance beschrieben werden. Private Governance beschreibt den Zusammenschluss von unterschiedlichen Funktionssystemen, die ein gemeinsames Interesse verfolgen, und die Selbststeuerung von Organisationen durch eine Kooperation mithilfe von Netzwerken (Melde 2012, S. 156).

Private Governance bezeichnet die Orientierung einer Organisation an anderen Organisationen, wodurch emergente Strukturen entstehen. So führen beispielsweise Netzwerke zu einer Standardisierung und Normalisierung der Nachhaltigkeitssemantik, auf die sich alle Organisationen beziehen können. Für die Entstehung einer begrenzten Reflexion in der Wirtschaft sind besonders marktförmige Kooperationen durch Professional Service Firms relevant. Sie stehen als Intermediäre zwischen Organisationen und sorgen damit für einen Multiplikationseffekt. Zu den Professional Service Firms, zählen neben Nachhaltigkeitsratings auch wirtschaftsorientierte Forschungseinrichtungen, Strategie- und Unternehmensberatungen, Kommunikationsagenturen und Wirtschaftsprüfungsgesellschaften. Sie alle sorgen für eine stärkere Generalisierung von Nachhaltigkeit und eine höhere Reflexion der Gesellschaft durch ihre Vernetzung. Da die Nachhaltigkeitsratings die Auswirkungen von Unternehmen auf die Gesellschaft bewerten und damit Investitions- und Finanzierungsentscheidungen beeinflussen, gelten sie als die Professional Service Firm mit dem größten Einfluss (Melde 2012, S. 211 ff.).

Mit verlässlichen und hochwertigen Nachhaltigkeitsbewertungen durch Nachhaltigkeitsratingagenturen wird die Basis für die Verwendung von nachhaltigkeitsbezogenen Produkten und Dienstleistungen geschaffen, mit denen die

Kapitalströme in nachhaltige Investitionen umgelenkt werden können (Europäische Kommission, Generaldirektion Finanzstabilität, Finanzdienstleistungen und Kapitalmarktunion 2021, S. 1).

Sie sorgen dafür, dass die Gesellschaft eine Zahlungsrelevanz erhält, und zudem für einen Multiplikationseffekt, mit dem der Kapitalstroms stärker auf gesellschaftliche Ziele ausgerichtet wird, da sie zu einer stärkeren Reflexion sowohl in der Finanzwirtschaft als auch in der Realwirtschaft anregen (Melde 2012, S. 215 ff.).

Diese Selbststeuerung im Wirtschaftssystem durch Private Governance ermöglicht eine Koevolution zu einer Gesellschaft mit begrenzter Reflexion.

Nachhaltigkeitsratingagenturen sind bisher ohne direkte Steuerungseingriffe des Rechts- und Politiksystems aus dem Wirtschaftssystem heraus entstanden (SustainAbility 2012, S. 18). Ein politischer Eingriff in die Nachhaltigkeitsratings selbst wurde bisher als nicht notwendig erachtet. Politische Vorschläge für eine Verbesserung der Bewertung der gesellschaftlichen Auswirkungen von Unternehmen bezogen sich meist auf Empfehlungen an die beteiligten Akteure, ohne eine Beschreibung, welche Rolle das politische System dabei spielen sollte.

Beispielsweise schlägt eine Studie im Auftrag des Umweltbundesamt (UBA) (2017, S. 16) vor, dass Investoren die für sie relevanten Gesellschaftsaspekte und die Qualitätserwartungen an Nachhaltigkeitsratingagenturen und Unternehmen adressieren sollten. Da die Ergebnisse stark von der Ratingphilosophie der Ratingagentur abhängen, sollten Investoren die Ergebnisse reflektieren und mit anderen Datenquellen vergleichen. Da die Datenqualität der Nachhaltigkeitsratingagenturen stark mit der geringen Zahlungsbereitschaft der Investoren zusammenhängt, sollten die Nachhaltigkeitsratingagenturen neue Geschäftsmodelle erarbeiten. Zudem sollten Nachhaltigkeitsratingagenturen die Anzahl der verwendeten Bewertungskriterien bzw. -indikatoren reduzieren und deren Bedeutung für das Bewertungsergebnis besser erläutern. Außerdem sollten sie den Unternehmen besser erklären, wie die Informationen von Investoren verwendet werden. Durch eine höhere Transparenz des Ratingprozesses und bessere Datenqualität kann die Akzeptanz gesteigert werden.

Auf der anderen Seite sollten Unternehmen die Anforderungen der Nachhaltigkeitsratingagenturen stärker in der Berichterstattung berücksichtigen. Es wird empfohlen, die Relevanz der gewählten Indikatoren und die Auswirkungen besser darzustellen und weitere Indikatoren zu berücksichtigen, die von Unternehmen gefordert werden. Unternehmen sollten auch stärker den Kontakt zu Nachhaltigkeitsratingagenturen suchen (Umweltbundesamt (UBA) 2017, S. 16).

Eine strengere Regulierung durch die Politik wird als nicht notwendig erachtet, und es sollte auch kein Standard festgelegt werden, da es für Nachhaltigkeitsratings weiterhin möglich sein sollte, dass sie unterschiedliche Investmentphilosophien anwenden (Umweltbundesamt (UBA) 2017, S. 8). Mittlerweile gibt es jedoch auch die Erkenntnis, dass eine Erhöhung der Datenqualität von Nachhaltigkeitsratings auch dabei hilft, dass Europa seine gesellschaftlichen Ziele erreicht, da Investoren dann gesellschaftliche Themen systematischer in ihre Entscheidungen integrieren können (EU High-Level Expert Group on Sustainable Finance 2018, S. 77).

Die Europäische Union sollte daher die Arbeit der Nachhaltigkeitsratingagenturen unterstützen und stärken, da sie bereits eine wesentliche Rolle für gesellschaftliche Informationen in der Finanzwirtschaft spielen. Durch eine Förderung der Qualität der Nachhaltigkeitsratings und durch die Beobachtung, wie die Informationen der Nachhaltigkeitsratingagenturen in den langfristigen Investitionsentscheidungen berücksichtigt werden, kann die Funktion der Nachhaltigkeitsratingagenturen gestärkt werden. Es wird empfohlen, die Transparenz von Nachhaltigkeitsratings mit einem besonderen Fokus auf die Unabhängigkeit durch die Entwicklung von Leitlinien und Mindestanforderungen zu verbessern (EU High-Level Expert Group on Sustainable Finance 2018, S. 78).

Ferner wird empfohlen, dass Indexanbieter Details über die Klima- und Nachhaltigkeitsaspekte in Indizes darstellen. Eine einheitliche Transparenz hinsichtlich Indizes sollte helfen, um zu bewerten, welchen Beitrag Indizes zur Erreichung von Klima- und Nachhaltigkeitsziele leisten (EU High-Level Expert Group on Sustainable Finance 2018, S. 55).

Die Europäische Union hat im Rahmen des Aktionsplans „Finanzierung nachhaltiges Wachstum" eine umfangreiche Studie zu Nachhaltigkeitsratings in Auftrag gegeben (European Commission 2018, S. 8).

Auch diese Studie empfiehlt, die Transparenz der Bewertungsmethoden zu erhöhen, einen Industriestandard mit Zertifizierungssystem und Aufsichtsbehörde zu entwickeln, die Kommunikation der Nachhaltigkeitsratingagenturen mit Unternehmen zu verbessern, eine öffentliche Erklärung über Ziele und Grenzen der Ratings abzugeben, Interessenskonflikte bei Nachhaltigkeitsratingagenturen zu veröffentlichen, eine Erklärung von Vermögensverwaltern einzufordern, wie Nachhaltigkeitsratings im Investmentprozess integriert werden, die Unternehmensberichterstattung zu verbessern, Begrifflichkeiten zu klären und die Bildung für alle Marktteilnehmer und Stakeholder zu verbessern. (Europäische Kommission, Generaldirektion Finanzstabilität, Finanzdienstleistungen und Kapitalmarktunion 2021, S. 177 ff.).

Auch die befragten Nachhaltigkeitsratingagenturen der Studie sehen die Notwendigkeit, dass Unternehmen transparenter hinsichtlich ihrer gesellschaftlichen Auswirkungen werden, um ihre Datenqualität zu erhöhen. Allerdings sehen sie keinen direkten Steuerungsbedarf hinsichtlich ihrer Methoden, Bewertungsansätzen, wie Informationen verwendet werden, oder für eine Harmonisierung der Nachhaltigkeitsratings (Europäische Kommission, Generaldirektion Finanzstabilität, Finanzdienstleistungen und Kapitalmarktunion 2021, S. 125).

Daher werden in den oben beschriebenen Empfehlungen der Studie bis auf eine Verbesserung der Transparenz keine weiteren Maßnahmen zur Regulierung der Nachhaltigkeitsratingagenturen genannt.

Neben der Förderung der Reflexion besteht jedoch ein besonderes Potenzial in der politischen Unterstützung der Generalisierung, um einen einheitlichen Standard zu fördern, der nicht nur rein wirtschaftlich relevante Gesellschaftsaspekte betrachtet. Denn aufgrund des starken wirtschaftlichen Fokus der Nachhaltigkeitsratingagenturen sollte insbesondere die gesellschaftliche Ausrichtung der Nachhaltigkeitsratingagenturen gefördert werden. Es sollten daher Anreize geschaffen werden, durch die die Nachhaltigkeitsratingagenturen eine nachhaltige Entwicklung unterstützen (Döpfner und Schneider 2012, S. 87). Dafür sollte ein Konsens hergestellt werden, was eigentlich gemessen werden sollte. Zwar bieten die unterschiedlichen Kriterien eine breite Vielfalt für Anwender, aber die Unterschiede in den Kennzahlen sind sehr willkürlich entstanden und nicht aus einer gut durchdachten Abwägung von grundsätzlichen Werten hervorgegangen (Chatterji und Levine 2006, S. 46 ff.). Mit einem einheitlichen Standard könnte die Unsicherheit reduziert werden, die den Wandel zu einer Wirtschaft mit begrenzter Reflexion verhindern (Windolph 2011, S. 51). Ähnliche Aussagen haben auch die Befragten dieser Studie geäußert. Bisher gab es kaum Steuerungseingriffe der Politik, sondern die Nachhaltigkeitsratings sind aus einem Selbststeuerungsprozess der Wirtschaft heraus entstanden. Nur eine jüngere Nachhaltigkeitsratingagentur gab an, dass sie von der Politik gefördert wurde (Interview N10, Pos. 3–4). Es gibt daher keine Forderungen an die Politik. Das Finanzsystem könne am ehesten durch Selbststeuerung und eine Koordination durch Marktakteure zur Erreichung der Nachhaltigkeitsziele beitragen.

Aber sie kann eben nicht sicherstellen, dass die Dinge dann auch wirklich in der richtigen Qualität, effektiv, zielorientiert mit maximaler Wirkung auch umgesetzt werden, da brauch man dann wirklich die Player, also den Kapitalmarkt selber, die Investoren und Asset Manager, die ambitionierte Zielsetzungen entwickeln, und eben auch Investmentstrategien, um diese Ziele zu erreichen, und dazu brauch man die Ratingagenturen, die entsprechende hochwertige Informationen/Daten zur Verfügung stellen, und dazu brauchen natürlich die Unternehmen, die technische Lösungen entwickeln

*und ihre Geschäftsmodelle so ausrichten, dass sie eben Nachhaltigkeit fördern und
nicht behindern.* (Interview N7, Pos. 40)

Die Politik sollte daher der Finanzwirtschaft auch keine Definitionen und
Standards für Nachhaltigkeit vorgeben (Interview N4, Pos. 56).
   Während also für Nachhaltigkeitsratingagenturen kein Steuerungsbedarf durch
die Politik gesehen wird, sollten die Rahmenbedingungen jedoch so gestaltet
sein, dass sie die Entwicklung eines nachhaltigen Finanzsystems unterstützen. Die
Maßnahmen, die dafür empfohlen werden, beziehen sich auch besonders auf mehr
Transparenz hinsichtlich der gesellschaftlichen Auswirkungen der Unternehmen
(Interview N10, Pos. 20–21). Es gibt jedoch auch die Meinung, dass die Politik
für die Definition von nachhaltigen Investments zumindest gewisse Mindeststandards einführen (Interview N2, Pos. 40) und gewisse Transparenzstandards
für Finanzinstitutionen setzen sollte (Interview N4, Pos. 36). Zum Zweck der
Verbesserung der Rahmenbedingungen kann die Politik somit besonders die
gesellschaftliche Reflexion in der Wirtschaft durch neue Transparenzstandards
unterstützen.
   Es stellt sich daher auch die Frage, ob die Politik auch eine stärkere
Generalisierung von Nachhaltigkeit unterstützen sollte. Aus Sicht der Nachhaltigkeitsratingagenturen helfen die Nachhaltigkeitsziele der Vereinten Nationen zwar
zur Strukturierung von Nachhaltigkeit und zur Bewusstseinssteigerung für Nachhaltigkeit, allerdings sind sie auch nur ein weiteres Schema, wie gesellschaftliche
Themen geordnet werden können (Interview N1, Pos. 21–22). Nachhaltigkeitsratingagenturen verwenden aber auch selber die Nachhaltigkeitsziele der Vereinten
Nationen, um zu prüfen, wie Unternehmen zu einer nachhaltigen Entwicklung der Gesellschaft beitragen (Interview N7, Pos. 21–22). Sie fühlen sich
auch dafür verantwortlich, einen Beitrag zur Erreichung der Nachhaltigkeitsziele
der Vereinten Nationen zu leisten, indem sie konkrete Bewertungen und Fort-
schrittsmessungen bei Unternehmen durchführen (Interview N9, Pos. 28–29). Als
Voraussetzung für den Erfolg von nachhaltigen Investments gelten jedoch auch
die Rahmenbedingungen, die die Kapitalallokation beeinflussen.
   Aktuell bestehen noch viele falsche politische Anreize, die der Evolution einer
sinnvollen Gesellschaft eher entgegenstehen. Die Politik handelt noch zu kurzfristig, und dezentrale Strukturen sollten an Bedeutung gewinnen, damit die Politik
dem sich bereits vollziehenden gesellschaftlichen Wandel nicht hinterherhinkt
(Interview N1, Pos. 43–44).
   Zwar ändert sich die Wirtschaft in Richtung zu mehr Nachhaltigkeit, wenn
sich aufgrund von gesellschaftlichen Änderungen auch die Konsumentenpräfe-
renzen ändern, allerdings bleibt die Politik bei vielen gesellschaftlichen Themen

unerlässlich. Denn neben einem vollkommenen, offenen und zur Wahl stehenden Möglichkeitsraum muss es für bestimmte Themen auch Standards geben, die als Orientierung zu Ordnung führen. Denn wirtschaftliche Entscheidungen berücksichtigen nicht immer alle Aspekte und sind auch nicht immer im Interesse der Gesellschaft (Interview N1, Pos. 46).

Die Politik sollte daher externe Effekte konsequenter internalisieren und härter gegen Verstöße vorgehen.

> *Und das Zweite ist, dann komme ich zurück zu diesen drei Arten oder drei Auswahlkriterien für Nachhaltigkeit, die ich anfangs erwähnt habe, also die, die man direkt messen kann, die, die indirekt relevant sind, und die, die eben noch nicht relevant sind, weil externe Kosten nicht internalisiert werden, ich glaube, das ist eigentlich der stärkste Auftrag an die Politik, die Rahmenbedingungen so zu schaffen für die Unternehmen, dass die Unternehmen, die zum Beispiel externe Kosten internalisieren, dass die dann auch einen Vorteil davon haben, weil, sonst können sich Unternehmen im Interesse der Shareholder gar nicht leisten, die Kosten zu erhöhen, nur weil es schön ist, das geht einfach nicht. Nach meiner Meinung müssten die Politik dir Randbedingungen so erarbeiten oder so verändern, dass es sich lohnt für Unternehmen, nachhaltiger zu sein, das lohnt sich nämlich letztendlich auch für die Volkswirtschaft im Allgemeinen, weil diese externen Kosten, die fallen ja irgendwo an, wird ja auch gemacht, zum Beispiel, wenn sie an Umweltverschmutzung denken, da gibt es ganz klare Vorschriften, was man einhalten muss, wenn man Abwässer einleitet in ein Gewässer, weil, sonst würden ja die Firmen das aus eigenem Antrieb nicht machen, das sind ja nur Kosten, aber die Kosten würden dann bei der Öffentlichkeit anfallen, darum ist es sehr gut, dass es Einleitungsrichtlinien gibt und die Firmen, die diese Einheiten, die haben dann einen Vorteil, dass sie kein Bußgeld bezahlen müssen, weil sie diese Richtlinie verletzen, und diese Logik müsste halt an anderen Orten nämlich zu tragen kommen, insbesondere im Klimabereich, wo das noch sehr zögernd der Fall ist, wie wir alle wissen. (Interview N6, Pos. 28)*

Allerdings kann auch die Politik nur Impulse setzen und nicht direkt steuern (Interview N7, Pos. 37–40).

Die begrenzte Reflexion der Gesellschaft mithilfe von Nachhaltigkeitsratings ist bisher ohne politische Steuerung entstanden und ausgekommen. Durch einen Selbststeuerungsprozess der Wirtschaft ist eine Evolution zu einer Wirtschaft mit begrenzter Reflexion angestoßen worden. Ein direkter Eingriff wird als nicht notwendig erachtet, aber die Politik kann durch geeignete Rahmenbedingungen die Voraussetzungen der Selbststeuerung unterstützen. Diese Kontextsteuerung betrifft einerseits eine höhere Reflexion durch Transparenzpflichten, aber auch die Generalisierung von Nachhaltigkeit durch die Vereinbarung verbindlicher Nachhaltigkeitsziele, an denen eine Orientierung möglich ist. Bisher werden Nachhaltigkeitsratings in ihrer Funktion zur Beurteilung einer höheren Reflexion beurteilt, da Nachhaltigkeitsratings neue gesellschaftliche Risiken aufdecken. Es wurde aber bisher vernachlässigt, dass Nachhaltigkeitsratings auch eine Generalisierungsfunktion ausüben, da sie eine Auswahl von gesellschaftlichen Themen vornehmen und selbst Standards setzen.

Aus Sicht des Autors sollte für eine stärkere Ausrichtung auf gesellschaftliche Ziele die Politik durch die Beteiligung eines umfassenden Netzwerks stärker Vorgaben, beispielsweise in Form eines Standards, machen, wie die Generalisierung von Nachhaltigkeit in der Wirtschaft ausgelegt werden kann und welche gesellschaftlichen Themen in welchem Maße berücksichtigt werden müssen. Durch die Koordination eines gesellschaftlichen Diskurses können die Erwartungen von anderen gesellschaftlichen Funktionssystemen berücksichtigt und kann ein einheitliches Verständnis für die Auslegung von Nachhaltigkeit für das Wirtschaftssystem geschaffen werden. Mit einer höheren gesellschaftlichen Legitimität und einer stärkeren Berücksichtigung der gesellschaftlichen Erwartungen ist ein einheitlicher Standard möglich, der die beschränkte Reflexion der Gesellschaft durch die Vielzahl an Nachhaltigkeitsratings noch stärker beschränkt. Dadurch entsteht eine höhere Entscheidungssicherheiten, was die Integration der Gesellschaft in den Investmentprozess bei Investoren erleichtert und bei Unternehmen die Ableitung von Maßnahmen vereinfacht, sodass schneller ein Beitrag zur Erreichung der gesellschaftlichen Ziele geleistet werden kann. Dies würde aber bedeuten, dass Nachhaltigkeitsratingagenturen ihre Alleinstellungsmerkmale, die auf der Vielzahl an Methoden basieren, verlieren und ihre Geschäftsmodelle dadurch in Gefahr geraten, weshalb es nachvollziehbar ist, dass die Nachhaltigkeitsratingagenturen solche Eingriffe eher ablehnen. Zur Erreichung der gesellschaftlichen Ziele, die eher politischer Natur sind, wäre beispielsweise eine Nachhaltigkeitsratingagentur der Europäischen Union eine zu prüfende Option. Da Nachhaltigkeitsratingagenturen besonders die wirtschaftlich relevanten Gesellschaftsaspekte betrachten, kann die Politik auch durch eine eher direkte Steuerung in Form der Internalisierung von externen Effekten dabei unterstützen, dass gesellschaftliche Themen, die zur Erreichung der Nachhaltigkeitsziele der Vereinten Nationen beitragen, aber nicht wirtschaftlich sind, nun wirtschaftlich werden.

Zusammenfassend ist zu konstatieren, dass die Finanzwirtschaft die Auswirkungen auf die Gesellschaft über die Realwirtschaft positiv beeinflussen kann. Durch eine Veränderung von Investitionen und Refinanzierungskosten kann der Finanzmarkt die Ressourcenallokation in wirtschaftliche Aktivitäten lenken. Zur Berücksichtigung der Gesellschaft in der Finanzwirtschaft spielen die Entwicklung des Marktes für nachhaltige Investments und deren Treiber eine entscheidende Rolle. Die zunehmende Bedeutung des Finanzmarktes für Nachhaltigkeit ist auch anhand der Ausrichtung der Nachhaltigkeitsratings ersichtlich. Indem sich die Nachhaltigkeitsratings auf wirtschaftliche Gesellschaftsthemen fokussieren, wird es für sie möglich, die Paradoxie der Differenz aus Wirtschaft und Gesellschaft aufzulösen. Die Nachhaltigkeitsratings bauen eine Scheinsicherheit auf, nach der die Berücksichtigung von gesellschaftlichen Themen wirtschaftlich ist.

Die empirische Untersuchung zeigt, dass Nachhaltigkeitsratings Einfluss auf die Entscheidungserwartungen, beispielsweise auf Strategien und Ziele, ausüben, die dafür sorgen, dass die Gesellschaft stärker in den wirtschaftlichen Entscheidungen des Unternehmens berücksichtigt wird. Unternehmen erhoffen sich durch die Beteiligung an den Nachhaltigkeitsratings in der Logik ihres wirtschaftlichen Codes einen Beitrag zur Aufrechterhaltung ihrer Zahlungsfähigkeit. Sie fokussieren sich daher auf die gesellschaftlichen Erwartungen, die mit dem wirtschaftlichen Code vereinbar sind. Mit der Scheinsicherheit, dass die Berücksichtigung von gesellschaftlichen Themen wirtschaftlich ist und dass dies die Interessen der Investoren sind, wird es auch den Unternehmen möglich, die Erwartungen der Nachhaltigkeitsratingagenturen zu übernehmen. Mit dem Fokus auf die wirtschaftlich relevanten Gesellschaftsthemen wird der Möglichkeitsraum der Gesellschaftsthemen, der durch einen Bezug auf Experten bei der Reflexion und durch den Bezug auf die Institution Nachhaltigkeit bei der Generalisierung bereits begrenzt wurde, weiter reduziert. Damit wird auch die Vielfalt der Bewertungen der gesellschaftlichen Auswirkungen von Unternehmen weiter eingeschränkt.

Gleichzeitig bedeutet der stärkere Fokus auf wirtschaftliche Gesellschaftsthemen, dass weniger nichtwirtschaftliche Themen in den Fokus gestellt werden oder sogar vernachlässigt werden. Der starke Fokus auf wirtschaftliche Gesellschaftsthemen invisibilisiert zwar die Paradoxie zwischen Gesellschaft und Wirtschaft, aber es kann sein, dass der Status quo dadurch eher zementiert wird, da die möglicherweise wirklich kritischen Gesellschaftsthemen nicht thematisiert werden, wodurch die gesellschaftliche Selbstgefährdung sich erhöht. Mit der Auswahl und Priorisierung von gesellschaftlichen Themen haben die Nachhaltigkeitsratingagenturen große Macht über die Kapitalallokation und damit über die nachhaltige Ausrichtung von Unternehmen. Zwar werden zur Begründung der Entscheidungen vereinzelt externe Stakeholder hinzugezogen, aber es gibt keinen gesellschaftlichen Diskurs über die Auswahl und Gewichtung der Themen, weshalb insbesondere mit dem starken Fokus auf wirtschaftliche Gesellschaftsthemen deren Legitimität infrage gestellt werden kann.

Politische Maßnahmen könnten den Selbststeuerungsprozess der Wirtschaft unterstützen, indem Nachhaltigkeitsratings stärker auf gesellschaftliche Ziele ausgerichtet werden.

Mit der begrenzten Reflexion durch Nachhaltigkeitsratings wird ein Reentry der Gesellschaft in die Wirtschaft ermöglicht, sodass sich die Wirtschaft selbst steuern kann.

5.6 Zwischenfazit

Die empirische Untersuchung zu Nachhaltigkeitsratings gibt ein Beispiel, wie durch eine Selbststeuerung mit begrenzter Reflexion neuer Sinn entstehen und die gesellschaftliche Selbstgefährdung verhindert werden kann.

Treiber fördern die Wahrscheinlichkeit einer begrenzten Reflexion in Unternehmen. Eine höhere Reflexion durch Stakeholder, die Ausrichtung der Entscheidungsstrukturen an Nachhaltigkeit und ein Fokus auf wirtschaftliche Gesellschaftsthemen führen zu einer begrenzten Reflexion in Unternehmen. Gleichzeitig existieren auch Pfadabhängigkeiten die eine begrenzte Reflexion in Unternehmen behindern. Fehlende Lerneffekte verhindern eine höhere gesellschaftliche Reflexion. Durch die Ausrichtung der Strukturen auf kurzfristige Wirtschaftlichkeit wird eine Orientierung an Nachhaltigkeit erschwert, und bestehende Investitionseffekte verhindern, dass nachhaltig investiert wird. Der Einfluss von Investoren und die damit verbundene Kapitalallokation sind sowohl wesentliche Treiber als auch Barrieren bei der Entstehung eines Unternehmens mit begrenzter Reflexion. Nachhaltigkeitsratings stellen Informationen zur Verfügung, mit denen eine gesellschaftliche Reflexion in Entscheidungen ermöglicht wird.

Mit der Erzeugung einer höheren Reflexion der Gesellschaft unterstützen Nachhaltigkeitsratings die Auflösung des bisherigen Evolutionspfades des Wirtschaftssystems. In ihrer Reflexionsfunktion irritieren sie die Wirtschaft, sodass die Gesellschaft stärker in der Wirtschaft berücksichtigt wird. Mit dem Einbezug von anderen Funktionssystemen in die Entwicklung der Methode wie auch in die Bewertung findet eine netzwerkartige Interpenetration statt. Dadurch entsteht ein gegenseitiger Erwartungsaustausch zwischen den Unternehmen und den beteiligten Gesellschaftssystemen, der die gesellschaftliche Kontingenz reduziert. Nachhaltigkeitsratings beeinflussen indirekt die Entscheidungen im Unternehmen, indem sie die Berichterstattung verändern und die Transparenz der Unternehmen erhöhen. Durch ihre Fremdbeschreibung beeinflussen sie die Selbstbeschreibung des Unternehmens. Nachhaltigkeitsratingagenturen versuchen mit einem Bezug auf Experten zu demonstrieren, dass sie alle relevanten Gesellschaftsaspekte berücksichtigen. Mit diesem Bezug auf Experten wird verschleiert, dass sie nicht die gesamten Gesellschaftsauswirkungen von Unternehmen bewerten können, wodurch eine erste Begrenzung der gesellschaftlichen Reflexion erzeugt wird. Durch die Komplexität der Gesellschaft entstehen viele Möglichkeiten, wie eine Reflexion der gesellschaftlichen Auswirkungen der Unternehmen erfolgen kann. Daher gibt es auch bei den Nachhaltigkeitsratingagenturen eine große Vielfalt, wie die gesellschaftlichen Auswirkungen der Unternehmen bewertet werden. Die unterschiedlichen Bewertungsansätze führen zu unterschiedlichen Ergebnissen, die teilweise widersprüchlich sind und neue Unsicherheiten bei den Unternehmen erzeugen. Diese zu starke Reflexion hindert Unternehmen daran, gesellschaftliche Aspekte in ihren Entscheidungen zu berücksichtigen.

Mithilfe der Generalisierung tragen Nachhaltigkeitsratings zu einer Stabilisierung eines neuen Evolutionspfades einer Wirtschaft mit beschränkter Reflexion bei. Durch ihre Generalisierungsfunktion konkretisieren sie die Institution „Nachhaltigkeit". Damit erleichtern sie die Verbreitung und Anwendung der Institution „Nachhaltigkeit", was zur Standardisierung und Stabilisierung der Institution „Nachhaltigkeit" beiträgt. Diese Stabilität reduziert die Unsicherheit der zu hohen gesellschaftlichen Reflexion. Nachhaltigkeitsratings beeinflussen durch ihre Generalisierungsfunktion indirekt die Entscheidungen von Unternehmen, indem die erzeugte Einheit von Nachhaltigkeit die Auswahl der gesellschaftlichen Themen beschränkt, wodurch gesellschaftliche Erwartungen klarer an Unternehmen adressiert werden und damit die Unternehmen diese gesellschaftlichen Erwartungen auch besser in ihren Entscheidungsprämissen und Entscheidungen berücksichtigen können. Die Generalisierungsfunktion von Nachhaltigkeit durch Nachhaltigkeitsratings ist jedoch beschränkt, da das einheitliche Verständnis von Nachhaltigkeit auch durch andere Systeme beeinflusst wird und Unternehmen zudem bei einer Anpassung der Erwartungsstrukturen weitere Irritationen wahrnehmen, über deren Relevanz sie als autopoietische Systeme selbst entscheiden.

Die begrenzte Reflexion durch Nachhaltigkeitsratings ermöglicht einen Reentry der Gesellschaft in die Wirtschaft und trägt zur Selbststeuerung der Wirtschaft bei. Mit dem Fokus auf die finanziell relevanten Gesellschaftsthemen invisibilisieren Nachhaltigkeitsratings die Differenz zwischen Wirtschaft und Gesellschaft. Mit dieser Scheinsicherheit wird es auch für die Unternehmen möglich, die Gesellschaft zu berücksichtigen. Mit dem Fokus auf lediglich wirtschaftlich wesentliche Gesellschaftsthemen wird der Möglichkeitsraum der Gesellschaft noch weiter eingeschränkt, wodurch Gesellschaftsthemen besser in Entscheidungen verarbeitbar werden. Zudem wird eine Anschlussfähigkeit an den Code des Wirtschaftssystems in Form von Zahlungen sichergestellt. Unternehmen erhoffen sich durch die Beteiligung an den Nachhaltigkeitsratings in der Logik ihres wirtschaftlichen Codes einen Beitrag zur Aufrechterhaltung ihrer Zahlungsfähigkeit.

Zwar ermöglicht der wirtschaftliche Fokus auf gesellschaftliche Themen den Reentry der Gesellschaft in die Wirtschaft, allerdings werden dadurch möglicherweise kritische Gesellschaftsthemen, die nicht wirtschaftlich relevant sind, vernachlässigt oder es wird ihnen eine geringere Bedeutung beigemessen. Die Auswahl und die Gewichtung der Gesellschaftsthemen auf Basis von wirtschaftlichen Kriterien führen auch dazu, dass nicht die Themen priorisiert werden, die gesellschaftlich wichtig und dringlich wären. Mit einem reinen Wirtschaftsfokus könnte eine eigentlich neoklassische Logik wieder Akzeptanz finden. Diese könnte durch die unberücksichtigten gesellschaftlichen Auswirkungen allerdings nicht nur zur Gefahr für die Gesellschaft, sondern auch zu deren Zerstörung führen.

Eine stärkere Beteiligung der Politik an der Auswahl und Gewichtung der gesellschaftlichen Themen könnte dafür sorgen, dass nicht nur wirtschaftlich relevante Themen, sondern auch besonders die gesellschaftlichen Themen, die zu den Nachhaltigkeitszielen beitragen, berücksichtigt werden, wodurch die begrenzten Ressourcen im Sinne der Nachhaltigkeitsziele allokiert werden.

Nachhaltigkeitsratings erzeugen eine begrenzte Reflexion in Unternehmen und tragen damit zur Selbststeuerung der Wirtschaft bei. Durch ihre Reflexions- und Generalisierungsfunktion ermöglichen sie den Reentry der Gesellschaft in unternehmerische Entscheidungen. Diese Selbststeuerung im Wirtschaftssystem ist jedoch auf eine Unterstützung seitens der Politik angewiesen.

Selbsterhaltung der Gesellschaft durch eine Wirtschaft mit begrenzter Reflexion

6

In diesem Kapitel wird beschrieben, wie das politische System durch die Kontextsteuerung der Selbststeuerung der Wirtschaft mittels einer begrenzten Reflexion die Evolution zu einer sinnvollen Gesellschaft unterstützen kann. Im ersten Teil werden die Steuerungsmöglichkeiten der Politik beschrieben, die die Selbststeuerung einer Wirtschaft mit begrenzter Reflexion unterstützt. Anschließend wird dargestellt, wie die Kombination aus der Reflexion der Gesellschaft mithilfe von Netzwerken und der Generalisierung durch Nachhaltigkeit zu einem neuen Emergenz-Niveau der Gesellschaft führt.

6.1 Steuerungsmöglichkeiten der Politik für eine Wirtschaft mit begrenzter Reflexion

In Abschnitt 3.3.2 wurde beschrieben, dass die Politik aufgrund von Kontingenz autopoietische Systeme nicht direkt steuern kann, allerdings kann durch Kontextsteuerung mit einer gewissen Erfolgswahrscheinlichkeit prinzipiell Einfluss auf selbststeuernde Systeme ausgeübt werden. In diesem Kapitel wird daher beschrieben, wie Politik durch Kontextsteuerung die Selbststeuerung des Wirtschaftssystems mit einer begrenzten Reflexion unterstützen kann.

6.1.1 Die Evolution zu einer sinnvollen Ökonomie braucht Politik

Wie in Kapitel 4 ausgeführt, entsteht durch eine begrenzte Reflexion eine neue Beobachtungsform in der Gesellschaft, die durch Selbststeuerung die pathologische Selbstreferenz des Wirtschaftssystems auflösen kann. Abschnitt 4.3.1 und die

© Der/die Autor(en) 2024
C. Strangalies, *Ratings als Steuerungsinstrument von Unternehmen für eine nachhaltige Entwicklung*, https://doi.org/10.1007/978-3-658-44078-7_6

empirische Untersuchung der Nachhaltigkeitsratings in Kapitel 5 macht jedoch deutlich, dass Grenzen der Selbststeuerung existieren. Eine Selbststeuerung durch das Wirtschaftssystem reicht daher sehr wahrscheinlich nicht aus, um die Selbsterhaltung der Gesellschaft zu sichern, sondern sie muss auch durch die Politik unterstützt werden.

Luhmann traut dem Wirtschaftssystem zu, negative Auswirkungen auf die Gesellschaft zu verarbeiten, sieht jedoch gleichzeitig die Grenzen, die damit verbunden sind. Es ist möglich durch Input-Output-Modelle externalisierte Kosten wieder in die wirtschaftlichen Analysen einzubeziehen und damit die gesellschaftlichen Auswirkungen von Entscheidungen zu berücksichtigen. Daher gibt es Forderungen, dass wirtschaftliche Entscheidungen um die Auswirkungen auf die Umwelt erweitert werden. Allerdings kann das Wirtschaftssystem nur wirtschaftliche und keine gesellschaftlichen Ziele verfolgen, weshalb auch Unternehmen Umweltziele nur als Unterziele berücksichtigen können, wenn sie auf die wirtschaftlichen Ziele einzahlen. Wenn es also zu einer positiven Entwicklung des Aktienkurses beiträgt oder Kundenbedürfnisse befriedigt werden, ist es möglich, Auswirkungen auf die Umwelt zu berücksichtigen. Eine höhere Transparenz, ein ausgeprägteres Bewusstsein und eine stärkere Berücksichtigung in Entscheidungen können also neuen Sinn stiften. Es stellt sich aber immer noch die Frage, welche Nebenwirkungen dadurch entstehen oder unberücksichtigt bleiben (Luhmann 1986, S. 119 f.).

Die pathologische Selbsreferenz des Wirtschaftssystems beschreibt ein ähnliches Dilemma wie die Tragik der Allmende: Sobald eine Ressource allen Menschen unbeschränkt zur Verfügung steht, versucht jeder, seinen Gewinn zu maximieren, wodurch Raubbau entsteht. Die Kosten, die langfristig weitaus höher sind als die Gewinne, müssen von der Gemeinschaft übernommen werden. Damit trägt jeder Einzelne nicht nur zum Ruin der Gemeinschaft, sondern auch seiner selbst bei (Hardin 1968). Aus systemtheoretischer Sicht erfolgt der Raubbau des Wirtschaftssystems jedoch nicht an der Gemeinschaft, sondern an der Gesellschaft. Nach Ostrom et al. (2006) betrifft das beschriebene Problem einen unregulierten Sonderfall, der normalerweise nicht zutrifft, da die Beteiligten miteinander kommunizieren können. Aus Sicht der neuen Institutionenökonomik kann eine Übernutzung von lokalen Gemeingütern durch Selbststeuerung der Beteiligten verhindert werden. Neuartige institutionelle Arrangements können weitaus effektiver sein als eine reine Steuerung durch den Staat oder den Markt.

Da, wie in Abschnitt 3.3.3 beschrieben, mit den bisherigen Strukturen der Politik die zunehmende Kontingenz nicht mehr bewältigt werden kann, müssen neue Formen der gesellschaftlichen Steuerung gefunden werden. Dies beinhaltet nicht nur, wie in Kapitel 4 beschrieben, die Selbststeuerung durch das Wirtschaftssystem mit einer begrenzten Reflexion, sondern umfasst auch die Politik. Im folgenden Abschnitt soll daher expliziert werden, welche Möglichkeiten der Strukturanpassung der gesellschaftlichen Steuerung einer begrenzten Reflexion seitens der Politik existieren.

Nach Willke kann ein demokratisches System zwar eine Gesellschaft heilen, wenn sie krank ist, aber es ist nicht in der Lage, einen fundamentalen Wandel einzuleiten. Es müssen daher nachhaltige Demokratien im Sinne einer nachhaltigen Entwicklung entstehen. Eine nachhaltige Demokratie ist dadurch gekennzeichnet, dass sie sich auf die Kernkompetenzen beschränkt und die Rahmenbedingungen zur Bereitstellung von kollektiven Gütern verbessert. Alles andere sollte nicht als Hauptaufgabe der Politik gesehen werden, da diese Wohlfahrtspolitik durch zusätzliche Verantwortlichkeit belastend wirkt (Willke 2007, S. 117). Es gibt keine Alternative zwischen Markt und Staat, sondern es muss geklärt werden, welche Aufgaben die Gesellschaft übernehmen kann, damit sich die Politik nicht überfordert (Willke 2007, S. 95). Die Herausforderung einer gesellschaftlichen Steuerung besteht also darin, das liberale Potenzial einer privaten Steuerung mit dem öffentlichen Interesse so zu verbinden, dass ein Governance-Regime mit einer responsiven Regulierung und einer nachhaltigen Demokratie entsteht (Willke 2007, S. 117).

Neben einer stärkeren Ausrichtung der Demokratie an Nachhaltigkeit ist auch ein stärkerer Einbezug von Netzwerken notwendig, die die Intelligenz der Demokratie erhöhen.

Eine Möglichkeit, die Intelligenz der Demokratie zu erweitern, besteht in einer Erhöhung der Freiheitsgrade und Optionen der Governance-Strukturen. Durch den Einbezug von sozialen Vereinigungen in die demokratischen Entscheidungsfindungsprozesse und die Berücksichtigung von privaten Akteuren und Organisationen in der Politik kann die Wissensbasis erweitert werden, mit der die Politik Lösungen für Probleme zu finden vermag, für die die bisherigen politischen Strukturen sich als ineffizient erwiesen haben. Willke empfiehlt in diesem Zusammenhang die Kontextsteuerung, die die Stärken einer internen Selbstorganisation und eines externen strategischen Rahmens, die die Vielzahl an Optionen beschränken, kombiniert. Durch die Integration einer Vielzahl an Experten, von Lobbisten, Verbänden, Thinktanks, NGOs und Arbeitsgemeinschaften kann die Intelligenz der Demokratie weiter gestärkt werden. Durch den Einbezug von Stakeholdern wird die Qualität der Entscheidungsfindung erhöht, da mögliche Nebenwirkungen, negative Externalitäten und positive Wirkungen in der Regel mit betrachtet werden können. Ein Beispiel ist die EU, die auf kurzfristige

Gewinne verzichtet und außergewöhnliche Kosten in Kauf nimmt, um langfristig einen höheren Nutzen für alle zu schaffen. Durch die Berücksichtigung von politischer Expertise durch politische Stiftungen, Thinktanks, NGOs, parteiunabhängige Interessensgruppen und so weiter wird die strategische Fähigkeit der Politik erhöht, da sie sich weniger an den kurzfristigen Wahlzyklen orientiert, sondern sich stärker langfristigen Interessen widmen kann (Willke 2007, S. 167 ff.).

Für eine erfolgreichere Risikosteuerung in der Finanzwirtschaft ist eine bessere Berechenbarkeit von unerwarteten Nebenfolgen durch eine Kombination von privatem und öffentlichem Wissen notwendig. Diese Herausforderung könne nur in einem globalen Policy-Netzwerk gelöst werden, in dem marktliche und hierarchische Steuerungsformen kombiniert werden (Strulik 2000, S. 31 ff.).

Zur Vermeidung von Chaos ist eine richtige Balance zwischen Stabilität und Wandel zu finden, weshalb auch für die gesellschaftlichen Funktionssysteme diese Balance als größte Herausforderung zu sehen ist. Insbesondere die Kreativität des Finanzsystems führt tendenziell zu einem chaotischen Zustand. Da es aufgrund der Komplexität unmöglich sein wird, Ordnung herzustellen, müssen aus einer Global Governance Perspektive die internationalen Institutionen lernen, mit dieser Unordnung umzugehen und außer auf rein finanzielle Aspekte auch auf Nachhaltigkeit einzugehen. Auf der anderen Seite müssen sich auch NGOs und soziale Bewegungen stärker mit den wirtschaftlichen Zusammenhängen und den interdependenten Beziehungen zu gesellschaftlichen Themen auseinandersetzen (Willke 2007, S. 205 f.).

Durch eine Kopplung von selbstreferenziellen Systemen kann eine neue emergente Ordnung entstehen, die mehr als die Summe seiner Teile ist. In Policy-Netzwerken, die die Erwartungssicherheiten durch Hierarchie mit der Vielfalt und Flexibilität des Marktes kombinieren, können solche emergenten Strukturen entstehen, da die Vorteile aus beiden Steuerungsformen genutzten werden können. Durch den Blick auf die eigenen blinden Flecken ist es möglich, dass die Operationsweise des Anderen berücksichtigt wird. Dies führt nicht nur zu einer Einschränkung der eigenen Entwicklung, sondern sorgt auch für die Erkenntnis, dass durch eine Begrenzung der Möglichkeiten mehr erreicht werden kann, da sie für beide einen größeren Nutzen erzeugt. Durch die Kooperation zwischen privaten Akteuren und der Politik wird die Politik nicht mehr als autoritärer Steuerungseingriff wahrgenommen, sondern dahin gehend, dass aus der gemeinsamen Übernahme von Verantwortung eine höhere Emergenz entstehen kann. Denn dann werden auch unerwartete Nebenfolgen unwahrscheinlicher (Strulik 2000, S. 128 ff.). Kontingenz wird dadurch reduziert und die Komplexitätsverarbeitungskapazität gesteigert.

Die Roadmap for a Sustainable Financial System (United Nations Environment Programme (UNEP) und World Bank Group 2017), der Green Finance Synthesis Report (G20 Green Finance Study Group 2016), die Empfehlungen der hochrangige Sachverständigengruppe zur nachhaltigen Finanzierung der Europäischen Kommission (EU High-Level Expert Group on Sustainable Finance 2017, 2018), der EU Aktionsplans „Finanzierung nachhaltiges Wachstum" (European Commission 2018) geben Beispiele, wie die Politik eine stärkere begrenzte Reflexion der Gesellschaft im Wirtschaftssystem unterstützen kann. Zur Beschreibung, wie die Politik die begrenzte Reflexion stärken kann, wird daher auf die dort genannten Ansätze Bezug genommen. Dabei kann zwischen Soft-Law-Instrumenten, deren Nutzung eher auf Freiwilligkeit beruht, und direkten staatlichen Eingriffen unterschieden werden (Bril et al. 2021a, S. 6 f.).

Aus systemtheoretischer Sicht zählen zu den indirekten Steuerungsmaßnahmen für eine Wirtschaft mit begrenzter Reflexion solche Maßnahmen, die zu einer höheren Reflexion der Gesellschaft und zu einer Generalisierung durch Nachhaltigkeit beitragen. Direkte Steuerungsmaßnahmen für eine Wirtschaft mit begrenzter Reflexion sind Maßnahmen, die gesellschaftliche Themen wirtschaftlich relevant machen, wodurch es wirtschaftlich wird, die gesellschaftlichen Themen in der Wirtschaft zu berücksichtigen.

6.1.2   Die Politik kann eine stärkere Reflexion im Wirtschaftssystem unterstützen

Wie in Abschnitt 4.5.4 beschrieben, gibt es weiterhin die Herausforderung für Nachhaltigkeitsratings, dass die Transparenz bei Unternehmen und damit auch bei den Investoren nicht hoch genug ist. Die Politik kann durch Transparenzanforderungen eine höhere Reflexion der Gesellschaft in der Wirtschaft unterstützen.

Die meisten Regulierungen für eine höhere begrenzte Reflexion der Gesellschaft im Finanzsystem beziehen sich auf die Verbesserung der Transparenz (United Nations Environment Programme (UNEP) und World Bank Group 2017, S. 56).

Aus einer Studie von United Nations Environmental Programme (UNEP) et al. (2016) geht hervor, dass die Anzahl der Instrumente, die einen Anreiz schaffen, dass Organisationen mehr über die gesellschaftlichen Auswirkungen berichten, über die Jahre 2013 bis 2016 von 180 in 44 Ländern auf 400 Instrumente in 64 Ländern zugenommen haben. Ein Großteil der Instrumente, wie zum Beispiel staatliche Anforderungen zur Nachhaltigkeitsberichterstattung, ist verpflichtend, aber der Anteil von verpflichtenden Instrumenten ist im Verhältnis zu freiwilligen Instrumenten – wie zum Beispiel freiwillige Leitlinien oder Standards zur Berichterstattung – von 72 % im Jahr 2013 auf 65 % im Jahr 2016 gesunken. Zudem hat die Anzahl der Instrumente, die einen Anreiz erzeugen, dass gesellschaftliche Aspekte auch im Geschäftsbericht adressiert werden, von 67 auf 127 zugenommen. Instrumente, die eine höhere Transparenz in Nachhaltigkeitsberichten bewirken zu versuchen, haben zwar auch zugenommen, aber nicht in dem Maße, wie die Anzahl der Instrumente, mit denen eine höhere Transparenz in Geschäftsberichten erzeugt werden soll (United Nations Environmental Programme (UNEP) et al. 2016, S. 10 ff.).

Es gibt eine Vielzahl an Initiativen zur Berichterstattung, die das Ziel einer Harmonisierung oder Integration von finanziellen und nichtfinanziellen Informationen verfolgen. Dabei wird angestrebt, dass nichtfinanzielle Informationen die Qualität von Finanzinformationen erreichen und genauso geprüft werden können. Eine integrierte Berichterstattung unterstützt qualitativ diese Harmonisierung, indem die Berichterstattung gesellschaftliche Aspekte mit der Unternehmensstrategie verknüpft (EU High-Level Expert Group on Sustainable Finance 2018, S. 56).

Obwohl es ein großes Wachstum in der Anwendung von zahlreichen Berichterstattungsstandards gab, wird ein Mangel hinsichtlich Vergleichbarkeit, Konsistenz und Vollständigkeit festgestellt. Marktakteure sind sich einig, dass eine stärker standardisierte Berichterstattung von Unternehmen benötigt wird, damit Investoren und Dienstleister die gesellschaftlichen Auswirkungen der Unternehmen besser bewerten können (Europäische Kommission, Generaldirektion Finanzstabilität, Finanzdienstleistungen und Kapitalmarktunion 2021, S. 169).

Mit der Sustainable Finance Disclosure Regulation (SFDR) (Europäisches Parlament und Rat der Europäischen Union 2019) erzeugte die EU einheitliche Regeln für Finanzmarktakteure, wie die Berücksichtigung von Nachhaltigkeitsrisiken und -auswirkungen in den Prozessen transparent gemacht und wie Nachhaltigkeitsinformationen über Finanzprodukte bereitgestellt werden müssen.

Zur Verbesserung der Nachhaltigkeitstransparenz bei Unternehmen wurde die seit 2014 gültige Non Financial Reporting Directive (NFRD) (Europäisches Parlament und Rat der Europäischen Union 2014) von der Corporate Sustainability Reporting Directive (CSRD) (Europäisches Parlament und Rat der Europäischen Union 2022b) abgelöst. Sie gilt für mehr Unternehmen und gibt detailliertere Vorgaben, über welche Nachhaltigkeitsinformationen Unternehmen im Lagebericht berichten müssen. Im Sinne einer doppelten Wesentlichkeit müssen Unternehmen sowohl die Wirkung von Nachhaltigkeitsaspekten auf die wirtschaftliche Lage als auch die Auswirkungen der Tätigkeit des Unternehmens auf Mensch und Umwelt darstellen.

Zur Erhöhung der gesellschaftlichen Reflexion in der Wirtschaft kann die Politik mit regulatorischen Vorgaben die Transparenz der gesellschaftlichen Auswirkungen der Unternehmen erhöhen, sodass Nachhaltigkeitsratings eher in der Lage sind, diese gesellschaftlichen Auswirkungen und deren finanzielle Relevanz besser zu beurteilen. Zudem können die gesellschaftlichen Auswirkungen eher reflektiert werden, wenn Anreize bestehen, die Perspektive langfristiger auszurichten, wodurch gesellschaftliche Folgen und deren Rückwirkung auf die Wirtschaft eher ersichtlich werden. Wie in Abschnitt 5.3 beschrieben, sorgen Nachhaltigkeitsratings durch ihre Anfragen für eine Erhöhung der Transparenz der Unternehmen, indem sie durch Interpenetration mit anderen gesellschaftlichen Funktionssystemen kommunizieren. Die Auswahl an Themen ist abhängig vom Netzwerk der Nachhaltigkeitsratingagenturen und den Akteuren, die darin beteiligt sind. Durch die eher zufällig entstandene Evolution dieses Netzwerks ist die Auswahl der gesellschaftlichen Themen in gewisser Weise dem Zufall ausgesetzt. Die Politik kann dieses zufällige Abbild der Gesellschaft, das nur einen Bruchteil der Realität abbildet, durch einen gesellschaftlichen Diskurs über die Transparenzkriterien mit der Beteiligung einer Vielzahl an Akteuren vergrößern und die Legitimität der geforderten Informationen erhöhen.

6.1.3 Die Politik kann eine stärkere Generalisierung im Wirtschaftssystem unterstützen

Wie in Abschnitt 4.2.1 und 5.3.3 beschrieben, besteht die Gefahr, durch eine zu starke Reflexion eine Überlastung zu verursachen. Ein Bezug zu Nachhaltigkeit grenzt den Möglichkeitsraum von gesellschaftlichen Themen ein. Auch Nachhaltigkeitsratings nutzen den Bezug zu Nachhaltigkeit, um gesellschaftliche Themen auszuwählen (Abschnitt 5.4). Die Politik kann mit der Unterstützung der Generalisierung durch Nachhaltigkeit zu einer Stabilisierung der Wirtschaft mit begrenzter Reflexion beitragen.

Die Politik vermag durch ihre integrative Funktion, die Generalisierung durch Nachhaltigkeit zu unterstützen. Voraussetzung dafür ist ein gemeinsames Verständnis hinsichtlich des angestrebten Ziels. Da die Politik kollektiv bindende Entscheidungen ermöglicht, kann sie andere gesellschaftliche Funktionssysteme beeinflussen. Das politische System besitzt den Vorteil, nicht wirtschaftlich kommunizieren zu müssen, weshalb es auch nichtwirtschaftliche Aspekte zur Erreichung von gesellschaftlichen und ökologischen Zielen einfordern kann. Obwohl es diese Ziele nicht alleine festzulegen vermag, kann es doch als Transmissionssystem dienen, Probleme, die in anderen gesellschaftlichen Funktionssystemen bestehen, zu kommunizieren und die Resonanz für die Selbstgefährdung der Gesellschaft zu erhöhen. Sie hat das Potenzial, den Aufbau von gesellschaftlichen Zielen und globalen Prinzipien zu unterstützen, die über die Logik eines einzelnen gesellschaftlichen Funktionssystems hinausgehen (Luhmann 1986, S. 225 f.).

Die Politik kann daher durch ihre integrative Funktion eine Generalisierung unterstützten, die eine Orientierung bietet, damit gesellschaftliche Aspekte stärker in der Wirtschaft berücksichtigt werden. Mithilfe von politischen Rahmenwerken kann die Funktion der Finanzwirtschaft mit öffentlichen Zielen vereint werden. Mit den Nachhaltigkeitszielen der Vereinten Nationen wäre es möglich, Nachhaltigkeit im Finanzsystem zu verankern (United Nations Environment Programme (UNEP) 2016, S. 31 ff.). Die Nachhaltigkeitsziele der Vereinten Nationen geben eine klare Orientierung, wie zukünftige Investitionen getätigt werden sollen, und gleichzeitig werden diese Investitionen zu einem wesentlichen Treiber des Wirtschaftswachstums (UN Principles for Responsible Investment (UN PRI) 2017, S. 42). Auch die Europäische Union orientiert sich beim Aufbau eines Finanzsystems, das nachhaltiges Wachstum ermöglichen soll, besonders an den Nachhaltigkeitszielen der Vereinten Nationen und dem Pariser Klimaabkommen (European Commission 2018, S. 1).

Eine reine Orientierung an den Nachhaltigkeitszielen reicht nicht aus, da es nicht nur Synergien bei der Erreichung der Ziele gibt, sondern auch Zielkonflikte zwischen Zielen bestehen, die nur im Einzelfall aufgelöst werden können (Bril et al. 2021b, S. 6).

Es bedarf daher einer zusätzlichen Diskussion darüber, wie genau die Ziele erreicht werden sollen. Die hochrangige Sachverständigengruppe zur nachhaltigen Finanzierung der Europäischen Kommission hat daher empfohlen, dass ein einheitliches Klassifizierungssystem entwickelt werden soll, das mit den Nachhaltigkeitszielen der Vereinten Nationen und dem Pariser Klimaabkommen verbunden ist. Das Klassifizierungssystem soll zeigen, wie Investitionen zu den politischen Zielen beitragen. Außerdem soll es eine bessere Vergleichbarkeit ermöglichen, wodurch ein höheres Vertrauen in nachhaltige Investitionen entstehen soll (EU High-Level Expert Group on Sustainable Finance 2018, S. 15).

Mit dem Klassifizierungssystem sollen eine gemeinsame Sprache und eine klare Definition gefunden werden, was unter „nachhaltig" zu verstehen ist. Im „EU-Aktionsplan Finanzierung nachhaltiges Wachstum" gilt das Klassifizierungssystem für nachhaltige Wirtschaftsaktivitäten als wichtigste Maßnahme des Aktionsplans. Das Klassifizierungssystem soll Kapitalströme in nachhaltige Sektoren, die sich finanzieren müssen, fördern, indem Kriterien und Grenzwerte definiert werden, die als Orientierung dienen, welche Aktivitäten tatsächlich zu den ökologischen und sozialen Zielen beitragen (European Commission 2018, S. 5).

Die Taxonomie-Verordnung zum Klimawandel wurde am 18. Juni 2020 verabschiedet und veröffentlicht. In der Taxonomie werden Grenzwerte für Wirtschaftsaktivitäten festgelegt, die einen wesentlichen Beitrag zur Erreichung von Klimaschutz oder zur Anpassung an den Klimawandel leisten, ohne dabei eine negative Auswirkung auf die anderen Umweltziele zu erzeugen. Darüber hinaus müssen soziale Mindeststandards, die sich insbesondere auf OECD-Leitsätze für multinationale Unternehmen und die UN-Leitprinzipien für Wirtschaft und Menschenrechte beziehen, eingehalten werden, damit die Wirtschaftsaktivität als nachhaltig deklariert werden kann (Europäisches Parlament und Rat der Europäischen Union 2020).

Eine wesentliche Kritik gegenüber der EU-Taxonomie besteht darin, dass im ersten Schritt zwar das Ziel des Pariser Klimabekommen berücksichtigt wird, die Taxonomie aber nicht darauf ausgerichtet ist, Finanzströme in Maßnahmen zur Erreichung der Nachhaltigkeitsziele der Vereinten Nationen zu lenken (Nedopil Wang et al. 2020).

Zudem wurde die nachträgliche Entscheidung der EU-Kommission, Gas- und Atomenergie unter bestimmten Voraussetzungen als nachhaltige Wirtschaftsaktivität zu klassifizieren, (Europäisches Parlament und Rat der Europäischen Union 2022a) kritisiert.

Im Vorfeld sprach sich die EU Platform on Sustainable Finance (2022) gegen eine Berücksichtigung von Gas- und Atomenergie aus, da diese Entscheidung nicht auf wissenschaftlichen Erkenntnissen basiert. Die Klassifikation von Gas- und Atomenergie als nachhaltige Wirtschaftsaktivität könnte zu Greenwashing von Investitionen führen, wodurch nicht-nachhaltige Projekte gefördert würden.

Es bleibt abzuwarten, inwiefern die Glaubwürdigkeit der EU-Taxonomie darunter leidet. Mit ihren einheitlichen Definitionen bietet die EU-Taxonomie eine klare Orientierung, wie Klimaziele erreicht werden können. Sie schafft Klarheit, wie der Möglichkeitsraum des Wirtschaftssystems eingeschränkt werden kann und welche gesellschaftlichen Themen berücksichtigt werden sollen. Zwar verhindert der starke Fokus auf Klima und Umweltthemen eine Verbesserung der Entwicklungsmöglichkeiten des Teils der Umwelt und der gesellschaftlichen Funktionssysteme, der davon nicht betroffen ist. Grundsätzlich birgt die EU-Taxonomie jedoch durch diese starke Entscheidungssicherheit ein großes Potenzial, die Evolution zu einer Wirtschaft mit begrenzter Reflexion zu unterstützen. Es bleibt abzuwarten, welche Resonanz diese Irritation des politischen

Systems in wirtschaftlichen Organisationen auslöst und welche Rückkopplungen daraus entstehen. Insgesamt sorgt die Generalisierung von Nachhaltigkeit durch globale Nachhaltigkeitsziele, die mithilfe der Politik abgestimmt wurden, für eine Beschränkung der gesellschaftlichen Reflexion, wodurch Nachhaltigkeit besser operationalisiert und damit leichter in wirtschaftlichen Entscheidungen berücksichtigt werden kann. Eine wesentliche Orientierung für eine Beschränkung der Reflexion auf internationaler Ebene bieten besonders die Nachhaltigkeitsziele der Vereinten Nationen (United Nations 2015) –oder auf europäischer Ebene die Erarbeitung eines Klassifizierungssystems für nachhaltige Wirtschaftsaktivitäten (Europäisches Parlament und Rat der Europäischen Union 2020). Beide Ansätze gehen über reine Transparenzstandards hinaus, da sie konkrete Ziele vorgeben und bestimmen, in welchen gesellschaftlichen Bereichen was erreicht werden soll. Dies basiert auf einem Multi-Stakeholder-Dialog, der sicherstellt, dass alle wesentlichen gesellschaftlichen Funktionssysteme berücksichtigt werden, wodurch gesellschaftliche Legitimität erzeugt wird. Im Gegensatz zu den Zielen der Vereinten Nationen werden in der EU-Taxonomie durch den Fokus auf nachhaltige Wirtschaftsaktivitäten die Selektionsmöglichkeiten der Gesellschaft in Bezug auf das Wirtschaftssystem definiert. Allerdings fokussiert sich die EU-Taxonomie überwiegend auf Klimawandel und Umwelt, während die Nachhaltigkeitsziele der Vereinten Nationen eine Vielzahl an unterschiedlichen gesellschaftlichen Themen abdecken. Eine umfangreiche Standardisierung zur Nachhaltigkeit, die eine beschränkte Reflexion für das Wirtschaftssystem international ermöglicht, gibt es allerdings bisher nicht.

Wie in Abschnitt 4.4.1 beschrieben, orientieren sich auch Nachhaltigkeitsratings an diesen Nachhaltigkeitszielen, allerdings erfolgen Auswahl und Priorisierung von gesellschaftlichen Themen besonders durch die Nachhaltigkeitsratingagenturen selbst. Damit haben die Nachhaltigkeitsratingagenturen einen starken Einfluss, wie die Kapitalallokation im Wirtschaftssystem erfolgt. Die Politik kann mit konkreten Vorgaben, welche Nachhaltigkeitsziele priorisiert werden, daher nicht nur Sicherheit schaffen, sondern auch durch einen politischen Diskurs ein gesellschaftlich legitimiertes einheitliches Verständnis schaffen, welche gesellschaftlichen Aspekte wie in die Finanzwirtschaft Eingang finden sollen. Dadurch können Kapitalströme und damit die Zahlungsfähigkeit und Zahlungen so beeinflusst werden, dass die Entwicklungsmöglichkeiten der Umwelt der Wirtschaft und der anderen gesellschaftlichen Funktionssysteme wiederhergestellt und verbessert werden.

6.1.4 Die Politik kann sinnvolle Entscheidungen im Wirtschaftssystem unterstützen

Neben einer indirekten Förderung der gesellschaftlichen Reflexion und Generalisierung von Nachhaltigkeit impliziert die Politik jedoch auch die Möglichkeit, eine begrenzte Reflexion in Entscheidungen zu unterstützen. Wie bereits in Abschnitt 4.3.1 beschrieben und im Rahmen der empirischen Auswertung durch Nachhaltigkeitsratings in Abschnitt 5.5.3 bestätigt, gibt es gesellschaftliche Themen, die aufgrund der fehlenden wirtschaftlichen Relevanz bisher nicht in wirtschaftlichen Entscheidungen berücksichtigt werden können. In dem Fall ist eine politische Unterstützung notwendig, da es der Markt in seiner Steuerungsfunktion verhindert, gesellschaftliche Ziele zu erreichen. Das Wirtschaftssystem ist dann nicht in der Lage, die Irritationen der Umwelt in der Systemlogik mit dem binären Code aus Zahlungen und Nichtzahlungen zu verarbeiten.

Aus Sicht des Business Case für Nachhaltigkeit kann der Einfluss der Gesellschaft auf den Unternehmenserfolg sowohl marktlich als auch außermarktlich erfolgen. Der marktliche Charakter von gesellschaftlichen Themen beruht vor allem auf der Einstellung und dem Verhalten von Konsumenten. Über den Marktprozess haben diese gesellschaftlichen Themen eine direkte Auswirkung auf den Unternehmenserfolg. Viele Gesellschaftsthemen, beispielsweise Kinderarbeit, sind jedoch nicht marktlicher Natur, sondern entstehen innerhalb des rechtlichen und des gesellschaftlichen Umfelds. Diese Themen können jedoch beispielsweise über eine Diskussion in den Medien marktrelevant werden und beispielsweise zu Umsatzeinbrüchen führen. Außermarktliche Aspekte können aber auch gesellschaftliche und politische Prozesse wie Gesetzesänderungen beeinflussen, die sich dann wiederum auf den Unternehmenserfolg auswirken (Schaltegger und Hasenmüller 2005, S. 5). Wenn also gesellschaftliche Themen nicht marktrelevant sind, können sie durch den Marktprozess in Form von Reputationsrisiken indirekt wirtschaftlich relevant werden. Wenn dies jedoch nicht der Fall ist, kann nur durch politische Regulierung die Wirtschaftlichkeit des Gesellschaftsthemas erzeugt werden. Erst dadurch ist die Wirtschaft in der Lage, den Gesellschaftsaspekt in ihrer Logik zu berücksichtigen.

Damit Unternehmen auch zukünftig stärkere Anreize für die Berücksichtigung von gesellschaftlichen Themen erhalten, ist ein intensiver Dialog zwischen Wirtschaft und Politik notwendig, denn die Politik muss die wirtschaftlichen Rahmenbedingungen so gestalten, dass eine langfristige Planungssicherheit besteht (Schaltegger und Hasenmüller 2005, S. 15 f.). Mit einer unterstützenden Regulierung können Unternehmen Möglichkeiten eröffnet werden, einen Shared Value (siehe Abschnitt 4.3.1) zu schaffen (Kramer und Porter 2011, S. 14). Neben der

Frage, wie Investoren durch ihre Investitionsentscheidungen einen Shared Value erzeugen können, sollte auch die Zivilgesellschaft umdenken, wie sie als strategischer Partner mit den Unternehmen zu einem Shared Value beitragen kann (Porter und Kramer 2015, S. 158). Auch NGOs und Regierungen müssen lernen, ökonomische Aspekte zu berücksichtigen (Kramer und Porter 2011, S. 12 f.). Aufgrund der Finanzkrise wurden öffentliche Ausgaben erhöht, die Potenzial für nachhaltige Investitionen bieten (United Nations Environment Programme (UNEP) 2016, S. 36). Staatliche Ausgaben können zur Finanzierung der Nachhaltigkeitsziele der Vereinten Nationen verwendet werden (United Nations Environment Programme (UNEP) 2016, S. 57). Dadurch können Finanzierungslücken zur Erreichung der Nachhaltigkeitsziele geschlossen werden. Zum Beispiel sollen im Rahmen des European Green Deal Investment Plan mindestens eine Billion Euro innerhalb des nächsten Jahrzehnts für nachhaltige Investments mobilisiert werden. Dafür wird ein Rahmenwerk entwickelt, mit dem sowohl öffentliche als auch private Investments für den Wandel zu einer klimaneutralen, grünen, wettbewerbsfähigen und inklusiven Wirtschaft ermöglicht werden sollen (European Commission 2020). In der Maßnahme zur Förderung von Investitionen in nachhaltige Projekte (European Commission 2018, S. 7) sollen die Instrumente zur nachhaltigen Finanzierung mit dem Sustainable Europe Investment Plan (European Commission 2020), InvestEU (European Commission 2019) und anderen relevanten EU-Fonds verknüpft werden.

Außer durch öffentliche Finanzen kann eine stärkere begrenzte Reflexion in wirtschaftlichen Entscheidungen auch durch Regulierung unterstützt werden (United Nations Environment Programme (UNEP) und World Bank Group 2017, S. 49 ff.). Die Politik kann die begrenzte Reflexion bei wirtschaftlichen Entscheidungen unterstützen, indem sie nichtwirtschaftliche Gesellschaftsthemen über die Internalisierung externer Kosten vermarktlicht (Pigou 1929; Coase 1960). Diese Maßnahmen bedeuten eine direkte Übersetzung der politischen Ziele in den wirtschaftlichen Code, weshalb sie vom Wirtschaftssystem direkt verarbeitet werden können. Sie finden sofortigen Eingang in die Entscheidungen.

Externalitäten können für nachhaltige Investments positiv sein, wenn durch sie bei Dritten ein Vorteil erzeugt wird. Externalitäten können sich jedoch auch negativ auswirken, wenn Dritten durch negative Aktivitäten ein Schaden zugefügt wird. Wenn externe Kosten nicht ausreichend internalisiert werden, führt das zu einer Unterinvestierung in positive und einer Überinvestierung in negative Aktivitäten (G20 Green Finance Study Group 2016, S. 10). Da das Finanzsystem bisher nicht vollständig auf die Nachhaltigkeitsziele der Vereinten Nationen ausgerichtet ist, haben Investoren durch Externalitäten und andere Marktversagen an vielen Stellen keine Anreize, gesellschaftliche Themen zu berücksichtigen

(UN Principles for Responsible Investment (UN PRI) 2016, S. 12). Dies betrifft beispielsweise die Steuer- und Subventionspolitik, in der Externalitäten nicht ausreichend berücksichtigt werden (UN Principles for Responsible Investment (UN PRI) 2016, S. 15). Viele Steuern und Subventionen wurden ohne Berücksichtigung der Auswirkungen auf die Gesellschaft oder die Umwelt verabschiedet (United Nations Environment Programme (UNEP) 2015, S. 25). Nach Earth Track (2022) gab es im Jahr 2021 weltweit 1,9 Billionen US-Dollar Subventionen für Maßnahmen, die die Flora und Fauna zerstörten oder den Klimawandel verstärkten, was ungefähr 2 % des weltweiten Bruttoinlandsproduktes entspricht. Es sollte von der Politik daher nicht nur sichergestellt werden, dass mehr Kapital in nachhaltige Aktivitäten strömt, sondern es sollte auch verhindert werden, dass Finanzströme in nicht nachhaltige Aktivitäten fließen, wie dies beispielsweise durch die Förderung und Subvention von fossilen Energien in vielen Ländern noch der Fall ist (United Nations Environment Programme (UNEP) und World Bank Group 2017, S. 52). Damit die Finanzwirtschaft und die Realwirtschaft gemeinsam zu den Nachhaltigkeitszielen beitragen, ist es notwendig, dass die externen Effekte insbesondere in der Realwirtschaft internalisiert werden (EU High-Level Expert Group on Sustainable Finance 2018, S. 11), denn das Finanzsystem kann die sehr fundamentalen Anreize der Politik über Steuern und Subventionen nicht ersetzen (EU High-Level Expert Group on Sustainable Finance 2018, S. 11). Zum einen ist das Finanzsystem nicht in der Lage, gesellschaftliche Themen wirtschaftlich relevant zu machen. Zum anderen kann das Wirtschaftssystem nur gesellschaftliche Aspekte, die mit der Logik des wirtschaftlichen Codes kompatibel sind, verarbeiten. Daher kann nur die Politik dafür sorgen, dass nichtwirtschaftliche Gesellschaftsaspekte in der Wirtschaft berücksichtigt werden.

Dies kann durch klassische umweltpolitische Instrumente (Perman et al. 2011, S. 177 ff.) erreicht werden. Ordnungsrechtliche Politikinstrumente wie Auflagen können zwar sicherstellen, dass die gewünschten Nachhaltigkeitsziele erreicht werden, aber garantieren nicht, dass dies kosteneffizient geschieht, da nicht berücksichtigt wird, wo die Umweltwirkungen kostengünstiger erzielt werden. Da nur Kosten entstehen, ergibt sich auch kein Anreiz, Innovationen zur Verbesserung der Umweltwirkung zu entwickeln, da eine Übererfüllung der Auflage nicht honoriert wird.

Markbasierte Instrumente wie Steuern und Subventionen sind kosteneffizienter, da die Internalisierung von Externalitäten dazu führt, dass bei einer höheren negativen Auswirkung auch mehr Steuern bezahlt werden müssen oder bei einer höheren positiven Auswirkung mehr Subventionen zu erhalten sind. Dies erzeugt den Anreiz, die Umweltwirkungen so lange zu reduzieren, bis die Kosten der

Innovation zur Verbesserung der Umweltwirkung höher sind als die Kosten für die Steuern, die für die Umweltwirkung gezahlt werden müssen bzw. bis die Kosten der Innovation zur Verbesserung der Umweltwirkung höher sind als die Subventionen, die man erhält. Dadurch sind die Grenzvermeidungskosten bei allen Unternehmen gleich. Ein falsch gewählter Steuer- oder Subventionssatz kann dazu führen, dass das gewünschte Nachhaltigkeitsziel nicht erreicht wird (Baumol 1972).

Im Gegensatz zu dieser marktwirtschaftlichen Preislösung kann ein Emissionsrechtehandel als Mengenlösung sowohl die Zielerreichung als auch die Kosteneffizienz sicherstellen. Eine konkrete Emissionsvorgabe bedingt eine hohe Treffsicherheit hinsichtlich der gesetzten Nachhaltigkeitsziele. Mit dem Handel der vergebenen Zertifikate wird ein selbststeuernder Marktmechanismus verwendet, da die Unternehmen, die geringe Reduktionskosten haben, Emissionen reduzieren und an Unternehmen verkaufen können, für die es günstiger ist, die Zertifikate zu kaufen als Emissionen zu reduzieren (Dales 1968).

Ein neuerer Ansatz kommt von der hochrangigen Sachverständigengruppe zur nachhaltigen Finanzierung der Europäischen Kommission, die empfiehlt, die Kapitalanforderungen für Unternehmen des grünen Sektors zu reduzieren, um die finanzielle Attraktivität zu steigern und die Kreditvergabe zu erleichtern. Die Berechtigung eines solchen grünen Unterstützungsfaktors wird darin gesehen, dass grüne Projekte und Aktivitäten ökologische Risiken reduzieren und damit positive Externalitäten erzeugen (EU High-Level Expert Group on Sustainable Finance 2018, S. 68). Darüber hinaus überlegte die hochrangige Sachverständigengruppe zur nachhaltigen Finanzierung der Europäischen Kommission auch, einen braunen Straffaktor einzuführen (EU High-Level Expert Group on Sustainable Finance 2018, S. 68). Die Kommission sollte überprüfen, ob ein grüner Unterstützungsfaktor aus einer Risikoperspektive gerechtfertigt ist. Zudem sollte untersucht werden, wie die Implementierung möglich ist und wie Nebenwirkungen verhindert werden können (EU High-Level Expert Group on Sustainable Finance 2018, S. 69).

Aus Sicht des Autors können mit politisch geförderten Finanzierungsmöglichkeiten bei geringeren negativen oder höheren positiven gesellschaftlichen Auswirkungen Unternehmen mehr Kapital zur Verfügung gestellt werden, um die Renditeerwartungen erreichen zu können und ihre Zahlungsfähigkeit aufrechtzuerhalten. Hier erfolgt ein Eingriff in den Selbststeuerungsprozess des Marktes. Dies könnte als künstliche Marktverzerrung verstanden werden, die zu einer Ineffizienz des Marktes führt, da aus kurzfristiger Wirtschaftsperspektive Unternehmen, die gut wirtschaften, aber keine gesellschaftlichen Aspekte berücksichtigen, benachteiligt werden. Aus einer langfristigen Perspektive, die der Markt

nur über die Kundenpräferenzen und sonstigen politischen Regulierungen wahrnimmt, werden durch diesen politischen Eingriff zukünftige finanzielle Effekte
infolge der Auswirkungen auf die Gesellschaft schon heute stärker berücksichtigt. Dies bietet die Chance, die Wirtschaft dabei zu unterstützen, sich aus seiner
pathologischen Selbstreferenz zu lösen und die Selbstgefährdung der Gesellschaft
zu verhindern. Aufgrund der Irritation seitens der Politik mit dem direkten finanziellen Effekt entstehen eine sofortige Resonanz in der Wirtschaft und ein Anreiz,
den Selbststeuerungsprozess des Marktes auf Nachhaltigkeit auszurichten. Mit
der Beeinflussung der Rendite, die eine Reflexion der Zahlungsfähigkeit darstellt, erfolgt ein Eingriff an der sensibelsten Stelle des Wirtschaftssystems. Diese
Stelle bietet die Möglichkeit, mit einem einzelnen Eingriff eine Verschiebung von
Kapitalströmen in unfassbarer Höhe zu leisten, wodurch ein Potenzial mit einer
enormen Steuerungswirkung existiert.

Eine Kombination der wirtschaftlichen Selbststeuerung durch die begrenzte
Reflexion der Nachhaltigkeitsratings mit den bisherigen direkten wirtschafts-
politischen Steuerungsinstrumenten kann dabei helfen, die Kontingenz und
Unsicherheit der gesellschaftlichen Komplexität zu reduzieren. Während die
bisherigen politischen Steuerungselemente meist eindimensional und wenig dynamisch waren, sind Nachhaltigkeitsratings mehrdimensional und können durch
eine Veränderung der bewerteten Gesellschaftsthemen und Gewichtungen flexibel angepasst werden. Durch die Annahme der Kommensurabilität, also der
Verrechenbarkeit von unterschiedlichen Einheiten, liegt ein schwaches Nachhaltigkeitsverständnis vor, da davon ausgegangen wird, dass negative gesellschaftliche Auswirkungen mit positiven gesellschaftlichen Auswirkungen kompensiert
werden können. Durch die begrenzte Reflexion der Nachhaltigkeitsratings mit
einem Fokus auf Themen, die finanziell wesentlich sind, wird es möglich,
aus mehreren unterschiedlichen Faktoren eine einheitliche Beschreibung zu den
gesellschaftlichen Auswirkungen von Unternehmen zu finden. Da einige Investoren nachhaltige Unternehmen vorteilhaft behandeln, während nicht nachhaltige
benachteiligt werden, kann diese Reallokation der Ressourcen zu höheren Refinanzierungskosten der Unternehmen führen, was auf die Unternehmen eine
steuernde Wirkung haben kann. Durch die höheren Kosten werden Unternehmen dahin bewegt, sich in den Bereichen zu verbessern, die den höchsten
gesellschaftlichen Nutzen mit geringstem finanziellem Aufwand erzeugen. Damit
werden Nachhaltigkeitsziele nicht irgendwie, sondern möglichst effizient angestrebt. Maßnahmen werden dort umgesetzt, wo dies für das Wirtschaftssystem
am schnellsten und am leichtesten möglich ist. Im Vergleich zu Instrumenten wie
dem Zertifikatehandel, der sich nur auf einen Faktor und einen Bereich bezieht,

können so mehrere Bereiche mit unterschiedlichen Themen gleichzeitig gefördert werden. Zudem muss kein konkreter Preis für eine Externalität ermittelt werden, da sich die monetäre Bedeutung für die Unternehmen über die Refinanzierungskosten ergibt. Voraussetzung ist allerdings, dass ein Zielwert für die betrachteten Themen bestimmt wurde, der eine künstliche Knappheit erzeugt. Ein größerer Abstand vom Zielwert würde dementsprechend höhere Refinanzierungskosten verursachen. Im Vergleich zum Emissionsrechtehandel können dadurch nicht nur Maßnahmen auf unterschiedliche Branchen oder Unternehmen paretooptimal verteilt werden, sondern es wird auch möglich, dass innerhalb einer Branche oder einem Unternehmen priorisiert werden kann, welche Themen am ehesten bearbeitet werden. Die Politik kann diesen Prozess beschleunigen und verstärken, indem sie die durch Maßnahmen wie grüne Unterstützungsfaktoren die Refinanzierungskosten für Unternehmen mit positiven gesellschaftlichen Auswirkungen senkt beziehungsweise mit negativen gesellschaftlichen Auswirkungen erhöht. Dadurch wird es wirtschaftlicher Maßnahmen zur Verbesserung der gesellschaftlichen Auswirkungen umzusetzen, und es werden in der Realwirtschaft Innovationen zur Erreichung der Nachhaltigkeitsziele erleichtert. Der effizienzorientierte Fokus der Unternehmen bedeutet jedoch auch, dass sich die Unternehmen besonders auf die Themen fokussieren, die für sie am wirtschaftlichsten umsetzbar sind, was wiederum dazu führt, dass gesellschaftliche Themen, die keine wirtschaftliche Relevanz haben, möglicherweise nicht bearbeitet werden. Damit gesellschaftliche Ziele, die besonders schwierig zu erreichen sind, nicht vollständig vernachlässigt werden, reicht es daher nicht aus, einen Zielwert zu bestimmen, sondern es muss auch eine Einigung über die Priorisierung der gesellschaftlichen Themen geben. Denn erst über eine Gewichtung kann eine unterschiedliche Auslotung zwischen wirtschaftlichen und gesellschaftlichen Themen erfolgen. Mit einer höheren Gewichtung wird eine höhere gesellschaftliche Dringlichkeit suggeriert. Damit spielt ein Mangel bei einem gesellschaftlichen Thema mit einer höheren Gewichtung eine größere Rolle für das Gesamtergebnis und hat damit auch eine höhere Bedeutung für die Refinanzierungskosten des Unternehmens. Unternehmen wird damit ein Anreiz gegeben, sich nicht nur in den wirtschaftlichen Gesellschaftsthemen, sondern auch in den Themen zu verbessern, die aus gesellschaftlicher Sicht eine gewisse Dringlichkeit haben oder aus anderen Gründen priorisiert wurden. Durch die stärkere Gewichtung tragen sie auch mehr zu den Refinanzierungskosten bei, weshalb sich die Umsetzung einer Maßnahme, die im Vergleich zu Maßnahmen für andere gesellschaftliche Themen relativ teurer ist, dennoch umzusetzen lohnt. Zur Reduktion des Risikos, dass die Nachhaltigkeitsziele nicht erreicht werden, sollte die Politik daher nicht nur eine erleichterte Kreditvergabe an Unternehmen mit geringen negativen und hohen positiven gesellschaftlichen Auswirkungen erleichtern und eine höhere Reflexion durch eine stärkere Transparenz erzeugen, sondern auch mit einer Konkretisierung der Generalisierung durch Nachhaltigkeit bei der Auswahl und Priorisierung der gesellschaftlichen Themen mitwirken. Es ist klar, dass damit auch immer das Risiko verbunden ist, dass die Steuerungseingriffe zu unerwarteten Nebenfolgen führen und durch einen falschen Anreiz ein Schaden entsteht. Auf der anderen Seite steht die Menschheit einer gesellschaftliche Selbstgefährdung gegenüber, die eine schnelle und damit auch umfangreiche Veränderung der wirtschaftlichen Operationsweise notwendig macht. Am Ende muss im Einzelnen abgewogen werden, ob die Schäden durch unerwartete Folgen der Steuerung möglicherweise höher sind, als die Schäden der gesellschaftlichen Auswirkungen, die durch Unterlassung einer Steuerung oder durch zu geringe Steuerungsambitionen entstehen. Die immer weiter zunehmenden Gefahren für die Gesellschaft deuten aber darauf hin, dass ein höheres Steuerungsrisiko eingegangen werden kann.

Zusammenfassend ist festzuhalten, dass die Politik indirekt durch Verbesserung der gesellschaftlichen Reflexion und der Generalisierung von Nachhaltigkeit einen Beitrag zu einer Wirtschaft mit begrenzter Reflexion leisten kann.

Durch Transparenzanforderungen kann die Politik eine höhere gesellschaftliche Reflexion ermöglichen, wodurch die gesellschaftlichen Auswirkungen bekannt werden und ersichtlich wird, an welchen Stellen die Wirtschaft die Möglichkeiten anderer gesellschaftlicher Funktionssysteme einschränkt. Durch einen gesellschaftlichen Diskurs über die gesellschaftlichen Themen kann die Politik mehr Aspekte berücksichtigen, als die Nachhaltigkeitsratings über ihr zufällig entstandenes Netzwerk.

Zum Schutz vor einer Überlastung sollte die Reflexion jedoch beschränkt werden. Hier kann die Politik durch die Generalisierung in Form von Nachhaltigkeitszielen die Vielzahl an möglichen gesellschaftlichen Themen einschränken. Sie sollte jedoch auch eine Ebene tiefer eine Priorisierung der gesellschaftlichen Themen für die Wirtschaft vornehmen, damit gesellschaftliche Themen, die zur Erreichung der Nachhaltigkeitsziele notwendig sind, nicht vernachlässigt werden. Da Nachhaltigkeitsratings die Auswahl und Gewichtung der Themen im Wesentlichen selbst festlegen, kann die Politik durch einen gesellschaftlichen Diskurs einen Konsens erzeugen, wodurch die Auswahl und Priorisierung der Themen gesellschaftlich legitimiert wird. Aufgrund der höheren Transparenz durch die stärkere Reflexion und der deutlicheren Priorisierung der Nachhaltigkeitsziele wird auch die Steuerungswirkung durch Nachhaltigkeitsratings verbessert. Mit Hilfe von Transparenzpflichten kann die gesellschaftliche Reflexion gesteigert und mit Standards die Generalisierung durch Nachhaltigkeit gefestigt werden.

Da das Wirtschaftssystem nicht in der Lage ist, alle gesellschaftlichen Auswirkungen zu berücksichtigen, entstehen weiterhin negative Auswirkungen auf die Umwelt. Die Politik muss die Selbststeuerung des Wirtschaftssystems daher mit zusätzlichen Maßnahmen direkt unterstützen. Neben einer reinen Empfehlung der Politik hinsichtlich der zu berücksichtigen Themen der Gesellschaft in der Wirtschaft kann sie die Wahrscheinlichkeit der Berücksichtigung erhöhen, indem sie die bisher nicht wirtschaftlich relevanten Gesellschaftsthemen wirtschaftlich macht. Durch die Internalisierung von Externalitäten werden die Voraussetzungen dafür geschaffen, dass gesellschaftliche Aspekte in der Logik der Wirtschaft berücksichtigt werden können, da sie dadurch zahlungsrelevant werden. Diese Maßnahmen werden das Wirtschaftssystem mit hoher Wahrscheinlichkeit beeinflussen, da sie den Wirtschaftscode direkt ansprechen. Allerdings können auch unerwartete Nebenfolgen entstehen, die potenziell weitere negative gesellschaftliche Folgen mit sich bringen.

Der größte Hebel besteht jedoch nicht in der direkten Beeinflussung der Zahlungen, sondern in der direkten Beeinflussung der Zahlungsfähigkeit. Durch vergünstigte Kredite oder eine verbesserte Darstellung der Kreditwürdigkeit können Unternehmen mit geringeren negativen gesellschaftlichen Auswirkungen oder höheren positiven gesellschaftlichen Auswirkungen eine höhere Rendite erzielen und erhalten damit eine bessere Zahlungsfähigkeit. Die Bewertung der gesellschaftlichen Auswirkungen der Nachhaltigkeitsratings bietet die Möglichkeit, mit einem Steuerungseingriff eine Vielzahl an gesellschaftlichen Themen zu adressieren und sich flexibel an die Gegebenheiten und Entwicklungen anzupassen. Zudem werden gesellschaftliche Themen untereinander priorisiert und damit wirtschaftlich effizient bearbeitet. Damit die wesentlichen Themen nicht nur nach wirtschaftlichen Gesichtspunkten ausgewählt werden, sondern die Auswahl den gesellschaftlichen Erwartungen entspricht, sollte die Politik klare Nachhaltigkeitsziele festlegen und die Priorisierung für die Wirtschaft koordinieren. Dadurch wird ein Anreiz für Innovationen zur Erreichung der Nachhaltigkeitsziele geschaffen. Die Vermeidung von Schäden sollte jedoch nicht durch potenzielle Schäden aus unerwarteten Nebenfolgen des Steuerungseingriffes konterkariert werden.

Politik kann durch eine Förderung der gesellschaftlichen Reflexion und der Generalisierung von Nachhaltigkeit indirekte die Selbststeuerung des Wirtschaftssystems unterstützen. Ein direkter Einfluss der Politik auf das Wirtschaftssystem besteht in der Veränderung der Bedingungen von Zahlungen und der Zahlungsfähigkeit. Zur Berücksichtigung von nicht wirtschaftlichen Gesellschaftsthemen ist das Wirtschaftssystem auf solche Eingriffe angewiesen.

6.2 Begrenzte Reflexion ermöglicht ein neues Komplexitätsniveau der Gesellschaft

Zur Einordnung der Bedeutung von Nachhaltigkeitsratings für eine nachhaltige Entwicklung der Gesellschaft wird die begrenzte Reflexion, die sie im Wirtschaftssystem ermöglichen, in einen abstrakteren Kontext der Systemtheorie gestellt, indem eine Verbindung zu den grundlegenden Annahmen der Systemtheorie hergestellt wird.

In diesem Kapitel wird daher beschrieben, welche Bedeutung eine begrenzte Reflexion für die gesellschaftliche Entwicklung hat. Da die Systemtheorie ihren Ursprung in den Naturwissenschaften hat (Bertalanffy 1968; Parsons 1971), wird für eine Anknüpfung der begrenzten Reflexion an die abstrakten grundlegenden Überlegungen der Systemtheorie auf naturwissenschaftliche Erkenntnisse zurückgegriffen, indem das Konzept der Entropie auf die gesellschaftliche Evolution und Sinnsysteme übertragen wird. Daraus wird ersichtlich, dass die gesellschaftliche Reflexion von Netzwerken in einer Verbindung mit der Generalisierung durch Nachhaltigkeit zu einer Kombination aus Einheit und Vielfalt führt, die eine Emergenz erzeugt, mit der die Gesellschaft ein neues Komplexitätsniveau erreicht, wodurch sie Kontingenz besser verarbeiten kann.

In Abschnitt 2.1 wurde bereits beschrieben, dass die Herausforderung der modernen ausdifferenzierten Gesellschaft nicht in Komplexität, sondern in der daraus resultierenden Kontingenz besteht, da jede Komplexitätsreduktion mit einem Komplexitätsaufbau einhergeht. Zur Beschreibung, wie Kontingenz in der Gesellschaft aufgelöst werden kann, soll einerseits der Blick auf den Begriff der Entropie gerichtet werden, andererseits geht der Blick auch in die Vergangenheit, wie im Verlauf der gesellschaftlichen Evolution mit Kontingenz umgegangen wurde.

Für die Weiterentwicklung auf der abstraktesten Ebene der Systemtheorie wird auf die Grundlagen der Systemtheorie zurückgegriffen, die in den Naturwissenschaften zu finden sind. Dazu gehören die Thermodynamik und die Auseinandersetzung mit Entropie (Porr 2002, S. 4). Der Ursprung von Entropie liegt in der statischen Physik, in der sie als eine physikalische Größe verwendet wird. Nach dem zweiten Hauptsatz der Thermodynamik gibt es keine Maschine, die die zugeführte Wärme vollständig in Arbeit überführen kann, sondern ein Teil der Wärme wird immer an die Umwelt abgegeben (Planck 1897). In jedem Energieumwandlungsprozess wird also nicht mehr nutzbare Energie irreversibel abgegeben, weshalb ein Perpetuum mobile unmöglich ist (Clausius 1867). Nach Boltzmann (1877) kann Entropie daher auch als Maß verstanden werden, das die

Unordnung der Bewegungen eines Systems beschreibt. In den Sozialwissenschaften wird als Maß für eine soziale Unordnung auch „soziale Entropie" (Wöhlcke 2003) verwendet. In der Informationstheorie wird Entropiezunahme als ein Informationsverlust verstanden (Lewis 1930). Shannon (1948) verwendet Entropie als ein Maß für den Informationsgehalt einer Nachricht. Je mehr Zeichen von einer Quelle ausgehen, desto höher ist der Informationsgehalt, da dadurch gleichzeitig die Unsicherheit über die Information reduziert wird.

Auch für Luhmann und Baecker (2009, S. 44 f.) stellt sich aufgrund des zweiten Grundsatzes der Thermodynamik die Frage, wie Systeme sich trotz Entropie dauerhaft erhalten können und Ordnung möglich ist. Dieser Annahme liegt jedoch ein geschlossenes System zugrunde, insofern kein Austausch mit der Umwelt stattfindet. Luhmann geht bei Sinnsystemen jedoch von offenen Systemen aus, weil durch den Import von „Negentropie" (Luhmann und Baecker 2009, S. 45) die Entropie kompensiert werden kann, was aber nicht immer der Fall muss. Das heißt, Sinnsysteme beziehen Informationen aus der Umwelt und interpretieren Unerwartetes. Sie sind in ein Netzwerk mit anderen Sinnsystemen eingebaut, das auch auf das informationsverarbeitende System reagiert. Die systemtheoretische Antwort auf Entropie besteht daher in einem Austauschprozess zwischen System und Umwelt. Diese systemtheoretischen Überlegungen sollen mit weiteren naturwissenschaftlichen Erkenntnissen zur Entropie ergänzt werden.

Wenn beim Universum von einem geschlossenen System ausgegangen wird, ist anzunehmen, dass durch maximale Entropie ein thermisches Gleichgewicht des Universums entsteht, das so statisch ist, dass es einen Wärmetod erleidet (Thomson 1862). Es stellt sich also die Frage, warum das Universum trotz Entropie noch existiert und wie auch operativ geschlossene Systeme, wie sie Luhmann eigentlich annimmt, sich nachhaltig erhalten können. Nach dem Maximum Entropy Production Principle (MEPP), das sowohl in der Physik, Chemie und Biologie diskutiert wird, entwickeln sich Systeme, die sich nicht im Gleichgewicht befinden, so, dass sie unter den gegeben Umständen ein Maximum an Entropie erzeugen (Martyushev und Seleznev 2006). Das System wird daher nicht nur, wie vom 2. Grundsatz der Thermodynamik beschrieben, Entropie erzeugen, sondern auch einen Zustand erreichen, in dem die Entropie am höchsten ist (Ziegler 1983). Aus Sicht der biologischen Evolution entwickelt sich die Evolution in eine Richtung, in der der Gesamtenergiefluss durch das System mit den gegebenen Einschränkungen am höchsten ist. Das heißt, Arten, die den Anteil des gegebenen Energieflusses am effizientesten für ihr Wachstum und ihre Existenz nutzen, werden ihre Bevölkerung steigern, wodurch der Energiefluss durch das System steigt. Solange die Energiequelle nicht ausgeschöpft ist, wird die Evolution den Pfad der maximalen Entropieproduktion einschlagen (Lotka 1956).

Wenn die verfügbare Energie jedoch verbraucht ist, gibt es durch die Evolution eine schnelle und schrittweise Anpassung mittels der Optimierung der Strukturen, wodurch die Entropie reduziert wird. Wenn das System sich somit in der Nähe eines statischen Zustandes befindet, gilt eher das Minimum Entropy Production Principle (Lotka 1956). Die Energiedissipation erzeugt also eine Unordnung, die dazu führt, dass durch den Aufbau von dissipativen Strukturen die Entropie reduziert wird. Das bedeutet, dass durch den Aufbau von komplexeren Strukturen Energie immer schneller und effizienter umgewandelt wird. Dazu gehören Sterne, Planten, Pflanzen, Tiere, Menschen und menschliche Gesellschaften (Prigogine 1965; Chaisson 2005).

Während also die Systeme in ihren Strukturen immer komplexer werden, sind sie in der Lage eine höhere Energiemenge in einer schnelleren Zeit umzusetzen. Damit führen die zunehmende Entropie und der damit verbundene Anstieg der nicht nutzbaren Energie dazu, dass die noch verfügbare Energie durch zunehmende Komplexität der Strukturen immer effizienter verwendet werden und somit der Wärmetod des Universums hinausgezögert wird. Durch eine neue komplexere Struktur entsteht eine neue Evolutionsstufe, in der das emergente System in der Lage ist, Entropie zu reduzieren. Für die Übertragung auf Sinnsysteme, die nicht mit Energie arbeiten, sondern Informationen verarbeiten, bedeutet das, dass Systeme in ihren Strukturen immer komplexer werden müssen, um aus den zunehmenden Informationen ihrer Umwelt brauchbare Informationen zu filtern. Ein neues Komplexitätsniveau wird nur erreicht, wenn Möglichkeiten gefunden werden, Informationen effizienter und schneller zu verarbeiten.

Für eine Einordnung der Entropie in die gesellschaftliche Evolution wird ein Blick auf die bisherigen Evolutionsstufen der Gesellschaft geworfen und deren Umgang mit Unsicherheit beschrieben. Luhmann (1978, S. 432 ff.) zergliedert die bisherige gesellschaftliche Entwicklung in die segmentär differenzierte archaische Gesellschaft, die stratifikatorisch differenzierte Gesellschaft der Hochkultur und die moderne Gesellschaft mit einer funktionalen Differenzierung. Die archaische Gesellschaft hat mit der segmentären Differenzierung die ursprünglichste Organisationsform. Sie besteht aus gleichartigen Teilsystemen wie beispielsweise Familien oder Dorfgemeinschaften (Becker und Reinhardt-Becker 2001, S. 80 ff.).

Die entscheidende Entwicklung für die Entstehung einer archaischen Gesellschaft beruht auf Kommunikation. Sie ermöglicht mit der Differenz aus nah und fern eine segmentäre Differenzierung, wodurch die Umwelt strukturiert und verarbeitet werden kann. Durch zunehmende Konflikte mit anderen Gruppen mussten neue Strukturen geschaffen werden (Luhmann 2018, S. 428 ff.).

Daraufhin entstand eine stratifizierte Gesellschaft mit einer hierarchischen Ordnung, welche sich durch die Leitdifferenz von „oben" und „unten" beobachten lässt. Die bedeutenden Systeme für die Auflösung von sozialen Konflikten waren Staat und Religion. Bei einem strittigen Gesellschaftsthema, das in beide Sphären reicht, lag die Deutungshoheit beim religiösen System (Becker und Reinhardt-Becker 2001, S. 84).

Durch die religiösen Leitbilder, sonstigen Konventionen und sozialen Normen existierten symbolische Generalisierungen, die die Kontingenz auf ein verträgliches Maß beschränken konnten (Willke 1993, S. 27). Latenz trug erheblich zur Aufrechterhaltung der Hierarchie als oberstes Organisationsprinzip bei (Luhmann 1984, S. 459). Erst mit der Aufklärung und der wissenschaftlichen Rationalisierung gab es eine „Entzauberung der Welt" (Weber 2009, S. 102), wodurch die bisher unhinterfragten Rituale und Traditionen nach ihrem Sinn hinterfragt werden konnten und viele Strukturen nicht mehr als gegeben hingenommen wurden (Willke 1993, S. 28).

Luhmann geht davon aus, dass Hierarchie durch Funktionsorientierung abgelöst wird, wenn Systeme zu komplex geworden sind. Der Vorteil der Funktionsorientierung besteht darin, dass Redundanzen erzeugt werden können und somit eine höhere Sicherheit möglich ist (Luhmann 1984, S. 406).

Der Umgang mit Kontingenz in der ausdifferenzierten Gesellschaft kann auf der abstraktesten Ebene in Form von Sinn beschrieben werden. Mithilfe des Formenkalküls von Spencer Brown kann Sinn als Form mit zwei Seiten beschrieben werden. Es kann zwischen einer inneren bestimmten Seite und einer Außenseite, die unbestimmt ist, unterschieden werden. Sinn liegt auf der bestimmten Seite und verweist auf die unbestimmte Außenseite, die dem Möglichkeitsraum von Sinn entspricht. Die Zwei-Seitenform mit Innen und Außen entspricht also der Unterscheidung von Aktualität und Potenzialität, wodurch Sinn entsteht. Luhmann ergänzt das Formenkalkül mit der Unterscheidung von Form und Medium. Durch diese Unterscheidung können zwei Arten beschrieben werden, wie Elemente miteinander gekoppelt werden. Durch ein Medium wird eine lose Kopplung und durch Form eine feste Kopplung von Elementen beschrieben. Sinn ist also ein Medium, das lose gekoppelte Elemente bereitstellt, die in einer Form fest miteinander gekoppelt werden können. Medien bilden somit einen Horizont von Möglichkeiten, wie eine Form gebildet werden kann. Das Potenzial einer Form wird durch die Bildung der Form jedoch nicht verbraucht, sondern wiederhergestellt. Während das Medium stabil ist, werden Formen immer wieder erneuert (Schützeichel 2003, S. 41).

Nach Luhmann (1988) stellt das Medium eine lose Kopplung und die Form eine rigide Kopplung dar. Ein Medium entsteht erst durch einen Überschuss an

Elementen. Ab einer gewissen Komplexität entsteht ein Raum für Selektionsmöglichkeiten, der für die Existenz eines Mediums notwendig ist. Die moderne
Gesellschaft mit den Funktionssystemen konnte sich nur durch Organisationen
bilden. Denn die Organisation erzeugt als Form Rigidität, die innerhalb der
Funktionssysteme die Entstehung eines Mediums ermöglicht, durch das eine
lose Kopplung von Elementen erfolgt. Im Funktionssystem der Wirtschaft beruht
das Medium „Geld" auf den Elementen Zahlungen und Nichtzahlungen. Ohne
Rigidität würden sich Preise jederzeit sofort ändern und jede Änderung eines
Preises wirkte sich auf alle anderen Preise aus. Organisationen sorgen somit
mit ihren Strukturen für Stabilität. Organisationen entscheiden darüber, wofür
gezahlt wird. Da Organisationen eine spezifische Rigidität aufweisen, sind Veränderungen nur bis zu einem bestimmten Grad möglich. Indem Organisationen
über die Verwendung des Geldes bestimmen, schränken sie den Möglichkeitsraum ein. Rigide Strukturen bestimmen daher über die losen Kopplungen durch
das Medium. Demgegenüber ist Geld unendlich flexibel einsetzbar, sodass dessen
Verwendungsmöglichkeiten um einiges vielfältiger sind als bei Gütern. Die Kombination des lose gekoppelten Geldes und der rigiden Kopplung der Organisation
verbessert daher insgesamt das Auflösungsvermögen und vermehrt die Rekom-
binationsmöglichkeiten. Voraussetzung hierfür ist also eine Differenz einer losen
Kopplung, die Flexibilität ermöglicht, und einer festen Kopplung, die Stabilität
schafft. (Luhmann 1988, S. 303 ff.).

Mit dieser Kombination aus Form und Medium ist es also möglich Informationen beziehungsweise Sinn effizienter zu verarbeiten. Insbesondere durch den
Aufbau von komplexen Strukturen in Organisationen können in den gesellschaftlichen Funktionssystemen ein sehr großer Informations- bzw. Sinnfluss schnell
verarbeitet werden.

Durch die Ausdifferenzierung der Gesellschaft haben sich die wichtigsten Teilsysteme der Gesellschaft auf eine spezifische Funktion fokussiert. Mit diesem
Formprinzip ist es möglich gewesen, die Gesellschaft auf ein neues Leistungsniveau mit einer enormen Komplexitätssteigerung zu bringen. Allerdings kann
dadurch auch die geringe Resonanz der Teilsysteme untereinander und gegenüber
der gesellschaftlichen Umwelt erklärt werden (Luhmann 1986, S. 70 ff.).

Diese Form der gesellschaftlichen Evolution stößt aufgrund der Steue-
rungsprobleme an die Grenzen ihrer Komplexitätsverarbeitungskapazität. Die
herkömmlichen Integrationsmechanismen sind inzwischen überfordert. Dies gilt
insbesondere für Staat und das Recht (Willke 1993, S. 238).

Die zu hohe Kontingenz für das politische System in der sachlichen, zeitlichen und sozialen Sinndimension wurde bereits in Abschnitt 3.3.3 dargestellt. Im
Grunde bedeutet dies, dass die bestehenden gesellschaftlichen Strukturen an ihre

Grenzen stoßen und nicht mehr in der Lage sind, die Unmengen an Informationen zu erfassen und zu verarbeiten.

Wie in Abschnitt 3.2. beschrieben, sorgt insbesondere das Wirtschaftssystem aufgrund seiner pathologischen Selbstreferenz für eine Selbstgefährdung der Gesellschaft.

Durch die kaum noch zu verarbeitbare Kontingenz scheint die moderne Gesellschaft mit ihren Strukturen und der Differenz zwischen Organisation als Form und gesellschaftlichen Funktionsystemen als Medium das Maximum an Entropieerzeugung nahezu erreicht zu haben. Der daraus drohende statische Zustand einschließlich des Wärmetodes zwingt die Gesellschaft, neue Strukturen für eine Minimierung der Entropie zu entwickeln. Nach der Maximierung von Kontingenz in der ausdifferenzierten Gesellschaft müssen zur Vermeidung der Selbstgefährdung der Gesellschaft neue Strukturen gefunden werden, die die Kontingenz minimieren und Sinn schneller und effizienter verarbeiten können.

Mit der Entstehung von sozialen Folgen durch die Ausdifferenzierung während der Anfänge der Industrialisierung kommt Marx zu dem Schluss, dass dem entgegengewirkt werden könnte, wenn die Komplexitätsverhältnisse umgekehrt werden. Das heißt, die ausgeprägte interne Autonomie und die Komplexität insbesondere des Wirtschaftssystems, die diese Probleme verursachen, scheinen nur dadurch aufgefangen werden zu können, indem sich alle Teilsysteme der politischen Steuerung durch die Arbeiterklasse unterwerfen. Der Realsozialismus hatte sich jedoch oftmals als eine Diktatur und Unrechtsstaat herausgestellt. Den Fehler im Marx'schen Modell sieht Willke darin, dass der Staat die Komplexität der ausdifferenzierten Systeme nur bearbeiten konnte, indem er einen Teil der Komplexität unterdrückte. Der Fortschritt der einzelnen Systeme wurde dadurch immer stärker verhindert, was bis zu einer repressiven Unterdrückung reichte, die die gesellschaftliche Entwicklung nahezu gänzlich behinderte (Willke 1996, S. 49).

Das bedeutet allerdings nicht, dass die liberalistische Steuerung erfolgreicher ist. Denn die Steuerung der Systeme durch Selbststeuerung hat zwar den Vorteil, dass sie es den Systemen auch ermöglicht, eine große Vielfalt innerhalb der Systeme mit ausgeprägter Leistungsfähigkeit zu erzeugen. Allerdings entwickelt sich durch diese Eigenständigkeit eine eigene Systemlogik, die als systemindividuelle Rationalität verstanden werden kann (Willke 1993, S. 256).

Dadurch können die differenzierten Systeme zwar die Kontingenz der Umwelt durch eine sehr starke interne Komplexität verarbeiten, allerdings führt diese Komplexität zu weiterer Kontingenz, was für die anderen Systeme der Gesellschaft zur Gefahr werden kann. Es werden immer mehr Möglichkeiten und

Optionen erzeugt, die von anderen Systemen nicht mehr verarbeitet werden können (Willke 1993, S. 227 ff.).

Das liberalistische Modell mit autonomen gesellschaftlichen Funktionssystemen stößt an die Grenzen seiner Möglichkeiten, da die Gesellschaft sich mittlerweile selbst gefährdet. Wenn beide Extreme der Steuerung zum Scheitern verurteilt sind, stellt sich die Frage, ob eine Kombination der Selbststeuerung bzw. -organisation mit Restriktionen nicht erfolgversprechender ist. Durch dezentrale Kontextsteuerung könnte ein viables Ganzes entstehen (Willke 1996, S. 49 f.).

Nach der undifferenzierten und differenzierten Gesellschaft kann als weitere gesellschaftliche Evolutionsstufe eine reintegrierte Gesellschaft folgen. Sie zeichnet sich dadurch aus, dass die differenzierten Systeme nicht wieder entdifferenziert werden, vielmehr wird es eine Vielzahl an verschiedenen Mechanismen geben, die Einheiten miteinander verbinden und in eine komplexe Supraeinheit integrieren (Willke 1993, S. 282 ff.).

Dadurch wird die bisherige Ambivalenz, die aufgrund der Kosten der Integration der entdifferenzierten Gesellschaft einerseits (Sozialistische Gesellschaft als „over-managed societies" (Willke 1993, S. 204)) und der funktionalen Differenzierung auf Kosten der gesamtgesellschaftlichen Integration andererseits entsteht (kapitalistische Gesellschaft als „drifting societies" (Willke 1993, S. 204)), überwunden (Willke 1993, S. 240).

Die Voraussetzungen dafür bestehen nach Willke (1993, S. 259) darin, dass die Systeme gegenseitig ihre Autonomie und geschlossene Operationsweise akzeptieren, aber gleichzeitig operative Beschränkungen berücksichtigen, die sich aus den Bedingungen der gegenseitigen Abhängigkeit der Systeme ergeben. Ferner wird ein operativer Kontext beachtet, der eine Richtungsvorgabe für die Entwicklung der Gesellschaft als Ganzes darstellt. Dies ist möglich, wenn Verhandlungssysteme etabliert werden, indem die Regelungen des Kontextes nicht von einem gesellschaftlichen Funktionssystem alleine, sondern von allen gesellschaftlichen Funktionssystemen gemeinsam mit Blick auf die ganzheitlichen Zusammenhänge festgelegt werden. Eine neue Emergenz wird jedoch erst dann erreicht, wenn die gesellschaftlichen Funktionssysteme ihre Entwicklungsmöglichkeiten, über die sie aufgrund der bestehenden Kontingenz verfügen, nicht vollständig ausnutzen, sondern sich mit Blick auf die ganzheitlichen Zusammenhänge beschränken.

Kontextsteuerung verbindet Selbststeuerung und Fremdsteuerung zu einem emergenten System. Dazu ist allerdings ein übergeordnetes Ziel des Gesamtsystems notwendig. Eine Kooperation ist nur durch ein gemeinsames Ziel möglich, das dann gefunden werden kann, wenn alle Beteiligten einen höheren Nutzen aus ihm ziehen (Willke 2007, S. 16 f.).

Willke (1993, S. 111 f.) geht davon aus, dass Reflexion in den Einzelsystemen Kosten verursacht, aber auf der höheren gesellschaftlichen Ebene insgesamt zu Gewinnen führt. Zudem werden dadurch die Gewinne ausgeschlossen, die nur kurzfristig einen Vorteil bringen.

Diese Erhöhung interner Komplexität durch Integration entspricht nicht einer Laune des Systems, sondern sie wird durch veränderte und „schwierigere" Umweltbedingungen erzwungen, die eine Notwendigkeit für eine verbesserte Anpassungs- und Reaktionsfähigkeit erzeugen. Integration ist mithin zu verstehen als ein Prozess, in dem autonome Einheiten bestimmte Handlungsmöglichkeiten und Optionen aufgeben, um als funktional differenzierte Teilsysteme dem neu gebildeten Gesamtsystem gegenüber neuen Umweltkonstellationen verbesserte evolutionäre Chancen zu verschaffen. Durch die Reflexion, die eine neue Integration der Gesellschaft ermöglicht, entsteht eine neue Komplexitätsverarbeitungskapazität (Willke 1993, S. 238). Damit Systeme durch diese Zusammenarbeit ein höheres Emergenz-Niveau erreichen, ist eine Ordnung in Form von Integration notwendig. Erst mit Integration wird das Gesamtsystem auch wieder steuerungsfähig (Willke 1993, S. 114 f.). Nach Luhmann zeichnen sich aber Reflexionstheorien in Bezug auf einen gesamtgesellschaftlichen Sinn bisher nicht ab (Luhmann 1984, S. 622 ff.). Erst wenn die Gesellschaft mit einem höheren Abstraktionsgrad denkt und wenn Interaktionssysteme mit höheren Freiheitsgraden entstehen, wird der Schritt zu einer weiteren Evolution wahrscheinlicher (Luhmann 1984, S. 576).

Aus einer systemtheoretischen Perspektive stellt sich die Frage, mit welcher Differenz eine neue Beobachtungsform möglich ist, die eine andere Steuerung der Gesellschaft zulässt.

Allgemein entsteht Komplexität in Systemen durch eine Differenz zwischen Einheit und Vielfalt (Luhmann 1988, S. 318).

Aus einer operativen Perspektive sorgt Sinn zugleich für Stabilität und Instabilität in Systemen. Sinn verändert sich mit jeder Aktualisierung. Aber der Möglichkeitshorizont bleibt derselbe. Sicher ist also, dass es einen instabilen Kern gibt, der sich aktualisiert, es ist aber unsicher und riskant, auf welchen stabilen Horizont sich der Sinn bezieht. Sinn erzeugt so Sicherheit und Unsicherheit gleichzeitig (Schützeichel 2003, S. 40).

Stabilität und Flexibilität werden in den Sinnsystemen aus der Differenz zwischen einem Medium mit einer losen Kopplung und einer Struktur mit einer festen Kopplung erzeugt. Ob die gewählte Differenz langfristig erfolgreich ist, entscheidet die Evolution (Luhmann 1988, S. 315).

Eine Wirtschaft mit begrenzter Reflexion arbeitet mit anderen Beobachtungsdifferenzen und unterstützt die Evolution der Gesellschaft in Richtung eines neuen Emergenz-Niveaus. Aus physikalischer Sicht kann der zunehmenden Entropie entgegengewirkt werden, wenn durch Evolution Strukturen entstehen, die einen höheren Energieumsatz erreichen. Bezogen auf die klassischen Steuerungsmedien bedeutet das beispielsweise, wie in Abschnitt 2.2 beschrieben, dass die Dichotomie aus Markt und Hierarchie mithilfe von Netzwerken, die Informationen bzw. Sinn schneller verarbeiten, aufgelöst wird. Durch soziale Bewegungen und die Adressaten der Netzwerke, die Zugriff auf verschiedene gesellschaftliche Funktionssysteme haben, entsteht ein lose gekoppeltes Medium, das Vielfalt und Flexibilität erzeugt. Durch diese gesellschaftliche Reflexion (siehe Abschnitt 4.1) wird es möglich, die Latenz von Indifferenz und Diffusität sichtbar zu machen. Die Gesellschaft beginnt, sich von den stabilen Funktionssystemen zu emanzipieren, wodurch sie selbst veränderbar wird. Das Beispiel der Reflexionsfunktion (Abschnitt 5.3) von Nachhaltigkeitsratings zeigt, wie durch Netzwerke insbesondere mit NGOs die gesellschaftliche Reflexion in der Wirtschaft erhöht werden kann. Durch die Vielzahl an beobachteten gesellschaftlichen Themen tragen Nachhaltigkeitsratings zur Erhöhung der Vielfalt im Wirtschaftssystem bei. Gleichzeitig können sie durch die flexibel anpassbaren Methoden schnell auf gesellschaftliche Änderungen reagieren.

Ein höherer Energieumsatz reicht jedoch nicht aus, sondern es muss eine Struktur geschaffen werden, die eine Einheit bildet. Reflexion alleine reicht nicht aus, sondern muss um Integration ergänzt werden. Nachhaltigkeit kann durch seine Strukturen mit fester Kopplung eine solche Einheit herstellen. Durch die Generalisierungsfunktion kann Nachhaltigkeit als Referenzpunkt der gesellschaftlichen Reflexion herangezogen werden (siehe Abschnitt 4.2.). Dadurch werden die Möglichkeiten der gesellschaftlichen Funktionssysteme so beschränkt, dass sie einen höheren Mehrwert für die Gesellschaft als Ganzes bedingen, sodass die gesellschaftlichen Funktionssysteme durch diese Einschränkungen mehr erreichen als nur die Maximierung der eigenen Logik – nämlich die Selbsterhaltung der Gesellschaft.

Auch Nachhaltigkeitsratings sorgen durch ihre Generalisierungsfunktion (siehe Abschnitt 5.4) für Einheit, indem sie zu einem einheitlichen Verständnis von Nachhaltigkeit beitragen und somit einen stabilen Bezugspunkt in der Wirtschaft erzeugen, auf den bei Entscheidungen referenziert werden kann. Die Auswahl und Gewichtung der gesellschaftlichen Themen der Nachhaltigkeitsratings schränkt den Möglichkeitsraum der wirtschaftlichen Operationen so ein, dass das Wirtschaftssystem auf ein gemeinsames gesellschaftliches Ziel ausgerichtet wird und andere gesellschaftliche Systeme in ihren Möglichkeiten nicht behindert werden.

Durch die Kombination von Einheit und Vielfalt beziehungsweise von Stabilität und Flexibilität bilden die Generalisierung durch Nachhaltigkeit zusammen mit der Reflexion durch Netzwerke, insbesondere der sozialen Bewegungen, einen Rahmen um die bestehenden gesellschaftlichen Funktionssysteme und Organisationen. Sie sind daher nicht als ersetzende Steuerungsform zu betrachten, sondern entstehen als eine ergänzende Steuerungsform. Nachhaltigkeit ist abstrakter als die gesellschaftlichen Funktionssysteme und Netzwerke sind spezifischer als Organisationen. Diese Steuerungsform setzt auf einer anderen Ebene an, wodurch die Evolution der Gesellschaft auf ein neues Emergenz-Niveau gehoben wird, das eine ganz andere Leistungsfähigkeit besitzt, mit Kontingenz umzugehen.

Daher gehören auch Nachhaltigkeitsratings mit ihrer begrenzten Reflexion zu den Strukturen, mit denen die Kontingenz reduziert werden kann, wodurch eine neue Stufe der gesellschaftlichen Evolution erreicht wird.

Zwar basiert die Entstehung eines neuen gesellschaftlichen Emergenz-Niveaus auf einer Selbststeuerung. Allerdings kann Politik durch Fremdsteuerung diesen Selbststeuerungsprozess fördern. Indem sie sowohl das einheitliche Verständnis von Nachhaltigkeit stärkt als auch Vielfalt durch eine stärkere gesellschaftliche Reflexion erhöht, trägt sie zu einer deutlicheren Differenz zwischen Einheit und Vielfalt bei, was die Verwendung der Beobachtungsperspektive einer begrenzten Reflexion und die damit verbundenen Strukturen wahrscheinlicher macht.

In Abschnitt 2.1 wurde beschrieben, dass Sinn entsteht, wenn ein Sinn gefunden wird, der die Entstehung von weiterem Sinn ermöglicht. Die zu hohe Kontingenz in der modernen Gesellschaft verhindert, dass im Wirtschaftssystem weiterer Sinn gefunden werden kann, da Zahlungen die Umwelt zerstören können, wodurch Zahlungen in der Zukunft möglicherweise nicht mehr getätigt werden können. Durch eine Wirtschaft mit begrenzter Reflexion kann im Wirtschaftssystem neuer Sinn gefunden werden, denn Zahlungen, die keine Zerstörung in der Umwelt verursachen, bedingen die Möglichkeit, dass auch in Zukunft weiterhin Zahlungen erfolgen können. Nachhaltigkeitsratings leisten mit ihren Bewertungen einen Beitrag zur Identifikation dieser Zahlungen. Durch eine begrenzte Reflexion entsteht daher Sinn, der weiteren Sinn ermöglicht und somit zur Selbsterhaltung der Gesellschaft beiträgt.

Zusammenfassend ist zu konstatieren, dass Systeme aus einer naturwissenschaftlichen Sicht zu einem Zustand neigen, in dem sie maximal Entropie erzeugen. Bevor sie den Wärmetod erleiden, minimieren sie die Entropie durch den Aufbau von effizienteren Strukturen, wodurch der Wärmetod herausgezögert werden kann. Von Sternen über Planeten, Bakterien, Lebewesen zum Menschen haben sich immer effizientere Strukturen entwickelt. Übertragen auf Sinnsysteme, müssten auch dort Strukturen geschaffen werden, die Informationen effizienter verarbeiten, um mit der zunehmenden Kontingenz zurechtzukommen.

Die Gesellschaft hat sich von einer archaischen, über eine stratifikatorische zur modernen Gesellschaft entwickelt. Jede Gesellschaftsform hat bestimmte Strukturen entwickelt, um die vorhandene Kontingenz zu verarbeiten. Wenn die Verarbeitungskapazität der Strukturen erreicht wurde, musste eine neue Gesellschaftsform gefunden werden. In der modernen Gesellschaft wird Kontingenz begrenzt, indem die Funktionssysteme mit einem Code arbeiten, der nur bestimmte Ereignisse in der Gesellschaft wahrnimmt. Dadurch ist jedes Funktionssystem für sich genommen sehr leistungsfähig, erzeugt aber durch die Systemrationalität eine Selbstgefährdung der Gesellschaft, da die Gesellschaft als Ganzes nicht betrachtet wird. Es stellt sich daher die Frage, mit welchen Strukturen und neuen Beobachtungsdifferenzen die Kontingenz verarbeitet werden kann, die zu einer Selbstgefährdung der Gesellschaft führt.

Der Sozialismus versuchte die Kontingenz durch politische Kontrolle zu beschränken, was jedoch zu einer Unterdrückung von Wirtschaft und Gesellschaft führte. Demgegenüber sind liberale Gesellschaften, die auf eine Selbststeuerung setzen, besonders den negativen Folgen einer unbeschränkten Entwicklung des Wirtschaftssystems ausgesetzt.

Eine reintegrierte Gesellschaft versucht beide Konzepte miteinander zu verbinden, indem die Selbststeuerung nur insoweit eingeschränkt wird, dass sie einen Vorteil für die Gesellschaft erzeugt. Durch diese Einschränkungen kann ein Mehrwert generiert werden, den die Funktionssysteme, wenn sie unabhängig operierten, in der Summe nicht erreichen würden. Es entsteht ein neues Emergenz-Niveau. Während die moderne Gesellschaft mit einer Differenz zwischen Organisation und Funktionssystem arbeitet, müssen zur Reduktion von Kontingenz neue gesellschaftliche Strukturen gefunden werden, welche Einheit und Vielfalt kombinieren.

Ein Wirtschaftssystem mit begrenzter Reflexion erzeugt sowohl durch gesellschaftliche Reflexion mithilfe von Netzwerken Vielfalt als auch durch eine Generalisierung mit Nachhaltigkeit eine Einheit. Mit dieser Steuerungsform, die Einheit und Vielfalt kombiniert, kann Kontingenz besser verarbeitet werden. Wie im Fall der Verhinderung des Wärmetodes des Universums durch Entropie sorgen in der Gesellschaft Netzwerke für effizientere Strukturen, mit denen die gesellschaftliche Selbstgefährdung durch Kontingenz verhindert wird. Emergenz entsteht jedoch nur durch Beschränkung und gegenseitige Abstimmung, weshalb Netzwerke nur in Verbindung mit der Generalisierung durch Nachhaltigkeit ihre vollen Komplexitätsverarbeitungskapazitäten erreichen. Nachhaltigkeitsratings tragen durch ihre Reflexions- und Generalisierungsfunktion zu einer begrenzten Reflexion in wirtschaftlichen Operationen bei und fördern damit auch den Aufbau von Strukturen mit dieser Beobachtungsdifferenz. Die Politik kann die Entstehung eines neuen Emergenz-Niveaus fördern, indem sie den Selbststeuerungsprozess durch Fremdsteuerung unterstützt. Die begrenzte Reflexion leistet einen Beitrag zur Selbsterhaltung der Gesellschaft, da neuer Sinn erzeugt wird, indem Zahlungen ermöglicht werden, die auch Zahlungen in der Zukunft noch möglich machen.

6.3   Zwischenfazit

Die Selbststeuerung der Wirtschaft mit begrenzter Reflexion kann durch das politische System in Form von Kontextsteuerung unterstützt werden, sodass eine Evolution zu einer sinnvollen Gesellschaft mit einem höheren Emergenz-Niveau entsteht.

Die Politik kann die Entstehung einer Wirtschaft mit begrenzter Reflexion beschleunigen oder verstärken, indem sie indirekt die Reflexion der Gesellschaft und die Generalisierung durch Nachhaltigkeit fördert. Neue Transparenzanforderungen können die Reflexionsleistung von Nachhaltigkeitsratings stärken. Zudem kann durch einen gesellschaftlichen Diskurs über die Auswahl der Themen eine breitere Perspektive eingenommen werden, als es den Netzwerken der Nachhaltigkeitsratings möglich ist. Mit der Definition von Nachhaltigkeitszielen, die eine Priorisierung von Themen beinhaltet, kann die Generalisierung mithilfe von Nachhaltigkeit verstärkt werden. Durch einen gesellschaftlichen Konsens hinsichtlich der gesellschaftlichen Themen wird eine höhere Legitimität erzeugt als durch die selbstbestimmte Auswahl der Nachhaltigkeitsratings. Während die Politik die Reflexion und Generalisierung im Wirtschaftssystem unterstützen kann, ist die Selbststeuerung des Wirtschaftssystems besonders bei der Berücksichtigung von gesellschaftlichen Themen auf die Politik angewiesen. Da Unternehmen gesellschaftliche Themen nur berücksichtigen, wenn sie nicht zu einer wirtschaftlichen Gefährdung führen, muss die Politik dafür sorgen, dass nichtwirtschaftliche Gesellschaftsthemen wirtschaftlich werden. Einerseits kann die Politik durch öffentliche Finanzen dafür sorgen, dass Investitionen in gesellschaftliche Themen rentabel werden. Alternativ besteht die Möglichkeit, durch Regulierung externe Kosten zu internalisieren. Durch klassische Instrumente wie Auflagen, Steuern, Subventionen oder Emissionsrechtehandel können bisher nichtwirtschaftliche Gesellschaftsthemen wirtschaftlich werden. Neben der direkten Beeinflussung von Zahlungen kann das Wirtschaftssystem auch durch eine Stärkung der Kreditwürdigkeit die Zahlungsfähigkeit beeinflussen. Neben der Frage, ob die Zahlungsfähigkeit erhalten bleibt, indem Zahlungen zukünftige

Zahlungen ermöglichen, kann auch betrachtet werden, ob die Rückwirkungen der Gesellschaft, die durch die Zahlungen entstehen, zukünftig wiederum für den Erhalt der Zahlungsfähigkeit sorgen. Auch Nachhaltigkeitsratings ermöglichen diese Einschätzung, da durch die Bewertung der gesellschaftlichen Auswirkungen mögliche Rückwirkungen der Gesellschaft auf das Unternehmen identifiziert werden können. Nachhaltigkeitsratings unterscheiden sich von klassischen Politikinstrumenten dadurch, dass sie inhaltlich mehrdimensional und zeitlich flexibel angepasst werden können. Nachhaltigkeitsratings ermöglichen bereits heute, dass die Bedingungen der Zahlungsfähigkeit gesellschaftlich reflektiert werden, sodass damit beispielsweise die Kreditwürdigkeit von den wirtschaftlichen Rückwirkungen der Gesellschaft auf die Zahlungsfähigkeit abhängt. Durch einen stärkeren Eingriff der Politik in die Entscheidung über die Bedingungen der Zahlungsfähigkeit könnte ein Reentry der Gesellschaft gestärkt werden, da sich auch Nachhaltigkeitsratings bei der Auswahl und Priorisierung der gesellschaftlichen Themen an der Wirtschaftlichkeit orientieren. Indem die Politik gesellschaftliche Ziele bei der Einschätzung der Zahlungsfähigkeit, beispielsweise der Kreditwürdigkeit, honoriert, können Investitionen in nachhaltige Innovation verstärkt werden. Neben einzelnen Kriterien wie dem Klimawandel kämen hier auch Nachhaltigkeitsratings infrage. Diese Maßnahme hätte eine sehr starke Steuerungswirkung, weshalb die Auswahl und Gewichtung im Sinne der Gesellschaft von entscheidender Bedeutung ist. Es besteht immer die Gefahr von unerwarteten Nebenwirkungen. Daher muss abgewogen werden, ob die Risiken, die aus der Selbstgefährdung der Gesellschaft resultieren, das Eingehen eines solchen Risikos rechtfertigen.

Die Selbststeuerung der Wirtschaft mit begrenzter Reflexion sorgt für die Evolution einer sinnvollen Gesellschaft. Bei der Einordnung einer begrenzten Reflexion in die abstrakte Ebene der Systemtheorie hilft ein Blick auf die Grundlagen der Systemtheorie, die in den Naturwissenschaften liegen. Aus thermodynamischer Sicht kann ein Wärmetod aufgrund von Entropie durch eine Evolution zu effizienteren Strukturen verhindert werden. Auch in der gesellschaftlichen Evolution von einer segmentären über eine stratifizierte zur modernen ausdifferenzierten Gesellschaft entwickelten sich effizientere Strukturen, um mit Unsicherheit umzugehen. Wegen der Selbstgefährdung der Gesellschaft müssen nun Strukturen gefunden werden, die mit der zunehmenden Kontingenz umzugehen ermöglichen. Während der Sozialismus an der Unterdrückung der Wirtschaft und Gesellschaft scheiterte, führten liberale Gesellschaften durch eine unkontrollierte Entwicklung des Wirtschaftssystems zu einer ähnlichen Gefährdung. Eine reintegrierte Gesellschaft versucht, die Selbststeuerung so zu begrenzen, dass ein neues Emergenz-Niveau entsteht. Zur Verarbeitung von Komplexität ist die Differenz aus Einheit und Vielfalt notwendig. In der ausdifferenzierten Gesellschaft existiert diese Differenz als Differenz von Organisationen und Funktionssystemen. Eine Wirtschaft mit begrenzter Reflexion kann neue Strukturen ergänzen, indem durch Netzwerke eine gesellschaftliche Reflexion entsteht, die Vielfalt erzeugt, und indem durch Generalisierung mithilfe von Nachhaltigkeit eine Einheit entsteht. Zu diesen Strukturen gehören Nachhaltigkeitsratings, deren Beitrag zur Selbststeuerung der Wirtschaft durch Politik unterstützt werden muss, da die Selbststeuerung der Wirtschaft mit begrenzter Reflexion nicht ohne Politik auskommt. Dadurch entsteht neuer Sinn im Wirtschaftssystem, da Zahlungen ermöglicht werden, die auch Zahlungen in der Zukunft noch möglich machen.

Die Politik kann also durch Kontextsteuerung die Selbststeuerung der Wirtschaft mit begrenzter Reflexion unterstützen, sodass eine Evolution zu einer sinnvollen Gesellschaft mit einem höheren Emergenz-Niveau entsteht.

Gesamtfazit 7

7.1 Zusammenfassung

Hinsichtlich der Frage, welchen Einfluss Nachhaltigkeitsratings auf eine nachhaltige Entwicklung haben, wurde in vorliegender Arbeit aus systemtheoretischer Sicht untersucht, welche Bedeutung Nachhaltigkeitsratings für die Gesellschaft haben. Zur These, dass **Nachhaltigkeitsratings zu einer sinnvollen Gesellschaft beitragen, indem sie eine Selbststeuerung der Wirtschaft durch eine begrenzte Reflexion in Unternehmen ermöglichen,** wurden zu den jeweiligen Unterthesen zusammenfassend folgende Erkenntnisse erzielt.

Die Selbsterhaltung von Systemen wird durch neuen Sinn ermöglicht, der auf weiteren Sinn verweist. In der Gesellschaft beruht Sinn auf Kommunikation. Das Wirtschaftssystem erhält sich durch Zahlungen, die auf weitere Zahlungen verweisen – und Organisationen erhalten sich durch Entscheidungen, die auf weitere Entscheidungen verweisen. Netzwerke erhalten sich nicht durch Kommunikation, sondern mithilfe eines Verweises auf Adressen. Die geschlossene Operationsweise von sozialen Systemen ist jedoch nur durch Offenheit möglich, da Systeme auf die Operationsweise der anderen Systeme angewiesen sind und in einem interdependenten Sinnzusammenhang mit ihnen stehen. Eine Steuerung sollte sich daher sowohl der autonomen Operationsweise der Systeme als auch der komplexen Zusammenhänge der Gesellschaft bewusst sein.

Die Gesellschaft und die Wirtschaft gefährden sich durch einen Sinnverlust selbst, da das pathologische Wirtschaftssystem mit der wirtschaftlichen Rationalität die eigene Umwelt zerstört und dadurch immer weniger sinnvolle Anschlussoperationen findet, die weiteren Sinn ermöglichen. Das politische System kann die pathologische Selbstreferenz durch zu hohe Kontingenz nicht mehr auflösen. Durch Rationalität kann die zunehmende Kontingenz der modernen Gesellschaft nicht mehr aufgelöst werden. Mithilfe wirtschaftlicher Rationalität konnte eine komplexe Wirtschaft entstehen. Aber die Nebenfolgen durch die Ignoranz aller nichtwirtschaftlichen Themen führt zu einer Gefährdung der gesellschaftlichen und ökologischen Umwelt. Durch diese pathologische Selbstreferenz gefährdet sich das Wirtschaftssystem selbst. Es ist nicht mehr in der Lage, sinnvolle Anschlussoperationen zu finden, die weiteren Sinn ermöglichen. Die Politik vermag nicht mehr, diese pathologische Selbstreferenz des Wirtschaftssystems aufzulösen. Soziale Systeme können durch ihre Komplexität nicht direkt gesteuert, sondern nur beeinflusst werden. Politische Steuerungseingriffe scheitern an der zu hohen Kontingenz der Gesellschaft. Die pathologische Selbstreferenz lässt sich daher nur durch eine Selbststeuerung auflösen, die eine Kontingenzreduktion ermöglicht.

Die gesellschaftliche Selbstgefährdung durch ein pathologisches Wirtschaftssystem wird aufgelöst, indem durch eine begrenzte Reflexion neuer Sinn für das Wirtschaftssystem erzeugt wird, der im Einklang steht mit den gesellschaftlichen Entwicklungsmöglichkeiten und somit die wirtschaftliche und gesellschaftliche Autopoiesis langfristig fortzusetzen, vermag. Da das Wirtschaftssystem sich nicht direkt steuern lässt, ist eine Veränderung nur durch Selbststeuerung möglich. Eine höhere Reflexion durch Netzwerke ermöglicht die Öffnung der pathologischen Selbstreferenz des Wirtschaftssystems. Eine Generalisierung durch Nachhaltigkeit sorgt für eine Einschränkung des Möglichkeitsraums und eine Stabilisierung für neuen Sinn. Eine Voraussetzung dafür besteht in der Auflösung der Paradoxie der Gesellschaft in der Wirtschaft, da die Gesellschaft erst durch einen Fokus auf wirtschaftliche Gesellschaftsthemen in der wirtschaftlichen Logik verarbeitbar wird. Durch Latenz kann die Paradoxie aufgelöst und eine begrenzte Reflexion der Gesellschaft in Entscheidungen ermöglicht werden. Da die Selbststeuerung auf einer Selbstbeschreibung, die durch Fremdbeschreibungen beeinflusst werden kann, basiert, kann eine stärkere begrenzte Reflexion daher durch eine andere Fremdbeschreibung angeregt werden. Eine wichtige Form der Fremdbeschreibung mit Referenz auf die Gesellschaft besteht in Nachhaltigkeitsratings.

Nachhaltigkeitsratings erzeugen eine begrenzte Reflexion in Unternehmen und tragen damit zur Selbststeuerung der Wirtschaft bei. Durch ihre Reflexions- und Generalisierungsfunktion ermöglichen sie den Reentry der Gesellschaft in unternehmerische Entscheidungen. Diese Selbststeuerung im Wirtschaftssystem ist jedoch auf die Unterstützung seitens der Politik angewiesen.

Es gibt unterschiedliche Treiber und Barrieren, die den Wandel zu einer Wirtschaft mit begrenzter Reflexion beeinflussen. Das Finanzsystem spielt eine entscheidende Rolle, da wirtschaftliche Organisationen ihre Zahlungsfähigkeit aufrechterhalten müssen. Nachhaltigkeitsratings ermöglichen durch die Informationen, die sie bereitstellen, eine begrenzte Reflexion in unternehmerischen Entscheidungen.

Mit der Erzeugung einer höheren Reflexion der Gesellschaft unterstützen Nachhaltigkeitsratings die Auflösung des bisherigen Evolutionspfades des Wirtschaftssystems. Der Einbezug von anderen Funktionssystemen in die Entwicklung der Methode wie auch in die Bewertung sorgt für einen gegenseitigen Erwartungsaustausch zwischen den Unternehmen und den beteiligten Gesellschaftssystemen. Nachhaltigkeitsratings beeinflussen indirekt die Entscheidungen im Unternehmen, indem sie die Berichterstattung verändern und die Transparenz der Unternehmen erhöhen. Durch die Komplexität der Gesellschaft besteht eine Vielzahl an möglichen Bewertungsansätzen. Die aktuelle Vielfalt der Nachhaltigkeitsratings führt zu unterschiedlichen Ergebnissen, die teilweise widersprüchlich sind, wodurch die Berücksichtigung der Gesellschaft in unternehmerischen Entscheidungen auch behindert wird.

Mithilfe der Generalisierung tragen Nachhaltigkeitsratings zu einer Stabilisierung eines neuen Evolutionspfades einer Wirtschaft mit beschränkter Reflexion bei. Nachhaltigkeitsratings konkretisieren die Institution „Nachhaltigkeit", verbreiten deren Anwendung und sorgen damit für eine Stabilisierung, die die Unsicherheit einer zu hohen gesellschaftlichen Reflexion reduziert. Entscheidungen von Unternehmen werden indirekt beeinflusst, indem die Auswahl der gesellschaftlichen Themen Beschränkungen unterliegt und klare Erwartungen an Unternehmen adressiert werden. Allerdings ist der Einfluss begrenzt, da das Verständnis von Nachhaltigkeit auch durch andere Einflüsse geprägt wird und nicht alle Irritationen, die auf das autopoietisch operierende Unternehmen wirken, im Unternehmen Resonanz erzeugt.

Nachhaltigkeitsratings invisibilisieren die Differenz zwischen Wirtschaft und Gesellschaft und ermöglichen einen Reentry der Gesellschaft in unternehmerische Entscheidungen, indem die Auswahl und Gewichtung der Gesellschaftsthemen auf Basis von wirtschaftlichen Kriterien erfolgen. Mit der Scheinsicherheit, einen Beitrag zur Aufrechterhaltung der Zahlungsfähigkeit zu leisten, passen Unternehmen ihre Strategien, Ziele und Vergütungssysteme und damit Entscheidungsprämissen an die Erwartungen der Nachhaltigkeitsratings an. Durch den Fokus auf die finanziell relevanten Gesellschaftsthemen werden jedoch möglicherweise kritische Gesellschaftsthemen, die nicht wirtschaftlich relevant sind, vernachlässigt oder es wird ihnen eine geringere Bedeutung beigemessen. Eine Beteiligung der Politik an der Auswahl und Gewichtung der gesellschaftlichen Themen könnte dafür sorgen, dass die Selbststeuerung im Wirtschaftssystem durch Nachhaltigkeitsratings stärker zur nachhaltigen Entwicklung der Gesellschaft beiträgt. **Die Selbststeuerung der Wirtschaft mit begrenzter Reflexion sorgt für die Evolution einer sinnvollen Gesellschaft.** Aus naturwissenschaftlicher Sicht kann ein Wärmetod aufgrund von Entropie durch eine Evolution zu effizienteren Strukturen verhindert werden. Analog zur Entropie kann die Selbstgefährdung der Gesellschaft durch zunehmende Kontingenz nur verhindert werden, indem neue Strukturen gefunden werden. Zur Verarbeitung von Komplexität können mit der Differenz aus Einheit und Vielfalt emergente Strukturen erzeugt werden. In der ausdifferenzierten Gesellschaft besteht diese Differenz aus Organisationen und Funktionssystemen. Eine Wirtschaft mit begrenzter Reflexion kann neue Strukturen ergänzen, indem durch Netzwerke eine gesellschaftliche Reflexion entsteht, die eine Vielfalt erzeugt, und indem durch Generalisierung mit Nachhaltigkeit Einheit erzeugt wird. Zu diesen Strukturen gehören auch Nachhaltigkeitsratings. Mit dieser Selbststeuerung wird die Gesellschaft auf ein neues Emergenz-Niveau gehoben, mit der Kontingenz besser verarbeitbar wird. Für den Erhalt des gesellschaftlichen Sinns muss jedoch auch die Politik entsprechende Rahmenbedingungen schaffen und die Evolution unterstützen.

Zur Beschreibung des Beitrags von Nachhaltigkeitsratings zu einer sinnvollen Gesellschaft, indem sie eine Selbststeuerung der Wirtschaft durch eine begrenzte Reflexion in Unternehmen ermöglichen, kann aus den Erkenntnissen der Unterthesen folgende abstrahierte Aussage formuliert werden. Während im Finanzsystem die Beobachtung der Zahlungsfähigkeit eine Beobachtung zweiter Ordnung von den Zahlungen innerhalb der Wirtschaft darstellen (siehe Abschnitt 2.2.2), führt die Berücksichtigung der Gesellschaft im Finanzsystem zu einer Beobachtung dritter Ordnung. Denn die Entscheidung, welche gesellschaftlichen Themen für die Zahlungsfähigkeit relevant sind, stellt eine neue Abstraktionsebene dar. Durch die begrenzte Reflexion mit Bezug auf Netzwerke und Nachhaltigkeit werden die Kriterien zur Bestimmung der Zahlungsfähigkeit hinterfragt. Die Entscheidung über die Zahlungsfähigkeit richtet sich nicht mehr nur danach, aktuelle Zahlungen (Beobachtung erster Ordnung) zu ermöglichen und die Zahlungsfähigkeit (Beobachtung zweiter Ordnung) zu erhalten, um zukünftig zu zahlen, sondern auch danach, die Bedingungen zu erhalten, um überhaupt zahlungsfähig zu sein und Zahlungen zu ermöglichen. In dieser Beobachtung dritter Ordnung geht es um den Erhalt der Umwelt der Wirtschaft, damit die wirtschaftliche Autopoiesis fortgesetzt werden kann. Wenn die Entscheidung über die Zahlungsfähigkeit (Beobachtung zweiter Ordnung) sich an den Möglichkeiten der Fortsetzung der anderen gesellschaftlichen Funktionssysteme, also der Umwelt der Wirtschaft (Beobachtung dritter Ordnung), orientiert, wird dafür Sorge getragen, dass auch in den Zahlungen der Wirtschaft (Beobachtung erster Ordnung) die Gesellschaft berücksichtigt wird. Durch eine Beschränkung der heutigen Entwicklungsmöglichkeiten des Wirtschaftssystems werden die Entwicklungsmöglichkeiten der anderen gesellschaftlichen Funktionssysteme verbessert, wodurch das Wirtschaftssystem seine Entwicklungsmöglichkeiten in der Zukunft verbessert. So kann die Wirtschaft ihre Zahlungen auch in Zukunft fortsetzen. Nachhaltigkeitsratings tragen durch eine begrenzte Reflexion zu dieser neuen Beobachtungsform bei.

Politik kann durch Kontextsteuerung den Selbststeuerungsprozess der Wirtschaft unterstützen. Die Selbstgefährdung des Wirtschaftssystems, aufgrund ihrer gesellschaftlichen Auswirkungen zukünftig keine Zahlungen (Beobachtung erst Ordnung) mehr leisten zu können, wird gebannt, indem die Politik nicht nur dabei unterstützt, dass bei der Entscheidung über die Zahlungsfähigkeit zukünftige Zahlungen berücksichtigt werden (Beobachtung 2. Ordnung), sondern auch dafür sorgt, dass die Bedingungen der Zahlungsfähigkeit hinterfragt und gesellschaftliche Themen zum Teil der Entscheidung über die Zahlungsfähigkeit werden (Beobachtung 3. Ordnung). Die Unterstützung der Politik bei der Berücksichtigung der Entwicklungsmöglichkeiten anderer gesellschaftlicher Funktionssysteme durch eine Einschränkung der Entwicklungsmöglichkeiten der Wirtschaft sorgt für den Erhalt der wirtschaftlichen Umwelt. Mit dieser Voraussetzung können die Zahlungsfähigkeit und die zukünftigen Zahlungen erhalten und damit die Autopoiesis der Wirtschaft und Gesellschaft fortgesetzt werden.

7.2 Mehrwert und gedankliche Eigenleistung der Arbeit

Wie bereits in Kapitel 1 erläutert, geben bisherige Forschungsansätze eine ökonomische Begründung für die Existenz von Nachhaltigkeitsratings oder betrachten einen konkreten Einfluss der Nachhaltigkeitsratings auf Unternehmen. Bisher wurden Nachhaltigkeitsratings aber nicht in einen gesellschaftstheoretischen Kontext gestellt, weshalb auch keine Aussage darüber getroffen werden kann, welche Bedeutung Nachhaltigkeitsratings für eine nachhaltige Entwicklung der Gesellschaft haben.

Die Systemtheorie bietet den Vorteil, dass sie eine sehr detaillierte Beschreibung der Gesellschaft und ihrer Funktionsweisen zur Verfügung stellt (siehe Kapitel 2). Sie eignet sich daher besonders gut, um das Spannungsfeld zwischen Gesellschaft und Wirtschaft zu thematisieren. Wegen der detaillierten

Beschreibung der Gesellschaft ist es mit der Systemtheorie möglich, Nachhaltigkeitsratings in einen gesellschaftlichen Kontext zu stellen und deren Bedeutung für eine nachhaltige Entwicklung der Gesellschaft zu beschreiben. Dabei wird deutlich, dass Nachhaltigkeitsratings durch ihre Reflexions- und Generalisierungsfunktion einen Reentry der Gesellschaft in die Wirtschaft ermöglichen und so zur Selbsterhaltung der Gesellschaft beitragen. Da mit dem systemtheoretischen Fokus von Akteuren abstrahiert wird, können Nachhaltigkeitsratings als soziale Systeme betrachtet werden, wodurch emergente Eigenschaften auf systemischer Ebene ersichtlich werden. Es wird deutlich, dass Nachhaltigkeitsratings durch die Kombination einer gesellschaftlichen Reflexion mithilfe eines Netzwerks, die eine Vielfalt erzeugt, mit einer Generalisierung von Nachhaltigkeit, die eine Einheit herstellt, zu einer Gesellschaft mit einem neuen Emergenz-Niveau beitragen, wodurch Kontingenz besser verarbeitet werden kann.

Die Systemtheorie bietet einen guten Ansatz, nachhaltigkeitsbezogene Themen zu untersuchen, da sich die Systemtheorie ebenso wie Nachhaltigkeit mit Bewahrung auseinandersetzt. Während sich die Systemtheorie mit dem Erhalt von Systemen beschäftigt, versucht Nachhaltigkeit die Befriedigung von Bedürfnissen sicherzustellen. Durch die systemtheoretische Betrachtung von Nachhaltigkeit wird die Systemtheorie auf einen gegenwärtigen gesellschaftlichen Diskurs angewandt und erhält dadurch neue Aktualität.

Während in der Nachhaltigkeitsforschung Nachhaltigkeit meist als normatives Ziel beschrieben wird, abstrahiert die systemtheoretische Betrachtung der Nachhaltigkeit von Normativität, wodurch die semantische und strukturelle Funktion von Nachhaltigkeit sichtbar wird (siehe Abschnitt 4.2). Die systemtheoretische Beschreibung der Ursachen für die Entstehung eines nachhaltigen Wirtschaftssystems aufgrund einer pathologischen Selbstreferenz macht deutlich, dass die Berücksichtigung nicht aus individuellen Motiven heraus entsteht, der Gesellschaft etwas Gutes zu tun, sondern dass es strukturelle Ursachen gibt, warum eine begrenzte Reflexion der Gesellschaft in der Wirtschaft entsteht. Das Wirtschaftssystem berücksichtigt seine Umwelt, um seine eigenen Operationen fortsetzen zu können. Nachhaltigkeit ist damit nicht mehr ein normatives Ziel irgendwann in der Zukunft, sondern wird zu einer Voraussetzung von wirtschaftlichen Operationen. Bisher wurde die Finanzwirtschaft eher als Ursache dafür gesehen, dass Nachhaltigkeitsprobleme bestehen (Abschnitt 3.2.3), aber weniger als Möglichkeit, um Nachhaltigkeitsprobleme zu lösen (Abschnitt 4.2.4). Das Finanzsystem als Instrument zur Erreichung von Nachhaltigkeitszielen wurde lange Zeit kaum beachtet oder unterschätzt. Die Untersuchung macht deutlich, wie Nachhaltigkeitsratings auch über das Finanzsystem wirtschaftliche Entscheidungen beeinflussen und damit die Kapitalallokation in der Wirtschaft verändern. Es wird deutlich, wie das Marktprinzip nicht nur genutzt werden kann, um eine wirtschaftliche Rendite zu maximieren, sondern auch dafür, einen Mehrwert für die Gesellschaft zu erzeugen. Die systemtheoretische Perspektive macht die Wirkung auf einer systemischen Ebene sichtbar. Gleichzeitig wird dadurch beispielsweise deutlich, dass die Forderung einer höheren Transparenz nicht wirklich weiterhilft, da die Berücksichtigung der Gesellschaft aufgrund der Komplexität nur durch strukturelle Latenz möglich ist. Außerdem wird so ersichtlich, dass die Berücksichtigung der Gesellschaft nicht immer wirtschaftlich sein kann. Aber die Betrachtung von wirtschaftlichen Gesellschaftsthemen und die Scheinsicherheit, dass die Berücksichtigung der Gesellschaft wirtschaftlich ist, sorgt dafür, dass die Gesellschaft im Wirtschaftssystem berücksichtigt werden kann. Somit trägt diese Illusion trotz Widersprüchen zu einer nachhaltigen Entwicklung bei.

Wirtschaftswissenschaftlich betrachtet bietet die Arbeit eine umfassende Einordnung eines nachhaltigen Wirtschaftssystems in einen gesellschaftlichen Kontext. Die Systemtheorie ermöglicht eine Antwort auf die Frage, aus welchen Gründen ein nachhaltiges Wirtschaftssystem entsteht und welche Funktion ein nachhaltiges Gesellschaftssystem erfüllen muss. Es wird deutlich, dass eine pathologische Selbstreferenz des Wirtschaftssystems ein Wirtschaftssystem mit einer begrenzten Reflexion notwendig macht.

Aus dieser Arbeit wird erkennbar, dass der Markt sich nicht nur an individuellen Interessen ausrichtet und damit einer Systemrationalität folgt (siehe Abschnitt 3.2), sondern er auch eine gesamtgesellschaftliche Rationalität nutzen kann. Dies ist besonders dann der Fall, wenn die Umwelt des Wirtschaftssystems gefährdet ist und damit auch die Fortsetzung der wirtschaftlichen Operationen in Gefahr gerät. Allerdings sind die Möglichkeiten zur Berücksichtigung der Gesellschaft begrenzt, da die Komplexität der Gesellschaft immer größer sein wird als die des Wirtschaftssystems. Das Wirtschaftssystem kann daher nur die Gesellschaft berücksichtigen, wenn es dabei nicht zu einer Überlastung kommt. Es kann besonders Gesellschaftsthemen nicht berücksichtigen, die nicht wirtschaftlich sind, da sich das Wirtschaftssystem trotz der Berücksichtigung der Gesellschaft primär am wirtschaftlichen Code ausrichtet, da die Selbsterhaltung an erster Stelle steht.

Daraus ergeben sich auch wirtschaftspolitische Erkenntnisse für die Steuerung des Wirtschaftssystems. Zur Erreichung von Nachhaltigkeitszielen wird durch die systemtheoretische Betrachtung deutlich, dass eine Kontextsteuerung der Politik auch zur Aufrechterhaltung des Wirtschaftssystems notwendig ist. Das heißt, politische Eingriffe für eine begrenzte Reflexion im Wirtschaftssystem behindern nicht die Funktionsweise des Wirtschaftssystems, sondern werden zur

Voraussetzung, dass wirtschaftliche Operationen auch in Zukunft erfolgen. Nachhaltigkeitsratings können durch ihre Reflexions- und Generalisierungsfunktion einen Reentry der Gesellschaft in das Wirtschaftssystem ermöglichen. Dadurch tragen sie auch zum Erhalt der wirtschaftlichen Operationen bei. Allerdings weisen sie dabei auch Grenzen auf. Die Politik kann durch den Einbezug eines bereiten Netzwerks eine breitere Perspektive auf gesellschaftliche Themen herstellen und durch Transparenzanforderungen die Reflexion verbessern. Durch eine klare Definition von Nachhaltigkeitszielen und eine Konkretisierung der priorisierten Gesellschaftsthemen für das Wirtschaftssystem wird die Generalisierung und damit die Berücksichtigung der Gesellschaft in Entscheidungen der Wirtschaft verbessert. Die Politik sollte aber insbesondere nichtwirtschaftliche Gesellschaftsthemen wirtschaftlich relevant machen, da damit die Gesellschaftsthemen im Wirtschaftssystem berücksichtigt werden können, ohne dass es kurzfristig zu einer Gefährdung oder Überlastung des Wirtschaftssystems kommt, wenn gesellschaftliche Themen berücksichtigt werden. Dies dient langfristig dem Erhalt der wirtschaftlichen Umwelt und damit auch dem Wirtschaftssystem selbst.

Durch die systemtheoretische Governance-Perspektive lassen sich besonders komplexe Selbststeuerungen untersuchen, die ohne eine Beteiligung von staatlichen Institutionen erfolgen. CSR, SRI, nachhaltiges Investment und Nachhaltigkeitsmanagement (siehe Kapitel 4) sind im Vergleich zur Historie der Wirtschaftswissenschaften jüngere Entwicklungen, die allmählich die Steuerungsmöglichkeiten des Wirtschaftssystems für die Erreichung von Nachhaltigkeitszielen sichtbar machen. Die Beschreibung einer Wirtschaft mit begrenzter Reflexion verdeutlicht die Möglichkeiten der Selbststeuerung des Wirtschaftssystems, die selbst verursachte Bedrohung zur Fortsetzung der Operationen eigenständig wieder aufzulösen. Nachhaltigkeitsratings machen deutlich, wie durch private Governance eine Selbststeuerung des Wirtschaftssystems in Richtung einer nachhaltigen Entwicklung der Gesellschaft entstehen kann. Allerdings macht die Untersuchung auch deutlich, dass eine Selbststeuerung des Wirtschaftssystems nicht alleine eine nachhaltige Gesellschaft ermöglichen kann. Zum einen müssen zur Erreichung einer emergenten Gesellschaftsstruktur auch andere gesellschaftliche Funktionssysteme auf Nachhaltigkeit ausgerichtet und ihre Entwicklungsmöglichkeiten zur Fortsetzung der anderen Systeme eingeschränkt werden. Zum anderen braucht es auch für eine begrenzte Reflexion der Gesellschaft in der Wirtschaft die Unterstützung der Politik. Eine Kontextsteuerung der Politik kann nicht nur eine Selbststeuerung unterstützen, sondern ist an manchen Stellen zwingend erforderlich, um keine unerwarteten Nebenfolgen zu erzeugen. Die Annahme, dass durch eine begrenzte Reflexion der Wirtschaft eine Selbststeuerung möglich ist, birgt die Gefahr, dass der Anschein entsteht, dass alleine eine Berücksichtigung von wirtschaftlichen Gesellschaftsthemen negative Folgen der Wirtschaft auf die Gesellschaft verhindern könnte. Mit dieser Annahme könnten eher neoklassische Ansätze bestärkt werden, die politischen Eingriffen kritisch gegenüberstehen. Da dadurch allerdings nichtwirtschaftliche Gesellschaftsthemen vernachlässigt würden, könnten die daraus entstehenden Risiken eine nie da gewesene Fallhöhe der Gesellschaft erzeugen und eine Selbstgefährdung der Gesellschaft noch wahrscheinlicher machen. Insbesondere bei nichtwirtschaftlichen Gesellschaftsthemen kann eine Selbststeuerung der Wirtschaft nur durch eine Kontextsteuerung der Politik funktionieren. Die Selbststeuerungsmöglichkeiten sollten daher auch nicht überschätzt werden.

7.3   Weiterer Forschungsbedarf

Weiterer Forschungsbedarf ergibt sich einerseits aus den Grenzen einer systemtheoretischen Perspektive und andererseits aus dem Schwerpunkt auf Nachhaltigkeitsratings und Unternehmen.

Weiterer Forschungsbedarf ergibt sich besonders aus dem Fokus der Untersuchung auf den Einfluss von Nachhaltigkeitsratings auf Unternehmen. Die empirische Untersuchung wurde bei einem Unternehmen durchgeführt, um ein möglichst tiefgehendes Verständnis hinsichtlich des Einflusses von Nachhaltigkeitsratings innerhalb eines Unternehmens zu bekommen. Da Unternehmen als autopoietische Systeme in ihrer Komplexität und damit auch in ihren Operationen einzigartig sind, könnten durch Untersuchungen bei anderen Unternehmen auch andere Erkenntnisse entstehen. Zwar wurde versucht, die Perspektive auf andere Unternehmen über die Befragung seitens der Nachhaltigkeitsratingagenturen zu berücksichtigen. Aber eine Analyse mit mehreren Unternehmen könnte die Ergebnisse stärker untermauern oder zusätzliche Besonderheiten identifizieren. Als alternativer Untersuchungsgestand zu Unternehmen könnten auch Länder als Steuerungsobjekt erforscht werden. In Abschnitt 4.3.2 wurden verschiedene Ansätze dargestellt, die eine nachhaltige Entwicklung von Staaten bewerten. Es könnte daher untersucht werden, ob diese Bewertungen eine begrenzte Reflexion hervorbringen, die die Steuerung von Staaten hinsichtlich einer nachhaltigen Entwicklung beeinflusst. Wie in Abschnitt 5.2.2 ersichtlich wurde, besteht ein Einfluss auf eine begrenzte Reflexion in Unternehmen nicht nur durch Nachhaltigkeitsratingagenturen. Mit Beratungen und Wirtschaftsprüfern existieren weitere Intermediäre, die eine Steuerungswirkung auf Unternehmen ausüben. Auch in der Finanzwirtschaft gibt es neben den Nachhaltigkeitsratings weitere Fremdbeschreibungen, die Einfluss auf die begrenzte Reflexion von Organisationen nehmen können. Zu diesen Intermediären gehören beispielsweise Kreditratingagenturen, Finanzberater und -analysten, aber auch Shareholder Engagement. Sie alle können durch Fremdbeschreibung eine Steuerungswirkung auf Unternehmen ausüben. Durch eine systemtheoretische Governance-Perspektive auf diese Intermediäre wäre es möglich, neue Erkenntnisse zu generieren, welche Möglichkeiten und Grenzen bei einer Veränderung von Organisationen in Richtung Nachhaltigkeit durch Fremdbeschreibungen bestehen. Es könnte weitere Hinweise geben, wie durch private Governance eine Selbststeuerung innerhalb des Wirtschaftssystems erfolgen kann. Während in vorliegender Arbeit der Fokus auf den Entscheidungen von realwirtschaftlichen Organisationen lag, da dort die Auswirkungen auf die Umwelt der Wirtschaft erzeugt werden, könnte zusätzlich untersucht werden, inwiefern eine begrenzte Reflexion die Berücksichtigung der Gesellschaft in finanzwirtschaftlichen Organisationen ermöglicht. Zwar haben Finanzorganisationen keinen direkten Einfluss auf die Umwelt, aber durch die Entscheidung über die Kapitalallokation verfügen sie über eine indirekte Steuerungswirkung. Ein systemtheoretischer Fokus auf finanzwirtschaftliche Entscheidungen kann weitere Erkenntnisse ermöglichen, wie ein Reentry der Gesellschaft in die Wirtschaft erfolgen kann.

Außerdem können die Erkenntnisse vorliegender Studie mithilfe der oben genannten Ergänzungen nicht nur Hinweise zu einer gesellschaftlichen Steuerung, sondern auch zu den Steuerungsmöglichkeiten und -notwendigkeiten innerhalb von Unternehmen geben. Die Erarbeitung eines Managementansatzes auf Basis der begrenzten Reflexion kann dabei unterstützen, Pfadabhängigkeiten innerhalb von Organisationen zu überwinden und Entscheidungsprämissen zu verändern. Die Etablierung systemtheoretischer Logik und die Überwindung wirtschaftlicher Rationalität, die Organisationen als triviale Systeme mit Kausalität annimmt und an Planbarkeit glaubt, kann dazu beitragen, dass die Gesellschaft stärker in Organisationen berücksichtigt wird, ohne dass sie an der Kontingenz scheitert.

Ein weiterer Forschungsbedarf entsteht aus den Grenzen der systemtheoretischen Governance-Perspektive. Da eine systemtheoretische Governance-Perspektive von Akteuren abstrahiert, können psychologische Faktoren nicht betrachtet werden, da das psychische System sich in der Umwelt befindet. Individuelle Faktoren wie Motive, Einstellungen, Überzeugungen und Glaubenssätze von Akteuren konnten daher als Einflussgrößen in vorliegender Arbeit nicht betrachtet werden. Es wäre daher näher zu untersuchen, welche Rolle individuelle Faktoren bei wirtschaftlichen Entscheidungen mit begrenzter Reflexion und der Entstehung und Verbreitung von Nachhaltigkeitsratingagenturen spielen und inwiefern sie durch Schulungen oder kommunikative Maßnahmen beeinflusst werden können.

Die Abstraktion von Akteuren durch die Systemtheorie führt auch dazu, dass in politischen Prozessen Machtstrukturen und der Einfluss von individuellen Akteuren nicht betrachtet werden. Deshalb wird auch in vorliegender Arbeit nicht betrachtet, inwiefern individuelle Akteure die Entstehung einer Wirtschaft mit begrenzter Reflexion wie auch die Entstehung und Verbreitung von Nachhaltigkeitsratings fördern oder behindern. Es könnte also genauer untersucht werden, welche Rolle Akteure in der Entstehung von Private-Governance-Strukturen spielen. Es sind bereits einige politische Initiativen wie der EU-Aktionsplan zur Finanzierung von nachhaltigem Wachstum entstanden, die die Entstehung einer Wirtschaft mit begrenzter Reflexion unterstützen. Daher könnte auch die Entstehung eines solchen Policy-Netzwerkes durch eine Politikfeldanalyse (Schubert und Bandelow 2014) untersucht werden. Außerdem wäre es möglich, einzelne politische Maßnahmen wie beispielsweise das EU-Klassifizierungssystem für nachhaltige Wirtschaftsaktivitäten intensiver zu analysieren und differenzierter dahin gehend zu bewerten, wie es zur Entstehung einer Wirtschaft mit begrenzter Reflexion beiträgt.

Durch volkswirtschaftliche Untersuchungen könnte tiefergehend betrachtet werden, wie genau eine Reflexion im Wirtschaftssystem möglich ist, um Nachhaltigkeitsziele zu erreichen, ohne zu einer Überlastung zu führen. Dies bezieht sich insbesondere auf wirtschaftspolitische Instrumente für einen Reentry der Gesellschaft in die Wirtschaft durch eine begrenzte Reflexion. Dazu wären Modelle zu entwickeln, die die Risiken von potenziellen Nebenfolgen der Steuerungseingriffe gegenüber den Risiken einer unveränderten Fortsetzung des pathologischen Wirtschaftssystems abwägen. So kann beispielsweise untersucht werden, ob ein grüner Unterstützungsfaktor bei der Kreditvergabe an besonders nachhaltige oder klimafreundliche Unternehmen trotz der möglichen Nebenwirkungen einer solch breiten Hebelwirkung die Risiken einer nichtnachhaltigen Wirtschaft oder die Risiken des Klimawandels kompensieren kann, da er schnell und konsequent wirkt. Es könnte auch untersucht werden, wie Nachhaltigkeitsratings stärker an gesellschaftlichen Zielen ausgerichtet werden können, um Risiken infolge der Vernachlässigung von nichtwirtschaftlichen Gesellschaftsthemen zu reduzieren. So stellt sich hier beispielsweise die Frage, ob durch eine europäische Nachhaltigkeitsratingagentur die Steuerungswirkung der Nachhaltigkeitsratings nicht stärker im Sinne der Nachhaltigkeitsziele Europas genutzt werden kann. Es könnte untersucht werden, wie hoch die Risiken einer Fehlallokation aufgrund der aktuellen Vernachlässigung von nichtwirtschaftlichen Gesellschaftsthemen in den Nachhaltigkeitsratings und der damit verbundenen Unterinvestition sind. Dies könnte den Risiken gegenübergestellt werden, die aus den Nebenwirkungen einer politisch ausgerichteten Nachhaltigkeitsratingagentur entstehen, die nichtwirtschaftliche

Gesellschaftsthemen höher gewichtet und damit zukünftige externe Kosten zu reduzieren vermag. Grundsätzlich stellt sich die Frage, wo das Wirtschaftssystem möglicherweise heute bereits eingeschränkt werden kann, damit die gesellschaftlichen Auswirkungen begrenzt werden und damit auch die Zahlungsfähigkeit zukünftig erhalten bleibt.

In dieser Arbeit fand eine systemtheoretische Auseinandersetzung mit Nachhaltigkeit besonders in Bezug auf das Wirtschaftssystem statt. Es wurde deutlich, dass die Systemtheorie mit dem Prinzip der Selbsterhaltung sehr gut mit dem Leitgedanken von Nachhaltigkeit vereinbar ist und sich die Systemtheorie gut für die Analyse der komplexen Zusammenhänge von Nachhaltigkeit eignet. Eine systemtheoretische Perspektive auf andere Nachhaltigkeitsthemen bietet daher die Möglichkeit, weitere Aspekte sichtbar zu machen, die bisher nicht gesehen werden konnten. Auch wenn die Systemtheorie einige Einschränkungen in der Erkenntniserzeugung impliziert, bietet sie mit ihrer besonderen Beobachtungsweise auf Grundlage der Differenz von System und Umwelt doch die Chance, neue Phänomene zu entdecken, weshalb nur zu weiteren systemtheoretischen Untersuchungen im Bereich Nachhaltigkeit angeregt werden kann.

Literaturverzeichnis

Ackermann, Rolf (2001): Pfadabhängigkeit, Institutionen und Regelreform. (Dissertation, Universität Freiburg (Breisgau), 1999). Tübingen: Mohr Siebeck.

Agle, Bradley R.; Mitchell, Ronald K.; Sonnenfeld, Jeffrey A. (1999): Who Matters to CEOs? An Investigation of Stakeholder Attributes and Salience, Corporate Performance, and CEO Values. In: *The Academy of Management Journal* 42 (5), S. 507–525. DOI: https://doi.org/10.2307/256973.

Aguinis, Herman; Glavas, Ante (2012): What We Know and Don't Know About Corporate Social Responsibility. In: *Journal of Management* 38 (4), S. 932–968. DOI: https://doi.org/10.1177/0149206311436079.

Altvater, Elmar; Mahnkopf, Birgit (2007): Grenzen der Globalisierung. Ökonomie, Ökologie und Politik in der Weltgesellschaft. 7. Auflage. Münster: Verlag Westfälisches Dampfboot.

Arabesque (2018): About. Online verfügbar unter https://arabesque.com/about/, zuletzt geprüft am 26.10.2018.

Argyris, Chris; Schön, Donald A. (1978): Organizational Learning. A Theory of Action Perspective. Reading, Massachusetts, London, Amsterdam, Don Mills, Ontario, Sydney: Addison-Wesley.

Arjaliès, Diane-Laure (2010): A Social Movement Perspective on Finance. How Socially Responsible Investment Mattered. In: *Journal of Business Ethics* 92 (S1), S. 57–78. DOI: https://doi.org/10.1007/s10551-010-0634-7.

Arrow, Kenneth J.; Debreu, Gerard (1954): Existence of an Equilibrium for a Competitive Economy. In: *Econometrica* 22 (3), S. 265. DOI: https://doi.org/10.2307/1907353.

Arthur, Brian W. (1994): Increasing Returns and Path Dependence in the Economy. Ann Arbor: University of Michigan Press.

Ashby, William R. (1956): An Introduction to Cybernetics. London: Chapman & Hall.

Atkinson, Simon; Moffat, James (2007): The Agile Organisation. From Informal Networks to Complex Effects and Agility. 2nd print. Washington, D.C.: CCRP Publications.

© Der/die Herausgeber bzw. der/die Autor(en) 2024
C. Strangalies, *Ratings als Steuerungsinstrument von Unternehmen für eine nachhaltige Entwicklung*, https://doi.org/10.1007/978-3-658-44078-7

Atz, Ulrich; van Holt, Tracy; Liu, Zongyuan Zoe (2021): Does Sustainability Generate Better Financial Performance? Review, Meta-analysis, and Propositions. DOI: https://doi.org/10.2139/ssrn.3708495.

Avetisyan, Emma; Hockerts, Kai (2017): The Consolidation of the ESG Rating Industry as an Enactment of Institutional Retrogression. In: *Business Strategy and the Environment* 26 (3), S. 316–330. DOI: https://doi.org/10.1002/bse.1919.

Baecker, Dirk (1994): Postheroisches Management. Ein Vademecum. Berlin: Merve.

Baecker, Dirk (2003): Organisation und Management. Aufsätze. 1. Auflage. Frankfurt a.M.: Suhrkamp.

Baecker, Dirk (2007): Studien zur nächsten Gesellschaft. 1. Auflage. Frankfurt a.M.: Suhrkamp.

Baecker, Dirk (2008): Womit handeln Banken? Eine Untersuchung zur Risikoverarbeitung in der Wirtschaft. Neuauflage. Frankfurt a.M.: Suhrkamp.

Baker, Malcom; Stein, Jeremy C.; Wurgler, Jeffrey (2003): When Does the Market Matter? Stock Prices and the Investment of Equity-Dependent Firms. In: *The Quarterly Journal of Economics* 118 (3), S. 969–1005. DOI: https://doi.org/10.1162/00335530360698478.

Bandelow, Nils C.; Hornung, Johanna (2022): How do good governance and democratic quality affect policy performance? In: *European Policy Analysis* 8 (2), S. 130–135. DOI: https://doi.org/10.1002/epa2.1144.

Bank für Internationalen Zahlungsausgleich (2018): Märkte divergieren stärker, zeigt die Analyse des aktuellen BIZ-Quartalsberichts. Pressemitteilung | 23. September 2018. Online verfügbar unter https://www.bis.org/press/p180923_de.htm, zuletzt geprüft am 30.05.2021.

Bank für Internationalen Zahlungsausgleich (2021): A Global Database on Central Banks' Monetary Responses to Covid-19. BIS Working Papers No 934. Online verfügbar unter https://www.bis.org/publ/work934.pdf, zuletzt geprüft am 02.11.2021.

Bank für Internationalen Zahlungsausgleich (2022): Annual Economic Report. June 2022. Online verfügbar unter https://www.bis.org/publ/arpdf/ar2022e.pdf, zuletzt geprüft am 15.04.2023.

Barko, Tamas; Cremers, Martijn; Renneboog, Luc (2017): Activism on Corporate Social Responsibility. DOI: https://doi.org/10.2139/ssrn.2977219.

Barnard, Chester I. (1938): The Functions of the Executive. Cambridge: Harvard university press.

Bassen, Alexander; Jastram, Sarah; Meyer, Katrin (2005): Corporate Social Responsibility. Eine Begriffserläuterung. In: *Zeitschrift für Wirtschafts- und Unternehmensethik (zfwu)* 6 (2), S. 231–236.

Battilana, Julie; D'Aunno, Thomas (2009): Institutional Work and the Paradox of Embedded Agency. In: Thomas B. Lawrence, Roy Suddaby und Bernard Leca (Hg.): Institutional Work. Cambridge: Cambridge University Press, S. 31–58.

Bauckloh, Tobias; Klein, Christian; Zwergel, Bernhard (2017): Sustainable and Conventional Mutual Funds: Do They Really Differ? In: *Corporate Finance* 8 (03–04), S. 86–89.

Baumol, William J. (1972): On Taxation and the Control of Externalities. In: *American Economic Review* 62 (3), S. 307–322.

Beck, Ulrich (2016): Risikogesellschaft. Auf dem Weg in eine andere Moderne. 23. Auflage. Frankfurt a.M.: Suhrkamp.

Becker, Frank; Reinhardt-Becker, Elke (2001): Systemtheorie. Eine Einführung für die Geschichts- und Kulturwissenschaften. Frankfurt a.M.: Campus-Verlag.

Beckert, Jens (1996): Was ist soziologisch an der Wirtschaftssoziologie? In: *Zeitschrift für Soziologie* 25 (2), S. 125–146. DOI: https://doi.org/10.1515/zfsoz-1996-0203.

Beckert, Jens (1999): Agency, Entrepreneurs, and Institutional Change. The Role of Strategic Choice and Institutionalized Practices in Organizations. In: *Organization Studies* 20 (5), S. 777–799. DOI: https://doi.org/10.1177/0170840699205004.

Beckmann, Markus; Schaltegger, Stefan; Landrum, Nancy E. (2020): Sustainability Management from a Responsible Management Perspective. In: Oliver Laasch, Roy Suddaby und R. Edward Freeman (Hg.): Research Handbook of Responsible Management. Cheltenham, Northampton: Edward Elgar Publishing, S. 122–137.

Behrens, Maria (2004): Global Governance. In: Arthur Benz (Hg.): Governance – Regieren in komplexen Regelsystemen. Eine Einführung. Wiesbaden: VS Verlag für Sozialwissenschaften, S. 103–124.

Behrens, Maria; Reichwein, Alexander (2007): Global Governance. In: Arthur Benz, Susanne Lütz und Uwe Schimank (Hg.): Handbuch Governance. Theoretische Grundlagen und empirische Anwendungsfelder. Wiesbaden: VS Verlag für Sozialwissenschaften, S. 311–324.

Bello, Walden (2004): Deglobalization. Ideas for a New World Economy. Bangkok: White Lotus.

Benijts, Tim (2014): Socially Responsible Investment and Financial Institution's Response to Secondary Stakeholder Requests. In: *Journal of Sustainable Finance & Investment* 4 (4), S. 321–336. DOI: https://doi.org/10.1080/20430795.2014.946465.

Benz, Arthur (2003): Governance. Modebegriff oder nützliches sozialwissenschaftliches Konzept? In: Arthur Benz (Hg.): Governance. Eine Einführung. Dreifachkurseinheit der FernUniversität Hagen, S. 13–31.

Benz, Arthur (2004): Einleitung: Governance – Modebegriff oder nützliches Konzept? In: Arthur Benz (Hg.): Governance – Regieren in komplexen Regelsystemen. Eine Einführung. Wiesbaden: VS Verlag für Sozialwissenschaften, S. 11–28.

Benz, Arthur; Lütz, Susanne; Schimank, Uwe; Simonis, Georg (2007): Einleitung. In: Arthur Benz, Susanne Lütz und Uwe Schimank (Hg.): Handbuch Governance. Theoretische Grundlagen und empirische Anwendungsfelder. Wiesbaden: VS Verlag für Sozialwissenschaften, S. 9–25.

Berg, Florian; Koelbel, Julian F.; Rigobon, Roberto (2019): Aggregate Confusion. The Divergence of ESG Ratings: MIT Sloan School of Management (MIT Sloan School Working Paper 5822–19).

Berger, Peter L.; Luckmann, Thomas (1967): The Social Construction of Reality. New York: Doubleday.

Berle, Adolph A.; Means, Gardiner C. (2010): The Modern Corporation & Private Property. 2nd edition. New Brunswick: Transaction Publishers.

Berlin Amtsgericht (2012), 32012. The Wikirate Project e. V. In: Berlin (Charlottenburg) Vereinsregister.

Bertalanffy, Ludwig von (1968): General System Theory. Foundations, Development, Applications. New York: Brazilier.

Bertelsmann Stiftung (2022): SGI Sustainable Governance Indicators. Online verfügbar unter https://www.sgi-network.org/2022/, zuletzt geprüft am 30.03.2023.

Beschorner, Thomas (2008): Unternehmensethik. Theoretische Perspektiven für eine proaktive Rolle von Unternehmen. In: Andreas Georg Scherer und Moritz Patzer (Hg.): Betriebswirtschaftslehre und Unternehmensethik. Wiesbaden: Gabler, S. 85–102.

Beyhaghi, Mehdi; Hawley, James P. (2013): Modern Portfolio Theory and Risk Management. Assumptions and Unintended Consequences. In: *Journal of Sustainable Finance & Investment* 3 (1), S. 17–37. DOI: https://doi.org/10.1080/20430795.2012.738600.

Biermann, Frank; Kanie, Norichika; Kim, Rakhyun E. (2017): Global Governance by Goal-Setting. The Novel Approach of the UN Sustainable Development Goals. In: *Current Opinion in Environmental Sustainability* 26–27, S. 26–31. DOI: https://doi.org/10.1016/j.cosust.2017.01.010.

Binswanger, Hans Christoph (2009): Die Wachstumsspirale in der Krise; Ansätze zu einem nachhaltigen Wachstum. Dresden Discussion Paper Series in Economics, No. 03/09. Technische Universität Dresden, Fakultät Wirtschaftswissenschaften. Dresden.

Binswanger, Hans Christoph (2013): Die Wachstumsspirale. Geld, Energie und Imagination in der Dynamik des Marktprozesses. 4. Auflage. Marburg: Metropolis-Verlag.

Board of Governors of the Federal Reserve System (US) (2020): Open Market Operations. Online verfügbar unter https://www.federalreserve.gov/monetarypolicy/openmarket.htm, zuletzt geprüft am 02.05.2020.

Boatright, John R. (1994): Fiduciary Duties and the Shareholder-Management Relation. Or, What's so Special about Shareholders? In: *Business Ethics Quarterly* 4 (4), S. 393–407. DOI: https://doi.org/10.2307/3857339.

Boltanski, Luc; Chiapello, Ève (2003): Der neue Geist des Kapitalismus. Konstanz: UVK Verlagsgesellschaft.

Boltanski, Luc; Chiapello, Ève (2007): The New Spirit of Capitalism. London: Verso.

Boltzmann, Ludwig (1877): Über die Beziehung zwischen dem zweiten Hauptsatz der mechanischen Wärmetheorie und der Wahrscheinlichkeit respektive den Sätzen über das Wärmegleichgewicht. In: *Sitzungsberichte der mathematischnaturwissenschaftlichen Klasse der kaiserlichen Akademie der Wissenschaften in Wien* 76, S. 374–435.

Bommes, Michael; Tacke, Veronika (2011a): Das Allgemeine und das Besondere des Netzwerkes. In: Michael Bommes und Veronika Tacke (Hg.): Netzwerke in der funktional differenzierten Gesellschaft. 1. Auflage. Wiesbaden: VS Verlag für Sozialwissenschaften, S. 25–50.

Bommes, Michael; Tacke, Veronika (Hg.) (2011b): Netzwerke in der funktional differenzierten Gesellschaft. 1. Auflage. Wiesbaden: VS Verlag für Sozialwissenschaften.

Bordo, Michael D.; Eichengreen, Barry (2007): A Retrospective on the Bretton Woods System. Lessons for International Monetary Reform. Chicago: University of Chicago Press.

Bourdieu, Pierre (1983): Ökonomisches Kapital, kulturelles Kapital, soziales Kapital. In: Soziale Ungleichheiten. Göttingen: Schwartz, S. 183–198.

Bowen, Howard R (1953): Social Responsibilities of the Businessman. New York: Harper.

Bresser-Pereira, Luiz Carlos (2010): The Global Financial Crisis and a New Capitalism? In: *Journal of Post Keynesian Economics* 32 (4), S. 499–534. DOI: https://doi.org/10.2753/PKE0160-3477320401.

Brest, Paul; Gilson, Ronald J.; Wolfson, Mark A. (2018): How Investors Can (and Can't) Create Social Value. DOI: https://doi.org/10.2139/ssrn.3150347.

Bril, Herman; Kell, Georg; Rasche, Andreas (Hg.) (2021a): Sustainable Investing. A Path to a New Horizon. Abingdon, New York: Routledge.

Bril, Herman; Kell, Georg; Rasche, Andreas (2021b): Sustainable Investing. A Path To A New Horizon. In: Herman Bril, Georg Kell und Andreas Rasche (Hg.): Sustainable Investing. A Path to a New Horizon. Abingdon, New York: Routledge, S. 1–14.

Brunsson, Nils; Jacobsson, Belt (2005): A World of Standards. Reprinted. Oxford: Oxford University Press.

Bulmer, Simon J. (1993): The Governance of the European Union. A New Institutionalist Approach. In: *Journal of Public Policy* 13 (4), S. 351–380.

Burmann, Christoph (2002): Strategische Flexibilität und Strategiewechsel als Determinanten des Unternehmenswertes. (Habilitationsschrift, Westfälische Wilhelms-Universität Münster, 2001). 1. Auflage. Wiesbaden: Deutscher Universitäts-Verlag.

Busch, Timo; Bauer, Rob; Orlitzky, Marc (2016): Sustainable Development and Financial Markets. Old Paths and New Avenues. In: *Business & Society* 55 (3), S. 303–329. DOI: https://doi.org/10.1177/0007650315570701.

Busch, Timo; Friede, Gunnar (2018): The Robustness of the Corporate Social and Financial Performance Relation. A Second-Order Meta-Analysis. In: *Corporate Social Responsibility and Environmental Management* 25 (4), S. 583–608. DOI: https://doi.org/10.1002/csr. 1480.

Cadman, Timothy (2011): Evaluating the Governance of Responsible Investment Institutions: An Environmental and Social Perspective. In: *Journal of Sustainable Finance & Investment* 1 (1), S. 20–29. DOI: https://doi.org/10.3763/jsfi.2010.0004.

Capelle-Blancard, Gunther; Petit, Aurélien (2015): The Weighting of CSR Dimensions. One Size Does Not Fit All. In: *Business & Society*. DOI: https://doi.org/10.1177/000765031 5620118.

Carlowitz, Hans Carl von (2009): Sylvicultura oeconomica. Hausswirthliche Nachricht und naturmäßige Anweisung zur wilden Baum-Zucht. Reprint der 2. Auflage Leipzig, Braun, 1732. Remagen-Oberwinter: Kessel.

Carmona, Salvador; Ezzamel, Mahmoud (2007): Accounting and Accountability in Ancient Civilizations. Mesopotamia and Ancient Egypt. In: *Accounting, Auditing & Accountability Journal* 20 (2), S. 177–209. DOI: https://doi.org/10.1108/09513570710740993.

Carney, Mark (2015): Breaking the Tragedy of the Horizon – Climate Change and Financial Stability. Speech by Mr Mark Carney, Governor of the Bank of England and Chairman of the Financial Stability Board, at Lloyd's of London. London, 29.09.2015.

Carolina Rezende de Carvalho Ferrei, Maria; Amorim Sobreiro, Vinicius; Kimura, Herbert; Luiz de Moraes Barboza, Flavio (2016): A Systematic Review of Literature about Finance and Sustainability. In: *Journal of Sustainable Finance & Investment* 6 (2), S. 112–147. DOI: https://doi.org/10.1080/20430795.2016.1177438.

Carroll, Archie B. (1979): A Three-Dimensional Conceptual Model of Corporate Performance. In: *Academy of Management Review* 4 (4), S. 497–505. DOI: https://doi.org/10. 5465/AMR.1979.4498296.

Carroll, Archie B. (1991): The Pyramid of Corporate Social Responsibility. Toward the Moral Management of Organizational Stakeholders. In: *Business Horizons* 34 (4), S. 39–48. DOI: https://doi.org/10.1016/0007-6813(91)90005-G.

Carroll, Archie B. (1999): Corporate Social Responsibility. Evolution of a Definitional Construct. In: *Business & Society* 38 (3), S. 268–295. DOI: https://doi.org/10.1177/000765 039903800303.

Carroll, Archie B. (2008): A History of Corporate Social Responsibility: Concepts and Practices. In: Andrew Crane, Dirk Matten, Abagail McWilliams, Jeremy Moon, Donald S. Siegel und Archie B. Carroll (Hg.): The Oxford Handbook of Corporate Social Responsibility. New York: Oxford University Press, S. 19–46.

Carroll, Archie B.; Shabana, Kareem M. (2010): The Business Case for Corporate Social Responsibility. A Review of Concepts, Research and Practice. In: *International Journal of Management Reviews* 12 (1), S. 85–105.

Carruthers, Bruce G.; Espeland, Wendy Nelson (1991): Accounting for Rationality. Double-Entry Bookkeeping and the Rhetoric of Economic Rationality. In: *American Journal of Sociology* 97 (1), S. 31–69.

Carson, Rachel (1963): Der stumme Frühling. Unter Mitarbeit von Margaret Auer. München: Biederstein Verlag.

CDP (2018): About us. Online verfügbar unter https://www.cdp.net/en/info/about-us, zuletzt geprüft am 13.10.2018.

CDP; CDSB; GRI; IIRC; SASB (2020): Statement of Intent to Work Together Towards Comprehensive Corporate Reporting. Summary of Alignment Discussions among Leading Sustainability and Integrated Reporting Organisations CDP, CDSB, GRI, IIRC and SASB. Facilitated by the Impact Management Project, World Economic Forum and Deloitte.

Ceballos, Gerardo; Ehrlich, Paul R.; Dirzo, Rodolfo (2017): Biological Annihilation via the Ongoing Sixth Mass Extinction Signaled by Vertebrate Population Losses and Declines. In: *Proceedings of the National Academy of Sciences of the United States of America* 114 (30), E6089–E6096. DOI: https://doi.org/10.1073/pnas.1704949114.

CFA Institute (2017): Environmental, Social and Governance (ESG) Survey. o.O. Online verfügbar unter https://www.cfainstitute.org/-/media/documents/survey/esg-survey-report-2017.ashx, zuletzt geprüft am 26.12.2020.

Chaisson, Eric J. (2005): 2 Non-equilibrium Thermodynamics in an Energy-Rich Universe. In: Axel Kleidon und Ralph D. Lorenz (Hg.): Non-equilibrium Thermodynamics and the Production of Entropy. Berlin, Heidelberg: Springer-Verlag, S. 21–31.

Chatterji, Aaron K.; Levine, David I. (2006): Breaking down the Wall of Codes. Evaluating Non-Financial Performance Measurement. In: *California Management Review* 48 (2), S. 29–51. DOI: https://doi.org/10.2307/41166337.

Chatterji, Aaron K.; Levine, David I.; Toffel, Michael W. (2009): How Well Do Social Ratings Actually Measure Corporate Social Responsibility? In: *Journal of Economics & Management Strategy* 18 (1), S. 125–169. DOI: https://doi.org/10.1111/j.1530-9134.2009.00210.x.

Chatterji, Aaron K.; Toffel, Michael W. (2010): How Firms Respond to Being Rated. In: *Strategic Management Journal* 84 (3), 917–945. DOI: https://doi.org/10.1002/smj.840.

Chelli, Mohamed; Gendron, Yves (2013): Sustainability Ratings and the Disciplinary Power of the Ideology of Numbers. In: *Journal of Business Ethics* 112 (2), S. 187–203. DOI: https://doi.org/10.1007/s10551-012-1252-3.

Chowdhry, Bhagwan; Davies, Shaun William; Waters, Brian (2019): Investing for Impact. In: *Review of Financial Studies* 32 (3), S. 864–904. DOI: https://doi.org/10.1093/rfs/hhy068.

Citi (2015): Energy Darwinism II. Why a Low Carbon Future Doesn't Have to Cost the Earth. o.O.

Clark, Colin (1940): The conditions of economic progress. London: Macmillan.

Clausius, Rudolf J. E. (1867): Über den zweiten Hauptsatz der mechanischen Wärmetheorie. ein Vortrag, gehalten in einer allgemeinen Sitzung der 41. Versammlung deutscher Naturforscher und Ärzte zu Frankfurt a. M. am 23. September 1867. Braunschweig: Vieweg.

Clementino, Ester; Perkins, Richard (2021): How Do Companies Respond to Environmental, Social and Governance (ESG) Ratings? Evidence from Italy. In: *Journal of Business Ethics* 171, S. 379–397. DOI: https://doi.org/10.1007/s10551-020-04441-4.

Club of Rome (1972): Die Grenzen des Wachstums. Bericht des Club of Rome zur Lage der Menschheit. Unter Mitarbeit von Dennis L. Meadows. Stuttgart: Deutscher Bücherbund.

Coase, Ronald, H. (1937): The Nature of the Firm. In: *Economica* 4 (16), S. 386–405. DOI: https://doi.org/10.1111/j.1468-0335.1937.tb00002.x.

Coase, Ronald, H. (1960): The Problem of Social Cost. In: *The Journal of Law & Economics* 3, S. 1–44.

Cobb, Clifford; Halstead, Ted; Rowe, Jonathan (1995): The Genuine Progress Indicator. In: *Redefining Progress, San Francisco, CA.*

Cohen, Michael D.; March, James G.; Olsen, Johan P. (1972): A Garbage Can Model of Organizational Choice. In: *Administrative Science Quarterly* 17 (1), S. 1–25. DOI: https://doi.org/10.2307/2392088.

Coleman, James S. (1988): Social Capital in the Creation of Human Capital. In: *American Journal of Sociology* 94, 95–120.

Coleman, James S. (1990): Foundations of Social Theory. Cambridge: Belknap Press of Harvard University Press.

Committee for Economic Development (CED) (1971): Social Responsibilities of Business Corporations. New York: CED.

Congressional Budget Office (2015): An Update to the Budget and Economic Outlook: 2015 to 2025. o.O.

Conze, Eckart; Lappenküper, Ulrich; Müller, Guido (Hg.) (2004): Geschichte der internationalen Beziehungen. Erneuerung und Erweiterung einer historischen Disziplin. Köln: Böhlau.

Crouch, Colin; Le Galès, Patrick; Trigilia, Carlo; Voelzkow, Helmut (2004): Changing Governance of Local Economies. Responses of European Local Production Systems. Oxford: Oxford University Press.

Crutzen, Paul J.; Stoermer, Eugene F. (2000): The "Anthropocene". In: *IGBP Global Change Newsletter* Mai 2000 (41), S. 17–18.

Dahl, Robert A.; Lindblom, Charles E. (1953): Politics, Economics, and Welfare. Chicago: Chicago Press.

Dales, John H. (1968): Pollution, Property and Prices. An Essay in Policy-Making and Economics. Toronto: University of Toronto Press.

Daly, Herman E. (1972): In Defense of a Steady-State Economy. In: *American Journal of Agricultural Economics* 54 (5), S. 945–954. DOI: https://doi.org/10.2307/1239248.

Daly, Herman E.; Cobb, John B. (1994): For the Common Good. Redirecting the Economy toward Community, the Environment, and a Sustainable Future. Boston: Beacon Press.

David, Paul A. (1985): Clio and the Economics of QWERTY. In: *American Economic Review* 75 (2), S. 332–337.

Davis, K. (1973): The Case for and Against Business Assumption of Social Responsibilities. In: *Academy of Management Journal* 16 (2), S. 312–322. DOI: https://doi.org/10.2307/255331.

Davis, Keith (1960): Can Business Afford to Ignore Social Responsibilities? In: *California Management Review* 2 (3), S. 70–76. DOI: https://doi.org/10.2307/41166246.

Delmas, Magali A.; Blass, Vered Doctori (2010): Measuring Corporate Environmental Performance. The Trade-Offs of Sustainability Ratings. In: *Business Strategy and the Environment* 19 (4), S. 245–260. DOI: https://doi.org/10.1002/bse.676.

Deutsche Nachhaltigkeitskodex (DNK) (2018): Der Nachhaltigkeitskodex. Online verfügbar unter https://www.deutscher-nachhaltigkeitskodex.de/de-DE/Home/DNK/DNK-Overview, zuletzt aktualisiert am 02.12.2018.

Deutsches Rechnungslegungs Standards Committee e. V. (2018): DRSC: Im Bilde. Jahresbericht 2017. Berlin.

Dievernich, Frank E. P. (2007): Pfadabhängigkeit im Management. Wie Führungsinstrumente zur Entscheidungs- und Innovationsunfähigkeit des Managements beitragen. Stuttgart: Kohlhammer.

DiMaggio, Paul (1988): Interest and Agency in Institutional Theory. In: Lynne G. Zucker (Hg.): Institutional Patterns and Organizations. Culture and Environment. Cambridge: Ballinger, S. 3–21.

DiMaggio, Paul J.; Powell, Walter W. (1983): The Iron Cage Revisited. Institutional Isomorphism and Collective Rationality in Organizational Fields. In: *American Sociological Review* 48 (2), S. 147. DOI: https://doi.org/10.2307/2095101.

Dimson, Elroy; Karakaş, Oğuzhan; Li, Xi (2015): Active Ownership. In: *Review of Financial Studies* 28 (12), S. 3225–3268. DOI: https://doi.org/10.1093/rfs/hhv044.

Dimson, Elroy; Karakaş, Oğuzhan; Li, Xi (2020): Coordinated Engagements. European Corporate Governance Institute – Finance Working Paper No. 721/2021. DOI: https://doi.org/10.2139/ssrn.3209072.

Domar, Evsey D. (1946): Capital Expansion, Rate of Growth, and Employment. In: *Econometrica* 14 (2), S. 137. DOI: https://doi.org/10.2307/1905364.

Döpfner, Claudia; Schneider, Hans-Albert (2012): Nachhaltigkeitsratings auf dem Prüfstand. Pilotstudie zu Charakter, Qualität und Vergleichbarkeit von Nachhaltigkeitsratings. o.O.

Dorfleitner, Gregor; Halbritter, Gerhard; Nguyen, Mai (2016): The Risk of Social Responsibility – Is it systematic? In: *Journal of Sustainable Finance & Investment* 6 (1), S. 1–14. DOI: https://doi.org/10.1080/20430795.2015.1123993.

Drucker, Peter F. (1984): The New Meaning of Corporate Social Responsibility. In: *California Management Review* (26/2), S. 53–63.

Drucker, Peter F. (2009): Management. Frankfurt: Campus-Verlag.

Durkheim, Émile (1992): Über soziale Arbeitsteilung. Studie über die Organisation höherer Gesellschaften. 8. Auflage. Frankfurt a.M.: Suhrkamp.

Dyck, Alexander; Lins, Karl V.; Roth, Lukas; Wagner, Hannes F. (2019): Do Institutional Investors Drive Corporate Social Responsibility? International Evidence. In: *Journal of Financial Economics* 131 (3), S. 693–714. DOI: https://doi.org/10.1016/j.jfineco.2018.08.013.

DZ BANK AG (2018): Sustainable Investments. Methodenansatz Nachhaltigkeitsresearch (SRI). Frankfurt am Main.

Earth Track (2022): Protecting Nature by Reforming Environmentally Harmful Subsidies: The Role of Business. Cambridge, MA.

Eberle, Dagmar (2007): Corporate Governance. In: Arthur Benz, Susanne Lütz und Uwe Schimank (Hg.): Handbuch Governance. Theoretische Grundlagen und empirische Anwendungsfelder. Wiesbaden: VS Verlag für Sozialwissenschaften, S. 378–389.

Eberstadt, Nicholas N. (1973): What History Tells us about Corporate Responsibilities. In: *Business and Society Review* (7), S. 76–81.

Eccles, N. S.; Viviers, S. (2011): The Origins and Meanings of Names Describing Investment Practices that Integrate a Consideration of ESG Issues in the Academic Literature. In: *Journal of Business Ethics* 104 (3), S. 389–402. DOI: https://doi.org/10.1007/s10551-011-0917-7.

Eells, Richard; Walton, Clarence (1976): Conceptual Foundations of Business. 3rd edition. Homewood: Richard D. Irwing.

Eggertsson, Gauti B. (2008): Great Expectations and the End of the Depression. In: *The American Economic Review* 98 (4), S. 1476–1516.

Ehrlich, Paul R.; Parnell, Dennis R.; Silbowitz, Al (1971): The Population Bomb. New York: Ballantine Books.

Elkington, John (1998): Cannibals with Forks. The Triple Bottom Line of 21st Century Business. Gabriola Island, Stony Creek: New Society Publishers.

Ellen MacArthur Foundation (2013): Towards the Circular Economy. Economic and Business Rationale for an Accelerated Transition. o.O.

Elster, Jon (Hg.) (1986): Rational Choice. Oxford: Blackwell.

Epstein, Gerald A. (2019): Financialization, Rentier Interests and Central Bank Policy. In: Gerald A. Epstein (Hg.): The Political Economy of Central Banking. Cheltenham, Northampton: Edward Elgar Publishing, S. 380–406.

Epstein, Roy J. (1987): A History of Econometrics. Amsterdam: North Holland Publishing Company.

Esposito, Elena (2014): Algorithmische Kontingenz. Der Umgang mit Unsicherheit im Web. In: Alberto Cevolini (Hg.): Die Ordnung des Kontingenten. Beiträge zur zahlenmäßigen Selbstbeschreibung der modernen Gesellschaft. Wiesbaden: Springer VS, S. 233–249.

Esposito, Elena (2016): Temporal Markets. Money, the Future and Political Action. In: *Behemoth – a Journal on Civilisation* 9 (2), S. 37–45. DOI: https://doi.org/10.6094/behemoth. 2016.9.2.914.

Esposito, Elena; Corti, Alessandra (2010): Die Zukunft der Futures. Die Zeit des Geldes in Finanzwelt und Gesellschaft. 1. Auflage. Heidelberg: Auer.

Esser, Hartmut (2000): Soziologie. Spezielle Grundlagen. Frankfurt a.M.: Campus-Verlag.

EU High-Level Expert Group on Sustainable Finance (2017): Financing a Sustainable European Economy. Interim Report, July 2017. o.O.

EU High-Level Expert Group on Sustainable Finance (2018): Financing a Sustainable European Economy. Final Report 2018. o.O.

EU Platform on Sustainable Finance (2021): Members and Observers of the Platform on Sustainable Finance. Overview of plenary and subgroups. Online verfügbar unter https://ec.europa.eu/info/sites/default/files/business_economy_euro/banking_and_finance/documents/eu-platform-on-sustainable-finance-members_en.pdf, zuletzt aktualisiert am 06.05.2021, zuletzt geprüft am 10.11.2021.

EU Platform on Sustainable Finance (2022): Response to the Complementary Delegated Act. 21st January 2022. o.O.

Europäische Gemeinschaften (1987): Einheitliche Europäische Akte. In: *Amtsblatt der Europäischen Gemeinschaften* 29.6.1987 (L 169), S. 1–28.

Europäische Kommission, Generaldirektion Finanzstabilität, Finanzdienstleistungen und Kapitalmarktunion (2021): Study on Sustainability-Related Ratings, Data and Research. Final. Luxembourg.

Europäische Union (1992): Vertrag über die Europäische Union. In: *Amtsblatt der Europäischen Gemeinschaften* 29.7.1992 (C 191), S. 1–112.

Europäische Union (1997): Konsolidierte Fassung des Vertrages über die Europäische Union. In: *Amtsblatt der Europäischen Gemeinschaften* 10.11.1997 (97/C 340), S. 173–306.

Europäische Union (2007): Vertrag von Lissabon zur Änderung des Vertrags über die Europäische Union und des Vertrags zur Gründung der Europäischen Gemeinschaft. In: *Amtsblatt der Europäischen Gemeinschaften* 17.12.2007 (2007/C 306), S. 1–271.

Europäische Zentralbank (2018): SSM-Aufsichtshandbuch. Europäische Bankenaufsicht: Funktionsweise des SSM und aufsichtlicher Ansatz. Frankfurt a.M.

Europäisches Parlament und Rat der Europäischen Union (2014): Richtlinie 2014/95/EU des Europäischen Parlaments und des Rates vom 22. Oktober 2014 zur Änderung der Richtlinie 2013/34/EU im Hinblick auf die Angabe nichtfinanzieller und die Diversität betreffender Informationen durch bestimmte große Unternehmen und Gruppen. CSR-Richtlinie. In: *Amtsblatt der Europäischen Union* 15.11.2014 (L 330), S. 1–9.

Europäisches Parlament und Rat der Europäischen Union (2020): Verordnung (EU) 2020/852 des Europäischen Parlaments und des Rates vom Juni 2020 über die Einrichtung eines Rahmens zur Erleichterung nachhaltiger Investitionen und zur Änderung der Verordnung (EU) 2019/2088. Verordnung (EU) 2020/852 Taxonomie-Verordnung. In: *Amtsblatt der Europäischen Union* 22.06.2020 (L 198), S. 13–43.

Europäisches Parlament und Rat der Europäischen Union (2022a): Delegierte Verordnung (EU) 2022/1214 der Kommission vom 9. März 2022 zur Änderung der Delegierten Verordnung (EU) 2021/2139 in Bezug auf Wirtschaftstätigkeiten in bestimmten Energiesektoren und der Delegierten Verordnung (EU) 2021/2178 in Bezug auf besondere Offenlegungspflichten für diese Wirtschaftstätigkeiten. In: *Amtsblatt der Europäischen Union* 15.07.2022 (L 188), 1–45.

Europäisches Parlament und Rat der Europäischen Union (2022b): Richtlinie (EU) 2022/2464 des Europäischen Parlaments und des Rates vom 14. Dezember 2022 zur Änderung der Verordnung (EU) Nr. 537/2014 und der Richtlinien 2004/109/EG, 2006/43/EG und 2013/34/EU hinsichtlich der Nachhaltigkeitsberichterstattung von Unternehmen. In: *Europäisches Amtsblatt* 16.12.2022 (L 322), S. 15–80.

European Commission (2018): Action Plan: Financing Sustainable Growth. COM(2018) 97 final, vom 08.03.2018, Brussels.

European Commission (2019): What is the InvestEU Programme? o.O.

European Commission (2020): Financing the Green Transition: The European Green Deal Investment Plan and Just Transition Mechanism. Brussels.

European Commission; International Monetary Fund; Organisation for Economic Co-operation and Development; United Nations; World Bank (2009): System of National Accounts 2008. New York.

EUROSIF (2014a): 2010 European SRI Study. Online verfügbar unter http://www.eur osif.org/wp-content/uploads/2014/04/Eurosif_2010_SRI_Study.pdf, zuletzt geprüft am 22.10.2020.

EUROSIF (2014b): Is Nuclear a Sustainable Solution for the future? Press Release: Tuesday May 27th, 2008. Online verfügbar unter http://www.eurosif.org/wp-content/uploads/2014/06/eurosif_sr_nuclear_pr.pdf, zuletzt geprüft am 22.10.2020.

Extel Surveys; SRI-CONNECT (2017): IRRI Survey 2016. o.O.

EY (2020): How will ESG performance shape your future? o.O. Online verfügbar unter https://assets.ey.com/content/dam/ey-sites/ey-com/en_gl/topics/assurance/assurance-pdfs/ey-global-institutional-investor-survey-2020.pdf, zuletzt geprüft am 26.12.2020.

Fama, Eugene F.; French, Kenneth R. (2007): Disagreement, Tastes, and Asset Prices. In: *Journal of Financial Economics* 83 (3), S. 667–689. DOI: https://doi.org/10.1016/j.jfineco.2006.01.003.

Fayol, Henri (1929): Allgemeine und industrielle Verwaltung. München & Berlin: Oldenbourg.

Federal Reserve Bank of St. Louis and U.S. Office of Management and Budget, Federal Debt (2020): Total Public Debt as Percent of Gross Domestic Product. Online verfügbar unter https://fred.stlouisfed.org/graph/?id=GFDEGDQ188S,#0, zuletzt geprüft am 02.05.2020.

Fichter, Klaus; Noack, Torsten; Beucker, Severin; Bierter, Willy; Springer, Stefanie (2006): Nachhaltigkeitskonzepte für Innovationsprozesse. Stuttgart: Fraunhofer-IRB-Verlag.

Fisher, Irving (1933): The Debt-Deflation Theory of Great Depressions. In: *Econometrica* 1 (4), S. 337. DOI: https://doi.org/10.2307/1907327.

Fisher, Irving; Brown, Harry G. (1911): The Purchasing Power of Money. Its Determination and Relation to Credit, Interest and Crises. New York: The Macmillan Company.

Forum Nachhaltige Geldanlagen (FNG) (2017): Kurzanalyse zum Thema Green Economy – Recherche Ist-Stand nachhaltige Finanzwirtschaft. Berlin.

Forum Nachhaltige Geldanlagen (FNG) (2020): Marktbericht Nachhaltige Geldanlagen 2020. Berlin.

Frederick, William C. (1978): From CSR1 to CSR2. In: *Business & Society* 33 (2), S. 150–164. DOI: https://doi.org/10.1177/000765039403300202.

Freeman, Christopher; Perez, Carlota (2000): Structural Crisis of Adjustment, Business Cycles and Investment Behaviour. In: Horst Hanusch (Hg.): The Legacy of Joseph A. Schumpeter. Cheltenham: Elgar, S. 86–116.

Freeman, Edward R.; Evan, William M. (1990): Corporate Governance. A Stakeholder Interpretation. In: *Journal of Behavioral Economics* 19 (4), S. 337–359. DOI: https://doi.org/10.1016/0090-5720(90)90022-Y.

Freeman, R. Edward (1984): Strategic Management. A Stakeholder Approach. Boston: Pitman.

Freeman, R. Edward (2004): The Stakeholder Approach Revisited. In: *Zeitschrift für Wirtschafts- und Unternehmensethik* 5 (3), S. 228–254.

Freeman, R. Edward; Moutchnik, Alexander (2013): Stakeholder Management and CSR. Questions and answers. In: *UmweltWirtschaftsForum* 21 (1–2), S. 5–9. DOI: https://doi.org/10.1007/s00550-013-0266-3.

Friede, Gunnar; Busch, Timo; Bassen, Alexander (2015): ESG and Financial Performance. Aggregated Evidence from more than 2000 Empirical Studies. In: *Journal of Sustainable Finance & Investment* 5 (4), S. 210–233.

Friedman, Milton (1962): Capitalism and Freedom. Chicago: University of Chicago Press.

Friedman, Milton (2007): The Social Responsibility of Business Is to Increase Its Profits. In: Walther Ch Zimmerli, Markus Holzinger und Klaus Richter (Hg.): Corporate Ethics and Corporate Governance. Berlin, Heidelberg: Springer-Verlag, S. 173–178.

Friedman, Milton; Schwartz, Anna Jacobson (1971): A Monetary History of the United States, 1867–1960. Princeton: Princeton University Press.

Froud, Julie; Haslam, Colin; Johal, Sukhdev; Williams, Karel (2010): Shareholder Value and Financialization. Consultancy Promises, Management Moves. In: *Economy and Society* 29 (1), S. 80–110. DOI: https://doi.org/10.1080/030851400360578.

Fuhse, Jan (2009): Die kommunikative Konstruktion von Akteuren in Netzwerken. In: *Soziale Systeme* 15 (2), S. 288–316.

G20 Green Finance Study Group (2016): G20 Green Finance Synthesis Report 2016. o.O.

Galbraith, John Kenneth (1958): The Affluent Society. Boston: Houghton Mifflin.

Geels, Frank W. (2002): Technological Transitions as Evolutionary Reconfiguration Processes. A Multi-Level Perspective and a Case-Study. In: *Research Policy* 31 (8–9), S. 1257–1274. DOI: https://doi.org/10.1016/S0048-7333(02)00062-8.

Geels, Frank W. (2011): The Multi-Level Perspective on Sustainability Transitions. Responses to Seven Criticisms. In: *Environmental Innovation and Societal Transitions* 1 (1), S. 24–40. DOI: https://doi.org/10.1016/j.eist.2011.02.002.

Gibboney, Carl N. (1949): The United Nations Scientific Conference for the Conservation and Utilization of Resources. In: *Science* 110 (2869), S. 675–678. DOI: https://doi.org/10.1126/science.110.2869.675.

Gibson, Rajna; Krueger, Philipp; Riand, Nadine; Schmidt, Peter Steffen (2021): ESG Rating Disagreement and Stock Returns. Swiss Finance Institute Research Paper No. 19–67, European Corporate Governance Institute – Finance Working Paper No. 651/2020. DOI: https://doi.org/10.2139/ssrn.3433728.

Giddens, Anthony (1986): The Constitution of Society. Outline of the Theory of Structuration. Berkeley: University of California Press.

Giddens, Anthony (1999): Der dritte Weg. Die Erneuerung der sozialen Demokratie. 2. Auflage. Frankfurt: Suhrkamp.

Gilbert, Milton (1945): National Income. Concepts and Measurements. Measuring and Projecting National Income. New York: National Industrial Conference Board.

Gilbert, Milton; Clark, Colin; Stone, J. R.N.; Perroux, Francois; Lieu, D. K.; Evelpides et al. (1949): The Measurement of National Wealth: Discussion. In: *Econometrica* (17), S. 255–272.

Glaser, Barney G.; Strauss, Anselm L. (1998): Grounded Theory. Strategien qualitativer Forschung. Bern: Huber.

Global Reporting Initiative (GRI) (2018): Standards. Online verfügbar unter https://www.globalreporting.org/standards, zuletzt geprüft am 10.11.2018.

Global Sustainable Investment Alliance (GSIA) (2021): Global Sustainable Investment Review 2020. o.O.

Göhler, Gerhard; Kühn, Rainer (1999): Institutionenökonomie, Neo-Institutionalismus und die Theorie politischer Institutionen. In: Thomas Edeling, Werner Jann und Dieter Wagner (Hg.): Institutionenökonomie und Neuer Institutionalismus. Wiesbaden: Springer Fachmedien Wiesbaden, S. 17–42.

Goodpaster, Kenneth E. (1991): Business Ethics and Stakeholder Analysis. In: *Business Ethics Quarterly* 1 (1), S. 53–73. DOI: https://doi.org/10.2307/3857592.

Goodpaster, Kenneth E.; Holloran, Thomas E. (1994): In Defense of a Paradox. In: *Business Ethics Quarterly* 4 (4), S. 423–429. DOI: https://doi.org/10.2307/3857341.

Grabher, Gernot (1993): The Weekness of Strong Ties. The Lock-in of Regional Development in the Ruhr Area. In: Gernot Grabher (Hg.): The Embedded Firm: On the Socioeconomics of Industrial Networks. London: Routledge, S. 255–277.

Graeber, David; Schäfer, Ursel (2014): Schulden. Die ersten 5.000 Jahre. 2. Auflage. München: Goldmann.

Granovetter, Mark S. (1973): The Strength of Weak Ties. In: *American Journal of Sociology* 78 (6), S. 1360–1380.

Granovetter, Mark S. (1985): Economic Action and Social Structure. The Problem of Embeddedness. In: *American Journal of Sociology* 91 (3), S. 481–510.

Gray, Rob; Bebbington, Jan; Walters, Diane (1993): Accounting for the Environment. Princeton: Markus Wiener Publishers.

Greenpeace (2020): Our History. Online verfügbar unter https://www.greenpeace.org/international/explore/about/, zuletzt geprüft am 27.04.2020.

Griffin, Jennifer J.; Mahon, John F. (1997): The Corporate Social Performance and Corporate Financial Performance Debate. Twenty-Five Years of Incomparable Research. In: *Business & Society* 36 (1), S. 5–31.

Group of Twenty (G20) (2008): Declaration of the Summit on Financial Markets and the World Economy. November 15, 2008. Washington, D.C.

Group of Twenty (G20) (2009): Declaration on delivering Resources through the International Financial Institutions. London Summit. 2 April 2009. London.

Guenther, Edeltraud; Guenther, Thomas; Schiemann, Frank; Weber, Gabriel (2015): Stakeholder Relevance for Reporting. In: *Business & Society* 55 (3), S. 361–397. DOI: https://doi.org/10.1177/0007650315575119.

Gutenberg, Erich (1998): Die Unternehmung als Gegenstand betriebswirtschaftlicher Theorie. Unveränderter Nachdruck der Auflage Berlin 1929. Wiesbaden: Gabler.

Haas, Ernst B. (1980): Why Collaborate? Issue-Linkage and International Regimes. In: *World Politics* 32 (3), S. 357–405. DOI: https://doi.org/10.2307/2010109.

Habermas, Jürgen; Luhmann, Niklas (Hg.) (1971): Theorie der Gesellschaft oder Sozialtechnologie – was leistet die Systemforschung? Frankfurt a.M.: Suhrkamp.

Haigh, Matthew; Jones, Marc T. (2006): The Drivers of Corporate Social Responsibility: A Critical Review. o.O.

Hanahan, Douglas; Weinberg, Robert A. (2000): The Hallmarks of Cancer. In: *cell* 100 (1), S. 57–70.

Hardin, Garrett (1968): The Tragedy of the Commons. In: *Science* 162 (3859), S. 1243–1248. DOI: https://doi.org/10.1126/science.162.3859.1243.

Harrison, Jeffrey S.; St. John, Caron H. (1994): Strategic Management of Organization and Stakeholders. Minneapolis/St. Paul: West Publishing Company.

Harrod, Roy F. (1939): An Essay in Dynamic Theory. In: *The Economic Journal* 49 (193), S. 14–33. DOI: https://doi.org/10.2307/2225181.

Hasenmüller, Marc-Philipp (2013): Herausforderungen im Nachhaltigkeitsmanagement. (Dissertation, Leuphana Universität Lüneburg, 2012). Wiesbaden: Springer Gabler.

Hasse, Raimund; Krücken, Georg (1999): Neo-Institutionalismus. Bielefeld: transcript Verlag.

Hawley, James; Wicks, Andrew (2002): The Universal Owner's Role in Sustainable Economic Development. In: *Corporate Environmental Strategy* 9 (3), S. 284–291. DOI: https://doi.org/10.1016/S1066-7938(02)00056-8.

Hawley, James; Williams, Andrew (1997): The Emergence of Fiduciary Capitalism. In: *Corporate Governance* 5 (4), S. 206–213. DOI: https://doi.org/10.1111/1467-8683.00062.

Hawley, James; Williams, Andrew (2000): The Emergence of Universal Owners. In: *Challenge* 43 (4), S. 43–61. DOI: https://doi.org/10.1080/05775132.2000.11472161.

Hawley, James; Williams, Andrew (2007): Universal Owners. Challenges and Opportunities. In: *Corporate Governance* 15 (3), S. 415–420. DOI: https://doi.org/10.1111/j.1467-8683.2007.00574.x.

Hay, R.; Gray, E. (1974): Social Responsibilities of Business Managers. In: *Academy of Management Journal* 17 (1), S. 135–143. DOI: https://doi.org/10.2307/254777.

Hayek, Friedrich A. von (1945): The Use of Knowledge in Society. In: *American Economic Review* 35 (4), S. 519–530.

Hayek, Friedrich A. von (1967): The Corporation in a Democratic Society: In whose interest ought it to and will it be run? In: Friedrich A. von Hayek (Hg.): Studies in Philosophy, Politics and Economics. London: Routledge & Kegan Paul, S. 300–312.

Hayek, Friedrich A. von; Hoppmann, Erich (1972): Die Theorie komplexer Phänomene. Tübingen: Mohr.

Heald, Morrell (1970): The Social Responsibilities Of Business. Company and Community, 1900–1960. New Brunswick, London: Transaction Publishers.

Hegner, Friedhardt (1986): Solidarity and Hierarchy: Institutional Arrangements for the Coordination of Actions. In: Franz-Xaver Kaufmann, Giandomenico Majone und Vincent Ostrom (Hg.): Guidance, Control, and Evaluation in the Public Sector. The Bielefeld Interdisciplinary Project. Berlin: de Gruyter, S. 407–449.

Heinkel, Robert; Kraus, Alan; Zechner, Josef (2001): The Effect of Green Investment on Corporate Behavior. In: *The Journal of Financial and Quantitative Analysis* 36 (4), S. 431. DOI: https://doi.org/10.2307/2676219.

Heires, Marcel; Nölke, Andreas (2011): Finanzkrise und Finanzialisierung. In: Oliver Kessler (Hg.): Die Internationale Politische Ökonomie der Weltfinanzkrise. 1. Auflage. Wiesbaden: VS Verlag für Sozialwissenschaften, S. 37–52.

Helliwell, John; Layard, Richard; Sachs, Jeffrey (2012): World Happiness Report 2012. New York: Earth Institute, Columbia University.

Héritier, Adrienne (2002): Introduction. In: Adrienne Héritier (Hg.): Common Goods. Reinventing European and International Governance. Lanham: Rowman & Littlefield, S. 1–12.

Hertner, Peter (2011): Das Netzwerkkonzept in der historischen Forschung. Ein kurzer Überblick. In: Michael Bommes und Veronika Tacke (Hg.): Netzwerke in der funktional differenzierten Gesellschaft. 1. Auflage. Wiesbaden: VS Verlag für Sozialwissenschaften, S. 67–86.

Hicks, John R. (1937): Mr. Keynes and the "Classics"; A Suggested Interpretation. In: *Econometrica* 5 (2), S. 147. DOI: https://doi.org/10.2307/1907242.

Hirschberger, Markus; Steuer, Ralph E.; Utz, Sebastian; Wimmer, Maximilian (2012): Is Socially Responsible Investing Just Screening? SFB 649 Discussion Paper 2012–025. Berlin: Humboldt-Universität zu Berlin.

Hiß, Stefanie (2006): Warum übernehmen Unternehmen gesellschaftliche Verantwortung. Ein soziologischer Erklärungsversuch. Frankfurt a.M., New York.

Ho, Mary (2013): The Social Construction Perspective on ESG Issues in SRI Indices. In: *Journal of Sustainable Finance & Investment* 3 (4), S. 360–373. DOI: https://doi.org/10. 1080/20430795.2013.772889.

Hoepner, Andreas G. F.; Oikonomou, Ioannis; Sautner, Zacharias; Starks, Laura T.; Zhou, Xiaoyan (2022): ESG Shareholder Engagement and Downside Risk. AFA 2018 paper, European Corporate Governance Institute – Finance Working Paper No. 671/2020. DOI: https://doi.org/10.2139/ssrn.2874252.

Holzer, Boris (2011): Die Differenzierung von Netzwerk, Interaktion und Gesellschaft. In: Michael Bommes und Veronika Tacke (Hg.): Netzwerke in der funktional differenzierten Gesellschaft. 1. Auflage. Wiesbaden: VS Verlag für Sozialwissenschaften, S. 51–66.

Holzer, Boris; Fuhse, Jan (2010): Netzwerke aus systemtheoretischer Perspektive. In: Christian Stegbauer und Roger Häußling (Hg.): Handbuch Netzwerkforschung. 1. Auflage. Wiesbaden: VS Verlag für Sozialwissenschaften, S. 313–323.

Hopf, Christel; Schmidt, Christiane (1993): Zum Verhältnis von innerfamilialen sozialen Erfahrungen, Persönlichkeitsentwicklung und politischen Orientierungen. Dokumentation und Erörterung des methodischen Vorgehens in einer Studie zu diesem Thema. Hildesheim.

Hudson, Michael (1998): Financial Capitalism v. Industrial Capitalism. The Other Canon Conference on Production Capitalism vs. Financial Capitalism. Oslo, 03.09.1998. Online verfügbar unter http://michael-hudson.com/1998/09/financial-capitalism-v-indust rial-capitalism/, zuletzt geprüft am 26.01.2020.

Inglehart, Ronald F. (1977): The Silent Revolution. Changing Values and Political Styles among Western Publics. Princeton: Princeton University Press.

Institute of International Finance (2020): Global Debt Monitor. Sharp Spike in Gobal Debt Ratio. Washington, D.C.

Institute of International Finance (2021): Global Debt Monitor. Reassessing the Pandemic Impact. Washington, D.C.

Institutional Investor Group on Climate Change (IIGCC) (2022): IIGCC Publishes Open Letter Calling for Gas to Be Excluded from the EU Taxonomy. Online verfügbar unter https://www.iigcc.org/download/iigcc-publishes-open-letter-calling-for-gas-to-be-exc luded-from-the-eu-taxonomy/?wpdmdl=5293&refresh=61dda8c4153ca1641916612, zuletzt aktualisiert am 29.12.2022.

Institutional Shareholder Services (ISS) (2018): oekom research AG to Join Institutional Shareholder Services – ISS. Online verfügbar unter https://www.issgovernance. com/oekom-research-ag-join-institutional-shareholder-services/, zuletzt aktualisiert am 15.03.2018, zuletzt geprüft am 07.10.2018.

Intergovernmental Panel on Climate Change (IPCC) (2018a): Frequently Asked Questions. In: Global Warming of 1.5°C. An IPCC Special Report on the impacts of global warming of 1.5°C above pre-industrial levels and related global greenhouse gas emission pathways, in the context of strengthening the global response to the threat of climate change, sustainable development, and efforts to eradicate poverty. Geneva.

Intergovernmental Panel on Climate Change (IPCC) (2018b): Global Warming of 1.5°C. An IPCC Special Report on the impacts of global warming of 1.5°C above pre-industrial levels and related global greenhouse gas emission pathways, in the context of strengthening the global response to the threat of climate change, sustainable development, and efforts to eradicate poverty. Geneva.

Intergovernmental Panel on Climate Change (IPCC) (2021): Climate Change 2021. The Physical Science Basis. Summary for Policymakers. Working Group I Contribution to the Sixth Assessment Report of the Intergovernmental Panel on Climate Change. Geneva.

International Accounting Standards Board (IASB) (2018): Who we are and what we do. The IFRS Foundation and the International Accounting Standards Board. London. Online verfügbar unter https://www.ifrs.org/content/dam/ifrs/about-us/who-we-are/who-we-are-english-2018-final.pdf, zuletzt geprüft am 09.03.2022.

International Integrated Reporting Council (IIRC) (2018): The IIRC. Online verfügbar unter http://integratedreporting.org/the-iirc-2/, zuletzt aktualisiert am 10.11.2018.

International Platform on Sustainable Finance (2021): Factsheet: International Platform on Sustainable Finance. Online verfügbar unter https://ec.europa.eu/info/sites/default/files/business_economy_euro/banking_and_finance/documents/international-platform-sustainable-finance-factsheet_en.pdf, zuletzt aktualisiert am 03.11.2021, zuletzt geprüft am 10.11.2021.

Jakob, Michael; Hilaire, Jérôme (2015): Climate Science. Unburnable Fossil-Fuel Reserves. In: *Nature* 517 (7533), S. 150–152. DOI: https://doi.org/10.1038/517150a.

Japp, Klaus Peter (1996): Soziologische Risikotheorie. Funktionale Differenzierung, Politisierung und Reflexion. Weinheim, München: Juventa Verlag.

Japp, Klaus Peter (2011): Zur Bedeutung von Vertrauensnetzwerken für die Ausdifferenzierung politischer Kommunikation. In: Michael Bommes und Veronika Tacke (Hg.): Netzwerke in der funktional differenzierten Gesellschaft. 1. Auflage. Wiesbaden: VS Verlag für Sozialwissenschaften, S. 261–286.

Jensen, Michael C.; Meckling, William H. (1976): Theory of the Firm. Managerial Behavior, Agency Costs and Ownership Structure. In: *Journal of Financial Economics* 3 (4), S. 305–360. DOI: https://doi.org/10.1016/0304-405X(76)90026-X.

John, René; Henkel, Anna; Rückert-John, Jana (Hg.) (2010a): Die Methodologien des Systems. Wie kommt man zum Fall und wie dahinter? Wiesbaden: VS Verlag für Sozialwissenschaften.

John, René; Henkel, Anna; Rückert-John, Jana (2010b): Methodologien und Systemtheorie – ein Problemaufriss. In: René John, Anna Henkel und Jana Rückert-John (Hg.): Die Methodologien des Systems. Wie kommt man zum Fall und wie dahinter? Wiesbaden: VS Verlag für Sozialwissenschaften, S. 7–14.

John, René; Henkel, Anna; Rückert-John, Jana (2010c): Systemtheoretisch Beobachten. In: René John, Anna Henkel und Jana Rückert-John (Hg.): Die Methodologien des Systems. Wie kommt man zum Fall und wie dahinter? Wiesbaden: VS Verlag für Sozialwissenschaften, S. 221–330.

Johnson, Harold L. (1971): Business in Contemporary Society: Framework and Issues. Wadsworth: Belmont.

Johnson, Simon; Kwak, James (2011): 13 Bankers. The Wall Street Takeover and the Next Financial Meltdown. 1st edition. New York: Vintage Books.

Jonathan, Davis (2020): The Investment Trust Handbook 2021. Investing Essentials, Expert Insights and Powerful Trends and Data. Petersfield: Harrman House.

Juglar, Clément (1862): Des Crises commerciales et leur retour periodique en France, en Angleterre, et aux Etats-Unis. Paris: Guillaumin.

Kahneman, Daniel (2011): Thinking, Fast and Slow. 1st edition. New York: Farrar, Straus and Giroux.

Kant, Immanuel (1877): Kritik der reinen Vernunft. Text der Ausgabe 1781 mit Beifügung sämtlicher Abweichungen der Ausgabe 1787. Unter Mitarbeit von Karl Kehrbach. Leipzig: Reclam.

Kaufer, Katrin (2014): Social Responsibility as a Core Business Model in Banking. A Case Study in the Financial Sector. In: *Journal of Sustainable Finance & Investment* 4 (1), S. 76–89. DOI: https://doi.org/10.1080/20430795.2014.887350.

Kauffman, Stuart A. (1993): The Origins of Order. Self-Organization and Selection in Evolution. Oxford: Oxford University Press.

Kaufmann, Franz-Xaver (1983): Steuerungssystem; Modernisierung; Industriegesellschaft; Wohlfahrtsstaat; Sozialstaat. In: Joachim Matthes (Hg.): Krise der Arbeitsgesellschaft: Verhandlungen des 21. Deutschen Soziologentages in Bamberg 1982. Frankfurt a.M.: Campus Verlag, S. 474–490.

Kempf, Alexander; Osthoff, Peer (2008): SRI Funds. Nomen est Omen. In: *Journal of Business Finance & Accounting* 35 (9–10), S. 1276–1294. DOI: https://doi.org/10.1111/j.1468-5957.2008.02107.x.

Kenis, Patrick; Schneider, Volker (1996): Verteilte Kontrolle: Institutionelle Steuerung in modernen Gesellschaften. In: Patrick Kenis und Volker Schneider (Hg.): Organisation und Netzwerk. Institutionelle Steuerung in Wirtschaft und Politik. Frankfurt a.M.: Campus, S. 9–45.

Keohane, Robert O. (1982): The Demand for International Regimes. In: *International Organization* 36 (2), S. 325–355.

Keynes, John Maynard (1923): A Tract on Monetary Reform. London: Macmillan.

Keynes, John Maynard (2002): Allgemeine Theorie der Beschäftigung, des Zinses und des Geldes. 9. Auflage, Unveränderter Nachdruck der 1936 erschienenen 1. Auflage. Berlin: Dunckert & Humblot.

Koch, Jochen (2007): Strategie und Handlungsspielraum. Das Konzept der strategischen Pfade. In: *Zeitschrift Führung und Organisation* 76 (5), S. 283–291.

Kölbel, Julian F.; Heeb, Florian; Paetzold, Falko; Busch, Timo (2020): Can Sustainable Investing Save the World? Reviewing the Mechanisms of Investor Impact. In: *Organization & Environment* 33 (4), S. 554–574. DOI: https://doi.org/10.1177/1086026620919202.

Kondratjew, Nicolai D. (1926): Die langen Wellen der Konjunktur. In: *Archiv für Sozialwissenschaft und Sozialpolitik* Band 56, S. 573–609.

Konrad, Wilfried; Nill, Jan (2001): Innovationen für Nachhaltigkeit. Ein interdisziplinärer Beitrag zur konzeptionellen Klärung aus wirtschafts- und sozialwissenschaftlicher Perspektive. Berlin: IÖW (Schriftenreihe des IÖW, 157).

KPMG International Cooperative (2017): The Road Ahead. The KPMG Survey of Corporate Responsibility Reporting 2017. o.O.

Kramer, Kat; Ware, Joe (2021): Counting the Cost 2021. A Year of Climate Breakdown. London.

Kramer, Mark R.; Porter, Michael E. (2011): The Big Idea: Creating Shared Value. Rethinking Capitalism. In: *Harvard business review* (January-February), S. 1–17.

Krasner, Stephen D. (1982): Structural Causes and Regime Consequences: Regimes as Intervening Variables. In: *International Organization* 36 (2), S. 185–205.

Krasner, Stephen D. (Hg.) (2004): International Regimes. 11. print. Ithaca: Cornell University Press.

Krause, Detlef (2005): Luhmann-Lexikon. 4. Auflage. Stuttgart: Lucius&Lucius.

Krippner, Greta R. (2005): The Financialization of the American Economy. In: *Socio-Economic Review* 3 (2), S. 173–208. DOI: https://doi.org/10.1093/SER/mwi008.

Kuckartz, Udo (2010): Einführung in die computergestützte Analyse qualitativer Daten. 3., aktualisierte Auflage. Wiesbaden: VS Verlag für Sozialwissenschaften. Online verfügbar unter https://doi.org/10.1007/978-3-531-92126-6.

Kuhn, Thomas S. (2014): Die Struktur wissenschaftlicher Revolutionen. 24. Auflage, Zweite revidierte und um das Postskriptum von 1969 ergänzte Auflage. Frankfurt a.M.: Suhrkamp.

Kuttner, Robert L. (2013): Debtors' Prison. The Politics of Austerity versus Possibility. New York: Knopf.

Kuznets, Simon (1934): National Income, 1929–1932. 73rd US Congress, 2d session, Senate document no. 124. Washington, D.C.

Kydland, Finn E.; Prescott, Edward C. (1982): Time to Build and Aggregate Fluctuations. In: *Econometrica* 50 (6), S. 1345–1370. DOI: https://doi.org/10.2307/1913386.

Lamberton, Geoff (2005): Sustainability Accounting – A Brief History and Conceptual Framework. In: *Accounting Forum* 29 (1), S. 7–26. DOI: https://doi.org/10.1016/j.accfor.2004.11.001.

Lau, Lawrence J. (2019): The China-U.S. Trade War and Future Economic Relations. Hong Kong: Chinese University Press.

Lawrence, Paul R.; Lorsch, Jay W. (1967): Organization and Environment. Managing Differentiation and Integration. Boston: Harvard Business School Press.

Lawrence, Thomas B.; Suddaby, Roy (2006): Institutions and Institutional Work. In: Stewart Clegg, Cynthia Hardy, Thomas B. Lawrence und Walter R. Nord (Hg.): The Sage Handbook of Organization Studies. London: Sage, S. 215–254.

Lawrence, Thomas B.; Suddaby, Roy; Leca, Bernard (Hg.) (2009): Institutional Work. Cambridge: Cambridge University Press.

Lawrence, Thomas B.; Suddaby, Roy; Leca, Bernard (2011): Institutional Work: Refocusing Institutional Studies of Organization. In: *Journal of Management Inquiry* 20 (1), S. 52–58. DOI: https://doi.org/10.1177/1056492610387222.

Lazonick, William; O'Sullivan, Mary (2010): Maximizing Shareholder Value. A New Ideology for Corporate Governance. In: *Economy and Society* 29 (1), S. 13–35. DOI: https://doi.org/10.1080/030851400360541.

Leaton, James; Ranger, Nicola; Ward, Bob; Sussams, Luke; Brown, Meg (2013): Unburnable Carbon 2013. Wasted Capital and Stranded Assets. Carbon Tracker and Grantham Research Institute on Climate Change and the Environment. London.

Lee, Min-Dong Paul (2008): A Review of the Theories of Corporate Social Responsibility. Its Evolutionary Path and the Road Ahead. In: *International Journal of Management Reviews* 10 (1), S. 53–73.

Lehmbruch, Gerhard (1991): The Organization of Society, Administrative Strategies, and Policy Networks. In: Roland M. Czada, Adrienne Windhoff-Heritier und Adrienne Windhoff-Héritier (Hg.): Political Choice. New York: Routledge, S. 121–155.

Leontief, Wassily W. (1986): Input-Output Economics. 2nd edition. New York: Oxford University Press.

Levitt, Theodore (1958): The Dangers of Social Responsibility. In: *Harvard business review* 36 (5), S. 41–50.

Lewis, Gilbert N. (1930): The Symmetry of Time in Physics. In: *Science* 71 (1849), S. 569–577.

Liel, Benedikt von; Luetge, Christoph (2015): Creating Shared Value und seine Erfolgsfaktoren – ein Vergleich mit CSR. Was macht Creating Shared Value aus und wie kann man es am besten fördern? In: *Zeitschrift für Wirtschafts- und Unternehmensethik* 16 (2), S. 182–191.

Likert, Rensis (1961): New Patterns of Management. New York: McGraw-Hill.

Lindblom, Charles E. (1977): Politics and Markets. The World's Political Economic Systems. New York: Basic Books.

Lindblom, Charles Edward (1965): The Intelligence of Democracy. Decision Making through Mutual Adjustment. New York: Free Press.

Lin-Hi, Nick; Suchanek, Andreas (2011): Corporate Social Responsibility als Integrationsherausforderung. In: *Zeitschrift für Betriebswirtschaft* 81 (S1), S. 63–91. DOI: https://doi.org/10.1007/s11573-010-0413-z.

Lintner, John (1965): The Valuation of Risk Assets and the Selection of Risky Investments in Stock Portfolios and Capital Budgets. In: *The Review of Economics and Statistics* 47 (1), S. 13. DOI: https://doi.org/10.2307/1924119.

Lotka, Alfred J. (1956): Elements of Mathematical Biology. New York: Dover Publications.

Louche, Céline; Arenas, Daniel; van Cranenburgh, Katinka C. (2012): From Preaching to Investing. Attitudes of Religious Organisations Towards Responsible Investment. In: *Journal of Business Ethics* 110 (3), S. 301–320. DOI: https://doi.org/10.1007/s10551-011-1155-8.

Luhmann, Niklas (1971): Sinn als Grundbegriff der Soziologie. In: Jürgen Habermas und Niklas Luhmann (Hg.): Theorie der Gesellschaft oder Sozialtechnologie – was leistet die Systemforschung? Frankfurt a.M.: Suhrkamp, S. 25–100.

Luhmann, Niklas (1978): Geschichte als Prozess und Theorie der sozio-kulturellen Evolution. In: Karl-Georg Faber (Hg.): Historische Prozesse. München: Deutscher Taschenbuch Verlag, S. 413–440.

Luhmann, Niklas (1982): The Differentiation of Society. New York: Columbia University Press.

Luhmann, Niklas (1984): Soziale Systeme. Grundriß einer allgemeinen Theorie. 1. Auflage. Frankfurt a.M.: Suhrkamp.

Luhmann, Niklas (1986): Ökologische Kommunikation. Kann die moderne Gesellschaft sich auf die ökologische Gefährdungen einstellen? Opladen: Westdeutscher Verlag.

Luhmann, Niklas (1988): Die Wirtschaft der Gesellschaft. 1. Auflage. Frankfurt a.M.: Suhrkamp.

Luhmann, Niklas (1990): Die Zukunft kann nicht beginnen: Temporalstrukturen der Modernen Gesellschaft. In: Peter Sloterdijk (Hg.): Vor der Jahrtausendwende. Berichte zur Lage der Zukunft. Frankfurt a.M.: Suhrkamp, S. 119–150.

Luhmann, Niklas (1991): Die Weltgesellschaft. In: Niklas Luhmann (Hg.): Aufsätze zur Theorie der Gesellschaft. 4. Auflage. Opladen: VS Verlag für Sozialwissenschaften (Soziologische Aufklärung, / Niklas Luhmann ; 2), S. 1–35.

Luhmann, Niklas (1997): Gesellschaft der Gesellschaft. 1. Auflage. Frankfurt a.M.: Suhrkamp.

Luhmann, Niklas (2000): Organisation und Entscheidung. Opladen, Wiesbaden: Westdeutscher Verlag.

Luhmann, Niklas (2004): Die Autopoiesis des Bewusstseins. In: Niklas Luhmann (Hg.): Soziologische Aufklärung. Wiesbaden: VS Verlag für Sozialwissenschaften.

Luhmann, Niklas (2008): Die Moral der Gesellschaft. 1. Auflage. Frankfurt, a.M.: Suhrkamp.

Luhmann, Niklas (2018): Systemtheorie der Gesellschaft. 2. Auflage. Berlin: Suhrkamp.

Luhmann, Niklas; Baecker, Dirk (Hg.) (2009): Einführung in die Systemtheorie. 5. Auflage. Heidelberg: Auer.

Luo, H. Arthur; Balvers, Ronald J. (2017): Social Screens and Systematic Investor Boycott Risk. In: The Journal of Financial and Quantitative Analysis 52 (1), S. 365–399. DOI: https://doi.org/10.1017/S0022109016000910.

Lütz, Susanne (2007): Wirtschaft. In: Arthur Benz, Susanne Lütz und Uwe Schimank (Hg.): Handbuch Governance. Theoretische Grundlagen und empirische Anwendungsfelder. Wiesbaden: VS Verlag für Sozialwissenschaften, S. 390–400.

Mahon, John F.; Griffin, Jennifer J. (1999): Painting a portrait. A reply. In: Business & Society 38 (1), S. 126–133.

March, James G.; Olsen, Johan P. (1989): Rediscovering Institutions. The Organizational Basis of Politics. New York: The Free Press.

Marens, Richard; Wicks, Andrew (1999): Getting Real. Stakeholder Theory, Managerial Practice, and the General Irrelevance of Fiduciary Duties Owed to Shareholders. In: Business Ethics Quarterly 9 (2), S. 273–293. DOI: https://doi.org/10.2307/3857475.

Margolis, Joshua D.; Walsh, James P. (2003): Misery Loves Companies. Rethinking Social Initiatives by Business. In: Administrative Science Quarterly 48 (2), S. 268–305.

Markowitz, Harry (1952): Portfolio Selection. In: The Journal of Finance 7 (1), S. 77–91. DOI: https://doi.org/10.2307/2975974.

Marti, Emilio; Gond, Jean-Pascal (2018): When Do Theories Become Self-Fulfilling? Exploring the Boundary Conditions of Performativity. In: Academy of Management Review 43 (3), S. 487–508. DOI: https://doi.org/10.5465/amr.2016.0071.

Martyushev, L. M.; Seleznev, V. D. (2006): Maximum Entropy Production Principle in Physics, Chemistry and Biology. In: Physics Reports 426 (1), S. 1–45. DOI: https://doi.org/10.1016/j.physrep.2005.12.001.

Mathews, M. R. (1997): Twenty-Five Years of Social and Environmental Accounting Research. In: Accounting, Auditing & Accountability Journal 10 (4), S. 481–531. DOI: https://doi.org/10.1108/EUM0000000004417.

Maturana, Humberto R.; Varela, Francisco J. (1980): Autopoiesis and Cognition. The Realization of the Living. Dordrecht, Boston, London: D. Reidel Publishing Company.

Mayntz, Renate (1993): Policy-Netzwerke und die Logik von Verhandlungssystemen. In: Adrienne Héritier (Hg.): Policy-Analyse. Kritik und Neuorientierung. Wiesbaden: VS Verlag für Sozialwissenschaften, S. 39–56.

Mayntz, Renate (2002): Common Goods and Governance. In: Adrienne Héritier (Hg.): Common Goods. Reinventing European and International Governance. Lanham: Rowman & Littlefield, S. 15–27.

Mayntz, Renate (2004): Governance Theory als fortentwickelte Steuerungstheorie? MPIfG Working Paper No. 04/1. Cologne: Max Planck Institute for the Study of Societies.

Mayntz, Renate; Scharpf, Fritz W. (1995): Der Ansatz des akteurszentrierten Institutionalismus. In: Renate Mayntz und Fritz W. Scharpf (Hg.): Gesellschaftliche Selbstregelung und politische Steuerung. Frankfurt a. M.: Campus-Verlag.

Mayring, Philipp (2003): Qualitative Inhaltsanalyse. Grundlagen und Techniken. 8. Auflage. Weinheim: Beltz.

McCracken, P. Winston (1977): Towards Full Employment and Price Stability. A Report to the OECD: Organisation for Economic Co-operation and Development.

McDonough, William; Braungart, Michael (2002): Cradle to Cradle. Remaking the way we make things. 1st edition. New York: North Point Press.

McGuire, Jean B.; Sundgren, Alison; Schneeweis, Thomas (1988): Corporate Social Responsibility and Firm Financial Performance. In: *Academy of Management Journal* 31 (4), S. 854–872. DOI: https://doi.org/10.2307/256342.

McGuire, Joseph W. (1963): Business & Society. New York: McGraw-Hill.

McKinsey (2020): The ESG Premium. New Perspectives on Value and Performance. o.O. Online verfügbar unter https://www.mckinsey.com/~/media/McKinsey/Business%20Functions/Sustainability/Our%20Insights/The%20ESG%20premium%20New%20perspectives%20on%20value%20and%20performance/The-ESG-premium-New-perspectives-on-value-and-performance.pdf, zuletzt geprüft am 26.12.2020.

Mehrpouya, Afshin (2014): From God to Markets. An Analysis of the Meaning Work of Boundary Actors During the 'Mainstreaming' of Socially Responsible Investment. HEC Paris Research Paper No. ACC-2014–1061. DOI: https://doi.org/10.2139/ssrn.2510278.

Melde, Thomas (2012): Nachhaltige Entwicklung durch Semantik, Governance und Management. Zur Selbstregulierung des Wirtschaftssystems zwischen Steuerungsillusionen und Moralzumutungen. Wiesbaden: Springer VS.

Meyer, John W.; Rowan, Brian (1977): Institutionalized Organizations. Formal Structure as Myth and Ceremony. In: *American Journal of Sociology* 83 (2), S. 340–363.

Miles, Robert H. (1987): Managing the Corporate Social Environment. A Grounded Theory. Englewood Cliffs: Prentice-Hall.

Mill, John Stuart (2004): Principles of Political Economy. Amherst: Prometheus Books.

Mises, Ludwig von (1998): Human Action. A Treatise on Economics. The Scholar's Edition. Auburn: The Ludwig von Mises Institute.

Mises, Ludwig von (2005): Theorie des Geldes und der Umlaufsmittel. Unveränderter Nachdruck der 2., neubearbeiteten Auflage von 1924. Berlin: Duncker & Humblot.

Mishan, Edward J.; Mishan, Ezra J. (1967): The Costs of Economic Growth. London: Staples Press.

Mitchell, Ronald K.; Agle, Bradley R.; Wood, Donna J. (1997): Toward a Theory of Stakeholder Identification and Salience. Defining the Principle of Who and What Really Counts. In: *The Academy of Management Review* 22 (4), S. 853. DOI: https://doi.org/10.2307/259247.

Monks, Robert A. G.; Minow, Nell (1995): Corporate Governance. Cambridge: Blackwell Business.

Moore, Henry L. (1911): Laws of Wages. An Essay in Statistical Economics. New York: The Macmillan Company.

Mossin, Jan (1966): Equilibrium in a Capital Asset Market. In: *Econometrica* 34 (4), S. 768–783. DOI: https://doi.org/10.2307/1910098.

MSCI (2015): Volkswagen Scandal underlines Need for ESG Analysis. Online verfügbar unter https://www.msci.com/volkswagen-scandal, zuletzt geprüft am 12.10.2018.

MSCI (2018): About MSCI ESG Ratings. Online verfügbar unter https://www.msci.com/esg-ratings#p_56_INSTANCE_RuqTUpTHZHxi, zuletzt geprüft am 13.10.2018.

Myklebust, Trude (2013): The Role of Stock Exchanges in Shaping More Sustainable Company and Market Practices. University of Oslo Faculty of Law Research Paper No. 2013–28, Nordic & European Company Law Working Paper No. 10–41.

Nagel, Sebastian; Hiss, Stefanie; Woschnack, Daniela; Teufel, Bernd (2017): Between Efficiency and Resilience. The Classification of Companies According to their Sustainability Performance. In: *Historical Social Research* 42 (1 (159)), S. 189–210.

Nedopil Wang, Christoph; Lund Larsen, Mathias; Wang, Y. (2020): Addressing the Missing Linkage in Sustainable Finance. The 'SDG Finance Taxonomy'. In: *Journal of Sustainable Finance & Investment* 6 (1), S. 1–8. DOI: https://doi.org/10.1080/20430795.2020.1796101.

Nelson, Richard R.; Winter, Sidney G. (1982): An Evolutionary Theory of Economic Change. Cambridge: Belknap Press of Havard University Press.

Neuberger, Oswald (2006): Mikropolitik und Moral in Organisationen. Herausforderung der Ordnung. 1. Auflage. Stuttgart: UTB GmbH. Online verfügbar unter http://www.utb-studi-e-book.de/9783838527437.

New Economics Foundation (2006): The Happy Planet Index. An Index of Human Well-Being and Evironmental Impact. London.

Niskanen, William A. (1988): Reaganomics. An Insider's Account of the Policies and the People. New York: Oxford University Press.

Nitsche, Christin; Schröder, Michael (2015): Are SRI Funds Conventional Funds in Disguise or Do They Live Up to Their Name? ZEW Discussion Papers 15–027, ZEW – Leibniz Centre for European Economic Research. Leibniz.

Nordhaus, William D.; Tobin, James (1972): Is Growth Obsolete? In: Economic Research: Retrospect and Prospect, Volume 5, Economic Growth: Nber, S. 1–80.

North, Douglass C. (1990): Institutions, Institutional Change, and Economic Performance. Cambridge: Cambridge University Press.

OECD (2001): The Well-Being of Nations. The Role of Human and Social Capital. Paris: OECD Publishing.

OECD (2013): How's Life? 2013. Measuring Well-Being. 2nd edition. Paris: OECD Publishing.

OECD (2015): OECD Green Growth Studies. Tacking Progress. Paris: OECD Publishing.

OECD (2017): Investing in Climate, Investing in Growth. Paris: OECD Publishing.

oekom research (2013): Der Einfluss nachhaltiger Kapitalanlagen auf Unternehmen. Eine empirische Analyse von oekom research. München.

Oelsnitz, Dietrich von der (2009): Die innovative Organisation. Eine gestaltungsorientierte Einführung. 2. Auflage. Stuttgart: Kohlhammer.

Offe, Claus; Keane, John (1984): Contradictions of the Welfare State. London: Hutchinson.

Orlitzky, Marc (2011): Institutional Logics in the Study of Organizations. The Social Construction of the Relationship between Corporate Social and Financial Performance. In: *Business Ethics Quarterly* 21 (3), S. 409–444. DOI: https://doi.org/10.5840/beq201121325.

Orlitzky, Marc; Louche, Céline; Gond, Jean-Pascal; Chapple, Wendy (2015): Unpacking the Drivers of Corporate Social Performance. A Multilevel, Multistakeholder, and Multimethod Analysis. In: *Journal of Business Ethics* 32 (3), S. 1–20. DOI: https://doi.org/10.1007/s10551-015-2822-y.

Ortmann, Günther (1995): Formen der Produktion. Organisation und Rekursivität. Wiesbaden: VS Verlag für Sozialwissenschaften.

Ostrom, Elinor (1990): Governing the Commons. The Evolution of Institutions for Collective Action. Cambridge, New York, Victoria: Cambridge University Press.

Ostrom, Elinor; Ahn, Toh-Kyeong (2003): Introduction. In: Elinor Ostrom und Toh-Kyeong Ahn (Hg.): Foundations of social capital. Cheltenham: Elgar, xi–xxxix.

Ostrom, Elinor; Gardner, Roy J.; Walker, James (2006): Rules, Games, and Common-Pool Resources. Ann Arbor: University of Michigan Press.

O'Sullivan, Mary (2001): Contests for Corporate Control. Corporate Governance and Economic Performance in the United States and Germany. New as paperback. New York: Oxford University Press.

Ouchi, William G. (1980): Markets, Bureaucracies, and Clans. In: *Administrative Science Quarterly* 25 (1), S. 129–141.

Owen, Robert (1817): Observations on the Effect of the Manufacturing System. With Hints for the Improvement of Those Parts of it which are Most Injurious to Health and Morals. London: Longman, Hurst, Rees, Orme, and Brown.

Pacioli, Luca (1494): Summa de arithmetica, geometria, proportione et proportionalità. Venedig.

Paech, Niko (2005): Nachhaltiges Wirtschaften jenseits von Innovationsorientierung und Wachstum. Eine unternehmensbezogene Transformationstheorie. (Habilitationsschrift, Universität Oldenburg, 2005). Marburg: Metropolis-Verlag.

Parliament of the United Kingdom (1956): Clean Air Act 1956. 4 & 5 ELiz. 2 CH. 52.

Parsons, Talcott (1951): The Social System. The Major Exposition of the Author's Conceptual Scheme for the Analysis of the Dynamics, of the Social System. New York: The Free Press.

Parsons, Talcott (1971): The System of Modern Societies. Englewood Cliffs: Prentice-Hall.

Perez, Carlota (2002): Technological Revolutions and Financial Capital. The Dynamics of Bubbles and Golden Ages. Cheltenham, Northampton: Edward Elgar.

Perez, Carlota (2010): Technological Revolutions and Techno-Economic Paradigms. In: *Cambridge Journal of Economics* 34 (1), S. 185–202. DOI: https://doi.org/10.1093/cje/bep051.

Perman, Roger; Ma, Yue; Common, Michael S.; Maddison, David; McGilvray, James (2011): Natural Resource and Environmental Economics. 4th edition. Harlow, England, London, New York, Boston, San Francisco, Toronto, Sydney, Tokyo, Singapore, Hong Kong, Seoul, Taipei, New Delhi, Cape Town, Madrid, Mexico City, Amsterdam, Munich, Paris, Milan: Addison-Wesley.

Phillips, Robert A.; Reichart, Joel (2000): The Environment as a Stakeholder? A Fairness-Based Approach. In: *Journal of Business Ethics* 23 (2), S. 185–197. DOI: https://doi.org/10.1023/A:1006041929249.

Picot, Arnold; Dietl, Helmut; Franck, Egon (2005): Organisation. Eine ökonomische Perspektive. 4. Auflage. Stuttgart: Schäffer-Poeschel.

Picot, Arnold; Reichwald, Ralf; Wigand, Rolf T. (2001): Die grenzenlose Unternehmung. Information, Organisation und Management. 4. Auflage. Wiesbaden: Gabler.

Pierson, Paul (2016): The Path to European Integration. In: *Comparative Political Studies* 29 (2), S. 123–163. DOI: https://doi.org/10.1177/0010414096029002001.

Pigou, Arthur C. (1929): The Economics of Welfare. 3rd edition. London: Macmillan.

Planck, Max (1897): Thermodynamik. Leipzig: Veit & Company.

Polanyi, Karl (1978): The Great Transformation. Politische und ökonomische Ursprünge von Gesellschaften und Wirtschaftssystemen. Frankfurt a.M.: Suhrkamp.

Pollack, Mark A. (1996): The New Institutionalism and EC Governance. The Promise and Limits of Institutional Analysis. In: *Governance* 9 (4), S. 429–458. DOI: https://doi.org/10.1111/j.1468-0491.1996.tb00251.x.

Poovey, Mary (2008): Genres of the Credit Economy. Mediating Value in Eighteenth- and Nineteenth-Century Britain. Chicago: University of Chicago Press.

Popper, Karl R. (1935): Logik der Forschung. Zur Erkenntnistheorie der modernen Naturwissenschaft. Wien: Springer.

Porr, Bernd (2002): Systemtheorie und Naturwissenschaft. Eine interdisziplinäre Analyse von Niklas Luhmanns Werk. (Magisterarbeit, Universität Bochum, 1999). Wiesbaden: Deutscher Universitäts-Verlag.

Porter, Michael E.; Kramer, Mark R. (2006): Strategy and Society. In: *Harvard business review* 84 (12), S. 78–92.

Porter, Michael E.; Kramer, Mark R. (2015): Shared Value – Die Brücke von Corporate Social Responsiblity zu Corporate Strategy. In: Andreas Schneider und René Schmidpeter (Hg.): Corporate Social Responsibility. Verantwortungsvolle Unternehmensführung in Theorie und Praxis. 2. Auflage. Berlin: Springer Gabler, S. 145–160.

Powell, Walter (1990): Neither Market Nor Hierarchy. Network Forms of Organization. In: *Research in Organizational Behaviour* 12, S. 295–336.

Powell, Walter W.; DiMaggio, Paul (1991): Introduction. In: Walter W. Powell und Paul DiMaggio (Hg.): The New Institutionalism in Organizational Analysis. Chicago: University of Chicago Press, S. 1–40.

Prigogine, Ilya (1965): Introduction to Thermodynamics of Irreversible Processes. New York: Interscience.

Puaschunder, Julia M. (2016): On the Emergence, Current State, and Future Perspectives of Socially Responsible Investment (SRI). In: *The Journal of Sustainable Development* 16 (1), S. 38–63. DOI: https://doi.org/10.7916/D8HH6QQ7.

Putnam, Robert D. (1993): Making Democracy Work. Civic Traditions in Modern Italy. Princeton: Princeton University Press.

Putnam, Robert D. (2000): Bowling Alone. The Collapse and Revival of American Community. New York: Simon & Schuster.

Quesnay (1758): Tableau économique. et maximes générales du governement économiques. Versailles.

Radcliffe-Brown, Alfred R. (1965): Structure and Function in Primitive Society. Essays and Addresses. First edition published in 1952. New York, London: The Free Press.

Rat der Europäischen Gemeinschaften und die im Rat vereinigten Vertreter der Regierungen der Mitgliedstaaten (1973): Aktionsprogramm der Europäischen Gemeinschaften für den Umweltschutz. In: *Amtsblatt der Europäischen Gemeinschaften* 20.12.1973 (Nr. C112/1), S. 1–53.

Reinhart, Carmen M.; Rogoff, Kenneth S. (2009): This Time is Different. Eight Centuries of Financial Folly. Princeton: Princeton University Press.

Reinicke, Wolfgang H. (1998): Global Public Policy. Governing without Government? Washington, D.C.: Brookings Instution Press.

Richardson, Benjamin J.; Peihani, Maziar (2015): Universal Investors and Socially Responsible Finance. A Critique of a Premature Theory. In: *Banking and Finance Law Review* (30), S. 405–455.

Rifkin, Jeremy (2013): The Third Industrial Revolution. How Lateral Power is transforming Energy, the Economy, and the World. Basingstoke: Palgrave Macmillan.

RobecoSAM (2018): History. Online verfügbar unter http://www.robecosam.com/en/about-us/history.jsp, zuletzt geprüft am 13.10.2018.

Rockström, Johan; Steffen, Will; Noone, Kevin; Persson, Åsa; Chapin, F. Stuart, III; Lambin, Eric et al. (2009): Planetary Boundaries. Exploring the Safe Operating Space for Humanity. In: *Ecology and Society* 14 (2). DOI: https://doi.org/10.5751/ES-03180-140232.

Roethlisberger, Fritz J.; Dickson, William J. (1939): Management and the Worker. An Account of a Research Program conducted by the Western Electric Company, Hawthorne Works, Chicago. Cambridge: Harvard university press.

Roll, Richard; Ross, Stephen A. (1980): An Empirical Investigation of the Arbitrage Pricing Theory. In: *The Journal of Finance* 35 (5), S. 1073–1103. DOI: https://doi.org/10.1111/j.1540-6261.1980.tb02197.x.

Roman, Ronald M.; Hayibor, Sefa; Agle, Bradley R. (1999): The Relationship between Social and Financial Performance. Repainting a Portrait. In: *Business & Society* 38 (1), S. 109–125.

Romer, Paul Michael (1990): Endogenous Technological Change. In: *Journal of political economy* 98 (5), S. 71–102.

Röpke, Jochen (2002): Der lernende Unternehmer. Zur Evolution und Konstruktion unternehmerischer Kompetenz. Marburg: Marburger Förderzentrum für Existenzgründer aus der Universität.

Rosenau, James N.; Czempiel, Ernst-Otto (2009): Governance without Government: Cambridge University Press.

Rosenthal, Robert (1979): The File Drawer Problem and Tolerance for Null Results. In: *Psychological Bulletin* 86 (3), S. 638–641. DOI: https://doi.org/10.1037/0033-2909.86.3.638.

Rost, Katja; Ehrmann, Thomas (2017): Reporting Biases in Empirical Management Research. The Example of Win-Win Corporate Social Responsibility. In: *Business & Society* 56 (6), S. 840–888.

Sachs, Wolfgang (1993): Die vier E's. Merkposten für einen maß-vollen Wirtschaftsstil. In: *Politische Ökologie* 11 (33), S. 69–72.

Salzmann, Oliver; Ionescu-somers, Aileen; Steger, Ulrich (2005): The Business Case for Corporate Sustainability. In: *European Management Journal* 23 (1), S. 27–36.

Sandner, Günther; Spengler, Hans (2011): Die Entwicklung der Datenverarbeitung von Hollerith-Lochkartenmaschinen zu IBM-Enterprise-Servern. Von 1887 bis 2000, in 10 Epochen, beschrieben. Böblingen: SWBdok der Universität Konstanz.

Sangster, Alan; Stoner, Gregory N.; McCarthy, Patricia (2008): The Market for Luca Pacioli's Summa arithmetica. In: *Accounting historians journal* 35 (1), S. 111–134.

Sauder, Michael; Espeland, Wendy Nelson (2009): The Discipline of Rankings: Tight Coupling and Organizational Change. In: *American Sociological Review* 74 (1), S. 63–82. DOI: https://doi.org/10.1177/000312240907400104.

Scalet, Steven; Kelly, Thomas F. (2010): CSR Rating Agencies. What is Their Global Impact? In: *Journal of Business Ethics* 94 (1), S. 69–88. DOI: https://doi.org/10.1007/s10551-009-0250-6.

Scarf, Herbert; Hansen, Terje (1973): The Computation of Economic Equilibria. New Haven: Yale University Press.

Schäcke, Mirco (2006): Pfadabhängigkeit in Organisationen. Ursache für Widerstände bei Reorganisationsprojekten. Berlin: Duncker & Humblot.

Schäfer, Henry (2012): Sustainable Finance-A Conceptual Outline. University Stuttgart Working Paper No. 03/2012. DOI: https://doi.org/10.2139/ssrn.2147590.

Schäfer, Henry; Beer, Jana; Zenker, Jan; Fernandes, Pedro (2006): Who is Who in Corporate Social Responsibility Rating? A Survey of Internationally Established Rating Systems that Measure Corporate Responsibility. Gütersloh: Bertelsmann Foundation.

Schaltegger, Stefan (2011): Von CSR zu Corporate Sustainability. In: Berit Sandberg und Klaus Lederer (Hg.): Corporate Social Responsibility in kommunalen Unternehmen. Wirtschaftliche Betätigung zwischen öffentlichem Auftrag und gesellschaftlicher Verantwortung. 1. Auflage. Wiesbaden: VS Verlag für Sozialwissenschaften, S. 187–199.

Schaltegger, Stefan (2015): Die Beziehung zwischen CSR und Corporate Responsibility. In: Andreas Schneider und René Schmidpeter (Hg.): Corporate Social Responsibility. Verantwortungsvolle Unternehmensführung in Theorie und Praxis. 2. Auflage. Berlin: Springer Gabler, S. 199–209.

Schaltegger, Stefan; Hasenmüller, Philipp (2005): Nachhaltiges Wirtschaften aus Sicht des „Business Case of Sustainability". Lüneburg: CSM, Centre for Sustainability Management.

Schaltegger, Stefan; Lüdeke-Freund, Florian (2012): The "Business Case for Sustainability" Concept. A Short Introduction. Lüneburg: CSM, Centre for Sustainability Management.

Schaltegger, Stefan; Wagner, Marcus (2011): Sustainable entrepreneurship and sustainability innovation. Categories and interactions. In: *Business Strategy and the Environment* 20 (4), S. 222–237. DOI: https://doi.org/10.1002/bse.682.

Scharpf, Fritz W. (1993): Positive und negative Koordination in Verhandlungssystemen. In: Adrienne Héritier (Hg.): Policy-Analyse. Kritik und Neuorientierung. Wiesbaden: VS Verlag für Sozialwissenschaften, S. 57–83.

Schendel, Dan E.; Hofer, Charles W. (1979): Strategic Management. A New View of Business Policy and Planning. Boston, Toronto: Little Brown and Co.

Schimank, Uwe (1985): Der mangelnde Akteurbezug systemtheoretischer Erklärungen gesellschaftlicher Differenzierung–Ein Diskussionsvorschlag. In: *Zeitschrift für Soziologie* 14 (6), S. 421–434.

Schmelzer, Matthias (2016): The Hegemony of Growth. The OECD and the Making of the Economic Growth Paradigm. Cambridge: Cambridge University Press.

Schmidt-Bleek, Friedrich (1997): Wieviel Umwelt braucht der Mensch? Faktor 10 – das Mass für ökologisches Wirtschaften. München: Deutscher Taschenbuch Verlag.

Schneider, Andreas (2015): Reifegradmodell CSR – eine Begriffsklärung und -abgrenzung. In: Andreas Schneider und René Schmidpeter (Hg.): Corporate Social Responsibility. Verantwortungsvolle Unternehmensführung in Theorie und Praxis. 2. Auflage. Berlin: Springer Gabler, S. 21–42.

Schneider, Wolfgang L.; Kusche, Isabel (2011): Parasitäre Netzwerke in Wissenschaft und Politik. In: Michael Bommes und Veronika Tacke (Hg.): Netzwerke in der funktional differenzierten Gesellschaft. 1. Auflage. Wiesbaden: VS Verlag für Sozialwissenschaften, S. 173–210.

Scholtens, Bert (2006): Finance as a Driver of Corporate Social Responsibility. In: *Journal of Business Ethics* 68 (1), S. 19–33. DOI: https://doi.org/10.1007/s10551-006-9037-1.

Scholtens, Bert; Cerin, Pontus; Hassel, Lars (2008): Sustainable Development and Socially Responsible Finance and Investing. In: *Sustainable Development* 16 (3), S. 137–140. DOI: https://doi.org/10.1002/sd.359.

Schreck, Philipp (2015): Der Business Case for Corporate Social Responsibility. In: Andreas Schneider und René Schmidpeter (Hg.): Corporate Social Responsibility. Verantwortungsvolle Unternehmensführung in Theorie und Praxis. 2. Auflage. Berlin: Springer Gabler, S. 71–88.

Schreyögg, Georg (2003): Organisation. Grundlagen moderner Organisationsgestaltung. mit Fallstudien. 4. Auflage. Wiesbaden: Gabler.

Schubert, Klaus; Bandelow, Nils C. (2014): Perspektiven der Politikfeldanalyse zwischen Grundlagen und Anwendungen, Szientismus und Kritik. In: Klaus Schubert und Nils C. Bandelow (Hg.): Lehrbuch der Politikfeldanalyse. 3., aktualisierte und überarbeitete Auflage. Berlin: De Gruyter Oldenbourg, S. 523–534.

Schumacher, Ernst F. (1973): Small Is Beautiful. A Study of Economics as if People Mattered. New York: Harper & Row.

Schumpeter, Joseph (2006): Theorie der wirtschaftlichen Entwicklung. Nachdruck der 1. Auflage von 1912. Berlin: Duncker & Humblot.

Schumpeter, Joseph Alois (1994): Capitalism, Socialism, and Democracy. First published in 1943. London, New York: Routledge.

Schütz, Alfred (1932): Der sinnhafte Aufbau der sozialen Welt. Eine Einleitung in die verstehende Soziologie. Wien: Verlag von Julius Springer.

Schützeichel, Rainer (2003): Sinn als Grundbegriff bei Niklas Luhmann. (Dissertation, Fern-Universität Hagen, 2001). Frankfurt a.M., New York: Campus-Verlag.

Schwegler, Regina (2009): Moralisches Handeln von Unternehmen. Eine Weiterentwicklung des neuen St. Galler Management-Modells und der Ökonomischen Ethik. (Dissertation, Rheinisch-Westfälische Technische Hochschule Aachen, 2007). 1. Auflage. Wiesbaden: Gabler Verlag / GWV Fachverlage GmbH Wiesbaden.

Scott, W. Richard (1995): Institutions and Organizations. Thousand Oaks, London, New Delhi: Sage.

Searcy, Cory; Elkhawas, Doaa (2012): Corporate Sustainability Ratings. An Investigation into how Corporations use the Dow Jones Sustainability Index. In: *Journal of Cleaner Production* 35, S. 79–92. DOI: https://doi.org/10.1016/j.jclepro.2012.05.022.

Seidel, Eberhard (1999): Das Umweltmanagement an der Jahrhundertschwelle – Zeit für einen zweiten Blick. In: Eberhard Seidel (Hg.): Betriebliches Umweltmanagement im 21. Jahrhundert. Aspekte, Aufgaben, Perspektiven. Berlin, Heidelberg: Springer, S. 303–322.

Senge, Konstanze (2011): Das Neue am Neo-Institutionalismus. Der Neo-Institutionalismus im Kontext der Organisationswissenschaft. 1. Auflage. Wiesbaden: VS Verlag für Sozialwissenschaften.

Sethi, S. Prakash (1975): Dimensions of Corporate Social Performance. An Analytical Framework. In: *California Management Review* 17 (3), S. 58–64. DOI: https://doi.org/10.2307/41162149.

Shannon, C. E. (1948): A Mathematical Theory of Communication. In: *Bell System Technical Journal* 27 (3), S. 379–423. DOI: https://doi.org/10.1002/j.1538-7305.1948.tb01338.x.

Sharpe, William F. (1963): A Simplified Model for Portfolio Analysis. In: *Management Science* 9 (2), S. 277–293.

Shewhart, Walter A. (1986): Statistical Method from the Viewpoint of Quality Control. New York: Dover Publications.

Simon, Herbert A. (1959): Theories of Decision-Making in Economics and Behavioral Science. In: *American Economic Review* 49 (3), S. 253–283.

Slager, Rieneke (2015): SRI Indices and Responsible Corporate Behavior. A Study of the FTSE4Good Index. In: *Business & Society* 54 (3), S. 386–405. DOI: https://doi.org/10.1177/0007650314557933.

Slager, Rieneke; Gond, Jean-Pascal; Moon, Jeremy (2012): Standardization as Institutional Work. The Regulatory Power of a Responsible Investment Standard. In: *Organization Studies* 33 (5–6), S. 763–790. DOI: https://doi.org/10.1177/0170840612443628.

Slaughter, Anne-Marie (2009): A New World Order. Princeton: Princeton University Press.

Smith, Adam (1827): An Inquiry into the Nature and Causes of the Wealth of Nations. Edinburgh: Printed at the University Press for T. Nelson and P. Brown.

Solow, Robert M. (1956): A Contribution to the Theory of Economic Growth. In: *The Quarterly Journal of Economics* 70 (1), S. 65. DOI: https://doi.org/10.2307/1884513.

Soskice, David W.; Hall, Peter A. (Hg.) (2001): Varieties of Capitalism. The Institutional Foundations of Comparative Advantage. Oxford, New York: Oxford University Press.

Sowell, Thomas (2009): The Housing Boom and Bust. New York: Basic Books.

Sparkes, Russell; Cowton, Christopher J. (2004): The Maturing of Socially Responsible Investment. A Review of the Developing Link with Corporate Social Responsibility. In: *Journal of Business Ethics* 52 (1), S. 45–57. DOI: https://doi.org/10.1023/B:BUSI.0000033106.43260.99.

State Street Global Advisors (2019): Into the Mainstream ESG at the Tipping Point. o.O. Online verfügbar unter https://www.ssga.com/library-content/pdfs/insights/into-the-mainstream.pdf, zuletzt geprüft am 20.03.2021.

Steffen, W.; Richardson, K.; Rockstrom, J.; Cornell, S. E.; Fetzer, I.; Bennett, E. M. et al. (2015): Planetary Boundaries. Guiding Human Development on a Changing Planet. In: *Science* 347 (6223). DOI: https://doi.org/10.1126/science.1259855.

Steffen, Will; Crutzen, Paul J.; McNeill, John R. (2007): The Anthropocene. Are Humans Now Overwhelming the Great Forces of Nature. In: *AMBIO: A Journal of the Human Environment* 36 (8), S. 614–621. DOI: https://doi.org/10.1579/0044-7447(2007)36[614:TAAHNO]2.0.CO;2.

Stehr, Nico (2007): Die Moralisierung der Märkte. Eine Gesellschaftstheorie. Frankfurt a.M.: Suhrkamp.

Stern, Nicholas H. (2007): The Economics of Climate Change. The Stern Review: Cambridge University Press.

Stichweh, Rudolf (2010): Theorie und Methode in der Systemtheorie. In: René John, Anna Henkel und Jana Rückert-John (Hg.): Die Methodologien des Systems. Wie kommt man zum Fall und wie dahinter? Wiesbaden: VS Verlag für Sozialwissenschaften, S. 15–28.

Strange, Susan (1996): The Retreat of the State. The Diffusion of Power in the World Economy. Cambridge: Cambridge University Press.

Streeck, Wolfgang; Schmitter, Philippe C. (1985a): Community, Market, State-and Associations? The Prospective Contribution of Interest Governance to Social Order. In: *European Sociological Review* 1 (2), S. 119–138.

Streeck, Wolfgang; Schmitter, Philippe C. (Hg.) (1985b): Private Interest Government. Beyond Market and State. London: Sage.

Strulik, Torsten (2000): Risikomanagement globaler Finanzmärkte. Herausforderungen und Initiativen im Kontext der Bankenregulierung. (Dissertation, Universität Bielefeld, 1999). Frankfurt a.M.: Campus-Verlag.

Strulik, Torsten (2008): Evaluationen in der Wirtschaft: Ratingagenturen und das Management des Beobachtetwerdens. In: Hildegard Matthies und Dagmar Simon (Hg.): Wissenschaft unter Beobachtung. Effekte und Defekte von Evaluationen. Wiesbaden: VS Verlag für Sozialwissenschaften, S. 288–314.

Stützel, Wolfgang (2011): Volkswirtschaftliche Saldenmechanik. Ein Beitrag zur Geldtheorie. (Habilitationsschrift, Universität Tübingen, 1957). Nachdruck der 2. Auflage. Tübingen: Mohr Siebeck.

SustainAbility (2010a): Rate the Raters Phase One. Look Back and Current State. o.O.

SustainAbility (2010b): Rate the Raters Phase Two. Taking Inventory of the Ratings Universe. o.O.

SustainAbility (2011a): Rate the Raters Phase Four. The Necessary Future of Ratings. o.O.

SustainAbility (2011b): Rate the Raters Phase Three. Uncovering Best Practices. o.O.

SustainAbility (2012): Rate the Raters Phase Five. The Investor View. o.O.

SustainAbility (2018): Rate the Raters 2018. Ratings Revisited. London, New York, San Francisco.

SustainAbility; GlobeScan (2013): The 2013 Ratings Suvey. Polling the Experts. A Part of Rate the Raters. o.O.

Sustainability Accounting Standards Board (SASB) (2018): Working with SASB and other Frameworks. Online verfügbar unter https://www.sasb.org/standards-overview/sasb-and-others/, zuletzt aktualisiert am 10.11.2018.

Sustainability Intelligence (2018): Über uns. Online verfügbar unter https://www.sustainability-intelligence.de/sustainability-intelligence/, zuletzt geprüft am 26.10.2018.

Sustainalytics (2018): History. Online verfügbar unter https://www.sustainalytics.com/about-us/#History, zuletzt geprüft am 12.10.2018.

Swiss Re Institute (2021): The Economics of Climate Change: No Action not an Option. Zürich.

Sydow, Jörg; Schreyögg, Georg; Koch, Jochen (2009): Organizational Path Dependence. Opening the Black Box. In: *Academy of Management Review* 34 (4), S. 689–709. DOI: https://doi.org/10.5465/amr.34.4.zok689.

Tacke, Veronika (1999): Beobachtungen der Wirtschaftsorganisation. Eine systemtheoretische Rekonstruktion institutionenökonomischer und neo-institutionalistischer Argumente in der Organisationsforschung. In: Thomas Edeling, Werner Jann und Dieter Wagner (Hg.): Institutionenökonomie und Neuer Institutionalismus. Wiesbaden: Springer Fachmedien Wiesbaden, S. 81–110.

Tacke, Veronika (2011a): Soziale Netzwerkbildungen in Funktionssystemen der Gesellschaft. Vergleichende Perspektiven. In: Michael Bommes und Veronika Tacke (Hg.): Netzwerke in der funktional differenzierten Gesellschaft. 1. Auflage. Wiesbaden: VS Verlag für Sozialwissenschaften, S. 89–117.

Tacke, Veronika (2011b): Systeme und Netzwerke – oder: Was man an sozialen Netzwerken zu sehen bekommt, wenn man sie systemtheoretisch beschreibt. In: *Systemische Soziale Arbeit – Journal der Deutsche Gesellschaft für Systemische Soziale Arbeit* 2 (2+3), S. 6–24.

Taubken, Norbert; Feld, Tim Y. (2018): Impact Measurement and the Concept of Materiality – New Requirements and Approaches for Materiality Assessments. In: *Nachhaltigkeits Management Forum* 121 (3), S. 1–14. DOI: https://doi.org/10.1007/s00550-018-0483-x.

Taylor, Frederick W. (1911): The Principles of Scientific Management. New York, London: Harper & Brothers.

Taylor, Lance; Black, Stephen L. (1974): Practical General Equilibrium Estimation of Resource Pulls under Trade Liberalization. In: *Journal of international economics* 4 (1), S. 37–58.

The Financial Crisis Inquiry Commission (2011): The Financial Crisis Inquiry Report. Final report of the National Commission on the Causes of the Financial and Economic Crisis in the United States. Washington, D.C.: US Government Printing Office.

Thomson, William (1862): On the Age of the Sun's Heat. In: *Macmillan's Magazine* 5 (March), S. 288–293.

Timmermans, Stefan; Epstein, Steven (2010): A World of Standards but not a Standard World: Toward a Sociology of Standards and Standardization. In: *Annual review of sociology* 36 (1), S. 69–89. DOI: https://doi.org/10.1146/annurev.soc.012809.102629.

Toffler, Alvin (1970): Future Shock. New York: Random House.

Toffler, Alvin; Vázquez, Manuel (1985): La empresa flexible. Barcelona: Plaza & Janés.

Traill, Robert R. (2008): Thinking by Molecule, Synapse, or Both?—From Piaget's Schema, to the Selecting/Editing of ncRNA. Blackburn South: Ondwelle Publications.

Traxler, Franz; Vobruba, Georg (1987): Selbststeuerung als funktionales Äquivalent zum Recht? In: *Zeitschrift für Soziologie* 16 (1). DOI: https://doi.org/10.1515/zfsoz-1987-0101.

Triffin, Robert (1978): Gold and the Dollar Crisis: Yesterday and Tomorrow. Essays in International Finance. No. 132, December 1978. New Jersey: Princeton University Press.

TrueValue Labs (2018): About Us. Online verfügbar unter https://www.truvaluelabs.com/about, zuletzt geprüft am 26.10.2018.

Turing, Alan M. (1937): On Computable Numbers, with an Application to the Entscheidungsproblem. In: *Proceedings of the London Mathematical Society* 1 (s2–42), S. 230–265. DOI: https://doi.org/10.1112/plms/s2-42.1.230.

U.S. Department of the Treasury (2020): The Debt to the Penny and Who Holds It. Online verfügbar unter https://www.treasurydirect.gov/govt/reports/pd/pd_debttothepenny.htm, zuletzt geprüft am 02.05.2020.

Ullmann, Arieh A. (1985): Data in Search of a Theory. A Critical Examination of the Relationships among Social Performance, Social Disclosure, and Economic Performance of U. S. Firms. In: *The Academy of Management Review* 10 (3), S. 540–557. DOI: https://doi.org/10.2307/258135.

Ulrich, Peter (2008): Integrative Wirtschaftsethik. Grundlagen einer lebensdienlichen Ökonomie. 4. Auflage. Bern: Haupt.

Umweltbundesamt (UBA) (2017): Umweltbezogene Leistungskennzahlen bei Anlageentscheidungen institutioneller Investoren. Policy Paper. Dessau-Roßlau.

UN Global Compact; Accenture (2016): Strategy CEO Study 2016. Agenda 2030: A Window of Oppertunity. o.O.

UN Principles for Responsible Investment (UN PRI) (2016): Sustainable Financial System: Nine Priority Conditions to Address. o.O.

UN Principles for Responsible Investment (UN PRI) (2017): A Blueprint for Responsible Investment. Genesis, Assumptions and Process. London.

UN Principles for Responsible Investment (UN PRI) (2018a): Shifting Perceptions: ESG, Credit Risk and Ratings. Part 2: Exploring the Disconnects. o.O.

UN Principles for Responsible Investment (UN PRI) (2018b): Shifting Perceptions: ESG, Credit Risk and Ratings. Part 3: From Disconnects to Action Areas. o.O.

UN Principles for Responsible Investment (UN PRI) (2020): About us. Online verfügbar unter https://www.unpri.org/pri, zuletzt geprüft am 21.10.2020.

UN Principles for Responsible Investment (UN PRI); United Nations Environment Programme Finance Initiative (UNEP FI) (2019): Fiduciary Duty in the 21st Century. Final Report. o.O.

United Nations (1987): Our Common Future. Oxford: Oxford University Press.

United Nations (1992): Report of the United Nations Conference on Environment and Development. A/CONF.151/26 (Vol. I). Rio de Janeiro.

United Nations (2015): Transforming Our World: The 2030 Agenda for Sustainable Development. Resolution adopted by the General Assembly on 25 September 2015. New York.

United Nations Development Programme (1990): Human Development Report 1990. Published for the United Nations (New York) Development Programme. New York: Oxford University Press.

United Nations Environment Programme (UNEP) (2012): UNEP. The First 40 Years. A Narrative by Stanley Johnson. Nairobi.

United Nations Environment Programme (UNEP) (2015): The Financial System We Need. Aligning the Financial System with Sustainable Development. Genf.

United Nations Environment Programme (UNEP) (2016): The Financial System We Need. From Momentum to Transformation. 2nd edition. Genf.

United Nations Environment Programme (UNEP); World Bank Group (2017): Roadmap for a Sustainable Financial System. Washington, D.C.

United Nations Environmental Programme (UNEP); Global Reporting Initiative (GRI); KPMG International Cooperative (2016): Carrots & Sticks. Global trends in sustainability reporting regulation and policy. o.O.

United Nations Framework Convention on Climate Change (UNFCCC) Secretariat (2015): Report on the Structured Expert Dialogue on the 2013–2015 Review. Note by the Co-Facilitators of the Structured Expert Dialogue. FCCC/SB/2015/INF.1. Bonn.

United Nations Framework Convention on Climate Change (UNFCCC) Secretariat (2016): Report of the Conference of the Parties on its Twenty-First Session, held in Paris from 30 November to 13 December 2015. Addendum. Part two: Action taken by the Conference of the Parties at its Twenty-First Session. FCCC/CP/2015/10/Add.1. Paris.

United Nations Global Compact (2020): Über uns. Online verfügbar unter https://www.glo balcompact.de/de/ueber-uns/dgcn-ungc.php, zuletzt geprüft am 21.10.2020.

United States Congress (1963): An Act to Improve, Strengthen, and Accelerate Programs for the Prevention and Abatement of Air Pollution. Clean Air Act of 1963. In: *Public law* December 17, 1963 (88–206), S. 392–401.

United States Congress (1969): National Environmental Policy Act of 1969. In: *Public law* January 1, 1970 (91–190), 852–856.

United States Congress (1972): An Act to amend the Federal Water Pollution Control Act. Clean Water Act. In: *Public law* October 18, 1972 (92–500), S. 816–903.

United States Congress (1973): An Act to provide for the Conservation of Endangered and Threatened Species of Fish, Wildlife, and Plants, and for other Purposes. Endangered Species Act of 1973. In: *Public law* December 28, 1973 (93–205), S. 884–903.

United States Environmental Protection Agency (EPA) (2020): EPA History. Online verfügbar unter https://www.epa.gov/history, zuletzt geprüft am 30.04.2020.

Ura, Karma; Alkire, Sabina; Zangmo, Tshoki; Wangdi, Karma (2012): A Short Guide to Gross National Happiness Index. Thimphu: Centre for Bhutan Studies.

van Duuren, Emiel; Plantinga, Auke; Scholtens, Bert (2016): ESG Integration and the Investment Management Process. Fundamental Investing Reinvented. In: *Journal of Business Ethics* 138 (3), S. 525–533. DOI: https://doi.org/10.1007/s10551-015-2610-8.

Veenhoven, Ruut; Kalmijn, Wim (2005): Inequality-Adjusted Happiness in Nations Egalitarianism and Utilitarianism Married in a New Index of Societal Performance. In: *Journal of Happiness Studies* 6 (4), S. 421–455. DOI: https://doi.org/10.1007/s10902-005-8857-5.

Vereinte Nationen (1972): Erklärung der Konferenz der Vereinten Nationen über die Umwelt des Menschen. 16. Juni 1972. Stockholm.

Vereinte Nationen (1992): Rahmenübereinkommen der Vereinten Nationen über Klimaänderungen. 9. Mai 1992. New York.

Vereinte Nationen (1997): Protokoll von Kyoto zum Rahmenübereinkommen der Vereinten Nationen über Klimaänderungen. 11. Dezember 1997. Kyōto.

Vereinte Nationen (2015): Übereinkommen von Paris. 12. Dezember 2015. Paris.

VigeoEiris (2018): History. Online verfügbar unter http://www.vigeo-eiris.com/about-us/his tory/, zuletzt aktualisiert am 05.10.2018, zuletzt geprüft am 07.10.2018.

Volkswagen Aktiengesellschaft (2015): Geschäftsbericht 2014. Fortschritt bewegen. Wolfsburg.

Volkswagen Aktiengesellschaft (2016): Shift. Das Nachhaltigkeitsmagazin von Volkswagen 2016. Wolfsburg.

Volkswagen Aktiengesellschaft (2018a): Geschäftsbericht 2017. Gemeinsam den Wandel gestalten. Wolfsburg.

Volkswagen Aktiengesellschaft (2018b): Nachhaltigkeitsbericht 2017. Transformation gestalten. Wolfsburg.

Volkswagen Aktiengesellschaft (2021a): Geschäftsbericht 2020. Die Zukunft in der Hand. Wolfsburg.

Volkswagen Aktiengesellschaft (2021b): Nachhaltigkeitsbericht 2020. Wolfsburg.

Vos, Jurriaan M. de; Joppa, Lucas N.; Gittleman, John L.; Stephens, Patrick R.; Pimm, Stuart L. (2015): Estimating the Normal Background Rate of Species Extinction. In: *Conservation Biology* 29 (2), S. 452–462. DOI: https://doi.org/10.1111/cobi.12380.

Waddock, Sandra; Graves, Samuel B. (1997): The Corporate Social Performance-Financial Performance Link. In: *Strategic Management Journal* 18 (4), S. 303–319. DOI: https://doi.org/10.1002/(SICI)1097-0266(199704)18:4<303::AID-SMJ869>3.0.CO;2-G.

Wallich, Henry C.; McGowan, John J. (1970): Stockholder Interest and the Corporation's Role in Social Policy. In: William J. Baumol, Rensis Likert, Henry C. Wallich und John J. McGowan (Hg.): A New Rational for Corporate Social Policy. New York: Comitte for Economic Development, S. 39–59.

Walras, Léon (1874): Éléments d'économie politique pure ou théorie de la richesse sociale. Lausanne: Corbaz.

Walton, Clarence C. (1967): Corporate Social Responsibilities. Belmont: Wadsworth.

Wartick, Steven L.; Cochran, Philip L. (1985): The Evolution of the Corporate Social Performance Model. In: *Academy of Management Review* 10 (4), S. 758–769. DOI: https://doi.org/10.5465/AMR.1985.4279099.

Weber, Max (1923): Wirtschaftsgeschichte. Abriß der universalen Sozial- und Wirtschaftsgeschichte. München, Leipzig: Duncker & Humblot.

Weber, Max (1972): Wirtschaft und Gesellschaft. Grundriß der verstehenden Soziologie. Besorgt von Winckelmann, Johannes. 5. Auflage. Tübingen: J.C.B. Mohr (Paul Siebeck).

Weber, Max (2009): Die protestantische Ethik und der Geist des Kapitalismus. Köln: Anaconda Verlag.

Werder, Axel von (2009): Ökonomische Grundfragen der Coporate Governance. In: Peter Hommelhoff (Hg.): Handbuch Corporate Governance. Leitung und Überwachung börsennotierter Unternehmen in der Rechts- und Wirtschaftspraxis. 2. Auflage. Stuttgart: Schäffer-Poeschel, S. 3–27.

Wieland, Josef (1999): Die Ethik der Governance. Marburg: Metropolis-Verlag.

Wiener, Norbert (2007): Cybernetics or Control and Communication in the Animal and the Machine. 2nd edition. Cambridge: MIT Press.

Wiesenthal, Helmut (2000): Markt, Organisation und Gemeinschaft als »zweitbeste« Verfahren sozialer Koordination. In: Raymund Werle und Uwe Schimank (Hg.): Gesellschaftliche Komplexität und kollektive Handlungsfähigkeit. Frankfurt a.M.: Campus-Verlag, S. 44–73.

Wiesenthal, Helmut (2006): Gesellschaftssteuerung und gesellschaftliche Selbststeuerung. Eine Einführung. Wiesbaden: VS Verlag für Sozialwissenschaften.

WikiRate Project e. V. (2018): About WikiRate. Online verfügbar unter https://wikirate.org/About_WikiRate, zuletzt geprüft am 26.10.2018.

Williams, Karel (2010): From Shareholder Value to Present-Day Capitalism. In: *Economy and Society* 29 (1), S. 1–12. DOI: https://doi.org/10.1080/030851400360532.

Williamson, Oliver E. (1975): Markets and Hierarchies: Analysis and Antitrust Implications. A Study in the Economics of Internal Organization. New York: Free Press.

Williamson, Oliver E. (1979): Transaction-Cost Economics. The Governance of Contractual Relations. In: *The Journal of Law & Economics* 22 (2), S. 233–261.

Williamson, Oliver E. (1985): The Economic Institutions of Capitalism. Firms, Markets, Relational Contracting. New York: Free Press.

Willke, Helmut (1983): Entzauberung des Staates. Überlegungen zu einer sozietalen Steuerungstheorie. Königstein: Athenäum Verlag.

Willke, Helmut (1987): Differenzierung und Integration in Luhmanns Theorie sozialer Systeme. In: Hans Haferkamp und Michael Schmid (Hg.): Sinn, Kommunikation und soziale Differenzierung. Beiträge zu Luhmanns Theorie sozialer Systeme. Frankfurt a.m.: Suhrkamp, S. 247–274.

Willke, Helmut (1993): Systemtheorie I. Grundlagen. 4. Auflage. Stuttgart: Lucius&Lucius.

Willke, Helmut (1995): Systemtheorie III. Steuerungstheorie. Grundzüge einer Theorie der Steuerung komplexer Sozialsysteme. Stuttgart: Gustav Fischer.

Willke, Helmut (1996): Systemtheorie II. Interventionstheorie. 2. Auflage. Stuttgart: Lucius&Lucius.

Willke, Helmut (1997): Supervision des Staates. Frankfurt a.M.: Suhrkamp.

Willke, Helmut (2003): Heterotopia. Studien zur Krisis der Ordnung moderner Gesellschaften. Frankfurt a.M.: Suhrkamp.

Willke, Helmut (2005): Atopia. Studien zur atopischen Gesellschaft. Frankfurt a.M.: Suhrkamp.

Willke, Helmut (2006): Global Governance. Bielefeld: transcript.

Willke, Helmut (2007): Smart Governance. Governing the Global Knowledge Society. Frankfurt a.M., New York: Campus-Verlag.

Windolf, Paul (2005): Was ist Finanzmarkt-Kapitalismus? In: Paul Windolf (Hg.): Finanzmarkt-Kapitalismus. Analysen zum Wandel von Produktionsregimen. Opladen: Verlag für Sozialwissenschaften, S. 20–57.

Windolph, Sarah Elena (2011): Assessing Corporate Sustainability Through Ratings. Challenges and Their Causes. In: *Journal of Environmental Sustainability* 1 (1), S. 37–57. DOI: https://doi.org/10.14448/jes.01.0005.

Wöhlcke, Manfred (2003): Das Ende der Zivilisation. Über soziale Entropie und kollektive Selbstzerstörung. München: Deutscher Taschenbuch Verlag.

Wood, Donna J. (1991): Corporate Social Performance Revisited. In: *Academy of Management Review* 16 (4), S. 691–718. DOI: https://doi.org/10.5465/amr.1991.4279616.

Woolcock, M.; Narayan, D. (2000): Social Capital. Implications for Development Theory, Research, and Policy. In: *The World Bank Research Observer* 15 (2), S. 225–249. DOI: https://doi.org/10.1093/wbro/15.2.225.

Woolcock, Michael (1998): Social Capital and Economic Development. Toward a Theoretical Synthesis and Policy Framework. In: *Theory and Society* 27 (2), S. 151–208. DOI: https://doi.org/10.1023/A:1006884930135.

World Bank (2021): GDP Growth (Annual %). World Bank National Accounts Data, and OECD National Accounts Data Files. Word 1961–2020. Online verfügbar unter https://data.worldbank.org/indicator/NY.GDP.MKTP.KD.ZG, zuletzt geprüft am 02.11.2021.

World Bank (2022): Tariff Rate, Most Favored Nation, Weighted Mean, All Products (%). World 1988–2020. Online verfügbar unter https://data.worldbank.org/indicator/TM.TAX.MRCH.WM.FN.ZS, zuletzt geprüft am 29.11.2022.

World Economic Forum (2020): The Global Risk Report 2020. Insight Report. 15th edition. Davos.

World Wide Fund For Nature (WFF) (2020): The Morges Manifesto. Online verfügbar unter https://wwf.panda.org/knowledge_hub/history/, zuletzt geprüft am 27.04.2020.

Wren, Daniel A. (2005): The History of Management Thought. 5th edition. Hoboken: Wiley.

Zalasiewicz, Jan; Williams, Mark; Smith, Alan; Barry, Tiffany L.; Coe, Angela L.; Bown, Paul R. et al. (2008): Are We Now Living in the Anthropocene. In: *GSA Today* 18 (2), 4–8. DOI: https://doi.org/10.1130/GSAT01802A.1.

Zeise, Lucas (2009): Ende der Party. Die Explosion im Finanzsektor und die Krise der Weltwirtschaft. 2. Auflage. Köln: PapyRossa Verlag. Online verfügbar unter http://deposit.d-nb.de/cgi-bin/dokserv?id=3107956&prov=M&dok_var=1&dok_ext=htm.

Ziegler, Hans (1983): An Introduction to Thermomechanics. 2nd edition. Amsterdam, New York: North Holland Publishing Company. Online verfügbar unter http://site.ebrary.com/lib/alltitles/docDetail.action?docID=10672539.

Zürn, Michael (2005): Regieren jenseits des Nationalstaates. Globalisierung und Denationalisierung als Chance; mit einem Nachwort zur zweiten Auflage. 2. Auflage. Frankfurt a.M.: Suhrkamp.

Printed by Printforce, the Netherlands